*Sermones temáticos sobre
Pablo y liderazgo*
de
JOHN MACARTHUR

EDITORIAL CLIE
C/ Ferrocarril, 8
08232 VILADECAVALLS
(Barcelona) ESPAÑA
E-mail: clie@clie.es
http://www.clie.es

© 2016 por John MacArthur.

Cualquier forma de reproducción, distribución, comunicación pública o transformación de esta obra solo puede ser realizada con la autorización de sus titulares, salvo excepción prevista por la ley. Diríjase a CEDRO (Centro Español de Derechos Reprográficos) si necesita fotocopiar o escanear algún fragmento de esta obra (www.conlicencia.com; 91 702 19 70 / 93 272 04 47).

© 2022 por Editorial CLIE. Todos los derechos reservados.

Traductor: Juan Antonio Ortega Montoya

Editor: José Carlos Ángeles Fernández

Sermones temáticos sobre Pablo y liderazgo
ISBN: 978-84-18810-95-4
Depósito legal: B 9791-2022
Ministerio cristiano
Predicación
REL080000

JOHN MACARTHUR nacido el 19 de Junio de 1939, hijo de un pastor bautista conservador norteamericano, estudió en el *Talbot Theological Seminary* (1969). Es pastor de *Grace Community Church* en Sun Valley (California) una de las iglesias de mayor crecimiento en Estados Unidos y cuenta con un programa de radio «*Gracia a Vosotros*» que se transmite en varios idiomas. Autor de numerosos comentarios y libros basados en sus sermones, también traducidos a diversos idiomas, figura entre los autores evangélicos conservadores más leídos y apreciados de nuestra época.

El Pastor John MacArthur es ampliamente conocido por su enfoque detallado y transparente de enseñanza bíblica. Él es un pastor de quinta generación, un escritor y conferencista conocido, y ha servido como pastor-maestro desde 1969 en **Grace Community Church** en Sun Valley, California, E.U.A.

El ministerio de púlpito del Pastor MacArthur se ha extendido a nivel mundial mediante su ministerio de radio y publicaciones, Grace to You, contando con oficinas en Australia, Canadá, Europa, India, Nueva Zelanda, Singapur y Sudáfrica. Además de producir programas radiales que se transmiten diariamente para casi 2 000 estaciones de radio por todo el mundo en inglés y en español, Grace to You distribuye libros, software y audio en CDs y formato MP3 con la enseñanza del Pastor MacArthur. En sus cincuenta años de ministerio, Grace to You ha distribuido más de trece millones de CDs y cintas de audio.

El Pastor MacArthur es el presidente de la universidad **The Master's University** y el seminario **The Master's Seminary**. Él también ha escrito cientos de libros, cada uno de los cuales son profundamente bíblicos y prácticos. Algunos de sus títulos de mayor venta son El evangelio según Jesucristo, La segunda venida, Avergonzados del evangelio, Doce hombres comunes y corrientes y La Biblia de estudio MacArthur.

Junto con su esposa Patricia, tienen cuatro hijos adultos y catorce nietos.

_Índice

I Parte
PERSONAJES DEL AT Y EL NT EN RELACIÓN AL LIDERAZGO

01_Abel y la vida de fe 11
02_Noé y la obediencia de la fe 37
03_La fe de Abraham 61
04_José, porque Dios lo encaminó a bien 87
05_Gedeón y Sansón, historias de debilidad y fortaleza 109
06_Santiago: el hermano de nuestro Señor 133
07_Un mensaje profético para una nación impía 151
08_Una vida sin concesiones 169

II Parte
PABLO COMO EJEMPLO DE LIDERAZGO

09_La visión de ministerio de Pablo. Parte 1: servicio y
     enseñanza 193
10_La visión de ministerio de Pablo. Parte 2: evangelismo
     y sacrificio 217
11_Un encargo a los líderes de la iglesia del Nuevo Testamento.
     Parte 1 243
12_Un encargo a los líderes de la iglesia del Nuevo Testamento.
     Parte 2 267
13_El viaje de Pablo a Roma 293
14_Edificando el cuerpo de Cristo 315

15_Pero, ¿cómo debe ser la iglesia? Parte 1 337
16_Pero, ¿cómo debe ser la iglesia? Parte 2 357
17_La organización espiritual...379
18_Por amor de la iglesia. Parte 1 403
19_Por amor de la iglesia. Parte 2 425
20_Por amor de la iglesia. Parte 3 447
_Índice escritural..473
_Índice temático 479

I PARTE
Personajes del AT y el NT en relación al liderazgo

10 de Diciembre, 1972

01_Abel y la vida de fe

Por la fe Abel ofreció a Dios más excelente sacrificio que Caín, por lo cual alcanzó testimonio de que era justo, dando Dios testimonio de sus ofrendas; y muerto, aún habla por ella.

Hebreos 11:4

BOSQUEJO

— Introducción

— Por fe Abel ofreció un sacrificio más excelente

— Por fe Abel fue justificado

— Por fe Abel habla abiertamente aunque está muerto

— Oración final

Notas personales al bosquejo

SERMÓN

Introducción

Llegamos al 11:4 en nuestro estudio, y conforme avanzamos en el décimo primer capítulo de Hebreos vamos a tomar probablemente cada noche con uno de sus personajes, y desde luego que iremos más allá de este capítulo de Hebreos, pero especialmente en el tema de Abel estaremos mucho más tiempo a pesar de que Hebreos solo habla de él en un versículo. Permítanme leerlo para ustedes. "Por la fe Abel ofreció a Dios más excelente sacrificio que Caín, por lo cual alcanzó testimonio de que era justo, dando Dios testimonio de sus ofrendas; y muerto, aún habla por ella". Como ven podemos titular este mensaje "El Sermón de un Hombre Muerto".

Moffatt escribió alguna vez estas palabras, "La muerte nunca es la última palabra en la vida de un hombre justo". Cuando un hombre deja este mundo, haya vivido rectamente o injustamente, deja algo en el mundo. Puede dejar algo que crecerá y se esparcirá como un cáncer o un veneno, o puede dejar algo como la fragancia de un perfume, o un capullo de belleza que impregnará la atmosfera con bendiciones. Un hombre deja siempre algo, haya sido el apóstol Pablo o el emperador Nerón. Los hombres fallecidos dejan historias. No están en silencio, ellos hablan. Vean el fin del versículo 4, "Y muerto, aún habla por ella". Esto se dice de Abel.

Ahora, si Abel continúa hablando, ¿qué es lo que está diciendo? ¿Quién es este individuo que fue la segunda generación de hombres desde la creación, el nacimiento de la existencia del hombre? ¿Qué es lo que tiene que decir al siglo XX después de Cristo? ¿Qué tiene para ofrecerme? ¿Qué tiene que ofrecerme este hombre que vivió cuando la tierra era nueva, y nació en una tierra que es completamente diferente a la que es hoy? Ciertamente la economía de Dios en sus días era diferente de lo que es hoy, Dios ya no trata con nosotros de la manera que trató con ellos. ¿Qué tiene que decirme? ¿Qué es lo que dice este capítulo? Este capítulo está hablando acerca de una palabra. ¿Cuál es esta palabra? Fe, y éste es el mensaje que Abel quiere darnos hoy. El tema en el capítulo 11 de Hebreos es la fe. Y el mensaje de Abel es la fe.

Solo para darles un momento de trasfondo, en el libro de Hebreos, el escritor establece la superioridad de Cristo y el Nuevo Pacto. Ustedes ya saben acerca de esto. Si no se quedan con algo más de estas series, al menos esto no lo van a olvidar nunca, porque lo hemos repetido muchas veces. El escritor está estableciendo la superioridad de Cristo y el Nuevo Pacto. Junto con esto nos dice que la única forma en la que un hombre puede entrar al Nuevo Pacto es por medio de la fe; que el antiguo sistema de rituales y sacrificios y todo lo demás, ya no está en vigor, sino que el hombre puede entrar solo por fe; y que nada de eso es necesario ya más. Y desde luego, recordarán que en el Antiguo Testamento los hombres solo eran justificados por la fe, pero su fe estaba fundada en la obediencia a unas formas prescritas por Dios. Pero aquí en el Nuevo Pacto es simplemente cuestión de fe en Cristo, ya no más sacrificios continuos, un solo sacrificio. Ya no más una multitud de sacerdotes, sino solo un Sumo Sacerdote. La entrada a Dios ya no está limitada, ahora está abierta por medio de Cristo. Todo lo que el antiguo pacto no podía traer al creyente, el nuevo si lo hace. Y así, el autor presenta la superioridad, y dice que la única forma de entrar al nuevo pacto es por medio de la fe. Esto significa creer. Creer que Dios es, creer que Cristo es Dios hecho carne, creer que Cristo murió, que resucitó, y que vive hoy, y que solo se le puede conocer por medio de la fe. Esto es creer, y poner tu vida en ello.

Una cosa es decir a la gente que crea, y otra muy diferente es definir la fe, por lo que habiendo introducido el tema en los versículos 38 y 39 diciendo, "el justo por la fe vivirá", continúa en el capítulo 11 explicando lo que es la fe y como opera ésta. Si él ha de demandar una respuesta a la fe, si ha de urgir a los hombres a la fe, a tener una fe personal en Cristo, entonces es importante que él explique la fe en detalle. Sabemos que los judíos a los que él habló en el primer siglo estaban acostumbrados a hacer obras. Todo su concepto de religión estaba basado en un sistema de obras, o bien un sistema de méritos propios. Ellos estaban equivocados, ellos habían pervertido su propio Testamento; ellos tenían la idea de que Dios llevaba una puntuación, y si tenías mucho más puntos buenos que malos entonces estabas dentro. Y si eras algo bueno, entonces esto era todo lo que Dios esperaba, que tú siguieras, los rituales que Él había prescrito. Por lo tanto, cuando el autor les está hablando acerca de la fe, esto es algo que ellos no han entendido antes. No la han visto, no la han observado, no han visto la absoluta independencia de la fe con respecto a las obras como el camino a Dios. Ahora la fe habiendo sido pura producirá obras, pero pensar que la fe mezclada con obras es el camino correcto a Dios, es estar equivocado. Necesitan entender claramente el carácter absoluto de la fe, que ésta no tiene nada que ver en lo absoluto con las obras, ninguna forma de sistemas rituales, ninguna de sus ceremonias, ninguna de sus fiestas prescritas o festivales tenía que ver con satisfacer a Dios. Solo creyendo en Jesucristo podría llegar esa satisfacción, y de este modo ellos podrían participar del Nuevo Pacto.

La vez pasada estudiamos los versículos 1–3, y ahí vimos las cuatro características de la fe. Vimos una caracterización básica de la fe, y éstas son las cuatro cosas que estudiamos la vez pasada. Determinamos en los primeros 3 versículos que la fe da una realidad presente a las cosas del futuro.

El versículo 1 dice: "La fe es la certeza de lo que se espera". La fe hace que el futuro se vea en la actualidad del presente. Hablamos de un hombre que sueña con sus vacaciones, y está tan envuelto en su sueño que se sienta en su silla y literalmente ve al pez que atrapó con su caña de pescar, sueña con el sol y él recostado en su cama sobre la playa, y todo lo que unas vacaciones involucran; se puede decir que casi es transportado al lugar a donde ha soñado sus vacaciones. Éste es el tipo de esperanza y de confianza que trae el futuro para hacerlo una realidad en el presente; ésta es la esencia de la fe. La fe toma lo que no ha sido visto, lo que se encuentra en el futuro, la promesa de Dios que será cumplida, y la trae al presente.

La segunda característica que vimos de la fe fue que la fe desarrolla suficiente convicción de tal modo que el hombre puede poner su vida en dependencia de su fe. Y esto, dijimos, que es "la evidencia de lo que no se ve". Es la seguridad de estas cosas al punto en el que no solo crees sino que pones tu vida en manos de tu fe. La fe es de algún modo menor que la fe plena cuando solo crees pero no deseas arriesgar tu vida por ella. ¿Se dan cuenta? Es como la mujer que luego de volar en un avión alguien le pregunta si le gustó, y ella contesta y dice: "No me gustó en lo absoluto, y nunca dejé caer todo mi peso sobre el asiento durante todo el viaje". Si la fe ha de ser legítima no significa solo creer, sino poner en riesgo tu vida por su causa.

La tercera característica que aprendimos acerca de la fe fue, la fe asegura al hombre la aprobación de Dios. El tipo de personas que van a entrar a la presencia de Dios son solo aquellos a quienes Él aprueba, y la única manera de obtener su aprobación es por fe. El versículo 2: "Por ella alcanzaron buen testimonio los antiguos". Dicho de otro modo, fueron aprobados. Es por medio de la fe que los hombres reciben la aprobación de Dios. El versículo 2 indica que éste es el caso, y como ustedes ya saben la Biblia dice, "sin fe es imposible agradar a Dios". Esto se encuentra en el versículo 6.

Número cuatro, vimos que la fe capacita al hombre para entender lo que la lógica no le permite. Versículo 3: "Por la fe entendemos haber sido constituido el universo por la palabra de Dios, de modo que lo que se ve fue hecho de lo que no se veía". Tú puedes ver lo que un filósofo no puede descubrir, ves lo que un científico no puede descubrir, la fe descubre, esto es, que Dios creó el universo de la nada. La fe te capacita para comprender aquello que no es visible a los sentidos. Así vimos la definición de la fe, da una realidad presente de un hecho futuro, provee suficiente convicción como para arriesgar tu vida por su causa, la fe asegura la bendición y aprobación de Dios, y te capacita para entender lo que los filósofos y científicos del mundo no pueden entender, te capacita para percibir las cosas que no están abiertas a los sentidos.

El autor ya describió mucho acerca del carácter de la fe, y ahora nos va a dar algunas ilustraciones, ilustraciones que tienen un tipo de pureza acerca de ellas, es un tipo que definitivamente aísla la fe de las obras porque esto es lo que tiene que hacer con la mente judía. Así que para comenzar el autor toma al primer hombre de fe, y éste es Abel. Decimos eso porque Adán y Eva en el puro sentido de la palabra no fueron personas de fe. Lo digo porque ellos no creyeron en lo que no habían visto. Ellos caminaron y hablaron con Dios en la frescura del día en medio del huerto, ellos tenían la presencia del shekinah, la gloria de Dios. Ellos tuvieron una experiencia con Dios que fue real. Fue sobre la tierra pero a pesar de esto, ellos vieron la manifestación de Dios en una manera muy personal. Tuvieron una comunión de tipo personal con Dios, conocieron a Dios antes de la caída en el más pleno sentido de conocer a Dios. Por lo tanto hubo poca fe involucrada en la situación antes de la caída, por eso no usa a Adán y Eva como ilustraciones de fe. Abel nació fuera del Edén, así que él nunca tuvo la oportunidad de conocer a Dios de manera personal en la manera que sus padres lo hicieron, por ello cuando él creyó en Dios protagonizó una de las ilustraciones de fe en un sentido mucho más positivo que Adán y Eva. Es por eso que no encontramos la indicación de fe en relación con Adán o Eva.

Es importante entender que Abel no es solo un hombre de fe, sino el primer hombre de fe. Y pienso que también es importante entender que la fe de Abel tiene que ver con su salvación personal, y ésta, entonces, es una perfecta ilustración para el escritor de Hebreos, quien está motivando a sus lectores para que lleguen al punto de ser salvados personalmente. Noten el versículo 4: "Por la fe Abel ofreció a Dios más excelente sacrificio que Caín, por lo cual alcanzó testimonio". Ahí está otra vez la aprobación, porque él tenía fe, "de que era justo, dando Dios testimonio de sus ofrendas; y muerto, aún habla por ella". Continúa hablando porque él ha predicado el sermón de fe.

Esto quiere decir que para Abel la fe era algo importante, para Abel tener fe era algo sorprendente. Él fue el primer hombre que verdaderamente ejerció una fe positiva en Dios. No solo creyó, sino que arriesgó su vida por ella.

Este texto está dividido en tres puntos progresivos y quiero compartirlos con ustedes esta noche. La fe de Abel lo llevó a hacer tres cosas: 1) A ofrecer un sacrificio más excelente, 2) A obtener justicia y 3) A hablar abiertamente aún muerto. Ya que él creía en Dios, esto le llevó a hacer estas tres cosas, y como ven son progresivas. Debido a que él creyó, ofreció un mejor sacrificio; y ya que ofreció un mejor sacrificio, alcanzó justicia; y ya que él obtuvo justicia, es una voz viviente para todas las edades que dice: "La justicia es por medio de la fe". ¿Lo ven? Esto es progresivo.

Por fe Abel ofreció un sacrificio más excelente

Veamos el primer punto: "Por la fe Abel fue capaz de ofrecer" —y lo estaremos diciendo una y otra vez— "un más excelente sacrificio". Este es el punto número uno, él pudo ofrecer mejor y más excelente sacrificio basado solo en su fe. Para poder entender esto debemos ir primero a Génesis capítulo 4, quiero hacer esto para tener un contexto, y no se preocupen acerca de Hebreos capítulo 4, ya saben lo que este versículo dice, así que vamos a Génesis. Vamos al punto de la historia en donde vemos el origen del hombre. Sabemos cómo fue la creación, Dios creó al hombre en el último día de la creación y después descansó. Dios creó al hombre, y creó a la mujer como una ayuda idónea para el hombre. Cuando llegamos al capítulo 4 vemos que nacen los hijos de Adán y Eva. En el 4:1, "Conoció Adán a su mujer Eva". Esta palabra "conocer" habla de una relación sexual que produce un hijo; ésta es una palabra de intimidad. "Conoció Adán a su mujer Eva, la cual concibió y dio a luz a Caín, y dijo: Por voluntad de Jehová he adquirido varón". Esto es interesante. El nombre de este hijo era Caín, y es difícil trazar un estudio de palabra por su etimología, pero si vamos un poco atrás, los eruditos de hebreo dirían que la palabra proviene de *qana*, que significa "obtener", "obtener algo".

Pero recordarán que Adán y Eva fueron lanzados del huerto por su pecado. Dios dijo: "Si van a vivir en rebeldía contra mí, no podrán vivir en mi huerto, mi paraíso, ni podrán mantener su comunión en mi presencia, así que están acabados. Salgan de inmediato". Los lanzó fuera del huerto, pero antes de lanzarlos puso en marcha su gracia. Les prometió que regresarían a Él, que Él haría provisión para la redención, Dios mismo hizo una provisión por medio de la cual estos individuos que fueron lanzados del huerto pudieran volver nuevamente a una relación con Él. La provisión está indicada en el 3:15, y aquí está lo que Dios dijo, y está declarando, por supuesto, el comienzo de la maldición, o el área inicial de la maldición, o al menos parte de ella: "Y pondré enemistad entre ti y la mujer, y entre tu simiente y la simiente suya; ésta te herirá en la cabeza, y tú le herirás en el calcañar". Leámoslo una vez más, "y pondré enemistad" —o división, o conflictos— "entre ti y la mujer" —mantengan en mente que está hablando aquí a Satanás— "y entre tu simiente y la simiente de ella; ella te herirá en la cabeza, y tú le herirás en el calcañar".

A Eva eso le dijo una cosa: La mujer, alguna mujer, o la mujer en general —como sea— va a producir la simiente que va a ser la antagonista de Satanás y de la simiente de Satanás, la semilla de Satanás. Está hablando de un Redentor. Dios proveyó para que la mujer pudiera producir un hombre quien vencería sobre Satanás, el hombre sólo sería herido en su talón, pero él herirá la cabeza de Satanás. Antes de que Dios actuara en el juicio final, mostró Su misericordia al darles esta promesa. Y aunque Satanás fue quien trajo la caída al hombre, la respuesta de Dios fue que uno vendría y traería la caída de Satanás.

Dice también que por medio de la mujer llegó el pecado, y por medio de la mujer llegará el Salvador; por la mujer se perdió el paraíso, y por la mujer el paraíso será alcanzado. El Señor de gloria sería la simiente de la mujer. Médicamente hablando, o bien desde cualquier punto que lo quieran ver, el aspecto físico, la semilla no se encuentra en la mujer sino en el hombre, el hombre es quien pone la semilla para que haya hijos. Solo ha habido una mujer en la historia quien tuvo esta semilla sin que un hombre la plantara en su ser, y esta mujer es María. Fue el Espíritu Santo quien colocó la semilla dentro de ella, y de este modo fue la semilla de la mujer la que dio a luz a Jesucristo.

Y en el capítulo 3 de Génesis, el primer libro que registra la historia del hombre, Dios hizo la promesa de que el Salvador nacería de una virgen —una promesa maravillosa— que Él no tendría un padre humano. Desde luego que Eva no entendió este concepto, no tenía ningún tipo de libros médicos, así que no había manera en la que ella pudiera entender, y ya que aún no había nacido nadie, ella menos pudo entender a qué se refería este proceso que Dios mencionaba. Ésta es una profecía del nacimiento de Cristo, pero Eva estaba un poco ciega a eso.

Es interesante que si ven el capítulo 4 hay un juego de palabras: Adán conoció a su esposa y ella concibió para obtener un hijo, diciendo "he adquirido". Ella dijo "he adquirido" porque "tuvo". Ella tuvo un varón por voluntad de Dios. Y si quieren la verdadera expresión de Caín, si quieren poner el término "tener" y ponerlo en un sentido que haga algo obvio lo que ella está diciendo, ella en realidad está poniendo nombre al bebé, él está aquí. "Le he adquirido", está aquí. ¿Qué es lo que está tratando de decir? Ella está tratando de decir, probablemente, que tal vez éste es el libertador quien abriría el camino de regreso a Dios. El señor me ha dado al que había prometido. Pero estaba equivocada; tal vez porque pensó —no lo sabemos— que éste era el que los llevaría de regreso al Edén a disfrutar de la presencia de Dios nuevamente; pero oh triste realidad, él sería un asesino. Adán y Eva nunca podrían producir un libertador. La Biblia dice que lo que es de la carne produce carne, esta es la razón por la que todos morimos en Adán. Ellos no podrían producir a un libertador, esto solo sería posible por medio de la creación especial de Dios, solo por su poder podría venir el Salvador y éste sería Cristo nacido de una virgen.

Ella no solo tuvo a Caín, quien resultó ser un hombre que era adquirido por voluntad de Dios, sino que el versículo 2 dice: "Después dio a luz a su hermano Abel. Y Abel fue pastor de ovejas, y Caín fue labrador de la tierra". También es difícil conocer la etimología de la palabra Abel, pero puede provenir de *hebel* que significa "aliento" o "debilidad" o "vanidad", y contiene la idea de algo muy corto, o algo muy lamentable. Su nombre posiblemente es una especie de profecía de lo corto que fue su vida y posiblemente la triste tragedia de su final. Pero veamos que Abel era pastor de ovejas y Caín era labrador de la tierra. Uno era pastor, el otro era un campesino, ambos eran pecadores, ambos fueron concebidos después de la caída, ambos nacieron fuera del Edén, de tal modo que los dos fueron concebidos en pecado. Éstos son los segundos hombres que vivieron sobre la tierra. Y quiero resaltar algo, ellos ya funcionaban en todas las capacidades en las que podía funcionar un hombre. Ellos funcionaban en todas las capacidades que tú y yo hacemos, no estaban tan mecanizados como lo estamos tú y yo, no eran tan humanamente educados como nosotros, pero ellos tenían la misma capacidad. En ningún sentido representan eslabones perdidos, ni tampoco Adán y Eva.

Los evolucionistas constantemente nos están diciendo que Génesis no es verdad. Los teólogos liberales, la típica línea de la alta crítica, dicen que Génesis no puede ser verdad porque la descendencia del primer hombre no pudo haber hecho lo que hizo. Así que tiene que ser una falsificación. La descendencia del primer hombre debió ser una especie de animal que chillaba, un bárbaro, del tipo de un animal que no tendría herramientas para cultivar, sin habilidades para cultivar, comía solo bayas silvestres, y todo tipo de cosas que crecieran en el campo; mataba animales, despedazándolos para comer solo con sus manos, gruñendo y diciendo, "huga, huga", al tiempo que golpeaba a su mujer con una roca en la cabeza, y la arrastraba jalándola por el pelo hasta su cueva. Ésta sería la definición del segundo hombre sobre la tierra, si acaso logró llegar tan lejos. Pero esto es absolutamente incompatible con la Biblia, que enseña que en siete días creó Dios los cielos y la tierra, que el primer hombre, Adán, era extremadamente inteligente. Tenía que ser muy inteligente para poder nombrar a todos los animales, que fue exactamente lo que hizo. La indicación, entonces, cuando llegamos a Caín y Abel, es que ellos de hecho vivían en una casa civilizada en donde ambos tenían conocimiento, en donde ambos tenían las herramientas para domesticar y matar animales, para cultivar, plantar y cosechar sus semillas y hacer todo este tipo de cosas.

Los evolucionistas dicen que Abel jamás pudo haber tenido vasijas para transportar leche. Incidentalmente, dondequiera que lean acerca de esto, como donde dice que Abel era pastor de ovejas, implica en la palabra "oveja" la idea de "cabra". Las dos son inseparables. Entonces, él habría tomado leche de las cabras, pero ellos dicen que ni siquiera pudo haber inventado una cubeta para llevar la leche. Según esos teólogos liberales, Abel tampoco pudo haber tenido ningún tipo de herramienta para trasquilar una oveja e hilar la lana, ni tampoco para matarla. Dicen que Caín no pudo tener un hacha para cortar o para dar forma a la madera, ni tampoco pudo haber inventado un arado. Dicen que nunca pudo haber sido capaz de diseñar un molino o algo parecido para aplastar el grano y molerlo para hacer lo que él quisiera. No pudo haber tenido la capacidad de preservar un campo hasta que pudiera ser cosechado, no pudo haber sabido cómo levantar la cosecha y menos aún saber qué hacer con lo cosechado.

Pero lo extraño es que ellos lo sabían. La indicación que se nos da es que Abel era un pastor de ovejas. No que andaba en medio de las ovejas, sino que era quien las cuidaba. Caín era un campesino. Cuidaba la tierra, la removía y plantaba en ella. No creo que Abel y Caín hayan sido los primeros en tener esta información, sino que Adán también sabía mucho. Y lo más probable es que Adán haya obtenido esta información directamente de la boca de Dios y simplemente se la pasó a ellos. Esto lo podemos decir porque Génesis 2:15 dice: "Tomó, pues, Jehová Dios al hombre, y lo puso en el huerto de Edén, para que lo labrara y lo guardase". Así que el primer hombre creado supo cómo cuidar el huerto. Y como dije, en 2:20 tenemos la indicación de que Adán era inteligente. Dice así: "Y puso Adán nombre a toda bestia y ave de los cielos y a todo ganado del campo; mas para Adán no se halló ayuda idónea para él". Aquí lo vemos dando nombre a todos los animales. No está aullando o babeando; no era algún tipo de hombre salvaje y peludo, con cerebro de cacahuete, que aullaba, babeaba y andaba a brincos por todo el Edén; no es el eslabón perdido. Dentro de la historia de Dios no hay eslabones perdidos. En el pequeño y muy interesante libro titulado *La Cuenta Regresiva*, Hardy, que es el científico que lo escribió, dice: "La búsqueda del eslabón perdido es, en el mejor de los casos, Mr. Hyde. Si el evolucionista estuviera teniendo un verdadero enfoque científico, estaría buscando al menos tres millones de eslabones perdidos. Porque éste es el número aproximado que se necesita para demostrar esta teoría. Ya sea muerta o viva, no pueden producir un indicio científicamente aceptable de algún tipo de vida intermedia. Podemos decir entonces que sus muy capaces agentes de prensa tienen algunos esqueletos bien escondidos en el closet evolucionista". Escuchen: "El hombre de Nebraska, se decía que tenía un millón de años, reconstruido a partir de un diente, el cual se supo después de algún tiempo que era el diente de un cerdo extinto. Número dos, el hombre de Colorado, tiene el mismo proceso evolutivo que el hombre de Nebraska pero con un diente diferente, ésta vez relacionado con la familia de los caballos. Número tres, el hombre simio de Colorado, un digno primo del hombre de Colorado, su cráneo resultó ser el cráneo de un chango que había sido la mascota de alguien. El hombre de Piltdown, escarbando la capa de silicato de hace un millón de años, es el número uno entre los eslabones perdidos". Todos recordamos haber leído acerca del hombre de Piltdown. "Recientemente se demostró que era un fraude deliberado que engañó a los expertos por más de cuarenta años. El Sr. Piltdown, de algún modo, tomó prestada una mandíbula de un simio moderno. El hombre de Heidelberg, un jovenzuelo de tres millones de años de edad —muy guapo, por cierto— tenía una frente inclinada y nariz plana, todo a partir de una mandíbula inferior. Una mandíbula que muchos consideran que es bastante humana". Cómo es que ellos reconstruyeron la frente a partir de la mandíbula, es difícil saberlo. "El hombre de Java, con quinientos mil años de edad, su huesos fueron encontrados primero en el lecho de un río". Incidentalmente, los lechos de los ríos en cañones profundos son los lugares preferidos por los evolucionistas. "A través de las edades", dice él, "una gran variedad de huesos viejos es arrastrado para iniciar una fábrica de juguetes humanos armables. El hombre de Java estaba esparcido sobre un área de varios pies cuadrados y fue descubierto pieza por pieza, a lo largo de varios años. Fue primeramente descubierto en 1891, pero no fue adecuadamente examinado sino hasta 1923. Se halló que lo que al principio se creyó que era la tapa de su cráneo, en realidad era la rótula de un elefante, pero finalmente en 1937 se le consiguió una mandíbula y una tapa de cráneo que fue encontrada en la misma área. Muchos científicos han descartado al hombre de Java por completo debido a su nacimiento tan espectacular, pero desafortunadamente continúa en los libros de texto".

"Dicen los evolucionistas que el hombre de Neanderthal fue una raza de hombres-simios". Ésta es la transición. "Diferentes científicos han dicho en un momento u otro que la parte superior de su cráneo es la parte superior del cráneo alguien con retraso mental, un cosaco moderno, o un alemán antiguo". Me da risa, pero no hay relación con todo esto. "Muchos fragmentos de esqueletos han sido encontrados desde entonces y han sido etiquetados como Neanderthal. Muchos de los paleontólogos famosos consideran estos esqueletos como especies idénticas con el hombre moderno. En julio de 1958, en el Congreso Internacional de Zoología, el Doctor A.J. Ecave reportó que su examen del famoso esqueleto de Neanderthal que fue encontrado en Francia hace cincuenta años es el de un hombre viejo que tenía artritis. El hombre de Neanderthal, dijo, no era una criatura encorvada que andaba con las rodillas dobladas todo el tiempo, sino que era un hombre erecto que se movía como el hombre moderno. El Instituto Smithsoniano anunció recientemente que el hombre de Neanderthal incluso intentaba operaciones quirúrgicas —ni más ni menos que el Doctor King Kong. No es de extrañar que el evolucionista no esté buscando nuestro tipo de libertad. Se ha tomado suficiente libertad en su trabajo para que le dure toda una vida. Con un diente o una mandíbula, un poco de yeso, y una pizca de preconcepción, produce, como si fuera una línea de montaje, una familia entera de King Kongs, con la misma autenticidad que el Sr. Kong".

Así que cuando comienzas a examinar todo este concepto de eslabones perdidos, encuentras que los eslabones perdidos están, en efecto, perdidos. Pero cuando venimos al relato de Génesis, ya sea hablando de Adán y Eva o de Caín y Abel, establecemos el hecho de que funcionan como humanos en la misma manera en la que sabemos que funcionan los humanos.

Génesis 4:3-4, "Y aconteció andando el tiempo, que Caín trajo del fruto de la tierra una ofrenda a Jehová. Y Abel trajo también de los primogénitos de sus ovejas, de lo más gordo de ellas. Y miró Jehová con agrado a Abel y a su ofrenda". Ahora llegamos al tema central de Hebreos 11:4 que es la fe, y ésta es la clave para todo el capítulo, y esto es lo que buscamos encontrar ahí.

Leemos aquí que los dos trajeron un sacrificio. Esto nos dice varias cosas y quiero que lo tengan en mente. Esto es interesante. Número uno, esto me dice que había un lugar donde Dios debía ser adorado. Ellos tenían que traer este sacrificio a algún lugar. En el versículo 3, "Caín trajo" y en el 4 "Abel trajo también". Y dice en el versículo 3, "al Señor", indicando que el Señor estaba en algún lugar en donde se le podía traer algo. Tuvo que haber habido un lugar en algún lado donde ellos pudieran traer. Pienso que es muy posible que ese lugar estuviera al este de Edén, y tal vez ahí había un altar. El versículo 4 dice que Abel trajo un animal que había sido sacrificado, "y el señor miró con agrado a Abel y a su ofrenda". Así que por lo menos podemos decir que hay una buena indicación de que ya había un lugar para hacer ofrendas o que un altar ya estaba en ese lugar. Y es muy probable que en el mismo lugar donde Dios había colocado aquel ángel —recuerden que estaba al este de Edén con una espada encendida para que no pudieran regresar— ese fuera el lugar que Dios había establecido para que tuvieran contacto con Él. En Génesis 3:24, "Echó, pues, fuera al hombre, y puso al oriente del huerto de Edén querubines, y una espada encendida que se revolvía por todos lados, para guardar el camino del árbol de la vida". Así que es posible que ahí había un altar. Y no deja de ser interesante que en el momento inicial en que Dios expulsa al hombre, también provee un propiciatorio por medio del cual el hombre puede regresar y adorarlo. Y este propiciatorio, así como el que estaría después en Israel, estaría protegido por un querubín. La presencia divina estaba ahí de algún modo, cualquiera que quisiera acercarse a este propiciatorio para adorar a Dios lo podía hacer por medio de sacrificios. Así que había un lugar en donde Dios debía ser adorado.

La segunda cosa que debemos notar es que había un tiempo para la adoración. El versículo 3 dice: "Y aconteció andando en el tiempo" ("Y aconteció que al transcurrir el tiempo", LBLA). Si lo vemos en el hebreo, realmente dice "al final de los días", literalmente al final de cierto tiempo prescrito, era tiempo para el sacrificio. Tal vez Dios había revelado el Día de Expiación o un día de expiación, un día especial. Tal vez esta sea la primera ocasión, registrada aquí en el capítulo 4. Dios es un Dios de orden y es muy probable que si estudiamos los últimos tiempos en los que Dios operó con el hombre encontremos que estableció un tiempo en el cual ellos debían venir a Él. Pienso que esto también lo indicaba en virtud de que ambos vinieron al mismo tiempo, por lo que podemos ver que los dos tenían información con respecto a este día de sacrificio.

Tercero, había una forma concreta para adorar, no solo un lugar y un tiempo sino que también una manera de hacerlo. A Dios solo se le podía acercar un hombre por medio del sacrificio, solo se podía entrar en la presencia de Dios por medio del sacrificio. Los hijos de Adán y Eva definitivamente habían sido instruidos que había un lugar, que había un tiempo, y claramente podemos suponer que ellos habían sido también instruidos acerca de la forma en la que debían realizar este sacrificio. No habría manera en la que Caín o Abel hubieran sabido acerca de esto si no hubieran sido instruidos primero, si Dios no se lo hubiera dicho. Y ya que el concepto de sacrificio aparece aquí por primera vez, ellos debieron haber tenido información de parte de Dios acerca del tiempo, lugar y forma de realizarlos. Se puede suponer por la misma naturaleza de la situación, que ellos llegaron al lugar listos para ofrecer su sacrificio. Debió haber habido algo ahí que podrían usar para realizar su sacrificio. Llegaron juntos, al mismo tiempo, al mismo lugar. Y llegaron con ofrendas diferentes, pero Dios solo aceptó una de ellas, lo cual nos indica que Él había establecido previamente un modelo para ello.

En Hebreos 11:4, como ya leímos antes, aprendimos que fue por la fe que Abel ofreció su sacrificio. Pero, ¿de dónde llegó esta fe? Romanos 10:17 dice, "La fe es por el oír". No puedes poner tu fe en lo que no conoces, por lo cual asumir que Abel ofreció un sacrificio por fe también nos permite asumir que él escuchó de Dios lo que Dios quería y él creyó a Dios y obedeció a Dios, ¿lo ven? Si la fe viene con el oír, la fe de Abel debió haber venido por la información que recibió de Dios mismo. Él debió haber sabido cual era el modelo que Dios ya había establecido. Él había escuchado que Dios demandaba un sacrificio, creyó e hizo evidente su fe haciendo lo que Dios le había dicho que hiciera. No hay nada malo con ser labrador de la tierra, son personas maravillosas. No hay nada malo con ofrecer a Dios todo tipo de frutas y vegetales, granos, esto está bien. En Levítico 19:24 dice, "Y el cuarto año todo su fruto será consagrado en alabanzas a Jehová". Podemos ver que Dios tiene tiempos en los que le podían traer todo este tipo de cosas. Pero uno nunca traía primero frutas y vegetales, siempre la sangre era primero porque la sangre era necesaria para tratar con el pecado antes de que se pudiera entrar en la presencia de Dios. Había ofrendas de comida, ¿no es así? ¡Claro! De panes y tenían que mecer la gavilla de trigo ante Dios y todo eso; pero todo esto no era posible sino hasta que primero viniera la ofrenda por el pecado y la ofrenda por prevaricación. ¿Ven cómo la sangre debía venir primero, y después las otras cosas podían seguir? Sí, había ofrendas sin sangre, pero la sangre debía venir primero para tratar con el pecado.

Cuando Abel hizo lo que Dios dijo, mostró su obediencia y reconocimiento de que era pecador. Caín era desobediente y no reconoció su pecado. Es por eso que dice, por fe él trajo un más excelente sacrificio que Caín.

Y era mejor porque era de sangre. Dios lo había prescrito, no me cabe la menor duda, de otro modo él no podría haber tenido idea de qué era lo que estaba haciendo. Y si esto es verdad, dice que Abel ofreció mejor sacrificio y Dios respondió haciéndolo justo. Ahora, algo más: si Abel solo hubiera hecho esto por accidente, entonces, ¿qué derecho hubiera tenido para que Dios lo hiciera justo? Si éste hubiera sido solo un accidente que se le ocurrió a él y hubiera dicho, ah yo soy cuidador de ovejas, entonces yo le llevó una oveja. Y entonces Caín pensó soy un cuidador de tomates, entonces yo llevo tomates. Si esto fue por un puro accidente entonces, ¿sobre qué bases arbitrarias diría Dios, Abel, tú eres justo, y Caín, tú no? Esto equivaldría a decir: Me gustan las ovejas pero no soporto los tomates. Pero podemos ver que ya que Abel fue aceptado, eso quiere decir que en algún momento Abel escuchó lo que Dios dijo y obedeció. De otra manera no hay una premisa para su justicia o para haber sido aceptado. Y esto lo veremos ilustrado en otro pasaje del Nuevo Testamento. Dios solo acepta la fe. Abel le creyó a Dios y se le acercó y dijo: "Dios, esto es lo que tú dijiste que querías, y dijiste que si te lo traía perdonarías mis pecados. Lo traje, te creí, Dios. Reconozco mi pecado, reconozco el remedio prescrito. Aquí estoy".

Caín tenía la misma información, pero de todos modos trajo lo que él quiso. Hizo lo que él quiso siguiendo la gran tradición de su madre. Hizo lo suyo y lo de su padre. Caín no le creyó a Dios, pensó que podía acercarse a Dios con sus obras auto prescritas, trajo lo que él había recolectado y le mostró a Dios qué maravillosas eran estas cosas, cómo había cultivado la tierra y cosechado todo esto, y le dijo: "Aquí está todo ,Dios, ¿no es estupendo?" ¿Pero saben una cosa? Caín es el padre de todas las falsas religiones. ¿Saben qué es una falsa religión? Llegar a Dios de una manera diferente a la que Él ha prescrito. En esto consisten todas las falsas religiones.

Pedro dijo en aquel gran sermón: "Y en ningún otro hay salvación; porque no hay otro nombre bajo el cielo, dado a los hombres, en que podamos ser salvos" Hechos 4:12. La falsa religión dice: "Oh sí, sí lo hay". La falsa religión dice: "Yo puedo llegar a ese lugar porque pienso en mí mismo, en el Nirvana". La falsa religión dice: "Yo puedo llegar allá porque me siento en una esquina a meditar". La falsa religión dice: "Yo sigo los escritos de Mary Baker Eddy, o Annie Besant, o el juez Russel, o alguien más". La falsa religión dice: "Puedo hacer lo que yo quiera y solo necesito ser bueno, y si acumulo muchos puntos buenos a mi favor, llegaré allá". Y Caín fue el padre de todo esto. Dios dice: "Tengo el camino". Caín dijo: "No, yo pienso que el mío es mejor". Esto es falsa religión y Caín fue el primero, el padre de todas las falsas religiones. La falsa religión es un camino inventado por el hombre para llegar a Dios. "Hay camino que al hombre le parece derecho; pero su fin es camino de muerte" Proverbios 14:12. Los hombres siempre tienen su propio camino para llegar a todas partes, ¿no es cierto? Nunca olvidaré cuando estuvimos en Haifa en Israel cuando llegamos al templo Bahá'í. Ellos tienen nueve puertas para llegar a Dios, dicen que todos los caminos llegan a Dios. Esta es la mentira de Satanás.

Como veremos más adelante Caín, en primer lugar, no reconoció su pecado, y después no obedeció a Dios trayendo lo que Dios había prescrito por su pecado, y pensó que podría venir por su propio merito, mediante el plan que él mismo había inventado, pero Dios lo rechazó. Después en el 4:16 dice, "Salió, pues, Caín de delante de Jehová, y habitó en tierra de Nod"—la tierra de Nod, en su mismo nombre, quiere decir "vagabundear" o "deambular"—"al oriente de Edén". Sabemos que Caín tuvo hijos ahí, y construyo una ciudad. Y ésta fue la primera ciudad que se sabe fue construida en la antigüedad. Esto significó el inicio del sistema mundial, el cual cayó bajo el control de Satanás inmediatamente. Decidió ir por su propio camino, se fue de la presencia de Dios, y vean esto en Génesis 4:16, "Salió, pues, Caín de delante de Jehová". Por su propia voluntad y su propio deseo, se fue de la presencia de Dios. No se deben sentir tristes por el pobre Caín a causa de que Dios no aceptó su fruto. Él sabía qué era lo que Dios quería y simplemente no lo aceptó. Y la pregunta que nos llega siempre es, ¿cómo pudo Dios juzgarlo de este modo cuando no habían sido instruidos? Pero, mi querido amigo, lo sabían, lo tuvieron que haber sabido, Dios ya les había dicho. La justicia de Dios no es arbitraria, está basada en la obediencia a su plan prescrito. El asunto no fue ignorancia, fue pecado deliberado por parte de Caín. Abel fue justo, Caín no. Y para dar apoyo a este argumento leeré para ustedes un solo versículo, 1 Juan 3:12. Tal vez no sabían que 1 Juan habla de Caín y Abel, pero lo hace. El versículo 11 dice: "Porque este es el mensaje que habéis oído desde el principio: Que nos amemos unos a otros. No como Caín, que era del maligno" —identifica a Caín con Satanás, esto es hablar de sus motivos— "y mató a su hermano. ¿Y por qué causa le mató?" —¿Cuál fue la causa por la que mató a su hermano Abel?— "Porque sus obras eran malas, y las de su hermano justas". ¿Ven que Dios no fue arbitrario? Desobedecer es malo, obedecer es justo, así de simple. Dios les dijo lo que Él quería, y podían obedecerlo o no. ¿Pero, cómo podemos saber que el sacrificio ya había sido revelado por Dios? Esto lo tenemos que asumir de algún modo por fe, pero pienso que aquí hay un indicio. No mucho, sino más bien poco. Es interesante que cuando Adán y Eva fueron encontrados por Dios, Él les dijo: "Yo me voy a encargar de ustedes". Veamos Génesis 3:21, "Y Jehová Dios hizo al hombre y a su mujer túnicas de pieles, y los vistió". Esto es interesante, vemos aquí al Señor en acción y su acción nos habla de sacrificio. Cuatro cosas se dan a entender por el hecho de que Dios hizo túnicas de pieles para ellos: 1) Los pecadores necesitan ser cubiertos; 2) No podían ser cubiertos por algo manufacturado por el hombre, de hecho, ellos ya se habían hecho cubiertas de hojas, y Dios dijo: "No, yo les voy a diseñar su cubierta"; 3) Dios mismo tuvo que proveerla; 4) Fue obtenidas solo por la muerte, un animal tuvo que morir. Y de este modo, de una forma muy limitada, ésta fue la primera muestra de la importancia de la necesidad de un sacrificio para cubrir el pecado. Ésta es la única pista que tenemos de ello, pero sabemos por virtud del hecho de que hubo justicia e injusticia, que debía haber un estándar por medio del cual el hombre pudiera ser juzgado de esa manera, así que creemos que Dios reveló su estándar.

Entonces la fe, subrayen esto, la fe presupone revelación divina. Cuando alguien llega y dice: "Yo creo en creer", esto es tonto, o "No importa en qué creas, solo cree en cualquier cosa". Uno cree en una cosa, otro cree en otra y todos creemos lo que queremos creer y entonces todos vamos al mismo lugar. La fe presupone un estándar divino. ¿Saben qué? Caín creyó en sí mismo, pero creyó en algo equivocado. Pero Hebreos 9:22 dice que: "Sin derramamiento de sangre no se hace remisión". No hay perdón, sin importar lo que tú creas. Hay un estándar y Dios lo ha establecido. En Levítico 17:11 dice, "y la misma sangre hará expiación de la persona". Este es un estándar, esta es la revelación de Dios, esta es la indicación de Dios y no es arbitraria, es absoluta. La gente siempre dice: "Tienes la mente demasiado estrecha". Bueno, podría yo ser de mente abierta y solo decir mentiras, pero eso no ayuda a nadie. Este es el estándar que Dios puso, por eso hablamos de ello. Abel estaba listo para el sacrificio, la indicación de los primogénitos y separar las grosuras[1] indicaba que él ya había celebrado el sacrificio con el animal así que sabía lo que estaba haciendo (cf. Levítico 17:6).

Ahora, aquí es donde la vida de fe comienza, y vamos a mantener este pensamiento, la vida de fe comienza con un sacrificio por el pecado. Esta comienza creyendo a Dios cuando dice que eres pecador, que tú solo te mereces la muerte, que tú necesitas su perdón, y aceptas el plan que Él ha revelado. Este es el comienzo de la vida de fe. Y nadie vive por fe… Toots Shore, dueño de un club nocturno de Nueva York, dijo: "Yo no estaría donde estoy hoy si no fuera por el hecho de que creo en el Gran Hombre de arriba. Esto no es nada. Esto es artificial, es arbitrario. Ningún hombre puede vivir creyendo en Dios hasta que viene a Dios, y la única manera en que un hombre puede venir a Dios es cuando él viene a través del sacrifico prescrito de Cristo, reconociendo que es un pecador. No hay otro modo. No estoy diciendo esto por ser de mente estrecha, lo estoy diciendo porque es la verdad. Si vas al hospital y entra el doctor y te dice que tienes cáncer, puedes decir: "No me diga eso, no quiero saber nada

---

[1] La frase "de lo más gordo de ellas" (Gn. 4:4, RV60) se refiere a la grasa del cuerpo de los primogénitos de las ovejas de Abel, no a las ovejas más gordas de Abel, como pudiera entenderse a partir de esta traducción (cf. LBLA).

al respecto. Dígame que tengo un resfriado". Pero eso no te va a ayudar para nada. Tengo que decirte qué es lo que tienes para que te sometas al tratamiento. Quiero decir, que si tienes una enfermedad, tenemos que decírtelo. De este modo en Génesis 4 el camino a la cruz está firmemente establecido. Aquí está el primer cordero, el cordero de Abel, un cordero por un hombre. Después en la Pascua, un cordero por una familia, y después en el día de la expiación, un cordero por una nación, y después en el Calvario, un cordero por todo el mundo. Pero aquí está el primer cordero, el camino para la cruz comenzando a ser pavimentado. Por esto, Abel trajo el sacrificio correcto. Él reconoció que debía postrarse ante la verdad de Dios. Él debía reconocer que es un pecador bajo sentencia de muerte. No tenía excusas, no había méritos a los que pudiera apelar, lo mejor que tenía, como Isaías lo llamó, eran "trapos de inmundicia". Solo podía creer a Dios, es todo lo que podía hacer, y apostar su vida a que Dios es justo y que Dios está hablando en serio.

Pero Caín no era así, Caín creía en sí mismo. Y esta es la cosa más tonta que alguien puede hacer. No solo eso, era un hipócrita. Si realmente creía en él mismo, ni siquiera hubiera ido al altar. Él no solo era alguien que creía en sí mismo, sino que además era un hipócrita. Él encubrió su rebelión con actividad religiosa. "Aquí vengo, oh Dios, con mi pequeño sacrificio, ¿lo ves?" Él solo estaba siendo condescendiente con Dios. Un pequeño e interesante versículo, Judas 11, habla acerca del camino de Caín. ¿Saben cuál es el camino de Caín? Es hacer la voluntad propia, incredulidad, desobediencia, todo expresado en pretensiones religiosas.

La religiosidad es abominación a Dios. El fariseo y el publicano. El fariseo entra al templo y, por supuesto, se sube al podio y dice: "Te doy gracias porque no soy como los otros hombres" —voltea alrededor para asegurarse de que lo están viendo— "doy mis diezmos de todo lo que tengo, hago esto, hago lo otro". Y la Biblia dice algo interesante, él oraba consigo mismo. Lo dice porque esto nos asegura que él no estaba hablando con Dios. Seguramente decía: "Querido yo... Querido yo..." En la esquina había un hombre postrado, con su rostro en el suelo diciendo: "Dios sé propicio a mí que soy pecador. Y Jesús dijo, ese hombre se fue a su casa justificado, pero el otro no". Hipocresía religiosa. Así que Abel ofreció un mejor sacrificio, ¿por qué? Fue mejor porque fue basado en la obediencia: Dios dijo, hazlo de esta manera, y él lo hizo. Fue mejor porque estaba basado en la fe: le creyó a Dios. Fue mejor porque lo ofreció con disposición, lo hizo así porque quiso hacerlo. Y entonces trajo a su mejor oveja, él trajo de los primogénitos. Esto es lo mejor que tenía. La oveja número uno. Y de Caín solo se dice que trajo del fruto de la tierra, solo recogió un poco de lo que había por ahí y lo trajo. Así que "por la fe Abel ofreció a Dios más excelente sacrificio" Hebreos 11:4.

Por fe Abel fue justificado

Debido a esto es que Abel pudo obtener justicia de parte de Dios. Este es el segundo punto. Esto es interesante, veamos el versículo 4: "Y Abel, trajo también de los primogénitos de sus ovejas, de lo más gordo de ellas". Y observen: "Y miró Jehová con agrado a Abel y a su ofrenda; pero no miró con agrado a Caín y a la ofrenda suya". Dios no miró con agrado a Abel por lo que había dentro de Abel. Dios no dice: "Abel, tú me caes mejor, he revisado a los dos y tú eres el mejor". No dijo esto. Tampoco dijo: "Abel, me gusta tu forma de andar y la manera en la que te conduces. Abel, tú eres más fuerte, y eso me gusta. Caín, tú tienes un cojear muy gracioso". Hay personas que creen que Dios es tan superficial que en realidad se preocupa por su apariencia. Él no dijo: "Abel, creo que tú tienes una mejor disposición", para nada. ¿Notan que no hay nada en el texto que nos indique que Abel era mejor en algún sentido que Caín? Ambos eran pecadores. Lo único que hizo que Abel fuera justificado por Dios es porque hizo lo que Dios le había dicho, Caín no. Esta es la única diferencia. Esto es lo único que cambia la relación de cualquier hombre con Dios. No depende de lo bueno que seas, no es porque seas mejor o peor que alguien más; es por el hecho de que vengas a Dios en los términos que Dios ha establecido, esto es todo lo que Él pide.

Abel era tan pecador como Caín, pero él creyó a Dios y obedeció, y debido a esa fe le fue contada por justicia y Dios lo aceptó. Es este tipo de fe la que permite a Dios moverse para nuestro beneficio y hacernos justos. La verdadera fe siempre es obediente, siempre. Según Juan 8:30, "Muchos creyeron en él". Y entonces Él les dijo: "Si vosotros permaneciereis en mi palabra, seréis verdaderamente mis discípulos" (v. 31). Mucha gente tiene un tipo de fe superficial, pero los que se sostienen en ella y obedecen, ellos son los que en realidad son verdaderos creyentes. "Los demonios creen, y tiemblan", dice Santiago 2:19. Es por esto que Dios honró a Abel porque su fe era viva, viva en el sentido de que obedeció. No digas que tienes fe en Dios y que eres desobediente. Si realmente crees en Dios, obedece. Ve lo que dice Santiago en un poderoso pasaje: "Hermanos míos, ¿de qué aprovechará si alguno dice que tiene fe, y no tiene obras?" Santiago 2:14. En otras palabras, ¿cuál es la idea de andar por allí diciendo: "Yo creo, yo creo, yo creo", y cuando alguien ve tu vida, dice, "si eso es fe, la verdad no parece"? "Y si un hermano o una hermana están desnudos, y tienen necesidad del mantenimiento de cada día" y todo lo demás, y le dices: "Bien, ya sabes, espero que encuentres algo de comer", y lo despides. Ni siquiera le has dado la amabilidad que debe provenir del amor cristiano. ¿Qué quieres decir con que tienes fe? La fe debe producir algo en tu vida. En Santiago 19 y 21 dice: "Tú crees que Dios es uno; bien haces. También los demonios creen", pero "ellos tiemblan… ¿No fue justificado por la obras Abraham nuestro padre, cuando ofreció a su hijo Isaac sobre el altar?" En otras palabras, ¿no fue vista la evidencia de su verdadera fe en su disposición para sacrificar a su hijo? Dios le dijo: "Sacrifica a tu hijo". Abraham dijo: "Está bien, lo haré". Esto es obediencia. "¿No ves que la fe actuó juntamente con sus obras, y que la fe se perfeccionó" —y maduró— "por las obras?" (v. 22). Pueden ver su fe por aquello que estuvo dispuesto a hacer. "Y se cumplió la Escritura que dice: Abraham creyó a Dios, y le fue contado por justicia. Vosotros veis, pues, que el hombre es justificado por las obras, y no solamente por la fe". (vv. 23-24). Puedes pensar que esto contradice a Pablo, pero no, lo que esto dice es que visiblemente a los ojos de la gente y ante los ojos de Dios tu fe es solo real cuando es vista por medio de las obras. No puedes hacer obras para llegar a Dios, pero habiendo venido a Él, las obras se convierten en la evidencia. Efesios 2:10 dice que somos "creados en Cristo Jesús para buenas obras". Entonces, ¿qué pasó aquí? Abel fue obediente, él evidenció la realidad de su fe por medio de la obediencia. Y estoy seguro que si alguien le hubiera preguntado a Caín: "¿Caín, crees en Dios?" Él hubiera dicho: "Oh sí, claro, yo creo en Dios, oh sí, soy un fiel creyente de Dios". Pero él no obedeció a Dios. Me encanta lo que Dios dice en 1 Samuel 2:30: "Yo honraré" — escuchen bien— "a los que me honran". Esto es obediencia, solo obediencia. Y sabemos que solo hay una manera de honrar a Dios, Juan 5:23: "El que no honra al Hijo, no honra al Padre". No puedes honrar a Dios sin honrar a Jesucristo, no hay forma en que sea de otra manera. Esta es la manera que Él mismo prescribió.

Así que Hebreos 11:4 dice que Abel recibió testimonio o aprobación de parte de Dios. ¿Y cómo hizo esto Dios? ¿Vino Dios a él y le puso una estrellita de oro en la frente, o qué le hizo? ¿Cómo supo que fue aprobado? Esta es otra pregunta muy interesante. Pienso que el que habla soy yo, MacArthur. Hablo esto no como un mandamiento, sino como con permiso: pienso que Dios descendió y consumió su ofrenda. Estudien esto después, no los voy a ver todos pero anota y después estúdialos tú, Levítico 9:24, Jueces 6:24, 1 Reyes 18:38, 1 Crónicas 21:16, 2 Crónicas 7:1, todos estos pasajes indican otros momentos cuando Dios mostró su aprobación al enviar fuego para consumir el sacrificio. Este era un patrón de Dios, que el fuego cayera y consumiera la ofrenda, y pienso que esto es lo que pudo haber sucedido aquí, a pesar de que no se diga específicamente. Y si esto fue lo que pasó, entonces fuego cayó sobre la ofrenda de Abel, y no sobre la de Caín, y de este modo mostró su aprobación al sacrificio de Abel. Y cuando Dios aprobó lo que Abel hizo, Dios le imputó a él justicia, ¿no es esto milagroso? Porque él no era justo. ¿Sabes algo? Yo tampoco lo soy, no soy justo. Tú puedes decir, ya lo sé. Pero lo que estoy haciendo es enfatizar el punto. Yo tampoco soy justo. ¿Pero sabes algo? Debido a que creo en Jesucristo, porque esto es lo que Dios me dice que debo hacer, él me imputa la justicia de Cristo. La Biblia lo dice de este modo: "Él se hizo pecado por nosotros, Él, que no conoció pecado, para que nosotros pudiéramos ser hechos justos delante de Dios en Él". Así que yo no soy justo, no tengo más derecho de presentarme delante de la presencia de Dios que aquel derecho que tenía antes de ser salvado, ¿sabías esto? No tengo mayor derecho. Pero debido a que creo en Jesucristo, Dios me imputa justicia. Esto fue lo que ocurrió a Abel, Abel era el mismo antiguo pecador antes de esto, y ni siquiera tuvo al Espíritu Santo, no obtuvo nada. El salió de ahí con los mismos problemas que tenía antes de que llegara. Pero Dios dijo, todo está bien, tú me obedeciste, te imputó mi justicia. Y en contraste Caín no la obtuvo. Nunca el estilo de Caín la obtendrá. Las obras auto impuestas, la falta de reconocimiento de tu pecado, no la obtiene... no la obtiene. Y pienso en aquel pasaje de Judas 3 donde dice: "Amados, por la gran solicitud que tenía de escribiros acerca de nuestra común salvación, me ha sido necesario escribiros exhortándoos que contendáis ardientemente por la fe que ha sido una vez dada a los santos". Y escucha: "Porque algunos hombres han entrado encubiertamente, los que desde antes habían sido destinados para esta condenación, hombres impíos, que convierten en libertinaje la gracia de nuestro Dios, y niegan a Dios el único soberano, y a nuestro Señor Jesucristo". Hay todo tipo de personas corriendo alrededor bajo el disfraz de religión y negando a Cristo. Escucha lo que él les dice, sorprendente, en el versículo 11, "¡Ay de ellos! porque han seguido el camino de Caín". ¿Lo ves? Ellos se han puesto la máscara de la religión. Y pienso que la nota que tiene Scofield es muy buena. Él dice: "Caín es un ejemplo del hombre que es religioso de manera natural, el cual cree en Dios, y en la religión, pero para hacer su propia voluntad, y rechaza la redención por medio de la sangre". Rechazar el sacrificio sustitutorio, es rechazar el plan de Dios para la salvación. Esto es algo muy triste. Romanos 10:3 abre un pensamiento para nosotros: "Porque ignorando la justicia de Dios, y procurando establecer la suya propia, no se han sujetado a la justicia de Dios". Y el siguiente, 4: "porque el fin de la ley es Cristo, para justicia a todo aquel que cree". Ellos andan corriendo alrededor tratando de establecer su propia justicia; dejen de hacerlo, crean y obedezcan y la van a obtener. Esto es justicia imputada.

Vamos a Génesis 4:5. Cuando Caín no obtuvo ningún tipo de aprobación de parte de Dios se molestó un poquito. Versículo 5, "pero no miró con agrado a Caín y a la ofrenda suya. Y se ensañó Caín en gran manera, y decayó su semblante". Decayó su semblante. Estaba furioso. No hay cosa peor que un egoísta religioso confortado, ¿lo ves? Esto era algo muy difícil de manejar para él; no, en realidad no lo podía soportar. Versículo 6: "Entonces Jehová dijo a Caín: ¿Por qué te has ensañado, y por qué ha decaído tu semblante?" Este es un término vivido, no solo se sintió más sino que todo su rostro lo manifestó. ¿No es maravillosa la gracia de Dios? Simplemente pudo haberse acercado a Abel y decirle, bueno Abel de ahora en adelante somos solo tú y yo; Caín lo echó todo a perder. Pero Dios va a Caín, ve la gracia, Dios se dirige a él y le dice: Caín, ¿por qué estás molesto? Y aquí vemos... observen esto, aquí vemos el inicio nuevamente de la evidencia del carácter redentor de Dios. Vimos algo similar con Adán y Eva cuando Dios les prometió una simiente, y aquí Caín lo echó a perder y Dios inmediatamente va hacía él y le dice, Caín, tengo una pregunta para ti. Y le hace la pregunta, entonces vemos su carácter redentor. Versículo 7: "Si bien hicieres, ¿no serás enaltecido? y si no hicieres bien, el pecado está a la puerta; con todo esto, a ti será su deseo, y tú te enseñorearás de él". Este es un versículo muy difícil de traducir. Y en hebreo existen al menos 25 traducciones diferentes, esto porque es muy difícil poner las palabras en orden. Pienso que la mejor traducción es la de la versión New American Standard (La Biblia de las Américas, versión en español), por lo que la voy a citar para ti: "Si haces bien, ¿no serás aceptado? Y si no haces bien, el pecado yace a la puerta y te codicia, pero tú debes dominarlo". Dios le está diciendo, Caín mi altar sigue aquí, ofrece el sacrificio correcto en obediencia a tu fe y entonces serás aceptado del mismo modo que tu hermano. Esto es gracia pura. Pero si no lo haces Caín, el pecado está en tu puerta como una bestia al acecho, y está lista para saltar sobre ti para destruirte. Pero tú debes vencer eso. Ves como en la gracia de Dios le está extendiendo a Caín una oferta de arrepentimiento, para que regrese. Es una invitación de gracia. Pero Caín no la aceptó, no le interesó. Y nuevamente esto verifica el hecho de que la ignorancia no era el asunto aquí. Y también por el hecho de que Dios dice, si hicieres bien, implica que él sabía qué hacer, él sabía lo que era requerido. Él no quería hacer nada. Versículo 8: "Y dijo Caín a su hermano Abel: Salgamos al campo. Y aconteció que estando ellos en el campo, Caín se levantó contra su hermano Abel, y lo mató". Aquí tenemos la primera muerte en la historia de la humanidad, antes de esta no había habido otra. Y es interesante, cómo es que ellos sabían cómo matar, ¿cómo supo Caín como matar? Debió haber habido un precedente que estableció que la gente podía morir, y no solo cómo podían morir. Y pienso que esto fue desde el hecho del sacrificio, y previo al sacrificio el asesinato del animal para hacer túnicas. Y habiendo experimentado Adán y Eva la muerte de un animal en relación con las túnicas, Caín y Abel supieron esto en relación al sacrificio, él supo cómo hacer unos movimientos aquí y en el área correcta para que la vida fuera extinguida y de este modo él pudiera realizar el asesinato de su hermano. Y debido a la aparente conversación, Abel estaba completamente desprevenido. Así Caín condescendió con Satanás. En Juan 8:44 la Biblia dice que Jesús dijo, el diablo es asesino desde el principio, un asesino desde el origen de la humanidad. Este es el inicio de la humanidad, el principio de los asesinatos que Satanás ha perpetrado. Triste, ¿no lo creen? Y si continuamos leyendo, escucha que fue lo que sucedió, el Señor inicia hablando. Esto es algo excitante, en un sentido algo trágico: "Y Jehová dijo a Caín: ¿Dónde está Abel tu hermano? Y él respondió: No sé. ¿Soy yo acaso guarda de mi hermano?" Un tanto sarcástico con Dios. "Y él le dijo: ¿Qué has hecho? La voz de la sangre de tu hermano clama a mí desde la tierra". Ves lo que está pasando, no había manera posible en la que Caín pudiera esconder el hecho que había perpetrado, y ahora tenía que enfrentar a Dios. Esto es algo triste. Pero, él no tenía respuestas. Veamos en Génesis 4:11: "Ahora, pues, maldito seas tú de la tierra, que abrió su boca para recibir de tu mano la sangre de tu hermano". Dios dice, acepté a Abel, pero a ti te maldigo. Esta es una doble maldición, él está bajo maldición a causa de Adán, su padre, y ahora él obtiene la suya propia. Esto nos hace ver que todos los hombres estamos bajo maldición, pero hay algunos que están bajo doble maldición ya que ellos rechazan la salvación que Dios les ofrece solo por su gracia. Y luego, versículo 12, "Cuando labres la tierra, no te volverá a dar su fuerza". No vas a obtener nada de la tierra, te has enorgullecido de ser un labrador, pero nunca más vas a poder cosechar una sola cosa por el resto de tu vida. "Errante y extranjero serás en la tierra". Eso es triste, pero es la sentencia que Dios le puso. Caín debía andar huyendo y vagando por el resto de su vida. Pero Caín nunca podría huir de aquello que lo perseguía, porque lo que perseguía a Caín era la corrupción de su propio corazón. Todo tropiezo durante toda su vida escondería al mismo enemigo, toda sombra al mismo vengador, él nunca podría escapar. Y como podemos ver esto es lo mismo para aquellos que no son salvos, no hay lugar en el que se puedan esconder, rechaza la salvación de Dios y corre tanto como tú quieras correr, pero no hay lugar en el cual te puedas esconder. Tú estás cargando tu propio enemigo durante toda tu vida. Toda la vida para el hombre incrédulo es una búsqueda sin fruto, una carrera alocada por algo que nunca va a terminar. Y el versículo 13: "Y dijo Caín a Jehová: Grande es mi castigo para ser soportado". No puedo soportar esto Señor, estás exagerando, estas exagerando las cosas mucho. No hay remordimiento, no hay penitencia, no hay tristeza por el pecado, no hay suplica por la gracia, no hay un "de acuerdo Dios, te voy a llevar el sacrificio correcto", solamente "esto es muy difícil creo que no es lo más correcto". Se tuvo lástima a sí mismo, y dijo: "Mi castigo es más de lo que puedo soportar". Esto nos hace ver cómo los pecadores se tienen lastima a sí mismos, y culpan a Dios de ello. En Génesis 4:14 dice: "He aquí me echas hoy de la tierra, y de tu presencia me esconderé, y seré errante y extranjero en la tierra; y sucederá que cualquiera que me hallare, me matará". Estaba triste pero no estaba arrepentido, cuando hay remordimiento debe seguirle el arrepentimiento. El remordimiento es estar apenado por que fuiste sorprendido, el arrepentimiento es dar un giro de 180º y cambiar el hecho. Él estaba triste, pero no estaba arrepentido. Versículo 15: "Y le respondió Jehová: Ciertamente cualquiera que matare a Caín, siete veces será castigado. Entonces Jehová puso señal en Caín, para que no lo matase cualquiera que le hallara". Dios no instituyó la pena capital, así que dijo Caín no morirá, Caín vivirá. Había un castigo más grande en el hecho de que Caín tuviera que vivir toda su vida de la manera que la tendría que vivir en lugar de morir. Ni siquiera podía esperar tener la paz de la muerte pronto. Tendría que soportar toda su vida con esta conciencia pecaminosa, tendría que soportar el hecho de ser el asesino de su hermano, y no solo esto sino que también tendría la sangre de su hermano clamando desde la tierra toda su vida. Versículo 16: "Salió, pues, Caín de delante de Jehová, y habitó en tierra de Nod, al oriente de Edén". Y ahí va el primer apóstata, salió pues de la presencia del Señor, esto es apostasía. Le dio la espalda a Dios, y se fue, abandonó la gracia de Dios. Oh, que tragedia tan terrible, una tragedia muy triste. Así que Abel ofreció un más excelente sacrificio y alcanzó justicia. Caín intentó las obras y fue condenado.

Por fe Abel habla abiertamente aunque está muerto

Finalmente, por fe a Abel le fue permitido hablar abiertamente aun cuando ya estaba muerto. Vean en Génesis 4:9: "Y Jehová dijo a Caín: ¿Dónde está Abel tu hermano? Y él respondió: No sé. ¿Soy yo acaso guarda de mi hermano?" Y hebreos 11:4 dice: "y muerto, aún habla por ella". Pero escucha esto: "Y él le dijo: ¿Qué has hecho? La voz de la sangre de tu hermano clama a mí desde la tierra". Está muerto y sigue hablando. ¿Y a quién le está hablando? Primero que nada la voz de Abel está clamando a Dios y, ¿sabes qué es lo que está clamando? Venganza. Está clamando por venganza. "La venganza es mía, yo pagaré dice el Señor". Recuerdas como dice en Apocalipsis 6:9–10: "¿Hasta cuándo, Señor, santo y verdadero, no juzgas y vengas nuestra sangre en los que moran en la tierra?" Pero su voz no solo habla a Dios, habla estando ya muerto a Caín. En todo lugar que pisó Caín, toda tierra en la que posó su pie, fue acompañado con la conciencia de que él había matado a su hermano. Este pensamiento es tan poderoso. Escucha Génesis 4:11: "Ahora, pues, maldito seas tú de la tierra, que abrió su boca para recibir de tu mano la sangre de tu hermano". A todo lugar al que fue, fue como si la sangre de su hermano destruyera el cultivo. Vivió toda su vida caminando sobre la tierra que representaba la sangre de su hermano, esto nunca cambió. Estando muerto le habló a Caín…, toda su vida.

Y ahora habla a todos nosotros, ¿qué nos está diciendo? ¿Qué es lo que Caín está diciendo aquí? ¿Qué nos está diciendo Abel? Un sermón de tres puntos. Número uno: El hombre viene a Dios por fe, no por obras. Número dos: El hombre no puede seguir su razonamiento e ignorar la revelación. Él debe vivir bajo el estándar de Dios y obedecerlo. Número tres: El pecado de aquellos que no obedecen es condenado severamente. Así que Abel es el predicador, y él predica un sermón que carece de tiempo, y dice exactamente lo que el Espíritu Santo quiso que el lector de Hebreos 11:4 escuchara: "El justo por la fe vivirá".

Oración final

Padre te alabamos por haber podido escuchar este sermón. Sabemos Padre que solo la fe en Jesucristo te agrada. Te agradecemos por lo que nos has enseñado a través de la vida de Abel, y de su muerte también. Oramos en el nombre de Cristo Jesús. Amén.

REFLEXIONES PERSONALES

7 de Enero, 1973

02_Noé y la obediencia de la fe

Por la fe Noé, cuando fue advertido por Dios acerca de cosas que aún no se veían, con temor preparó el arca en que su casa se salvase; y por esa fe condenó al mundo, y fue hecho heredero de la justicia que viene por la fe.

Hebreos 11:7

BOSQUEJO

— Introducción

— Noé respondió a la Palabra de Dios

— Noé condenó al mundo

— Noé recibió la justicia de Dios

— Oración final

Notas personales al bosquejo

SERMÓN

Introducción

Nuevamente estamos en Hebreos, en el onceavo capítulo, en el verso séptimo. Puedes poner un marcador en tu Biblia ahí y al mismo tiempo otro en el capítulo seis de Génesis porque vamos a estar yendo y viniendo a estos dos.

Santiago dice: "la fe sin obras es muerta en sí misma". Y lo que quiere decir con esto es que la verdadera fe siempre tiene acciones que apoyan al que dice que la tiene. Santiago habla en el segundo capítulo acerca de un hombre que dice: "Oh sí, yo creo, yo tengo fe; sí tengo fe", pero no parece estar pasando nada en su vida para apoyar que su llamada "fe" es genuina. Si en realidad crees en Dios entonces habrá evidencia de ello en la forma en la que vives, esto es las cosas que dices y las cosas que haces. Y esto es lo que él dice cuando expresa, la fe sin obras es muerta en sí misma.

Ahora, la Biblia nos ha enseñado siempre, en todo lugar, que solo hay un camino a Dios y que este camino es solo por fe. Y también la Biblia dice mucho acerca de las obras. Algunas personas se confunden y entonces determinan que pueden llegar a Dios haciendo obras porque la Biblia dice que debes ser bueno y no pecar, ser obediente y amar a tu prójimo y otras cosas más. Pero lo que la Biblia está diciendo es que solo puedes venir a Dios por medio de la fe. Y entonces la genuinidad de tu fe es establecida a los ojos del mundo por medio de la bondad que hay en tu vida, y esta verifica el hecho de que en realidad tú crees. Ningún hombre llega a Dios por medio de las buenas obras, porque nadie es lo suficientemente bueno. Sin embargo las obras siempre serán un resultado de haber venido a Dios.

El apóstol Pablo simplemente lo pone de este modo: "Si alguno está en Cristo, nueva criatura es. Las cosas viejas pasaron y todas son hechas nuevas". Un cambio toma lugar de tal modo que su fe se hace evidente por el tipo de vida que está viviendo.

Ahora en Hebreos 11 tenemos los más grandes ejemplos de fe. Y en todos los casos de Hebreos 11 la fe genuina fue mostrada por medio de algo que ellos hicieron. La fe en sí misma es tan frágil, es casi una pertenencia etérea que solo se hace visible por medio de las obras y los hechos que la persona realiza. Si yo digo que tengo fe, tú no puedes verificar la genuinidad de ella a menos que veas algo que está sucediendo en mi vida que indique que yo en realidad confío en Dios. Es por esto que el libro de Hebreos en el onceavo capítulo, donde todos los héroes de la fe son enlistados en este maravilloso capítulo, y se encuentra uno tras otro a través de todo el capítulo, encontramos a todos ellos unidos juntos con algo que ellos hicieron en su vida y que mostró que en realidad ellos creían en Dios. La fe sin obras está muerta, esta es indeterminada, y no puede ser discernida.

En el libro de Hebreos este capítulo acerca de la fe encaja en un lugar muy importante. Al tiempo que el Espíritu Santo escribió el libro de Hebreos, el judaísmo se había deteriorado a un sistema de obras casi por completo. El judaísmo en su carácter verdadero siempre ha sido acerca de la fe. Aún en el Antiguo Testamento los hombres vinieron a Dios por medio de la fe. Pero después ellos lo empezaron a confundir hasta llegar a los hombres de estos tiempos y de esta época. Tenemos muchas cosas bajo el nombre "cristianismo" que no son otra cosas más que un sistema de legalismo propio junto con una justicia auto impuesta. En el judaísmo pasó exactamente lo mismo. Lo que inició como una operación de fe se deterioró en un sistema de obras. ¿Por qué? Porque el hombre comenzó a buscar su propia gloria. Al venir a Dios por medio de la fe no hay gloria para mí; pero al establecer un sistema de auto justificación el hombre roba la gloria a Dios. De este modo el deseo del hombre por glorificarse a sí mismo degeneró en un judaísmo torcido y convertido en un sistema de obras; como lo ha hecho el cristianismo. Y ahí tienes todo tipo de iglesias cristianas hoy en día con sus miembros y sus predicadores que no tienen ninguna conexión con Dios, pero según ellos están tratando de agradar a Dios basándose en hacer ciertas buenas obras.

Ahora, en el caso del libro de Hebreos, los judíos a los cuales el escritor se dirige, han estado en la corriente tradicional del judaísmo, y todos ellos han estado atados a ese sistema de obras. El liderazgo de Israel estaba basado en legalismo, ritualismo. Todos ellos se dedicaban a establecer su justicia propia, como lo dice Pablo. Todos ellos se dedicaban a llevar a cabo buenas obras y pensaban que Dios estaba guardando un registro en donde las buenas obras sobrepasaban a las malas y con esto Dios estaba contento. Todos ellos estaban ocupados tratando de conformarse a reglas; colaban el mosquito, les dijo Jesús, y se tragaban el camello. En otras palabras, ellos hacían todo un asunto de una cosa pequeñita, y después pasaban por alto algo gigante que en realidad era un asunto moral. El mismo grupo que no se atrevería a romper una varita en sábado ejecutaría al Mesías. Eso muestra la distinción. Ellos se negaban a realizar cualquiera esfuerzo manual el sábado, pero no tenían problemas en matar a su Mesías. Eran muy buenos en las reglas muy pequeñas, pero eran terribles en juicios de valor moral.

Así el judaísmo se había deteriorado en un sistema de obras. Y Dios odiaba esto como odia todo sistema de obras porque éste le quita el lugar que solo Dios tiene con el hombre. Como les dije hace algunas semanas, todos nosotros sabemos que en el principio Dios creó al hombre y también sabemos que el hombre desde entonces le ha tratado de regresar el favor. El hombre se ha hecho a sí mismo Dios. Ahora todo el sistema de obras, esta reinando en todo el trasfondo del libro de Hebreos. Esto es porque dentro del libro de Hebreos el Espíritu Santo está diciendo tienes que tomar a ese sistema de obras y hacerlo a un lado. Todo el Pacto tan bueno como era, no solo el deteriorado sino el real, el que era el perfecto que Dios dio, es hecho de lado ahora con Cristo. Él dice que Cristo es un mejor sacerdote, con un mejor sacerdocio, quien media un mejor Pacto, quien hizo un mejor sacrificio, y que su sangre es completa, final y completa y él va por todo Hebreos para mostrar cómo es que el Nuevo Pacto en Jesús es mejor que todo lo anterior.

Ahora él sabe también que no basta con solo presentar el Nuevo Pacto en Cristo, él también debe mostrarles cómo es que ellos pueden entrar en el Nuevo Pacto. Ellos dirían: Oh, esto está muy bien, me gusta el Nuevo Pacto, ¿cómo formo parte de este? No hay sacrificios que hacer, no hay un Templo al cual podamos entrar, no hay leyes de naturaleza externa que debo obedecer, no hay un ritual conectado a él, ¿Cómo formo parte de este? Es por esto que en Hebreos 10:38 él dice: "Mas el justo por la fe vivirá". Y les dice que el camino para entrar y tomar esta maravillosa salvación es en Cristo; la forma en la que lo haces tuyo no es haciendo nada, es solamente por medio de creer. Solo es por fe. Es solo diciendo a Dios, creo que existes, creo que eres galardonador de aquellos que te buscan, y creo que el único camino por medio del cual te puedo buscar y encontrarte, es por medio de Cristo, y vengo basándome en ello. Esto es fe. Por eso Él dice el justo por fe vivirá. Esta es la premisa sobre la cual un hombre entra al Nuevo Pacto.

Pero lo más interesante acerca de esto es que aquí hay una cita que sale de Habacuc quien es uno de sus antiguos profetas. Ese es el mismo principio del Antiguo Testamento, aún en el Antiguo Testamento los verdaderos santos vivían por fe. Pero hacía mucho tiempo que ellos habían olvidado los conceptos de fe. Tanto, que el Espíritu Santo toma once capítulos, cuarenta versos para re-explicar la fe con una clase para ellos.

Podrías decir, pero ellos eran personas religiosas, sabían el Antiguo Pacto. Sí, pero lo habían tergiversado en un sistema de obras al grado que habían olvidado la base de la fe. Entonces, que Él diga que el justo viviría por fe, no sería suficiente, todos dirían: Oh sí, la fe…fe… recuerdo esa palabra. Lo ves, eso era algo que había sido hecho de lado en un sentido muy real. Y por lo tanto Él debe detenerse y definir totalmente el tema de la fe lo cual hace en el capítulo 11. Este es el tema del onceavo capítulo, una definición de la fe.

Esto es importante, como ya lo dije, primero que nada porque ellos se habían olvidado de ella; se habían estado moviendo alrededor de un sistema de obras de justicia. También es importante para el Espíritu Santo hablar acerca de la fe de la manera que lo hace porque los judíos siempre se atemorizaban de algo nuevo que invadiera el carácter sagrado de su religión tradicional.

Sabemos que los judíos son gente muy tradicional. Los judíos ortodoxos de hoy hacen esencialmente las mismas cosas que ellos hicieron, mucho, mucho tiempo atrás, incluso antes de Jesucristo. Podemos decir que ellos se aferraban a su tradición tenazmente. Por lo que para alguien como los apóstoles del Nuevo Testamento venir y anunciar eso, era algo muy temerario; ya que amenazaba la solidez de su tradición. Esta fue la razón por la que se enojaron en contra de Jesús, la misma razón por la que se enojaron en contra de Esteban, la misma por la que se enojaron con Pedro y Juan, y la misma por la que se enojaron contra Pablo. Todos ellos fueron acusados por traer algo nuevo, diferente. El Espíritu Santo de Dios presenta la fe como un producto y entonces define la fe en el onceavo capítulo de Hebreos, y lo hace sin usar a una sola persona del Nuevo Testamento. Se va directo y por todos los héroes del Antiguo Testamento y dice: Miren, esto no es nada nuevo. ¿Ven la genialidad de esto? Va desde Abel y pasa por cada uno y no habla de nadie más sino de personajes del Antiguo Testamento que todos ellos conocen. No hay nada nuevo, lo que está diciendo es, lo que Dios siempre ha querido, es fe. Permítanme redefinirla de modo que ustedes la entenderán, y entonces verán que es lo que se supone que debieran estar haciendo.

El Nuevo Pacto no está enseñando algo nuevo, la fe siempre ha sido el único camino a Dios. La gente del Antiguo Testamento creyó en Dios, se dice de Abraham que creyó en Dios y que esto le fue contado por justicia. Toda la gente del Antiguo Testamento que es enlistada en el capítulo 11, inicia diciendo: "Por la fe Abel", "Por la fe Enoc", "Por la fe Noé", "Por la fe Abraham", "Por la fe… por la fe… por la fe", y de manera simple está diciendo, esta es la forma en la que se cree, y es la forma en la que se ha creído siempre, por fe. No hay nada nuevo, nada. Pero necesita ser redefinido porque ellos lo han olvidado desde hace mucho tiempo, y no solo eso sino que lo han transformado en un sistema de obras.

Inicia, lo recuerdan, con Abel en Hebreos 11:4, con la vida de fe. Y con él en realidad nos habla de lo que es la entrada a una vida de fe. Después se mueve a Enoc en el verso 5 y habla acerca del caminar de fe. Abel inició por la fe, Enoc continuó por medio de la fe.

Y tercero, llega a Noé en el verso 7. Noé ilustra lo que son las obras de la fe. Se puede decir que él es la obediencia de la fe. Las obras de la fe, Abel es la vida de la fe, el inicio; Enoc es el caminar de la fe, el continuar; Noé es el obrar de la fe, la obediencia. Esta es una antigua canción que estamos comenzando a amar aquí: "Confía y obedece". Noé ilustra la fe que es obediente. Él es el clásico de todos los clásicos que creyó en Dios. El que dijo, creo en Dios y después hizo algo para demostrarlo. Su fe no era muerta porque tenía obras.

El registro de Abel nos muestra la adoración a Dios. El registro de Enoc nos muestra la adoración y caminar con Dios. Y en Noé vemos a uno que adoró a Dios, caminó con Dios, e hizo obras para Dios. Entonces avancemos un paso más. Pasos progresivos en relación a la fe.

Es muy interesante que la fe obre de esta manera. Debes tener primero adoración antes de que puedas caminar, y debes tener un caminar antes de que puedas tener obras. Esta es la manera en la que Dios lo ha establecido. Este es el patrón que es divino.

Así que Noé nos lleva al siguiente paso. En Génesis capítulo 6, quiero leerte un verso y entonces regresaremos ahí en un minuto. El verso 9 dice: "Estas son las generaciones de Noé. Noé era hombre justo". Él era justo. Él fue justificado por fe. "Fue perfecto en sus generaciones", y "Noé caminó con Dios". Era justo, dice, *dikaios*, esto se traduce "justo", es la misma palabra que se traduce "justo", el griego *dikaios*, en la Septuaginta. Él era justo como Abel, caminó con Dios como Enoc, y trabajó (hizo obras) con Dios y ésta es una identidad singular en esta lista de la Escritura. Él fue obediente.

Pienso que mucha gente tiene el número uno, vienen a Dios por fe, algunos tienen el número dos, por un tiempo caminan con Dios. Algunos otros obran para Dios; este es Noé. Mucha gente cree mucho pero no hace nada. Otros en verdad creen en Dios y están comprometidos con eso.

No puedo dejar de pensar en esto, siempre estoy escuchando ilustraciones de sermones, alguien dijo que la única persona que puede usar todo lo que escucha es un predicador, ya sea que esto sea verdad o bien que sea una ilustración del error. Estaba yo escuchando una entrevista por medio de un comentarista de deportes muy particular, el cual estaba entrevistando a uno de los jugadores de los Pieles Rojas de Washington después de su victoria ante Dallas, y haciendo su comentario acerca del súper tazón que se aproxima. Le preguntó a un jugador cuáles eran las oportunidades que pensaba que tendrían en el siguiente súper tazón. Esto fue lo que él dijo: "Pienso que si tan solo hacemos lo que Mr. Allen dice, ganaremos". Esto es fe. Si tú entras a un juego y observas los ojos de los contrincantes en la línea, y piensas que detrás de esos ojos hay 135 kilogramos de furia, y te mantienes viendo a tu alrededor y simplemente haces lo que te dicen hacer, entonces ganarás. Esto es lo que este hombre cree. Esto es fe. La fe no es aquella que solo dice: "Sí", sino aquella que dice: "Voy a salir allí y voy a intentar hacer lo que me dicen". Literalmente este hombre se va a meter directamente a la batalla.

Esto es simplemente lo que es la obediencia de la fe. Es creer que si Dios lo dice, y tú lo haces, entonces vas a ganar. Esta es la obediencia de la fe. Ahora la fe de Noé fue estupenda. Va mucho más allá del simple razonamiento humano, al grado que no tiene sentido para la mente normal, a menos que el hombre conociera a Dios y tuviera algún tipo de discernimiento espiritual. De lo contrario sería un perfecto tonto para hacer lo que Noé hizo. Lo que digo es que, al hacer esto, él quedaría al nivel de alguien que piensa que es un huevo cocido —como dijo C.S. Lewis. No tendría mucho sentido salir de la lluvia para hacer una tontería como esta. He andado muchas veces por el Boulevard Balboa y he visto una lancha gigante que se encuentra en el patio trasero de alguien, y he pensado acerca del pobre hombre que vive ahí. ¿Qué está haciendo al construir ese monstruo en su patio trasero? Pero imaginar lo que hizo Noé, porque Dios le dijo lo que iba a suceder, cuando él no podía ver nada más allá de su confianza, es absolutamente estupendo. No solo creyó en Dios. Hubiese sido fácil para Noé decir: "Señor, en realidad confío en ti, y creo en ti, pero no sé…esto es va más allá". Él creyó en Dios hasta el punto que hizo algo completamente irracional solo porque Dios le dijo que lo hiciera.

Ahora bien, hay tres cosas en el versículo 7 que nos dicen que la fe de Noé era legítima. Tres grandes pruebas de la fe de Noé: 1) Él respondió a la Palabra de Dios. Esto es algo característico de la fe verdadera. Él respondió a la Palabra de Dios. 2) Él condenó al mundo. Él era un tipo de hombre de Dios al grado que su vida era un contraste. 3) Él recibió la justicia de Dios. Respondió a la Palabra de Dios, confrontó al mundo, y recibió la justicia de Dios. Estas son tres indicaciones clásicas de la verdadera fe. Si te topas con alguien que tiene fe genuina, él: 1) Responderá a la Palabra de Dios; 2) vivirá para confrontar al mundo; 3) Recibirá la justicia de Dios, la cual Él da a aquellos que creen.

Noé respondió a la Palabra de Dios

Primero que nada, la fe de Noé es válida porque él respondió a la Palabra de Dios. Veamos Hebreos 11:7: "Por la fe Noé, cuando fue advertido por Dios acerca de cosas que aún no se veían, con temor preparó el arca en que su casa se salvase". Detengámonos aquí.

Él creyó a Dios, tanto que construyó un arca. Esto aparece en la superficie para ser algo un poco tonto, pero todos nos podemos imaginar por todo lo que pasó con sus vecinos, las burlas, y todo lo que sucedió cuando él estaba ahí construyendo esa cosa. Pero Dios le dijo a Noé: Noé el juicio se acerca. Voy a destruir al mundo por medio de agua; así que será mejor que construyas un arca. ¿Y sabes qué fue lo que hizo Noé? Dejó todo e invirtió más de cien años construyendo un arca. En algún lugar en Mesopotamia, entre el río Éufrates y el Tigris, muchos kilómetros lejos de cualquier océano, toda su vida continuó concentrada en la preparación de aquello que Dios le dijo que iba a pasar. No sé tú, pero después de setenta u ochenta años yo hubiera empezado a cuestionarme. Me hubiera hecho viejo trabajando en el mismo barquito. Pero esta es la fe. La fe responde a la Palabra de Dios. Lo ves, la verdadera fe no cuestiona su obediencia.

Ahora la decisión es la misma para todo hombre, puedes vivir como si el mensaje de Dios fuera de poco valor o bien puedes vivir como si el mensaje de Dios sea de absoluta importancia, lo más importante que hay en el mundo.

Noé era un hombre como nosotros, él tenía muchas cosas que ocupaban su tiempo, para él abrir un paréntesis en su vida y dedicar su tiempo a construir un arca, sería un compromiso. Y es muy probable que ni siquiera entendiera mucho acerca de arcas porque él no vivía en un área en donde hubiera barcos para entrar al mar. A pesar de esto él escuchó a Dios y dedicó su vida a obedecer lo que Dios había dicho. ¿No es esto maravilloso? Hubiera sido una cosa muy diferente que él corriera a solicitar la madera, pero a diferencia lo vemos cien años después continuando con el ritmo de construcción. Lo que quiero decir, pienso que algunos de nosotros creemos en Dios tanto que corremos para iniciar su obra, pero después vemos que eso fue todo. Nunca pasa de ahí. Noé sí lo hizo, continúo lo que empezó.

Como puedes notar ahí dice: "Por la fe Noé, cuando fue advertido"… y el término "por Dios" no aparece en algunos de los mejores manuscritos, está en itálicas porque obviamente fue Dios quien habló: "Por la fe Noé, cuando fue advertido por Dios acerca de cosas que aún no se veían". Esta es la prueba de la fe. ¿Qué es lo que dice Hebreos 11:1 de lo que es la fe? "La certeza de lo que se espera, la convicción de lo que no se ve". Él no vio en absoluto agua. El Señor no le envió un poquito de lluvia por la tarde para que sintiera de qué se trataba. No tenía ni idea de que estaba pasando. Pero nos dice que él se movía con temor. Y puedes decir, sí ahí está el porqué de lo que hizo, Dios lo forzó y le dijo: Haz esto o te las verás conmigo. No, no pasó esto. La palabra temer puede darnos una impresión errónea en la que Noé actuó bajo la influencia de miedo, pero la palabra en griego habla de reverencia. Lo hizo porque él reverenciaba la Palabra de Dios, y Dios le había dicho que lo hiciera.

¿Sabes lo que la Biblia dice? ¿Dios manda a todo hombre en todo lugar a hacer qué? Arrepentirse. Algunas personas lo creen y se arrepienten; otros no lo creen. Noé creyó a la Palabra de Dios. Algunos de nosotros como cristianos escuchamos la Palabra de Dios: "Id y predicad el evangelio a todo el mundo". Algunos de nosotros escuchamos a Jesús cuando dice: "Y yo estoy con ustedes hasta el fin del mundo". ¿Lo creemos? ¿Creemos que somos adecuados para toda situación si fuéramos obedientes? Noé actuó con cuidado piadoso, esto es lo que eso significa. Cuidado piadoso, él trató el mensaje de Dios con gran reverencia y preparó el arca. Su fe fue honrada salvando a todos los de su casa. No solo él sino su esposa y tres hijos, Sem, Cam y Jafet, y sus tres esposas; ocho almas fueron salvadas.

Veamos este incidente, y para ello vayamos a Génesis 6 y veamos de cerca las fascinantes cosas que sucedieron, Génesis, capítulo 6…verso 14, iniciemos. Escucha esto: aquí está la conversación de Dios con Noé: Él le dice, "Noé", verso 14, "hazme un arca", o barco, o bote, "de madera de gofer,

45

harás aposentos en el arca, y la calafatearás con brea por dentro y por fuera". Aquí hay un reto para la fe a una escala sin precedentes. Quiero decir, ¿qué harías tu si Dios te pidiera que hicieras un barco de 20.000 toneladas en medio del desierto? Uno de los más grandes actos de fe en la historia del mundo fue cuando Noé estiró sus brazos y cortó el primer árbol. Vaya fe, o más bien fue cuando tomó la herramienta para ir a cortar el primer árbol. ¡Qué fe tan grande!

Notemos esto, es una nota al pie de página, la palabra "brea", hay muchas alegorías y mucho simbolismo en el arca, pero aquí encontramos un maravilloso pensamiento, la palabra brea en hebreo es exactamente la misma palabra que se usa para expiación. Puede ser traducida expiación o brea. Levítico 17:11 se puede leer de esta manera: "Porque la vida de la carne está en la sangre, y yo os la he dado para hacer brea sobre el altar por vuestras almas; y la misma sangre hará brea". Observa eso, el arca era segura, la brea mantenía las aguas del juicio fuera de ella. Y la brea en la vida del creyente es la sangre de Cristo la cual nos libra de todo juicio. No podía haber agua dentro del arca debido a la brea, y el juicio de Dios nunca puede tocar al creyente debido a que la sangre de Cristo lo ha sellado y salvado del diluvio de juicio. Este es un gran pensamiento.

Vea Génesis 6:15: "Y de esta manera". Dios le dio un plano detallado: "Y de esta manera la harás: de trescientos codos la longitud del arca". Existen muchas variaciones en cuanto a la medida de un codo, ya sea que hables de un codo común judío, o si quieres ser más sofisticado y hablar de un codo Babilónico, este puede ir de entre 44 cm. hasta 56 cm., pero digamos usemos la medida más pequeña para ser justos y digamos que probablemente era un poco más grande de esto. Dice que sería de 300 codos: "de cincuenta codos su anchura, y de treinta codos su altura". Esto sería algo así como 132 m. de largo, 22 m. de ancho, 13.2 m. de alto; esto es como de cuatro pisos de alto. Ya que tenía tres niveles, cada uno sería de aproximadamente de 2.904 mts^2, esto sería más de 20 canchas de basquet, con un volumen de un millón trescientos noventa y seis mil pies cúbicos. Esto es un barco muy grande. Estas medidas lo pondrían dentro de la categoría de los grandes barcos de acero que transitan los océanos hoy en nuestro mundo moderno. Y lo mejor que podemos decir es que era una especie de ataúd cubierto. Con un fondo cuadrado, aparentemente.

Pero es interesante estudiar estas dimensiones. Había una lección en Annapolis dada por un instructor naval, y era dada a todos los almirantes. Y en esta lección ésta era una de las cosas que se mostraban:

"Por siglos" —decía él— "el hombre ha construido navíos de varias proporciones. Pero desde que un maquinista naval británico encontró la fórmula *Dreadnought* para los buques de guerra, toda construcción naval sigue las proporciones de *Dreadnought* ya que han encontrado que son

02_Noé y la obediencia de la fe

científicamente perfectas". Entonces agregaba: "Las proporciones *Dreadnought* fueron exactamente las mismas del arca de Noé, así que Dios sabía cómo construir barcos".

¿Puedes imaginar estar construyendo esta cosa sin un dique y sin electricidad, sin velas, sin nada? Él tenía que confiar en Dios. Aun cuando llegó el diluvio no podías ir al lugar que tú quisieras, de cualquier forma no sabrías a dónde ir. Con frecuencia me llega este pensamiento: Qué afortunados fueron de poder encallar en un área plana del Ararat y no en una ladera, hubiera sido un desastre total.

Esto requirió una cantidad muy grande de fe. En Génesis 6:17, observa esto: "Y he aquí que yo traigo un diluvio de aguas sobre la tierra, para destruir toda carne en que haya espíritu de vida debajo del cielo; todo lo que hay en la tierra morirá". Esto es un poco difícil de entender. Él dice va a llover. Voy a traer aguas por medio de un diluvio. No es algo que sea fácil de entender. Quiero decir, Noé no tenía idea de lo que era la lluvia. Hasta sus días nunca había llovido sobre la tierra.

Vayamos a Génesis 2:5: "y toda planta del campo antes que fuese en la tierra, y toda hierba del campo antes que naciese; porque Jehová Dios aún no había hecho llover sobre la tierra..." Nunca había llovido. Verso 6: "sino que subía de la tierra un vapor, el cual regaba toda la faz de la tierra". Ni siquiera había desiertos ahí. Todo era regado por medio de un vapor que subía por debajo de la tierra. Tal vez era cubierta por este rocío e incidentalmente esta es la razón por la que la gente vivía tanto tiempo, los rayos del sol no podían pasar por medio del rocío. Era algo parecido a Venus, por lo que la gente vivía por siglos y siglos, y la razón por la que nosotros morimos, esto es básicamente por el proceso de deterioro que ocasionan los rayos del sol. Por lo que sin tantos rayos del sol la gente podía vivir por mucho más tiempo. Algunos de ellos vivieron más de 900 años. Si piensas que esta vida te aburre, no has vivido nada...

La gente vivió de esta manera hasta que finalmente llegó el diluvio y en ese punto dice la Biblia que Dios abrió las fuentes de los abismos. Y toda la atmósfera de la tierra fue cambiada y la vida del hombre inmediatamente se acortó porque los penetrantes rayos del sol chocaron directamente sobre la piel del hombre.

¿Quién esperaría que esto sucediera? Nadie tenía este concepto en su mente. La lluvia no encajaba en ninguna de sus categorías. Y también era muy poco probable que Dios destruyera a toda la raza humana. Lo que quiero decir, es que pareciera que su misericordia fue absorbida por su justicia. También el juicio estaba muy lejos, y Noé pudo haberlo racionalizado y decir, esto le da a la gente mucho tiempo para arrepentirse y reformarse, probablemente lo interpretaron de este modo en aquel tiempo. ¿Y sabes que es lo que lo hace mucho más increíble que Noé haya hecho esto? A todo lugar que él fue y lo predicó, nadie le creyó. Cuando todo esto se terminó, después de ciento veinte años, y llegó el diluvio, ¿quién subió al arca aparte de Noé y su familia? Nadie... ahora, yo lo sé desde la perspectiva de un predicador, predicar por 120 años y no tener a ningún seguidor, es algo difícil de soportar. Es probable que se empezara a cuestionar, ¿seré yo? He estado haciendo esto ya mucho tiempo y nadie me cree.

¿Puedes imaginar todo lo que tuvo que soportar cuando construía el arca? Ahí va el loco de Noé otra vez... todos los que pasaron cerca de donde construía el arca debieron burlarse de él. E incluso Noé pudo pensar, si en verdad va a llegar un diluvio, ¿cómo va a flotar este monstruo? Especialmente cuando junte a 2 animales de cada especie. No tenía ancla, no tenía un mástil, no tenía un timón, no tenía forma de barco, no tenía velas pero esto no importaba pues Noé no sabía nada acerca de navegación. Para poder hacer caso omiso de esto Noé simplemente creía en Dios. Pienso que si tú le dieras estas instrucciones a algún comité dentro de la Iglesia, nunca se lograría. Quiero decir, simplemente pensarían en quién se encargaría de la limpieza y nunca avanzaría el proyecto. Pero Dios se encargó de ello, solo les digo que pudo suceder esto.

En Génesis 6:18, no voy a destruir a todos, Dios dice: "Mas estableceré mi pacto contigo". ¿Te gusta esto? ¿Mi pacto? Dios dice, tú vas a ser mi hombre, voy a mantener la promesa que te hago, voy a cumplirte. ¿En que se basaba esto? Esto apunta atrás al verso 8: "Pero Noé halló gracia ante los ojos de Jehová". Era hombre justo, perfecto en sus generaciones, caminó con Dios y Dios le dice, tú eres mi hombre Noé. Tú y yo lo haremos juntos. El resto del mundo será ahogado. Noé halló gracia ante los ojos de Jehová.

¿Quieres saber algo? Noé no tenía ninguna gracia en sí mismo, entonces si la gracia no estaba en Noé, ¿en dónde estaba? En los ojos del Señor. La gracia es estrictamente algo que Dios da a quien Él quiere. Nada dentro del creyente puede apelar a Dios, Noé no era diferente a cualquier otro hijo de Adán, era tan malo como el resto. De hecho, solo después de que salió del arca, la terrible tragedia de Génesis 9:21: bebió vino, se embriagó y estaba desnudo en su tienda. Simplemente Noé arruinó todo. Pero, la gracia de Dios estaba a su favor porque la gracia de Dios está a favor de quien Él la quiere dar. Así que Dios pasó esto por alto e hizo un pacto con él. A Dios le plació extender su gracia a Noé.

Ahora vean esto, Génesis 6:19: "Y de todo lo que vive, de toda carne, dos de cada especie meterás en el arca, para que tengan vida contigo; macho y hembra serán. De las aves según su especie, y de las bestias según su especie, de todo reptil de la tierra según su especie, dos de cada especie entrarán contigo, para que tengan vida. Y toma contigo de todo alimento que se come, y almacénalo, y servirá de sustento para ti y para ellos". De este modo

02_Noé y la obediencia de la fe

Dios dice, ahora que has hecho el arca pon los animales dentro. Ahora imagina la escena, Noé esperando en la puerta y los animales apareciendo de todos lados, simplemente aparecieron. No hay otra manera de explicarlo, Dios estaba pastoreándolos para que entraran en esta cosa.

Algunos han calculado el arca, desde un punto de vista de espacio, tranquilamente podía contener 7000 especies de animales, lo cual es demasiado. Esto no necesariamente quiere decir que dos de todo animal que había en el mundo. Hay animales y hay especies de animales, y las especies de animales pueden crecer y crecer y crecer hasta que tienes vastas cantidades de las cuales puedes regresar a una sola especie básica. Por ejemplo, la paloma. Darwin encontró que si las casi interminables variedades de palomas se pusieran juntas y se les permitiera criar juntas ellas llegarían al palomo común. Por lo tanto, si solo hubiera dos palomas, o siete iguales porque siete de las bestias que se usaron para el sacrificio, si solo hubiera siete palomos encontraríamos a miles de variedades de palomas. Esto es también verdad en los perros, por ejemplo, si solo tuvieras dos perros e iniciaras de ahí, las interminables variedades de perros podrían ocurrir, lo mismo sucedería con los caballos. Y la evolución, tan débil como lo es, al menos puede asegurar esto. Todos los caballos, ya sean ponis, de carreras o de carga descienden de un común ancestro. Toda la raza humana vino de Noé y sus tres hijos. Uno de ellos era de ojos rasgados, otro negro, y el otro blanco. Así que solo dos bovinos pudieron representar a toda la familia de los bovinos.

Esto quiere decir que lo más probable fue que las especies fueron limitadas y con este mismo razonamiento asumimos que había suficiente espacio para todas las especies y para todo el alimento, y desde luego que había espacio extra para los animales del sacrificio, tenía que llevar siete de cada uno y había diez de ellos, según Éxodo, esto nos dice que había setenta animales extra.

Se ha estimado, y esto recientemente, que los mamíferos terrestres, es decir los animales terrestres que son más grandes del tamaño de una oveja solo tienen 290 especies en nuestros días. Los que van de una oveja hasta una rata, cerca de 757. Aquellos que son más pequeños que una rata, aproximadamente 1359. Así que a groso modo tenemos cerca de 2500 especies. El porcentaje de todos los animales, el tamaño promedio, es aproximadamente del tamaño de un gato, el cual requeriría menos de medio metro cuadrado. Por lo que no habría problema en meterlos todos dentro. Desde luego que sería un problema meterlos, pero me refiero a que el problema no sería logístico. Entonces, después llega este mandamiento extraño; cómo van a llegar ahí, cómo van a ser alimentados, quién se encargará de la limpieza del lugar y los demás asuntos que están involucrados en llevar animales a esta escala, humanamente los problemas eran muy grandes. No debemos olvidar que ellos estuvieron dentro del arca por casi un año. El mandamiento que tenía que obedecer Noé sorprende a nuestra mente. Pero él era un hombre de fe, por lo que inició la construcción.

Génesis 6:22, esto es sorprendente, "Y lo hizo así Noé; hizo conforme a todo lo que Dios le mandó". Su fe era sorprendente, hoy en día Dios viene al hombre y le dice: Cree en el Señor Jesucristo y yo cambiaré tu vida... y muchos no quieren obedecer esta simple promesa. Hay cristianos que conocen y aman a Dios, ellos dicen. Y Dios dice, quiero que tomes este ministerio, quiero que traigas a esa persona aquí y yo bendeciré tu vida cuando lo hagas. Quiero que confíes en mí en este momento de prueba por el que estás pasando, quiero que creas en mí en medio de esta situación que te está creando tensión y estrés, quiero que te apoyes en mí. Y aún ellos no quieren creer en Dios en esa situación; no hablemos entonces de construir un arca. Podemos decir que nuestra fe es absolutamente infinitesimal comparada con la fe de Noé. Vemos con más claridad como Noé era un hombre de fe. Vino por fe a Dios, caminó por fe con Dios, y ahora él obedecería a Dios por fe, aun cuando esto retaba a su imaginación para concebir lo que Dios le estaba pidiendo. Él creía en Dios, y creía que lo que Dios decía iba a suceder.

A algunos de nosotros se nos acaba la paciencia muy rápido, algunos se nos acaba la paciencia con Dios en una semana. Yo he orado una semana; Noé, ciento veinte años. Te puedes imaginar que día iba cuando comenzó a caer. Cuando el sol brillaba la conducta de Noé lucía como la conducta de un tonto. Puede ser que tenga que tomar un curso de acciones que parezca como locura al mundo pero esto es la obediencia, y esto nos corresponde a nosotros.

Mi padre nos contaba la historia de un hombre que caminaba con un letrero por delante y por detrás que decía por el frente, soy un tonto para Cristo; a lo cual todos se burlaban. Y conforme lo pasaban leían el que tenía por detrás que decía, ¿tú de quien eres un tonto? Eres un tonto para alguien. Yo seré un tonto para Dios, pero al final ganaré.

Noé exhibió una fe fantástica, ¿en qué se basaba su fe? En las palabras de Dios. Él creyó que Dios cumpliría lo que le dijo, creyó.

Pedro y sus amigos pescadores habían finalizado su labor del amanecer hasta el atardecer; sus trabajos habían sido en vano. Entonces el Señor entra en su barco y dice: Vayan hacia lo profundo y tiren sus redes, vamos a atrapar algunos peces. Y si conocemos a Pedro, sabemos que dijo: Hemos estado trabajando todo el día, ¿qué me puedes enseñar ahora? ¿Tengo que llevar este bote nuevamente al mar? Dijo: Maestro hemos estado trabajando toda la noche y no hemos atrapado nada. Pero se da cuenta y dice: En tu nombre vamos a echar las redes nuevamente. ¿Recuerdas lo que sucedió? Atrapó tantos peces que no podían subir la red al bote. Lo notaste, él tomó la palabra del Señor y la obedeció. Y a pesar de que su fe no era tan grande, Dios honró su fe.

Noé lo hizo, a pesar de que no podía ver el futuro, obedeció a Dios. Y lo hizo porque creía en la Palabra de Dios y la tomó con gran reverencia. Creyó en la Palabra de Dios acerca del juicio; también creyó en la Palabra de Dios acerca de la promesa. Y creyó en la palabra de Dios en todo aparentemente. Construyó ese artefacto como se suponía que lo tenía que construir, obedeció a Dios al pie de la letra. Tomó todo lo que necesitaba e hizo todo lo que necesitaba. Dice en Génesis 6:22: "hizo conforme a todo lo que Dios le mandó". No seleccionó las áreas en las que quiso obedecer.

Spurgeon dice esto: "Aquel que no cree que Dios va a castigar por el pecado, tampoco creerá que Él lo perdonará a través de la expiación por medio de sangre". Muchos quieren creer en Dios acerca de sus promesas pero rehúsan a creer en sus juicios, Noé creyó acerca de las dos cosas. Spurgeon continua diciendo: "Yo conjuro a los que profesan creer en el Señor para que no sean incrédulos con respecto a las tremendas amenazas de Dios a los malvados, crean las amenazas a pesar de que esto te estremezca hasta la sangre. Cree a pesar de que la naturaleza se consuma de manera abrumadora, porque si tú no crees, el acto de no creer en Dios en un solo punto, te llevará a dejar de creer sobre otros puntos de la verdad revelada".

Noé creyó a Dios no solo en la promesa que le daba sino que también le creyó que iba a destruir el mundo entero por agua. Creyó en ambos, creyó en Dios completamente. La primera cosa, entonces lo que solidificó su fe es que él creyó y respondió a la Palabra de Dios.

Noé condenó al mundo

La segunda cosa, él condenó al mundo, y esta es una verdad simple. Veámosla en Hebreos 11:7, dice: "Por la fe Noé, cuando fue advertido por Dios acerca de cosas que aún no se veían, con temor preparó el arca en que su casa se salvase; y por esa fe condenó al mundo". Esto es lo segundo, condenó al mundo, sé que era un hombre de fe porque era diferente. La característica del mundo incrédulo es simplemente que ellos no creen. Cuando encuentras a alguien que cree, este es diferente.

Noé era un predicador, ¿lo sabías? ¿Qué predicó? Te diré qué, te voy a dar un bosquejo para sermón, es muy, muy simple. En 2 Pedro 2:4–5, dice: "Porque si Dios no perdonó a los ángeles que pecaron, sino que arrojándolos al infierno los entregó a prisiones de oscuridad, para ser reservados al juicio; y si no perdonó al mundo antiguo, sino que guardó a Noé, pregonero de justicia, con otras siete personas, trayendo el diluvio sobre el mundo de los impíos". Pero espera, ¿qué contenía su sermón? Su sermón era ciento veinte años construyendo un arca, este era su sermón. Siempre que lo veían, siempre que lo veían derribando un árbol, todo el tiempo que lo vieron caminar con tablas sobre su hombro, todo hombre... incluso puede ser que contratara a alguien que le ayudara, estaba escuchando su sermón: "El juicio se acerca", "el juicio se acerca", "el juicio se acerca". Y estoy seguro después de años y años y años, todos ellos se hicieron indiferentes ante su sermón. Él predicó con su vida. Cada vez que derribó un árbol, cada vez que cortó una tabla, con cada pico que clavó, él predicó un sermón, el juicio viene, confíen en Dios como su refugio. Durante 120 años no hubo una sola respuesta a su sermón, pero él rechazó todo tipo de desánimo y por fe anduvo continuamente condenando el mundo en donde vivió. Condenó al mundo porque era un hombre de fe; el mundo no cree en Dios, si tú lo haces vas a estar condenándolo por el simple hecho de creer en Dios.

Es sorprendente pensar en esto, estoy seguro de que Noé tuvo que haber empleado a muchos de los hombres que había en sus alrededores porque sería imposible para Noé y sus hijos cargar las enormes tablas y las cosas que se necesitaron, como las vigas y otras cosas que había dentro del arca, debió tener algún tipo de ayuda incluso pagada. Y es interesante pensar que los hombres quienes lo estaban ayudando a construir esta cosa, nunca se sintieron seguros con ella. Estos hombres que le ayudaron, como lo hicieron sus hijos, simplemente tomaron su dinero y se fueron, pero finalmente perecieron en el diluvio. Así que como en aquel entonces, hay personas que asisten y ayudan a edificar la iglesia con su trabajo y con sus dones, quienes están perdidos y perecerán en la condenación que viene porque ellos no se sintieron seguros con Cristo.

Pero el viejo Noé predicó el mensaje. En Génesis capítulo 6, ve su vida en contraste. Verso 5: "Y vio Jehová que la maldad de los hombres era mucha en la tierra, y que todo designio de los pensamientos del corazón de ellos era de continuo solamente el mal". Esa es una situación muy mala, no había otra cosa más que maldad llevándose a cabo. Dios vio, y dio su veredicto, ellos están corrompidos; los ojos humanos son solo capaces de ver las acciones malas de los hombres, pero solo Dios puede decir qué hay dentro de su corazón. El verso 5 dice nuevamente, "y que todo designio de los pensamientos del corazón de ellos era de continuo solamente el mal". No solo sus obras sino que eran malvados desde su interior, desde su corazón; y Dios nos da su veredicto justo ahí. Solo Dios pudo escribir una sentencia como la del verso 5, porque solo Dios puede decir como Ezequiel 11:5 dice: "las cosas que suben a vuestro espíritu, yo las he entendido". Dios puede leer el corazón.

Génesis 6:6, "Y se arrepintió Jehová de haber hecho hombre en la tierra, y le dolió en su corazón". Dios no fue tomado por sorpresa, ni Dios cambia su pensamiento. Sino que aquí tenemos un antropomorfismo, o tienes una declaración acerca de Dios descrita en términos humanos. Desde el punto de vista humano pareciera que se arrepintió. En 1 de Samuel 15:29 dice, "el que es la Gloria de Israel", es decir el nombre de Dios, "no mentirá, ni se arrepentirá, porque no es hombre para que se arrepienta". Así que a los ojos de Dios nada cambió aunque humanamente da la idea de que Dios cambió su plan. Y ahora decidió destruir al hombre.

Me gusta el hecho de que no fue solo por su justicia, sino que su corazón estaba ofendido y entristecido. Génesis 6:7 te va a gustar: "Raeré de sobre la faz de la tierra a los hombres que he creado, desde el hombre hasta la bestia, y hasta el reptil y las aves del cielo; pues me arrepiento de haberlos hecho". ¡Oh, qué resolución tan terrible! Gran parte de la raza había sido poseída por demonios. Pienso que los hijos de Dios que descendieron y cohabitaron con las hijas de los hombres no eran otros sino ángeles caídos, demonios, era una raza confundida por la posesión demoniaca en donde los individuos demonizados habían cohabitado con las mujeres y producido una raza de demonios-hombres fuera de lugar, es por eso que Dios vino como destructor en contra de esa generación.

Vayamos a Génesis 6:12, "Y miró Dios la tierra, y he aquí que estaba corrompida; porque toda carne había corrompido su camino sobre la tierra". Ve esto, ellos habían corrompido el camino de Dios, lo que quiere decir que lo conocían y lo corrompieron. Romanos 1:21, 25: "habiendo conocido a Dios no le glorificaron como a Dios sino que se envanecieron en sus razonamientos, adorando más a las criaturas que al Creador". Le dieron la espalda a Dios, ellos corrompieron el camino de Dios.

Antes de que impugnes a Dios recuerda que Dios les dio toda oportunidad, toda oportunidad, pero ellos prefirieron su propio camino. La más corta definición de pecado en el mundo es, a mi manera. El hombre prefirió hacerlo a su manera.

Génesis 6:13, "Dijo, pues, Dios a Noé: He decidido el fin de todo ser, porque la tierra está llena de violencia a causa de ellos; y he aquí que yo los destruiré con la tierra". Voy a limpiar todo esto, dijo Dios. Todos se han ido por su propio camino, como en Isaías 53:6, "Todos nosotros nos descarriamos como ovejas, cada cual se apartó" ¿por dónde? "por su camino". El mundo estaba podrido, y Dios dijo, lo voy a juzgar.

Por toda la Biblia encontramos a Dios diciendo a sus escogidos, a su pueblo, acerca del juicio venidero. Amós 3:7 es un verso maravilloso, dice: "Porque no hará nada Jehová el Señor, sin que revele su secreto a sus siervos los profetas". Dios, inevitablemente, dirá a alguien lo que está por venir, un gentil pero contundente recordatorio y advertencia. Puedes decir, pero aún así me parece que Dios es horrible al simplemente venir y acabar con todo el mundo. Quiero decir que esto parece un poco el fin de su misericordia, y que su justicia lo tiene controlado. Pero no es así, escucha, es un hecho de que el tiempo de la paciencia de Dios acabará y que Él se presentará en justicia, es la única esperanza para un mundo condenado por el pecado. Si Dios no actúa para destruirlo entonces tendríamos que enfrentar una eternidad de pecado. La gente dice, bueno, ¿cómo puede venir Dios en juicio? ¿Cómo puede venir Jesucristo en juicio? Amigos míos, esa es mi esperanza. Es mi esperanza que todo pecado sea juzgado. No quiero vivir en un mundo eterno lleno de vileza y de pecado. Quiero el mundo que Jesucristo ha prometido. Dios es santo y justo, por lo tanto Él destruirá. Porque Él ya ha destruido mi pecado en Cristo. Pero no pienses ni por un minuto que no hay misericordia y gracia en la destrucción y el juicio, las hay. Barnhouse dijo, y cito: "El infierno es también una parte de la historia de amor de Dios, así como lo es el cielo". No quiero vivir en una tierra eterna llena de pecado, lo que sucede es que el juicio de Dios es tan lento, porque Él es muy paciente.

Observa esto, este es un punto que me estremece. Miremos Génesis 5:21: "Vivió Enoc sesenta y cinco años, y engendró a Matusalén". Él tuvo un hijo. Esto es grandioso. ¿Y qué tiene que ver Matusalén aquí? Su nombre es significativo. Escucha esto, su nombre significa: "Cuando él esté muerto, esto será enviado", esto tiene importancia, cuando él muera, esto será enviado. ¿No es este nombre tan interesante como para ponérselo de nombre a tu hijo? En este nombre hay revelación divina. Es como lo que le dijo a Enoc, ¿ves a ese bebé Enoc, al que acabas de tener? El mundo va a durar tanto como éste vivirá. Porque cuando se muera, entonces esto será enviado. ¿Qué será enviado? El gran diluvio para la destrucción. Así que el mundo duraría tanto como el hijo de Enoc viviría.

Primera de Pedro 3:20 dice: "cuando una vez esperaba la paciencia de Dios en los días de Noé". ¿Qué era lo que Dios esperaba? Estaba esperando que Matusalén se muriera. Y Dios dijo, no voy a enviar juicio a causa del nombre de Matusalén, hasta que él muera. ¿Qué tanto vivió Matusalén? Mucho más que cualquier otro hombre en la historia del mundo. ¿Te dice esto algo acerca de la gracia de Dios? Novecientos sesenta y nueve años. Así que antes de que impugnes la justicia de Dios, revisa el contexto. Él fue muy misericordioso. Nos debe impresionar saber que su gracia es de este modo. Qué gran exhibición de misericordia, esperó casi mil años para ver si el hombre cambiaba. Pero ellos solo siguieron incrementando el nivel de maldad. ¿Te das cuenta de que Dios sabe exactamente cuándo cruza el hombre la línea? Dios lo sabe.

Puedes decir, pero ellos nunca tuvieron la oportunidad de conocer la verdad. Pero vaya que lo supieron. Romanos 1:19 y 20 dice, que hay suficiente conocimiento de Dios dentro del hombre, hay suficiente conocimiento de Dios en la cosas visibles de la creación de tal modo que el hombre no tiene excusa. Ellos tuvieron la revelación de un redentor en Génesis 3:15, la promesa de la simiente de la mujer que heriría en la cabeza a la serpiente. La institución de los sacrificios expiatorios como un medio para acercarse a Dios ya existía desde Abel, así que ellos sabían cual era la forma de acercarse a Dios. La marca que fue colocada sobre Caín era un recordatorio constante de lo que Dios había enseñado sobre el pecado. Adán vivió 930 años y durante muchos de estos estuvo mostrando y diciendo a los hombres las consecuencias que el pecado trajo sobre él. La predicación de Enoc era una advertencia. La predicación de Noé era una advertencia. Génesis 6 capítulo 3 nos dice que el Espíritu contendía con el hombre. No podemos decir que ellos no supieran, claro que sabían. Simplemente se endurecieron y lo rechazaron.

Así era este malvado mundo negro en contra del cual Noé se distingue como una blancura reluciente de condenación. Tú no sabes que tan negro es lo negro, sino hasta que le pones el blanco a un lado. El hombre de fe se distingue y reprime su mundo de una sola manera, solo por la fe. Alcibíades, quien era un joven brillante pero rebelde en Atenas, acostumbraba decir esto a Sócrates: "Sócrates, te odio porque siempre que estoy contigo, tú me muestras quien soy".

Existe un peligro en la bondad, ¿sabes por qué? Porque en la luz de ella la maldad es condenada. Y simplemente vivir la vida de fe en acciones como las de Noé, trabajando en el trabajo de la fe es vivir reprimiendo a un mundo corrupto. Noé puso en relieve la incredulidad de la raza humana, solo por su fe. Y se rieron de él, como lo siguen haciendo hasta hoy.

¿Y sabes algo que es impactante? Mateo 24:37 dice esto: "Mas como en los días de Noé, así será la venida del Hijo del Hombre". No habrá nada diferente. ¿Cuáles eran las características de los días de Noé? Bueno, se burlaban de la predicación del evangelio, de su venida. En los días de Noé los hombres se multiplicaron. Génesis 6:1, "Aconteció que cuando comenzaron los hombres a multiplicarse sobre la faz de la tierra". Algunos dicen que hoy esto se ha duplicado, la explosión de la población y por lo tanto estamos más cerca de la venida del Hijo del hombre.

En los días de Noé Dios estaba lidiando pacientemente con el mundo pecador. Y así lo está haciendo Dios hoy, lidiando pacientemente en su gracia. En los días de Noé el Espíritu de Dios contendía con el hombre. Por lo que dice que el Espíritu de Dios no contenderá con el hombre siempre, con la contienda estaba el hecho de que el Espíritu se retiraría. Así como estuvo el Espíritu entonces está hoy con nosotros pero con la promesa de 2 Tesalonicenses 2 que el Espíritu de Dios es quien al presente detiene la maldad pero un día será quitado. En los días de Noé el mensaje fue rechazado, como lo es hoy día. Así como en los días de Noé hubo un remanente que encontró gracia, así lo hay hoy. Y como alguien dijo, en los días de Noé, Enoc fue milagrosamente llevado, esta es una ilustración del rapto de los santos antes del juicio.

En los días de Noé había actividad demoníaca sobre la tierra, como la hay hoy. No es diferente. Dios vendrá en juicio, no por medio de agua sino por medio de fuego. Así que vemos al hombre de fe, y sabemos que tuvo una verdadera fe porque: 1) Respondió a la palabra de Dios. 2) Él reprimió al mundo. Su fe resaltó como una luz brillante en contra de la oscuridad del mundo.

3) Tercero, y último, su fe fue real porque él recibió la justicia de Dios. Oh, amo el final del verso en Hebreos 11:7. Dice: "y fue hecho heredero de la justicia que viene por la fe". Solo hay una forma de adquirir la justicia de Dios. ¿Cómo es? Por fe. ¿Puedes hacerlo por ti mismo? ¿Puedes jactarte de tu propia justicia? Desde luego que puedes hacerlo, pero, ¿sabes qué es eso para Dios? Trapos de inmundicia. Solo hay una manera en la que un hombre puede entrar a la presencia de Dios, y esta es cuando él tiene la justicia de Dios. La única manera en la que tú puedes tener la justicia de Dios es por fe. Ahora, si tú quieres lograrlo por ti mismo, la obtendrás pero eso no vale nada.

Noé recibió la justicia de Dios

Noé es el primer hombre de la Biblia en ser llamado justo. En Génesis 6:9 Noé es llamado varón justo. En el griego es la misma palabra, *dikaios*, justo. Y la única forma en la que un hombre puede ser justo es por fe. Así que Noé, si dice que se convirtió en heredero de la justicia, solo hay una manera en la que se puede ser justo, esto es por fe, por lo tanto él debió ser un hombre de fe. De este modo la tercera forma en la que sabemos que él era un hombre de fe, es porque fue declarado justo.

Puedes preguntarme, ¿acaso tú eres justo? Sí, lo soy, soy justo. No digo esto para jactarme o por soberbia, pero soy tan justo como Jesucristo. Y dices, MacArthur eso es todo. Esto es verdad, es verdad sin importar lo que mi esposa diga, es verdad. Puedes preguntar, ¿es esto algo que se vea de manera práctica en tu vida? ¿El que tú seas tan santo como lo es Cristo? No, no lo es. Simplemente es que la justicia de Cristo ha sido imputada en mí solo por fe. Este es un principio tremendo, realmente grande.

Los judíos corrían tratando de establecer su propia justicia. Y Pablo les dice en Romanos 3:20, escucha esto, "ya que por las obras de la ley ningún ser humano será justificado delante de él". No podrás tenerla si lo haces de esa manera. Verso 21, "pero ahora, aparte de la ley, se ha manifestado la justicia de Dios…" Verso 22, "la justicia de Dios por medio de la fe en Jesucristo, para todos los que creen en él. ¿Lo ves?

Ahora si lo ves por medio de lentes color de rosa, todo se ve color de rosa. Si lo ves por medio de lentes azules, todo se ve azul. ¿Pero sabes cómo te ve Dios a ti? Te ve por medio de la santidad de Jesucristo, y entonces tú te haces santo. Dios estaba viendo a Noé a través de lentes que revelaban la santidad de Jesucristo. Él ve a todos los creyentes de la misma manera, en Cristo.

Así puedes notar como Noé ilustra la vida, el caminar y el obrar de la fe en todas sus formas. Él es un modelo de hombre de fe. Y sabes, Dios necesita más hombres y más mujeres como Noé. Dios, ayúdame a ser como él, a creer verdaderamente en Dios, para confiar en la obediencia a Dios sin importar lo estrambótico o lo extraño, o lo difícil, o lo que tus mandamientos me saquen de mis rutinas o costumbres, Dios, ayúdame a obedecer. Quiero que mi fe obedezca a la Palabra de Dios sin importar qué difícil sea, quiero que mi fe se distinga como una reprimenda al mundo corrupto. Quiero que mi fe sea lo que haga que Dios me haga justo delante de Él.

Amados, el juicio viene. Yo estoy aquí como un Noé fuera de contexto diciendo, Jesús viene. Y estoy seguro que ninguno de nosotros tiene 120 años. Pero Él viene para ejecutar su juicio. El apóstol Pedro dijo: "Pero el día del Señor vendrá como ladrón en la noche, y los cielos pasarán con gran estruendo y los elementos se fundirán con calor abrazador, también la tierra, y todo el trabajo que hay sobre ella será quemado". Todos los que estén en este mundo serán quemados por la flama del juicio, el juicio vine.

Ahora lo puedes creer o no creer. Puedes evaluar tu vida de la manera que la vivas, y continuar de la misma manera, o si lo deseas puedes cambiar. Es tu decisión. Pero recuerda solo esto, si Dios no perdonó a los ángeles que pecaron, si Dios no perdono al mundo antiguo sino que lo inundó, si Dios no perdonó a Sodoma y Gomorra sino que las destruyó con un infierno, ¿quién eres tú para pensar que Dios perdonará a este mundo malvado?

Siempre recuerdo lo que la esposa de Billy Graham dijo: "Si Dios no destruye nuestro mundo, Dios se tendrá que disculpar con Sodoma y Gomorra". El juicio es inminente, y la única seguridad es refugiarse en el arca que es Jesucristo. Oremos.

Oración final

Padre te agradecemos por haber aprendido un poquito acerca de la fe de Noé. De que nosotros solo podemos acercarnos a ti basándonos en la fe. No tenemos nada en nosotros que te podamos ofrecer. Por nosotros mismos no tenemos valor, solo por Cristo. Dios haz que seamos hombres y mujeres de fe. Permite que creamos en verdad y que podamos vivir de acuerdo a ello. Aun aquellos de nosotros que somos cristianos, viendo que sabemos estas cosas, sin importar lo que la gente piense de nosotros. Que podamos vivir la santidad y una vida sin culpa, esperando el gran día cuando tú regreses. Que seamos encontrados en Cristo sin mancha, sin culpa, viviendo en paz. Dios, ayúdanos para vivir una vida como la que vivió Noé. Ayúdanos a ocuparnos haciendo las cosas que nos hacen estar preparados y para que el mundo esté preparado para el día de juicio que viene.

Pensamos en Pablo que dijo: "Sabiendo los terrores del Señor, persuadimos a los hombres". Permítenos vivir conscientes de que el juicio viene.

Padre, oramos también por aquellos que están aquí y que no conocen a Cristo. Para que ellos puedan entregar sus vidas a Él. Para que ellos puedan simplemente poner su confianza en Él. Para que puedan entrar al arca de la seguridad. Para que puedan vivir por fe. ¡Oh, qué hermoso es creer en ti! Nos has mostrado que eres digno de fe. No permitas que nadie vaya a su casa sin haber puesto su fe en ti. Nuestro Padre, oramos para que aun cuando cantamos puedas hablar a los corazones y que muevas a la gente para que te puedan conocer, aún a aquellos que se dicen cristianos y necesitan realmente vivir con fe. Padre, hay personas que creen en ti, pero que no están trabajando para ti, para que tú puedas traerlos a ti, para que se nos puedan unir y servir con nosotros aquí como miembros de un servicio en alguna área en particular. Padre, habla a todos nuestros corazones y trae a todos en oración, trae a aquellos que necesitan ser aconsejados, que no se avergüencen de solicitar ayuda. Te agradecemos por ellos y por el trabajo perfecto que harás en ellos, oramos en Cristo Jesús. Amén.

REFLEXIONES PERSONALES

21 de Enero, 1973

03_La fe de Abraham

Por la fe Abraham, siendo llamado, obedeció para salir al lugar que había de recibir como herencia; y salió sin saber a dónde iba. Por la fe habitó como extranjero en la tierra prometida como en tierra ajena, morando en tiendas con Isaac y Jacob, coherederos de la misma promesa; porque esperaba la ciudad que tiene fundamentos, cuyo arquitecto y constructor es Dios. Por la fe también la misma Sara, siendo estéril, recibió fuerza para concebir; y dio a luz aun fuera del tiempo de la edad, porque creyó que era fiel quien lo había prometido. Por lo cual también, de uno, y ése ya casi muerto, salieron como las estrellas del cielo en multitud, y como la arena innumerable que está a la orilla del mar.

Conforme a la fe murieron todos éstos sin haber recibido lo prometido, sino mirándolo de lejos, y creyéndolo, y saludándolo, y confesando que eran extranjeros y peregrinos sobre la tierra. Porque los que esto dicen, claramente dan a entender que buscan una patria; pues si hubiesen estado pensando en aquella de donde salieron, ciertamente tenían tiempo de volver. Pero anhelaban una mejor, esto es, celestial; por lo cual Dios no se avergüenza de llamarse Dios de ellos; porque les ha preparado una ciudad.

Por la fe Abraham, cuando fue probado, ofreció a Isaac; y el que había recibido las promesas ofrecía su unigénito, habiéndosele dicho: En Isaac te será llamada descendencia; pensando que Dios es poderoso para levantar aun de entre los muertos, de donde, en sentido figurado, también le volvió a recibir.

Hebreos 11:8–19

Sermones temáticos sobre Pablo y liderazgo

BOSQUEJO

— Introducción

— El peregrinaje de la fe

— La paciencia de la fe

— El poder de la fe

— El positivismo de la fe

— La prueba de la fe

— Oración final

Notas personales al bosquejo

SERMÓN

Introducción

Continuando con nuestra serie del libro de Hebreos llegamos al capítulo 11, en donde veremos la vida cristiana por medio de la fe. Esta es una gran sección para enseñar los principios básicos para vivir por fe. Solo hay dos formas de vivir la vida; uno es andando por vista, basar todo lo que haces solo en lo que puedes ver, este es un enfoque empírico, el otro es vivir por fe, basado en lo que no puedes ver. El cristiano vive por fe, basamos nuestras vidas en aquello que nunca hemos visto. Nunca hemos visto a Dios, nunca hemos visto a Jesucristo, nunca hemos visto el cielo, nunca hemos visto el infierno, nunca hemos visto al Espíritu Santo, nunca vimos a ninguno de los individuos que escribió la Biblia, nunca hemos visto un manuscrito original de la Biblia, nunca hemos visto ninguna de las gracias que Dios dice que nos dispensa, todas ellas no son tangibles, no son visibles al ojo, al ojo humano, pero nosotros ponemos nuestra confianza, no solo nuestra vida sino que nuestro destino eterno en aquellas cosas que nunca hemos visto. Esta es la forma en la que vive un cristiano.

La vida de fe tiene algunos ingredientes específicos y pienso que ellos están explícitamente señalados aquí en este texto en particular que habla de Abraham, Hebreos 11 iniciando con el verso 8 y hasta el 19 nos presenta a Abraham como un patrón para la fe. Y recordará que en el libro de Hebreos el escritor presenta la prioridad del Nuevo Pacto. Israel había seguido siempre el Pacto que Dios hizo en el Antiguo Testamento, los sistemas sacrificiales, ceremoniales, etc., etc. Siempre habían creído que esto provenía de Dios. Sin embargo, ellos habían permitido que éste se deteriorara y se convirtiera en un sistema de obras en donde el Antiguo Pacto se había convertido en nada más que un ritual de obras. El escritor de Hebreos nos dice, permítanme enseñarles un Nuevo Pacto. El Nuevo Pacto en la sangre de Jesucristo reemplaza al Antiguo Pacto y es un Pacto de fe. Este es uno en el que ustedes solo tienen que creer, no tienen que hacer obras para obtener la aprobación de Dios. Aun en el Antiguo Pacto no tenían que ganarse la aprobación de Dios, no tenían que ganarse a Dios por medio de obras sino que ellos malinterpretaron todo y lo convirtieron en sistema de obras.

Así que él les presenta todo el Nuevo Pacto a través de los primeros diez capítulos. Concluye el capítulo 10 diciendo, ustedes se adhieren a este Pacto por medio de la fe. Pero en este momento ellos están desde hace mucho ya separados de la fe al grado que probablemente ya se les olvidó qué es y cómo funciona, así que el autor de Hebreos usa todo el capítulo 11 describiéndoles qué es y cómo funciona la fe.

03_La fe de Abraham

Lo primero que vimos fue a Abel y la vida de fe, después avanzamos a Enoc y vimos el caminar de fe, después avanzamos y vimos a Noé con las obras de la fe; ahora llegamos a Abraham. Pero Abraham se convierte en todo un patrón detallado para la fe. Abraham revela la totalidad de la vida de fe. Todos los ingredientes que forman una vida real de fe. Y el hecho de que use a Abraham es algo tremendo porque, verás, los judíos trazaban su linaje hasta Abraham quien era considerado el primero de su raza. Él fue el elegido de Dios. De este modo Abraham es una ilustración estratégica. Si Abraham vivió por fe entonces esto es lo que forma el patrón. Los rabís habían enseñado siempre que Abraham agradó a Dios por sus obras. Los rabís habían enseñado siempre que Dios buscó alrededor de la tierra y encontró a un superhombre justo y recto y éste era Abraham, y que Dios lo eligió basándose en la justicia y rectitud que mostró para elegirlo. Esto tiene que ser contrarrestado, eso necesita ser contradicho. Abraham no era justo porque en sí mismo era santo, él era justo porque era un hombre de fe y Dios le imputó justicia a él.

El autor establece aquí que Abraham vivió por fe. Y si Abraham lo hizo, así lo debe hacer cualquier otro judío porque Abraham es el que estableció el patrón. Por ejemplo en Hechos 7, cuando Esteban quiere traer una ilustración de fe, usa a Abraham. En Romanos 4 cuando Pablo quiere usar una ilustración de fe, ésta es Abraham. Abraham es el clásico ejemplo de una vida de fe, siempre usado ante los judíos. Esteban estaba hablando a judíos, a judíos no palestinos en la primera parte de su ministerio, pero cuando habló de Abraham él estaba hablando a los líderes de Israel en Jerusalén. Pablo en Romanos 4 estaba estableciendo el terreno para argumentar a un judío, el terreno teológico, pero su antagonista era un judío y él usa a Abraham como la ilustración de la fe. El escritor de Hebreos está escribiendo a judíos y también usa a Abraham.

Y, como puedes ver, esto es crítico porque si un judío se va a convencer del hecho de que la vida debe ser vivida por fe, no por obras ni legalismo, si se va a convencer de esto, entonces el mejor camino para convencerlo es probándole que Abraham lo hizo. Porque Abraham estableció el patrón de vida de los judíos. Él fue el primero.

Y, de hecho, la Biblia es clara acerca del efecto de Abraham y de su ejemplo. Dice en Gálatas 3:7 estas palabras: "Sabed, por tanto, que los que son de fe, éstos son hijos de Abraham". Ya que Abraham fue el primer hombre de fe, todos los que quieren poner su fe en Dios son, en un sentido espiritual, hijos de Abraham. Y la Biblia viendo anticipadamente que Dios justificaría a los gentiles por medio de la fe, predicó antes del evangelio a Abraham diciendo, en ti serán benditas todas las naciones de la tierra, así que los que son de la fe, son bendecidos con el fiel Abraham. Vayamos al verso 26 del mismo capítulo: "pues todos sois hijos de Dios por la fe en Cristo Jesús". Y luego vayamos al verso 29: "Y si vosotros sois de Cristo, ciertamente linaje (literalmente, semilla) de Abraham sois".

Nosotros que somos gentiles no somos semilla de Abraham físicamente, somos semilla de Abraham espiritualmente por la fe. Él fue el padre de la fe en el sentido del patrón de fe, como un patrón de vida. Y como líder de la sociedad moderna en un sentido, porque ves la otra descendencia. Abel, Enoc y Noé fueron antes del diluvio, Abraham es el primer hombre de fe después del diluvio en el nuevo mundo, aparte de Noé quien fue antes y después del diluvio, pero después del diluvio su fe menguó, recordarás que pecó inmediatamente después. Pero el primer hombre de fe realmente establecido después del diluvio cuando comenzó el nuevo mundo, fue Abraham, así que él establece el patrón para nosotros, el patrón de fe. Por lo tanto los que vivimos por fe en Dios somos, en un sentido espiritual, hijos de Abraham. No nos convertimos en judíos en un sentido físico, sino que en un sentido espiritual somos hijos de Abraham en términos de fe.

La vida de Abraham fue caracterizada totalmente por fe. Génesis 15:6, claramente dice: "Y creyó a Jehová". El autor de Hebreos los está llamando a dejar el Antiguo Pacto, dejar el Templo, dejar los adornos del judaísmo, dejar el antiguo sacerdocio, y venir a Cristo, y simplemente poner su fe en Cristo, no necesitan todas esas obras. Pero están teniendo muchos problemas para lograr dejar todo esto. Pero Él tiene que establecerlo, no necesitas esas obras, no necesitas el Antiguo Pacto, el antiguo sacerdocio, las rutinas de los antiguos sacrificios, simplemente ven a Cristo y cree. Pero para que pueda establecer esto que es posible, muestra que aun Abraham fue justificado por simplemente creer.

En este pasaje hay cinco características de fe que nos muestran el patrón completo; el peregrinaje de la fe, la paciencia de la fe, el poder de la fe, el positivismo de la fe y la prueba de la fe. Y ya que Abraham es un prototipo espiritual de todo hombre de fe, vamos a considerar esta narrativa en su sentido espiritual y, pienso, que este es el sentido que el con el que el autor de Hebreos quería que nosotros lo consideráramos. Estas cinco características son entonces el estándar para la fe.

El peregrinaje de la fe

Número uno, veamos el peregrinaje de la fe. Vemos a Abraham en todas estas cinco características. Hebreos 11:8, "Por la fe Abraham, siendo llamado, obedeció para salir al lugar que había de recibir como herencia; y salió sin saber a dónde iba". Si alguien nos dice que va a algún lugar, que no sabe cuál es, sabemos que está en un serio peligro de meterse en un verdadero problema porque no ha calculado cuidadosamente la ruta. Pero Dios le había dicho a Abraham, levántate y vete de esta tierra; te voy a usar como cimiento para una nación. Vas a ser el padre de una nación y a través de ti serán benditas todas las familias de la tierra. Y fue a través de los lomos de Abraham que llegó finalmente el Mesías, y es en el Mesías que todas las familias de la tierra serían bendecidas. Dios le dijo a Abraham, levántate y ve a la tierra que yo te mostraré. Todo está registrado en Génesis 12 y se repite claramente hasta el capítulo 18, todo ello trata con el llamado de Abraham y todo lo que lo involucra a él. A Abraham se le había dicho levántate y sal. Me gusta el hecho del uso del griego aquí, dice en el verso 8, "por fe Abraham cuando fue llamado. Este es un presente participio, cuando él estaba siendo llamado él estaba obedeciendo. En otras palabras, en el mismo momento del llamado él obedeció. Lo podríamos traducir, al mismo tiempo que estaba siendo llamado, él estaba obedeciendo. En otras palabras fue una obediencia instantánea, no pasó algún tiempo entre el llamado y su obediencia, fue de inmediato.

Y lo que sigue es igual de interesante, dice el verso 8, "y salió sin saber", no *epistemai*. Este es el tipo de conocimiento que no es como gnosis, sino que es poner nuestra atención en algo, o poner tus pensamientos sobre algo. Leámoslo de esta forma: Se fue sin poner sus pensamientos sobre el lugar a donde iba. Él era tan obediente que ni siquiera pensó acerca del adónde iba. Simplemente dijo: Dios tú dices que yo me vaya, pues yo me voy. Esto es inmaterial, solo es cuestión de obediencia. Este es el peregrinaje de la fe.

Podría decir, probablemente se fue porque Canaán era muy atractiva. No, ni siquiera sabía a dónde iba. No tenía ni idea, esto era un peregrinaje de fe. Ahora en un sentido espiritual esto es una verdadera lección para nosotros. Abraham vivió en un mundo no regenerado. Abraham vivió en una ciudad llamada Ur. Ésta estaba localizada en Caldea o Mesopotamia, la cual es la tierra que está entre el río Éufrates y el Tigris, lejos al este de Israel. Una tierra fértil donde el Huerto de Edén estaba originalmente localizado, donde Babilonia la gran ciudad, fue finalmente construida y todo esto estaba en esa área. Este era un lugar pagano, muy pagano, de hecho en Josué 24:2 se nos dice: "Taré, padre de Abraham y de Nacor; y servían a dioses extraños". Ellos vivían en idolatría.

Hay una interesante declaración en Isaías 51, donde el profeta da un poco de información acerca del tipo de casa de donde provenía Abraham. Dice en Isaías 51:1, "Oídme, los que seguís la justicia, los que buscáis a Jehová". Le dice a Israel: "Mirad a la piedra de donde fuisteis cortados, y al hueco de la cantera de donde fuisteis arrancados. Mirad a Abraham vuestro padre". Puedes decir, ¿era Abraham una piedra? Abraham estaba en malas condiciones viviendo en Ur. Él estaba viviendo en idolatría. Abraham era un pagano, sí, Abraham era un pagano. Y dice: "Mirad a Abraham vuestro padre, y a Sara que os dio a luz; porque cuando no era más que uno solo lo llamé, y lo bendije y lo multipliqué". Soberanamente Dios llamó a Abraham fuera de la idolatría, Ur era un pozo de paganismo e idolatría. Así que cuando alguien llega y dice, Dios eligió a Abraham porque él era un tipo maravilloso, puedes ir a Isaías y mostrarles como provino de un lugar idólatra.

Abraham era un pecador, vivía en una cultura vil de paganismo. Y el Dios de gloria condescendió en su soberanía para sacar a Abraham de ahí y fundar una nación a través de sus lomos; gracia soberana. Abraham respondió con fe, dijo, está bien me voy. Y se fue al mismo tiempo que fue llamado. Esta es la razón por la que Dios lo declaró justo, este es el peregrinaje de la fe. Olvidar su lugar de nacimiento, su hogar, su estado, sus lazos familiares, sus seres queridos, abandonar todos sus hábitos presentes a cambio de un futuro incierto, y vaya, fue algo que le costó trabajo hacer, pero lo hizo. Aquí encontramos una lección espiritual muy grande. Pienso que la vida de fe inicia con un escape de un sistema idólatra en el cual el hombre ha vivido por muchos años. Cuando vienes a Jesucristo pienso que hay un peregrinaje que Dios demanda en ese punto, y es dejar el patrón de vida en el que has estado involucrado, y venir a un totalmente nuevo sistema de vida. No creo estar espiritualizando el texto que dice esto, creo que ese es el punto aquí. La fe de Abraham lo separó de lo que era pagano. Quiero decir, "si alguno está en Cristo", ¿qué? "nueva criatura es, algunas cosas viejas pasaron, he aquí algunas son hechas nuevas". ¿Es así como dice? No. ¿Cómo dice? Todas las cosas pasaron, todas las cosas se han hecho nuevas". La salvación demanda separación, la separación práctica del mundo es el comienzo de una vida de fe. Tu respuesta debe ser, está bien Dios, no sé qué es lo que vas a hacer conmigo, pero voy a dejar todas estas cosas viejas del pasado. No sé porqué me las vas a sustituir pero las voy a dejar ir. Este es el peregrinaje de la fe, dejar el sistema del mundo, ahí es donde la fe tiene su comienzo.

En Romanos 12_1-2, esto es muy familiar: "Así que, hermanos, os ruego por las misericordias de Dios, que presentéis vuestros cuerpos en sacrificio vivo". Este es el principio, darte a ti mismo, "santo, agradable a Dios, que es vuestro culto racional". O alabanza espiritual. "No os conforméis". ¿A qué? "A este siglo". Este es el inicio de la vida de fe, "sino transformaos por medio de la renovación de vuestro entendimiento". El principio es la entrega, y después el separarte de este mundo.

Hay muchos pasajes que tratan con este tema; en 2 Corintios 6:14: "No os unáis en yugo desigual con los incrédulos; porque ¿qué compañerismo tiene la justicia con la injusticia? ¿Y qué comunión la luz con las tinieblas?" Aquí tienes un fundamento teológico, la luz y las tinieblas no se llevan. Y después tienes una exhortación práctica, no trates de colocarlas juntas. "¿Y qué concordia Cristo con Belial (o Satanás)? ¿O qué parte el creyente con el incrédulo? ¿Y qué acuerdo hay entre el templo de Dios y los ídolos?" Ustedes son el templo del Dios vivo así que no tiene sentido andar junto con los idólatras. Este es un principio básico.

Esto se repite en Gálatas 1:3-4: "Gracia y paz sean a vosotros, de Dios el Padre y de nuestro Señor Jesucristo, el cual se dio a sí mismo por nuestros pecados para librarnos del presente siglo malo, conforme a la voluntad de nuestro Dios y Padre". Como puedes ver la salvación es, en su primer paso, sacarnos del sistema. Es enviarnos en un peregrinar por fe, dentro de un estilo de vida desconocido el cual nunca antes hemos conocido. Y, sabes, esto es dejar a muchas personas. Conozco a personas que dicen: "Bueno, no quiero dejar esas pequeñas cosas que me gustan, tengo que negociar qué dejo y qué no". No puedes decir a todos, ¿quieres ser cristiano? ¿Qué involucra esto? Bueno, amas a Dios mucho y tienes que ser santo y sin pecado, vas a la iglesia y lees la Biblia, y... más de esto. No, qué molestia. Y esta es una reacción muy común. Lo que sucede es que no pueden entender que cuando se hacen cristianos, obtienen un nuevo set de etiquetas, y todo lo que solía ser valioso para ellos ahora no tiene valor, y todas las cosas que no tenían valor ahora lo tienen. Porque son diferentes. Pero para la mayoría de las personas este tipo de peregrinar es muy difícil para llevarlo a cabo. Aún para los que llegan a Jesucristo encuentran que esto es algo difícil de realizar.

En Hebreos 13:13-14 encontramos un gran pensamiento, dice: "Salgamos, pues, a él, fuera del campamento, llevando su vituperio". Debes estar deseoso de pagar el precio, alejarte del sistema y andar como Cristo anduvo. Y observa esto, "porque no tenemos aquí ciudad permanente". Somos extranjeros y peregrinos, no pertenecemos aquí. No tenemos una ciudad permanente sino que buscamos la que está por venir. ¿Qué hacemos coqueteando con el sistema? Caminemos con Jesucristo fuera de este sistema. En Santiago 1:27 lo encontramos nuevamente: "La religión pura y sin mácula delante de Dios el Padre", ¿quieres saber cuál es? "es esta: Visitar a los huérfanos y a las viudas en sus tribulaciones, y guardarse sin mancha del mundo". Esta es la religión pura, la que no está manchada por el sistema. Santiago 4:4, un pensamiento más: "¡Oh almas adúlteras!" Santiago lo dice duramente:"¿No sabéis que la amistad del mundo es enemistad contra Dios? Cualquiera, pues, que quiera ser amigo del mundo, se constituye enemigo de Dios". Lo que nos dice es que no hay ninguna amistad, cero.

Pedro con el mismo sentir en 1 Pedro capítulo 1, dice en el verso 14: "como hijos obedientes, no os conforméis a los deseos que antes teníais estando en vuestra ignorancia". Como puedes ver, éramos ignorantes y no sabíamos hacer otra cosa que tener deseos pecaminosos, así que andábamos por todos lados con nuestros deseos pecaminosos todo el tiempo. Pero ahora que has llegado a Cristo, deja de hacerlo. Ya no necesitas hacerlo más. Me gusta el verso 15, "sino, como aquel que os llamó es santo, sed también vosotros santos en toda vuestra manera de vivir". ¿Sabes lo que significa ser santo? Significa ser separado. En el 4:1-2, esto es básico pero es bueno, necesitamos recordatorios, necesito que me lo recuerden: "Cristo padeció por nosotros en la carne... para no vivir el tiempo que resta en la carne, conforme a las concupiscencias de los hombres, sino conforme a la voluntad de Dios". Segunda de Pedro 1:4, "por medio de las cuales nos ha dado preciosas y grandísimas promesas, para que por ellas llegaseis a ser participantes de la naturaleza divina, habiendo huido de la corrupción que hay en el mundo a causa de la concupiscencia". Básico, lo ves, en la salvación hay separación. Y tú dices, bueno, ¿qué es la mundanalidad? ¿Es mundano jugar a las cartas? La Biblia no dice esto. ¿Es mundano tomar una copa de vino? La Biblia no dice eso. ¿Es mundano ir al cine? La Biblia no habla del cine. Pero, ¿hay principios que se apliquen a estas cosas? Seguro que sí. Y dices, ¿qué es la mundanalidad? Un momento, la mundanalidad es en muchas ocasiones un acto, pero mayormente es una actitud. Lo ves, ahora observa esto, no es solamente no hacer ciertas cosas, es más bien no querer hacerlas. ¿Estás conmigo? Existen personas extremadamente mundanas que nunca hacen nada, pero claro que les gustaría hacerlo. Pero se detienen porque se encuentran en una posición en donde todos los están viendo, o se han impuesto a sí mismos un legalismo que los envuelve en un sistema que odian o bien no tienen las agallas para hacerlo. ¿Y sabes que es lo que sucede entonces? Se convierten en la peor clase de fariseos hipócritas que puedas imaginar, porque ellos se han disfrazado de santidad y se desgarran desde dentro por la culpa que está en ellos debido a que quieren hacer lo que no pueden. La mundanalidad no es tanto lo que haces sino lo que quisieras hacer. Hay muchas personas que no hacen por si alguien los ve haciéndolo, pero si supieran que nadie los ve lo harían. Ahora, puedes restringirte de hacer ciertas cosas, puedes estar restringiéndote de hacer cosas por un legalismo auto impuesto pero eso solo te trae una culpa terrible. Tienes suficiente culpa por solo pensar acerca de hacerlo y no te atreves a hacerlo, te reprimes en tal culpa que hasta puedes tener un ataque de nervios.

Y entonces tienes al grupo que te presiona y que te aleja de hacerlo. Tal vez vienes a la iglesia y perteneces a un grupo, estás dentro de un grupo de estudio de la Biblia, y todo dentro del grupo de estudio es verso, y verso, y Biblia, y Biblia, teología y teología. Tú prefieres llevar tu máscara, prefieres jugar el juego pero la realidad es que en lo más profundo de tu corazón estás diciendo, ya no puedo soportar más esta Biblia, tengo que salir y hacer algo para sentirme vivo. Lo ves, esto es la mundanalidad a pesar de que tú nunca lo hiciste. Y me puedes decir, "MacArthur, ¿de dónde sacas esto?" Lo obtengo directamente de la Biblia. Primera de Juan 2:15, "No améis al mundo, ni las cosas que están en el mundo". Puedes no tener nada de esto, y amar todo, así como el dinero; el amor al dinero es la raíz de todos los males, no el dinero. Mi padre solía decirme, puedes amar al dinero locamente y no tener nada. O puedes tener mucho y no amarlo. Pero como puedes ver, la mundanalidad es una actitud, no es lo que haces sino lo que quisieras hacer. Lo entiendes conforme vas creciendo... estoy hablando de la experiencia... pero conforme vas creciendo, madurando como cristiano, ¿sabes qué sucede? Empiezas a perder el deseo por esas cosas. Puedes salir de tu casa y tener el deseo de robar un banco, o de cometer adulterio, y tal vez no lo lleves a cabo, pero está en tu mente. ¿Sabes qué? Nunca tengo este deseo; nunca tengo ese deseo. Y espero que cualquiera que escuche esto, se asegure de leer todo, y llegue hasta la parte final. No detengas este mensaje hasta aquí o estaré en verdaderos problemas. Esto es lo que quiero decir con madurez espiritual. Es un proceso de crecer y llegar al punto en donde no solo no lo haces, sino que ya no quieres hacerlo. Este es el peregrinar de la fe; e inicia al separarte, y conforme te concentras en Jesucristo dejan de importarte estas cosas. Antes me gustaba ir al cine, pero fui a la universidad y al seminario y firmé un pacto de que yo no iría al cine. Y sabes, oh, caramba, firmé ese tonto pacto y ahora ya no quiero ir al cine. Era mundano, no, simplemente no podía ir porque me metía en problemas con los compañeros. Y ahora el deseo se ha ido. También el tiempo se ha ido. Creo que ahora existen otras prioridades, sabes, mi familia, mis hijos, mi esposa, otras cosas que necesito hacer y, sabes, simplemente pienso que hay cosas que no hago porque no tengo el deseo de hacerlas. Y existen otras cosas dentro de mi vida ahora que el Señor necesita darme la victoria sobre mis deseos. Ya no estamos atados, pero entiendo que progresivamente vamos perdiendo el deseo del mundo conforme crecemos en Cristo.

Moisés tuvo algo similar, mira Hebreos 11 verso 24. "Por la fe Moisés, hecho ya grande", cuando ya era maduro, "rehusó llamarse hijo de la hija de Faraón", lo despreció. "Escogiendo antes ser maltratado con el pueblo de Dios, que gozar de los deleites temporales del pecado". ¿No es esto maravilloso? Quiero decir, él hizo lo que decidió hacer. Sabes, lo más maravilloso en la vida cristiana llega cuando haces solo lo que deseas. Esto sucede cuando eres maduro. Puedes medir tu madurez cristiana cuando te encuentras en una posición en la que haces solo lo que quieres hacer. Cuando eres joven en el cristianismo, dices: ¡Oh, cómo quisiera hacer esto o aquello...! Lo ves... ahora verdaderamente soy cristiano. Entonces conforme vas madurando, rápidamente encuentras que todas las cosas que tú querías hacer, son las cosas que puedes hacer. Esto quiere decir que has alcanzado el nivel en donde Dios no solo está al control de tus patrones de vida, sino que Él está controlando el patrón de tus pensamientos. Él está al control de tus deseos; y es entonces cuando tu vida se hace algo excitante, cuando Dios controla tus deseos.

Bueno, este es el peregrinar de la fe, es simplemente decir, está bien, he venido a Jesucristo, me deshago de todo lo antiguo y me muevo a una nueva dimensión, no entiendo todo acerca de lo nuevo, pero he decidido tomar ese rumbo, voy a creer en Dios para llenar mi vida de eso. Noé lo hizo, Abraham se fue sin saber a dónde iba, simplemente sabía que Dios le había dicho vete de este lugar. Y me imagino que los vecinos de Abraham dijeron, este se volvió loco. ¿A dónde vas Abraham? No lo sé. ¿Cómo que no lo sabes? ¿Estás empacando con toda tu gente y preparándote para partir sin saber a dónde te diriges? Está bien, ¿quién te dijo que te fueras? Dios; ¿qué Dios? El Dios verdadero. El único Dios verdadero. ¿Quién es ese? Bueno, no sé su nombre. ¿No sabes su nombre? ¿No sabes a dónde te está llevando? ¿No sabes a dónde vas? ¿No sabes por qué? No, tampoco sé eso.

Nunca se me olvidará cuando hablé en la Universidad Valley State dentro de la clase del Rabí Kramer de ética. Me pidió que hablara acerca de la ética cristiana respecto al sexo. Esta era una oportunidad muy interesante, para ponerlo de manera atractiva. Comencé diciendo, que sé que con todo lo que les voy a decir en un momento ustedes van a pensar que estoy loco porque yo me he auto impuesto este tipo de ética o moral. Porque para ustedes el sexo es simplemente algo que es hacer lo que a ustedes les parezca bien, es decir ustedes permiten que sus órganos reproductores los dirijan, simplemente se dejan llevar por lo que sienten. Pero saben, esta es la forma en la que el mundo opera, por eso ustedes piensan de este modo; pero, les diré, yo siento de manera diferente. Les dije, siento que este es el patrón que fue ordenado por Dios, y entonces dije lo siguiente: No espero que me crean porque ustedes no tienen una relación personal con el Dios del universo como yo la tengo. Entonces todos comenzaron a abuchearme. Como ven los puse a la defensiva diciéndoles que no lo aceptarían, y desde luego, si sabes algo de estudiantes universitarios, ellos están propensos a decir, "Sí, seguro, te creo". Esto era lo que yo estaba esperando que dijeran, yo esperaba su rechazo.

Entonces inicié presentando la ética del Señor Jesucristo y la que el Antiguo Testamento presenta como el estándar de Dios para una vida de pureza, esto es el hecho de que Dios ve el sexo como algo muy hermoso y que él lo creó para el matrimonio, dentro del matrimonio y solo dentro del matrimonio. Recorrí toda esta información, y ustedes pueden imaginar la reacción que ellos tuvieron, la típica dentro de un salón de clases universitario. Pero esto fue porque ellos no entendieron lo que esto era... que esto era entre Dios y yo y que éste era el deseo de mi corazón porque yo tengo una relación personal con Dios. Que mi deseo era solo satisfacer a Dios y no a mí mismo.

Para poder separarte del mundo el comienzo se encuentra en el peregrinar de la fe, aun cuando el mundo piense que tú estás loco. Ellos no lo entienden.

La paciencia de la fe

Bien, la segunda cosa que nos muestra Abraham es, no solo el peregrinar de la fe, sino también la paciencia de la fe. La fe no solo se pone en marcha inicialmente, sino que es muy paciente conforme se va moviendo. Me gusta Hebreos 11:9, "Por la fe habitó como extranjero". Esto significa que él permaneció, fue un tipo de transeúnte, *paroikeo* que viene en realidad de *oikeo*, que quiere decir "habitar", y *para* que quiere decir junto a, lo que significa *habitar al lado de*, o *habitar entre*. "Él habitó en la tierra prometida como en tierra ajena, morando en tiendas con Isaac y Jacob". Isaac quien fue su hijo y Jacob quien fue el hijo de Isaac y siguiendo toda la descendencia, ellos seguían morando en tiendas. "Coherederos de la misma promesa". ¿Y sabes que aun cuando llegó a la tierra, nunca obtuvo la promesa? Dios nunca se la dio. Lo único que él hizo fue comprar una pequeña porción de tierra para usarla como sepulcro, esto fue todo. No hubo más. No obtuvo propiedades y era como alguien que va de paso en la tierra. Por esto él debía ser paciente. No sería difícil pensar que él dijo: "Muy bien Dios, ya me trajiste hasta aquí, me he separado de mi antigua vida, me dijiste que iba a tener un tiempo maravilloso, pero todo esto es ridículo, estoy vagando de lugar en lugar y viviendo en una tienda". Esto es lo que sucede a los creyentes, Dios nos saca del mundo y nos dice que tiene algo mejor para nosotros, pero seguimos esperando a qué suceda, ¿no somos en un sentido como él? No hemos llegado al cielo, quiero decir, estamos peregrinando a través de este mundo y se nos pone muy difícil de vez en cuando. Así que en un verdadero sentido necesitamos exhibir lo que él exhibió, la paciencia de la fe.

Regresando a Hechos 7, para los que están estudiando esto los domingos por la mañana recordarán, en el verso 5, Esteban predicando acerca de la vida de Abraham dice: "Y no le dio herencia en ella, ni aun para asentar un pie". Solo le prometió que se lo daría por medio de su descendencia después de él. Pero ni siquiera tenía a un hijo, ¿cómo tendría descendencia? Esto sería después, tenía que ser muy paciente. Habitó en una tierra como forastero y la palabra *paroikeo* significó que era alguien que ni siquiera tenía los derechos de un ciudadano, era un extranjero en la tierra. Nuevamente él es la perfecta imagen de un cristiano. ¿Qué dice la canción? "Este mundo no es mi hogar, solo soy un peregrino y extranjero". Esto es correcto, somos peregrinos aquí y somos extranjeros en este mundo.

Y conforme pienso acerca de ello, tengo que pensar con Abraham, no inviertas mucho en este mundo. ¿Me entiendes? No inviertas mucho en este mundo. Jesús lo puso de este modo, dijo: "No os hagáis tesoros en la tierra en donde la polilla y el orín corrompen, y donde ladrones minan y hurtan, sino haceos tesoros en el cielo, donde ni la polilla ni el orín corrompen, y donde ladrones no minan ni hurtan". ¿Por qué? "Porque donde esté vuestro tesoro", ¿qué? "allí estará también vuestro corazón". Así que el tiempo que somos solo peregrinos solo debemos ser pacientes. No inviertas mucho en este mundo.

Es mejor ocupar tu sábado haciendo que tu hijo sea un cristiano que incrementar el saldo de tu cuenta. Es mejor ocupar tu domingo por la mañana enseñando a los pequeños de escuela dominical acerca de Jesucristo que salir de compras para andar a la moda, y gastar tiempo y dinero en tú merecido descanso. ¿Lo entiendes? Seguro que sí. Pon en orden tus prioridades, trabaja en aquello que realmente importa.

Abraham esperó pacientemente por las cosas que realmente valían la pena. Permaneció fiel, y nunca vio la promesa de Dios cumplida, simplemente esperó, y esperó, y esperó. Y como sabemos los peores tiempos son los tiempos de espera. Puedo imaginar cuando acababa de dejar Ur, seguramente estaba emocionado; como el primer día que supiste que eras salvo, fantástico, emocionante. Y puedo pensar en el día que entró a la presencia de Dios y toda la gloria que hay, y... esto debe ser realmente emocionante, pero el tiempo que hubo en medio, estos son tiempos realmente difíciles. Imagina el momento en que iniciaste tu vida cristiana y Dios dice, está por venir, se acerca, ya pronto llega tu bendición. Tú dices: "Lo sé, sigo oyendo pero no veo nada". Esta es la verdadera prueba de la paciencia de la fe, trabajar, trabajar y trabajar; y esperar, esperar y esperar, observar, observar y así toda tu vida. ¿Conoces cristianos que se cansan de esto? Como si se les acabara la gasolina. Tenemos a muchos de estos. Si el Señor fuera a llegar el próximo sábado y lo anunciáramos, habría cristianos que trabajarían muy duro porque sabrían que esto acabaría el sábado. Pero saben, cuando tú has comenzado a ver la vida de esta manera, ya habrás perdido la paciencia de la fe. Debes tomar un día a la vez creyendo en Dios.

Abraham nunca se impacientó. Esto me recuerda acerca de esa historia que les conté hace algunas semanas, acerca de un pequeño niño en la esquina de la calle. Y su padre llegó horas y horas tarde, finalmente cuando llegó, su padre dijo: "¿Estabas preocupado? Y el niño contestó: "No tú prometiste que vendrías, y yo simplemente esperé, sabía que vendrías". Esto es lo mismo, debemos ser tan pacientes al grado que estemos involucrados en ello. Pienso en William Carey. Si nunca has leído su biografía, cuando lo hagas entenderás algo acerca del tamaño de este hombre. Se fue a la India como misionero, estuvo 35 años ahí; y en esos 35 años él pudo contar con las manos la cantidad de personas que ganó para Cristo. ¡Treinta y cinco años! Después de seis meses me he preguntado, ¿Dios estás seguro que este es el lugar al que pertenezco? Y me he puesto muy ansioso. Al acabar su vida, ¿sabes que sucedió? Todo misionero que ha ido a la India desde entonces, debe su trabajo misionero a William Carey. ¿Sabes qué hizo durante esos 35 años? Traduciendo todos los dialectos... traduciendo la Palabra de Dios a todos los dialectos de la India. Así que todo trabajo misionero que se lleva a cabo ahí está basado en su trabajo. Estoy muy agradecido a Dios porque este hombre supo algo acerca de lo que era la paciencia de la fe. Estoy agradecido con Dios porque él nunca tiró la toalla después de tres o cuatro años. Esta es la paciencia de la fe.

En segunda de Tesalonicenses 1:4 puedes expandir estos pensamientos, el apóstol Pablo dice: "nosotros mismos nos gloriamos de vosotros en las iglesias de Dios, por vuestra paciencia y fe en todas vuestras persecuciones y tribulaciones que soportáis". ¿No es esto maravilloso? Dice, estoy emocionado acerca del hecho de que ustedes se sostienen, aun cuando las cosas se ponen difíciles.

También en Hebreos 12:1, recordarán este verso: "Por tanto, nosotros también, teniendo en derredor nuestro tan grande nube de testigos, despojémonos de todo peso y del pecado que nos asedia, y corramos con paciencia, la carrera que tenemos por delante". Paciencia, ¡qué gran virtud es esta!

Santiago tiene algo que decir acerca de esto. Santiago 1:3: "Sabiendo que la prueba de vuestra fe, produce", ¿qué? "paciencia". Si en verdad crees en Dios, serás paciente. "Pero tenga la paciencia su obra perfecta, la paciencia te refina. Y entonces Santiago dice, en el capítulo 5, versos 7-8: "Por tanto, hermanos, tened paciencia hasta la venida del Señor. Mirad cómo el labrador espera el precioso fruto de la tierra, aguardando con paciencia hasta que reciba la lluvia temprana y la tardía. Tened también vosotros paciencia, y afirmad vuestros corazones; porque la venida del Señor se acerca". Y el verso 11 dice: "He aquí, tenemos por bienaventurados a los que sufren. Habéis oído de la paciencia de Job, y habéis visto el fin del Señor, que el Señor es muy misericordioso y compasivo". Debes ser paciente. Algunos dicen: "He estado orando acerca de esto por más de dos semanas y ¿hasta cuándo me va a resolver el Señor? Debes ser paciente. Sé de personas que han orado por algo durante más de treinta años, cuarenta, cincuenta, sesenta años; muchos de nosotros hemos estado orando por algo por años y años y años y de vez en cuando se nos acaba la paciencia. Y hasta llegamos a decir, no creo que Dios vaya a hacer esto. Pero debes ser paciente.

Esto fue lo que hizo de la vida de Abraham una vida completa de fe. Piensa en Noé. ¿Qué pensarías después de estar construyendo un arca por más de noventa años sin ver una sola gota de lluvia? Haz una proyección de esto en tu mente. Esto es absolutamente absurdo. Pero él simplemente continuó construyendo el arca. Y durante todos estos años, más de 100 años, la gente dijo, Noé se volvió loco. Él escuchó esto todo el tiempo y nunca se detuvo porque él era paciente y creía en Dios, paciente. En el tiempo de Dios, la fe esta sorda ante las dudas, muda al desaliento, y está ciega ante la imposibilidad, por lo tanto solo conoce el éxito. Te puedes preguntar cuál fue el secreto del éxito de la paciencia de Abraham. ¿Cómo pudo ser tan paciente? Hebreos 11:10, "porque esperaba la ciudad que tiene fundamentos, cuyo arquitecto y constructor es Dios". ¿Sabes dónde tenía puestos sus ojos? No aquí, sino, ¿dónde? Allá, no estaba viendo hacia abajo, estaba viendo hacia arriba. Él fue paciente porque tenía el entendimiento de que lo que él esperaba era el cielo. Debe haber ahí un artículo definido, debe decir en el griego, porque él esperaba la ciudad, la que tiene los fundamentos, cuyo arquitecto y constructor es Dios. Él esperaba en ir al cielo. Abraham fue paciente porque supo desde un principio hacia donde se dirigía; esta es la paciencia de la fe.

¿Te enfocas siempre en el cielo? Oh, esto es muy divertido, ¿no lo crees? A veces me veo a mi mismo saltando en las calles de oro. ¿Lo has hecho tú? Es fantástico. Estando en la presencia del Señor y viviendo en la morada de Dios, y todo esto, yendo a beber en el río de la vida y tomando del fruto que se encuentra ahí. Esto es fenomenal, maravilloso, grandioso.

Ezequiel dice esto en el capítulo 48 verso 35, dice: "Y el nombre de la ciudad desde aquel día será", ¿quieres escuchar el nombre de esa ciudad? "El Señor está ahí". Ahora simplemente mantén tus ojos en el hecho de que tú te diriges a este lugar, en su presencia, en aquella ciudad y entonces puedes ser paciente con todo lo que sucede aquí.

Lo pueden ver, cuando ustedes colocan sus afectos en las cosas que están abajo es cuando viven o mueren con cualquier detalle que ocurre. Esta es la razón por la que Pablo dice en Colosenses 3:2, "Poned la mira en las cosas", ¿de dónde?, "de arriba, no en las de la tierra". Y cuando colocas la mira en las cosas de arriba, es entonces cuando vas a ser paciente con todo lo que sucede en la tierra.

A Abraham no le importó, vivía en una vieja tienda, y se paseaba por ahí, y no le importó. ¿Y a Lot? A Lot le importó. Dice la Biblia en Génesis 13:12; "Abram acampó en la tierra de Canaán". Solo dice en la tierra de Canaán. "En tanto que Lot habitó en las ciudades de la llanura, y fue poniendo sus tiendas hasta Sodoma". A Lot le interesaba introducirse en lo bueno, en las cosas agradables del mundo. A Lot le interesaba lo terrenal, a Abraham le interesaba lo celestial. No le importaba nada acerca de la tierra, a Lot sí. ¿Te acuerdas qué le sucedió a Lot? ¿Recuerdas qué le sucedió a su esposa? Ellos tuvieron que dejar la ciudad pero ella deseaba regresar, por eso se giró, y en un chasquido de dedos se convirtió en estatua de sal.

Si miras continuamente a las cosas de este mundo, las pruebas, los problemas, las luchas, el dinero, la fama, el entretenimiento, los placeres. Te verás absorbido en los impacientes deseos de la carne. Pero si te mantienes enfocado en el cielo, en Dios, en Jesucristo, entonces no te importará qué te esté sucediendo aquí.

Segunda de Timoteo 2, un gran pensamiento, verso 3: "Tú, pues, sufre penalidades como buen soldado de Jesucristo", sufre, ¿por qué? Observa esto: "Ninguno que milita se enreda en los negocios de la vida". Si estas luchando la batalla de Dios, no te vas a enredar en las cosas de este mundo.

Pero el viejo Moisés sufrió, veamos Hebreos 11:27, "Por la fe dejó a Egipto, no temiendo la ira del rey; porque se sostuvo". ¿Cómo se sostuvo? ¿Cómo pudo Moisés sostenerse 40 años en el desierto, andando por ahí con las ovejas de Jetro? ¿Cómo lo pudo soportar un gran líder como él? Tal vez estuvo murmurando todo el tiempo, diciendo: Oh, todo el potencial que tengo y se está yendo a la basura con cada año que pasa. No puedo soportar esto. Decía, estas ovejas son un lastre andando aquí en el desierto. Cuarenta años, quiero decir, yo puedo aprender más rápido que eso Señor. Pero Moisés se sostuvo. ¿Cómo pudo él soportarlo? Veamos el verso 27: "porque se sostuvo como viendo al Invisible". ¿Sabes cómo lo logró estos 40 años? Sin quitar la vista de su Dios. Nunca se aburrió con lo que le sucedía, porque siempre se enfocó en el lugar correcto. Se sostuvo viendo a aquel que es invisible.

Cualquier cosa en la que centres tu atención va a determinar tu vida. Veamos Hebreos 12, vayamos de nuevo ahí. "Corramos con paciencia la carrera que tenemos por delante", ¿cuál es la siguiente declaración? Verso 2, ¿qué dice? "Puestos los ojos", ¿en quién? "en Jesús". Corres la carrera con los ojos puestos en Jesús. Hay algo que no puedes dejar de hacer, y no he corrido en muchas carreras, pero corrí algunas estando en la preparatoria y en la universidad, y algo que aprendes muy rápido en las carreras es que no puedes ver tus pies. ¿Has intentado correr y mirar tus pies al mismo tiempo? Es imposible... te tropezarás con tus propios pies o con las cosas que están delante de ti. Tienes que poner la mirada en el camino al cual te diriges, imaginar un punto al frente. Porque si te enfocas, digamos en 2 metros delante de ti, vas a estar en verdaderos problemas. Esto es lo mismo... en la vida cristiana te enfocas en un punto, esto es correr pacientemente la carrera enfocados en Cristo. Colocas tus ojos en Jesucristo en la línea de meta, y solo verás tu vida, observa esto, en términos de cuan cerca estás de la meta. Mientras estés corriendo y concentrándote en solo dos metros adelante, nunca podrás ver más allá de estos dos metros. Y por lo general no ves la línea de meta, no sabes que ya estás llegando. Pero si todos los días recuerdas que ese es un día menos para estar con Jesucristo, entonces la carrera se convierte en algo fácil de correr con paciencia. ¿Te das cuenta?

¿Te das cuenta que cuando llegué a esta iglesia me faltaban cuatro años más para estar con Cristo? Ahora estoy cuatro años más cerca de estar en su presencia. Tengo que vivir pensando de esta manera. Alguien puede decir, el que se enfoca en su nariz tiene una visión incorrecta de las cosas. Bueno en realidad alguien ya lo dijo.

En Hebreos 10:36 dice: "porque os es necesaria la paciencia". ¿No es esto perfecto? Y yo les digo esto a ustedes y a mí mismo, tenemos necesidad de paciencia. "Para que habiendo hecho la voluntad de Dios, obtengáis la promesa". Un momento, puedes decir, yo he estado sirviendo al Señor por muchos años ya, y no parece que yo esté recibiendo ninguna de sus bondades. Sé paciente, esto es parte de la fe. ¿En realidad crees en Dios? La gente que en realidad cree en Dios es gente paciente. Las personas que piensan que la vida se pone incómoda, y piensa ¿qué está haciendo Dios? Mi mundo se desmorona... esta no es la paciencia de la fe. Abraham simplemente se sostuvo y esperó hasta que Dios hiciera las cosas a su propio tiempo. Hermoso, calmado, sereno, en paz, no hay razón para que los cristianos se pongan ansiosos. Pablo dice: "por nada estéis afanosos". ¿Por qué? Por nada. ¿Entendido?

El poder de la fe

Así que, ¿qué es lo que ves? La paciencia de la fe. Pero veamos la tercera característica, el poder de la fe. La fe es algo poderoso. El verso 11 y 12, los veremos en un minuto... pero la fe, permíteme darte algunos puntos introductorios antes de tomar este... la fe ve lo invisible, escucha lo inaudible, toca lo intangible, y lleva a cabo lo imposible. La fe es poderosa y básica, pero desafortunadamente la mayor parte de los que dicen tener fe, solo hablan y nunca la ponen verdaderamente en acción. Pero la fe que es realmente verdadera tiene poder. Veamos Hebreos 11:11, al parecer hay un pequeño problema aquí pero lo vamos a desenmarañar: "Por la fe también la misma Sara, siendo estéril, recibió fuerza para concebir; y dio a luz aun fuera del tiempo de la edad, porque creyó que era fiel quien lo había prometido". La fe le trajo un milagro, era imposible para esta pareja tener un hijo. La Biblia dice en el libro de Génesis: "Sara era estéril". Nunca había tenido un hijo, y tenía 90 años de edad y Abraham tenía 99. Ya había pasado el tiempo de que hubiera posibilidad de que tuvieran un hijo, esto es innegable. Y a esto le podemos añadir que era estéril. Pero Dios vino a ellos y les dijo, de tu simiente voy a hacer una nación grande. Sara va a tener un hijo. De inmediato Abraham se rió. Sara se rió también. Porque esto sonaba gracioso, sabemos que no podía tener hijos; era ridículo o algo humorístico.

Hay una cosa interesante con la que quiero tratar. Porque cada vez que buscas a Sara por el Antiguo Testamento, no la ves mostrando ningún indicio de fe. Se rió al principio... Dios vino a ella y puso en expuesto su risa y ella mintió a Dios... y cuando hubo hecho esto ella dijo a Abraham, es mejor que hagas como se te dijo y ten un hijo con Agar, nuestra sierva, o esto nunca va a suceder, así que ella planea todo esto, que Abraham tenga relaciones sexuales con la sierva y tenga el hijo que necesita. Ella nunca creyó a Dios, y Abraham simplemente fue y lo hizo. Y desde luego que produjo al hijo llamado Ismael quien fue el padre de los Árabes y todo judío desde

03_La fe de Abraham

entonces ha pagado el precio con el antagonismo del mundo árabe contra el judaísmo como consecuencia del pecado de Abraham y Sara.

Y si ves la vida de Sara ella nunca exhibe nada de fe. Así que cuando comencé a leer esto pensé, ¿cómo es que Sara puede ser uno de los héroes de la fe? Y esto me golpeó conforme leía yo el verso, por lo que fui leyendo un poco más. Dice: "Por la fe también la misma Sara, siendo estéril, recibió fuerza para concebir". Y fui a revisar el griego y encontré lo que dice exactamente... *katabolen spermatos*, esto quiere decir plantar una semilla. Pero sabemos que la mujer no es quien planta la semilla, la mujer recibe la semilla la cual fertiliza y da como resultado un hijo. Entonces, ¿cómo puede decir por la fe, Sara, cuando ella no tenía fe, recibió fuerza para plantar una semilla cuando ella es mujer y las mujeres no hacen eso? Tenemos un problema, y tenemos que resolver este problema. Incidentalmente la frase, para concebir, no se encuentra en el original y tenemos que iniciar ahí. ¿Qué vamos a hacer con esto? Bueno, Sara no puede ser el sujeto de la oración. Si esto significa plantar una semilla entonces esto tiene que hacer referencia al hombre quien es el sujeto de la oración. Bueno, entonces, ¿quién es el sujeto? Abraham.

Date cuenta que dice, "por la fe Sara", y luego ves la palabra "la misma", esa palabra en griego puede significar muchas cosas. Aquí, creo, significa él. Veámoslo de esta manera; por la fe él (¿refiriéndonos, según el contexto anterior, a quién? A Abraham) recibió fuerza para *katabolen spermatos*, plantar esperma o semilla. "Cuando él",... y aquí el pronombre griego puede traducirse "ella" o "él". Tienes que tomarlo como masculino o femenino de acuerdo al uso que da el mismo verso, de este modo puede ir el pronombre él o ella. "Porque creyó (él o ella) que era fiel quien lo había prometido". ¿De la fe de quién estamos hablando aquí? De la de Abraham. Pero tienes el nombre de Sara ahí, ¿qué haces ahora con esto MacArthur? Perfecto, la forma en la que el nombre de Sara aparece es lo que llamamos, y observen esto, es un dativo de acompañamiento. ¿Lo ves? No lo ves. En el lenguaje griego hay muchos casos diferentes, el nominativo que es el objeto. ¿Correcto? Y luego tienes el de posesión, y todas estas cosas, ablativo, genitivo, dativo, acusativo, y todos estos diferentes casos. El caso dativo es una forma en la que acaba una palabra y esto le da cierto significado. Aquí se encuentra un dativo de acompañamiento. Y si hacemos que este sea un dativo de acompañamiento entonces esto tiene todo el sentido del mundo. Por la fe él en compañía de Sara recibió fuerza para plantar semilla. ¿Ahora lo ves? Y el acompañamiento de Sara es obviamente necesario. Es parte del proceso progenitor. Así podemos entender el verso; es por la fe que Abraham en compañía de Sara plantó la semilla porque creyó en Dios, Dios le dio el poder para hacer lo que su cuerpo no podría de otra manera. ¿Quieres escuchar algo interesante? Cuando Sara murió él se casó con una mujer llamada

Cetura y tuvo seis hijos más. El poder de Dios por medio de la fe. La fe no era de Sara sino de Abraham. Podemos ver lo que Dios es capaz de hacer, Dios hace lo milagroso, por medio de la fe.

Hay muchos pasajes en la Biblia que hablan de la fe. La fe del hombre y en respuesta Dios obrando milagros. Ahora Hebreos 11:12 tiene sentido; "por lo cual también, de uno, y ése ya casi muerto". Fuera de esa puerta estaba uno ya casi muerto en términos de producir nada. "Pero salieron como las estrellas del cielo en multitud, y como la arena innumerable que está a la orilla del mar". Este hombre tuvo hijos sobre hijos, a toda la nación de Israel, todo judío que ha nacido hasta nuestros días, y de nuestros días hasta que Jesucristo venga, todo judío que nazca en el futuro proviene de la semilla de Abraham. Y todo esto porque él creyó a Dios, como podemos ver, la fe es poderosa.

No me preguntes, ¿crees que si tengo fe podré tener hijos? Solo si es la voluntad de Dios. Pienso que hay dos cosas aquí; la fe de Abraham y la voluntad de Dios en conjunto. ¿Me entiendes?

Todos los millones de judíos vinieron... del poder de la fe. Escucha Mateo 19:26, "Para los hombres esto es imposible; mas para Dios todo es posible". ¿Qué tanto es posible? "Todo es posible". ¿No te gusta esto? Podrás decir, pero tú no conoces mi problema. Todas las cosas son posibles. Jesucristo dijo: "Si tú puedes creer, todas las cosas son posibles para los que creen". ¿No es esto grandioso? Lucas 18:27, Jesús dijo, "las cosas que son imposibles para los hombres son posibles para Dios". Ustedes creen en Dios por lo imposible. ¿Por qué has estado orando que creías que no podía ser posible? Y verdaderamente creíste en Dios. Mateo salta en mi mente, 17:19, "Viniendo entonces los discípulos a Jesús, aparte, dijeron: ¿Por qué nosotros no pudimos echarlo fuera? Jesús les dijo: Por vuestra poca fe; porque de cierto os digo, que si tuviereis fe como un grano de mostaza", y no creo que esto signifique una muy pequeñita fe, una semilla de mostaza crece de algo pequeñito pero después explota. Pienso que Jesús está diciendo si tienes una fe que está creciendo, que se está incrementando constantemente, "diréis a este monte: Pásate de aquí allá", ¿y sabes que pasará a ese monte? y se pasará".

Mi padre solía contar una historia acerca de una dama que salió a su patio trasero y se quería deshacer de la montaña que colindaba ahí. Ella oró durante toda la noche para que la montaña fuera removida. Se levantó en la mañana, y la montaña continuaba ahí, y dijo: Lo sabía, esto no puede suceder con fe. Bueno, sabes, esto no es fe. La parte final de verso 20 dice, "y nada os será imposible". Aquí hay uno para ti, Filipenses 4:13; "Todo lo puedo en Cristo que me fortalece". ¿Crees esto? Cree en Efesios 3:20; "Y a Aquel que es poderoso para hacer todas las cosas mucho más abundantemente de lo que pedimos o entendemos, según el poder que actúa en nosotros". ¿Qué cosas has pedido a Dios? Hay tantas cosas que son necesarias en tu vida y en la vida de tus amigos y de tu familia, hay muchas necesidades aquí en Grace Church, estamos pidiendo a Dios que haga cosas que simplemente nosotros no podemos ver en el ámbito humano y que parece que tienen que suceder milagros. ¿Creemos verdaderamente en Dios para que esas cosas sucedan? ¿No dice la Biblia que para Dios no hay imposibles? Pruébenlo y verán. Este es el poder de la fe cuando verdaderamente crees en Dios. Y, ¿sabes algo? Pienso que Dios me avergüenza todo el tiempo porque en realidad nunca creo, puedo decir que creo y creer hasta cierto punto, pero pienso que en realidad no creo en lo que Dios puede hacer hasta que veo lo que hace, y me digo, Dios hizo esto. Si tan solo pudiéramos extender nuestra fe y ver a Dios obrar grandes cosas.

El positivismo de la fe

Podríamos hablar más de ello, pero vamos rápidamente al cuarto punto, el positivismo de la fe. Vimos el peregrinar de la fe, la separación del mundo, la paciencia de la fe, esperar en Dios estando enfocados en el cielo, el poder de la fe, haciendo posible lo imposible. Y aquí veremos el positivismo de la fe. Hebreos 11:13, solo iré rápidamente a través de este punto y dejaré que se vayan en unos minutos.

Todos estos hombres, Abraham, Isaac y Jacob, nunca vieron que la tierra prometida se hiciera suya. En realidad ellos nunca supieron lo que estaba sucediendo. Y el verso 13 lo establece: "Conforme a la fe murieron". Nunca vieron algo, solo murieron... y vivieron toda su vida creyendo en Dios, nunca vieron que sucediera nada, pero nunca dejaron de creer en Dios. "Todos éstos sin haber recibido lo prometido, sino mirándolo de lejos", pongámoslo de este modo, ellos fueron positivos ante la realidad futura y ellos "creyéndolo, y saludándolo, y confesando que eran extranjeros y peregrinos sobre la tierra. Porque los que esto dicen, claramente dan a entender que buscan una patria". Su búsqueda era por otro lugar. "Pues si hubiesen estado pensando en aquella de donde salieron, ciertamente tenían tiempo de volver". Si ellos estuvieran pensando en el lugar de donde salieron, tuvieron la oportunidad de regresar cuando quisieran. Y dice ahí, que ellos no estaban buscando regresar al lugar de donde salieron sino por una patria diferente. El verso 16 dice: "Pero anhelaban una mejor, esto es", ¿cuál? "la celestial". Estos hombres tenían positivismo en su fe. Murieron en su fe. Estaban felices de ser peregrinos porque sabían que había un final positivo en su fe. La Biblia los llama de dos maneras, primero que nada los llama extranjeros, del griego *xenos*. En el mundo antiguo el destino de los extranjeros era verdaderamente difícil. Era considerado con odio, desprecio y suspicacia. En Esparta, por ejemplo, *xenos*, la misma palabra, era el equivalente de bárbaros lo cual significa extranjeros, era lo mismo que un bárbaro. La palabra también vino a significar refugiado; así que ellos eran nómadas en el peor de los sentidos de la palabra.

En segundo lugar no solo son llamados *xenos* en la palabra extranjeros sino también en la palabra peregrinos, esta es *parepideemos*, para tener la idea correcta, esta significa una persona que solo permanece por un tiempo, temporalmente. Así que ellos sabían que estaban en arenas movedizas, que su misión solo estaba limitada a este mundo. Pero ellos buscaban algo más grande de lo que estaban seguros, a pesar de que nunca lo vieron.

¿Estás seguro acerca del cielo? ¿Verdaderamente seguro? Conozco a muchos cristianos que no están muy seguros al respecto, tienen muchas dudas. ¿Conoces a alguien así? Yo estoy seguro acerca del cielo. Este es el positivismo de la fe. Sé que está ahí, estoy tan seguro de él como estoy seguro de que este púlpito está aquí, de que yo estoy aquí esta noche. Y me puedes preguntar, ¿cómo lo sabes? Simplemente tengo el testimonio interno del Espíritu de Dios y por la fe esto es seguro. Simplemente deseo estar allí, y mi fe es lo suficientemente positiva como para que lo crea.

El Salmo 27:4 dice: "Una cosa he demandado a Jehová, ésta buscaré", ¿cuál? "Que esté yo en la casa de Jehová todos los días de mi vida". El positivismo de la fe. Esta es la seguridad del creyente. Pero muchos cristianos están atribulados, Job pasó por todo un desastre. ¿Recuerdas a Job? Dios le quitó todo lo que tenía, permitió que Satanás lo hiciera, y fue destituido, finalmente se levantó y dijo: "aunque los gusanos destruyan mi cuerpo, aún en mi carne veré a Dios. A pesar de que mis posesiones sean consumidas conmigo". Vaya que sabía a dónde iba.

El apóstol Pablo dijo, es muy bonito andar por acá, ustedes me encantan, pero es muchísimo mejor estar con Cristo. Este es el positivismo de la fe, esta es la seguridad que el creyente tiene. No estaban buscando regresar con los caldeos, ¡no, señor! ¿Sabes cuál es el tipo de gente que agrada a Dios? A Dios le agrada la gente que cree en Él. En verdad este es el tipo de gente que agrada a Dios. Ellos estaban esperando una patria celestial, verso 16: "por lo cual Dios no se avergüenza de llamarse Dios de ellos; porque les ha preparado una ciudad". ¿De qué es de lo que Dios no se avergüenza? De aquellos que creen, quienes en verdad viven por fe.

Si tú vives por fe Dios no se avergüenza de ti. Puedes imaginar a Dios diciendo: Soy el Dios de John MacArthur, suena extraño, ¿no lo crees? Quiero decir, esto no es algo de lo que uno deba enorgullecerse, soy el Dios de John MacArthur... pero está en 1 Samuel 2:30, que dice: "yo honraré a los que me honran". ¿Quieres decir que Dios no se avergüenza de ser llamado el Dios de John MacArthur? Esto me hace ver de manera diferente la manera en la que vivo mi vida.

Los patriarcas honraron a Dios y Dios dijo, no me avergüenzo de ser llamado su Dios. ¿Y cómo se llamó Dios a sí mismo? Escucha esto, lo dijo una y otra vez, mira en Éxodo 3:6, dice esto: "Yo soy el Dios de Abraham, el Dios de Isaac, el Dios de Jacob..." y después me convertí en el Dios de John MacArthur. No puedo encontrar mayor honor para vivir una vida de fe y saber que Dios se asigne a mí. ¿No es esto grandioso? Este es el positivismo de la fe, y a Dios le agrada la fe que es positiva. En verdad él preparó una ciudad para ellos y ellos le creyeron.

La prueba de la fe

Una nota final en la fe de Abraham, la prueba de ello. ¿Cuál es la verdadera prueba de la fe a la larga? Hebreos 11:17-18 "Por la fe Abraham, cuando fue probado, ofreció a Isaac". ¡Caramba! "Y el que había recibido las promesas ofrecía su unigénito, habiéndosele dicho: En Isaac te será llamada descendencia". Dios le había dado un hijo después de tanto tiempo, y después Dios se dijo un día en Génesis 22, versos 1 al 18, nos cuenta toda la historia, Dios dijo: "quiero que tomes al hijo y lo lleves a la montaña y quiero que lo ofrezcas en sacrificio". ¿Puedes imaginar esto? Todo esto que está sucediendo es algo extraño, ve y ofrécemelo en sacrificio, sube al monte Moriah, llévalo y ofrécemelo en sacrificio. ¿Sabemos qué fue lo que hizo? Subió ahí, empacó todas sus cosas, tomó a Isaac y lo preparó, y le dijo nos vamos de campamento. ¿Sabemos lo que dijo cuando se fue? Dijo, vamos, y observa esto, y regresaremos. Puedes decir, un momento Abraham, Dios dijo que lo tienes que dar en sacrificio; pero Abraham sabía que el pacto con Dios era incondicional. ¿Sabes en qué creía Abraham? Abraham creyó que Dios lo resucitaría, que lo levantaría de entre los muertos. Veamos Hebreos 11:19; "pensando que Dios es poderoso para", ¿qué? "levantar aun" ¿de qué? "de entre los muertos". Lo notas, Abraham subió al monte, le dijo a su gente adiós pero regresaremos, Isaac y yo. Y fue y subió. Este debió ser un tremendo acto de fe, que fe tan monumental. ¿Tienes el tipo de fe que sacrificaría de este modo? ¿Crees en la resurrección de este modo? Esto es verdadera fe. Si Dios me dijera, quiero que tomes a uno de tus hijos y lo sacrifiques. Sería algo tremendo, simplemente concebirlo en la mente. Todos sus sueños eran con Isaac, ¿cómo podría reconciliar la promesa divina con el mandamiento divino? Esto era confuso, amaba a Isaac. Había esperado tanto por la primer señal de su promesa, había pecado con Agar que pudo haber pensado que Dios le iba a quitar la promesa por lo que había hecho con Agar y que la ley de Dios prohibía que un hombre matara a su hijo, y que la Biblia decía que cualquier hombre que derramare sangre su sangre sería derramada... todo esto debió estar corriendo por la mente de Abraham, pero la realidad es que creyó en Dios. Y dijo, si quieres que lo mate, lo mataré porque tú lo resucitarás porque tú me prometiste que mi semilla, o simiente, sería prosperada. Esto es fe, ¿no lo creen?

¿Tienes el tipo de fe para sacrificar tu vida y decir, Dios, haré cualquier cosa que me pidas, porque tú me prometiste que esto es lo que harías. Así que lo llevó al monte, levantó su cuchillo, y en el preciso momento que él escucho un ruido en los arbustos, volteó y Dios tenía al animal correcto esperando, el Ángel del Señor detuvo su brazo y Abraham sacrificó al carnero. Así Isaac solo se convirtió en una figura, dice: "de donde, en sentido figurado, también le volvió a recibir". Esta es una figura de la resurrección de Cristo, la muerte y la resurrección. En realidad él no murió y resucitó, por esto no es un tipo legítimo, pero es una figura de la muerte y la resurrección de Cristo.

Entonces, ¿cuál es la prueba final de la fe? Esta es, observa, el sacrificio. Esta es la verdadera prueba de la fe: "Si alguien quiere venir en pos de mí", ¿qué? "niéguese a sí mismo". Esto es todo. Cuando John Bunyan, el gran John Bunyan, quien escribió *El Progreso del Peregrino*, estaba en la cárcel, estaba pensando qué sucedería a su familia, si iba a ser ejecutado a causa de su fe, de la cual estaba pendiendo. Especialmente pensó con frecuencia durante el día y la tarde acerca de su pequeña hija invidente. Tenía un amor especial por ella y pensó, ella no puede encontrar su propio camino por el mundo. Esto debió perturbarlo, esto lo perseguía y dijo: "Oh, veo en esta condición, que yo soy un hombre que estaba destruyendo su casa por encima de la cabeza de su esposa e hijos, y entonces pensó, debo hacerlo, lo debo hacer. El más querido ídolo que yo he conocido, tan errado como pude ser un ídolo, ayúdame a destruirlo y quitarlo de tu trono, y poder adorarte solo a ti". ¿Lo ves? Sacrifica cualquier cosa, y todo si en verdad crees en Dios. Esto es la fe.

El peregrinar de la fe, separados del mundo. La paciencia de la fe, esperando a que Dios obre. El poder de la fe, haciendo lo imposible. El positivismo de la fe, enfocándonos en las promesas eternas de Dios y creyendo que esto está garantizado como el broche de oro. La prueba de la fe, obediencia, auto sacrificio. Este es el patrón de la fe.

Oración final

Padre te agradecemos esta noche, porque hemos podido compartir juntos estos grandes principios. Oramos para que confirmes nuestros corazones con lo que hemos aprendido. Motívanos a vivir por fe en el nombre de Jesucristo. Amén.

29 de Abril, 2012

04_José, porque Dios lo encaminó a bien

Vosotros pensasteis mal contra mí, mas Dios lo encaminó a bien, para hacer lo que vemos hoy, para mantener en vida a mucho pueblo.

Génesis 50:20

BOSQUEJO

— Introducción

— Una contienda familiar

— Una falsa acusación

— Un amigo olvidadizo

— La hambruna

— La reunión familiar

— Oración final

Notas personales al bosquejo

04_José, porque Dios lo encaminó a bien

SERMÓN

Introducción

Vayamos ahora al último capítulo del libro de Génesis, al capítulo 50. Comenzaremos aquí y después iremos un poco atrás. Como ya dije éste es un mensaje que forma parte de la serie *Héroes Inconcebibles*, el libro ya se está preparando y estará en breve disponible para ustedes. Estoy seguro que ustedes van a disfrutar este libro, pero por ahora echemos un vistazo a algunos de los héroes, a algunos hombres y mujeres que Dios usó de manera sorprendente y que al inicio no parecía que fueran a tener la influencia que tuvieron.

Ahora nos toca hablar de *José, porque Dios lo Encaminó para Bien*. En Génesis 50:20, José dice: "Vosotros pensasteis mal contra mí, mas Dios lo encaminó a bien, para hacer lo que vemos hoy, para mantener en vida a mucho pueblo".

"Vosotros pensasteis mal contra mí, mas Dios lo encaminó a bien". Esto nos lleva hacia una característica, un atributo de Dios el cual conocemos como su providencia. Esto quiere decir que Dios lleva a cabo todos sus planes, sin importar cuál sea la intención de la gente, ya sea buena o mala. Dios hará que todo funcione para que se cumpla su plan final. Y todo aquello que Dios quiera que suceda, sucederá. Dios coordina y organiza todas las actividades aparentemente independientes, todo pensamiento, toda idea, todo movimiento de cada persona para juntar todo de manera armónica, unos con otros para llevar a efecto su propósito final. Esto nos es revelado en muchas historias dentro de la Biblia, pero ninguna de ellas es más dramática que la historia de José.

Cuando llegamos a Génesis 50, encontramos a once deprimentes rostros que solo pueden estar mirando al suelo con mucha ansiedad. Toda su atención está enfocada en el hombre de autoridad que está parado frente a ellos. Estos once están amontonados, delante de uno de los hombres más poderosos del mundo, quien está solo por debajo del Faraón en Egipto, y tiene la autoridad suficiente para ejecutarlos. Su vestimenta encaja perfectamente con alguien que tiene una posición de autoridad como la que él tenía. Es algo así como el primer ministro de Egipto; este hombre observa a esos humildes pastores judíos que están de pie frente a él. Hay una historia que él comparte con ellos. Es una historia de dolor y de sufrimiento, de rechazo, de memorias que llegan de manera vívida a su mente. Ellos habían hecho mucho mal a este primer ministro tiempo atrás. Desde la perspectiva humana ellos le habían hecho mucho daño, pero ahora las cosas han cambiado; él tiene el poder, la autoridad y la habilidad para llevar a cabo la justa retribución en su contra. De hecho, ellos son sus hermanos quienes lo habían traicionado. Este primer ministro de Egipto no es otro sino José, el que fue traicionado.

La pregunta que surge es, ¿qué es lo que José va a hacer a sus hermanos? Su padre, Jacob, está muerto; ellos ya lo habían enterrado. Pero hoy se encuentran inclinados ante la presencia de su hermano, saben quién es él, recuerdan su historia, para ellos también debió ser igual de vívida. Pero ahora ellos solo pueden rogarle que les tenga misericordia. Están atemorizados porque se preguntan si después de que su padre ha muerto, José finalmente buscará la venganza. Hasta ahora ha sido amable con ellos, pero finalmente buscará venganza por la crueldad tan severa que ellos cometieron contra él décadas antes.

Rubén, el mayor de los hermanos, se ha culpado a sí mismo por lo que pasó con José. Judá, otro de sus hermanos, sintió la pesada carga, el exagerado peso de la culpa. Él fue el primero en sugerir que José fuera vendido como esclavo. Pero todos los hermanos, excepto el más joven, Benjamín, habían estado involucrados en un acto impensable de traición, y todos eran culpables y dignos de condenación. Ahora tal vez sea su último día después de la muerte de su padre, ahora no hay quien pueda detener a José de que ejecute su revancha. Al menos esto fue lo que debieron estar pensando: ahora que su padre ya no estaba, sus crímenes los habían alcanzado. ¿Tomará José la justa venganza?

Cuando el silencio se rompe, ellos pueden ver que no hay enojo, que no hay hostilidad, no hay amenaza, no hay declaraciones de castigo; en su lugar hay solo llanto y lágrimas. Conforme cada uno de ellos levanta su rostro y mira a José observan en él una sonrisa de perdón, observan que hay lágrimas cayendo por el rostro de José. Sus lágrimas son contagiosas y entones todos ellos comienzan a llorar. Y leemos el texto en Génesis 50:19-21, éstas fueron las palabras de José: "Y les respondió José: No temáis; ¿acaso estoy yo en lugar de Dios? Vosotros pensasteis mal contra mí, mas Dios lo encaminó a bien, para hacer lo que vemos hoy, para mantener en vida a mucho pueblo. Ahora, pues, no tengáis miedo; yo os sustentaré a vosotros y a vuestros hijos. Así los consoló, y les habló al corazón".

No hubo venganza, no hubo odio, no hubo rechazo; José trató a sus hermanos con misericordia. Él los trató con mucho amor. Los trató con un favor inmerecido. Pero la pregunta es esta, ¿cómo es que la amabilidad, el amor, la misericordia y la gracia se cultivan dentro del corazón de alguien que fue tratado con tanta maldad? ¿Cómo esta actitud de completo perdón, compasión, afecto, provisión, confort y amabilidad pude salir del corazón de uno que fue tratado de manera tan horrible? La respuesta solo puede ser encontrada en la teología de José. Él tenía un claro entendimiento de que todo lo que sus hermanos habían hecho era malo. Pero aun y cuando ellos lo hicieron con una intención mala, Dios lo encaminó a bien. Él tenía un claro entendimiento de que Dios estaba trabajando, de que Dios estaba al control, de que puedes confiar en que Dios es quien dará el resultado final. Su teología de los propósitos soberanos y de la providencia de Dios eran lo que generaba esta actitud en su corazón.

Esta es una verdadera lección. A menos que nosotros seamos capaces de observar ampliamente lo que Dios está haciendo por medio de las dificultades, el sufrimiento, las iniquidades, las injusticias de la vida, no seremos capaces de ver la profundidad y las verdades esenciales de que Dios está usando todo para nuestro bien y para su gloria. La amplitud de la mirada de José vio la realidad de que a pesar de que ellos lo maltrataron, todo esto era parte del propósito de Dios. Y ese propósito era tan vasto, englobaba tanto, de tan largo alcance como para ser tan sorprendente y maravilloso. Al final, el Señor usó el sufrimiento de José y las circunstancias subsecuentes para cumplir sus propósitos soberanos. Esto es tener una compresión completamente amplia de todo lo que está pasando. Dios tenía un plan para el mundo y para que éste se cumpliera, Él tenía un plan para la nación de Israel. Y para cumplir este plan, Él tenía un plan para José. Todo esto iba unido. El plan para su pueblo elegido incluía su supervivencia, su supervivencia durante la hambruna que se presentaría durante siete años; ya que durante ese tiempo no hubo comida en Israel.

Esto fue lo que los trajo a Egipto en donde había comida en abundancia. Cuando llegaron a Egipto, bajo la protección de la autoridad de José, les fue entregado un pedazo de tierra para que fuera de ellos, ésta era la mejor tierra de la zona la cual se llamaba Gosén. Durante los siguientes 400 años este grupo de gente fue transformada de ser una familia a ser una nación que sería testigo de la gloria de Dios. Todo esto era parte del plan de Dios para cumplir las promesas que les hizo en el Pacto, una simiente o semilla, salvación que se extendería a todo el mundo, como le dijo a Abraham en Génesis 12. Dios estaba haciendo que todas las cosas funcionaran para cumplir con este propósito de bien y así cumplir con este gran plan.

Dios quiso que todas las pruebas por las que pasó este héroe inconcebible fueran para el bien de su familia, después para el bien de la nación que saldría de su familia, y por medio de esta nación saldría el bien para todo el mundo. José sufrió. Sufrió repetidamente dentro de su vida. Sin embargo, la Biblia nunca nos dice que Dios lo estuviera castigando por su pecado, José no sufrió porque Dios lo estuviera castigando por su pecado, sino que sufrió para que Dios finalmente pudiera salvar pecadores. Debía haber una nación, Israel, de modo que de esa nación pudiera llegar el Mesías quien sería el único Salvador que el mundo conocería.

Una contienda familiar

Pero ahora vayamos al inicio de la historia y para ello vayamos al capítulo 37 del libro de Génesis. Nos moveremos rápidamente, así que no pierdan detalle. Todo esto comienza con una contienda familiar. Jacob vivía en una tierra en donde su padre era extranjero, en la tierra de Canaán. José tiene diecisiete años de edad. Se encuentra pastoreando un rebaño junto con sus hermanos cuando aún era joven. Aquí es donde comienza toda esta dolorosa historia. El problema que genera la contienda dentro de la familia nos es mostrada en el versículo 3, estaré saltando un poco de un lugar a otro así que no pierdas detalle. Versículo 3: "Y amaba Israel", este es Jacob, recordemos que su nombre fue cambiado a Israel, esto lo tenemos en Génesis 32:28 y se repite en Génesis 35:9–11. Ahí le es dado el nombre de Israel el cual se convierte en el nombre de la nación.

"Amaba Israel a José más que a todos sus hijos" —esto no es bueno— "porque lo había tenido en su vejez; y le hizo una túnica de diversos colores". Algunas traducciones dicen "una túnica blanca" en el sentido de que el blanco es tan puro que en cierta medida pudo haber reflejado tonos de diferentes colores. Otros dicen que la palabra que es usada aquí puede simplemente significar una túnica completa; un tipo de túnica formal con mangas largas y eso pudo haber llegado hasta el suelo. Sé que todo esto iría muy bien si estuviera en un libro de historias para niños, pero la realidad es que no sabemos con seguridad que se haya tratado de una túnica con muchos colores. Lo que sí sabemos es que era una túnica que representaba una especie de símbolo o de favoritismo familiar. Una cosa es que tengas a un favorito entre doce; pero es otra cosa hacer que continuamente use algo que simbolice ese favoritismo. Aquí es justo donde el problema comienza.

Pero había otro problema. Los diez hermanos mayores que él eran de otra madre, por lo que eran sus medio hermanos. Ellos no habían nacido de su madre Raquel, quien tuvo dos hijos, José y Benjamín. Ella murió cuando dio a luz a Benjamín. José creció siendo el favorito de su padre porque, francamente, Raquel era la esposa favorita. Esto nos deja ver que hay algunos conflictos dentro de la familia. Su padre Jacob, había engañado a su propio padre, Isaac. Recordarán ustedes el relato con su hermano Esaú y sus problemas de derecho de primogenitura. Hay una trama muy mala dentro de la historia de esta familia, sus relaciones no eran algo digno de alabanza. El abuelo de José, Labán, también se había enojado con Jacob por haber intentado huir de su casa en Harán. Y como seguramente recuerdan él tuvo que trabajar primero por Lea y después tuvo que trabajar más por Raquel. Había dos esposas que se odiaban entre sí. Raquel estaba en pleito constante con su hermana mayor quien era la primera esposa de Jacob. Compitieron para tener hijos; Lea ganó y esto no ayudó mucho a las relaciones familiares.

04_José, porque Dios lo encaminó a bien

Y para poder ganar la competencia, ¿qué hicieron de acuerdo a Génesis 35:23? Dieron a Jacob a sus siervas como concubinas. Tomaron a las mujeres que trabajaban para ellas y se las dieron a Jacob solo para producir bebés. Supongo que contaban como si fueran suyos si eran de sus siervas.

Pero la historia se pone peor. Cuando la familia, finalmente, llega a la tierra de Canaán, dos de los medio hermanos de José, Simeón y Leví, en el capítulo 34, se enojan con los moradores de una villa porque éstos deshonraron a Dina, una de sus hermanas. La habían tratado como ramera; habían abusado de ella sexualmente. Así que Simeón y Leví asesinan a toda la villa buscando vengarse por lo que hicieron a su hermana Dina. Esto no se consideraba algo bueno entre vecinos, como lo podemos imaginar. Esto los convertiría en una amenaza. Entonces el hermano mayor de José, Rubén, tuvo un amorío con una de las concubinas de su padre, cosa de la cual se enteraría más tarde Jacob. No hay necesidad de que les diga que esta familia era un desastre. Las cosas no fueron nada bien para este joven hombre después de la muerte de su madre, porque justo aquí fue cuando sus hermanos comenzaron a desatar sobre él todo tipo de hostilidad y todo su resentimiento. Es algo fuera de lo común que con este tipo de comienzo y con este tipo de contexto, José hubiera llegado a algo bueno. Y el hecho de que fuera considerado el favorito, solo hizo que su vida fuera más difícil.

Vayamos al capítulo 37 por un momento. Quiero mostrarles un poco más acerca de cuánto lo odiaban sus hermanos. Aquí en el versículo 3 se nos indica que él era el favorito. En el versículo 4, sus hermanos percibían claramente que su padre lo amaba más que a los demás, así que ellos lo odiaban y no hablaban con él, digamos, en términos amigables. Junto con esto tiene ese símbolo de favoritismo, su túnica, la cual le dio su padre para que fuera más notoria la diferencia de su amor por ellos. Y la escena empeora porque aparentemente, José se mostró delante de sus hermanos como si fuera su superior, como si él tuviera algún tipo de realeza porque el versículo 2 dice: "informaba José a su padre la mala fama de ellos".

Ahora ya de por sí es suficientemente malo ser el hijo favorito, pero ser el que lleva las malas noticias de los demás empeora la situación. Él es el que se encarga de llevar los malos informes del comportamiento de sus hermanos. Anda por ahí con su túnica real, y actúa como si fuera el superior de ellos. No conforme con eso está continuamente informando sobre los malos comportamientos de sus hermanos. Esto lo convierte en un ser más ofensivo para ellos.

Unido a esto, él tiene sueños y sus sueños son algo indignante para ellos porque en cada uno de ellos ve a sus hermanos como inclinándose ante él, dándole honra. Un día se reúne con sus hermanos y les dice: "Oíd ahora este sueño que he soñado: He aquí que atábamos manojos en medio del campo, y he aquí que mi manojo se levantaba y estaba derecho, y que vuestros manojos estaban alrededor y se inclinaban al mío. Le respondieron sus hermanos: ¿Reinarás tú sobre nosotros, o señorearás sobre nosotros? Y le aborrecieron aún más a causa de sus sueños y sus palabras" (Génesis 37:6–8).

Siendo honestos, hubiera sido mejor que mantuviera su boca cerrada. Ésta hubiera sido una mejor política. Guarda el sueño para ti mismo. Ellos solo lo pudieron ver como un niño presumido, rebasado por su ego y que había ido demasiado lejos con ello. Pero debemos decir que la Biblia nunca habla de José atribuyéndole orgullo. La Biblia no nos dice cuál fue la causa por la que él sintió la necesidad de decirles el sueño. Posiblemente él creyó que éste era un mensaje que Dios le estaba entregando y él necesitaba cumplir con su deber al comentarlo a los miembros de su familia. Pero sin importar cuál era su motivación, esto solo sirvió para alimentar el odio y el resentimiento que se acumulaban en su contra.

Lo querían fuera de la familia, pero él tuvo otro sueño. Vemos esto en el versículo 9 en el cual él dice: "el sol y la luna y once estrellas se inclinaban a mí". Y su padre le pregunta en el versículo 10: ¿Qué sueño es éste que soñaste? ¿Acaso vendremos yo y tu madre y tus hermanos a postrarnos en tierra ante ti?" Y el versículo 11 nos informa que "sus hermanos le tenían envidia". Todo esto hacía que creciera su odio.

Pero la oportunidad para que ellos ejecutaran alguna acción se presenta cuando se encuentran en un lugar llamado Dotán. Para empeorar las cosas, aparentemente Jacob usó a José como su espía personal para estar vigilando a sus hermanos. Así que decide enviar a José a buscar a sus hermanos a Dotán, que por cierto está aproximadamente a cien kilómetros de distancia. José va, haciendo un viaje de varios días, y entramos a la historia en el versículo 17. Ellos se habían ido de Siquem a Dotán y José decide seguir su rastro. Finalmente los encuentra allá. Cuando lo vieron venir a la distancia, antes de que llegara cerca de ellos, hicieron un plan para matarlo.

Génesis 37:19-21, "Y dijeron el uno al otro: He aquí viene el soñador. Ahora pues, venid, y matémosle y echémosle en una cisterna, y diremos: Alguna mala bestia lo devoró; y veremos qué será de sus sueños. Cuando Rubén oyó esto, lo libró de sus manos, y dijo: No lo matemos". Y en el versículo 22 Rubén dice: "No derraméis sangre; echadlo en esta cisterna que está en el desierto, y no pongáis mano en él; por librarlo así de sus manos, para hacerlo volver a su padre" (versículos 19–22).

Los iba a hacer dejarlo en el pozo y cuando se fueran, él regresaría, lo rescataría, y lo llevaría sano y salvo a su padre. Todo esto era lo que se estaba planeando. Y es exactamente lo que hicieron en los versículos 23–24: "cuando llegó José a sus hermanos, ellos quitaron a José su túnica, la túnica de colores que tenía sobre sí; y le tomaron y le echaron en la cisterna; pero la cisterna estaba vacía, no había en ella agua".

Este era un tipo de pozo que tenía forma como de una botella. Tenía un cuello estrecho, suficientemente ancho como para meter una cubeta que llegara al fondo. Era un pozo muy profundo, las paredes del cuello del pozo eran de mampostería; no había forma de subir y salir de él. José estaría en ese pozo seco en el fondo, asustado, confundido y aterrado. Pero ellos se sentaron afuera para comer, versículo 25. Pensaron que ya habían acabado con él.

Pero mientras que ellos están comiendo, alguien ve que se acerca una caravana. Versículos 26-27, "Entonces Judá dijo a sus hermanos: ¿Qué provecho hay en que matemos a nuestro hermano y encubramos su muerte? Venid, y vendámosle a los ismaelitas". Se acordarán de quién es Ismael, ¿verdad? El hijo de Agar, la sierva de Sara. "Venid y vendámoslo a los ismaelitas y no sea nuestra mano sobre él; porque él es nuestro hermano, nuestra propia carne. Y sus hermanos convinieron con él. Y cuando pasaban los madianitas mercaderes, sacaron ellos a José de la cisterna, y le trajeron arriba, y le vendieron a los ismaelitas por veinte piezas de plata" (versículos 27-28). Aparentemente les ofrecieron a José a los ismaelitas y a los madianitas, y se quedaron con el dinero de quien pagoó más. Veinte piezas de plata, que por cierto era el precio común por un esclavo varón. El jovencito atemorizado había sido sacado del pozo, vendido a un grupo de personas de Arabia del norte, a unos comerciantes ismaelitas que se dirigían a muchos lugares, en especial a Egipto. José continúa rogando a sus hermanos. Esto no lo encontramos en Génesis 37 pero lo sabemos por el 42:21 que dice: "Y decían el uno al otro: Verdaderamente hemos pecado contra nuestro hermano, pues vimos la angustia de su alma cuando nos rogaba, y no le escuchamos".

Así que sabemos que él les rogó, "por favor no me hagan esto". Él estaba rogando por su vida. Pero ellos querían que saliera permanentemente de sus vidas. Estaban satisfechos con saber que ellos no lo iban a matar, no lo iban a asesinar; solo lo iban a vender por lo que les dieran. Así que lo vemos caer de ser el hijo consentido de papá, que usaba la regia túnica del favoritismo, a ser un esclavo forzado. Los hermanos se habían involucrado en "tráfico humano", si me permiten la expresión. Y sé que están comenzando a preguntarse, ¿qué habrá estado pensando José? "¿Por qué me está pasando esto? Siempre he hecho lo que mi padre me ha dicho que haga, soy obediente, mi padre me envió a una misión, estoy haciendo lo que se supone que debía hacer". También él debió preguntarse, "¿qué significan estos sueños para mí? Mis hermanos no están precisamente inclinándose ante mí. Más bien me vendieron como esclavo". Solo tenía diecisiete años y su mundo había cambiado súbitamente delante de él. Traicionado por sus hermanos, todas las alegrías de su casa, la seguridad del amor que le daba su padre, le han sido arrebatadas violentamente. Pero el Señor no permitiría este mal, desde luego que no. "La voluntad de Dios debe estar más allá de este mal, Dios debe estar preparando algo para cumplir con sus propósitos, y seguramente estos sueños de que mis hermanos se inclinen ante mí sucederán en el futuro".

Y, por cierto, cuando la negociación se estaba llevando a cabo entre los madianitas y los ismaelitas, Rubén despareció y regresó cuando José ya se había ido. Encontramos la respuesta de Rubén en Génesis 37:30. Regresa y dice: "Y volvió a sus hermanos, y dijo: El joven no parece; y yo, ¿adónde iré yo?" Literalmente: "¿Cómo voy a enfrentar a mi padre?" Desgarra sus vestiduras y dice, tenemos un problema aquí, ¿cómo vamos a explicar a mi padre lo que hemos hecho con su hijo favorito?

Entonces tramaron una mentira muy elaborada. Para no hacerlo largo, mataron a un cordero, recogieron la sangre, pusieron la túnica que se sabía era de José y la mancharon con la sangre para engañar a su padre; como diciendo ésta es la sangre de José y suponemos que algún animal salvaje debió haberlo matado. Irónicamente, Jacob había engañado a su padre Isaac usando una piel de oveja muchos años antes, en Génesis 27. Tomaron la túnica manchada con sangre y regresaron a Jacob. Jacob cayó en una prolongada depresión, lamentando la pérdida de su hijo favorito. Los otros hijos intentaron consolarlo, pero dice Génesis que él no fue consolado. Génesis 42:22 indica que la culpa estaba consumiendo a Rubén y probablemente a los otros hermanos también. Pero seguramente esto era mitigado con la idea de que por fin se habían deshecho de su hermano incómodo.

Una falsa acusación

Así que vamos de una contienda familiar —solo para conectar nuestros puntos— a una falsa acusación en el capítulo 39. Vayamos allá y retomemos la historia. El capítulo 38 no avanza la historia, por lo que vamos al capítulo 39 para retomar ahí la historia.

José ha sido llevado a Egipto, y cuando llega allá, ¿recuerdan lo que sucedió? Versículo 1, cuando llega a Egipto, Potifar, un oficial egipcio de Faraón, el capitán de su guardia —ésta es una posición muy importante, él es el guardia principal del más grande gobernante del mundo antiguo— lo compra de los ismaelitas, quienes lo trajeron a Egipto. Es vendido nuevamente, ahora a Potifar, para ser un esclavo dentro de su casa. Éste es otro incidente muy triste en la vida de José. Fue vendido una vez, y es vendido una vez más. Pero lo interesante es que es vendido para trabajar en la casa de un hombre prominente. De unos mercaderes itinerantes, repentinamente ahora es rico, se encuentra en una casa muy próspera, de un hombre con una posición muy elevada, que le permite interactuar con la realeza de Egipto. Ha cambiado de posición, de una caravana, a un castillo, si me permiten la comparación, se va a un palacio.

Y no pasa mucho tiempo antes de que Potifar se dé cuenta de que José es un hombre muy, pero muy capaz. Génesis 39: 2–6 dice, "Mas Jehová estaba con José, y fue varón próspero; y estaba en la casa de su amo el egipcio. Y vio su amo que Jehová estaba con él, y que todo lo que él hacía, Jehová lo hacía prosperar en su mano. Así halló José gracia en sus ojos, y le servía; y él le hizo mayordomo de su casa y entregó en su poder todo lo que tenía. Y aconteció que desde cuando le dio el encargo de su casa y de todo lo que tenía, Jehová bendijo la casa del egipcio a causa de José, y la bendición de Jehová estaba sobre todo lo que tenía, así en casa como en el campo. Y dejó todo lo que tenía en mano de José, y con él no se preocupaba de cosa alguna sino del pan que comía". Podemos decir que dejó todas sus posesiones a cargo de José, y con él allí no se preocupaba de nada excepto del alimento que comía.

José estaba a cargo de todo. Fue a causa de la providencia de Dios que acabó en la casa de Potifar, porque quien ahora era su amo era alguien muy importante dentro de la corte de Faraón. Esto permitió a José conocer a la realeza e interactuar con ella, y le permitió familiarizarse mucho con las costumbres nobles de Egipto. Más adelante este conocimiento sería algo crítico y esencial para cumplir con el rol que Dios tenía preparado para él. José es ahora el administrador directo de todos los recursos de su amo, él es responsable y está siendo entrenado en el trabajo administrativo para que así pueda usar su experiencia administrativa en un trabajo que Dios le va a dar en un futuro no muy lejano.

Si por alguna razón él era encontrado culpable de cualquier crimen, cualquier delito mientras que estaba en la casa de Potifar, José acabaría en la misma prisión que Faraón usaba para que sus prisioneros personales fueran confinados. Había una prisión, o una parte de la prisión para encerrar a aquellos que habían violado las leyes de Faraón. Esto incluía la posibilidad de que aquellos que hacían daño a alguno de los hombres cercanos a Faraón fueran puestos allí también (Génesis 39:20). Esto también era crucial para el plan. Y el complot se aviva cuando la esposa de Potifar pone su mirada sobre José. Parece que a ella le gustó lo que vio.

Al final del versículo 6 y en el 7 encontramos: "Y era José de hermoso semblante y bella presencia. Aconteció después de esto, que la mujer de su amo puso sus ojos en José" —ella es muy directa— "y dijo: duerme conmigo". La respuesta de José es un rechazo total, y se lo dice claramente también a la esposa de su amo, versículo 8 y 9: "He aquí que mi señor no se preocupa conmigo de lo que hay en casa, y ha puesto en mi mano todo lo que tiene. No hay otro mayor que yo en esta casa, y ninguna cosa me ha reservado sino a ti, por cuanto tú eres su mujer; ¿cómo, pues, haría yo este grande mal, y pecaría contra Dios?" No se trata solo de Potifar sino de Dios.

Y conforme pasa el tiempo ella habla a José y le dice lo mismo día tras día: "Duerme conmigo". Pero él no hace caso a ella y ni se acerca a ella y menos duerme con ella. Ella repetidamente trató de seducirlo. Él rechazó todo intento. Él hace lo correcto, y afirma que la confianza que su amo ha puesto sobre él es de mayor importancia que simplemente coquetear con ella. Pero en uno de esos días cuando José se encuentra solo en su casa, de acuerdo con lo que nos dicen los versículos 11-12: "y no había nadie de los de casa allí. Y ella lo asió por su ropa, diciendo: Duerme conmigo. Entonces él dejó su ropa en las manos de ella, y huyó y salió". Él simplemente escapó, porque sabía que debía huir de la inmoralidad y no le importó que ella se quedara con sus ropas en sus manos.

"Cuando vio ella que le había dejado su ropa en sus manos, y había huido fuera, llamó a los de casa, y les habló diciendo: Mirad, nos ha traído un hebreo para que hiciese burla de nosotros. Vino él a mí para dormir conmigo, y yo di grandes voces; y viendo que yo alzaba la voz y gritaba, dejó junto a mí su ropa, y huyó y salió. Y ella puso junto a sí la ropa de José, hasta que vino su señor a su casa. Entonces le habló ella las mismas palabras, diciendo: El siervo hebreo que nos trajiste, vino a mí para deshonrarme. Y cuando yo alcé mi voz y grité, él dejó su ropa junto a mí y huyó fuera" Génesis 39:13-18.

Creo que el infierno no tiene tanta furia como una mujer despreciada. Y sé que quisiéramos decir a nombre de José: "¿Qué es esto? ¡Ya, déjenme descansar! No he tenido ninguna victoria en mi vida, ¿qué sigue ahora?" Y hasta donde podemos ver, él no ha hecho nada malo. Y comienzan a surgir las dudas conforme su teología se va desarrollando. Puesto que él no tiene una Biblia para leer, debe estar haciéndose muchas preguntas: "Dios, ¿por qué me está sucediendo esto? Fui fiel a mi padre y acabé siendo vendido como esclavo. Después nuevamente fui vendido, fui completamente fiel a mi amo, y fui acusado falsamente; la primera vez mis hermanos me quitaron mi túnica y me lanzaron a un pozo. Y ahora esta mujer toma mi túnica y me lanzan a la prisión".

La furia de ella brama contra José y lo acusa teniendo sus ropas en sus manos como la prueba del delito. Era la palabra de José contra la de ella. Era el esclavo de Potifar el que se iría a la prisión y no la esposa de Potifar. Sin embargo, haciendo un poco de historia acerca del trasfondo, se nos dice que el adulterio era muy castigado en Egipto, y a este nivel merecía la pena capital. Normalmente, alguien que cometía este acto tenía que ser ejecutado. El hecho de que no lo hayan matado bien podría indicar que a pesar de que Potifar estaba enojado, también conocía bien a su esposa. Y que dio a José el beneficio de la duda. Así que José es nuevamente encadenado y se convierte en un cautivo en la prisión.

En este punto se debió preguntar: "¿Por qué me están sucediendo todas estas cosas a mí? Al ser obediente a mi padre acabe en un pozo. Al honrar a mi amo, acabe en prisión". Pero hasta donde el texto nos permite ver, él no hizo nada. Esto no puede ser considerado un castigo divino. Él se ha esforzado por honrar al Señor al honrar a su padre, honrando a su Señor al honrar a su amo. José está haciendo lo que es correcto, por lo que sus circunstancias parecen ser completamente injustas. Pero Dios, por medio de las malas obras de otros, las cuales Él no aprueba, tiene a José justo donde lo quiere. El Señor tiene todo bajo su control. Él no hace ningún mal. El Señor no aprueba el mal. El Señor no está en el mal. Pero el Señor usa el mal de otros para lograr el cumplimiento de sus planes.

Un amigo olvidadizo

Así que pasamos de una contienda familiar a una falsa acusación, y ahora vayamos a nuestro tercer punto dentro de la historia en el capítulo 40, un amigo olvidadizo. Esto parece extraño, pero a cualquier lugar que José va, es bendecido. Fue bendecido con el amor de su madre, fue bendecido con el favoritismo y amor de su padre, fue bendecido por Dios en la casa de Potifar al grado que la fortuna de Potifar aumentó. Y ahora va a la prisión y nuevamente recibe una bendición divina. Vayamos Génesis 39:20–21: "Y tomó su amo a José, y lo puso en la cárcel, donde estaban los presos del rey, y estuvo allí en la cárcel. Pero Jehová estaba con José y le extendió su misericordia, y le dio gracia en los ojos del jefe de la cárcel". José tuvo el favor de Rubén, quien salvó su vida. Tuvo el favor de Potifar quien salvó su vida. Y aquí halla favor con el carcelero, con el jefe de los carceleros quien pone bajo el cuidado de José a todos los prisioneros. José tiene que ser un hombre fuera de lo común. A donde quiera que va sus habilidades de líder y su confiabilidad se manifiestan, y de forma tan rápida que todo es puesto bajo su cargo, tiene un alto nivel de confiabilidad. El versículo 22 dice: "todo lo que se hacía allí, él lo hacía". Se encuentra en prisión y ahora está dirigiendo esa prisión.

Dice el versículo 23: "No necesitaba atender el jefe de la cárcel cosa alguna de las que estaban al cuidado de José, porque Jehová estaba con José, y lo que él hacía, Jehová lo prosperaba". Esta no es una habilidad natural, esta es una ayuda sobrenatural. Dios está haciendo algo verdaderamente sorprendente con este jovencito.

El jefe de la prisión no necesita verificar nada de lo que está a cargo de José porque el Señor está con él. Y, por cierto, algunos descubrimientos arqueológicos dan evidencia de que dentro de este periodo en el sistema penal egipcio había puestos, y estos puestos se pueden ver en algunos documentos antiguos. Uno de los puestos era aquel bajo el director de la prisión. Quien sea que fuera el carcelero en jefe, había una posición llamada "el escriba de la prisión". Él era responsable de llevar todos los registros de la prisión y de manejar todos los bienes de la prisión. Debido a la experiencia de José, habiendo trabajado con su padre como el que estaba a cargo de sus hermanos, dada la experiencia con Potifar, quien lo puso sobre todos los bienes que poseía, es completamente claro para el carcelero en jefe que sus habilidades son formidables. De otra manera el carcelero no hubiera sabido que Dios mismo era cómplice de José.

Bueno la historia se pone muy interesante en el capítulo 40 porque aparentemente el panadero que horneaba para el rey y el copero quien proveía las bebidas del rey, el que se encargaba del vino, ambos estaban siendo acusados de un crimen. ¿Cuál era el crimen? ¿De qué tipo de crimen podían ser acusados el panadero y el copero dentro de un ambiente real? ¿Qué estaban tratando de hacer? Simple, de envenenar al rey. Nada bueno, es por eso que son lanzados a la prisión, a la prisión a la cual van todos los prisioneros del rey.

Génesis 40:1-3, "el copero del rey de Egipto y el panadero delinquieron contra su señor el rey de Egipto. Y se enojó Faraón contra sus dos oficiales, contra el jefe de los coperos y contra el jefe de los panaderos, y los puso en prisión en la casa del capitán de la guardia, en la cárcel donde José estaba preso". No hubiéramos pensado que Dios estaba involucrado de ninguna manera dentro de Egipto, pero este complot nos lo deja ver. Al principio parece que el copero y el panadero están compinchados para envenenar a Faraón. Llegan a la prisión y ahí esta José. Versículo 4: "Y el capitán de la guardia encargó de ellos a José". Una vez más vemos su liderazgo. José es quien se encarga de cuidarlos; y ellos se encontraban en prisión por un tiempo indefinido, pudieron ser días o semanas.

"Y ambos, el copero y el panadero del rey de Egipto, que estaban arrestados en la prisión, tuvieron un sueño, cada uno su propio sueño en una misma noche, cada uno con su propio significado. Vino a ellos José por la mañana, y los miró, y he aquí que estaban tristes. Y él preguntó a aquellos oficiales de Faraón, que estaban con él en la prisión de la casa de su señor, diciendo: ¿Por qué parecen hoy mal vuestros semblantes? Ellos le dijeron: Hemos tenido un sueño, y no hay quien lo interprete. Entonces les dijo José: ¿No son de Dios las interpretaciones? Contádmelo ahora" Génesis 40:5-8.

Entonces ellos le contaron el sueño, y José lo interpretó. No quiero leer todo, pero es maravilloso leerlo. El mensaje fue este: "Tú, copero, serás restaurado a tu posición dentro del palacio, eres inocente. Finalmente estarás bien. Panadero, tú serás colgado". Y eso fue lo que sucedió, versículo 21: "E hizo volver a su oficio al jefe de los coperos". Versículo 22: "Mas hizo ahorcar al jefe de los panaderos". El que planeó matar al rey fue el panadero y el copero era inocente.

Es claro en el texto de Génesis que es Dios quien le da a José la interpretación. José no puede leer el futuro, José no puede predecir el futuro como no lo pudo hacer Daniel siglos después, cuando Dios le dio sueños. Los hombres no tienen la habilidad de decir que sucederá en el futuro.

Quizás asumiríamos que el copero hubiera sido muy buen amigo de José debido a que le dio una buena interpretación. De este modo, José le habla al copero, en el 40:14-15, esto es algo maravilloso: "Acuérdate, pues, de mí cuando tengas ese bien, y te ruego que uses conmigo de misericordia, y hagas mención de mí a Faraón, y me saques de esta casa. Porque fui hurtado de la tierra de los hebreos; y tampoco he hecho aquí por qué me pusiesen en la cárcel".

Esta era una petición muy simple. Cuando regreses al palacio, ¿podrías expresar unas palabras en mi nombre? Veamos el versículo 23: "Y el jefe de los coperos no se acordó de José, sino que le olvidó". Así es como concluye el capítulo 40. Y por dos años más se quedó en esa prisión. Siguió siendo maltratado por todo el mundo, maltratado por sus hermanos, maltratado por la esposa de Potifar, maltratado por Potifar, y cuando tenía una esperanza, este hombre añade más maltrato al olvidarse de él. Y una vez más tenemos que preguntarnos, ¿por qué le está sucediendo todo esto a un hombre inocente?

Pero Dios no se había olvidado de José, ni estaba por abandonarlo, ni permitiría Dios que la amnesia del copero durara indefinidamente. Ahora Faraón va a tener un sueño, y adivinen qué. Faraón va a solicitar a alguien que le interprete su sueño, y ya saben quién se va a acordar de un interpretador de sueños que era acertado: el copero. Y esto nos lleva al capítulo 41 y a la hambruna. Hemos visto una contienda familiar, una falsa acusación, un amigo olvidadizo, y ahora somos introducidos al tema de la hambruna.

La hambruna

Leemos en Génesis 41:1, "Aconteció que pasados dos años tuvo Faraón un sueño". Recordaran este sueño, ¿verdad? Él está parado al lado del Nilo, y del río subían siete vacas, hermosas a la vista y muy gordas, y pacían en el prado. Y he aquí que otras siete subían del Nilo, feas y enjutas de carne, y éstas devoran a las otras hermosas y gordas a las orillas del Nilo. Las feas y flacas se comen a las hermosas y gordas, entonces Faraón despierta. Pero vuelve a caer dormido y vuelve a tener un sueño, y he aquí, siete espigas llenas y hermosas crecían de una sola caña, y después de ellas salían otras siete espigas menudas y abatidas del viento, y las siete menudas devoraban a las gruesas y llenas. Y despertó Faraón, y se dio cuenta que era un sueño.

Se despertó en medio de un sudor frío, que fue ocasionado porque no podía entender este par de sueños. Los dos son impactantes. Hay un patrón de las vacas flacas y las gordas y el trigo menudo y el grueso.

Dice en 41:8, "Sucedió que por la mañana estaba agitado su espíritu, y envió e hizo llamar a todos los magos de Egipto". Esto bien puede caer dentro de la categoría de un sueño horrible, tipo pesadilla. Las imágenes son presentadas con benevolencia, vacas y trigo. Pero sea cual fuere este sueño, fue una experiencia muy, pero muy perturbadora, elementos de miedo atraparon su corazón, él está terriblemente perturbado cuando amanece, llama a los magos y a todos los hombres sabios, les cuenta su sueño y ninguno de ellos se lo puede interpretar a Faraón, nadie pudo hacerlo.

En los versículos 9-13: "Entonces el jefe de los coperos habló a Faraón, diciendo: Me acuerdo hoy de mis faltas. Cuando Faraón se enojó contra sus siervos, nos echó a la prisión de la casa del capitán de la guardia a mí y al jefe de los panaderos. Y él y yo tuvimos un sueño en la misma noche, y cada sueño tenía su propio significado. Estaba allí con nosotros un joven hebreo, siervo del capitán de la guardia; y se lo contamos, y él nos interpretó nuestros sueños, y declaró a cada uno conforme a su sueño. Y aconteció que como él nos los interpretó, así fue: yo fui restablecido en mi puesto, y el otro fue colgado".

Cuando está sucediendo esto, Faraón se muestra en la mañana delante de toda esta gente estando ahí su más íntimo círculo de siervos. Ahí se encontraba el copero que había tenido mala memoria y en ese momento se acuerda de José. Faraón no pierde el tiempo y manda traer a José. Hace que lo traigan ante su presencia. Lo traen inmediatamente sacándolo de prisión, se afeitó, se cambió sus ropas y se presentó ante Faraón.

A pesar de que le permitan hacer esto él sigue siendo un prisionero con ropas sucias y sin afeitar. Lo pasan por un cambio de ropas y una afeitada y llega ante Faraón y este le dice: "Yo he tenido un sueño, y no hay quien lo interprete; mas he oído decir de ti, que oyes sueños para interpretarlos".

A lo cual José responde: "No está en mí; Dios será el que dé respuesta propicia a Faraón". Así que Faraón le cuenta el sueño, comenzando en Génesis 41:17, le reitera los dos sueños, ambos tenían el mismo tipo de imagen, los dos describían una realidad futura. ¿Pero, cuál es esa realidad futura? Es esta, José interpreta el sueño y dice: "He aquí vienen siete años de gran abundancia en toda la tierra de Egipto. Y tras ellos seguirán siete años de hambre; y toda la abundancia será olvidada en la tierra de Egipto, y el hambre consumirá la tierra. Por tanto, provéase ahora Faraón de un varón prudente y sabio, y póngalo sobre la tierra de Egipto. Haga esto Faraón, y ponga gobernadores sobre el país, y quinte la tierra de Egipto en los siete años de la abundancia".

Piensen en qué momento de la historia nos encontramos. Si los hermanos de José no lo hubieran vendido como esclavo, José no hubiese sido traído a Egipto. Si Potifar no lo hubiese comprado a esos tratantes de esclavos, él no hubiera obtenido la experiencia de manejar gente ni hubiera tenido comodidades que le dieran a conocer el contexto egipcio. Si no hubiese sido acusado falsamente y enviado a prisión, no hubiese sido el intérprete de los sueños del copero y del panadero. Si todo esto no hubiera sucedido, él no hubiera sido llamado ante faraón en esa cita que Dios había preparado desde antes. En otras palabras, nuestro Señor había estado supervisando cada detalle individual de la vida de José, y noten cada detalle, para hacer que se cumpliera su propósito divino.

Como ven el rey creyó. Si vamos al versículo 38, Faraón dice: "¿Acaso hallaremos a otro hombre como éste, en quien esté el espíritu de Dios?"

Por lo que Faraón le dice: "Pues que Dios te ha hecho saber todo esto, no hay entendido ni sabio como tú. Tú estarás sobre mi casa, y por tu palabra se gobernará todo mi pueblo; solamente en el trono seré yo mayor que tú".

A esto le podemos llamar que recibió un ascenso. Estarás administrando mi casa y todo mi pueblo será gobernado de acuerdo a lo que tú digas. Y solo en lo que se refiere al trono, solo ahí seré mayor que tú. Y en el versículo 41 Faraón le dice: "He aquí yo te he puesto sobre toda la tierra de Egipto".

En un momentito, toda la mala fortuna de José ha sido cambiada. Noten que sorprendente, por la mañana se levantó dentro de la prisión y en la noche va a dormir en una cama dentro del palacio real. Trece años antes él había llegado a Egipto como esclavo. Dice en 41:43, "Era José de edad de treinta años cuando fue presentado delante de Faraón rey de Egipto". Habían pasado ya trece años y ahora se ha convertido en el segundo hombre más poderoso de Egipto. Vemos, pues, que el Señor le había revelado el significado de los sueños de otras personas, pero, ¿qué acerca de los sueños que él tuvo cuando les dijo a sus hermanos que ellos se inclinarían ante él, dónde está el significado de estos sueños?

La reunión familiar

Pues parece que están a punto de hacerse realidad. En un quinto acto, que puedo llamarle la reunión familiar, capítulo 41:50. Hemos visto la contienda familiar, la falsa acusación, el amigo olvidadizo, y la hambruna que fue predicha. Pero ahora llega, la reunión familiar. Comenzamos en el versículo 50 y 51 donde leemos: "Y nacieron a José dos hijos antes que viniese el primer año del hambre, los cuales le dio a luz Asenat, hija de Potifera sacerdote de On. Y llamó José el nombre del primogénito, Manasés; porque dijo: Dios me hizo olvidar todo mi trabajo, y toda la casa de mi padre".

Aquí tenemos un cambio radical de su suerte al grado que pone por nombre a su hijo Manasés, lo que significa perdonador, porque Dios me ha hecho olvidar todo mi trabajo, y toda la casa de mi padre. Tuvo otro hijo, y a este puso por nombre Efraín lo que significa fructificar para Dios: "porque Dios me ha hizo fructificar en la tierra de mi aflicción" (versículo 52).

Pero ahora se encuentra en Egipto, ha pasado mucho tiempo, muchos años han transcurrido, trece años o más ya se habían ido. Ya están en medio de la hambruna, posiblemente es el último año de la hambruna, al menos siete años ya han pasado, tal vez más, y noten esto, él se sigue refiriendo a Dios como el que es el centro de su vida. A Él es a quien se está refiriendo, Dios me ha hecho fructífero, Dios me ha hecho olvidar, por lo que podemos decir con toda seguridad que este es un hombre piadoso, Dios está siempre en su mente.

Y acaban los días de abundancia y comienza la hambruna. Pero no solo los egipcios habían sido salvados de la muerte por hambre, esto es enorme, es una nación completa. Son salvados debido a que José interpretó un sueño y por los planes que él supo ejecutar durante los siete años de abundancia. Pero hay multitudes de personas alrededor de Egipto que también han sido salvados de morir de hambre ya que Egipto tenía para su pueblo y también tenía suficiente para dar a otros que pudieran venir y comprar de ellos. Y lógicamente esto hace que Egipto sea cada vez más rico, y más rico, y más rico. La visión del futuro que tuvo José y su cuidadosa planeación, literalmente pudo salvar a millones de personas por todo el mundo oriental. Y si tuviéramos el tiempo, podríamos ver el capítulo 47 de Génesis y desde los versículos 14 al 24 podemos ver una crónica de la riqueza que llegó a Egipto cuando ellos pudieron vender los alimentos que tenían disponibles para todo el mundo que los rodeaba. Fue José quien instituyó el primer impuesto por ingresos, el veinte por ciento, cantidad que es lo que debía ser. Un veinte por ciento equivaldría a una quinta parte de tus ingresos, esto era lo que le tenían que dar al gobierno para que lo usaran en el servicio público.

Regresando a Israel, ya han sido afectados por la hambruna. Aquí es donde la historia es maravillosa. Ellos están siendo afectados por la hambruna, la familia de José ha sido afectada por la hambruna. Se les acabó la comida y surge la pregunta, ¿de dónde van a conseguir alimentos? En Génesis 42:2 dice Jacob: "He aquí, yo he oído que hay víveres en Egipto; descended allá, y comprad de allí para nosotros, para que podamos vivir, y no muramos". Diez hermanos de José descienden a Egipto para comprar cereales y granos. Pero Benjamín no viene con ellos. Jacob les dice, hay grano en Egipto vayan y compren a Egipto.

No tenemos tiempo para revisar toda la historia, nuestro tiempo vuela. Ellos fueron y se presentan ante José y sus sueños se cumplen porque todos sus hermanos se inclinan ante él. Justo como sus sueños lo indicaron. Ellos no se dieron cuenta quién era él, pero José si sabía quiénes eran ellos. Y al tenerlos frente a él les hace un interrogatorio y les dice, regresen y traigan con ustedes a su hermano Benjamín, tráiganlo ante mí. Y entonces él hace algo muy interesante, ellos regresan, le traen a Benjamín. José instruye a sus siervos para que escondan una copa de plata dentro del saco de Benjamín cuando ellos se vayan, y entonces los detuvo, los registra y encuentra la copa, entonces los regresan con el pretexto de que ellos habían robado esta copa, esto para ver si ellos querían dejar a Benjamín. El plan era arrestar a Benjamín, y decir al resto de los hermanos que se pueden ir, pero que Benjamín se quede para ser castigado. La prueba era, si ellos permiten que su hermano se quede con facilidad, significará que no han cambiado porque eso es exactamente lo que me hicieron a mí.

04_José, porque Dios lo encaminó a bien

Sabemos la historia, no los pudieron convencer de que lo dejaran. Sino que todos regresaron y se inclinaron ante José y en ese momento José se revela a ellos, les dice la verdad de quien es él. Aquí llega un momento muy emotivo cuando todos se abrazan. Las palabras, que pienso que dicen toda la historia de manera simple y magnífica, se encuentran en el capítulo 44, vayan y léanlo, no me puedo meter en esto porque si no nunca saldré de aquí. Bien, ellos regresaron, se comportan honestamente, porque no quieren dejar a su hermano. Vayamos al capítulo 45:1–5, "No podía ya José contenerse delante de todos los que estaban al lado suyo, y clamó: Haced salir de mi presencia a todos. Y no quedó nadie con él, al darse a conocer José a sus hermanos. Entonces se dio a llorar a gritos; y oyeron los egipcios, y oyó también la casa de Faraón. Y dijo José a sus hermanos: Yo soy José" —y esto es muy lindo— "¿vive aún mi padre? Y sus hermanos no pudieron responderle, porque estaban turbados delante de él. Entonces dijo José a sus hermanos: Acercaos ahora a mí. Y ellos se acercaron. Y él dijo: Yo soy José vuestro hermano, el que vendisteis para Egipto. Ahora, pues, no os entristezcáis, ni os pese de haberme vendido acá; porque para preservación de vida me envió Dios delante de vosotros".

Dios utilizó a José para preservar a toda la familia de Jacob. Ellos se quedaron en Egipto por un rato, regresaron a su tierra y trajeron a todos sus hijos. Si ves el capítulo 46:5, Jacob vino con todos los pequeños, con sus esposas en carruajes, los cuales envió Faraón para que los trajeran. Trajeron a sus ganados, todas sus propiedades, todo lo que habían adquirido en la tierra de Canaán, así fue como llegaron a Egipto, Jacob y todos sus descendientes con él, sus nietos, sus hijas, sus nietas, a toda su descendencia trajo a la tierra de Egipto. Cuando llegaron a Egipto, les fue dada la tierra de Gosén. Y ahí permanecieron por más de 400 años, y durante esos 400 años, ellos se convirtieron en dos millones de personas. Pero llegó un Faraón que no conocía a José y los hizo a todos ellos sus esclavos. Así fue como Dios desencadenó todo el Éxodo y se fueron a Canaán para que Dios pudiera cumplir con toda la historia de la redención.

Dios usó a este héroe inconcebible para salvar a su gente, Dios hizo todo esto para preservar sus vidas y para que pudiera existir una nación llamada Israel. La nación que sería su testigo, la nación de la cual llegarían los profetas. La nación a la que le serían confiadas las Escrituras. La nación de la cual llegaría el Mesías. La nación por medio de la cual el mundo sería bendecido. Génesis 46:3, "Y habló Dios a Israel en visiones de noche, y dijo: Jacob, Jacob. Y él respondió: Heme aquí. Y dijo: Yo soy Dios, el Dios de tu padre; no temas de descender a Egipto, porque allí yo haré de ti una gran nación". Y esto es exactamente lo que hizo Dios.

Jacob muere a la edad de 147 años, pero la nación se convierte en una nación de dos millones de personas. Y como dije, el resto es historia de la redención.

Para terminar —pueden leer todo el capítulo 50 por ustedes mismos, no lo vamos a hacer aquí— este es un final feliz para el libro de Génesis. Iniciamos con la injusticia a José en manos de sus hermanos, y concluimos con los hermanos de José cuando su padre muere. Entonces ellos lo regresaron a la tierra de Canaán, lo entierran y dicen en el versículo 15, "Quizá nos aborrecerá José, y nos dará el pago de todo el mal que le hicimos". Versículo 17, "Te ruego que perdones" —ésta es su suplica— "ahora la maldad de tus hermanos y su pecado, porque mal te trataron; por tanto, ahora te rogamos que perdones la maldad de los siervos del Dios de tu padre" —esto es lo que ellos dijeron a José— "Y José lloró mientras hablaban". Vinieron también sus hermanos y se postraron delante de él, y dijeron: Henos aquí por siervos tuyos". Estaba sucediendo lo que José había soñado años atrás. "Y les respondió José: No temáis; ¿acaso estoy yo en lugar de Dios? Vosotros pensasteis mal contra mí, mas Dios lo encaminó a bien". ¿No creen que este es un glorioso principio? Cualquier cosa que suceda en la vida, cualquier cosa que la gente piense, Dios lo usa para cumplir su voluntad en sus hijos, y todo lo usa para bien, Dios lo encamina a bien.

Un paralelismo entre José y Jesús, José era el hijo más amado de su padre. José era un pastor de las ovejas de su padre. Los hermanos de José lo odiaban, rasgaron sus vestidos, lo vendieron como esclavo, estando en Egipto fue tentado, fue falsamente acusado, fue apresado, y condenado al lado de criminales. Después de haber sufrido todo esto, él fue exaltado, comenzó su servicio público cuando tenía 30 años. Lloró por sus hermanos, perdonó, a aquellos que le hicieron mal y no solo esto, sino que después los salvó de morir de hambre. Y más aún, lo que hicieron con la intención de lastimarlo, Dios lo convirtió en un bien para él y su familia. Todas estas cosas forman una preciosa analogía siendo verdad también en la vida de nuestro Señor Jesucristo.

¡Puede ser que no siempre entendamos qué es lo que nos está sucediendo, pero el Señor siempre lo tiene bajo su control! ¿Amén?

Oración final

Padre te agradecemos porque aún en nuestros días podemos conocer la vida de José, a través de este increíble relato; un relato que cubre gran parte de la Escritura ya que es muy importante para nosotros, no solo conocer tus propósitos para tu pueblo Israel, sino cómo es que las vidas de todos aquellos a quienes amas están bajo tu control. Es maravilloso saber que toda la historia ha sido acomodada para que tú cumplas con todo lo que has ordenado. Te agradecemos por todo lo que nos has dejado en la Biblia. Amén.

Reflexiones Personales

10 de Junio, 2012

05_Gedeón y Sansón, historias de debilidad y fortaleza

¿Y qué más digo? Porque el tiempo me faltaría contando de Gedeón, de Barac, de Sansón, de Jefté, de David, así como de Samuel y de los profetas; que por fe conquistaron reinos, hicieron justicia, alcanzaron promesas, taparon bocas de leones, apagaron fuegos impetuosos, evitaron filo de espada, sacaron fuerzas de debilidad, se hicieron fuertes en batallas, pusieron en fuga ejércitos extranjeros.

Hebreos 11:32-34

BOSQUEJO

— Introducción

— Gedeón

— Sansón

— Oración final

Notas personales al bosquejo

SERMÓN

Introducción

Siempre he dicho que Dios usa a personas insólitas, Él usa a las personas imperfectas, Él usa los defectos de la gente, Él usa la gente pecadora, porque si no lo hiciera así, Él no tendría ningún otro tipo de personas a quien utilizar. Así que escuchemos más historias de personas insólitas o inconcebibles que Dios usa para sus propósitos y para cumplir con sus planes, personas como estas que superficialmente parecen inconcebibles.

En Hebreos 11:32–34, leemos estás palabras que nos son familiares:"¿Y qué más digo? Porque el tiempo me faltaría contando de Gedeón, de Barac, de Sansón, de Jefté, de David, así como de Samuel y de los profetas; que por fe conquistaron reinos, hicieron justicia, alcanzaron promesas, taparon bocas de leones, apagaron fuegos impetuosos, evitaron filo de espada, sacaron fuerzas de debilidad".

Muchos más debieran estar incluidos en esta lista, pero el libro de Hebreos menciona a Gedeón y a Sansón. Ellos son dos carácteres dentro de la Biblia que son únicos, fascinantes e incluso podríamos llamarles extravagantes. Gedeón y Sansón son presentados juntos dentro de nuestro estudio porque ellos son ejemplos de debilidad y fortaleza. Gedeón va de la debilidad a la fortaleza; y Sansón va de la fortaleza a la debilidad. Pero en ambos casos fueron útiles al Señor de una manera muy, pero muy importante.

Estos dos hombres, Gedeón y Sansón, son identificados en la Biblia como jueces. De hecho, la historia de estos dos hombres la encontramos en el libro que se denomina Jueces, así que vamos a ese libro porque es el libro donde estaremos la mayor parte del tiempo de nuestro estudio, el libro de Jueces.

Cuando hablamos acerca de un juez inmediatamente se nos vienen imágenes de una corte o un juzgado a nuestra mente. Pensamos en un banquillo de acusado, y de un lugar con una tribuna para el juez y un jurado; también alguien que acusa y alguien que defiende, esto es los abogados quienes se encargan de vigilar que el acusado tenga un juicio justo basado en lo que dictan las leyes. Esto es lo que aparece generalmente dentro de nuestras mentes cuando pensamos en un juez, y creo que estas imágenes son adecuadas.

Pero esto no es en nada parecido a lo que eran los jueces dentro del libro de la Biblia llamado Jueces. Así que necesitamos divorciarnos de esta idea y sacarla de nuestra mente al estar estudiando este libro. Y supongo que la palabra que se usa para juez en el hebreo, ha sido traducida de diferentes maneras. Hay muchas opiniones al respecto, pero aquí tenemos la palabra jueces y tenemos que redefinirla un poquito.

En el Antiguo Testamento, dentro de la historia de Israel, después del tiempo de Moisés; y ya estudiamos esta sorprendente historia desde el punto de vista de su hermana María; pero después del tiempo de Moisés y después del tiempo de Josué quien llevó al pueblo de Israel a introducirse a la Tierra Prometida después de cuatro siglos de estar cautivos en Egipto, después del tiempo de Moisés y Josué, antes del tiempo de los reyes, comenzando con Saúl, David, y Salomón, y el momento en el que el reino se divide. Es justo dentro de esa ventana de tiempo, en ese periodo de la historia entre Josué y Saúl, hay un periodo dentro de la Biblia que se identifica como el periodo de los Jueces, y es por eso que el libro lleva este nombre, Jueces. El término hebreo que se traduce juez es correctamente traducido como juez, pero esta palabra en realidad significa libertador, sí, libertador. El tipo de juez del que estamos hablando aquí era alguien quien había sido escogido por Dios para proteger, para preservar, y para liberar o rescatar a Israel de sus enemigos. Cuando la nación de Israel llegó a la tierra de Canaán, como recordarán estaba ocupada. Había sido prometida por Dios para ellos, pero estaba ocupada por muchas otras naciones. Cinco de ellas son identificadas en el libro de Jueces al parecer por que son las más formidables y las que potencialmente eran más peligrosas, pero Israel tenía que confrontarlas.

Para que ellos pudieran sobrevivir dentro de esta tierra, tendrían que liberarla del poder, del devastador potencial que tenían estos enemigos que tenían como residencia la tierra de Canaán. Entonces, los jueces no son expertos legales; no son abogados quienes estuvieran siendo superiores a los demás. En realidad, ellos eran conocidos por sus hazañas militares. Eran conocidos por sus habilidades para conquistar y proteger, dichas habilidades habían sido dadas por Dios, pero ellos conquistarían y protegerían al pueblo de Israel. Esta es la manera en la que debemos entender a los jueces del Antiguo Testamento. Son salvadores, son libertadores, son guerreros. Ejecutan acciones de gobierno, de guías y de liderazgo, pero esto más en el sentido de un general del ejército que como un político o un monarca. Con esto queremos decir que tenían poder sobre las tropas al llevarlos a un conflicto armado, para proteger al pueblo por medio de una batalla militar. No son jueces nacionales, como si estuvieran dirigiendo el gobierno de la nación de alguna manera. Son simplemente hombres, y solo hay un caso en el que se nombra a una mujer Débora quien es puesta como libertadora de Israel solo por un periodo de tiempo, estos simplemente aseguran la perpetuidad de Israel. Dios hizo la promesa de preservar a esta nación, y por medio de esa nación bendeciría al mundo, por medio de esa nación llegaría la simiente que sería el Mesías. Dios hizo esta promesa; Dios cumplirá esa promesa aun cuando esta nación será apóstata e incrédula, Dios cumple su promesa. La historia de los jueces es una historia de la protección de Dios para un pueblo malo y pecador, para el pueblo de Israel. Pero Dios es fiel en guardar su promesa.

La buena noticia es, si Dios guarda sus promesas de preservar al pueblo de Israel quienes son impíos, quienes son desobedientes, quienes son rebeldes, podemos estar seguros de que Dios guardará sus promesas a aquellos que son sus redimidos, a aquellos que son fieles y que son obedientes a él.

Ésta es, entonces, la historia de la fidelidad de Dios a las promesas que hizo a Abraham acerca de la perpetuidad de su pueblo Israel. El libro de Josué finaliza con los israelitas entrando a la Tierra Prometida; al final del libro de Josué los israelitas están hablando con Dios y ellos prometen que van a obedecer todo lo que les pida, todo lo que el Señor quiera que ellos hagan, ellos lo van a hacer. Josué 24:24, el pueblo dijo a Josué: "A Jehová nuestro Dios serviremos, y a su voz obedeceremos". Eso es lo que nosotros vamos a hacer. Vamos a ser un pueblo fiel a Dios quien nos ha traído hasta aquí liberándonos de nuestra cautividad y haciéndonos pasar durante 40 años por el desierto y ahora nos ha introducido en la Tierra Prometida de manera maravillosa; esto incluye la maravillosa historia de Jericó.

Pero años antes Moisés había advertido al pueblo diciendo que cuando ellos estuvieran a punto de entrar a la Tierra Prometida, si ellos servían fielmente al Señor, entonces serían bendecidos por él. Y si ellos no servían al Señor fielmente, serían castigados severamente. Así que necesitamos recordar lo que el Señor les dijo en Deuteronomio 30:15–18. Aquí tenemos las palabras del Señor al pueblo cuando está a punto de entrar a la Tierra Prometida: "Mira, yo he puesto delante de ti hoy la vida y el bien, la muerte y el mal; porque yo te mando hoy que ames a Jehová tu Dios, que andes en sus caminos, y guardes sus mandamientos, sus estatutos y sus decretos, para que vivas y seas multiplicado, y Jehová tu Dios te bendiga en la tierra a la cual entras para tomar posesión de ella. Mas si tu corazón se apartare y no oyeres, y te dejares extraviar, y te inclinares a dioses ajenos y les sirvieres, yo os protesto hoy que de cierto pereceréis; no prolongaréis vuestros días sobre la tierra adonde vais, pasando el Jordán, para entrar en posesión de ella".

Son advertidos justo en el momento que ellos están a punto de entrar a la tierra y justo al momento de su llegada. Inicialmente llegaron con la respuesta que leímos en Josué 24:24, "A Jehová nuestro Dios serviremos, y a su voz obedeceremos". Y las buenas noticias fueron, de acuerdo a lo que nos dice Jueces 2:7, que dijeron la verdad. Esto nos debe alentar. "Y el pueblo había servido a Jehová todo el tiempo de Josué, y todo el tiempo de los ancianos que sobrevivieron a Josué, los cuales habían visto todas las grandes obras de Jehová, que él había hecho por Israel". Toda esa generación que vio lo que Dios hizo, toda esa generación que fue parte de la caminata por el desierto y que entraron a la tierra, sirvieron al Señor fielmente. Pero, esa generación murió y llegó una nueva.

La siguiente generación cometió el mayor acto de maldad delante de Dios. Esta nueva generación comenzó a adorar ídolos; había ídolos por toda la tierra de Canaán, esta fue la razón por la que Dios les mandó: "cuando entres en la tierra, sacarás a todas las naciones, las conquistarán, las eliminarán, tienen que sacar a todos los cananeos idólatras junto con todos los otros grupos de gente que hay ahí porque son idólatras y no pueden permanecer en la Tierra Prometida". Dios les mandó que hicieran esto para que pudieran ser preservados de la maldad de los cananeos. Pero sabemos que no obedecieron. Consecuentemente vivieron hombro con hombro y lado a lado con los idólatras, los inmorales, con los vecinos paganos de la localidad. Fueron advertidos de no hacer alianzas con esa gente pagana, en el segundo capítulo de Jueces. Pero ellos hicieron alianza con esos paganos, de manera formal e informal.

Tenemos entonces, que el Libro de Jueces nos registra lo que sucedió en un periodo de 350 años en los cuales vivieron junto a idólatras. El libro de Jueces registra las fallas repetidas que tuvo Israel al intentar obedecer a Dios durante varios siglos, siglos en los que no pudieron honrar a Dios. Es la historia de un viejo adagio que se repite varias veces, generación tras generación, generación tras generación. Para ponerlo de manera simple, éste fue un ciclo que tuvo estos eventos: rebelión, castigo, salvación. Esto sucedió a todas las generaciones. Israel falla en su acercamiento a Dios, una y otra vez; por lo que son castigados por el Señor. Y el agente para infligir este castigo son los enemigos que representan las naciones que los rodean. Constantemente venían y los fastidiaban; esto porque ellos eran el agente de juicio divino. En medio de este juicio, ellos claman a Dios en desesperación y Dios les contesta proveyéndoles un libertador, o bien un salvador. Llegaba este libertador y, aplicando la inmensa gracia de Dios, los liberaba de las aflicciones que les daban sus vecinos. Esta es la historia del libro de Jueces, la vemos descrita en 2:18, "Y cuando Jehová les levantaba jueces, Jehová estaba con el juez, y los libraba de mano de los enemigos todo el tiempo de aquel juez; porque Jehová era movido a misericordia por sus gemidos a causa de los que los oprimían y afligían". Pero llegaba el momento en el que el juez moría, que el libertador moría, entonces ellos regresaban a su idolatría, actuaban más corruptos de lo que lo habían hecho sus padres al haber seguido, servido y haberse inclinado ante otros dioses.

Por algún tiempo no abandonaron sus prácticas o sus formas de ofender a Dios. Por lo tanto, la ira del Señor se encendía en su contra, y el ciclo volvía a comenzar. Llega el castigo merecido nuevamente, hasta que de nuevo claman a Dios aceptando de algún modo esto como penitencia, y piden a Dios un salvador o libertador; una y otra vez se repitió este mismo ciclo, llegaba un tiempo de paz que era promovido por el libertador, hasta que se levantaba una nueva generación, ésta se olvidaba del Señor, se hacía idólatra y toda la historia de castigo se volvía a repetir.

Durante estos cuatro siglos encontramos a catorce jueces identificados. Ellos aparecen en diferentes tiempos, pero los vemos unidos como en una cadena de este tipo de ciclos, a pesar de encontrarse en diferentes lugares. Como ya dije, ellos no eran gobernantes de la nación; no son líderes políticos, no son monarcas, son solo generales militares, si me permiten decirlo de este modo, son un tipo de hombre que guían en el momento de un conflicto armado, durante una batalla que se da para defender a la nación de los enemigos destructores que llegan para atacarlos y matarlos. Ellos no son puestos por hombres, no se votó para que ellos fueran jueces, no llegaron a esta posición por herencia, su familia no les heredó esto; tampoco lo obtuvieron por medio de conquistas, ni ascendieron por medio de rangos militares. No hubo ningún tipo de selección humana para que ellos llegaran a su puesto. No estaban limitados a ningún periodo de tiempo, no tenían que cumplir con algún término. Son seleccionados al azar en cuanto a su identidad, en cuanto a su localización, en cuanto a su tiempo, al azar desde la perspectiva del espectador, pero no desde la perspectiva de Dios. Él fue quien los levantó y los colocó en el lugar que Él quiso para que pudieran rescatar a su pueblo del mismo juicio que Él había enviado por medio de las naciones.

Ahora bien, recordarán algunos de los nombres de los jueces. En caso de que no los recuerden a todos, aquí están los nombres de ellos: Otoniel, Aod, Samgar, Débora, Tola, Jair, Jefté, Ibzan, Elón, Abdón, Sansón, Elí y Samuel. El Señor levantó a estas catorce personas y, por cierto, Débora estaba acompañada por un hombre llamado Barak, quien es mencionado en Hebreos 11.

Estos fueron libertadores humanos que el Señor levantó para mantenerse fiel a su pacto con Abraham y de este modo los judíos no serían eliminados. Este es un relato de fidelidad de parte de Dios, así como un acto de compasión y gracia que sobresalen ante este horrible trasfondo, un trasfondo horrible que es la lamentable caída del hombre y de cómo cometió actos torcidos de idolatría y pecado.

Hay algo que caracteriza a todo este periodo y que nos es dado en el último versículo de Jueces. El último versículo de Jueces, el 21:25 dice lo siguiente: "En estos días no había rey en Israel". Les dije que esto ocurrió en el periodo comprendido entre el tiempo de Moisés y Josué, y el tiempo de Saúl y David. Pero aquí no había rey, esto es, "cada uno hacía lo que bien le parecía".

Este es un tiempo extraño cuando, en cierto sentido la gente está actuando como loca. No hay un sistema de control unilateral, o que dé uniformidad. Y podrías preguntarte: "¿Por qué Dios permitiría esto?" Debido a que esto era una teocracia, Dios era quien estaba reinando. Y Dios era un rey correcto y justo al que ellos debían obedecer, solo así ellos tendrían la bendición que Dios les había prometido en Deuteronomio 30. Pero no fue así, esto hizo que pudiéramos llamar a este un tiempo de excesos y de caos, de escenarios muy complejos en cuanto a comportamiento y conducta.

Dos hombres destacan en medio de estos catorce jueces, ellos son Gedeón y Sansón. Si recordamos, Gedeón es el sexto en la lista y Sansón sería el número 12. Estos dos están separados por algunos años. Estos hombres tienen faltas muy serias y errores muy serios. Probablemente serían rechazados del liderazgo por algún comité, esto es si hubiera algún comité que tuviera la responsabilidad de elegir a alguien. Ellos dos tienen faltas muy serias.

Gedeón era lo suficientemente débil como para cumplir con cualquier responsabilidad. Y Sansón era demasiado fuerte como para ser usado. Gedeón no creía que él pudiera lograr nada, y Sansón creía que él podía lograr cualquier cosa. Ninguno de ellos dos serviría como para ser un buen líder. Ya sea un hombre que piensa que no tiene nada que ofrecer o bien un hombre que piensa que tiene todo para ofrecer, en cualquier caso, tú buscarías evitarlos.

Gedeón

Bien, comencemos viendo la vida de Gedeón, intentaremos contar la historia de Gedeón, seguida por la historia de Sansón. Vayamos a Jueces 6 y encontremos la historia de Gedeón. Solo estoy tratando de abrir un poco su apetito para que ustedes vayan a profundizar en estas porciones de la Escritura cuando lo lean por ustedes mismos.

Es suficiente decir que al principio de este capítulo encontramos cuál era la situación de Israel, el versículo 1 dice: "Los hijos de Israel hicieron lo malo ante los ojos de Jehová; y Jehová los entregó en mano de Madián por siete años".

Durante siete años ellos estuvieron siendo molestados por los madianitas y por los amalecitas, por Madián y Amalec, y durante siete años estuvieron teniendo este constante ataque que los aterrorizaba, ocasionado por estos grupos de personas. Ellos asaltaron la tierra de Israel, destruyeron sus cosechas, robaron sus ganados, mataron a su gente; sus ataques eran tan temibles que la gente se les alejaba para esconderse de ellos. Se escondían en las montañas y en las cuevas. Tenían que hacer todas sus tareas diarias en algún lugar de estos en los que se escondían porque de lo contrario sufrirían los asaltos de estos pueblos. Y todo esto se convirtió en una amenaza continua durante siete años.

Finalmente ellos clamaban a Dios pidiendo ayuda, decían, "Dios ayúdanos". Y esta ayuda llega en Jueces 6:11, "Y vino el ángel de Jehová". Vaya que les llegó ayuda, esta es ayuda del más alto nivel. El Señor elige a un hombre llamado Gedeón para que sea la respuesta a la petición de alguien que los libere de los ataques de los madianitas y los amalecitas. Es por esto que el Señor le aparece a Gedeón en lugar muy raro. Él está sacudiendo el trigo en el lagar. ¿Qué? Usualmente no se sacude el trigo en un lagar, sino que lo haces en lo alto de una colina, en algún lugar abierto porque la paja es lanzada al aire y el aire hace que toda la paja se vaya con el viento. ¿Qué está haciendo tratando de limpiar el trigo en un lagar?

Lo hace de este modo para que los madianitas no se lo quieran quitar. Los aterrorizan tanto y tan constantemente que él no quiere que al verlo se convierta en un blanco potencial para ellos y vengan a robarle su trigo. Es por esto que él está haciendo su trabajo en un lagar, está temeroso de que siempre hay algún enemigo merodeando en el horizonte tratando de poner el ojo sobre su presa, teme que vengan y traten de matarlo con tal de llevarse su trigo.

Mientras qué él está trabajando con fervor, monotonía y miedo en este lugar, le sucede algo sorprendente. El Ángel del Señor le aparece. Siempre que ves que el Ángel del Señor aparece en el Antiguo Testamento, este aparece como hombre. Pero siempre es identificado por los escritores de la Biblia como el Ángel del Señor. Sin embargo, con esto sabemos que lo que vio Gedeón fue a un hombre, y súbitamente, un hombre aparece al lado de él dentro del lagar.

Podemos añadir que el Ángel del Señor aparece como un hombre debido a que no vemos que él entre en pánico, lo que estamos seguros que sucedería si el Ángel del Señor apareciera como un ente celestial. Y ya que el Ángel de Señor es Dios mismo, ya que es una forma pre-encarnada de Cristo, si apareciera con toda su gloria habría terror, el tipo de terror que experimento Ezequiel, el tipo de terror que experimentó Isaías cuando vio al Señor, o como lo vio Juan en la isla de Patmos; ahí él tuvo una visión del Cristo glorificado.

Gedeón no entró en pánico, no está atemorizado, no cae en algún tipo de sueño traumático; en lugar de eso tiene una conversación con él ya que el Ángel del Señor aparece como hombre. Lo que lo asustó no fue la apariencia del Ángel. Lo que lo asustó fue el hecho de que hubiera otro hombre dentro del lagar. En Jueces 6:12, dice: "Y el ángel de Jehová se le apareció, y le dijo: Jehová está contigo, varón esforzado y valiente".

Aquí parece que hay un poco de humor de parte de Dios, "varón esforzado y valiente". ¿No eres tú un guerrero valiente? ¡Cobarde, ni siquiera te atreves a sacudir tu trigo en la colina! Tienes tanto temor de los madianitas y de los amalecitas que intentas hacer tu trabajo donde no se puede hacer, en un lagar que más bien es un pozo, "varón esforzado y valiente". Aquí hay cierto sarcasmo. Esto es interesante porque vemos que el Ángel del Señor puede ser sarcástico.

Pero Gedeón no se da cuenta de ello, así que dice en el versículo 13: "Ah, señor mío, si Jehová está con nosotros" —le acaba de decir 'Jehová está contigo'— "¿por qué nos ha sobrevenido todo esto? ¿Y dónde están todas sus maravillas, que nuestros padres nos han contado, diciendo: ¿No nos sacó Jehová de Egipto? Y ahora Jehová nos ha desamparado, y nos ha entregado en mano de los madianitas". Si el Señor está con nosotros, algo no anda bien aquí.

Y a continuación dice en el versículo 15: "Ah, señor mío, ¿con qué salvaré yo a Israel? He aquí que mi familia es pobre en Manasés, y yo el menor en la casa de mi padre". Este no es un hombre que se caracterice por su fe, menos aún un guerrero. Este es alguien que no es valiente, que no es un soldado valeroso. Este es un hombre débil a pesar de que el Ángel lo llama hombre de valor, no por lo que él era, sino por aquello en lo que él se convertirá. Y en el versículo 16: "Jehová le dijo: Ciertamente yo estaré contigo, y derrotarás a los madianitas como a un solo hombre". En otras palabras, colectivamente todos ellos son como un solo hombre, y tú lo derrotarás.

Aquí es donde Dios actúa por medio de los jueces, levanta a un juez en el momento en que los ataques han llegado a un punto extremo y la gente ha comenzado a clamar a Dios para que intervenga. El Señor llega, llega a este cobarde sin fe, y le dice que Él va a lograr estas increíbles proezas de valentía y librará a Israel, literalmente les dice que Él va a eliminar a Madián para que deje de ser su enemigo.

Gedeón es un cobarde dudoso que demanda una señal, una señal de parte de Dios, y en el versículo 21 el Señor en su inmensa gracia le da una señal, ustedes pueden seguir el texto; no lo leeré todo. Gedeón ofrece pan y carne a su visitante celestial porque, nuevamente, él está hablando a un hombre, por lo que le ofrece pan y carne y estos son consumidos con fuego. Inmediatamente después este hombre desaparece. Esto sí que es una señal innegable.

Es entonces, de acuerdo al versículo 22–23, que Gedeón lo comprende. Leemos, "Viendo entonces Gedeón que era el ángel de Jehová, dijo: Ah, Señor Jehová, que he visto al ángel de Jehová cara a cara. Pero Jehová le dijo: Paz a ti; no tengas temor, no morirás". Cuando alguien tiene una visión de Dios, les llega el temor de que han de morir. Este fue el temor de Gedeón, este fue el temor de Isaías, este es el temor que llega cuando se nos dice que algún pecador ve a Dios. Él sabe que Dios lo está viendo y ese es el trauma de la santidad. Si yo pudiera ver a Dios en su gloria, y me diera cuenta de que Él puede ver toda mi pecaminosidad, cada uno de mis pecados, sé que no podría sobrevivir a eso. Esta es la razón por la que le dice: "Paz a ti; no tengas temor, no morirás".

En toda la Biblia encontramos evidencia que indica que esta es la segunda persona de la Trinidad, una aparición preencarnada de Cristo que se llama Cristofanía; pero ese es otro estudio. Las apariciones a través de la historia de Israel nos dan un testimonio muy fuerte, escucha esto, un testimonio muy grande dentro del Antiguo Testamento acerca de la deidad de Jesucristo. Y pasajes como Isaías 9:6 y Daniel 7:13 nos proveen esta contundente evidencia en el Antiguo Testamento de su deidad.

Así que aquella noche, el Cristo preencarnado, el segundo miembro de la Trinidad, el Señor mismo, llega a Gedeón y le da instrucciones (versículo 27). Le da la instrucción y le dice que derribe un altar de los dedicados a Baal, el cual estaba cerca de la casa de su padre. Seguro ellos lo habían construido antes, y esta era la razón por la que ellos estaban siendo continuamente atacados, porque los israelitas no estaban lidiando contra la idolatría. Entonces le dice que derribe este altar a Baal que está cerca de la casa de su padre, pero él está atemorizado, pues de acuerdo al versículo 27, Gedeón tomó algunos hombres de entre los siervos de su padre para hacer lo que Dios le había mandado, pero lo hace de noche pues temía a la casa de su padre y había muchos hombres en la ciudad como para hacerlo de día. Él actúa cobardemente, toma a diez hombres a mitad de la noche cuando nadie puede verlo, va a hurtadillas y destruye el altar. Vemos que el valor era una virtud desconocida para Gedeón; sin embargo, él hace lo que le dicen porque está consciente de que fue visitado por un ser divino.

Cuando escucha que los invasores madianitas han regresado, Gedeón reúne a los hombres de Israel para que pelen y es cuando la historia se vuelve algo muy interesante. Destruye el altar, y desde luego, los madianitas regresan eventualmente, razón por la que convoca a los hombres de Israel. En este momento él está tomando la responsabilidad de liderazgo por lo que dice: "Necesitamos pelear". Este es un ejército de voluntarios, 32,000 hombres responden, 32,000 guerreros, pero Gedeón continúa teniendo miedo.

Vean lo que dice Jueces 6:36–40, "Y Gedeón dijo a Dios: Si has de salvar a Israel por mi mano, como has dicho", y pide otra señal. Esto es algo tonto, pero así es él. "He aquí que yo pondré un vellón de lana en la era; y si el rocío estuviere en el vellón solamente, quedando seca toda la otra tierra, entonces entenderé que salvarás a Israel por mi mano, como lo has dicho. Y aconteció así, pues cuando se levantó de mañana, exprimió el vellón y sacó de él el rocío, un tazón lleno de agua. Mas Gedeón dijo a Dios: No se encienda tu ira contra mí, si aún hablare esta vez; solamente probaré ahora otra vez con el vellón. Te ruego que solamente el vellón quede seco, y el rocío sobre la tierra. Y aquella noche lo hizo Dios así; sólo el vellón quedó seco, y en toda la tierra hubo rocío". Su fe es tan débil; él es tan cobarde; él es tan temeroso, sin embargo, el Señor accede a su petición.

Pero debemos entender que aquí no hay ninguna acción noble de su parte, esto es dudar. La acción de Gedeón no es un patrón que los creyentes deban seguir; no debemos poner a prueba a nuestro Dios. No debemos determinar la validez de su Palabra pidiendo a Él una confirmación milagrosa. Simplemente aceptamos su Palabra, vivimos creyendo en su Palabra y obedeciendo a su Palabra.

El Señor había dicho a Gedeón, "saldrás victorioso ganando a los madianitas, ellos huirán como si fueran un solo hombre". La revelación debía ser suficiente; no necesitaba pedir que Dios hiciera todas estas cosas para confirmar lo que Él ya había dicho. Dios en su misericordia accede y hace lo que le pide para eliminar sus dudas.

Una vez que estas cosas han sucedido, tiene un poco más de fe y es entonces cuando reúne a su ejército de 32,000 hombres para enfrentar a los madianitas. Sin duda había hombres que podrían plantear la estrategia para la batalla; él era solo un granjero después de todo. Pero en esta ocasión actuará como un general, porque Dios lo colocará en esa posición, y para ello Dios mismo lo fortalecerá poderosamente. Dios tiene una estrategia diferente; no sé qué fue lo que ellos planearon, el texto no lo dice, no se nos revela en la Escritura. Pero ellos acamparon en el valle delante de sus enemigos. Por la gracia de Dios he estado en ese lugar en Israel, esta escena es vivida en mi mente, el valle entre Gedeón y sus hombres y el lugar donde estaban los madianitas.

El Señor llega nuevamente a Gedeón y ahora vamos al capítulo 7. Veamos los versículos 2 y 3. "Y Jehová dijo a Gedeón: El pueblo que está contigo es mucho para que yo entregue a los madianitas en su mano", el ejército que tienes es mucho, ¿qué? Tienes muchos soldados. "No sea que se alabe Israel contra mí, diciendo: Mi mano me ha salvado". Si ganas esta batalla, ustedes van a pensar que lo lograron porque tenían muchos soldados.

"Ahora, pues, haz pregonar en oídos del pueblo, diciendo: Quien tema y se estremezca, madrugue y devuélvase desde el monte de Galaad. Y se devolvieron de los del pueblo veintidós mil, y quedaron diez mil". Nos podemos preguntar, ¿por qué aceptaron ir primero? La respuesta puede ser que aceptaron por no querer quedar mal ante los demás, por lo que se regresaron 22,000. Seguramente iban padres e hijos, hermanos, tíos, todo tipo de familiares cuando salieron, pero 22,000 de ellos se regresaron y solo quedaron 10,000.

Ahora Dios ha limitado el ejército de 32,000 a 10,000. Lo redujo y los preparó para la victoria; esta es una estrategia muy rara. Le hubiera ayudado a Gedeón recordar las palabras de Moisés quien dijo a los Israelitas allá en Deuteronomio 20:1, "Cuando salgas a la guerra contra tus enemigos, si vieres caballos y carros, y un pueblo más grande que tú, no tengas temor de ellos, porque Jehová tu Dios está contigo". Al reducir el tamaño de su ejército, Dios deja bien claro que Israel no ganará la victoria por medio de estrategias convencionales. Solo quedaron diez mil guerreros. Y Dios dice que son muchos, Jueces 7:4, "Aún es mucho el pueblo; llévalos a las aguas, y allí te los probaré". Llévalos al agua, y el versículo 5 dice: "Cualquiera que lamiere las aguas con su lengua como lame el perro, a aquél pondrás aparte; asimismo a cualquiera que se doblare sobre sus rodillas para beber".

De los diez mil guerreros que quedaron, 9,700 de ellos lamieron las agua como perros, y en 7:7 dice: "Con estos trescientos hombres que lamieron el agua os salvaré, y entregaré a los madianitas en tus manos; y váyase toda la demás gente cada uno a su lugar". Envía a los 9,700 a sus casas, y una vez más vemos la rara estrategia de dividir al grupo y dejar aún menos.

¿Qué significa esto? No tengo idea, no creo que tenga algún significado espiritual. No tiene ningún significado militar, no veo ningún tipo de significado, y es todo lo que puedo decir. El punto no es lo que significa, el punto es que solo había 300 personas que no lo hicieron de la manera convencional, y así Dios llegó a la cifra de 300.

Pero, Gedeón está seriamente atemorizado por esto, su poder ha sido reducido de 32,000 a 300. Ésta es una reducción muy significativa. Entonces por tercera vez Dios le da una señal para calmar sus cobardes nervios. Esto es lo que Dios le dice que haga, entra a hurtadillas al campamento de los madianitas. Esto es pedir mucho a este hombre, recuerden que es un granjero. Entra a escondidas al campamento de los madianitas. Esta es una petición muy atemorizante, pero la lleva a cabo por lo que puede escuchar a dos de los soldados enemigos, están teniendo una conversación en medio de la oscuridad. El primer soldado cuenta un sueño, un sueño que tuvo la noche anterior en el cual una barra de pan, este es un sueño extraño, una barra de pan cae dentro del campamento de los madianitas y golpea con una de las tiendas. Este fue su sueño. Y el segundo soldado da la interpretación, la encontramos en Jueces 7:14, aquí está: "Esto no es otra cosa sino la espada de Gedeón hijo de Joás, varón de Israel. Dios ha entregado en sus manos a los madianitas con todo el campamento". Él está expresando su temor porque ellos estaban acampando enfrente, y lo sabían claramente, posiblemente habían hecho ya un reconocimiento para saber que ahí había 32,000 personas para comenzar y que su líder era Gedeón. Por lo que ellos simplemente están viviendo con un temor militar normal. Cualquier soldado que vaya a entrar en combate, en el cual vaya a arriesgar su vida, puede tener un sueño como éste en el que describa cuál será el peor escenario.

Después de escuchar el sueño y el terror que tiene el enemigo en la voz de uno de sus soldados, Gedeón sale a escondidas y ahora comienza a creer que en realidad Dios le va a dar la victoria. En medio de la profunda oscuridad de la noche, los 300 hombres de Gedeón se dividen en tres compañías de 100 elementos cada una, y reciben instrucciones. Aquí está su armamento, trompetas, antorchas y vasijas de barro vacías. Deben rodear el campamento de los madianitas a través de los montes que los rodean, hacer sonar las trompetas, romper las vasijas de barro estrellándolas en el suelo y levantar las antorchas encendidas en medio de la noche. También deberán gritar: "¡Por Jehová y por Gedeón!"

Así lo hicieron, gritaron en medio de la quietud de noche oscura, y esta quietud se rompe con el sonido de las trompetas, de los cántaros rotos, las antorchas encendidas y los soldados gritando. Para los madianitas parecía que cada uno de estos trescientos en realidad venían comandando a los 32,000. Detrás de este estruendo, el impacto que estaba sucediendo en medio de la noche quedan aturdidos, quedan desorientados, están medio dormidos, los madianitas entran en pánico y piensan que los soldados están llegando a su campamento. Y en medio de esa noche oscura en el campamento de los madianitas, siendo incapaces de distinguir entre amigos y enemigos, toman sus espadas y se hacen un camino blandiendo la espada para escapar entre su propio ejército, por lo que ellos matan a muchos de su mismo ejército.

Jueces 7:21–22, "Y se estuvieron firmes cada uno en su puesto en derredor del campamento; entonces todo el ejército echó a correr dando gritos y huyendo. Y los trescientos tocaban las trompetas; y Jehová puso la espada de cada uno contra su compañero en todo el campamento". Esto fue lo que sucedió. El confundido ejército madianita se destruyó a sí mismo. Algunos de ellos escaparon, pero los 300 hombres de Gedeón los persiguieron, llamaron a los otros israelitas, posiblemente algunos de los que estaban regresando a casa, y se unieron a la persecución. El resto de Jueces 7 y 8 nos describe la persecución victoriosa de Gedeón, y escucha, él y los trescientos habían expulsado a los madianitas fuera de Israel para siempre.

Como resultado de esto los israelitas quisieron hacer que Gedeón fuera su rey, pero Gedeón lo rechazó y dijo, el Señor es nuestro verdadero Rey, todo el crédito es para Él.

Durante el resto de la vida de Gedeón hubo paz para la nación hebrea. En las palabras de Jueces 8:28, "Así fue subyugado Madián delante de los hijos de Israel, y nunca más volvió a levantar cabeza. Y reposó la tierra cuarenta años en los días de Gedeón". ¿No es sorprendente lo que Dios hizo con un cobarde debilucho? Sorprendente, verdaderamente sorprendente. Un hombre muy débil que se hizo fuerte en el Señor.

Sansón

Ahora vayamos a ver a un hombre que se hizo débil, a Sansón, a ese maravilloso súper héroe, digamos el primer súper héroe, un súper héroe en la vida real. Muchas generaciones han pasado, el ciclo continúa. Y el Señor levanta a otro libertador con el nombre de Sansón, es un hombre muy diferente, digamos inconcebible.

El inicio de la historia de Sansón es de algún modo como el principio de la historia con Gedeón. Gedeón y Sansón, en lo que respecta a sus disposiciones personales, no pudiera ser más opuesta. Gedeón era tímido, débil y cobarde. Sansón era temerario, imprudente e indomable. Gedeón se vio a sí mismo como inadecuado. Sansón se vio a sí mismo como invencible. Vayamos al capítulo 13 de Jueces. Mucho tiempo ha pasado, los israelitas nuevamente están bajo constantes invasiones de malvados, les llegan fuertes ataques provenientes de otros enemigos, los filisteos. Y después de años de opresión por parte de los filisteos, lo que en realidad es un juicio de Dios sobre ellos a causa de su apostasía, el Ángel del Señor regresa. Este Hijo de Dios preencarnado aparece para comisionar a otro libertador, porque el pueblo finalmente está clamando a Dios para que los libere de los filisteos. El Ángel del Señor se aparece, en el capítulo 13, en un hogar en donde hay un esposo y una esposa. El nombre del esposo es Manoa, este es el padre de Sansón. Dios se le aparece en la forma del denominado Ángel del Señor, del mismo modo que se le había aparecido a Gedeón. Y Manoa hace una ofrenda, dándose cuenta de que necesita honrar al Señor por esta visita.

La madre de Sansón nunca había tenido hijos. Ella era estéril antes de esta visita del Ángel del Señor. Y el Ángel del Señor le dice a Manoa, el padre —le aparece a Manoa— que él y su esposa van a tener un niño, y que este va a ser un niño muy especial. Le dice a Manoa que le diga a su esposa algunas cosas muy, pero muy importantes.

Durante su embarazo ella no beberá vino, no comerá nada que ceremonialmente sea impuro. Ella deberá estar separada tanto de vino como de comida impura. Después de que el niño nazca, ella lo deberá tratar de una manera muy especial. Ella nunca deberá cortar el cabello del niño porque será nazareo. La palabra nazareo viene de una palabra hebrea que significa "separar". Números 6 especifica cómo era que en el voto nazareo no se debía cortar el cabello, no se debía beber alcohol, ni se debía tocar un cadáver. Esto era para simbolizar una vida de separación, una vida de compromiso con la santidad. Un voto nazareo podía ser por tan solo un periodo de tiempo, o podía ser de por vida. En el caso de Sansón era de por vida.

Esto quiere decir que Sansón, desde su nacimiento, tendría que ser instruido por sus padres para que él viviera una vida de nazareo. Sin embargo, durante su vida él violó estas tres cosas. Tocó un cadáver en Jueces 14, bebió en la fiesta de bodas, también en Jueces 14. Y permitió que su cabeza fuera rasurada en Jueces 16. Esto quiere decir que no mantuvo su voto, la parte simbólica de esta separación, por lo que él no vivió una vida separada. Fue un hombre que se dejaba llevar por los deseos de la carne, con pasiones ilícitas y desenfrenadas, esto por desear a mujeres paganas particularmente. Tenía un carácter muy testarudo, deseos irracionales, un temperamento violento, digamos que tenía una personalidad volátil y combustible. Junto con esto tenía una indiferencia total hacia los mandamientos del Señor. Todo eso combinado hizo de su vida una tragedia legendaria, y en el centro de toda esta tragedia se encuentra su encaprichamiento por las mujeres filisteas.

Creo que podríamos decir que Sansón es la única persona que echó a perder su propia boda. A pesar del pecado flagrante de Sansón por el cual pagó un precio horrendo, Dios continúa teniendo un propósito para él cuando lleve a cabo su acto espiritual al final de esta trágica historia. Dios lo usó para rescatar a Israel de toda la opresión y agresión filistea.

Hubo momentos en su vida cuando el Espíritu del Señor estuvo sobre él y tuvo una fuerza sobrenatural. Y ésta siempre estuvo relacionada, como lo leemos en la Escritura, en el Libro de los Jueces, con sus actuaciones en contra de los filisteos, siempre en contra de los filisteos.

Todo comienza cuando siendo un joven insistió en casarse con una mujer filistea, una unión prohibida expresamente por Dios en Deuteronomio 7. Él se va a casar con esta mujer filistea, con esta mujer idólatra simplemente porque le gustó como lucía ella. Esto es lo que dice Jueces 14; "Tómame ésta por mujer, porque ella me agrada". ¿Qué nos dice esto? Que su interés era superficial. Sus padres trataron de disuadirlo de desobedecer a Dios, pero él ignoro su consejo, hizo las cosas como él quiso y decidió casarse con ella.

Así que en Jueces 14:6 lo vemos yendo a la ciudad donde ella vivía, se topa con un león, cosa que no era fuera de lo común en Israel. Había pumas en los alrededores. Lo normal sería que este león tuviera la ventaja en su ataque, pienso que así debe ser normalmente, con sus quijadas afiladas y sus uñas feroces. Pero en este caso el león va a ser la pobre víctima, Jueces 14:6, "Y el Espíritu de Jehová vino sobre Sansón, quien despedazó al león como quien despedaza un cabrito, sin tener nada en su mano". ¡Increíble!

Algunos meses después, Sansón pasaba nuevamente por ese camino. Vio el cadáver del león ahí, y fue a investigar. Pienso que probablemente el creyó que estaría lleno de moscas y larvas, pero en lugar de esto, él encontró que dentro del león había una colonia de abejas, habían hecho ahí su residencia, tenían un panal y estaban produciendo miel. El tratar de alejarse del cadáver, lo que era consistente con su voto nazareo, era lo correcto. Pero en lugar de eso tocó el cadáver, recogió la miel y la comió cuando se fue andando por el camino. Incluso ofreció un poco a sus padres.

El periodo de compromiso concluyó y ahora era tiempo de que él fuera a casarse con esta filistea. Ya se habían hecho todos los preparativos para la boda, notificaron a Sansón y él regreso a la ciudad de su prometida para la fiesta, la fiesta duraría siete días. Esta consistía, entre los filisteos, de una borrachera principalmente, siete días de estar bebiendo.

El texto bíblico nos dice aquí, en este capítulo, que a Sansón se le unieron treinta jóvenes de los filisteos. La novia tenía a sus damas, y estos eran supuestamente los mejores amigos entre los asistentes, treinta paganos, estos filisteos idólatras iban a estar parados al lado de Sansón en su boda. Creo que ellos son algo más que simples participantes dentro de la boda. En realidad, pienso que son más bien como guardias que están vigilando a Sansón porque él sería visto con suspicacia, sus brotes de ira eran bien conocidos por ellos.

En un esfuerzo por llevarse bien con estos treinta filisteos, Sansón, quien estaba igual de ebrio que ellos, los reta con un acertijo imposible acerca del león muerto y la miel. ¿Lo recuerdan? Sansón les dice en Jueces 14:12–14, "Yo os propondré ahora un enigma, y si en los siete días del banquete me lo declaráis y descifráis, yo os daré treinta vestidos de lino y treinta vestidos de fiesta. Mas si no me lo podéis declarar, entonces vosotros me daréis a mí los treinta vestidos de lino y los vestidos de fiesta. Y ellos respondieron: Propón tu enigma, y lo oiremos. Entonces les dijo: Del devorador salió comida, y del fuerte salió dulzura. Y ellos no pudieron declararle el enigma en tres días". Ellos estaban frustrados, por lo que ellos acorralan a la esposa en medio del evento del casamiento, y le dicen, "si no nos dices la respuesta al enigma, te quemamos". No se referían a quemarla con un hierro de marcar. "Te quemaremos hasta que mueras y después quemaremos a tu familia en el mismo fuego, dinos el enigma". Ellos insistieron de tal modo que ella accedió.

Entonces los filisteos, los treinta filisteos, regresaron y le dieron la respuesta correcta. Ahora Sansón está furioso, sabe que su flamante nueva esposa lo ha traicionado. Está tan enfurecido que viaja a Ascalón, una ciudad filistea, a 40 kilómetros de distancia. Viaja estos 40 kilómetros, y cuando llega a Ascalón, mata a treinta hombres y les quita toda su ropa para poder cumplir con su promesa de dar ropa a estos treinta hombres. Regresa, sigue sudando después de su viaje de 80 kilómetros, y está tan enojado que deja el festejo de boda y se va a su casa.

Pero la noche de boda tuvo lugar en la primavera temprana. Después de algunos meses de estar malhumorado, decidió regresar a su esposa en la época de la siega del trigo, en el capítulo 14. Regresa y ahora sí hace las cosas de la manera correcta. Sin saberlo él, su suegro, quien asumió que este novio enfurecido no regresaría nunca, había dado a su hija a alguien más. Ella ya se había casado con otro hombre. En 14:20 se nos dice: "Y la mujer de Sansón fue dada a su compañero, al cual él había tratado como su amigo". Sansón se presenta en la casa: "Ya llegué, ¿podríamos seguir con la fiesta en donde la dejé?" Incluso lleva un cabrito, algo así como una ofrenda de paz. Su suegro no lo deja entrar, a pesar de que esperaba que de algún modo se reconciliaran. Pero Sansón solo responde con ira. En el capítulo 15:2 dice: "Me persuadí de que la aborrecías, y la di a tu compañero. Mas su hermana menor, ¿no es más hermosa que ella? Tómala, pues, en su lugar". "Por favor toma a su hermana. Di que sí". Vaya padre: "Tómala a ella, porque hasta es mejor, por favor tómala".

Está tan furioso que vuelca su ira sobre los filisteos nuevamente. Ahora estos son filisteos. Descarga su ira sobre ellos. Captura 300 zorras. La palabra hebrea más bien se refiere a chacales. Los chacales eran más comunes, son como una especie de cruza entre un lobo y un coyote. Tienen una cola muy larga, por lo que él las ata una a la otra, así que ahora tiene 150 pares de chacales aullando. Enciende sus colas, las pone a arder lo que las hace huir despavoridas en un zigzag continuo entre los campos de granos de los filisteos. Esto hace que ellas enciendan una quemazón, destruyen todo en su paso por los campos de grano, hasta los viñedos y los olivares.

Cuando los filisteos se enteran de lo que él había hecho a sus cosechas, ellos culpan a su suegro. Así que van y lo queman, queman a la mujer que supuestamente se debía casar con él; lo que ella quiso evitar desde un principio, ser quemada, es lo que le acaba sucediendo.

Pero cuando Sansón escucha que ellos habían quemado a la mujer con la que él realmente había decidido casarse, la que ya se había casado con otro, él nuevamente estalla en ira. Este hombre está tan fuera de control que es casi incomprensible. De ningún modo él acepta que las circunstancias que causaron la muerte de ella y la muerte de su suegro sean por su culpa. Está tan enojado en contra de los filisteos, que Dios usa su ira de manera providencial para ser el instrumento de juicio continuo sobre los filisteos. Jueces 15:8, "Y los hirió cadera y muslo con gran mortandad; y descendió y habitó en la cueva de la peña de Etam". Cadera y muslo es simplemente una expresión coloquial para decir de pies a cabeza. Hubo un violento ataque y asalto, lo que nos deja ver nuevamente que su furia es sorprendente. Pero Dios usa su furia y su ira en el juicio sobre los filisteos.

Con sus campos chamuscados y sus parientes muertos, los filisteos tuvieron suficiente como para que ellos decidieran tener un ejército. Vayan al capítulo 15:10. Ellos forman un ejército y vienen en contra de los hombres de Israel y dicen: "Y los varones de Judá les dijeron: ¿Por qué habéis subido contra nosotros? Y ellos respondieron: A prender a Sansón hemos subido, para hacerle como él nos ha hecho". "Queremos a Sansón para vengarnos de él, entreguen a Sansón". La amenaza consiste en que, si ustedes no nos entregan a Sansón, nosotros les vamos a hacer como él hizo con nosotros. Su reputación era tal que hasta sus amigos israelitas le tenían miedo. Así que ellos dicen, "está bien, nosotros lo vamos a atrapar". Y prepararon a 3,000 hombres para prenderlos, 3,000 hombres para traerlo de regreso, para entregarlo a los filisteos.

Sansón acepta ir con ellos, pienso que más por curiosidad porque conocía bien la fuerza que él tenía, no le tenía miedo a nadie. En un esfuerzo muy tonto, ellos deciden atarlo con una cuerda nueva. Y lo traen atado: 15:14, "Y así que vino hasta Lehi, los filisteos salieron gritando a su encuentro; pero el Espíritu de Jehová vino sobre él, y las cuerdas que estaban en sus brazos se volvieron como lino quemado con fuego, y las ataduras se cayeron de sus manos". Rompe las cuerdas nuevas, enfrenta a sus atacantes como si fuera un verdadero súper héroe. Recoge el objeto más cercano que encuentra en el suelo, una quijada de burro que estaba en el suelo, y con eso los enfrenta. Con la quijada de burro mata a 1,000 hombre filisteos, 1,000 hombres con una quijada de 25 centímetros de largo. Esto es lo que mide una quijada promedio de un burro, de un burro de la antigüedad.

Y cuando tiene a todos los cuerpos, no solo los mata, sino que también los apila en un montón y nombra a aquel lugar Ramat-Lehí, lo que quiere decir la colina de la quijada. Y entonces reclama crédito para sí mismo, y en 15:16 canta un cántico para sí mismo: "Con la quijada de un asno, un montón, dos montones; con la quijada de un asno maté a mil hombres".

Esto debió ser un gran esfuerzo, matar a 1,000 hombres y apilar sus cuerpos. Está exhausto y el versículo 18 nos dice que está sediento, clama al Señor, conoce la verdad, clama al Señor y dice: "Tú has dado esta grande salvación por mano de tu siervo; ¿y moriré yo ahora de sed, y caeré en mano de los incircuncisos?" Se encuentra tan sediento que siente que está al borde de la muerte. Pero reconoce que Dios le ha dado esta gran victoria, y entonces Dios hace algo maravilloso, de una roca le da agua a este hombre, complejo, extraño y enojado.

Sin embargo, después de todo esto hay un reconocimiento: "Dios tú fuiste quien hizo esto", y el verso 20: "Y juzgó a Israel en los días de los filisteos veinte años".

El Señor lo libró de una deshidratación que amenazaba su vida. Por primera vez en su vida él estaba experimentando debilidad. No había filisteos alrededor, lo que nos muestra que él era débil cuando Dios no le daba poder, solo le daba poder cuando los filisteos estaban presentes. Durante dos décadas, se les dio un respiro de los filisteos. A pesar de que continuaron dando problemas a Israel durante la vida de Sansón, ellos regresaron dominarlos como antes. Pero en su muerte, Sansón les dio el golpe final.

El drama final de la vida de Sansón ya la conocen ustedes, es una historia increíble. El capítulo final llega cuando Sansón hace lo que le salía muy bien, nuevamente vuelve a mirar a una mujer filistea. Ahora encuentra a una llamada Dalila, y ahora vamos al capítulo 16. Pero la historia aún es más triste que eso. Aun antes de que él conozca a Dalila, el texto dice que fue a visitar a una prostituta en Gaza. ¿Prostituta? Jueces 16:1–3, mientras que él estaba con la prostituta, los hombres de Gaza fueron avisados de que él se encontraba ahí con una prostituta. Recordemos que ha estado protegiendo a Israel durante veinte años. Así que ellos deciden, "vamos a capturarlo". Esto era infructuoso porque el Espíritu de Dios viene sobre él. Arranca las puertas de la ciudad de Gaza, las carga sobre sus hombros hasta las montañas de Hebrón, 60 kilómetros de distancia.

Aquí vemos su fuerza sobrehumana, y su debilidad súper pecadora, su vida fue una de atracción fatal. El satisface su lujuria con esta mujer Dalila y el desastre es inevitable. Los filisteos la ponen en medio de su camino para que él pueda verla, él la quiere. Pero este es un complot. Ella se acercará a él para investigar cual es el secreto de su fortaleza.

Le dicen a ella, "te daremos 5.500 siclos de plata. Los eruditos bíblicos han dicho que el promedio de un salario anual era de diez siclos de plata. Pero 5.500 siclos de plata son 550 veces esa cantidad. Esto sería 550 años de salario, una fortuna. Pero ninguna cantidad sería tan elevada como para librarse de este tipo de enemigo. Ella sería bien pagada con una fortuna, Dalila estaría gustosa de seducir a este fortachón hebreo. Vemos en el capítulo 16:6, 8, 10, 14, que ella lo manipula una y otra vez, hasta que finalmente en Jueces 16:16 y 17, "Y aconteció que, presionándole ella cada día con sus palabras e importunándole, su alma fue reducida a mortal angustia. Le descubrió, pues, todo su corazón, y le dijo: Nunca a mi cabeza llegó navaja; porque soy nazareo de Dios desde el vientre de mi madre. Si fuere rapado, mi fuerza se apartará de mí, y me debilitaré y seré como todos los hombres".

Él sería débil como cualquier otro hombre, por lo que ella dice, "ahora sí, vamos a atraparlo". Llegan los hombres, los filisteos, y ahora él está indefenso, le han cortado el cabello. Estas son las desgarradoras palabras del texto, 16:20, "Pero él no sabía que Jehová ya se había apartado de él". Él no lo sabía, las violaciones de su vida, los pecados de su vida llegaron al momento decisivo delante de Dios. Había estado cegado por su fuerza, había estado cegado por su arrogancia, había estado cegado por su lujuria, y ahora estará cegado por sus captores quienes, de acuerdo con el versículo 21 del capítulo 16, le sacaron los ojos en Gaza. Ahora él es un moledor ciego, trabaja como una mula atada a una piedra de moler que gira moliendo el grano, ahora está completamente humillado.

Los filisteos dan crédito a su dios Dagón por la captura de Sansón. Hacen una gran celebración en su templo, el motivo es que Dagón ha derrotado al invencible Sansón. Conforme la celebración crece, la locura por la embriaguez crece también, entonces piden poder ver a Sansón, a este fortachón, pero ahora humillado. En Jueces 16:25 dice: "Y aconteció que cuando sintieron alegría en su corazón, dijeron: Llamad a Sansón, para que nos divierta". Sansón tropieza a causa de su ceguera ante las burlas de todos, pide al joven que lo guiaba, como un detalle que parece ser de cortesía, ya que él ha tenido que ir a donde quiera que lo han llevado, y le dice: "Acércame, y hazme palpar las columnas sobre las que descansa la casa, para que me apoye sobre ellas". Arqueológicamente la evidencia indica que todo el techo estaba sostenido por esos dos pilares y estos pilares sostenidos por sus cimientos. Desde la perspectiva de ingenieros, todo el peso del perímetro se colapsaría dirigiéndose hacia esos dos pilares y derribaría todo lo que era soportado por ellos. Al caer estos dos pilares todo el techo colapsaría y provocaría que todo el edificio cayera al suelo.

Sin poder ver a causa de su ceguera, Sansón supo en donde estaba y palpó los dos pilares, pide a Dios que le de fuerza y en un acto climático, de auto sacrificio heroico, de acuerdo a Jueces 16:27-28, "la casa estaba llena de hombres y mujeres, y todos los principales de los filisteos estaban allí; y en el piso alto había como tres mil hombres y mujeres, que estaban mirando el escarnio de Sansón. Entonces clamó Sansón a Jehová, y dijo: Señor Jehová, acuérdate ahora de mí, y fortaléceme, te ruego, solamente esta vez, oh Dios, para que de una vez tome venganza de los filisteos por mis dos ojos".

La venganza personal siempre fue su debilidad. Aun en este momento crucial, no pudo divorciarse de su venganza personal. Pero había una motivación mucho más grande detrás de su corazón, él no tenía el deseo de dar su vida para proteger a su pueblo de sus enemigos mortales. El Espíritu de Dios escuchó su oración, y en un toque de energía divina la fuerza sobrenatural fue nuevamente derramada dentro de su cuerpo. Con una mano en cada columna él comenzó a empujar y esas columnas monolíticas comenzaron a moverse. En ese momento supo que Dios le había vuelto a dar el poder y tan pronto como sintió que se movían explotó con un poder inimaginable, hizo que las columnas colapsaran con un estruendo catastrófico. La inmensa estructura de madera, piedra, y yeso aplastó a todos los que ahí estaban, todos, los 3.000 murieron, mató a muchos más de los que había matado en toda su vida, pues solo había matado cientos. Es por eso que Jueces 16:30 dice: "Y los que mató al morir fueron muchos más que los que había matado durante su vida".

Sansón murió de manera penitente, destruido y humillado. Murió por causa de su nación y por la causa de su Dios. Su Dios había dicho: "Quita a los filisteos, quítalos de esta tierra". Pero el pueblo no lo hizo.

En un acto final de fe clama a Dios para ser un instrumento por el cual él pueda hacer la voluntad de Dios y pueda destruir a los enemigos de Dios y Dios escucha su oración. Una de las personas con las que me gustaría hablar cuando llegue al cielo sería con Sansón.

Dos hombres en extremos opuestos. Uno es débil y se hace fuerte; el otro es fuerte y se hace débil. ¿Puedes entender cómo Dios usa a todo tipo de personas? Usa a los débiles y los hace fuertes. Usa a los fuertes y los hace débiles, y después los hace fuertes. Usa a los humildes, a los temerosos, a los tímidos, a los cobardes, y los fortalece por medio de la fe; humilla a los poderosos, a los audaces, a los arriesgados para cumplir con sus propósitos.

Hebreos 11:34, que es donde comenzamos, dice esto, "sacaron fuerzas de debilidad". Podemos mirar nuestras vidas y preguntarnos, ¿puede Dios usarnos en nuestra debilidad? Y la respuesta es, claro que sí, seguro que puede, de hecho, no tiene otro tipo de personas que usar.

Escuchen estas palabras finales de Pablo. En medio del sufrimiento y de su terrible agonía, orando para que el Señor le quitara el aguijón en su carne, dice, "tres veces he rogado al Señor, que lo quite de mí. Y me ha dicho: Bástate mi gracia; porque mi poder se perfecciona en la debilidad". El poder de Dios se perfecciona en la debilidad, solamente cuando nos reconocemos como débiles es cuando Dios nos puede hacer fuertes. Gedeón era débil, suficientemente débil como para necesitar ser fortalecido en el Señor. Sansón era fuerte, demasiado fuerte como para ser lo que Dios quería que él fuera. Su más grande proeza fue la fuerza que salió de su debilidad; es por eso que Pablo dice: "Por tanto, de buena gana me gloriaré más bien en mis debilidades, para que repose sobre mí el poder de Cristo. Por lo cual, por amor a Cristo me gozo en las debilidades, en afrentas, en necesidades, en persecuciones, en angustias; porque cuando soy débil, entonces soy fuerte".

Oración final

Padre queremos agradecerte por el maravilloso testimonio de tú gracia en la vida de Gedeón y Sansón. Este es un perfecto recordatorio de que tú no buscas personas perfectas porque no las hay. Tú buscas a aquellos que están quebrantados y débiles, para que los puedas fortalecer. Te queremos agradecer porque eres un Dios fiel, proteges a tu pueblo, guardas tu pacto, el pacto que hiciste para preservar a la nación de Israel. Sabemos que así lo has hecho hasta nuestros días, has hecho un pacto por medio de Jesucristo para salvarnos y redimirnos, a todos aquellos que creemos en Él, y sabemos que también cumplirás y guardarás este pacto también. Podemos decir con toda seguridad "grande es tu fidelidad". Amén.

Reflexiones personales

14 de Octubre, 2012

06_Santiago: el hermano de nuestro Señor

Santiago, siervo de Dios y del Señor Jesucristo, a las doce tribus que están en la dispersión: Salud.

Santiago 1:1

Y reconociendo la gracia que me había sido dada, Jacobo, Cefas y Juan, que eran considerados como columnas, nos dieron a mí y a Bernabé la diestra en señal de compañerismo, para que nosotros fuésemos a los gentiles, y ellos a la circuncisión.

Gálatas 2:9

BOSQUEJO

— Introducción

— Santiago como hermano incrédulo

— Santiago como hermano creyente

— Santiago como pilar de la iglesia

— Santiago como escritor de la Biblia

— Oración final

Notas personales al bosquejo

SERMÓN

Introducción

Hemos estado haciendo series durante los últimos meses los domingos por la noche de un libro que es titulado *Doce Héroes Inconcebibles*, y este es un tipo de libro que fue diseñado para demostrar lo que Dios puede hacer con personas muy diferentes, muy imperfectas y muy débiles. Hemos recorrido una lista muy larga y solo nos quedan unos pocos. Esta noche vamos a ver a Santiago, el hermano de nuestro Señor y el próximo domingo veremos a otros dos. Marcos quien escribió el Evangelio de Marcos, y a Onésimo, un esclavo que estaba huyendo; sus vidas se intersectan de una manera remarcable.

Ciertamente Santiago, el hermano de nuestro Señor, es un héroe muy diferente. Y es en un sentido espiritual un héroe. Estamos hablando acerca de heroísmo espiritual que es sorprendente y poderoso, es de influencia e impacto espiritual que se extiende mucho más allá de lo que pudiéramos asumir, basados en lo que nosotros podemos decir que es verdad en un individuo. Estamos hablando acerca de heroísmo espiritual siendo usado poderosamente por Dios.

Y yo encuentro que Santiago, el hermano de nuestro Señor, es uno de los más interesantes personajes en el Nuevo Testamento debido a la relación que él tenía con el Señor Jesús. Pregúntate a ti mismo, ¿cómo hubiera sido vivir en la misma casa y crecer con la misma familia que nuestro Señor Jesús? ¿Cómo era la vida para sus hermanos y hermanas? La pregunta no es hipotética, la pregunta es real. La vida para sus hermanos y hermanas era vivir con el Dios encarnado en una realidad diaria. Y a pesar de todas las declaraciones hechas por la Iglesia Católica Romana, María no fue virgen toda su vida. Ella era virgen cuando concibió por medio del poder del Espíritu Santo y dio a luz a Jesús. Pero después de que dio a luz a Jesús, ella tuvo una relación marital con José, lo que causó que ella diera a luz de esta forma a otros seis hijos más, y puede ser que hasta más.

Si vamos a Lucas capítulo 2, verso 7, encontrarán que ella tuvo un hijo llamado Jesús, quien fue su primogénito. Y esto en sí mismo implica que ella tuvo otros hijos. En Mateo 13:55-56 y en Marcos 6:3, sus otros hijos son mencionados. En la lista se encuentran Santiago, José, Simón y Judas. Estos mismos pasajes, Mateo 13 y Marcos 6, también indican que Jesús tenía múltiples hermanas, aun cuando sus nombres no son mencionados. Las familias judías en los tiempos antiguos típicamente eran grandes. La familia de José y María no era la excepción. Y debido a que Jesús no es el único hijo de Dios, tampoco es el único hijo de María. Hay siete hijos más, cinco niños, incluido Jesús, y otras dos niñas, y como cualquier otra casa judía, José y María, los tenían viviendo juntos durante su vida temprana.

Jesús, siendo el verdadero hijo de María, no era el hijo biológico de José, así que sus hermanos y hermanas eran medio hermanos y medio hermanas, pero ellos vivieron juntos desde su nacimiento como una familia. Él vivió con la familia como el hijo terrenal de María y José. Sus hermanos eran parte de su vida diaria, así como también lo eran sus hermanas, todo el tiempo hasta que se desarrolló como un hombre.

Y de hecho Él no inicio su ministerio público hasta que tuvo treinta años, y hasta antes de ese tiempo Él hizo lo que los hijos normales hacen, él vivió en cercanía con su familia y trabajó con su padre como el hijo de un carpintero dentro de la pequeña villa de Nazaret. Él vivió hasta la edad de treinta años como dentro del ambiente familiar, rodeado de sus seres cercanos.

Uno de estos seres cercanos era un hombre llamado Santiago. Y la pregunta que hacemos en esta breve mirada a Santiago es esta, ¿cómo fue la vida para Santiago al crecer en la misma familia con un hermano perfecto, el divino Hijo de Dios? Con esto en mente vayamos a esta breve vista de Santiago. Le llamaremos el hermano incrédulo.

Existen todo tipo de leyendas extrañas y relatos apócrifos acerca de la niñez de Jesús. Hay historias de cómo siendo niño purificó de manera milagrosa agua contaminada. Hay historias acerca de cómo él hizo cuervos con barro y después les sopló y estos se fueron volando. Hay también literatura apócrifa de cuando Jesús estaba triste porque había muerto uno de sus compañeros de juego y cómo fue que él lo resucitó. Otras de cómo sanó a un leñador que se había lastimado un pie. Como sabemos, los leñadores con frecuencia se lastiman a sí mismos. Es por esto que encontramos esta historia de Jesús sanando a un leñador herido.

Existe otra historia acerca de Jesús tomando una semilla de trigo entre sus manos y cómo los convirtió en grandes manojos de trigo. Existe otra de cómo fue que al estar haciendo un trabajo en el taller de carpintería de su padre José, alguien midió mal una tabla, probablemente Santiago, y cómo fue que él milagrosamente hizo que la tabla se alargara. En literatura apócrifa encontramos otra leyenda de cómo fue que Jesús resucitó a uno de sus maestros, y específicamente cómo sanó a Santiago de una mordida de víbora que era potencialmente fatal.

En otro relato, el joven Jesús es mostrado rodeado de leones y leopardos quienes lo están adorando. En otra, no puede alcanzar un fruto en la copa de un árbol, y entonces manda al árbol que incline sus ramas para que Él pueda alcanzar el fruto. De acuerdo a estas historias y otras supersticiones Él hizo todos estos milagros, y como un escritor dice, todo esto es para darle sazón a la vida simple que llevó Jesucristo en Nazaret. Son para hacerla "más interesante".

Y por cierto, nada de esto se encuentra en la Biblia. Todas son fabricadas. Jesús aparece como cualquier otro niño del pueblo y como cualquier otro niño de familia conforme fue creciendo. En Lucas vemos que dice que el niño crecía y se fortalecía en espíritu, lleno con sabiduría y que la gracia de Dios estaba sobre Él. El niño creció. Sabemos que creció en sabiduría, estatura, favor de Dios y favor de los hombres. Con cada año que pasó, su cuerpo y su mente continuaron desarrollándose y como a la edad de doce Él ya tenía pleno conocimiento de quién era. A la edad de doce Él se dio cuenta que tenía que estar en los negocios de su Padre, y al decirlo estaba hablando de Dios.

De acuerdo a Hebreos 5:8, Él aprendió obediencia por medio de las cosas que sufrió. De acuerdo a Hebreos 4:15, Él fue en todo, esto es todas las cuestiones de la vida, en todos los puntos cronológicos de la vida... "Tentado como nosotros, pero sin pecado". Como niño, el sufrió las tentaciones que llegan a un niño normal que vive en el mundo. Las tentaciones que son categóricamente resumidas en los deseos de la carne, los deseos de los ojos y la vanagloria de la vida, que llegó a Él en la misma forma que estas tentaciones llegan a un niño, a un adolecente, a un joven y a un adulto. Él creció en todos estos puntos y experimentó las tentaciones que son comunes a cada una de estas edades. Él estuvo conectado a todas estas características de la vida al ir madurando. La diferencia entre Jesús y otros no fue que tuvo un tipo de desarrollo anormal. La diferencia no era que Él fuera libre de tentaciones. La diferencia era que Él enfrentó, como cualquier otro, todas las tentaciones. Él fue tentado en todo como lo somos nosotros de modo que Él fue tocado con los sentimientos de nuestras debilidades. La diferencia fue que Él nunca pecó, nunca pecó. Lo cual, siendo francos, debió ser una molestia para todos sus hermanos menores.

No era igual a ningún otro ser humano. Nunca tuvo una mala actitud. Nunca desobedeció a sus padres. No se quejó acerca de su comida. Nunca peleó con sus hermanos y hermanas. Nunca mintió. Nunca se le ocurrió alguna maldad. Nunca dijo una mala palabra. Nunca murmuró de uno de sus amigos. Nunca peleó en contra de uno de sus enemigos. Y una más, él nunca malgastó ningún momento de su vida.

En todas las situaciones, a través de toda forma de tentación, a todo nivel de su desarrollo, su vida entera fue absolutamente sin pecado. Él siempre triunfó sobre toda tentación, sin importar su tipo. Y aprendió experimentalmente a través de las batallas con la tentación a ser obediente a su Padre celestial en todo, todo el tiempo, en absoluta perfección.

Ahora te voy a hablar como padre, Él debió ser el niño favorito. Esto no es exagerar, era un niño que no requería ningún mantenimiento de parte de los padres. Él debió ser la envidia de sus hermanos. Él debió ser un problema de celos para los hermanos. Los padres no pudieron hacer otra cosa que llenarlo de amor, nunca lo disciplinaron, nunca lo regañaron. Y pienso, desde un punto de vista humano, esta era la razón por la que sus hermanos y hermanas lo debieron haber rechazado, y creo que lo hicieron. Aun en su vida de perfección, treinta años dentro de la casa, no los persuadió de que Él era el Mesías. De acuerdo a Juan capítulo 7 y verso 5, sus hermanos no creían en Él. No solo no creían, sino que ellos lo envidiaban, ellos estaban resentidos con Él.

La única información que tenemos de Él es a la edad de doce años y se encuentra en Lucas 2. Fue con sus padres al Templo como lo hacían ellos todos los años. María y José fueron a Jerusalén para festejar la Pascua, y llevaron a Jesús y a toda la familia. Esta era una peregrinación con una larga caravana de peregrinos desde Galilea que se hacía todos los años. Era un viaje de cuatro días, esto era por el sureste, yendo alrededor de Samaria, y finalmente bajar por Jericó y subir por la parte trasera de Jerusalén a la gran ciudad que estaba en alto para celebrar la Pascua. Cuando la celebración terminó, y vaya que era larga, por muchos días, José y María se unieron a la caravana para iniciar su regreso a Nazaret, regresando por Jericó, rodeando Samaria, y regresando a Galilea, y entonces en lado oeste de Galilea para llegar a la villa de Nazaret.

Sin haber tenido nunca en toda su vida ninguna razón para cuestionar la confiabilidad de Jesús, o su responsabilidad, o el cumplimiento de cualquier tarea que se le encomendara, ellos simplemente asumieron que estaba dentro de la caravana, probablemente en la delantera con sus hermanos o familiares. No era del tipo de niños del cual hay que preocuparse. No era del tipo de niños que tienes que ir a buscar. No era del tipo de niño que se distrae. Es por esto que hasta el final del primer día de viaje que ellos se dan cuenta que no está entre ellos. Se dan cuenta que se ha quedado en Jerusalén. Y Lucas 2:45 nos cuenta esto: "pero como no le hallaron, volvieron a Jerusalén buscándole". Y hasta de después de tres días ellos lo encuentran en el Templo. Les tomó tres días encontrarlo, y ahora Él está sentado en medio de los maestros, escuchándolos y haciéndoles preguntas, lo que era muy respetable. No les estaba enseñando; Él les estaba preguntando y escuchando sus respuestas. "Y todos los que le oían, se maravillaban de su inteligencia y de sus respuestas".

Sin duda ellos lo cuestionaron y de manera apropiada Él les dio respuestas profundas. Así que cuando sus padres lo ven, ellos estaban asombrados, y su madre le dijo: "Hijo, ¿por qué nos has hecho así?" Por primera vez en sus doce años de vida hacía algo que causaba confusión a sus padres, ya que lo hacía ver como irresponsable o desobediente. "He aquí, tu padre y yo te hemos buscado con angustia". Esta es la primera vez que Él es la causa de ansiedad de sus padres.

"Entonces él les dijo: ¿Por qué me buscabais? ¿No sabíais que en los negocios de mi Padre me es necesario estar? Mas ellos no entendieron las palabras que les habló". A la edad de doce años, Él ha crecido y desarrollado un completo entendimiento de quién es Él y porqué está aquí. Doce años de edad y comprende completamente quien es Él, su naturaleza, y para qué ha venido. La respuesta hacia sus padres no lleva la intención de ningún modo de faltarles al respeto, en su lugar es una profunda declaración de que sabía quién era Él y de que Él conocía su misión. Se encuentra en el Templo y lo llama la casa de su Padre. Y con estas palabras Él se está identificando como Hijo de Dios. Esta es una declaración que hace que los judíos se molesten y la vean como blasfemia, de acuerdo a Juan 5:18. Pero sus padres sabían que era la verdad. Ellos lo sabían porque antes de su nacimiento ellos habían sido visitados por un ángel que les dijo que el niño sería el Hijo de Dios. Ellos lo sabían.

Y sorprendentemente después de este incidente, a la edad de doce años, después de esta declaración monumental, Jesús regresó sometido a José y a María y vivió en su casa por otros dieciocho años más. De acuerdo a Lucas 2:51, Él se mantuvo sujeto a sus padres. A los ojos de su familia, hermanos, hermanas, amigos, parientes y vecinos, Él volvió a su vida normal. La normalidad de su vida, de su niñez y de su juventud, es confirmada por el hecho de que cuando comenzó su ministerio de manera pública, sus antiguos vecinos de Nazaret no creían que fuera el Mesías, no creían que Él fuera el Hijo de Dios. Esto nos habla de qué tan normal fue su niñez. De hecho, en Mateo 13:55-56 ellos dicen: "¿No es éste el hijo del carpintero? ¿No se llama su madre María, y sus hermanos, Jacobo, José, Simón y Judas? ¿No están todas sus hermanas con nosotros? ¿De dónde, pues, tiene éste todas estas cosas?" ¿Por qué está haciendo estas declaraciones tan escandalosas? Esto provenía de la gente que lo vio crecer. Ellos asumían que era como cualquier otro niño, y aun cuando más justo, pero se rehusaban a creer que Él era el Hijo de Dios, el Mesías, el Redentor del mundo.

Santiago como hermano incrédulo

Con los hermanos de Jesús había un rechazo más profundo. Estaban tan firmes en su incredulidad que al iniciar su ministerio ésta solo se manifestó. Esto lo puedes ver el capítulo 3 de Marcos, conforme ellos ven que su ministerio inicia, hace una diferencia entre los que creen en Él y los que no. Los suyos, los cercanos a Él, concluyen con esta escandalosa declaración, Marcos 3:21, "Está fuera de sí". Está haciendo declaraciones que son declaraciones de un maniaco, un tipo de paciente mental. Su incredulidad es inexcusable. Debido a que ellos están a su alrededor todo el tiempo y expuestos a su absoluta perfección, su incredulidad es hostil, mucho de esto producido posiblemente por envidia y celos. Y creo que ésta es la ilustración en Marcos 6:4, "No hay profeta sin honra sino en su propia tierra, y entre sus parientes, y en su casa". Eso es lo que dijo. Ellos eran escépticos porque eran envidiosos.

No había llevado a cabo ningún milagro cuando ellos estaban creciendo juntos; no había resucitado a ningún compañero de juego y no había creado aves. Juan 2:11 dice que cuando convirtió el agua en vino este fue el comienzo de las señales que Él hizo. Su niñez fue normal desde el punto de vista de ausencia de milagros y obras sobrenaturales, sin embargo su perfección debió ser obvia todo el tiempo. Él vivió una vida que era un contraste dramático para Santiago, José, Simón, Judas y sus hermanas. Pero esto no fue suficiente para convencerlos de su verdadera identidad porque, como todos sabemos, la familiaridad engendra desprecio, y la perfección genera rechazo. Y en sus mentes ellos tenían burlas y desdén hacia Él de tal modo que ellos lo habían designado como un hombre que estaba fuera de sus casillas, y así lo consideraron cuando Él empezó a hacer las declaraciones al inició su ministerio.

Entiendo el lado humano de tener un hermano mayor quien es perfecto; un hermano mayor quien literalmente es el trasfondo en contra de tus deficiencias pecaminosas, y todas estas se ven exageradas cuando se ponen en contraste con Él. Y no sé cuántas veces José y María dijeron esto, pero lo debieron haber dicho más de lo que ellos debían: ¿Por qué no puedes ser como tu hermano Jesús? Lo cual no ayudó mucho. Esto sembró resentimiento, las semillas de envidia fueron sembradas en sus corazones y entre ellos se encuentra este hombre Santiago quien entonces se convierte en un muy improbable candidato para ser de gran utilidad a Dios.

Santiago es mencionado por primera vez en la lista de los cuatro hermanos, lo que nos sugiere que él era el mayor de los cuatro hermanos, siendo Cristo el primogénito. Algunos dicen que era uno o dos años menor que Jesús. Él es el segundo hijo. Así que él siente las diferencias entre él mismo y Jesús de manera más poderosa porque él ha convivido más que los demás y porque él ha sufrido más las comparaciones.

Cuando Jesús dejó Nazaret y comenzó su ministerio público a la edad de treinta años, Santiago se debió convertir en el líder de la familia. ¿Por qué digo esto? Porque José ha muerto para ese entonces. ¿Cómo sabemos que José murió? Porque no lo encontramos en ningún lugar de la narrativa bíblica. Aparentemente él desapareció muy temprano y al momento que Jesús está en la cruz y María está parada a los pies de la cruz, Jesús desde la cruz encomienda a María al cuidado de Juan porque ella es ahora una viuda.

Santiago entonces, en algún punto, una vez que Jesús se va, él se convierte en el líder de la familia. Y hasta este punto, si José ya había muerto en un momento antes de que Jesús inició su ministerio de manera pública, Jesús no solo era el hermano mayor, sino que el líder de la familia y hubiera dirigido a esa familia desde su perfecto punto de vista. Y las consecuencias de todo esto eran una causa para estar resentido con Jesús.

Santiago como hermano creyente

Santiago debió convertirse en el vocero de los hermanos y hermanas, y probablemente el más activo en tener una actitud de criticismo e incredulidad al hablar, como lo podemos leer en Juan 7. Así que conocemos a Santiago como un hermano incrédulo y que es hostil al Señor Jesús. Pero demos un giro a esto y conozcámoslo como el hermano creyente.

Por cierto, no se da ninguna indicación en ninguno de los cuatro evangelios acerca de los hermanos de Jesús creyendo en Él durante su ministerio, no hay ninguna indicación en los tres años de su ministerio público. La indicación es, de hecho la declaración de la Escritura es, que fue hasta después de su muerte y después de su resurrección y después de su ascensión que ocurre un cambio dramático y milagroso entre sus hermanos, ya que sus hermanos aparecen en medio de los creyentes, los 120 creyentes en el aposento alto en el día de Pentecostés, cuando esperaban la llegada del Espíritu Santo. De acuerdo a Hechos 1:14, después de que Jesús ascendió al cielo, los apóstoles "perseveraban unánimes en oración y ruego, con las mujeres, y con María la madre de Jesús, y con sus hermanos". Santiago, Simón, José, y Judas. Así que ellos están en el día de Pentecostés, los creyentes reunidos unos con otros para esperar la llegada del Espíritu Santo. Y las hermanas pueden ser incluidas en la referencia general a las mujeres. Ya no son antagonistas, ellos ahora creen en Jesús como el Mesías y Señor.

¿Cómo sucedió esto? ¿Cuál fue el evento que los cambió de ser escépticos, envidiosos, celosos y críticos, para convertirlos en creyentes? La respuesta la encontramos en 1 de Corintios 15. Ustedes conocen esta maravillosa porción de las Escrituras, podemos ir ahí y ver los versos 3–7, los leeré para ustedes. Pablo está haciendo un resumen de las apariciones post resurrección de Jesús y esto es lo que él escribe: "Porque primeramente os he enseñado lo que asimismo recibí: Que Cristo murió por nuestros pecados, conforme a las Escrituras; y que fue sepultado, y que resucitó al tercer día, conforme a las Escrituras; y que apareció a Cefas" —o Pedro— "y después a los doce. Después apareció a más de quinientos hermanos a la vez, de los cuales muchos viven aún, y otros ya duermen. Después apareció a Jacobo" —o Santiago— "después a todos los apóstoles". No Santiago el apóstol, sino Santiago su hermano. Este pasaje explica que después de la resurrección Jesús le apareció a Santiago y muy posiblemente los otros hermanos estaban ahí también. Esta es una reunión sorprendente, una reunión maravillosa.

Sus hermanos no son parte de la escena alrededor de su muerte. No están ahí para defenderlo. No están ahí para apoyarlo. No están junto a María pues ella nos es descrita sola como una viuda a los pies de la cruz. No están en ninguna parte. No los vemos junto a los apóstoles en el aposento alto. No están en ningún lugar para ser vistos, lo que nos indica que ellos seguían siendo incrédulos. Pero sin lugar a dudas en ese momento del que habla Pablo cuando apareció a Santiago, ese momento maravilloso puede ser el momento de la conversión de Santiago, cuando él vio a Cristo resucitado, su hermano Jesús. Y esto explica porqué él y los otros hermanos están reunidos en el aposento alto así como sus hermanas. Santiago, el escéptico y envidioso segundo hermano, hijo de María, llega a la fe salvadora, pone su confianza en su medio hermano mayor, el Señor Jesucristo, debido a una aparición después de su resurrección. Entonces está ahí junto con toda la familia en el aposento alto en el día de Pentecostés.

Para Santiago hubiera sido suficiente el aparecer en esta gloriosa historia, pero la historia no concluye aquí. No pasó mucho hasta que Santiago se levantó en un rol de liderazgo estratégico dentro de la Iglesia. Él vino a ser el autor del libro que lleva su nombre, la epístola de Santiago, y otro hermano, Judas, también vino a ser el autor de la Epístola que lleva su nombre también, la Epístola de Judas. Dos de los cuatro hermanos escribirían epístolas del Nuevo Testamento bajo la inspiración del Espíritu Santo.

El Nuevo Testamento no revela mucho acerca de la vida personal de Santiago. Él, como ya dije, es el segundo hijo de María y José. Era de Nazaret, entrenado como carpintero, como todos los hombres de esa familia lo fueron. Ellos continuaron con el negocio de su padre. Él era galileo, lo que significaba que no solo hablaba arameo sino también griego, porque esto era lo que se usaba, y también porque ahí cruzaba una ruta de comercio, por lo que hablar griego era importante si querías hacer negocios más allá de tu propio pueblo. Y sabemos que su griego era excelente porque su griego es excelente en la epístola que escribió.

Primera de Corintios 9:5 dice que él era casado. Esto es todo lo que sabemos de él desde una perspectiva biográfica. A pesar de que conoció a Jesús por más de 30 años, él nunca creyó en Jesús. No creyó sino hasta que su hermano, su medio hermano, salido de la tumba, apareció a él dándole su gracia y salvándolo de manera soberana. Pero el Señor tenía grandes planes para este hombre, Santiago, este incrédulo y escéptico hermano. De modo que lo vemos como un hermano incrédulo, y después como un hermano creyente.

Santiago como pilar de la iglesia

Tercero, lo vemos como pilar de la Iglesia. Después de la inauguración de la Iglesia en el día de Pentecostés, cuando nació la Iglesia, los doce apóstoles se esparcieron para predicar. Conocemos la historia del libro de Hechos. Primero Pedro y Juan, y después los demás apóstoles se dividen para predicar. ¿Qué sucedió con la Iglesia? ¿Quién se hace cargo de la Iglesia? Bueno, esta responsabilidad recayó en Santiago; él se convirtió en el líder prominente de la iglesia de Jerusalén. Él se convirtió, si quiere usar un

06_Santiago: el hermano de nuestro Señor

término contemporáneo, en el pastor principal de la iglesia en Jerusalén. Los apóstoles viajaron y llevaron el evangelio a Judea, Samaria, y hasta lo último de la tierra, pero Santiago se quedó en casa. Solo unos pocos pasajes del Nuevo Testamento aluden a la posición tan importante que Santiago adquirió dentro de la Iglesia. Por ejemplo, tres años después de la conversión de Pablo, tal vez cinco años después de Pentecostés, Pablo fue secretamente a Jerusalén para reunirse con los líderes de la Iglesia. Y de acuerdo a Gálatas 1:18 y 19, él se reunió con Santiago, el hermano del Señor. Así que cuando Pablo quiso decir a la Iglesia que él se había convertido, lo cual dejo fríos a algunos de ellos porque sabían que él era uno de los que los perseguían; él se fue de inmediato a uno de los líderes de la Iglesia, Santiago. Algunos años después cuando Pedro fue liberado milagrosamente de la cárcel, Pedro instruyó a los creyentes quienes habían orado por él. ¿Recuerdan esto en Hechos 12:17? "haced saber esto a Jacobo, o Santiago, y a los hermanos". Hagan saber esto a Santiago.

Santiago se ha convertido en el punto central del liderazgo en Jerusalén y todos los asuntos significativos de la Iglesia tienen que ir a él y ser evaluados por él. Su liderazgo alcanza el punto más alto en lo que es conocido como el Concilio de Jerusalén en Hechos 15. No tenemos tiempo para ir a ver todo esto, pero esto es lo que ha sucedido y es lo que entendemos. No tomó mucho tiempo antes de que iniciase el error de atacar al verdadero evangelio. Y ahí está la mayor controversia teológica girando alrededor de la iglesia temprana. Esto fue en el 49 d.C., Pablo regresa de su primer viaje misionero, junto con Bernabé, y se enfrentan a un conflicto con falsos maestros quienes insistían en esto: Cristo es verdad, creemos en Cristo, pero creer en Cristo no es suficiente para ser salvo. Tienes que ser circuncidado, y tienes que practicar ciertos aspectos del judaísmo para que puedas ser salvo. Ellos estaban haciendo una combinación de gracia por medio de la fe en Cristo, y obras por medio de ceremonias.

Hechos 15:1 lo pone de este modo: "Entonces algunos que venían de Judea enseñaban a los hermanos: Si no os circuncidáis conforme al rito de Moisés, no podéis ser salvos". Estos falsos maestros son conocidos en la historia de la iglesia como los judaizantes porque ellos querían imponer aspectos externos del judaísmo, combinando las obras de la ley Mosaica con la gracia del evangelio, y de este modo estaban confundiendo y convulsionando el evangelio y destruyendo la gracia. Ellos estaban intentando destruir la gracia. Si tú mezclas las obras con la gracia, Pablo dice en Romanos, la gracia deja de ser gracia.

Así que aquí están en el primer siglo, en la mitad del primer siglo, teniendo que lidiar con la herejía que amenaza directo al corazón del evangelio de salvación. Esto provoca que un concilio sea convocado en Jerusalén. Pablo y Bernabé viajan a Jerusalén para reunirse con los doce apóstoles, con los líderes de la Iglesia, y Santiago es el moderador. Santiago, en este foro, es llamado en Gálatas 2:9, "columna de la iglesia". Uno de los pilares de la Iglesia. ¿Quiénes eran los otros pilares? Pedro y Juan.

Hechos 15 detalla el rol que Santiago juega. Esto lo puedes estudiar por ti mismo. Él dirige el concilio. Después de que Pablo y Bernabé hablan acerca de lo que es el evangelio, de que la salvación ha sido dada también a los gentiles, el evangelio de gracia fue predicado a ellos, estos judíos legalistas y hostiles están llegando después de haber sido predicado el evangelio, y comienzan a descargar estas demandas para que los convertidos ahora hagan estas ceremonias. Y dicen, de acuerdo al verso 5 de Hechos 15: "Es necesario circuncidarlos, y mandarles que guarden la ley de Moisés". Y entonces los apóstoles y ancianos, bajo el liderazgo de Santiago, se reúnen para considerar estas cosas. Este es el primer Concilio de la Iglesia para afirmar la sana doctrina.

Escucha los versos 7 al 11. La conclusión del concilio es que sea judío o gentil, todos son salvos solo por fe y solo por gracia. Y este es el testimonio que Pedro da al concilio: "Varones hermanos, vosotros sabéis cómo ya hace algún tiempo que Dios escogió que los gentiles oyesen por mi boca la palabra del evangelio y creyesen. Y Dios, que conoce los corazones, les dio testimonio, dándoles el Espíritu Santo lo mismo que a nosotros; y ninguna diferencia hizo entre nosotros y ellos, purificando por la fe sus corazones".

Fue claro que la fe era suficiente porque ellos recibieron el Espíritu Santo, Pedro dijo, y el vio este fenómeno: "Ahora, pues, ¿por qué tentáis a Dios, poniendo sobre la cerviz de los discípulos un yugo que ni nuestros padres ni nosotros hemos podido llevar? Antes creemos que por la gracia del Señor Jesús seremos salvos, de igual modo que ellos". Los pecadores son perdonados y salvados y reconciliados con Dios por medio de la gracia y esto solo por fe, no por guardar las ceremonias mosaicas o los ritos de la ley.

Cuando Pedro terminó de hablar en ese concilio, Santiago dio una respuesta. Pero con todo el peso de la autoridad como líder de la iglesia de Jerusalén y como el que presidía ese concilio, las palabras de Santiago hicieron eco a las palabras de Pedro, regocijándose que el Señor había visitado a los gentiles para sacar de ellos un pueblo para su nombre. Dios estaba salvando a gentiles sin tener en cuenta ninguna ceremonia o circuncisión o la ley de Moisés. El claro veredicto del concilio era que la salvación no requería adherencia a la ley de Moisés; esta solo era por gracia por medio de la fe.

Así que aquí, en esta etapa temprana de la iglesia, conforme el evangelio es captado y afirmado, el evangelio de gracia divina que estaba teniendo un severo ataque, y al centro de la defensa de este se encuentra Santiago, el hermano de nuestro Señor Jesús. Su prominencia en la iglesia de Jerusalén es resaltada una última vez en Hechos 21. Casi una década después

06_Santiago: el hermano de nuestro Señor

del Concilio en Jerusalén, Pablo regresa a Jerusalén en donde ahora, 57 o 58 d.C. esta ocasión va a ser arrestado y encarcelado, Pablo será enviado a Roma para un juicio. Cuando Pablo primero llega a Jerusalén, leemos esto: "Pablo entró con nosotros a ver a Jacobo (Santiago), y se hallaban reunidos todos los ancianos". Pablo vino a informarles nuevamente lo que Dios estaba haciendo entre los gentiles. Diez años después, después del concilio, Santiago sigue siendo el líder de la Iglesia. Santiago no es mencionado otra vez en el libro de Hechos.

De acuerdo con la Tradición de la Iglesia, cinco años después de esa visita de Pablo, alrededor de 62 d.C., Santiago fue martirizado. Cuando el procurador romano Porcio Festo, murió, hubo ahí un paréntesis, un corto tiempo antes de que el siguiente gobernador romano fuera asignado e instalado en Judea. Y en ese periodo de transición sin gobernador, el sumo sacerdote judío comenzó a ejercer sus poderes hostiles en contra del cristianismo. Él se aprovechó de la falta de supervisión imperial y arrestó a Santiago bajo la autoridad del Sanedrín. Fue acusado de violar la ley de Moisés; fue encarcelado, y sentenciado a morir. La historia nos cuenta que fue lanzado desde lo alto del Templo y cuando cayó fue apedreado y golpeado hasta morir por una turba enardecida. Y este es el fin de la vida de Santiago.

Viendo su vida en retrospectiva, es difícil exagerar la importancia estratégica que este hombre tenía. Él fue líder de la Iglesia temprana durante un tiempo crítico, la iglesia recién nacida, saliendo del judaísmo, muchos judíos cristianos no estaban entendiendo como debía funcionar la ley de Moisés, la cual había sido tan importante en el pasado, y como ésta se conectaba con la gracia y la fe. Continuaba adherida a los festivales, ceremonias y actividades que eran familiares para ellos, o él fue el instrumento que Dios usó para liderar a la Iglesia en su cambio hacía la libertad y a la eliminación de esas cosas del pasado.

Los creyentes se estaban iniciando en su tarea de llevar el evangelio al mundo gentil. Los gentiles estaban convirtiéndose y siendo salvos, y lo que menos necesitaban eran ser ofendidos por judíos muy escrupulosos quienes les estaban tratando de imponer legalismos. Él era el líder en todo este tiempo de transición. El ministerio de Santiago era crítico en el sentido de que debía establecer los cimientos para la Iglesia. Santiago fue el primer modelo de pastor. No pensamos de él en esta manera, pero Santiago fue el primer pastor modelo de la primer iglesia. Luchó por la pureza en la doctrina. Y como dije, contrariamente a los doce apóstoles que eventualmente dejaron Jerusalén para llevar el evangelio a través del mundo, Santiago nunca se fue. Él permaneció con la Iglesia que amaba, y guió a esa Iglesia fielmente por treinta años hasta el día que fue asesinado.

Su compromiso estaba con su rebaño, para cuidarlos. Su compromiso era con la verdad. Su compromiso estaba con la compasión por sus amigos judíos quienes aún eran sensibles a las tradiciones del judaísmo. Tenía un corazón de pastor, y su corazón de pastor se puede ver en los cinco capítulos de su epístola.

Ahora que sabes un poco más de él, lee y escucha todo esto directo del corazón de este hombre. Él era un hermano incrédulo, después un hermano creyente, y después un pilar de la Iglesia. Y cuarto, un escritor de la Escritura, un escritor de la Biblia.

Santiago como escritor de la Biblia

Hay varios hombres llamados Santiago en el Nuevo Testamento, pero él es el autor. La primera posibilidad, Santiago hijo de Zebedeo y hermano de Juan, no pudo haber escrito la epístola pues ya había sido asesinado por Herodes Agripa antes de que su epístola fuera escrita. El único posible escritor es Santiago, el hermano de nuestro Señor, el pastor de la iglesia de Jerusalén. Él escribió esta epístola a judíos creyentes quienes habían huido de Jerusalén bajo la persecución instigada por Herodes alrededor del año 44. La carta no menciona los eventos de Hechos 15 ni el Concilio en Jerusalén, lo que nos sugiere que esta carta fue escrita antes de que todo esto hubiera sucedido. Lo más probable es que Santiago lo escribió entonces, en los inicios de los 40, lo que haría que Santiago fuera el primer libro del Nuevo Testamento que fue escrito; junto con Gálatas siendo el segundo. De este modo Santiago es el primer instrumento que Dios usa para escribir un libro que está en el Nuevo Testamento.

Si estudias el libro de Santiago, solo para resumir, podrás notar cinco rasgos de carácter de él. Primero, era un hombre con verdadera humildad. ¿Cómo sabemos que él era un hombre de verdadera humildad? Porque él inicia su carta de este modo: "Santiago, siervo de Dios y del Señor Jesucristo" Santiago 1:1.

Si tú quisieras ganar un poco de impacto, usar un poco de levadura, él pudo haber dicho: "Santiago, el hermano del Señor Jesucristo". No hace mención, no hace mención en ningún lugar acerca de sus lazos familiares. No hace ninguna mención en la carta acerca de su prominente posición como líder de la iglesia. Él simplemente se ve a sí mismo como esclavo, siervo de Dios y esclavo de su hermano mayor. Santiago era un hombre humilde. Su único honor era ser un esclavo de aquel del que todos se habían burlado hacía ya más de treinta años.

Segundo, era un hombre recto. Él es conocido en la historia de la iglesia como Santiago el justo, o Santiago el recto. Y cuando lees los cinco capítulos de la carta de Santiago, encontrarás al menos cincuenta imperativos, cincuenta mandatos, al tiempo que él manda a sus lectores a vivir una vida de rectitud, una vida de virtud, una vida de obediencia. Incluso él advierte a sus lectores no caer en trampas cargadas de pecado. Santiago el recto, así fue conocido en su época.

Tercero, era un pastor amoroso. En su epístola vemos a un hombre de compasión y a un hombre de simpatía conforme él derrama su corazón hacia el destituido, el extraño, el que está luchando, literalmente a extraños que han huido de la persecución y que ahora están viviendo en lugares extraños, pobres y destituidos. Él simpatiza con ellos en su carta y vemos su amor exhibido en el hecho de que no tiene tolerancia por el favoritismo dentro de la Iglesia, no quiere ver a nadie dando especial atención a los hombres ricos. Él motiva la unidad dentro del cuerpo de Cristo. Escribe diciendo que la Iglesia es el lugar de comunión entre los pobres y los ricos. Él está a favor del pueblo basado en sabiduría celestial y no terrenal. Quiere que los suyos se amen unos a otros y se refiere a ellos como amados. Es humilde, justo, recto y un hombre amoroso.

Cuarto, es un hombre de la Palabra y la oración. Su dominio de las Escrituras es visto en el hecho de que su carta contiene cuatro citas directas al Antiguo Testamento, cuatro citas directas y casi cuarenta indirectas. Es un hombre de la Palabra, de la Biblia. Incluye muchos paralelos, que por cierto, son relativos al Sermón del Monte, haciendo eco a las enseñanzas de Jesús. También es un hombre de oración, y esta es la manera en la que el concluye su epístola, con una gran sección de oración; "y orad unos por otros... La oración eficaz del justo puede mucho" Santiago 5:16.

Y finalmente, Santiago era claramente un teólogo, porque en esa pequeña epístola de cinco capítulos tienes la teología del sufrimiento, una teología del pecado, una teología de la tentación, una teología de la desobediencia, una teología del mundo demoniaco, un teología de la ley, una teología de la fe, una teología de la iglesia, una teología de Dios, y una teología de Cristo, todo esto en solo cinco capítulos. Presenta a Cristo como la fuente de sabiduría, aquel ante el cual todo hombre y mujer son humillados. Presenta a Cristo como aquel que controla toda la historia y el destino humano, como el rey que vendrá, como el gran médico. Él enfatiza que Dios es un solo Dios, el creador del mundo, la fuente de rectitud, el objeto de adoración, la guía y la verdadera sabiduría, el rey soberano, el enemigo del pecado y de la mundanalidad, el líder del ejército de los cielos, el juez sobre todo, y el redentor que por gracia salva a aquellos que se arrepienten.

Hay una muy abundante teología de Dios y de Cristo en esta epístola. Y ya que solo tiene cinco capítulos de extensión, abunda con profunda verdad y aplicación personal. Su tono es tanto teológico como práctico, personal y pastoral.

Así que resumiendo, tenemos un muy grande impacto con su vida, es en verdad un héroe de la fe. Podrías esperar que el medio hermano de Jesús fuera un líder de influencia en la iglesia porque él creció en la familia más privilegiada. Pero en el caso de Santiago, su familiaridad con Jesús fue el obstáculo más grande para su salvación. Como lo fue para sus vecinos en Nazaret, Santiago estaba lleno de incredulidad y contienda hacia su hermano mayor cuando éste declaró que era el Mesías. Su escepticismo no fue causado por alguna imperfección en Jesús, sino por sus propios celos. Sin embargo el Señor tenía planes para Santiago. En un maravilloso acto de gracia divina, después de su resurrección, Jesús apareció a Santiago con una misericordia profunda, disipó sus dudas y escarnios, y los salvó radicalmente. Y cuando aparece en la historia de la Iglesia en el libro de Hechos, él es un hombre sin resentimientos, por el contrario él ahora es un hombre que voluntariamente quiere ser esclavo, siervo, de su hermano mayor, él es un hombre que adora a Jesús como su Señor y Salvador. Y su lealtad hacia Jesús es tan fuerte que él dio voluntariamente su vida como mártir a causa de Jesús su hermano mayor.

Dios lo usó de maneras sorprendentes. Y, el Señor está en el tipo de negocio que puede hacer esto en la gente más improbable, como tú, como yo, como todos nosotros. Pero la historia no puede ser entendida si no se encuentra completa. Debes estar dispuesto, quién sabe cuáles sean los planes que Dios tenga para tu vida.

Oración final

Gracias Padre por la oportunidad que nos has dado de echarle un vistazo a un hombre que en la superficie parecía inútil, un obstáculo, y sin embargo, en tu maravillosa gracia lo hiciste un hombre de inmensa influencia, que cambió el curso de la historia, a quien le fue dada la responsabilidad de ser el primer pastor de la primera iglesia. Señor, te agradecemos que aún puedes hacer con nosotros lo que hiciste con Santiago. Lo hemos visto en muchas personas. Tu negocio es hacer cosas maravillosas y eternas con personas insignificantes, pecaminosas, débiles y frágiles, porque ese es el único tipo de personas que existe. Y en tu soberana misericordia los levantas y los usas poderosamente. Gracias por eso. Queremos ser usados así para tu gloria, en el nombre de Cristo. Amén.

Reflexiones personales

26 de Junio, 2011

07_Un mensaje profético para una nación impía

Anunciad esto en la casa de Jacob, y haced que esto se oiga en Judá, diciendo: Oíd ahora esto, pueblo necio y sin corazón, que tiene ojos y no ve, que tiene oídos y no oye: ¿A mí no me temeréis? dice Jehová. ¿No os amedrentaréis ante mí, que puse arena por término al mar, por ordenación eterna la cual no quebrantará? Se levantarán tempestades, mas no prevalecerán; bramarán sus ondas, mas no lo pasarán. No obstante, este pueblo tiene corazón falso y rebelde; se apartaron y se fueron. Y no dijeron en su corazón: Temamos ahora a Jehová Dios nuestro, que da lluvia temprana y tardía en su tiempo, y nos guarda los tiempos establecidos de la siega. Vuestras iniquidades han estorbado estas cosas, y vuestros pecados apartaron de vosotros el bien.

Jeremías 5:20-25

BOSQUEJO

— Introducción

— Jeremías entendió que tenía una misión divina

— Jeremías tuvo un mensaje directo

— Jeremías tuvo un profundo duelo

— Oración final

Notas personales al bosquejo

SERMÓN

Introducción

Hace algunas semanas les dije que ya había acabado de predicar todo el Nuevo Testamento. Esto no quiere decir que nunca voy a regresar a él. Regresaré, tengo planes, pero asumimos de manera general que estaremos viendo el Antiguo Testamento. Ya tengo algunos planes para ver este. Estoy trabajando para que de alguna manera pueda yo poner algunas series largas que podrán durar el resto de la vida que podamos pasar juntos, será una serie que podamos llamar algo así como "El camino a Emaús". Recordarán Lucas 24:27, Jesucristo en el camino a Emaús dijo a los discípulos, nos dicen que les dijo a ellos: "Y comenzando desde Moisés, y siguiendo por todos los profetas, les declaraba en todas las Escrituras lo que de él decían". Cuando habló de Moisés, eso era la ley; los profetas y los escritos que son los otros escritos; estas son las tres categorías del Antiguo Testamento.

Jesús fue al Antiguo Testamento y les enseñó cosas del Antiguo Testamento que hablaban de Él. Es por esto que no puedo cubrir todo el Antiguo Testamento, pero pienso que pasearemos por el camino a Emaús y esto nos hará pasar por el Antiguo Testamento y encontrar todas las cosas que hacen referencia a Cristo ahí. Hay muchas de ellas, y puede ser que te sorprenda que Cristo primero aparece en el Antiguo Testamento en Génesis 1:1. Y al final, en el último capítulo del Antiguo Testamento, en Malaquías. Así que Él está en el principio y al final del Antiguo Testamento y en todas las partes que hay en medio de estos dos. Esta es una de las cosas que quiero hacer, entre muchas otras. Estoy trabajando de alguna manera en eso al tiempo que intento reinventarme este verano.

Junto con esto quiero demostrarles que sí conozco que existe el Antiguo Testamento y que verdaderamente tengo el deseo de enseñar a ustedes el Antiguo Testamento. Así que consideren esto como un ejemplo. Abran sus Biblias en el libro de Jeremías. Esta extraordinaria profecía de un hombre conocido como el profeta llorón; él escribió esta gran profecía de 52 capítulos y en adición a eso, desde luego, él es responsable de otro maravilloso libro que es conocido como el libro de Lamentaciones. Este es Jeremías.

Quiero hablar acerca de Jeremías porque pienso que Jeremías es un hombre que es para un tiempo como el tiempo en el que vivimos. Los profetas del Antiguo Testamento fueron figuras históricas, figuras reales que vivieron eventos reales que fueron puestos para nosotros, esto está dentro de sus profecías y de sus historias. Pero no son únicos en el sentido de que los tiempos, las épocas y las situaciones que ellos enfrentaron no puedan ser nunca repetidas de alguna manera en la historia. Ellos se encuentran, de hecho, en los mismos ciclos que se repiten a través de toda la historia de la humanidad. Jeremías vivió en el tiempo de una nación que ahora es muy instructivo para nosotros, es como si hubiera vivido en un tiempo y en una nación como en la que vivimos hoy en día.

Creo que ustedes son conscientes, si es que están en sintonía con lo que nuestra cultura representa, de cómo el naturalismo domina nuestra sociedad. Puede ser que digas que hubo un tiempo en los Estados Unidos cuando el sobrenaturalismo dominó nuestro pensamiento. En otras palabras, éramos una nación de Dios. Y ustedes saben que esto está siendo borrado incluso del nuestro juramento a la bandera, entiendo que incluso lo sacan de los torneos de golf, y ahora están pensando cómo quitar de nuestras monedas la frase de *In God we trust* (Confiamos en Dios). Pero hubo un tiempo en el que éramos felices al decir que nuestra nación estaba bajo la protección de Dios, éramos sobrenaturalistas (creíamos en lo sobrenatural). Creíamos en el Creador, creíamos que Dios es el gobernante soberano del universo. Pero hemos abandonado eso y ahora esencialmente nos estamos convirtiendo en una nación de naturalistas. Los intelectuales más influyentes, los filósofos, los científicos, los educadores, los políticos y los jueces de Estados Unidos son mayormente naturalistas.

Los naturalistas asumen que Dios existe solo en la imaginación de la gente religiosa. Que la idea de Dios es francamente una superstición, una superstición irracional que fue creada durante la era pre-científica para cubrir ciertas ansiedades del corazón humano.

La verdad, dicen ellos, es que no hay Dios y que todo es simplemente consecuencia de los efectos de la naturaleza. El naturalismo es la idea de que la naturaleza es todo lo que existe, que virtualmente todo lo que existe es simplemente el producto de algo no planeado, que es producto de accidentes fuera de control. La vida está basada sobre estas asunciones, que hemos evolucionado aleatoriamente para llegar a ser lo que hoy somos. La vida como la conocemos, es el resultado de fuerzas inconscientes que están mutando aleatoriamente. El hombre dice, la ciencia evolutiva es el fin sin propósito de un proceso sin propósito que no le tuvo en cuenta. Dicen: "Vaya, creo que el hombre simplemente apareció".

Esto es lo que ahora se enseña en las universidades, y por consiguiente es lo que los estudiantes están aprendiendo. Después estos estudiantes se convierten en la siguiente generación de educadores, la siguiente generación de políticos, la siguiente generación de arquitectos sociales, la siguiente generación de jueces que tomaran decisiones legales. Se convertirán en la siguiente generación de periodistas quienes interpretan cosas que suceden en el mundo desde una perspectiva naturalista. Esto es una forma de ateísmo.

Y aun cuando no todos negarán la existencia de algún dios, ellos si están muy dispuestos a negar la existencia del Dios bíblico. Aquellos que creen en el Dios de la Biblia son vistos como irracionales. Aquellos que creen en el Dios de la Biblia son vistos como peligrosos y como alguien que debe ser retirado de los discursos públicos. Y en el nombre de la separación entre iglesia y estado, no podemos tener a personas que creen en la Biblia y en que el Dios de la Biblia es el Dios verdadero, ellos no tienen nada que decir acerca de la política pública, de la vida pública, de la educación, del gobierno, del orden social, de la ley, de las cortes o de moral.

Todo este rechazo de Dios, se afirma, que está basado en la ciencia. Esto es lo que clama el intelectualismo, es demandada por la libertad de expresión, la tolerancia y el respeto mutuo. No hay lugar para nadie que se diga autoridad, no hay lugar para nadie que diga que hay un solo Dios quien es gobernador absoluto, quien ha escrito un libro en el cual se contiene todo lo que es su voluntad, todo lo concerniente a Él y lo que es necesario para la vida en su mundo. Esto es absolutamente objetable, existe un completo rechazo de Dios. Esto no es, sin embargo, intelectual. Esto es el producto del amor a la iniquidad. Esto es lo que es en realidad. No es el amor a la libertad, no es el amor al intelectualismo, no es amor por la ciencia; lo que hay detrás de todo esto es el amor al pecado. Y si te deshaces del Dios de la Biblia, te deshaces de la Biblia. Y si te deshaces de la Biblia, te deshaces de la moral bíblica. Y si te deshaces de la moral bíblica, puedes entonces vivir de cualquier forma que quieras con la asunción de que no habrá consecuencias.

Todo este supuesto naturalismo intelectual no es otra cosa que un hedonismo que está esperando la forma de expresar los apetitos de la carne de una manera desenfrenada. Cualquiera con la mitad de cerebro sabe que todo esto no surgió de la nada. Spurgeon dijo: "Yo no puedo concebir un corazón tan insensible que no siente temor, o una mente humana tan tonta y destituida del entendimiento suficiente para ver las evidencias del poder omnipotente, y al verlo darse la vuelta sin un sentido de maravilla o de ser motivado a la obediencia".

¿Cómo es que puedes ver lo que existe y no quedar asombrado al pensar en el origen de esto? ¿Cómo podemos pecar en contra de esta gran realidad al negarla y después pecar en contra de la voluntad del mismo Dios, de pecar en contra de la grandeza del Todopoderoso?

Nuestra instrucción el día de hoy vendrá del profeta Jeremías, nos dirá como debemos responder ante una sociedad como la nuestra ya que se parece mucho a aquella en la que él vivió. Vayamos a Jeremías 5, dentro de este libro de 52 capítulos. Obviamente hay mucho más que cubrir de lo que podremos hacer, pero pienso que puedo darte una introducción de este hombre y su tiempo; lo relacionaremos al asunto de cómo acercarnos al tiempo y al lugar en el que nos encontramos hoy en día.

Vayamos a Jeremías 5:20-25, este es uno de los sermones de Jeremías que en realidad proviene del Señor y este nos da una buena mirada para ver la forma en la que eran las cosas en aquel tiempo. Dios le dice a Jeremías que diga estas cosas: "Anunciad esto en la casa de Jacob, y haced que esto se oiga en Judá, diciendo". Y aquí viene el mensaje que Dios le dio... "Oíd ahora esto, pueblo necio y sin corazón, que tiene ojos y no ve, que tiene oídos y no oye: ¿A mí no me temeréis? dice Jehová. ¿No os amedrentaréis ante mí, que puse arena por término al mar, por ordenación eterna la cual no quebrantará? Se levantarán tempestades, mas no prevalecerán; bramarán sus ondas, mas no lo pasarán. No obstante, este pueblo tiene corazón falso y rebelde; se apartaron y se fueron. Y no dijeron en su corazón: Temamos ahora a Jehová Dios nuestro, que da lluvia temprana y tardía en su tiempo, y nos guarda los tiempos establecidos de la siega. Vuestras iniquidades han estorbado estas cosas, y vuestros pecados apartaron de vosotros el bien".

¿Qué es lo que está diciendo? En realidad, es una declaración muy, pero muy clara. Él está diciendo que el pueblo de Dios, los hombres de Judá, el pueblo de Jacob, los judíos han mirado la creación, han visto el océano y la tierra que lo limita, ellos han comprendido que la lluvia llega en la estación apropiada cada año, y la lluvia que produce la comida que sirve para sustentar la vida. Ellos han visto la continua consistencia de todo esto. Ellos han visto el poder de estas provisiones y las maravillas de ellas. Esto es para describir la majestuosidad de Dios en la creación. La providencia de Dios es manifestada y debe motivar a nuestros corazones a la adoración. Esta es la razón por la que dice en el versículo 22: "¿A mí no me temeréis? dice Jehová. ¿No os amedrentaréis ante mí?" ¿No me van a adorar y no temblaran ante mi presencia?

Por el contario ellos dijeron en su corazón, versículo 24: "Temamos ahora a Jehová Dios nuestro". Esto es lo que ellos debieron decir, temamos al Señor ahora. Pero no lo hicieron, no sometieron sus voluntades a Él. Ni siquiera le dieron honor como el Creador y el proveedor. El enorme poder de Jehová es manifestado, es visible en toda la obra de creación, esto debe de obligar al pueblo de su Pacto, Israel, y a cualquier persona de cualquier tiempo de la historia, a temer a su nombre, a quedar maravillados de Él y reconocerlo como Creador. Reverenciarlo como el origen de toda provisión, al que controla el mar, al que provee para que la tierra produzca, y que hace que cada estación nos de alimento.

¿Cómo puede ser que nosotros contemplemos a este Dios y no lo adoremos, y no le demos honor, y no le obedezcamos? Esta es la pregunta que Dios dice a Jeremías que le diga a Judá, el reino del sur, el remanente de la tierra de Israel; el reino del norte ya había sido llevado a la cautividad a causa de su apostasía.

Pero hay mucho más aquí que los hechos. Hay una analogía y quiero que la vean. La analogía aparece en el versículo 22, es el hecho de que Dios coloca la arena como un límite al mar. Es un hecho de que las olas pueden llegar, pero también que ellas no pueden rebasar el límite. Rugen, pero no pueden pasar de ahí. Es un hecho que Dios controla los océanos con la playa. Entonces Jeremías dice, el mar nunca cruza sus límites. Este me obedece en todos sus movimientos. Pude ser que ruja y salte, puede haber olas gigantes ocasionalmente, pude haber un tsunami de forma puntual, pero el mar regresara al lugar que le fue dado. Sin embargo, por el contrario, dice el versículo 23: "este pueblo tiene corazón falso y rebelde; se apartaron y se fueron". Ellos no se limitarán, no se quedarán en los confines de la voluntad de Dios y sus propósitos. Ellos son un pueblo rebelde y revoltoso. Se han desviado, ellos rompen todos los límites, el hombre insignificante y pecaminoso, esta pequeña criatura que Dios podría aplastar como a una polilla bajo su zapato, este hombre sobrepasará las demarcaciones de Dios, rebasará todos los límites. El hombre en su estado caído no puede mantenerse dentro de dichos límites ni individualmente ni colectivamente. El mar se revuelca y avanza, pero obedece. Está restringido por un pequeño cinturón de arena. Su enorme poder se ve frenado.

Pero la gente, dice Dios, que tiene barreras más fuertes que la arena, es rebelde y sobrepasa los límites que Dios ha establecido. Esto es lo que la nación de Israel ha hecho. Los límites, las fronteras, sus promesas, sus advertencias, sus juicios, sus mandamientos, sus pactos, ellos han rebasado todo esto. El hombre se inclina a ser rebelde, es de esta manera. Esta es la forma en la que Jeremías debe ver a su pueblo.

Dentro de esta situación en el Reino del Sur, el de Judá, Dios envía a este profeta y es un hombre sorprendente. Su mensaje es el mensaje del juicio que viene y viene pronto. De hecho, el juicio llegará durante toda su vida. Cerca de un siglo antes hubo otro profeta que es muy familiar, Isaías, quien dijo la misma cosa: "el juicio se acerca, el juicio viene, el juicio llega", y él se estaba refiriendo a la cautividad en Babilonia, el holocausto a la llegada del ejército caldeo-babilonio que profanó el Templo, lo destruyó, conquistó a Jerusalén, masacró a varios miles de personas y llevó al resto de ellos cautivos a introducirlos en una cultura pagana. Este holocausto en particular, entre muchos dentro de la vida de Israel, Isaías dijo que llegaría. Y cerca de un siglo después, llega Jeremías y es durante su vida que este holocausto ocurre.

Jeremías fue un predicador aproximadamente durante el mismo periodo de tiempo que yo he estado aquí, 42 años. Se dice fácil. Él predicó durante el reino de cinco reyes. El primer rey fue un hombre llamado Josías. El final del reinado de Josías fue un tiempo de reforma y un tiempo de avivamiento. La ley fue recuperada y Josías buscó traer la ley a la gente para que esta produjera un avivamiento.

Sin embargo, una profetisa llamada Ulda se presentó y dijo: "Esto es superficial. Esto está centrado en el hombre. Esto no durará. Esta no será una reforma permanente". Eso era verdad, el avivamiento superficial bajo

Josías no duró. Lo que hizo Josías fue lo correcto, hizo todas las cosas bien, pero la respuesta de la gente fue excesiva y superficial.

El reinado de Josías fue seguido por un segundo rey durante el ministerio de Jeremías, un hombre con el nombre de Joacaz. Él solo duró tres meses. Después de él llegó Joacim y él llevó al pueblo a la corrupción. Los condujo directamente a la idolatría y a adorar a dioses falsos.

Fue seguido de Joaquín quien también duró tres meses. Y Joaquín fue seguido por el último rey durante el tiempo de Jeremías y el último rey del Reino del Sur antes de la cautividad, un hombre llamado Sedequías, un debilucho vacilante. La nación se dirigió con mayor rapidez a la depravación, lo que los llevó a la ruina absoluta y a la deportación. Fue algo muy duro.

El primer rey tuvo un avivamiento superficial, los siguientes cuatro un descenso muy rápido. Y a través de los 42 años de estos reyes, el mensaje de Jeremías nunca cambió, en absoluto. Él siempre fue la voz de Dios para esa sociedad como lo debe ser cualquier predicador fiel. Su predicación en ningún sentido disuadió la idolatría. Su predicación en ningún sentido detuvo su caída. Su predicación en ningún sentido eliminó el juicio. Él nunca vio ningún impacto esencial a nivel nacional en estos 42 años con todos sus esfuerzos. Él fue fiel, pero fue despreciado, y eventualmente lo lanzaron a un pozo con la intensión de callarlo.

Veo muchos paralelos entre el tiempo de Jeremía y nuestro tiempo y los fieles predicadores de hoy en día. Estamos cerca del holocausto. Debemos estar ya al borde de un juicio devastador en esta nación. Ya hemos pasado por algunos *quasi* avivamientos. Hay gente que diría que hemos tenido algunos avivamientos, que el evangelio ha sido esparcido, que se han repartido Biblias, que salimos en televisión y radio, y por todos los medios de información. El evangelio sigue esparciéndose, pero no hemos visto nada, ningún cambio en la dirección de esta nación. No hemos visto ningún resultado duradero. La iglesia parece superficial y vacía, consumida con una autorrealización y con una auto-gratificación.

Así llegamos a un momento en la vida de Jeremías que es paralela a nuestro tiempo, y entonces hacemos la pregunta: ¿Cómo es que nos debemos acercar a una nación al borde del juicio? Aprendamos de Jeremías. Les voy a mostrar tres elementos.

Jeremías entendió que tenía una misión divina

Número uno, Jeremías entendió que él tenía una misión divina. Estoy seguro de que hubo personas en esos días que se estuvieron moviendo hacia todo tipo de reformas sociales, a todo tipo de movimientos sociales, a realizar muchos avances en el ámbito educacional. Pero ninguno de ellos tuvo nada que ver con el llamado de Jeremías, ni ellos tuvieron nada que ver con nuestro llamado. El nuestro es una misión divina, sí, una misión divina.

En otras palabras, Jesús dijo: "Mi reino no es de este mundo". Esto es claro para nosotros en la comisión dada a Jeremías. Vayamos al capítulo 1, es uno de los más fascinantes llamados que ningún hombre de Dios ha tenido. Aquí es informado Jeremías acerca de las cosas de las que él no tenía conocimiento. Dicen los versículos 4-5: "Vino, pues, palabra de Jehová a mí, diciendo: Antes que te formase en el vientre te conocí, y antes que nacieses te santifiqué, te di por profeta a las naciones". Fascinante declaración, ¿no creen?

Aquí encontramos la primera cosa que tenemos que entender acerca de una misión divina, tu vida ha sido predestinada por Dios... tu vida fue predestinada por Dios. Mucho tiempo antes de que Jeremías fuera concebido en el vientre de su madre, mucho tiempo antes de que Hilcías, su padre, y su madre se conocieran y lo trajeran a la vida, mucho tiempo antes de eso, en algún tiempo antes del nacimiento de Jeremías, antes de su concepción, probablemente antes de la fundación del mundo, Jeremías fue elegido y designado como profeta, no solo para Judá sino para las naciones. Su mensaje se extendió más allá de Judá y se sigue extendiendo hasta nuestros días por todo el mundo, esto en donde quiera que su mensaje sea leído. Mucho antes de que la vida le fuera dada a este hombre, Dios determinó separarlo, ponerlo en un lugar único en un tiempo único, como un profeta consagrado de Dios para hablar en nombre de Dios, esto es predestinación.

Aquí, en este corto comienzo, con once palabras hebreas, Dios da a Jeremías su propia biografía. Comenzando en la eternidad pasada, en los eternos eones de la eternidad, hasta estar en medio de las naciones predicando, Dios resume su llamado como predestinado. Él es una personalidad humana muy apasionada, este es Jeremías. Y si leen el libro y lo vuelven a leer una y otra vez, aprenderían a amar a este hombre. Él es muy humano. Y ya que su humanidad no explica el poder de su predicación y la resistencia implacable de su fidelidad, podemos decir que es un hombre misteriosamente dotado con poder de lo alto para sobrevivir el rechazo que marcó toda su vida. Él es humanamente tan débil que no puede dejar de llorar, pero aun así es muy fuerte ante los ataques, al grado que no cederá nada fuera de lo que tiene que hacer. Tiene una personalidad muy poderosa y muy amable.

Ahora permítanme decirles algo. Cuando hay una crisis la gente busca ver una solución. Pero Dios busca a un hombre. Cuando hay una crisis, la gente busca algún medio para arreglarla, pero Dios busca un hombre, y Dios también busca a una mujer. Cuando Dios quiso lidiar con la crisis, comenzó con un bebé. En este caso, Jeremías era ese bebé. Y Dios lo designó a él desde el vientre. Y literalmente lo ensambló para que tuviera las capacidades que necesitaba para realizar esto. Dios también lo dotó con el equipamiento espiritual para cumplir con aquello para lo que Dios lo señaló.

Jeremías supo esto, y este fue el resultado final, él fue soberanamente ordenado por Dios para hacer lo que hizo. Pero esto nunca fue cuestión de resultados, nunca se trató de lo que él quisiera hacer. De hecho, para que ustedes puedan verlo, vayamos a Jeremías 1:6, "Y yo dije, ¡ah! ¡ah, Señor Jehová!" Suena parecido a Isaías: "¡Ay de mí!" ¿Estás bromeando? "¡Ah! ¡ah, Señor Jehová! He aquí, no sé hablar, porque soy niño. Parece que no estás viendo al hombre indicado, yo soy inadecuado, no estoy calificado, no puedo hacer esto".

¿Cómo es que él pudo superar este sentido de insuficiencia, o de no ser adecuado? Lo que lo hizo salir de este estado fue la clara indicación de que él había sido predestinado por Dios para este llamado. Por cierto, cualquiera que no tenga el sentido de haber sido predestinado por Dios al servicio nunca podrá liderar una revolución espiritual. La mayor parte de la gente que vive dentro de la iglesia hoy en día no tiene el sentido de tener una misión divina, simplemente andan de trabajo en trabajo, de evento a evento, de intentar unirse una y otra vez, de una actividad a otra. Y esta es la forma en la que viven su vida, es la forma en la que educan a sus hijos. No hay un sentido de que están cumpliendo con una misión divina. No hay sentido, y esto es trágico, dentro de la vida de los creyentes de que el nuevo nacimiento de cada creyente fue ordenado por Dios, de que la muerte de cada creyente fue ordenada por Dios, lo que quiere decir que todo lo que hay en el medio también fue ordenado por Dios y para los propósitos de que avanzara el nombre de Cristo y para la gloria de su reino; por lo tanto, esto es lo que debe tener el primer lugar en nuestra lista de prioridades. Así fue con Jeremías, él entendió que había sido llamado por Dios desde antes que el naciera, fue diseñado desde el vientre de su madre, separado desde el vientre, separado de la sociedad, y seleccionado para ser un profeta y llamado para cumplir con esta misión.

No solo fue predestinado por Dios, sino que fue provisto por Él con todo lo que necesitaba. Es por eso que él solo puede decir: "He aquí que no sé hablar, porque soy niño". Ante esto Dios le responde: "No digas: Soy un niño; porque a todo lo que te envíe irás tú, y dirás todo lo que te mande".

Lo primero que tú podrías decir es esto: "¿Qué voy a decir?" Los educadores dicen que el más grande temor que los seres humanos tienen es el temor de hablar en público. La razón por la que la gente tiene miedo a hablar en público generalmente está relacionada al hecho que ellos no tienen idea de qué decir, o bien ellos piensan que lo que tienen que decir no es importante y muchas veces están en lo correcto. De hecho, algunas de las personas que se dedican a hablar en público son las que menos tienen que decir y debieran sentirse avergonzadas de hablar. Pero cuando tienes el mensaje más importante, la duda de algún modo comienza a desaparecer. Cuando ves a niños al borde de ser consumidos en una casa en llamas, la realidad es que no dudas en el hecho de que lo más correcto es gritar públicamente: "Fuego, salgan de ahí inmediatamente", y entonces agarras al que tienes más cerca y corres. Esto habla de que se trata de pasión por lo que se va a hacer. No te tienes que preocupar por lo que tienes que decir porque no tienes que inventarlo, no tienes que pensar en qué es lo que vas a decir. Yo te daré lo que has de hablar, dice el Señor. Te voy a dar las palabras que tienes que hablar. Vas a hablar en mi nombre. Vas a tener sabiduría divina. Todo lo que yo te mando es que hables y que vayas a todos los lugares que yo te mando. Esta es la manera en la que todo verdadero ministro, cualquier verdadero predicador que representa a Dios debe de ver del ministerio. Fui predestinado para esto y he sido provisto con el mensaje. Los que escucharon el mensaje de Jeremías lo resistieron, lo odiaron, lo despreciaron y lo maltrataron.

Esto nos lleva al tercer aspecto de su llamado, no solo predestinación y provisión, sino que también protección. Leamos Jeremías 1:8, "No temas delante de ellos, porque contigo estoy para librarte, dice Jehová". No tienes nada que temer, fuiste llamado por mí. Yo te he preparado, sé que vas a enfrentar oposición. Sé que vas a enfrentar antagonismo, y sabemos que lo recibió, muy constantemente.

Nadie lo escuchó, nadie le prestó atención. La nación no cambió, fue muy duro, fueron 42 años de desánimo, la gente odiaba lo que él decía y lo odiaban a él por decirlo. Si quieren hacer un estudio interesante en su Biblia, encuentren los pasajes donde dice: "No temas", esto no es dicho solo a las viudas que no sabían de donde provendría su siguiente alimento, o a los niños huérfanos quienes no sabían quién los iba a proteger y a cuidar. "No temas" lo dice Dios a Abraham, a Moisés, a Daniel, a María, a Pedro y a Pablo porque todo ser humano, incluso el más poderoso de los líderes, enfrentó el temor que viene por confrontar a personas con un mensaje que ellos no quieren oír. Pero tú tendrás protección de parte de Dios.

Hay un cuarto componente, Jeremías 1:9 y 10, poder. "Y extendió Jehová su mano y tocó mi boca, y me dijo Jehová: He aquí he puesto mis palabras en tu boca". Y versículo 10: "Mira que te he puesto en este día sobre naciones y sobre reinos, para arrancar y para destruir, para arruinar y para derribar, para edificar y para plantar".

Esto es sorprendente. Jeremías temía por el hecho de que él no era nadie. Era joven, no era efectivo como comunicador, no tenía ninguna habilidad en oratoria. Pero ante esto la respuesta divina es: "No te preocupes por eso, voy a darte las palabras que has de hablar. No te preocupes por la reacción, te protegeré de los enemigos de esta verdad. Y sabe esto, que las palabras que saldrán de tu boca destruirán en algunos casos y edificarán en otros. Destrozarán y plantarán. Tus palabras serán destrucción para personas y naciones, y edificación para otras personas y naciones".

Este es el poder que solo pertenece a aquel que proclama la verdad. Todos aquellos que representan el poder en nuestro mundo, los reyes, los potentados y los gobernadores, no tienen poder, no tienen este poder. El poder que ellos tienen es la debilidad del poder humano, o incluso peor, el poder del reino de la oscuridad, nada de esto se puede acercar siquiera al poder de Dios. Reyes, naciones, imperios se jactan de su poder, pero el poder que hay en el mundo pertenece a las bocas del mensaje que proviene del cielo. Dios toma a este joven desconocido, de aproximadamente 30 años de edad, de un pequeño y desconocido pueblito y le dice: "Te pondré sobre las naciones, sobre los reinos de la tierra. Tu palabra será capaz de destruir y de edificar".

Este fue su llamado, él estaba cumpliendo una misión divina. Y créanme que vivimos en una nación en una crisis desesperada porque ha abandonado a Dios, dirigiéndonos a un holocausto de juicio. Ya estamos bajo el juicio de Romanos 1, hemos sido entregados a la inmoralidad, a la homosexualidad, a una mente reprobada. Estamos al borde del juicio divino, lo que hace falta es que el reino de Dios, los representantes del reino de Dios comprendan que su misión es divina. La razón de tu nacimiento, la razón de tu muerte, y tu conversión, que se encuentra en medio de estos dos, fue posible para que tú puedas hablar de la Palabra de Dios a esta cultura que se encuentra en el borde del holocausto. Es una misión divina, esta es la razón por la que vivimos.

Jeremías tuvo un mensaje directo

Segundo, lo que caracterizó a Jeremías fue un mensaje directo. Digamos que él no anduvo con rodeos. Él no los mima, no los halaga, no los lisonjea, no los pone bajo su falda. No dice: "No queremos hablar de pecado". En los capítulos 30 al 33 escribió cuando estaba en prisión. No estuvo preocupado tratando de evitar la controversia, tratando de que todos estuvieran contentos. Si leen Jeremías 14:7, leerán como fue que dijo: "Hemos pecado en contra de Dios la nación toda". Si leen Jeremías 17:9 lo escucharán decir: "Sus corazones son perversos y engañosos más que todas las cosas". Predicó en contra del pecado, acusó a la nación, acusó a los pecadores por su pecado categórico en los capítulos 3, 9, 11 y 19. Los acusó de haberse involucrado con la falsa religión, les dijo: "Han cambiado a sus ídolos por el Dios verdadero".

En Jeremías 2:12-13, "Espantaos, cielos, sobre esto, y horrorizaos; desolaos en gran manera, dijo Jehová. Porque dos males ha hecho mi pueblo: me dejaron a mí, fuente de agua viva, y cavaron para sí cisternas, cisternas rotas que no retienen agua". Esta es la falsa religión. Ellos cambiaron la fuente de agua viva, a Jehová Dios, el que hizo que su Hijo fuera agua viva para calmar la sed del alma de todo pecador penitente. Este acto malvado de cambiar la fuente de agua viva para tratar de llenar sus cisternas rotas, las que ellos mismos inventaron como si pudieran contener el agua de vida. Trabajaron duro para crear su falsa religión, cavaron cisternas de fabricación humana que solo acumulan tierra y animales muertos, pero que no pueden contener agua. Esto es la falsa religión.

Primero, si has de ser un profeta fiel en una nación que está decayendo y en crisis, debes hacer que sea expuesta la falsa religión en donde esta está. Este no es un tiempo de tolerancia, no es un tiempo para aceptar a todos y decir,: "No importa en qué creas si lo que estás haciendo es seguir tu corazón". Escucha, este mundo está lleno de falsa religión que solo te condena. Yo personalmente he sido acusado durante los años de ser intolerante, y la verdad es que esta crítica la recibo como un halago. Desde luego que soy intolerante, soy tan intolerante como lo es Dios, como Cristo, como lo es la Biblia. No tolero a todo aquello que condena a las almas de la gente y que lo hace prometiéndoles el cielo. Este es un mensaje directo. No estamos hablando de hacer que la gente se sienta bien, tenemos que confrontar la mentira.

En el capítulo siete de Jeremías, él los acusa por estar adorando a la reina del cielo, quien ahora es conocida con el nombre de María, la madre de Jesús. Por lo que debemos confrontar al Catolicismo Romano, y al mormonismo y a toda otra religión, filosofía, a toda forma de creencia, a todo grupo, cualquier cosa que sea, la que sea, porque no tenemos opciones sino solo confrontar y exponer la falsa religión. Esto fue lo que Jeremías hizo. Él lo estuvo haciendo todo el tiempo hasta el capítulo 19 y más allá de eso.

También confrontó el liderazgo espiritual corrupto. Dios en el capítulo 5, en donde estuvimos, y veamos rápidamente Jeremías 5:30, algo horrible y pésimo ha ocurrido en la tierra. ¿Qué es? "Cosa espantosa y fea es hecha en la tierra; los profetas profetizaron mentira, y los sacerdotes dirigían por manos de ellos". Confrontó a los falsos profetas, confrontó a los engañadores y a los mentirosos que se habían infiltrado en el judaísmo.

Así que por un lado atacó a la idolatría de la falsa religión, y después atacó a los infiltrados corruptos de la verdadera religión. No puedes ser un profeta de Dios, no puedes ser la boca de Dios, no puedes ser el representante de Dios a menos que tú tengas un mensaje directo en contra de la falsa religión que se opone a la verdad, y a la que ya existe dentro de la categoría de la verdad. Jeremías 23 dice lo mismo, Jeremías 25 dice lo mismo. Estos eran falsos maestros que decían lo que ellos querían, cualquier cosa que los satisficiera a ellos. Y esto le encantaba a la gente. Y con toda seguridad ellos llenaban aquellos vacíos que los falsos maestros conocían, y por eso les decían lo que sabían que ellos querían oír, lo buenos que son, lo sabios que son, lo poderosos que son sus pensamientos y sus palabras, y cómo pueden crear su propia euforia en este mundo. Todos estos mentirosos encuentran personas a quienes les encanta escuchar eso, pero, ¿qué van a hacer cuando todo esto termine? ¿Qué va a suceder al final cuando enfrenten el juicio?

Este es un mensaje directo. Habló de la maldad en general en el capítulo 3. Jeremías 3:24–25 serán una ilustración suficiente. "Confusión consumió el trabajo de nuestros padres desde nuestra juventud; sus ovejas, sus vacas, sus hijos y sus hijas". De manera concreta toda la sociedad es inmoral. La vergüenza describe cualquier conducta. El versículo 25 habla acerca de establecer nuestra propia confusión. "Yacemos en nuestra confusión, y nuestra afrenta nos cubre; porque pecamos contra Jehová nuestro Dios, nosotros y nuestros padres, desde nuestra juventud y hasta este día, y no hemos escuchado la voz de Jehová nuestro Dios". Aquí hay sugestiones de desviación sexual, perversión sexual, inmoralidad sexual, todo esto está en el libro de Jeremías. Perversión del matrimonio en el capítulo 3, perversión sexual por todos lados, la perversión sexual física es una representación de la perversión espiritual al adorar ídolos. Eran malvados, gente muy malvada.

También eran deshonestos, capítulo 5. Esta es una acusación con la que nos podemos identificar. ¿No estás cansado de que la gente que está en el poder te mienta? Escucha lo que Jeremías dice en el 5:1, "Recorred las calles de Jerusalén, y mirad ahora, e informaos; buscad en sus plazas a ver si halláis hombre, si hay alguno que haga justicia, que busque verdad; y yo la perdonaré". Detendré el juicio si solo encuentran a uno solo que diga la verdad, una sola persona. Mentirosos, engañadores, a pesar de que dicen "vive Jehová, vive Jehová", juran falsamente. A pesar de que digan, te estoy diciendo la verdad, Dios es mi testigo, así como el Señor vive, así te digo la verdad, pero siguen mintiendo, siguen jurando falsamente. "¿No miran tus ojos la verdad?" Dios la busca pero no la encuentra.

Suena muy parecido a nuestra sociedad. La religión corrupta abunda por todos lados. Los falsos profetas se han estado infiltrando en el cristianismo por todos lados. La corrupción moral abunda en todas las fuentes. La deshonestidad está por todos lados. Vemos que muchos rechazan la Escritura. Leamos Jeremías 11:8–10, "Pero no oyeron, ni inclinaron su oído, antes se fueron cada uno tras la imaginación de su malvado corazón; por tanto, traeré sobre ellos todas las palabras de este pacto, el cual mandé que cumpliesen, y no lo cumplieron. Y me dijo Jehová: Conspiración se ha hallado entre los varones de Judá, y entre los moradores de Jerusalén. Se han vuelto a las maldades de sus primeros padres, los cuales no quisieron escuchar mis palabras, y se fueron tras dioses ajenos para servirles; la casa de Israel y la casa de Judá invalidaron mi pacto, el cual había yo concertado con sus padres". Tomemos una de las declaraciones, "no quisieron escuchar mis palabras", sistemáticamente rechazaron la Palabra de Dios. Deliberadamente abandonaron la Palabra de Dios.

Sabemos que esto es característico en nuestra cultura. No hay lugar dentro de nuestra sociedad para la Palabra de Dios, la verdad de Dios, la Escritura, la Biblia. Esto es algo sorprendente. Y después en el capítulo 13, como una especie de resumen al segundo punto, Dios hace algo muy interesante, da una ayuda visual. No necesitas leerlo, solo les diré lo que sucedió.

Él le dice a Jeremías: "Ve y cómprate unos pantalones cortos[1]". Esto es ropa interior, "póntela, úsala, pero no la laves". Has escuchado las palabras lavar y usar, en este caso es usar y no lavar. "Úsalo, pero no lo laves". Acto seguido viene a él, después de que hizo esto, y le dice: "Ve toma los pantalones cortos que compraste y ve muy lejos, (de acuerdo con Jeremías 13:4) ve hasta el río Éufrates y escóndelo ahí. Escóndelo en la hendidura de una peña". ¿Qué? Esto está a más de trescientos kilómetros. Y 300 kilómetros es un viaje muy largo cuando lo haces caminando. Camina 300 kilómetros y entierra los pantalones cortos ya sucios.

¿Qué es esto? Bueno va y lo hace. Entonces el Señor le dice después: "Regresa y vuelve a tomarlos". ¿Qué? "Regresa y trae nuevamente esos sucios pantalones cortos". Para el tiempo que regresa y los desentierra deben ya estar horribles, casi desintegrados. Y Dios le dice: "Este es mi pueblo. Los atraje a mí mismo tan íntimamente como pude, y se volvieron más repugnantes, y más repugnantes y más repugnantes. Por esto me separé de ellos, ellos se corrompieron y ahora están bajo juicio". Dios nunca cambia las reglas. Nosotros no tenemos un pacto de protección. Jeremías es un hombre que tuvo una misión divina y tenía que llevar un mensaje muy, muy directo.

Jeremías tuvo un profundo duelo

Pero hay una tercera cosa, y cierro con esto. Él se caracterizó por un profundo duelo. Jeremías es conocido como el profeta llorón, 13:17, "Mas si no oyereis esto, en secreto llorará mi alma a causa de vuestra soberbia; y llorando amargamente se desharán mis ojos en lágrimas, porque el rebaño de Jehová fue hecho cautivo". Este es en realidad Dios llorando, Dios llora a través de los ojos de Jeremías. Jeremías dice: "Oh, si mi cabeza fuera una fuente de aguas, si mi cabeza fuera un brote de agua que continuara sacando agua de tal modo que mis lágrimas pudieran fluir continuamente por mi pueblo".

No quisiéramos llegar a un punto en el en que siendo una nación que está al borde del holocausto de juicio divino, nos convirtiéramos en indiferentes o insensibles. Queremos tener el corazón de Jesús quien vio la ciudad de Jerusalén, a la cual Él iba a juzgar, y lloró a causa de la ciudad de Jerusalén. Queremos tener el corazón de Jeremías. Leamos esto en el capítulo 9:1, "¡Oh, si mi cabeza se hiciese aguas, y mis ojos fuentes de lágrimas, para que llore día y noche los muertos de la hija de mi pueblo!" Quisiera que mi cabeza fuera una fuente de lágrimas interminable. Incluso más adelante

---

1 La palabra hebrea es traducida por Reina-Valera 1960 como "cinto". Al parecer era una prenda que se ajustaba a la cintura, pero cubría hasta la mitad del muslo y se usaba como ropa interior.

en el 9:20 llama a las mujeres para que se unan al duelo con él debido a la condición de su pueblo.

Entonces tenemos que durante 42 años él siguió su misión divina. Predicó su mensaje de manera directa, y fue caracterizado por un profundo duelo. ¿Cuál fue el resultado? Vayamos rápidamente al capítulo 7. El resultado, versículos 23-24, como ya les dije: "Mas esto les mandé, diciendo: Escuchad mi voz, y seré a vosotros por Dios, y vosotros me seréis por pueblo; y andad en todo camino que os mande, para que os vaya bien. Y no oyeron ni inclinaron su oído; antes caminaron en sus propios consejos, en la dureza de su corazón malvado, y fueron hacia atrás y no hacia delante".

Tremendo, ¿no creen? Esto es desalentador, ¿para qué hacer esto si nadie está escuchando? Voy a cerrar con el capítulo 24:4–7. "Y vino a mí palabra de Jehová, diciendo: Así ha dicho Jehová Dios de Israel: Como a estos higos buenos, así miraré a los transportados de Judá, a los cuales eché de este lugar a la tierra de los caldeos, para bien. Porque pondré mis ojos sobre ellos para bien, y los volveré a esta tierra, y los edificaré, y no los destruiré; los plantaré y no los arrancaré. Y les daré corazón para que me conozcan que yo soy Jehová; y me serán por pueblo, y yo les seré a ellos por Dios; porque se volverán a mí de todo su corazón".

¿Qué es lo que está diciendo? Que hay un remanente. Que quedará un remanente. Después de la destrucción y de la devastación, del juicio y la purificación de la cautividad, hay un remanente que Dios salvará. ¿Por qué predicamos si nadie escucha? Por todo este conjunto de "nadie" que están siendo calificados. Dentro del vasto número de personas que rechazan el evangelio, en medio de ellos hay un remanente que Dios salvará, que Dios perdonará, a quienes les cambiará el corazón.

Esta es la razón por la que hacemos lo que hacemos. Ustedes, amados hermanos, son el remanente, parte de este remanente dentro de la nación que se dirige al juicio.

Oración final

Padre te agradecemos por tus palabras a nosotros. Estamos tan agradecidos por su riqueza, es vida que nos das continuamente. Gracias por tu preciosa iglesia. Oramos por aquellos que aún no han llegado a Cristo. Oh Señor, ¿les darás el nuevo corazón que ellos necesitan? ¿Los limpiarás de sus pecados? ¿Los amarás y los buscarás para traerlos hacia ti para salvarlos? Gracias por todo lo que estás haciendo aquí y que continuarás haciendo si somos fieles a ti, te agradecemos por todo esto en el nombre de tu hijo Jesucristo. Amén.

Reflexiones personales

1 de Enero, 1995

08_Una vida sin concesiones

Y el rey habló con ellos; y no fueron hallados entre todos ellos otros como Daniel, Ananías, Misael y Azarías. Y en todo asunto de sabiduría e inteligencia que le rey les consultó, les halló diez veces mejores que todos los magos y astrólogos que había en todo su reino.

Daniel 1:19-20

BOSQUEJO

— Introducción

— Una valentía sin avergonzarse

— Una norma fuera de lo común

— Una protección sobrenatural

— Una persistencia incesante

— Una fe sin mancha

— Una prueba inusual

— Una bendición inmensurable

— Una influencia ilimitada

— Oración final

Notas personales al bosquejo

SERMÓN

Introducción

Vayamos a nuestras Biblias al libro de Daniel capítulo 1. Vamos a una porción de la Escritura que trata con el asunto de una vida sin concesiones en un mundo que concede todo. Nadie ilustra mejor esto que Daniel. Vamos a hacer un paseo panorámico al pasar solo por algunos versículos que hay en este capítulo para que podamos tener, con tinta indeleble, una realidad de una vida sin concesiones.

Supongo que han escuchado a alguien decir muchas veces que todo hombre tiene su precio. Y tu precio es aquel que es suficiente para comprarte. Cuando tus llamadas convicciones, tus estándares morales que son de algún beneficio, o bien tus deseos personales, son hechos a un lado. Todo el mundo tiene su precio. Estoy seguro que esta es una verdad en el mundo, pero no debe ser verdad en los creyentes. Lo que debe ser verdad en nosotros es que no tenemos un precio que nos haga ceder a lo que nosotros conocemos que es verdad, o bien ceder ante lo que nosotros creemos que es una norma divina.

A Martín Lutero, ante la dieta de Worms, le demandaron que se retrajera de lo que había dicho o lo matarían, él prefirió perder su vida. Él no quiso retractarse de lo que creía, así lo hicieron Latimer y Ridley cuando fueron a la hoguera en donde fueron quemados vivos. Sus ejecutores les demandaban que negaran al Señor Jesucristo, lo que ellos rechazaron y fueron consumidos con las llamas del fuego abrazador.

Recuerdo haber leído la historia del Dr. Hung quien observó a un japonés que cortó los dedos de los pies de su padre en Corea del Norte, no hace mucho tiempo atrás, todo porque su padre no quiso negar a Jesucristo. He tenido el gusto de leer las excitantes historias de los llamados *Covenanters*, unos opositores a la religión oficial en la historia de Inglaterra cuando el gobierno demandaba que el rey fuera reconocido como la cabeza de la iglesia. Hubo ahí un grupo de escoceses que rechazaron reconocer al rey como la cabeza de la iglesia porque ellos decían: "Jesucristo es cabeza de la iglesia".

Uno de los más notables era un predicador llamado Richard Cameron. Un día alguien tocó la puerta de Richard Cameron padre, él fue a abrir la puerta y encontró una caja, en esta se encontraba la cabeza y las manos de su hijo. Ante lo que el padre respondió: "El Señor da y el Señor quita, sea bendito el nombre del Señor". Hay muchos que han pagado un precio inmenso por sostenerse firmes y no violar sus principios sin importar cual sea el precio. Por otro lado, todo el tiempo escuchamos acerca de personas que presumen de sus normas morales, hablan de ser muy buenos. Nos gusta exaltar a los que consideramos de carácter correcto, que tienen un buen número de convicciones, pero qué triste cuando por alguna circunstancia se sabe que ellos se vendieron.

Esto es conceder, hacer concesiones. La gente dice que cree en la Biblia, pero se queda en iglesias donde no se enseña la Biblia. La gente dice tener convicciones acerca de algún pecado y convicciones acerca de cómo castigarlo hasta que el pecado es cometido por sus hijos. La gente dice que debe hablar en contra de la deshonestidad, que debe hablar en contra de la corrupción hasta que esto se refiere a su jefe y se encuentran en la posibilidad de perder su trabajo. La gente tiene altos estándares morales hasta que son liberados de la esclavitud de una conciencia santa. Entran a una relación no santa y comienzan a racionalizar el hecho de que están concediendo sus estándares, cuando esto sucede comienzan a perder dichos estándares morales.

La gente es muy honesta hasta que un poquito de deshonestidad le puede ahorrar mucho dinero o ganar alguna ventaja. La gente puede saber que algo está completamente mal, pero con tal de permanecer en paz ellos prefieren taparlo. La gente, incluso, puede actuar en contra de sus propias convicciones cuando alguien que admiran o bien alguien a quien le temen les pide que les hagan un favor. La gente no dice lo que verdaderamente debe ser dicho si ellos sienten que esto hará que les corten la cabeza. Así es como actúan las concesiones. Así es como fácilmente la gente pierde sus convicciones rápidamente.

Adán se hizo la concesión de no cumplir con la ley de Dios, siguió a su esposa en el pecado y con esto se perdió el paraíso. Abraham hizo la concesión al no decir la verdad, mintió acerca de quién era Sara y casi pierde a su esposa. Sara se permitió la concesión ante la Palabra de Dios, y mandó a Abraham con Agar quien procreó a Ismael y con ello se perdió la paz en el Medio Oriente desde entonces. Esaú se dio la concesión de tomar un plato de lentejas con Jacob y perdió su primogenitura. Saúl hizo la concesión ante la Palabra divina, se quedó con animales y perdió la simiente real. Aarón se permitió la concesión frente a sus convicciones acerca de la idolatría y, él junto con toda la gente, perdió el privilegio de entrar a la tierra prometida. Sansón se dio la concesión frente a sus votos como nazareo con Dalila, perdió su fuerza, perdió sus ojos y perdió su vida.

Israel se hizo concesiones ante los mandamientos del Señor, vivió en pecado, cuando peleó con los filisteos perdió el arca de Dios. David cedió ante su norma moral divina, adulteró con Bestabé, asesinó a Urías y perdió a su hijo. Salomón comprometió sus convicciones, se casó con mujeres extranjeras y perdió el reino entero. Acab cedió y se casó con Jezabel y perdió su trono. Israel cedió ante la ley de Dios, entró en pecado e idolatría y perdió la tierra prometida. Pedro cedió ante sus convicciones acerca de Cristo, lo

08_Una vida sin concesiones

negó y perdió su gozo. Pedro cedió ante la verdad de la iglesia aceptando a los judaizantes y perdió su libertad. Ananías cedió ante su promesa de ofrendar al Espíritu Santo y perdió su vida. Judas cedió su oportunidad y su supuesto amor por Cristo a cambio de 30 piezas de plata y perdió para siempre su alma.

Pero también tenemos, ustedes recordarán, quienes no cedieron ni sucumbieron a concesiones frente a sus principios morales, Moisés ante Faraón, David muchas veces, Pablo ante Félix, Festo y Agripa, pero nadie es la mejor ilustración de lo que es una vida sin concesiones que Daniel. Él nos da la ilustración más clara de lo que es vivir sin concesiones. Veamos a Daniel 1 en nuestras Biblias, y miremos lo que es una vida sin concesiones con este sorprendente joven Daniel.

Y en lo que buscan el libro de Daniel en el capítulo 1, les cuento que en una ocasión leí acerca de un prominente naturalista que escribió un libro acerca de plantas marinas. Él estaba particularmente interesado en plantas marinas que crecían a una profundidad de entre 150 y 200 pies dentro del océano y flotaban en las orillas cuando las olas caían sobre la playa. Escribió que el tallo de estas plantas era de menos de 3 centímetros de ancho, sin embargo, crece y se desarrolla y logra sostenerse a sí misma cuando las olas la presionan al romper sobre la playa. Crece entre 150 y 200 pies lo que significa que cerca de la playa siente la presión de las olas.

Lo que él pregunta es, ¿cuál es el secreto para que puedan resistir todo esto? ¿Cómo puede ser que esta planta que se ve tan frágil pueda resistir la furia de los elementos de manera tan exitosa, y a pesar de la tormenta y de la tempestad, se mantenga firme y se perpetúe de un siglo al otro? Desde luego que algunas mueren y son arrastradas, y otras toman su lugar y permanecen por un periodo de tiempo bastante largo. Él dice que la respuesta es muy simple, la planta se extiende hacia abajo, a la tranquila profundidad del océano, donde se fija de acuerdo a su instinto, a las rocas que están por debajo de la arena, sin que las aguas la puedan perturbar o sacudirla de tal manera que hagan que se suelte.

Este naturalista en realidad nos da una ilustración de lo que significa vivir una vida sin concesiones. Es llegar más abajo de las arenas movedizas de nuestra cultura, y asirte de la roca que está por debajo de ella. Daniel se encontraba en Babilonia, esta era una sociedad pagana en todos sentidos. Sin importarles el verdadero Dios, y esto es evidente por el hecho de que decidieron atacar la tierra de Israel, profanaron el templo y tomaron cautivas a las personas que no fueron asesinadas. Y mientras Daniel vivía en la orilla, por así decirlo, las olas y la arena movediza debajo de ellas, tenía su alma anclada a la roca. Por lo que él era indestructible y nada lo sacudía.

Él siempre estuvo deseoso de no conceder en ninguno de los absolutos que él consideraba que era la ley de Dios. Esto fue lo que lo ancló a la roca de su confianza sin importar las tormentas de la cautividad y los esfuerzos de los caldeos por lavarle el cerebro. Cuando los caldeos o los babilonios, es lo mismo, babilonios habla de la nación, caldeos de la cultura, cuando ellos habían tomado a los judíos cautivos y se los habían llevado en el 586 a.C. incluso antes de esto, de hecho, ocurrieron tres deportaciones unos cinco o seis años antes del 586. Pero cuando se llevaron a estos judíos cautivos, estaban determinados a ser ellos quienes pudieran controlar a esos cautivos. Era algo muy difícil llevarse a toda una nación cautiva a tu propia tierra y después tratar de controlar a estos expatriados. Ellos sabían que para poder hacer esto, necesitaban tener a algunos de sus mismos líderes. Algunos de la misma gente judía, entrenarlos y permitirles ser sus líderes.

Era entonces muy importante para aquellos en la cautividad que arreglaran tener con ellos a algunos de los judíos jóvenes quienes pudieran levantar un liderazgo. Entonces quisieron seleccionar a los jóvenes físicamente más guapos que pudieran influir sobre la gente, como sabemos que sucede por la pura fuerza de su apariencia y personalidad, querían tomar a los jóvenes que tenían una habilidad intelectual inusual y que disfrutaban de una gracia social. Querían hacerlos a la cultura y sistemas caldeos, educarlos, entrenarlos, para desarrollar en ellos una mente caldea, pero manteniendo su linaje judío, usarlos para gobernar a esta gente que ahora ellos tenían cautiva y literalmente en sus manos.

Así que cuando llegaron en el primer periodo, la primera deportación alrededor del 605 y comenzaron a llevarse a algunos cautivos de Judá, comenzaron con algunos hombres jóvenes. Entre estos jóvenes se encontraba Daniel. Y no solo Daniel, sino también sus tres amigos. Ellos son mencionados en el 1:6 como Ananías, Misael y Azarías. Estos nombres pueden no ser familiares para ustedes, porque estos son sus nombres judíos. Y muy importante, éstos los ligaban con su herencia judía. Lo notarán desde luego, que lo primero que hicieron los babilonios fue cambiarles sus nombres a Sadrac, Mesac y Abed-nego. Lo que ellos querían era darles nombres que los identificaran con la cultura caldea y esto sería parte de su plan para quitarles todo rasgo de su herencia judía. Y tenían dos áreas de ataque o de asalto, para hacerles un lavado de cerebro a estos jóvenes.

Lo primero era cambiarles su identidad al darles nombres caldeos. Y, dicho sea de paso, estos nombres que les dieron, estos nombres caldeos que nos son familiares Sadrac, Mesac y Abed-nego, tienen incorporados los nombres de las deidades de los babilonios. Mientras que en algunos casos sus nombres judíos anteriores tenían incorporado el nombre de Dios. No todos, pero sí en el caso de Daniel y de Misael, cuyos nombres finalizan con la palabra Dios (El, en hebreo). Esto los asociaba con el Dios de los hebreos, pero ahora les dan nombres que los asociarían con los dioses de los caldeos.

Su intención era cambiarles la identidad. Así que iniciaron en ese proceso cambiando sus nombres.

En segunda instancia ellos querían cambiarles sus creencias, querían cambiar sus convicciones, sus valores. Su estrategia era ponerlo o intentar ponerlos bajo una educación caldea. La forma en la que lo hicieron dice Daniel 1:4, "muchachos en quienes no hubiese tacha alguna, de buen parecer, enseñados en toda sabiduría, sabios en ciencia y de buen entendimiento, e idóneos para estar en el palacio del rey; y que les enseñase las letras y la lengua de los caldeos". Todo esto para que los adaptaran y los ajustarán a la nueva cultura.

Entonces cambiaron sus nombres, y los pusieron a recibir todo un proceso educacional. La tercera cosa que les hicieron fue cambiar su estilo de vida. Cambiaron su estilo de vida, Daniel 1:5 dice: "Y les señaló el rey ración para cada día, de la provisión de la comida del rey, y del vino que él bebía; y que los criase tres años, para que al fin de ellos se presentasen delante del rey". Así que tenemos la educación, el cambio de nombre y el cambio de estilo de vida. Y el estilo de vida cambiaría al exponerlos a la comida y bebidas caldeas. No solo era comida y bebida, sino que todo lo que se necesitaba para entrar en cualquier convivencia social que incluyera comida y bebida. Tenían que aprender a interactuar con la realeza.

Algo muy interesante, estos cuatro jóvenes aceptaron en primera instancia el cambio de nombre, después aceptaron lo segundo, no hay alguna indicación de que ellos pelearon en contra de la educación, pero cuando llegamos al tercer punto, el cambiar su estilo de vida, ellos lo rechazaron. Porque este era el asunto que sería completamente devastador. El cambio de nombre era meramente una cuestión externa. El proceso educacional podía ser filtrado con la ley de Dios la cual ellos conocían muy bien. Un joven puede ser educado dentro de una familia en donde le den un nombre que lo identifique de alguna manera o de otra con la cultura local. Puede ser expuesto a educación secular como muchos de nosotros lo fuimos. No se es afectado por medio de esto, porque si tenemos un fundamento sólido en la Palabra de Dios, toda esta educación secular pasa por el tamiz de la verdad divina.

Las primeras dos no eran tan amenazantes para ellos porque sabían en qué creían y estaban bien firmes en la Palabra de Dios, esto les permitiría evaluar la enseñanza a la luz de eso. Pudieron cambiarles los nombres, pero no podrían cambiarles sus corazones. Lo que no podrían hacer de ninguna manera sería cambiarles su estilo de vida. Si ellos concedieran aceptar el estilo de vida de los caldeos, ellos hubieran así negado rotundamente la Palabra de Dios. Ellos hubieran negado en efecto la identidad que ellos trajeron siendo parte del pueblo del Pacto de Dios. ¿Por qué?

Primero que nada, porque la comida de los reyes era ofrecida a los ídolos antes de que se presentara en la mesa para comerla. En otras palabras, el apóstol Pablo nos habla de esto cuando en el tiempo en que él vivió los paganos podían tomar alimentos, comida, vino y cualquier cosa y ofrecerla a sus dioses. Obviamente el dios era un ídolo y no podía comérselo. Así que el sacerdote tomaba algo de ello en sus manos y otra parte era para el que lo había ofrecido en sacrificio. Entonces de este modo habría algún tipo de comida la cual sería comida después de haber sido ofrecida a los ídolos.

Así que ahí se encontraba todo el espectro de la idolatría, y de algún modo estaría conectada con lo que comían y bebían. Y más allá de esto, comer o beber era el evento social más importante en tiempos antiguos, la esplendidez, la embriaguez y el resto del desenfreno que venía con este tipo de eventos iría simplemente en contra de la pureza que la Palabra de Dios demandaba. Y todavía más allá de esto, la ley de Dios comprendía un conjunto de leyes en cuanto a la dieta muy estricta que iban en contra de eso. Y para mantener a los judíos separados de las influencias de la sociedad pagana, Dios les dio esas leyes en primer lugar. Y espero que entiendan que las leyes judías en cuanto a la dieta no eran primariamente por cuestiones de salud.

Eran primariamente por cuestiones de separación. Porque mayormente los cambios en cuanto a estilo de vida se llevaban a cabo alrededor de la mesa y la comida, alrededor de las fiestas y los festivales en los que había mucho consumo de alimentos. Y el hecho de que los judíos no podían involucrarse en tales eventos sociales era porque Dios quería mantenerlos fuera de la influencia pagana de una sociedad idólatra. El Antiguo Testamento no dice nada acerca de tu nombre, el Antiguo Testamento no dice nada acerca de la educación como tal, pero si dice mucho acerca de lo que un judío podía comer o beber. Así que fue justo ahí en donde ellos marcaron su línea.

Vemos en Daniel 1:8, "Y Daniel propuso en su corazón no contaminarse con la porción de la comida del rey, ni con el vino que él bebía". Esta es la clave. Él fue capaz de aceptar el cambio de nombre, él pudo aceptar el proceso educacional y filtrarlo a través de la Palabra de Dios, pero lo que de ningún modo podía aceptar era el cambio de su estilo de vida.

Otra razón por la que él no quiso involucrarse en lo que era el estilo de vida del rey y la comida de reyes, junto con el vino, fue porque ese estilo de vida sería el más grande y el más pródigo de toda la tierra, ya que en aquel tiempo antiguo, Babilonia era el reino supremo del mundo. Lo hubieran llevado a un nivel de materialismo y auto indulgencia más allá de lo que hubiera sido honrar a Dios. Por lo que los caldeos intentaron seducir a estos cuatro hombres jóvenes para reformarlos y hacerlos como los caldeos. Entonces los usarían para ser líderes de los judíos y mantendrían la paz entre los judíos, ellos intentarían controlar a estos judíos expatriados quienes ahora estaban en su tierra, la tierra caldea.

Pero dice el versículo 8: "propuso en su corazón" él no se contaminaría con la comida selecta del rey ni con el vino que bebería el rey. Supongo que lo que es inicialmente sorprendente es que él tenía entre 14 y 15 años de edad. Cuando piensas en Daniel, probablemente piensas en un hombre barbado porque eso es lo que ves en las imágenes de él cuando está en el foso de los leones en los libros para niños. Pero cuando Daniel llegó y tomó su determinación, era un joven de entre 14 y 15 años de edad con una tremenda presión, separado de su hogar y separado de su familia, estaba separado de todo tipo de rendición de cuentas. No había quién lo pudiera cuestionar por su decisión.

No había quien lo estuviera observando, al menos nadie de los de su pasado, él pudo haber vivido cualquier tipo de vida que él quisiera. Esto no hubiera sido ningún recurso social. Así que, si quieres entender el carácter de Daniel, hay que verlo en un ambiente completamente extraño con la tremenda presión que tiene siendo un hombre joven y tomando una posición completamente firme y sin concesiones, manteniéndose firme en la Palabra de Dios. Todos los incentivos y toda la educación, toda la motivación, todos los sobornos, todas las presiones y todas las ambiciones y gloria de la corte del rey no pudieron hacerlo condescender a lo que él conocía que era verdad y que era correcto.

Aprenderían el lenguaje del rey, estudiarían el tipo de educación caldea, y filtrarían todo por medio de la Palabra de Dios y por lo tanto ellos podrían aprender los errores de este pueblo. Aprendiendo de sus errores serían capaces de comunicar mejor la verdad de Dios a ellos. Sin embargo, nunca adoptarían su estilo de vida. Y fue precisamente la falla de adoptar su estilo de vida lo que llevó a Daniel al foso de los leones. Y Dios lanzó a Sadrac, Mesac y Abed-nego dentro del horno ardiente.

Y solo quiero añadir a este punto en particular que la influencia más corrupta dentro de una sociedad no es su filosofía sino su estilo de vida. El estilo de vida de cualquier sociedad es la cosa más corruptora. No es que fallemos al nivel de filosofar, sino que fallamos al nivel de forma de vida. Muchos de nosotros hemos pasado por educación secular a un grado o a otro. Este nos informa acerca de la forma de pensar de la sociedad, tal vez nos ayuda a ver la verdad más claramente, a ver cuál es el trasfondo del error y por contraste podemos aprender a confrontarlo. Hemos aprendido sus debilidades y como responder ante ellas.

En contraste lo que verdaderamente comenzará a deshacer tu vida será cuando comiences a ajustarte al estilo de vida de la cultura. Y aquí es cuando el lavado de cerebro ha tenido éxito. Esta es la razón por la que Proverbios 4:23 dice que sobre toda cosa guardada debes guardar tu corazón, porque de él salen todos los asuntos de la vida. Daniel, siendo un hombre joven, no cedió en hacer a un lado su estilo de vida y quiero mostrarte cuales fueron los resultados de esto. Veamos el primer resultado en el versículo 8: "Y Daniel propuso en su corazón no contaminarse con la porción de la comida del rey, ni con el vino que él bebía". Él rechazó la influencia del estilo de vida. Y después esto: "por tanto, al jefe de los eunucos que no se le obligase a contaminarse". Lo primero que veo en Daniel es una valentía sin avergonzarse.

Una valentía sin avergonzarse

Era un valiente que no se avergonzaba. Había un hombre asignado a cuidar de estos jóvenes porque este era un proyecto muy, pero muy importante. Iban a tener tres años de una educación muy importante. El rey, regresando al versículo 3, ordena a Aspenaz, el jefe de sus oficiales, esto nos hace ver que es un tipo de grado muy alto al que le dan a estos hijos de Israel, incluidos los miembros de la familia real y algunos nobles. Todos los jóvenes que no tuvieran defecto alguno. Y de acuerdo al versículo 5, ellos iban a entrar a formar parte del servicio personal del rey.

Después en el versículo 7, el jefe de los oficiales es quien les asigna sus nuevos nombres. Pero ellos están bajo el cuidado de este hombre llamado Aspenaz quien es un hombre de muy alto rango. Y lo que es formidable de Daniel es cuando él va con Aspenaz y le dice: "Mira, nosotros no podemos comer este tipo de comida". Podemos ver aquí que Daniel despliega una gran cantidad de valentía. No le dice: "¿Sabes? Tengo un problema real, ustedes tienen una sazón diferente y mi estómago no lo tolera". No dijo esto. No dijo: "¿Sabes? No me he estado sintiendo muy bien, tengo úlcera crónica, la he tenido desde que tenía 11 años". O, "¿Sabes? Cuesta mucho trabajo acostumbrarse a su comida, parece que no me puedo acostumbrar a ella". O, ¿Sabes? No puedo comer esto debido a mi salud, tengo males crónicos por los que necesito una dieta especial". No dijo esto.

Lo que él dijo fue: "No puedo comer de esto porque esto me contaminará". Ahora, el hombre al que le dijo esto, también supo que no se trataba de algo físico, supo que estaba hablando de algo espiritual. Algo que era significativamente espiritual. Lo que está diciendo es: "No puedo comer la comida del rey y no puedo tomar el vino del rey porque esto me contamina". En otras palabras, tengo una convicción al respecto. De hecho, estoy completamente seguro de que esto necesitaría algún tipo de explicación cuando le dijera a Aspenaz que ésta era la razón. Él tuvo que haber explicado algo a Aspenaz, y muy probablemente tuvo que ir a la Palabra de Dios para mostrarle cual era la norma de Dios, cuales eran sus principios. Esto me puede indicar que Daniel no se avergonzaba de su Dios, no estaba avergonzado de su fe en Dios, no se avergonzaba por ser obediente. Aun en la Babilonia pagana él fue capaz de decir no lo haré y esta es la razón por la que no lo haré, esto me contamina.

Y el hecho de que el mensaje pudo ir directamente al rey, al rey del cual Daniel es prisionero y quien tiene el derecho de matarlo por desobediencia y rebelión, nunca fue obstáculo para poner por obra sus principios. Para la gente normal el miedo al hombre lo hace al menos hacer una mueca, pero no a Daniel. Aquellas personas que tienen un carácter firme y no hacen concesiones tienen una valentía que no se intimida. Simplemente la manifiesta. No se equivocan, no dudan, no intentan dar razones secundarias siempre están dispuestos a sostenerse en aquello que es necesario en el asunto. En el Salmo 119:46 dice: "Hablaré de tus testimonios delante de los reyes, y no me avergonzaré".

Daniel tenía este tipo de carácter que se sostiene sin temor y valientemente ante los reyes, ante los gobernantes, ante paganos y habla la verdad, ese espíritu que no se desanima que tiene un completo y absoluto compromiso con Dios. Jeremías lo llamaba ser valiente ante la verdad. Ezequiel dijo que era como tener rostro de pedernal. 1 Crónicas 12:8 dice que es poner tu rostro como de león. Esto es lo primero que veo acerca del carácter sin concesiones de Daniel. Él tiene un coraje valiente que no conoce la vergüenza, él está orgulloso de llevar el nombre de Dios, él está orgulloso de sostenerse firme en la Palabra de Dios y está orgulloso de obedecer la Palabra de Dios, sin importarle a quien le está hablando.

Una norma fuera de lo común

Hay una segunda cosa que quiero que veas. No solo una valentía sin avergonzarse, sino algo más que es verdad en una persona que verdaderamente no tiene concesiones en cuanto a sus convicciones, una norma fuera de lo común. En el mismo versículo que acabamos de leer se hace interesante que dice que él no se contaminaría a sí mismo con las elecciones de comida del rey ni con el vino que él bebía. Este asunto del vino, y no quiero entrar en una discusión profunda, pero solo quiero señalar dos cosas. ¿Qué estaría mal acerca de beber el vino del rey? El vino es *kosher*, así que esto no es un asunto del régimen dietético de la ley del Antiguo Testamento con respecto al vino. Pero hay algo en las personas que son inflexibles y van a un nivel fuera de lo común en cuanto a sus normas. Esta es la razón por la que hice este segundo punto.

Tenemos a los que establecen una forma de vida, ellos establecen un patrón para los demás, por decirlo de algún modo ellos están en la punta de la cima. Pudo haber sido que Daniel tomara el voto nazareo o algún tipo de voto como este, el cual es un voto de absoluta abstinencia. Las personas inflexibles ante sus principios como Daniel van más allá del promedio, sobrepasan el estándar mínimo. Establecen estándares para ellos mismos que van más allá de lo establecido. Son del más alto nivel. Sobresalen de entre la multitud. Ellos no eligen lo bueno, sino que eligen lo que es mejor. Sus ministerios sobresalen de los demás porque ellos eligen vivir a un nivel de compromiso que va más allá del resto. Tener una vida de oración más fiel que el resto y un estudio más profundo de la palabra que el resto. Esto es fácil de ilustrar con este asunto del vino. De hecho, Daniel no solo rechazó el vino del rey, ni siquiera llevó consigo un odre lleno de vino judío conforme a la costumbre.

Veamos Daniel 1:12, "Te ruego que hagas la prueba con tus siervos por diez días, y nos den legumbres a comer, y agua a beber". No quería vino de ningún tipo. El vino mezclado con agua, llamado Galena, se diluía con agua y era algo común en Israel. El vino fuerte, al que se referían cuando no había sido mezclado, era asociado con paganismo y con la embriaguez, pero bebían vino en tiempos antiguos a causa de varias razones. Una de ellas era porque era algo que estaba siempre disponible, tenían la fruta y esta era la que producía el jugo por lo que ellos acostumbraban beber el jugo. Pero el zumo se fermentaba, no tenían medios para congelarlo o para mantenerlo frío y que así no fermentara. Por lo que ellos lo mezclaban con agua para no embriagarse, incluso se sabe que lo usaban como un medio de limpieza para el agua, el agua en aquellos días tendría bacterias y sin la purificación adecuada de los tiempos modernos, podemos entender que el vino debido a su fermentación y contenido de alcohol podía actuar como una limpieza o purificación del agua y de este modo reducir potencialmente las enfermedades estomacales. Entonces cuando se usaba vino mezclado con agua era algo apropiado. Las ofrendas de bebidas era algo que se usaba dentro de la adoración de Dios; una cantidad de vino se guardaba en el templo. El beber vino algunas veces era asociado con cantar como lo vemos en Isaías 24:9. El vino en Isaías 55:1–2 era un símbolo de bendición espiritual. Así que había un lugar y un tiempo apropiado para beber una cantidad apropiada de vino mezclado. Sin embargo, esto era un potencial para lo malo. Esto cuando no era usado correctamente o bien cuando no lo mezclaban. Había quienes, ya sea de manera voluntaria, o en conexión con la Palabra de Dios, elegían no participar en absoluto del vino y hay varios pasajes que lo indican.

Recuerdan lo que dice Proverbios 31:4, "no es para los reyes el beber vino". No es para los que gobiernan, ¿por qué? Porque tienen mucha responsabilidad como para tener la mente nublada. Si te encuentras en una posición de liderazgo, incluso se habla de esto en el Nuevo Testamento de cómo en los requisitos para los ancianos o los diáconos, estos deben mantenerse alejados del vino. En varios lugares en el Antiguo Testamento se advierte a los sacerdotes acerca de esto. Y tenemos también a aquellos que tomaban el voto nazareo, el cual era del más alto nivel de devoción espiritual la cual era una posición de abstinencia.

Timoteo vivió a ese nivel y Pablo le tuvo que decir que debido a sus enfermedades tomara un poco de vino, esto para ayudar un poco a su estómago. Si Pablo no le hubiera dicho esto a Timoteo, él no lo hubiera hecho. Timoteo también quería vivir a un nivel de devoción que estaba más allá de la norma. El punto es que siempre habrá personas que eligen el más alto, el mejor, el más noble modelo que se convierte en el más alto estándar. Daniel, con toda seguridad, quería ser diferente a los glotones y borrachos de Babilonia. Una cosa para los bebedores de vino, si estás en un grupo de bebedores de vino y ahora estás sobrio, ellos no se van a enterar.

Daniel ni siquiera quería algún tipo de asociación con ellos por lo que solo quería agua. Esta es la mejor parte. Grandes hombres han caído ante el poder de la bebida; Belzasar perdió todo el imperio babilonio porque estaba en una borrachera. Alejandro el Grande murió a la edad de 33 estando completamente ebrio. Cuando el duque de hierro de Inglaterra, el Duque de Wellington, marchaba con su ejército por la Península Ibérica, llegó a sus cuarteles el conocimiento de que más adelante había una gran cantidad de vino español. Él detuvo a su ejército en ese punto, envió a algunos de sus hombres en avanzada para que lo volaran con explosivos. Entonces continuó su marcha.

Algunos dicen que Napoleón Bonaparte perdió la batalla de Waterloo, ante el victorioso Duque de Wellington, porque la noche anterior Napoleón pasó mucho tiempo con su vaso de vino favorito y a la mañana siguiente, durante la batalla su cabeza y su mente estaban nubladas y eran inestables. Cuando Francia cayó ante Hitler, durante la Segunda Guerra Mundial, el Mariscal Bataan dijo: "Francia fue derrotada porque su ejército estaba borracho". Y el gobierno Vichy de 1940 dijo: "La razón para el colapso de la fibra moral del ejército francés fue debido al alcohol". La realidad de una vida sin concesiones no anda jugando al filo de lo que es correcto, sino que elige el más alto y noble estándar. Así es como era Daniel.

Una protección sobrenatural

Una vida de un compromiso sin concesiones resulta en una valentía sin avergonzarse, en una norma fuera de lo común y tercero, una protección sobrenatural. Leamos el versículo 9, podrás pensar y decir: "Si vivimos de esta manera vas a tener una gran cantidad de rechazo por parte de los hombres". Es cierto, pero por parte de Dios tendrás mucha protección. Daniel 1:9, "Y puso Dios a Daniel en gracia y en buena voluntad con el jefe de los eunucos". Lo ves, yo prefiero tomar la posición de una vida sin concesiones, tener a toda la sociedad en contra mía y tener a Dios de mi lado. Y este es el punto. Incluso es algo que se deba oler, que la gente esté en desacuerdo con tus convicciones, que te admiren cuando estas junto a ellos, pero más que eso es que Dios estará de tu lado.

No se trata de que tu integridad se convierta en un valioso premio, y de que la gente va a ser buena contigo porque eres íntegro, el asunto es tu obediencia a Dios, toma la opción de las normas más altas, esto agrada a Dios y Él te dará gracia para poderlo hacer. Obviamente Daniel debió tener una personalidad agradable y con gracia, o no lo hubieran seleccionado. Pero la razón por la que el jefe de los eunucos, el oficial en jefe en esa corte, fuera tan bueno con Daniel fue porque Dios dio a Daniel gracia ante sus ojos. Dios los predispuso para que Daniel fuera de su agrado. ¿No es maravilloso saber que Dios trabaja en la vida de los incrédulos?

Pensar en, ¿qué sucederá si tengo firmeza en algo? ¿Qué sucederá conmigo en mi trabajo? Bueno, ¿por qué no pruebas y ves? Ponte en las manos de Dios. No tienes que ser flexible con tus normas para salvarte. Siempre pienso en David, David estaba escondido en la cueva de Adulam. Este es David, el más grande rey en el mundo, desde el punto de vista espiritual, y con un tremendo poder e influencia. Él se encuentra dentro de la cueva de Adulam, ¿qué está haciendo ahí? Esta de mal humor, muchas veces hizo esto. Es algo así como un melancólico. ¿Y por qué está de mal humor? Porque acaba de regresar de Filistea donde hizo algo muy estúpido. Se metió en la corte de los filisteos y comenzó a temer por su vida. ¿Y qué hizo? Fingió estar loco, como si fuera un maniático. Comenzó a sacar espuma por la boca. Comenzó a babear y escurrir saliva en su barba lo cual es una indicación de falta de respeto en el Medio Oriente. Básicamente si tienes barba, no comienzas a babear tu barba.

Siendo la barba un símbolo de hombría y de honor era algo que se debía cuidar apropiadamente. David babeó su barba y comenzó a rascar las paredes como si estuviera completamente falto de sus sentidos. A lo cual el rey replicó: "Ya tenemos suficientes idiotas aquí, deshágase de este". Entonces lo sacaron. Y en efecto funcionó, su vida no fue tocada, pero cuando llegó a la cueva de Adulam, se dio cuenta de que su estupidez y la denigración de su propia dignidad, en realidad fue falta de confianza en Dios, eso fue y solo eso, fue una afrenta en contra de Dios quien lo pudo haber librado e incluso de manera magníficente y gloriosa, sin necesidad de que él se hiciera el loco.

Dios puso en el corazón del hombre ser amable con David. Dios, debo decir, puso que los hombres fueran amables con Daniel. Dios siempre toma la defensiva de uno que se sostiene firme sin concesiones ante su verdad. Y cuando haces esto, simplemente te colocas bajo la protección divina. En ocasiones la gente me dice: ¿No te preocupas cuando estás sosteniéndote firme ante algo? Y yo les contesto: No, en realidad me preocupo cuando no lo hago. ¿Te preocupa lo que la gente pueda decir? En ningún sentido, lo que más me preocupa es que podrá pensar Dios.

Este es el asunto principal. Proverbios 16:7 dice que cuando el camino del hombre agrada al Señor, Él hace que sus enemigos estén en paz con él. Los corazones de todos los hombres están en las manos de Dios. Él nunca cederá para ganar algo de los hombres y perder algo con Dios, Dios siempre coincide con Dios; pero básicamente Él controla al hombre. Piensa en José y en Daniel, ellos eran similares. Ambos llegaron a un reino extraño para ocupar el mismo rango de Primer Ministro a causa del poder que Dios les dio a través de cualidades personales. Ambos poseyeron extraordinarios poderes proféticos, los cuales sirvieron para elevarlos a lugares muy altos en el gobierno. Ambos fueron capaces de desconcertar a todos los que pretendían tener un conocimiento superior de Dios. Así como en Babilonia en Egipto, las cortes estaban llenas de todo tipo de charlatanes, tanto Daniel como José estuvieron bajo la protección de Dios, fueron salvados, elevados y puestos en posiciones de alto rango.

Y Daniel como pueden ver, vive un tipo de vida que muestra lo que Dios hará por la persona que es fiel, le dará gracia y favor con los hombres. Y después Daniel 1:10, "y dijo el jefe de los eunucos a Daniel: Temo a mi señor el rey, que señaló vuestra comida y vuestra bebida; pues luego que él vea vuestros rostros más pálidos que los de los muchachos que son semejantes a vosotros, condenaréis para con el rey mi cabeza". Dice: "tengo un problema, en realidad me encantaría ayudarlos muchachos, me encantaría hacer lo que ustedes dicen, pero arriesgaría mi cabeza si lo hago". Y si hacemos todo esto y viene el rey a revisar cómo están ustedes y se ven desnutridos, pálidos, delgados y enfermos, perderé mi cabeza. Particularmente cuando diga, "¿Qué sucedió? Y yo le conteste que ustedes no quisieron comer la comida que él les mandó, y no quisieron beber la bebida que usted les mandó y fue por eso que les di lo que pedían".

Una persistencia incesante

Tal desafío a una orden del rey podría resultar en mi muerte. Y yo en realidad no quiero perder mi cabeza ante los ejecutores del rey por complacerlos a ustedes. Estaba en un dilema; él tenía verdadera compasión como die en el versículo 9. Y también tenía una profunda admiración por estos jóvenes. Pero también tenía mucha preocupación por conservar su vida. Junto con todo esto teme que al hacer lo que ellos piden dé cómo resultado el deterioro de su salud. Las cosas se pusieron como en punto neutro por un momento ahí, sin embargo, Daniel no se rindió. Él era muy persistente y esta es la cuarta característica. Podemos decir que una vida sin concesiones conlleva una vida de persistencia incesante. Una persistencia incesante.

Daniel pudo haberse arrepentido y decir a sus compañeros: "Saben, pienso que ya insistimos mucho y ya no podemos hacer más. Creo que debemos comer, aunque sea un rollito de huevo. Lo que les quiero decir es que si continuamos insistiendo más en esto nos vamos a meter en un problema muy serio. Y nuestro buen amigo Aspenaz, quien nos ha dado tanto, también se meterá en problemas". Pero no sucede así. Él tiene una vida sin concesiones. Y tampoco podemos decir que aquí hay una perversa obstinación. No hay espíritu pendenciero aquí, no hay desafío o rebelión aquí por parte de Daniel. Lo que sí hay es una persistencia incesante. Vean Daniel 1:11 y 12, "Entonces dijo Daniel a Melsar, que estaba puesto por el jefe de los eunucos sobre Daniel, Ananías, Misael y Azarías: Te ruego que hagas la prueba con tus siervos por diez días, y nos den legumbres a comer, y agua a beber". Por favor te lo ruego, esto me gusta de Daniel, lo pide por favor.

Aquí tenemos a un subordinado que había sido puesto por Aspenaz. Y Daniel no se desanima con las dificultades que esto representa por lo que va a este hombre y le dice: "Por favor señor, pruébanos". Me gusta esta persistencia, si se hubiera rendido la primera vez, no tendríamos este carácter en Daniel. Como vemos estamos de vuelta en el mismo lugar que comenzamos, todo hombre tiene su precio. Y el precio se encuentra en cualquier punto en donde decides condescender tus convicciones. Daniel no tenía precio, así que no había límite alguno para su persistencia.

Así que él va con esta persona menos significativa. No está buscando una excusa. Simplemente le dice: "Haz esto por diez días. Hazlo con nosotros sin presionar a Aspenaz, no hagamos que esto llegue al rey. Sabemos que Aspenaz nos ama y nos admira, permite que solo nosotros cuatro y tú hagamos esta prueba por diez días y veamos qué sucede". Recordemos que este era un programa que duraría tres años. Así que aquí podemos ver la persistencia de una vida sin concesiones, una valentía sin avergonzarse, una norma fuera de lo común, una protección sobrenatural y una persistencia incesante.

Una fe sin mancha

Y aquí está la clave de todo, número cinco. Una fe sin mancha. Esto es grandioso. Por favor prueba a tus siervos 10 días. Permite que solo se nos den vegetales y agua para beber. Queremos una dieta vegetariana y agua. Te preguntarás porqué. Bueno, porque los vegetales encajarían muy bien dentro de las leyes de dieta del Antiguo Testamento. Había ciertos tipos de carne que sí se podían comer, y otros que no, ciertas aves que sí se podían comer y otras que no, ciertos peces que sí se podían comer y otros que no. Y en lugar de andar viendo si lo que les presentaban era bueno o no él prefiere decir: "Solo dennos vegetales" —todos ellos son *kosher*— "y agua".

Y llegamos a Daniel 1:13, "Compara luego nuestros rostros con los rostros de los muchachos que comen de la ración de la comida del rey, y haz después con tus siervos según veas". Había otros jóvenes en este programa. Otros jóvenes, quienes si eran de Israel, si habían cedido, o bien si eran de otro lugar o incluso caldeos, se habían involucrado con la dieta del rey. Por lo que Daniel dijo: "Compáranos con el resto".

Hay algo maravilloso en todo esto. Y si te puedo dar un principio espiritual este es ese principio. El pecado produce duda, temor, cuestionamiento, indecisión. La justicia produce seguridad y confianza. Y Daniel en un sentido está diciendo: "Voy a arriesgar mi vida porque sé que, si obedezco a Dios, Él honrará mi obediencia". Ahora no te precipites en el intento de concluir que, si tú solo comes vegetales y bebes agua, vas a estar más saludable que nadie y que vas a ser bendecido por Dios. Este no es el punto.

El punto es que Daniel dice: "Si obedezco a Dios y no violo las leyes y me coloco en la posición espiritual más elevada, creo que Dios va a honrar esto". Esta es verdadera fe. Y la gente que tiene este tipo de fe, la tiene desde el punto de vista de la pureza. Porque si hubiese habido pecado en la vida de Daniel, él nunca hubiese podido tener confianza para colocarse valientemente en esta posición. Hubiese tenido el temor normal de que, si él iba demasiado lejos, Dios vería su debilidad y la iniquidad en su vida. Aquí tenemos un testimonio de su santidad y de su pureza.

Tú podrías operar en cualquier prueba con total confianza cuando sabes que tu corazón es puro. Este es un punto muy importante; me gustaría que tuviéramos el tiempo para desarrollarlo más. Esta es una gran valentía y coraje que sale de la pureza, incluso un sentido de invencibilidad porque tú crees que Dios va a honrar y a proteger al que es fiel. Así que tomaron el riesgo de ser probados porque creyeron que Dios los honraría ya que sus corazones son puros, aun cuando ellos pudieron haber muerto porque fallara la prueba. No solo ellos, sino que si la prueba fallaba Aspenaz moriría y también el siervo. Todos ellos morirían. Pero Daniel era un hombre de fe y la residencia de su fe era un corazón puro. Él creyó que Dios honraría su pureza.

Una prueba inusual

Y una nota interesante acerca de la palabra vegetales, en caso de que algunos de ustedes lo estén preguntando; proviene del hebreo *zarah*, que significa sembrar o aquello que crece de la semilla que se sembró, era comida común. Éste era el alimento de los pobres. No había carne, ni comida delicada. Y entonces él dice al final de los diez días, elige al que luce más saludable. Así que su fe sin mancha nos lleva al punto número seis, una prueba inusual. Vemos la prueba inusual en Daniel 1:14, "Consintió, pues, con ellos en esto, y probó con ellos diez días". Todo compromiso será probado, esto es legitimarlo. Él debió meter a escondidas algunos vegetales y de algún modo disponer de la otra comida que era para ellos.

Y el versículo 15 dice: "Y al cabo de los diez días pareció el rostro de ellos mejor y más robusto que el de los otros muchachos que comían de la porción de la comida del rey". Mejor y más robusto, veamos un poco acerca de esta frase "más robustos". Sé que estarás pensando en muchachos regordetes, no. El término tiene que ver con estar satisfecho, saludable. Tiene que ver con haber sido satisfecho con porciones adecuadas y teniendo fuerza. No sufrieron en lo absoluto por la comida substituta. Fueron beneficiados, ¿por qué? ¿Porque los vegetales son mejores que otras cosas? No, sino porque la intervención directa de Dios hizo que esto fuera posible.

No te vayas pensando que serás más bello y más musculoso si comes vegetales durante 10 días y no bebes otra cosa más que agua. No estoy aquí dispuesto a escuchar si lo quieres hacer o no, este no es el punto. Mi madre siempre me dijo que necesitas algo de proteína. Dios trabajó en sus vidas para hacer que ellos estuvieran mejor y más robustos.

Y en Daniel1:16 dice: "Así, pues, Melsar se llevaba la porción de la comida de ellos y el vino que habían de beber, y les daba legumbres". Probablemente a él le gustó porque se continuó quedando con la comida que el rey les enviaba, se la comía él y les daba a ellos los vegetales. Ellos ganaron la batalla por así decirlo, lograron rechazar ese estilo de vida. Lograron evitar el esfuerzo que hacían por moldearlos dentro del estilo de vida de los caldeos. Pasaron una inusual prueba (toda fe será probada). Tomando una posición sin concesiones ante la Palabra de Dios los condujo a una valentía sin avergonzarse, a una norma fuera de lo común, a tener una protección sobrenatural, y una persistencia incesante, a una fe sin mancha, y a una prueba inusual.

Una bendición inmensurable

Y ahora el número siete, una bendición inmensurable. Esto se hace evidente conforme el capítulo va cerrando, Daniel 1:17. A estos cuatro muchachos Dios les dio conocimiento e inteligencia en todas las letras y ciencias; y Daniel tuvo entendimiento en toda visión y sueños". Aquí estamos hablando de lo que sería un tipo de educación que iba más allá de lo que era la educación caldea. No solo aprendió todas las cosas caldeas, para añadirle a todo esto, él sabía —regresando al versículo 4— mucho de sus días como judío; lo que nos dice que los jóvenes de 14 o 15 años de edad pueden ser educados más de lo que podemos asumir. No solo es educado en la sabiduría judía, sino que también en la sabiduría caldea, y para añadir a esto Dios le da sabiduría divina. Ahora él tiene visiones y sueños de parte de Dios y esto nos lleva al mismo punto aquí, todos estos logros son dones de parte de Dios para una vida sin concesiones.

Creo que es una realidad que el único camino para tener conocimiento, el único camino para tener sabiduría y todo tipo de aprendizaje bíblico, es viniendo por la ruta de una vida sin concesiones. Babilonia era el centro del conocimiento, supuestamente el centro de la ciencia más avanzada, las leyes de los medos y los persas estaban ahí, la sabiduría de los caldeos, las más grandes bibliotecas del mundo, los eruditos estaban ahí, estos hombres se graduaron con mención honorífica si me permiten decirlo de esta manera. Gracias a Dios, a que Dios los ayudó de manera sobrenatural para aprender todo esto y, junto con esto, Dios les dio más, en especial a Daniel la habilidad de interpretar sueños y visiones.

Esto preparó a Daniel desde luego para las profecías que él daría a conocer por medio de este libro. Una bendición tremenda. Ellos sabrían lo que necesitaban saber, ellos también tendrían sabiduría de Dios. El versículo 18 dice que al final de los días que el rey había especificado para que se los presentaran, el jefe de los oficiales los presentó delante de Nabucodonosor. Para entonces ya habían pasado tres años. Están siendo examinados por el rey para que les de alguna evaluación junto con los oficiales que los habían tomado estos años, en especial para Aspenaz quien estuvo a cargo de ellos. Dice que el rey "habló específicamente con ellos". En otras palabras, ellos vinieron y se presentaron delante del rey. Es algo así como el momento de su graduación, y al parecer ellos son la élite. Dice el versículo 19: "Y el rey habló con ellos; y no fueron hallados entre todos ellos otros como Daniel, Ananías, Misael y Azarías". No hubo ningún otro como ellos. Así que ellos entraron a formar parte de los servidores del rey.

Bendecidos con sabiduría y bendecidos con privilegios en una cultura pagana. ¿Cuál es la ruta para una posición privilegiada en una cultura pagana? Es la ruta de una vida sin concesiones, es la ruta de la virtud, la santidad, la piedad y la pureza. Versículo 20: "En todo asunto de sabiduría e inteligencia que el rey les consultó", y esto es sorprendente, "los halló diez veces mejores que todos los magos y astrólogos que había en todo su reino". Diez veces mejores que lo mejor. ¿Por qué? ¿Porque tenían aprendizaje caldeo? No, los otros lo tenían también, era porque a ellos Dios les había dado sabiduría. Ellos tenían la sabiduría del Antiguo Testamento y ellos tenían la sabiduría que Dios les dio por medio de revelación directa.

¿Cómo es que tú alcanzas una posición significativa? Dios te pondrá en la posición más alta que Él considere apta para ti cuando seas el tipo de persona que tiene una vida sin concesiones. No tienes que encontrar cómo llegar por medio de comprometer tus valores. Un ejemplo sería ser absolutamente honesto y descender de la elevación de la Escritura, a la fealdad de la política, es por eso que no me gusta la política, porque la política es el arte de comprometer los valores. Y llegas allí porque vendes tu alma donde sea que lo necesites para lograr lo que quieres. Y entonces, lo que terminas obteniendo al final, en el pináculo del proceso, es un montón de comprometedores. Es el arte de comprometer los valores. Pero si quieres estar donde Dios quiere que estés, no cedes tus principios, sino que permites que Él te eleve.

Una influencia ilimitada

El último punto que haré acerca de estos jóvenes y en especial de Daniel, es que él tenía una influencia ilimitada. Una vida sin concesiones, y con influencia ilimitada. Daniel 1:21. "Y continuó Daniel hasta el año primero del rey Ciro". Esto es 70 años, todo este tiempo permaneció siendo Daniel el primer ministro, y su último gran logro fue negociar la libertad de los cautivos para que ellos pudieran regresar a su Tierra Prometida. Cuando leemos Esdras 1:1–4 que trata acerca de su regreso a la Tierra Prometida, podemos sentir a Daniel en el trasfondo.

Hay muchos cristianos a los que les gustaría ver a cristianos en lugares de prominencia y pienso que la mayor parte de ellos creen que para llegar a ellos, tienen que condescender sus principios. Yo prefiero tomar la perspectiva completamente opuesta y decir que, para llegar ahí, tiene que haber una santidad sin concesiones y un propósito de parte de Dios para que él los coloque ahí. Pero el verdadero reto hoy en día no puede ser encontrar del propósito de Dios tanto como lo es la búsqueda de un hombre sin compromisos.

Una vida sin concesiones con una valentía sin avergonzarse que nos llama a una norma fuera de lo común y a una protección sobrenatural, todo esto construido sobre una fe sin mancha que puede enfrentar una prueba inusual con una persistencia incesante, y dando como resultado una bendición inmensurable y una influencia ilimitada. Y supongo que podemos decir en resumen que debemos determinar no dar concesiones y dejar que Dios se encargue de los resultados. Permite que Él te coloque en donde Él quiera. Algo que tú no podrás ganar intentándolo o por medio de la manipulación, o por medio de otorgar concesiones en contra de Dios. Dios te colocará en un lugar prominente si tienes una vida sin concesiones. Este es el más alto de sus santos propósitos para tu vida. Oremos.

Oración final

Padre te agradecemos por este estudio, gracias por mostrarnos una vez más esta maravillosa historia de Daniel y este modelo que es para nosotros. Un hombre que no tenía precio, un hombre que no podía ser comprado. Él llegó a un lugar en el que fue lanzado al foso de los leones, y sus amigos al horno de fuego ardiente, y aún entonces fueron inflexibles. Señor, ciertamente podemos llevar los nombres de nuestra cultura, y cada uno de nosotros hemos sido capaces de sentir la influencia de la educación dentro de nuestra cultura, pero protégenos del estilo de vida.

Permite que seamos sin concesiones, puros, fieles, leales a la verdad y a ti el Dios de verdad, y a Cristo quien es la verdad viviente, y al Espíritu de verdad. Cuando nosotros vivamos una vida sin concesiones, tú nos elevarás a cualquier responsabilidad o tarea que traiga a ti la gloria por amor a Cristo. Amén.

REFLEXIONES PERSONALES

II PARTE
Pablo como ejemplo de liderazgo

5 de Mayo, 1974

09_La visión de ministerio de Pablo. Parte 1: servicio y enseñanza

Enviando, pues, desde Mileto a Efeso, hizo llamar a los ancianos de la iglesia. Cuando vinieron a él, les dijo:

Vosotros sabéis cómo me he comportado entre vosotros todo el tiempo, desde el primer día que entré en Asia, sirviendo al Señor con toda humildad, y con muchas lágrimas, y pruebas que me han venido por las asechanzas de los judíos; y cómo nada que fuese útil he rehuido de anunciaros y enseñaros, públicamente y por las casas.

Hechos 20:17–20

BOSQUEJO

— El servicio maximiza el tiempo

— El entorno del mensaje

— Sirviendo con humildad abundante

— Sirviendo en medio del sufrimiento

  • Sufrimiento desde dentro

  • Sufrimiento desde fuera

— Oración final

Reflexiones personales

SERMÓN

Introducción

Puse como título particular a este capítulo, Pablo mira su ministerio, y en él tenemos la perspectiva de Pablo acerca de su propio ministerio.

Muchos grandes hombres no acaban con lo que empiezan. Tenemos esculturas inconclusas, pinturas inconclusas, libros inconclusos, sinfonías inconclusas, muchas cosas que no fueron terminadas. Y en algunos casos, tal vez era el sueño más grande de la vida de un hombre y murió viendo solo una parte de su sueño concluido.

Pero así es la vida, es cruel en este sentido. Ni para los impíos ni para los creyentes hay alguna garantía de que verán completado aquel sueño que tenían. No hay ninguna garantía de que lo verán concluido. Pero cualquiera que sea el sueño que persigan, éste es el que le da el significado a la vida, no hay ninguna promesa de que todos ellos lo completarán, pero será una motivación para vivir.

Sin embargo, no creo que esto sea verdad para los verdaderos cristianos. Creo con todo mi corazón, tanto como creo de corazón, porque éste está confiado en la Escritura, creo desde lo más profundo de mi corazón, que Dios da al cristiano el tiempo que necesita para acabar con el ministerio que Él mismo le dio. Lo creo con certeza.

Creo que existe para el cristiano una promesa de que, cuando Dios lo llama, no solo le dará los dones espirituales, no solo le abrirá las puertas, no solo hará que su ministerio sea posible, sino que también le dará el tiempo necesario para concluirlo. Y pienso que esto es lo que sobresale dentro del testimonio del apóstol Pablo.

Vean Hechos 20:24, "Pero de ninguna cosa hago caso". Él había sido advertido de que no fuera a Jerusalén, y fue advertido en estos términos, leamos el versículo 23: "el Espíritu Santo por todas las ciudades me da testimonio, diciendo que me esperan prisiones y tribulaciones". Desde luego que esto sería por agentes humanos. Por eso continúa en el 24: "ni estimo preciosa mi vida para mí mismo, con tal que acabe mi carrera con gozo, y el ministerio". Pablo sabía que solo tenía cierto tiempo, y que en ese tiempo él concluiría su ministerio. Él tenía esta confianza, porque él lo perseguía y creía que Dios le permitiría completarlo.

Creo que Dios es quien establece los límites de la vida de cada hombre de manera soberana. Y si Dios te ha llamado a un ministerio, dentro de este marco de su soberanía, está incluida la posibilidad de completarlo. Personalmente debo creer esto, porque Dios nunca te llamaría a un ministerio que fuera imposible de acabar. E incluso creo que, si Él hizo el tiempo, hizo lo suficiente para que sus planes se cumplan. Pienso que la cantidad de tiempo es suficiente para que su gracia se manifieste en nuestra vida de su parte.

Lo que quiero decir es que tengo que creer que Dios anticipa ciertos periodos de escape o descanso. ¿No lo creen? Lo que digo es que esto es lo que yo espero. Dios ha prescrito para un hombre que es cristiano un tiempo en el cual él logrará terminar un ministerio si él pone su máximo esfuerzo.

Creo que puede ser que algunos cristianos mueran sin haber completado su trabajo, por la simple razón de que lo iniciaron muy tarde, o bien, porque nunca lo comenzaron. Y saben algo, creo que incluso Dios puede llevar a muchos cristianos antes de hayan comenzado algo. Si leemos en 1 Corintios 11, algunos que continuaban expresando carnalmente, o bien que expresaron su carnalidad en la mesa del Señor, murieron porque el Señor así lo mandó. Ananías y Safira, cayeron muertos en un momento. En 1 de Juan 5:16, el pecado de muerte, puede suceder cuando un cristiano falla continuamente, el Señor simplemente lo remueve porque causa más problemas que beneficios, al menos en lo que respecta en términos de testimonio para el mundo.

Si un cristiano no concluye con su ministerio, no es cuestión de que se le acabó el tiempo, es cuestión de fallas de su parte para hacer buen uso del tiempo. Por ejemplo, Pablo dice dos veces, "aprovecha el tiempo, redime el tiempo" (Efesios 5:16; Colosenses 4:5). No "redimir tiempo", sino "redimir el tiempo", con artículo definido, nos habla de un tiempo definido, un tiempo prescrito. Compra tiempo, paga por más tiempo, literalmente esto es lo que significaría; pero lo que Pablo está haciendo es maximizar cada momento, no perdía nada de tiempo. No creo que sea posible que Dios nos llame a un ministerio y no nos dé el tiempo para completarlo. Pablo dice:"lo tienes que redimir", literalmente comprar. Y Pablo vivió su vida comprando cada momento hasta el final de tal modo que pudo acabar su ministerio, y cuando él lo concluyó, entonces pudo irse.

Ahora bien, el Señor nos ha dado todos los ingredientes. Si leen 1 Corintios 12, encontrarán que cada uno de nosotros ha sido dotado. Nos ha dado a todos de su Espíritu. Hay diversidad de dones, operaciones, administraciones, y ministerios, y Él ha puesto todas esas cosas juntas, y tengo que creer que Él nos ha dado los dones y ministerios según Romanos 12:3. Incluso Él nos ha dado la fe para usar estos dones. No serviría de nada tener un don y no tener la fe para hacerlo funcionar, o tener un don menor que la fe que tenemos, en un sentido, o bien tener más don que fe y entonces estar siempre frustrado por no poder hacer aquello a lo que fuiste llamado. Así que tenemos en igual medida el don que nos ha sido dado y la fe necesaria para realizarlo. Y con todo ese cuidado, seguramente Dios nos ha dado también el tiempo que necesitamos para completar nuestra labor, esto siempre y cuando maximicemos ese tiempo. Y supongo que quienes van a escuchar: "Bien, buen siervo y fiel" (Mateo 25:14-30) son los que lo hayan maximizado.

Quiero llamar su atención sobre algunos pensamientos acerca del tiempo, que vienen de la mente humana. Eclesiastés es la sabiduría del hombre, pero la sabiduría del hombre se entrecruza periódicamente con la sabiduría de Dios en este libro. Y quiero que presten atención a Eclesiastés 3:1, "Todo tiene su tiempo, y todo lo que se quiere debajo del cielo tiene su hora". Del mismo modo que Dios controla todos los otros factores de la existencia, Él también controla el tiempo: "Tiempo de nacer, tiempo de morir". Los límites de la vida del hombre están soberanamente diseñados por Dios.

En el versículo 17: "Y dije yo en mi corazón: Al justo y al impío juzgará Dios; porque allí hay un tiempo para todo lo que se quiere y para todo lo que se hace". Dios garantiza que hay un tiempo para que toda obra sea completada.

En 1 Pedro 1:17, "Y si invocáis por Padre a aquel que sin acepción de personas juzga según la obra de cada uno" —escuchen— "conducíos en temor todo el tiempo de vuestra peregrinación". Pedro está diciendo que tenemos cierto tiempo, vívanlo en el temor del Señor. Pasen "todo el tiempo de su peregrinación" esto es una designación muy personal del tiempo, un tiempo que ha sido dado a ustedes de manera muy particular.

En 1 Pedro 4:2, él dice esto, "para no vivir el tiempo que resta en la carne, conforme a las concupiscencias de los hombres, sino conforme a la voluntad de Dios". Ahora, aquí la idea es que Dios ha prescrito un tiempo que debe ser maximizado porque Él así lo desea, por su propia voluntad.

En Hechos 17:26 Pablo estaba predicando en Atenas y dijo: "Y de una sangre ha hecho todo el linaje de los hombres, para que habiten sobre toda la faz de la tierra; y les ha prefijado el orden de los tiempos, y los límites de su habitación". Dios determina el tiempo.

Job sabía esto, ustedes lo recordarán, probablemente se saben bien la primera parte de Job 14:14, pero me pregunto si se saben la última parte. La primera parte dice: "Si el hombre muriere, ¿volverá a vivir?" Y la segunda parte dice: "Todos los días de mi edad esperaré, hasta que venga mi liberación". Job dice: "Sé que voy a ser cambiado, lo sé perfectamente". Lo que está diciendo es, ya sea que el gusano destruya este cuerpo, aun así, en mi carne veré a Dios. Sé que seré cambiado, estoy esperando el tiempo indicado para que esto termine. Sí, Dios ha puesto límites a la vida del hombre de manera soberana, esto en términos de tiempo.

Por eso deducimos que tienen suficiente tiempo para acabar con el trabajo que Dios les ha dado. Esto es muy importante. Esto da a mi vida un enorme sentido de dirección. Saber que si aprovecho bien el tiempo, que si es verdad que tengo tiempo para acabar con mi obra, entonces no me tengo que preocupar por la muerte, esto es profundo, no tenemos que preocuparnos por la muerte. Si yo tan solo me preocupo por acabar la obra —y no quiero decir que nos debemos preocupar en un sentido negativo, sino preocuparnos en el sentido de ser anticipados— si pienso en el hecho de que debo maximizar el tiempo, sé que voy a acabar la obra, y una vez concluida me voy a retirar a estar en la presencia del Señor y esto será en un sentido de cumplimiento. Habré cumplido con todo lo que se me dio para hacer. Con todo lo que Dios me entregó para hacer.

En estos días voy a ir a visitar Jerusalén y actualmente hay mucha inseguridad en esa zona. Escuché a una dama que va en este viaje diciendo que se va a parar siempre frente a mí para protegerme, porque ella no considera que ya haya llegado el tiempo de que me vaya con el Señor. Ella dice que mi trabajo aquí no ha quedado concluido. Así que le dije: "Muy bien amada hermana, pero yo no sé si su tiempo ha llegado ya, así que lo que yo voy a hacer es alejarme de usted, no sea que muera antes de tiempo".

Tampoco estoy dispuesto a ponerla en riesgo. Pero, saben, es fantástico poder ser capaz de ver tu vida en estos términos. Si yo soy capaz de maximizar mi vida y acabar mi trabajo, entonces será el momento cuando yo me vaya; esto es glorioso.

El apóstol Pablo era un hombre que creía en hacer el uso máximo de su tiempo, y no solo lo creía por sí mismo, sino que propagaba esto a otros. Escribió esto en 2 Timoteo 4:5, "haz todo lo necesario para la obra de tu ministerio". En otras palabras, dijo: "Timoteo, cúmplelo, acábalo". Y dijo a Arquipo, un hombre que muy bien pudo ser el hijo de Filemón, en Colosenses 4:17, "Mira que cumplas el ministerio que recibiste en el Señor". Como podemos, ver lo que está diciendo a sus jóvenes ministros es: "Cuiden su tiempo". Noten que lo dice dos veces, una al joven Timoteo, una al joven Arquipo. Este es el tiempo cuando debes comenzar a maximizar tu ministerio, a aprovechar al máximo tu tiempo, a redimir el tiempo.

El servicio maximiza el tiempo

Ahora nos lleva a Hechos 20. Aquí vemos al apóstol Pablo como un hombre que corre en contra del reloj, en el sentido de que se da cuenta que, al tiempo que él acabe con su ministerio, se irá a la presencia del Señor, y sabe dentro de su corazón que esto es lo que él quiere, esto es el fin supremo.

Recuerdan que dijo a los filipenses, ustedes son muy amables conmigo, me encantaría estar con ustedes siempre, pero es muchísimo mejor estar con Cristo.

Esta era la meta de su vida. Era para lo único que vivía, para llegar a esta meta. Dice en el versículo 24, "No me importa lo que se me diga respecto a que seré encadenado, no me importa que me digan que me van a matar, nada de esto me hace tener un céntimo de preocupación. ¿Por qué? Porque pienso acabar con mi causa con gozo, lo voy a continuar, aun cuando sé que uno de estos días moriré. Pero mientras viva continuaré ministrando. De cualquier modo, algún día he de morir. Por esto, lo que pienso hacer es seguir trabajando en mi ministerio con gozo. Voy a acabar con mi ministerio, y lo que tenga que pasar, que pase. Y si muero, la realidad es que ese suceso será el que me libere de las cadenas de este mundo y me lleve a vivir con Cristo, y finalmente eso es lo que quiero".

Él vivía con un solo objetivo; vivía para acabar con la obra que el Señor le dio para hacer. Y les diré, de esto se trata, éste debe ser todo el resumen de nuestra vida. Espero que cada uno de ustedes tenga esta misma idea, esta esperanza, vivir para acabar con la obra que Él les dio para hacer.

Con frecuencia la gente me dice: "John, no puedes andar de aquí para allá dando mensajes, tienes que descansar, debes llevar la vida más tranquilamente, busca hacer ejercicio y tener tiempo libre". Desde luego que esto que me dicen es bueno: "Cuida tu salud, haz ejercicio, aliméntate sanamente hasta donde te sea posible". Pero, enfrentémoslo, debemos seguir haciendo nuestro ministerio, debemos maximizar toda oportunidad, y cuando hayamos concluido nos iremos. Así es la vida. Y es la única manera de vivirla, y no voy a permitir que la preocupación de que un día voy a morir me robe el gozo de vivir. Simplemente quiero acabar la obra que me fue confiada.

Y puede ser que me digan: "Está bien tener ese deseo John, pero nunca serás capaz de acabar la obra. ¿Por qué? Porque la obra es monumental". Es cierto, sé que es una obra monumental, pero Dios no me pidió que ganara a todos los que están en el mundo. Pero sé que acabaré con todo lo que se me asignó, reconozco que Dios preparó este pequeño lugar aquí y me dijo: MacArthur, ésta es tu área, cúbrela. Y eso es todo lo que yo necesito hacer.

Y creo que el apóstol Pablo llegó al final de su vida, en 2 Timoteo 4, y dijo lo que a mí me gustaría ser capaz de decir, pero probablemente nunca seré capaz de decirlo. Dijo en 2 Timoteo 4:6, "Estoy listo para ser sacrificado". Esto es maravilloso. Él dijo: "Señor estoy listo para morir, ya puedo morir". ¿Qué quieres decir, Pablo? ¿No sabes que hay todo un mundo al que tenemos que ganar? "No, yo estoy listo para ser sacrificado. El tiempo de mi partida está cerca".

¿Y cómo lo sabe? Cómo sabía que ya iba a morir. Versículo 7: "He peleado la buena batalla, he acabado la carrera". Esto es tremendo. Le quedaba un pequeño tiempo de gracia al final de su vida.

Imagínense, él acabó la carrera. Que Dios nos permita ver la vida en los términos del límite de tiempo que Dios nos ha prescrito a cada uno. Y puedes pensar: "Bueno, yo no estoy en el ministerio". Pero la realidad es que, si tú eres cristiano, sí estás dentro del ministerio. Todos nosotros somos ministros de Cristo, todos y cada uno de nosotros. Y sin importar cual sea el ministerio o don al cual Dios nos ha llamado, debemos maximizarlo dentro de los límites de tiempo que Dios nos ha dado. Y cuando hayamos completado eso dentro de los límites de tiempo, el gozo y la gloria de saber que vamos a estar con Él será nuestra recompensa.

El entorno del mensaje

Vayamos ahora a Hechos 20:17, y retomemos ahí la narrativa, y ahí les voy a dar un bosquejo que llega hasta el versículo 19. El versículo 17 dice: "Y desde Mileto", desde luego que esta no era la costa de Asia Menor donde el barco se detuvo. Pablo, en su tercer viaje misionero está dando una despedida a sus amados al este del área del Mediterráneo. Dentro de su corazón existe un sentimiento de que él nunca más regresará, lo sabe debido a la persecución de los judíos, sabe todo lo que ha tenido que pasar, para él ha sido difícil y siente que ésta será la última vez que los vea. Y añadiendo a esto que Pablo va a Jerusalén, de ahí a Roma, y de ahí a España, todo esto lo hace ver que será muy difícil que él regrese a esta área una vez más, y por ello él considera que éste es el tiempo correcto para despedirse de ellos.

Viene en barco y se dirige a Jerusalén, porque quiere llegar justo para la fiesta de Pentecostés, como dice el versículo 16. El barco se detiene en Mileto por varios días, y tiene la oportunidad de enviar a alguien a Éfeso, la cual estaba como a 48 kilómetros. Envía a llamar a los ancianos de la iglesia porque quiere tener una oportunidad más para compartir tiempo con estos hombres a quienes ama. Ellos eran sus discípulos. Había ido a Éfeso cuando no había cristianos ahí. Simplemente había unos cuantos que habían sido expuestos al evangelio, pero no había ninguna iglesia, nada establecido, no había nada sólido en aquel entonces. Llega y comparte el evangelio y con los que escuchan forma una iglesia, de ahí todo explotó, desde Éfeso quedó involucrado con todas las iglesias de Asia Menor —las que se mencionan en Apocalipsis— y probablemente era responsable de haber iniciado todas esas también.

Pero, de cualquier modo, llegó a Éfeso y ahí hubo muchos convertidos. Y estuvo ahí durante tres años alimentándolos, enseñándoles, y crecieron hasta que logró tener un pequeño rebaño de cristianos maduros. Y de ese rebaño salieron estos hombres que fueron llamados a liderar, hombres capaces, maduros, ancianos o pastores, es la misma idea exactamente, con las mismas responsabilidades, en el mismo ministerio, recuerden que los ancianos, obispos o pastores son exactamente lo mismo.

Así que aquí tenemos a estos hombres, eran sus discípulos, sus hijos en la fe, ahora ya crecieron para ser jóvenes espirituales o quizás padres espirituales, para usar la terminología de Juan. Estos son a los que llama para que se reúnan con él. Y pienso, como ya lo hemos visto muchas veces, aquí es donde radica el patrón bíblico de la iglesia: tú haces crecer a tu propio liderazgo. Y Pablo lo ha hecho aquí, ahora ha delegado estas iglesias a ellos para que las alimenten, para que las dirijan, por lo que ahora aprovecha que tiene una última oportunidad de estar con ellos.

Y solo una nota aquí, vean la palabra ancianos. Con la idea de encontrar una definición, la palabra ancianos es *presbuteros*, de la que obtenemos la palabra "presbiterio", o bien de donde sale el término "presbiteriano". Esta palabra simplemente hace referencia a hombres maduros. Ellos eran personas maduras. No solo maduros, sino que eran hombres de edad. Como en el Antiguo Testamento, los de cabezas blancas, o de pelo gris, los canosos, y no solo eran esto, sino que también eran maduros. Y en ocasiones había hombres jóvenes que tenían una profunda madurez espiritual, como lo vemos con Timoteo, quien ciertamente tendría que ser considerado como alguien dentro del rango de los ancianos.

Así que no es tanto la idea de que estos hombres que dirigían eran ancianos cronológicamente, sino que la idea es que son hombres de madurez espiritual. Así que el término anciano en el versículo 17 tiene que ver con el hombre mismo.

Y ahora vean el versículo Hechos 20:28, "Por tanto, mirad por vosotros, y por todo el rebaño en que el Espíritu Santo os ha puesto por obispos". Aquí tenemos otra definición, el hombre es llamado *presbuteros* en el versículo 17 y aquí, en el 28 se nos describe su trabajo, es un supervisor, sobreveedor. La palabra es *episcopos*, de la cual obtenemos "episcopal". Nos describe su trabajo. Un anciano es un hombre maduro, por lo que él dirige al rebaño, dirige a la congregación. Su trabajo es ver desde arriba, o supervisar, no dirige por medio de una vara, sino que él dirige según las palabras de Pedro, por medio del ejemplo, da ejemplo.

Pablo, entonces, llama a estos líderes y ahora da su discurso en el versículo 18, es muy importante y les diré porqué: es el único discurso del Libro de los Hechos que Pablo da a los cristianos. Los demás mensajes que encontramos en Hechos son para incrédulos. Este es el único mensaje que encontramos y que es totalmente dirigido a cristianos. Sin embargo, podemos suponer que fueron muchos otros los mensajes que dirigió a creyentes, pero este es el único que Lucas decidió dejar aquí registrado. Y es verdaderamente interesante. No vamos a hacer un estudio particular de él, pero si algún día les interesa estudiarlo a profundidad, tienen que ver todos los versículos que hay desde el 17 y hasta el 27; incluso podrían ir hasta el final del capítulo, y tomar cada frase que hay ahí y la encontrarán en las epístolas. Todo este pasaje es como una representación de lo que Pablo dice.

Todas las frases paulinas resaltan en este pasaje. Es como si él tomara cada una de estas frases y las pusiera juntas para hacer como una especie de catálogo de frases de Pablo. Así que es importante simplemente desde el punto de vista de estudiar lo que el apóstol Pablo dijo en términos de su comunicación con los creyentes.

Vean el versículo 18, comencemos con el discurso. E incidentalmente, debemos notar que es muy probable que esta sea una versión abreviada de lo que dijo: "Cuando vinieron a él" —estos son los ancianos llegando a él desde Éfeso— "les dijo: Vosotros sabéis cómo me he comportado entre vosotros todo el tiempo, desde el primer día que entré en Asia".

Les dijo: "Desde el primer momento que llegué a ustedes, supieron bien cómo era que operaba mi ministerio". Y ¿por qué les dice esto? Bueno, parece que este es un discurso apologético. En otras palabras, es probable que él se esté defendiendo por medio de este discurso. Alguien, en el año que ha estado ausente, pudo haber venido y comenzado a minimizar su autoridad. De hecho, esto lo hicieron muchas veces.

Así que posiblemente lo que él está diciendo es: "¿Cómo pueden ustedes comenzar a desconfiar de mí? Desde el primer día que llegué el estilo y patrón de mi ministerio fue claro para ustedes". Así que podemos decir que aquí está haciendo un discurso apologético, puede ser que se esté defendiendo a sí mismo de la gente que estaba tratando de minimizar su autoridad.

Y si vemos los versículos 29–31, añade más a nuestra idea de que está haciendo un discurso apologético, porque dice: "Porque yo sé que después de mi partida entrarán en medio de vosotros lobos rapaces, que no perdonarán al rebaño. Y de vosotros mismos se levantarán hombres que hablen cosas perversas para arrastrar tras sí a los discípulos..." y así continúa.

Lo que les dice es: "Deben esperar que esto suceda". Por otro lado, es posible que no esté hablando de manera apologética y que solo esté expresando de manera simple un patrón para el ministerio. Puede estar diciendo: "Yo ya me voy y ahora esto es de ustedes. Ya saben cómo he realizado el ministerio desde que llegué por primera vez aquí, y en efecto quiero que lo hagan de la misma manera". Entonces, puede ser un discurso apologético o bien uno instructivo.

Sirviendo con humildad abundante

Ahora vayamos al versículo 19 donde Pablo describe su ministerio. Está a punto de expresar a ellos cual es la forma en la que ha desarrollado su ministerio, es decir, el patrón de su ministerio. Y solo me adelanto a decirles que este pasaje no es difícil de entender. Es muy simple, los conceptos son simples, es sencillo. Y al mismo tiempo que les digo esto, les pido que escuchen cuidadosamente, porque siendo así de simple puede ser verdaderamente formativo en sus propios ministerios.

Pablo nos dará cuatro perspectivas. Es decir, que el ministerio solo puede conducirse en cuatro formas. Nuestro ministerio tiene una perspectiva hacia Dios; nuestro ministerio tiene una perspectiva hacía la iglesia, salvar personas; hacia los perdidos; y hacia nosotros mismos. Estas son las cuatro dimensiones del ministerio. Mi ministerio será efectivo en términos de cómo me relaciono con Dios, con la iglesia, con los perdidos y conmigo mismo. Eso es todo y es la personificación de todo lo que hacemos. Por lo que digo, es algo simple, pero en su simplicidad es muy básico para cualquier ministerio.

Pablo dice, en efecto: "Estas son las cuatro perspectivas de mi ministerio, las cuatro formas en las que yo lo veo: para Dios lo veo como un servicio a Cristo; para la iglesia lo veo como enseñanza; para los perdidos lo veo como evangelismo; y hacia mí mismo lo veo como sacrificio". Esto es lo que describe como perspectiva de su ministerio.

Ahora iniciemos con la primera: para Dios, Pablo vio su ministerio como servicio a Cristo. Y pienso que nosotros lo debemos ver de la misma manera. En el versículo 19 encontramos las primeras tres palabras, "sirviendo al Señor". Dice: "Ustedes saben que desde el primer día que me presente a ustedes mi ministerio tenía como objetivo servir al Señor".

En Hechos 27:23 Pablo dice, "Porque esta noche ha estado conmigo el ángel del Dios de quien soy y a quien sirvo". Pablo siempre vio su ministerio, primariamente, como un servicio a Cristo y a Dios. Ahora, esto es importante. Podrían decirme, "Esto es obvio, John, también es muy simple". En efecto lo es, pero es muy importante porque nos da algunos pensamientos básicos que debemos observar. Primero que nada, en Gálatas 1:10, Pablo llega con una comparación definitiva. Esto es lo que dice: "Pues, ¿busco ahora el favor de los hombres, o el de Dios? ¿O trato de agradar a los hombres? Pues si todavía agradara a los hombres, no sería siervo de Cristo". Esta es una declaración con mucha sabiduría.

Si tu ministerio debe ser popular con la gente, desde el comienzo ya vas mal. Recuerden el contexto en Gálatas 1, él está iniciando su carta a las iglesias de Galacia, y desde el inicio habla muy directamente. Primero les doy un poco de trasfondo: los judaizantes habían llegado primero y les habían dicho a los cristianos de Galacia: "La única razón por la que Pablo no les impuso la circuncisión a ustedes fue porque él quería ser popular. Los quería ganar con una concesión que ustedes deseaban".

Los judaizantes les dijeron: "Ustedes tienen que ser circuncidados, tienen que guardar la ley, esta es la forma en la que serán salvos". Y dijeron: "Pablo viene siendo muy amable con ustedes y dice que habla de la gracia porque lo que él quiere es ser popular entre ustedes. Es por eso que les dice todo esto". Y de esta forma Pablo contesta a esta crítica en los versículos 8–9. Les dice: "Mas si aun nosotros, o un ángel del cielo, os anunciare otro evangelio diferente del que os hemos anunciado, sea anatema. Como antes hemos dicho, también ahora lo repito: Si alguno os predica diferente evangelio del que habéis recibido, sea anatema". Ahora, dice: "¿De algún modo sueno como si quisiera agradar a los hombres? Ustedes decidan. ¿Acaso sueno como alguien que quiere agradar hombres cuando digo que esta gente es anatema?"

No, él no es alguien que busque agradar a hombres. Tienes que elegir en tu ministerio, llegado el momento, si has de servir a los hombres o a Dios. Esta es una realidad que todos nosotros enfrentaremos en algún momento. Y esto no quiere decir que pasas por encima de la gente, sino que dice que tu prioridad es hacia Dios y que tú no necesariamente consideras la reacción de la gente si la demanda que hace Dios es clara. Simplemente haces lo que es correcto y dejas que Dios se haga cargo de las consecuencias.

Esto nos lleva a lo más simple dentro del ministerio, no es solo un contraste, el servicio a Dios no solo es preferirlo al servicio a los hombres, debemos entender esto, porque sé que muchas veces cuando enseñan en la escuela dominical piensan que es una obligación con el sistema de su iglesia. Es como si dijeran: "Tengo que estar a las 8:30 porque es la hora en la que llegan los niños y los tengo que enseñar".

O bien dices: "El encargado de escuela dominical es un tipo muy amable, o la mujer encargada es una mujer muy amable y no la quiero decepcionar, y junto con esto está ese niño que siempre me da problemas, pero necesita aprender, y están la iglesia y los ancianos, así que es mejor que yo dé mis clases cada domingo". Si piensas de este modo tienes la perspectiva equivocada cuando entras y hablas a estas cositas que no dejan de contorsionarse durante toda la clase.

Sea cual sea su motivación, esta debe tener en mente a Jesucristo, y ustedes deben considerar esta obligación como si Cristo estuviera presente en la habitación. Y créanme, Él está ahí. Y como si Jesucristo mismo fuera el encargado —y debemos decir que Cristo y los apóstoles son los ancianos de esta iglesia, porque nosotros, los ancianos, representamos a Cristo. Su servicio no es para mí, nunca tengan en mente servirme. Nunca digan: "Bueno, esto no es correcto, pero John piensa que lo debemos hacer". Nunca hagan esto. Ustedes sirven al Señor Jesucristo, y su respuesta al liderazgo siempre debe tener en perspectiva que ellos sirven a Cristo y que la dirección que les dan proviene directamente de Cristo. Pero finalmente a quien ustedes sirven es a Cristo. Mantengan esto en perspectiva sin importar qué actividad realicen en la iglesia.

Ahora permítanme llevar esto a una dimensión mayor. No es solo lo que hacen dentro de la iglesia o lo que hacen en términos de su actividad ministerial. Vayan a Efesios 6, es de lo más interesante. Efesios 6:5 dice: "Siervos" —o empleados, esto es lo que significa— "obedeced a vuestros amos terrenales" —o a los que te emplean, a tu jefe— "con temor y temblor". Y si dices que lo haces, muy bien, pero falta más, "con sencillez de vuestro corazón"

—en otras palabras, con el único propósito de dirigirte a ti mismo a cumplir con todo lo que te pida— "como a Cristo". ¿Por qué tiene que decir esto? ¿Quieres decir que yo debo obedecer a mi jefe como si él fuera Jesucristo? ¡No conoces a mi jefe!

Debes trabajar en tu empleo como si estuvieras trabajando para Jesucristo mismo. Puedes imaginar a Jesucristo llegar a donde tú estés y que te diga: "Quisiera que hicieras esto para mí". No tendrías pretexto para decir que no.

Es muy importante que aprendan a funcionar de esta manera, porque la Biblia dice que deben servir a quien quiera que sea su amo, desde un cristiano a un ateo, como si estuvieran sirviendo a Cristo mismo. Esta es su obligación si son cristianos. Todo lo que hacen desde el momento en que abren los ojos por la mañana hasta que los vuelven a cerrar en la noche para ir a dormir, es servir a Jesucristo. No existe una división secular y una sagrada. Lo secular pertenece a los que no son salvos y a los carnales. Todo es servicio a Cristo, todo se debe rendir a Él.

Sea que estén desarrollando su don espiritual o bien que estén desarrollando su trabajo secular, es exactamente lo mismo. Y todas las cosas que hacen en esta vida están sometidas a Cristo. Recuerden Mateo 25:34–40, donde Jesús está hablando acerca del juicio a la nación que surgirá en su Segunda Venida, y les dice a las ovejas de su derecha: "Entren al reino". Y les da la razón: "Cuando estuve sediento me dieron de beber, cuando estuve hambriento me dieron de comer, cuando estuve desnudo me dieron qué vestir", etc. Ellos contestan: "¿Cuándo hicimos todo esto?", y Jesús les dice: "Cuando lo hicieron a uno de los más pequeños de mis hermanos, lo hicieron como si fuera yo, como si lo hicieran para mí".

Cualquier cosa que hagan, recuerden, eso es contado dentro de la mente de Dios como si hubieran hecho un servicio para Cristo. ¿Qué tipo de trabajo estás haciendo para Cristo? Y si dices: "Bueno, sirvo a Cristo cuando voy a la iglesia". Está bien, pero es solo unas dos horas a la semana. ¿Qué haces el resto del tiempo? Recuerda que todo lo que haces es un servicio para Él.

Y si dices, pero yo no estoy en el ministerio, yo solo soy un mecánico. Ese es un servicio para Cristo. Nuestro servicio no es menos personal que si Cristo mismo fuera nuestro jefe, y la dicotomía debe ser recordada: Sirvo a Cristo, no a los hombres.

Yo no agrado a hombres, no estoy haciendo el esfuerzo, en mi ministerio, para agradar hombres, para decir lo que la gente quiere escuchar. Y sabes, hay mucho de esto, es sorprendente que en muchas iglesias evitan decir cosas porque no quieren que se ofenda el que da más dinero.

Ahora noten la palabra que hay aquí que es la palabra servicio en el versículo 19, servir, es esclavitud, literalmente en el griego es un servicio obligado. Pablo la usa 17 veces dentro de la epístola, y habla mucho acerca de la esclavitud. Entonces esto es un alto llamado a ser un esclavo de Jesucristo, esta es la realidad. Ser un siervo del Rey de reyes y Señor de señores, esto es fantástico. Cualquier cosa que hagas, es para Él.

Sé que dentro del ministerio tienes una actitud sobria, porque piensas de ti mismo en términos de ser un siervo de Jesucristo y entonces es una cuestión de responsabilidad. Pero, dentro de todas las sobrias responsabilidades que tengo, la que más me presiona es la responsabilidad de la enseñanza. Y el versículo que resuena en mi mente repetidamente es 2 Timoteo 2:15, este dice: "Procura con diligencia presentarte a Dios aprobado".

Y créanme que en realidad esta es una declaración con mucha carga moral. Cuando preparo un sermón, mi pensamiento no es: "¿Le gustará a la gente mi sermón?" No, mi pensamiento es: "¿Dios se agradará?" Y esto hace una completa diferencia porque lo que estoy haciendo aquí, justo ahora que estoy hablando, no lo quiero hacer para agradarlos, claro que quiero que aprendan, quiero que crezcan, quiero que sientan que dentro del sermón hay amor, quiero hacer esto para que ustedes aprendan, sean instruidos, y cuando hago esto Dios es servido. Y no quiero hacer nada que vaya en contra de Dios sin importar cómo les afecte a ustedes. Esto es el servicio a Cristo.

Ahora, este servicio a Cristo es descrito con dos cosas, versículo 19: "con toda humildad". No es con cierto grado de humildad, sino con toda. Debes saber que no es lo mismo ser un siervo que tener el espíritu de un siervo. Muchos de ustedes tienen empleados, ¿han tenido alguna vez un empleado cascarrabias y rebelde? Creo que siempre hay uno. Y lo que hacen es despedirlo y contratar a otro. En algún punto, si tienes un grupo lo suficientemente grande, siempre tendrás alguien que provoque roces. Pero servir al Señor es hacer todo con humildad total y un sentido total de que tú eres un siervo, y esto es un alto llamado, es algo que disfrutas hacer, este es el espíritu de un siervo. No es solo servicio, sino un espíritu de servicio, humildad.

Y Pablo lo tiene. Tan capaz como él era, tan astuto como él era, siendo un hombre de conocimiento, era un hombre humilde. En 1 Corintios 15:9 lo expresa: "Porque yo soy el más pequeño de los apóstoles, que no soy digno de ser llamado apóstol, porque perseguí a la iglesia de Dios. Pero" —esto me gusta mucho— "por la gracia de Dios soy lo que soy; y su gracia no ha sido en vano para conmigo, antes he trabajado más que todos ellos; pero no yo, sino la gracia de Dios conmigo". Dice que él no es nada, que no merece nada, sino que es lo que es solo por la gracia de Dios. Y mientras mantenía esta actitud, él verdaderamente estaba sirviendo al Señor con humildad.

Pablo decía: "No me importa sufrir, incluso no me importa mi aguijón en la carne, no me importa la persecución, no me importa la aflicción, no me importa nada de esto, porque cuando yo soy débil, entonces soy fuerte". Él dijo: "Simplemente no puedo creer que Dios me dé suficiente gracia como para permitirme ser su esclavo".

Escuchen estas palabras en 2 Corintios 3:5, "No que seamos competentes por nosotros mismos para pensar algo como de nosotros mismos, sino que nuestra competencia proviene de Dios". No tenemos derecho de pensar algo más de nosotros mismos, nuestra suficiencia proviene de Dios. Escuchen, "el cual asimismo nos hizo ministros competentes". La única razón por la que tenemos capacidad de hacer algo es porque Él nos la da.

Humildad de la mente. La palabra humildad significa una sumisión devota. Humildad de mente significa obediencia con contentamiento. Ambrosio fue una de las grandes figuras de la iglesia temprana; fue un erudito, líder en la iglesia, gobernador de varias provincias romanas. Y en su gobierno fue un gobernador muy capaz con mucho discernimiento espiritual, al grado que cuando el obispo de la región murió, la gente buscó que él fuera su nuevo obispo, y así cambiarlo de la política a la teología. Era un cristiano de acuerdo a lo que la historia nos enseña. Entonces fue llamado a ser el sucesor del obispo que había muerto. Los historiadores nos dicen que para él era algo impensable y que cuando se lo dijeron salió corriendo del edificio donde estaba, huyó de noche en lugar de enfrentar su nueva responsabilidad. Correcto o incorrecto, lo persiguieron y lo convencieron de que Dios lo había señalado para la tarea.

Debe existir, creo, en el sentido de nuestro servicio a Jesucristo, un constante sentido de incompetencia. No es que seamos inadecuados bajo su poder, sino que somos inadecuadas por nosotros mismos y por esto mismo debemos descansar en el poder de Jesucristo.

John Knox, el famoso predicador de Escocia, fue llamado a predicar. Y su biógrafo cuenta lo que sucedió en el momento de su llamado: "Después de muchos aplausos él se retiró a su habitación. Su aspecto y su comportamiento desde ese día y hasta el día en que se vio obligado a presentarse en público declaraban suficientemente la pena y turbación de su corazón". Él estaba devastado y cayó en lágrimas por el temor que le daba la responsabilidad de haber sido llamado a predicar.

Sirviendo en medio del sufrimiento

La humildad es básica para el servicio al Rey, ha de ser efectivo, pero hay una segunda característica. Debemos servir al Señor con humildad de mente, y desde luego que ya hablamos mucho de cómo es que definimos humildad. Humildad es conocer a Jesús de una manera tan profunda que te ves a ti mismo en perspectiva. Pero también "con muchas lágrimas, y pruebas que me han venido por las asechanzas de los judíos". El servir al Señor involucra humildad y sufrimiento, y este es nuestro segundo punto, sufrimiento. Esta es la suerte del siervo, deben saberlo. Jesús se convirtió en un siervo y sufrió. El siervo sufriente de Isaías 53 es el perfecto ejemplo, y Pedro dice: "también Cristo padeció por nosotros, dejándonos ejemplo, para que sigáis sus pisadas" (1 Pedro 2:21).

Esto solo es una parte, ustedes saben que "todos los que quieren vivir piadosamente en Cristo Jesús padecerán persecución" (2 Timoteo 3:12). Si en realidad eres un humilde siervo del Señor y en realidad le sirves, vas a obtener algunas cosas, van a venir. Esto nos indica que hay dos áreas de donde puede provenir el sufrimiento. Veamos lo que dice el versículo 19 de nuestro pasaje, "con muchas lágrimas" —este es sufrimiento interno— "y pruebas" —esto es del exterior. El siervo de Dios que sirve con un corazón lleno de humildad se va a dar cuenta que el sufrimiento llega y, primero que nada, llegará desde su interior con lágrimas de sufrimiento.

Estoy convencido de que no puedes servir realmente al Señor con pasión, a menos que sientas un verdadero sufrimiento interior. Y con esto no quiero decir algo fabricado, que se pueda programar, sino algo real. Pablo derramó lágrimas, y dice "muchas lágrimas". Su servicio al Señor era un servicio que involucraba lágrimas. ¿Por qué? Porque se dolía cuando Dios era deshonrado. Y se entristeció cuando vio ciertas cosas en el mundo.

Sufrimiento desde dentro

Tres cosas lo entristecieron. Busqué en el Nuevo Testamento tratando de encontrar algunas de estas cosas, y encontré tres cosas que hicieron que Pablo derramara lágrimas. Una, derramó lágrimas a causa de los perdidos. Romanos 9:2–3, en este pasaje donde él derrama su corazón, y dice: "Tengo gran tristeza y continuo dolor en mi corazón. Porque deseara yo mismo ser anatema, separado de Cristo, por amor a mis hermanos, los que son mis parientes según la carne". Dice: "Me duele todo el tiempo, al grado que, si al ser condenado solo yo en lugar de ellos, ellos fueran salvados, con todo gusto lo haría. Podríamos pensar que aquí Pablo está muy emocional. Pero él dice en el versículo 1: "Verdad digo en Cristo, no miento, y mi conciencia me da testimonio en el Espíritu Santo" de que éste es mi dolor por los perdidos. Derramó muchas lágrimas por los perdidos.

Segundo, lloraba por los cristianos carnales. Sabemos que él escribió en 1 Corintios a la vasta mayoría de cristianos carnales que había por ahí, y durante todo el tiempo que escribió estuvo llorando. Esta es verdadera preocupación por la gente, una preocupación muy real. ¿Estás verdaderamente preocupado por el cuerpo de la iglesia, estás verdaderamente preocupado por los cristianos carnales dentro de ella?

Escuchen lo que dice 2 Corintios 2:4, él escribe la segunda carta y les describe sus sentimientos cuando escribió la primera carta. Les dice esto: "Porque por la mucha tribulación y angustia del corazón os escribí con muchas lágrimas". Escribió la primera carta con mucho llanto en toda ella debido a su carnalidad y todas sus inconsistencias. Él se preocupaba de verdad.

Tercero, había una cosa más que lo hacía llorar, lloraba a causa de los falsos maestros, porque estos minimizaban la obra de Dios. En Hechos 20:31 les dice, "acordándoos que por tres años, de noche y de día, no he cesado de amonestar con lágrimas a cada uno". Justo antes había estado hablando acerca de los falsos maestros. Les advertía acerca de los falsos maestros con lágrimas. Estos lo hacían entristecerse. En Filipenses 3:18, "Porque por ahí andan muchos, de los cuales os dije muchas veces, y aun ahora lo digo llorando, que son enemigos de la cruz de Cristo". Una vez más está hablando acerca de los falsos maestros. Lloraba por los perdidos, lloraba por los cristianos carnales, y lloraba porque la gloria de Dios era minimizada por los falsos maestros. Muchas lágrimas.

El servicio a Jesucristo, pienso, tiene que involucrar sufrimiento interno en cierta medida, esto es debido a que podemos servir a Cristo con todo nuestro corazón, y lo servimos apasionadamente. Pero al mismo tiempo que llega mucho gozo en el servicio, también está ese conocimiento de que siempre falta fruto. Hoy por la noche cuando estudiemos Gálatas, veremos cómo Pablo debió llorar mucho, porque después de que él escribe esto en Gálatas, cierra diciendo: "No sé qué hacer con ustedes". He llegado al final de mi conocimiento con ustedes.

Pero creo en realidad que cuando hay este tipo de ministerio entonces habrá fruto. Creo que cuando las personas son así de apasionadas, cuando lloran por este tipo de cosas, entonces será cuando Dios verdaderamente levantará cosecha.

Recuerdo haber leído que luego de la muerte de Robert Murray McCheyne, su iglesia fue visitada por un joven pastor quien fue llevado a conocer las instalaciones por el custodio de la iglesia. Lo llevó a un pequeño cuarto en donde había un pequeño reclinatorio y el custodio dijo: "¿Ve usted este reclinatorio?" Al joven pastor le resultó algo extraño que lo llevaran a ver esto. El custodio continuó diciendo: "Éste es el reclinatorio donde el pastor McCheyne se arrodillaba y lloraba siempre antes de predicar".

Y entonces lo llevó al púlpito y vio una gran Biblia sobre él. Pudo notar que tenía muchas marcas de humedad por todos lados, a lo que dijo: "¿Qué es todo esto que está en la Biblia?" Y su guía le contestó: "Estas son las lágrimas del hermano McCheyne cuando predicaba. Y aun cuando ya está muerto, sigue conmoviendo vidas". Tuvo un gran impacto. Y no estoy evocando algún tipo de emocionalismo tonto, estoy hablando acerca de una compasión honesta.

Escuchen lo que dice el Salmo 126:6, una promesa hermosa: "Irá andando y llorando el que lleva la preciosa semilla. Mas volverá a venir con regocijo, trayendo sus gavillas". Si podemos sacar de ahí un punto espiritual, y creo que para esto está ahí este Salmo, la persona que va llorando cuando lleva la Palabra de Dios, llevando la preciosa semilla y tiene un corazón compasivo y preocupado, tiene la promesa de que Dios lo hará regresar con sus gavillas, es decir, que habrá cosecha.

Entonces, servir al Señor involucra humildad y sufrimiento, y el primer tipo de sufrimiento viene desde adentro. Cuando en realidad ves tu vida como un servicio a Jesucristo, lo ves en la perspectiva correcta y estás consciente de que esto va a involucrar muchas lágrimas.

Sufrimiento desde fuera

Lo segundo es que hay sufrimiento desde fuera. Hechos 20:19 dice que Pablo tenía pruebas a causa de los judíos, recibía ataques de su parte. Esto es cuestión de persecución, es de lo que está hablando, y siempre eran los judíos. Aparentemente ellos siempre estuvieron en su contra. De hecho, en el 20:3 dice que ya habían tratado de matarlo, lo hicieron al planear lanzarlo por la borda de un barco, y esto antes de que él siquiera subiera al barco.

Fue precisamente en este momento de su vida, incidentalmente, que él escribió 1 Corintios. Y en 1 Corintios 15:30 él hace declaraciones en referencia a algunos de los problemas. Dice: "¿Y por qué nosotros peligramos a toda hora?" Y en el siguiente versículo, "cada día muero". Vivía en un constante arriesgar su vida, incluso en el momento en que estaba escribiendo esto. Y esto fue previo al tiempo cuando lo encontramos en Hechos 20. Los judíos habían confabulado en su contra continuamente, lo veían como un hereje, como una amenaza a su religión y a todo lo que ellos representaban.

Pero, como ya hemos visto muchas veces en el libro de Hechos, los sufrimientos son parte de vivir una vida santa en un mundo impío. El sistema no lo puede tolerar y lo que hace es reaccionar en su contra.

Supongo que hay aquí un sentido en el cual puedes medir tu efectividad cristiana por medio de las olas que haces. Si no provocas olas, quiere decir que en realidad no eres efectivo. Debe haber algún tipo de reacción por parte del sistema en tu contra. No digo que de parte de los cristianos. Si los cristianos están reaccionando en tu contra quiere decir que estás en problemas. Debes tener problemas por las reacciones de los impíos hacia ti.

Esta es una mirada a un siervo del Señor. El mundo mide a un gran siervo de Dios si su foto aparece en todas las revistas cristianas, o si se encuentra en la lista de todos los dignatarios que están a cargo de esto y de aquello, si es una persona de influencia, si su nombre es grande, o bien que ostenta muchos grados académicos. Y algunos de ellos son grandes siervos del Señor, pero ¿saben cómo lo mide Dios? Si tiene toda su vida en orden con la prioridad de servir a Cristo y si lo hace con toda humildad y disposición a sufrir. Y créanme, cuando todo esto termine en el juicio del gran trono blanco de Cristo, pienso que muchos van a estar perplejos cuando vean quiénes fueron galardonados.

Lo segundo que Pablo vio, esto lo veremos brevemente. Lo segundo que Pablo tenía en perspectiva dentro de su ministerio era la visión de la iglesia. Vio su relación con Dios en términos de servicio, pero hacia la iglesia era una visión de enseñanza. Su obligación hacia la iglesia era enseñar, versículo 20: "y cómo nada que fuese útil he rehuido de anunciaros y enseñaros, públicamente y por las casas". Su ministerio, hacia Dios, era visto como servicio, hacia la iglesia era enseñanza. Pudo ver que la prioridad era la instrucción, eso era muy claro para él.

Y me encanta este pequeño pensamiento que encontramos en el versículo 20, "y cómo nada que fuese útil he rehuido". Rehuir, echarse para atrás, retraerse, es el mismo verbo que es usado en el versículo 27, "porque no he rehuido, no me he echado atrás, no me he retraído, de anunciaros todo el consejo de Dios". Pablo no se echó para atrás ni un poquito.

Este es uno de los peligros del ministerio, que comiences a pensar cómo la gente es afectada por ti, esto es, cuando comienzas a pensar en tu popularidad, entonces comenzarás a desviarte. Comenzarás a decir: "Si digo esto o aquello, fulano o zutano se van a ofender porque ellos piensan así y así". Comenzarás intentado evitar cosas con la intención de no ofender a alguien. Y puede ser correcto no querer ofender a alguien por una opinión propia, pero si se trata de la Palabra de Dios, y la verdad de Dios, y la cuestión acerca de lo que está bien y lo que está mal, simplemente lo dices con claridad y que pase lo que tenga que pasar.

El gran ejemplo de esto es Pablo, cuando estuvo en Antioquía junto con Pedro. Pedro estaba teniendo un muy buen tiempo ahí, ministrando y obrando milagros, y estaba disfrutando de su convivencia con los gentiles sin tener ningún problema. Y no se estaba apegando demasiado a la ley. Pero repentinamente llegaron muchos de los de la circuncisión, y Pedro se apartó de los gentiles, y fue a sentarse con los judíos para comportarse como ellos; esto hizo que Pablo realmente se molestara con él.

Y en Gálatas 2:11 Pablo dice: "Pero cuando Pedro vino a Antioquía, le resistí cara a cara, porque era de condenar". Y en el versículo 14, le dijo algo así como, "Pedro, ¿por qué obligas a la gente a hacer cosas que ni siquiera tú haces?" Y se lo dijo "delante de todos". Y quizás ustedes piensen que heriría sus sentimientos.

Pablo nunca rehuyó a hacer nada de esto. Nunca pudo ser acusado de detenerse a hacer algo en lo que respecta a su obligación de enseñar. No retuvo ninguna doctrina, exhortación, o amonestación que fuera necesaria. Si él sabía que era la verdad de Dios, y sabía que tenía que ser aplicada, la aplicaba. Y debo decirles que mucha gente no hace esto. Prefieren pensar, "tenemos a unos cuantos hombres que dan mucho dinero, y ellos no aprueban esta verdad de Dios, mejor no la decimos". Muchos prefieren evitar ciertas doctrinas para, según ellos, no ofender a la gente.

Y tal vez tengas a algunas de estas personas en el liderazgo y sabes que si dices algo se van a ofender, pero en realidad esto no es más que agradar a los hombres. En una ocasión un pastor me dijo: "Nosotros no predicamos acerca de la Segunda Venida, pues la verdad no sé qué pensar al respecto porque hay mucha controversia, así que preferimos no hablar de ello". Esto es pecado, ¿cómo puedes enseñar la Biblia y no hablar acerca de la Segunda Venida? Esto es lo que todos los cristianos estamos esperando.

Otro pastor me dijo: "Nosotros preferimos evitar asuntos de doctrina. Eso es realmente bueno". ¡Sí, claro! Otro me preguntó: "¿Dentro de tu iglesia se practica la disciplina? ¿Creen en la disciplina dentro de la iglesia? ¿Si ustedes se enteran de que hay un miembro en pecado hablan con él primero y si no los oye le llevan testigos y si no los oye van con los ancianos y lo disciplinan?" Y le dije: "Sí, absolutamente". Y me dijo: "¿De verdad? ¿Por qué no he escuchado de esto, ni se ha hecho en muchos años?" Le contesté: "Bueno, sí la practicamos, y ustedes también deberían practicarla. Es lo correcto, pues está en la Biblia". Entonces dijo: "Nosotros no pudimos. En primer lugar, ¿por dónde comenzamos?"

El asunto es que deben aplicar los principios correctos sin importar cuales sean las consecuencias. Esto es algo que nos enseña la Escritura, y ustedes lo deben hacer. Y con esto no quiero decir que les falte amor, o que no amen a los hermanos, simplemente quiero decir que esto es lo correcto, esto es lo que deben hacer. No pueden rehusarse a hacerlo como si no fuera útil. No pueden negarse, y cumplir con su ministerio. Y tal vez me digan: "¿Quién dice qué es útil? ¿Acaso no puede decidirlo cada quién? Tal vez no sea posible disciplinar a esta persona y sacarla de la iglesia, porque esto la va a herir, y eso no será útil. O tal vez esta doctrina o aquella no sea útil. Así que, ¿cómo sabes qué es útil?"

Muy fácil, la respuesta es simple. ¿Listos para esto? "Toda la Escritura es inspirada por Dios, y útil..." (2 Timoteo 3:16). No esperaban esta respuesta, ¿verdad?

Esto es todo el consejo. Hechos 20:27, "porque no he rehuido anunciaros todo el consejo de Dios". ¿Piensan que Dios nos dio una verdad que no es útil? Todas las cosas que se escribieron son para nuestra edificación. Y sí, todas ellas son útiles. Algunas son útiles para la doctrina, esto es, para enseñar principios; algunas son útiles para redargüir o reprender. Esta palabra es usada en Mateo 18 para hablar a las personas de sus faltas. Sí, la Biblia es útil para decir: "Mira, querido hermano, aquí dice que lo que haces es desagradable ante los ojos de Dios". Tenemos la obligación de reprender. También es útil para corregir. Una vez que has reprendido, entonces te da las herramientas para corregir este comportamiento; y finalmente es útil para instruir en justicia.

Así que, una vez que has reprendido, colocas a la persona en el camino correcto, y entonces continúas enseñándole para que viva una vida correcta. Esto es útil. No es solo un concepto del Nuevo Testamento, escuchen esto, David lo dijo en el Salmo 40:8–10, y pienso, solo para dar la idea de la consistencia de Dios en el Antiguo Testamento. Escuchen lo que dijo David: "El hacer tu voluntad, Dios mío, me ha agradado, y tu ley está en medio de mi corazón. He anunciado justicia en grande congregación; he aquí, no refrené mis labios, Jehová, tú lo sabes". Y escuchen esto, "No encubrí tu justicia dentro de mi corazón; he publicado tu fidelidad y tu salvación; no oculté tu misericordia y tu verdad en grande asamblea". Esto es glorioso: "No he retenido nada, les he dicho todo".

A Ezequiel le fue dada una comisión muy, muy especial, y pienso que es una comisión que pertenece a cada cristiano. Está en Ezequiel 33, y voy a leerles rápidamente tres versículos y luego les daré una aplicación. Escuchen lo que Dios le dice a Ezequiel, llamándole "hijo de hombre": "A ti, pues, hijo de hombre, te he puesto por atalaya a la casa de Israel, y oirás la palabra de mi boca, y los amonestarás de mi parte" (versículo 7). En otras palabras, "Cualquier cosa que yo te diga, tú se la dirás a ellos". Está implícito que ellos no querrán oír esta represión de parte de Dios. "Cuando yo dijere al impío: Impío, de cierto morirás" ¿Se imaginan tener la comisión de parte del Señor de ir a decirle a alguien: "Escucha, hombre impío, vas a morir"? Así que el Señor anticipa que en ese momento Ezequiel podría sentirse un poco mareado y le dice, "si tú no hablares para que se guarde el impío de su camino, el impío morirá por su pecado, pero su sangre yo la demandaré de tu mano" (versículo 8). En otras palabras, serás castigado por no comunicar mi mensaje. "Y si tú avisares al impío de su camino para que se aparte de él, y él no se apartare de su camino, él morirá por su pecado, pero tú libraste tu vida" (versículo 9). Es decir, si obedeces, no habrá castigo.

Esto no quiere decir que vas a ser enviado al infierno porque alguien muera sin Cristo. Yo creo que la implicación aquí es que el ministro cristiano es responsable de comunicar la verdad de Dios o se pone en una posición de juicio por no haberlo hecho. Así que cuando alguien me dice, "Yo prefiero no hablar de esto", lo que yo le contesto es: "Debes leer Ezequiel 33, porque si no hablas de lo que tienes que hablar, estarás reteniendo aquello que Dios diseñó para que fuese hablado. Y si ese individuo muere en sus pecados, entonces puede ser que sufras castigo por haber fallado en comunicar la verdad.

No se trata de si la persona va a ser salva o se perderá dependiendo de lo que tú le digas o no le digas. Eso depende de la soberanía de Dios, porque en ambos casos la persona muere en sus pecados. La cuestión es si serás castigado o no por la falla que tuviste al ejercitar tu ministerio.

Si en realidad van a advertir a la gente con respecto a las cosas de Dios, y si van a declarar todo el consejo de Dios, y si van a dar todo aquello que es útil, entonces en su ministerio van a tener que estar enseñando este libro que llamamos Biblia. Esta es la razón por la que yo estoy comprometido con el hecho de que debo enseñar la Biblia expositivamente, toda la Biblia, porque si lo hago, entonces ustedes van a recibir todo el consejo de Dios de manera sólida.

Entonces tenemos que Pablo les enseñó, pero noten ustedes cómo fueron las dos formas en las que lo hizo: Públicamente, y de casa en casa. Enseñó en público y enseñó en las casas. Ahora, la idea de enseñar públicamente es muy simple, cuando estaba en una sinagoga él enseñó, ahí estuvo por un periodo de tres meses, y por otros dos años en la casa de Tirano. Tenían reuniones públicas y la gente venía y aprendía. Esto es grandioso, es la razón por la que hacemos esto, porque somos llamados a enseñar públicamente.

Pero también lo hizo de casa en casa. Así aprendí yo, siempre busco la oportunidad y la disponibilidad para que cualquiera de ustedes vaya a casas y enseñen la Palabra de Dios. Saben por qué, porque de este modo ustedes pueden reforzar y aplicar las verdades que les enseñamos aquí. Pablo sabía esto, una cosa era enseñarla, y otra muy diferente era reunirse con alguien en algún lado para cubrir su necesidad en específico, para ayudarles a hacer la aplicación.

Pablo hizo esto de casa en casa, y he visto a personas que intentan defender la visitación a los hogares con este versículo, pero no es de lo que está hablando, está hablando de enseñanza. Y la visitación, cuando vas y tomas un café y conversas, es muy bonito, creo que se debe hacer, es algo que debemos practicar. Pero no confundan eso con Hechos 20:20, aquí no se está hablando de eso. De lo que está hablando aquí es que vayas y enseñes la Palabra de Dios dentro de un estudio bíblico en casa o a una familia, estar disponible para enseñar y aplicar la verdad espiritual.

Y sé que Pablo hizo esto cada vez que entró en un hogar, porque, ¿qué sería lo primero que harías si hoy Pablo entrara en tu casa? "Pablo, ¿podrías explicarme este pasaje?" Seguro que le preguntarías algo así. Esto es lo que me sucede a todos los lugares que voy. En ocasiones la gente me saluda y me dice: "John, que gusto poder conocerte, me podrías explicar esto o aquello".

Esto me sucede en todos lados. Un día estaba yo en el mercado y llegó una mujer y se me presentó, diciéndome: "Oh John que gusto verte, es muy agradable poderte ver aquí. Aprovecho y te pregunto si me podrías explicar este o aquel pasaje". Le contesté: "Solo permíteme dejar por aquí estos plátanos y con mucho gusto lo haré".

Y eso está bien, me gusta hacerlo, desde luego, cuando conozco la respuesta. Pero, por supuesto, hay ocasiones en las que recurro a ese gran versículo, que se ha convertido en el versículo de mi vida, Deuteronomio 29:29, "Las cosas secretas pertenecen a Jehová nuestro Dios".

Pero no solo está la idea de que el ministerio cristiano es algo público, sino que debes de ser capaz de llevar el mensaje, propagarlo más allá del púlpito, llevarlo a la casa de alguien, a la vida de alguien y hacer que esto funcione. Y me gusta el hecho de que Pablo iba de casa en casa, porque esto nos dice que era una persona real. Él se preocupaba, estaba involucrado, y su ministerio era algo que la gente podía comprobar. Uno podía desarrollar su vida partiendo de estas verdades, notaría que eso funcionaba, y permanecería.

Escuchen, mi obligación para con Dios es servirlo. Así es como veo mi ministerio. Mi obligación hacia la iglesia es enseñarla, sea públicamente o en privado, para reforzar esa enseñanza y para hacerla vivible. Esta es la prioridad hacia Dios y hacia la iglesia.

Vengan al siguiente mensaje y veremos otras dos. Oremos.

Oración final

Padre, te agradecemos por estas grandes verdades acerca del ministerio que podemos aprender por medio de este amado hermano. Nos sentimos abrumados cuando vemos la dimensión y la profundidad de su ministerio. Y aún más abrumados al saber que nosotros tenemos al mismo Espíritu que moraba en él morando en nosotros. Permite que nosotros hagamos con el mismo poder y medida las mismas cosas que fueron hechas por él. Padre, oramos también, para que podamos ver el ministerio de Cristo como algo que nos fue dado, y que al verlo así podamos servir a Cristo en todo lo que podamos. Que seamos el tipo de persona que solo busca agradarte a ti y no a los hombres, y que, podamos ver el ministerio a la iglesia como uno de enseñanza e instrucción. Y a pesar de que muchos de los que escuchan o leen esto no son predicadores, a pesar de que no tengan el don de la enseñanza, que sean responsables de comunicar cualquier don que tengan. Que puedan instruirse los unos a los otros en la verdad, pues esa es su responsabilidad. Y por esto, Padre, oramos para que el ministerio sea en nuestras vidas lo que fue diseñado desde el cielo: que tú seas glorificado, y que la gente sea uno con Cristo, que los santos sean edificados. Te lo pedimos en el nombre de Jesucristo. Amén.

REFLEXIONES PERSONALES

12 de Mayo, 1974

10_La visión de ministerio de Pablo. Parte 2: evangelismo y sacrificio

Testificando a judíos y a gentiles acerca del arrepentimiento para con Dios, y de la fe en nuestro Señor Jesucristo. Ahora, he aquí, ligado yo en espíritu, voy a Jerusalén, sin saber lo que allá me ha de acontecer; salvo que el Espíritu Santo por todas las ciudades me da testimonio, diciendo que me esperan prisiones y tribulaciones. Pero de ninguna cosa hago caso, ni estimo preciosa mi vida para mí mismo, con tal que acabe mi carrera con gozo, y el ministerio que recibí del Señor Jesús, para dar testimonio del evangelio de la gracia de Dios.

Hechos 20:21-24

BOSQUEJO

— Introducción

— El ministerio hacia Dios

— El ministerio hacia la iglesia

— El ministerio hacia los perdidos

— El ministerio hacia sí mismo

— Oración final

Reflexiones personales

10_La visión de ministerio de Pablo. Parte 2: evangelismo y sacrificio

SERMÓN

Introducción

He titulado este mensaje que consta de dos partes: "La visión de ministerio de Pablo", Pablo viendo su ministerio. Esta es la segunda parte. Pero antes de comenzar haremos un breve repaso de la última predicación para que puedan tener toda la perspectiva correcta esta mañana.

Ciertamente el capítulo que estamos estudiando, el capítulo 20, es una expresión del gran amor de Pablo por la iglesia. Hemos visto esto una y otra vez durante el capítulo 20. Y esto es algo diferente pues siempre que pensamos en el amor de Pablo viene a nuestra mente 1 Corintios 13, donde él expresa todo su conocimiento acerca del amor. Podríamos decir que 1 Corintios 13 es el capítulo de la doctrina del amor, y que Hechos 20 es el amor de Pablo en acción, porque con toda certeza nos está expresando aquí su amor por el Señor y su amor por la iglesia, esto por medio de su sacrificio personal y su dedicación al ministerio. Así que hemos aprendido mucho del amor de Pablo por la iglesia en este capítulo, y continuaremos viendo algo de esto conforme avanzamos esta mañana.

Pienso que con la mentalidad que tenemos hoy en día, si nosotros examináramos al apóstol Pablo y él estuviera aquí presente, si lo trajéramos para que fuera uno de nuestros invitados, seguramente le preguntaríamos cuales fueron sus métodos para tener tanto éxito. Vivimos en días donde la metodología es un producto muy comercializable. Incluso las iglesias y las religiones actuales están comprando y vendiendo diferentes metodologías para lograr el éxito. Hay una plétora de materiales que se llaman "Cómo lograr el éxito en esto o aquello", en los cuales se busca que quien los lee o aplica logre una respuesta exitosa. La palabra éxito es una palabra muy dominante en nuestro mundo, y vemos, con mucha regularidad, el éxito como la aplicación de alguna metodología.

Cuando alguien es exitoso, la primera cosa que queremos hacer es embotellar su método y llevarlo a cualquier parte. Y supongo que, si Pablo estuviera aquí con nosotros y estuviéramos miles de líderes de iglesias reunidos para escucharlo, todas las preguntas girarían alrededor de: "¿Cómo hiciste tantas cosas?" "¿Cuáles son las técnicas para impactar a una ciudad completa?" "¿Cuáles son las metodologías para hacer crecer a una iglesia?" "¿Cómo lograste hacer esto?" "¿Cuál sería el truco para hacer lo otro?" Y así estaríamos por horas a su lado.

Después de muchas horas no podríamos entender el verdadero éxito de Pablo a menos que él nos llevara al camino correcto y nos dijera que su éxito no tuvo nada que ver con métodos, y creo que no dudaría en ningún momento para decirnos esto. Nada de lo que hizo tuvo que ver directamente con métodos. Indirectamente, los métodos surgieron de lo que él era y fueron muy importantes. Podemos decir que el éxito de Pablo estuvo totalmente basado en lo que él era.

Recientemente hablé en una conferencia sobre liderazgo, y ellos habían estado entrenando a muchos líderes por unas 10 semanas, tenían todo tipo de gráficos, de ilustraciones y cosas con las que ellos los habían entrenado, todas estas ayudas eran muy buenas y de mucha ayuda. Me pidieron que hablara e intentara cerrar todo y decir en una sola declaración, la mejor que yo pudiera elaborar, y les explicara cuál era el éxito desde el punto de vista bíblico. En un inicio pareció ser un problema de grandes proporciones, imaginen tratar de reducir todo esto a una sola frase, qué es el liderazgo, qué es el liderazgo exitoso en un solo mensaje. Pero saben una cosa, lo hice y lo reduje a un solo mensaje, incluso mejor que eso, lo reduje a una sola palabra. Y, por supuesto, dije algunas pocas cosas después de que dije esa palabra.

Logré reducirlo a una sola palabra, y la palabra que dice sobre el liderazgo, la simple palabra que expresa éxito, es la palabra *ejemplo*. Esto es todo, *ejemplo*. En todo el liderazgo cristiano, esto es lo más dinámico que sucede, y eso es expresado por toda la Escritura.

Podemos tomar el caso del Señor Jesucristo, quien enseñó repetidamente con el ejemplo. "Hagan a la gente lo que yo he hecho con ustedes". Expresó su amor al lavar los pies de los discípulos. Durante todo el tiempo de su ministerio Jesús manifestó qué era lo que ellos debían hacer modelándolo. En Hechos 1:1, Lucas dice: "En el primer tratado, oh Teófilo, hablé acerca de todas las cosas que Jesús comenzó a hacer y a enseñar". Jesús no solo enseñó, sino que estableció el ejemplo. El apóstol Pablo escribió a Timoteo y le dijo cómo él debía ser un líder, se lo dijo en una sola declaración, "sé ejemplo de los creyentes" 1 Timoteo 4:12.

El mismo apóstol Pablo dijo a los filipenses, en el 4:9 "Lo que aprendisteis y recibisteis y oísteis y visteis en mí, esto haced". Ejemplo. Pedro dijo a los ancianos: "Apacentad la grey de Dios que está entre vosotros... no como teniendo señorío sobre los que están a vuestro cuidado, sino siendo ejemplos de la grey" 1 Pedro 5:2–3.

Esto nos lleva a deducir que la única razón para el éxito de Pablo fue que él era un ejemplo. No había dudas entre lo que él decía y lo que él era. Por eso la gente podía seguir su patrón para dirigir sus propias vidas. Pablo dijo: "Sed imitadores de mí, así como yo de Cristo" 1 Corintios 11:1. La vida cristiana se reduce a ser un ejemplo y el liderazgo bíblico debe ser ejemplo. Lo que hizo que Pablo fuera lo que fue, fue su ejemplo. No sus métodos, sino su vida. Y si ustedes quieren saber cómo pueden ser exitosos en su ministerio, o si quieren saber cómo ser exitosos en lograr cualquier objetivo en particular que tengan en mente, es así de simple: espiritualmente hablando deben ser el tipo correcto de persona.

Y no me importa qué tipo de trucos te hayan enseñado para ser un líder, si tú no eres el ejemplo correcto, nunca lo lograrás. El liderazgo se define así de simple: ejemplo. Y esto es una verdad incluso en el mundo secular. Pero es monumentalmente verdad en lo espiritual. Así que en lugar de preocuparnos en cuales fueron los métodos de Pablo, los trucos para su trabajo —que, por cierto, no los tuvo— me voy a centrar más en qué tipo de hombre era él. Porque si soy capaz de dirigir mi vida de acuerdo a las cosas que hicieron que él fuera exitoso, entonces puedo tener el mismo fruto que Dios le dio a él. Tal vez no de la misma dimensión y en el mismo grado, pero sí del mismo tipo.

Así que al ver lo que dice Hechos 20, estamos viendo algunos de los mayores conocimientos acerca de lo que es el ministerio eficaz. Pero estas no son cosas que podamos enlistar de manera académica, simplemente están ahí en su vida y saltan de su ser, y son la clave de todo.

Por tanto, reducir a Pablo a una lista de técnicas exitosas es absolutamente errado. Él era el hombre que era porque no era hipócrita. Y créanme, la vida cristiana es tan fácil como ser la persona que Dios quiere que seas y entonces dejar que el Espíritu trabaje por medio de ti. Esto es lo que he tratado de expresar en el libro que escribí acerca de la voluntad de Dios, que si tú eres la persona correcta, entonces Dios expresará su voluntad por medio de ti. Solo se trata de ser la persona correcta. El éxito de Pablo se debió a que él era la persona correcta, fue llamado por Dios, le fue dado poder por medio del Espíritu, y él obedeció a ese poder, vivió una vida santa, y por medio de este conducto, el Espíritu de Dios operó dando bendiciones.

Pero hay una pequeña dimensión aquí en este capítulo que nos deja ver un poco dentro de la mente de Pablo y que nos ayuda para comprender qué tipo de hombre era. Esto se encuentra en Hechos 20:17–27. Aquí tenemos la forma en la que Pablo veía su propio ministerio. Él veía el ministerio en perspectiva, y lo veía en cuatro dimensiones diferentes: veía su ministerio como relacionado con Dios; con los salvos; con los perdidos; y con él mismo. Todas estas eran perspectivas espirituales. Veía el ministerio por ser lo que este era, un ministerio hacia cada una de estas áreas.

Y no necesitamos más que esto. Sé desde el fondo de mi corazón que, si de algún modo yo estuviera en la misma posición que Pablo en Hechos 20, y real y totalmente, con toda honestidad, sintiera estas cuatro dimensiones del mismo modo que él las sintió, entonces el mundo no sería capaz de soportar el impacto de mi propia vida. Y esto es cierto de ustedes también, porque estas cuatro cosas, tan simples como son, constituyen el corazón del éxito del hombre.

El lugar es Mileto, versículo 17, Pablo está concluyendo su tercer viaje misionero, la iglesia está siendo plantada en todo el mundo, y esta es la historia del Libro de los Hechos. Para entonces ya había alcanzado al mundo gentil. Pablo mismo ha sido el agente de toda esta plantación, estableciendo iglesias por todo el este del área del Mediterráneo.

Y ahora regresa de su tercer viaje misionero bajo gran persecución y dificultades; llega a Mileto, en su camino a Jerusalén. Tiene mucho dinero que va a dar a los santos pobres de Jerusalén de parte de una iglesia gentil, quiere unir a las dos y mostrar así su amor. Lleva todo este dinero con él, y lo acompañan algunos otros hombres quienes representan a la iglesia gentil, se dirigen a Jerusalén y quieren llegar a tiempo para la fiesta de Pentecostés. Pero tiene que hacer escala en Mileto por dos días. Mileto estaba en la costa de Asia menor, cerca de Éfeso.

Así que dice el versículo 17: "manda a Éfeso y llama a los ancianos de la iglesia". Esto estaba a unos 45 kilómetros de distancia, pero pide a los ancianos que desciendan porque tiene algunas cosas que les quiere decir antes de partir. Pablo piensa que esta va a ser la última vez que los vea. Sabe que las iglesias están creciendo, que se están reproduciendo a sí mismas, se han establecido ancianos en cada ciudad, sabe que el fruto ha comenzado a surgir y que para entonces habrá una segunda o tercera generación de creyentes, sabe que su trabajo primario ha quedado concluido. También está consciente de que los judíos lo están juzgando ya, han iniciado una tórrida persecución en su contra. Todo esto hace que él sienta que esta es su despedida, quiere darles una última palabra a los ancianos de Éfeso con quienes previamente estuvo ya por tres años, y esta también es la razón por la que los ama profundamente. Así que los hace llamar.

Entonces en el versículo 18 les anuncia el asunto de su reunión. Llegaron de hacer un recorrido de 45 kilómetros y: "Cuando vinieron a él, les dijo: Vosotros sabéis cómo me he comportado entre vosotros todo el tiempo, desde el primer día que entré en Asia". En otras palabras: "Ustedes conocen mi estilo de vida, saben los patrones de mi vida y ministerio".

Y entonces les dice: "Ahora les voy a recordar esos patrones, porque deben convertirse en patrones dentro de su vida y ministerio". Les dice: "Ustedes saben cómo me he comportado todo el tiempo, ustedes conocen mis prioridades. Ahora permítanme recordarles cuáles deben ser sus prioridades". Así que inicia diciendo: "Esta es la forma en la que me he conducido, y esta también es la forma en la que ustedes deben conducirse como líderes de la iglesia". Y esto nos hace regresar a la verdadera pregunta acerca de qué es el liderazgo: Ejemplo.

"Saben cómo lo hice, y permítanme decirles y recordares, porque esta es la forma en la que ustedes deben hacerlo". Ahora, ¿cómo es que él veía su

10_La visión de ministerio de Pablo. Parte 2: evangelismo y sacrificio

ministerio? Cuatro maneras, hacia Dios, hacia la iglesia, hacia los perdidos, y hacia sí mismo.

El ministerio hacia Dios

Y como vimos la última vez, él veía su ministerio como un servicio al Señor. Su forma de verlo hacia Dios era que durante todo el tiempo que ministró, lo que él mantenía en mente era: "No estoy sirviendo a hombres, no estoy sirviendo a los caprichos y fantasías de la gente, yo estoy sirviendo al Señor. Así que cualquier cosa que el Señor me diga que tengo que hacer, la haré sin preocuparme acerca de lo que la gente vaya a decir".

Esto es algo muy grande que tenemos que aprender. El ministerio era para el apóstol Pablo servicio al Señor. Se veía a sí mismo dentro de su mente como un siervo. En Romanos 1:1 dice: "siervo de Jesucristo", pero en el versículo 9 dice: "testigo me es Dios, a quien sirvo en mi espíritu". No solo servía a Dios externamente, sino internamente. Se veía a sí mismo como un esclavo, y usa el término *doulos* una y otra vez. Esta palabra griega significa esclavo, un esclavo preso, un esclavo sin derechos. Esta era la forma en la que se veía, sirviendo a Dios como un esclavo.

Ahora, el pensamiento de un siervo es este: "Yo solo obedezco órdenes". Este es un esclavo. Por lo tanto, el pensamiento de ministerio cristiano debe ser obediencia. Dios da las órdenes y yo las cumplo, no me preocupo por cuales van a ser las reacciones, no me preocupo acerca de qué es lo que la gente va a decir, no busco agradar a los hombres. En Gálatas 1:10 Pablo nos dice: "si todavía agradara a los hombres, no sería siervo de Cristo". Vemos que lo que nos dice es: "Tengo que servir a Dios". Esta es la mentalidad de un siervo: "Él da órdenes, yo las ejecuto legítimamente".

Pero lo más bello en todo esto es que no solo lo hacía exteriormente, sino que amaba hacerlo desde muy dentro de su ser. Él tenía un espíritu de obediencia dentro de sí, y obedecía exteriormente. Nunca cambió el mensaje de Dios, nunca alteró sus planes a causa de algún hombre. Creía que Dios le había dado algo que tenía que hacer y él lo tenía que cumplir.

Pero tristemente —lo debemos admitir— a través de la historia la iglesia se ha retraído muchas veces debido a los caprichos de los hombres. Han adulterado todo tipo de ministerios porque han preferido esto que ofender a los hombres. De hecho, es sorprendente cómo en ciertas ocasiones hacen su mejor esfuerzo para hacer las cosas agradables al grado que pierden todo su significado.

Pienso en el siglo XVII con los sacerdotes jesuitas que fueron a China. Llegaron a China y se sintieron tan sorprendidos por la magnífica cultura de los chinos y con el carácter de élite de estas personas, que sintieron que el evangelio básico sería ofensivo para ellos. La historia nos cuenta que los jesuitas decidieron reescribir el evangelio, omitieron todo aquello que sintieron que era ofensivo para los chinos, incluyendo la crucifixión, y muchas otras cosas.

Y, saben, esto continúa hasta nuestros días. La realidad es que no existe tal tipo de servicio a Jesucristo. El servicio a Jesucristo es completa esclavitud, y sin importar cuales sean las órdenes, debemos servir con un espíritu de obediencia. Así era como Pablo veía su ministerio, no como algo para agradarse a sí mismo, sino buscando siempre agradar a Dios.

Ahora, en el versículo 19, vemos dos ingredientes para esto, aquí llega su primera declaración. Hacia Dios dice: "Sirviendo al Señor". Así era como él veía su ministerio hacia Dios, era de servicio a Cristo. "Sirviendo al Señor" —pero aquí llegan los dos ingredientes— "con toda humildad, y con muchas lágrimas, y pruebas que me han venido por las asechanzas de los judíos". Aquí nos dice que hay dos cosas que van incluidas dentro del servicio, humildad y sufrimiento. Y el sufrimiento viene de dos fuentes, de dentro y de fuera: de dentro, lágrimas; del exterior, persecución.

Pablo se dio cuenta que su servicio conllevaba dos cosas, humildad y sufrimiento. La humildad es básica para ser un siervo. No puedes ser efectivo como siervo a menos que te veas a ti mismo como inferior a tu amo. Tiene que ser de este modo. No te puedes ver a ti mismo en términos de una servidumbre honesta a menos que te veas a ti mismo en sumisión a Aquel que es tu Señor. Esto es básico, y Pablo se veía a sí mismo de esa manera. Y decía que aun en eso se gloriaba.

Es decir, en ocasiones él se gloriaría y diría: "Solo me glorío en el Señor. No me glorío por lo que es el siervo, me glorío por Aquel a quien el siervo sirve. Me emociona el simple hecho de servir a Rey de reyes".

Esto es básico para todo ministerio cristiano, una enorme conciencia de que no es nada más y nada menos que servir al Señor de señores y al Rey de reyes. Este es un llamado muy alto, ser llamado a su presencia para ser su siervo personal. Pero es servicio y este involucra humildad.

Esta es la razón por la que Pablo da todas las listas de ministerios. En Romanos 12 dice: "Lo primero que tienes que hacer es no pensar más de ti de lo que debes pensar". ¿Por qué? Porque si lo haces, no te vas a poder someter como un siervo.

Permítanme ilustrar esto al mostrarles cómo veía Pablo su ministerio. En 1 de Corintios los corintios se habían dividido en grupos. Este es el primer ejemplo de denominacionalismo. Ya estaban teniendo todo tipo de líos, disputas, divisiones y pleitos, y la razón era que se habían dividido en grupos. En 1 de Corintios 1:12 dice: "Quiero decir, que cada uno de vosotros dice: Yo soy de Pablo" —soy un paulista, cualquier cosa que él diga la hago y digo que es a él a quien deben seguir; otro dice— "y yo de Apolos" —soy un apolista, y deben seguir a Apolos; y otros decían— "y yo de Cefas" —es decir, Pedro; pero había por ahí unos de los que siempre hay, que decían— "y yo de Cristo" —pero estos eran tan contenciosos como los demás.

Entonces Pablo les dice: "¿Acaso está dividido Cristo? ¿Fue crucificado Pablo por vosotros? ¿O fuisteis bautizados en el nombre de Pablo?" (versículo 13). ¿Cómo pueden dividirse de esta manera? Más adelante, en el 3:5, hace una declaración grandiosa que en ocasiones se nos olvida dentro de la interpretación general de este pasaje, dice: "¿Qué es Pablo y qué es Apolos?"

Esto me gusta. Simplemente dice: "¿Piensan que somos algo? ¿Quién soy yo? No soy nada, absolutamente nada". Si tu tuvieras un producto fantástico aquí y lo quisieras pasar para acá, el embudo por el que lo viertes no tiene que ver nada con él, simplemente está allí. Pablo dice: "No soy nada, solo estoy ahí para que Dios pueda llegar a ustedes por medio de mí. No soy otra cosa más que un canal. No hay ninguna gloria en mí". "¿Qué, pues, es Pablo, y qué es Apolos?" —esto me encanta— "Servidores por medio de los cuales habéis creído; y eso según lo que a cada uno concedió el Señor". "Nosotros no lo hicimos, simplemente estuvimos ahí". Siervos, *diakonos*, significa servidores. Somos siervos, esto es todo, y es la única manera en la que deben ver su ministerio.

Porque, para empezar, como puedes ver tu fidelidad al Señor es básica, porque eres un siervo. Si no obedeces al Señor, amigo, cualquier cosa que hagas no se le comparará, porque básicamente eres un siervo. Y si tú no sirves, entonces ¿qué haces? Esto es básico. Así que dice, somos siervos, y por lo tanto no somos nada. Él tenía el espíritu de siervo cuando fue a Corinto. En 1 Corintios 2:1-2 dice: "Cuando fui a vosotros para anunciaros el testimonio de Dios, no fui con excelencia de palabras o de sabiduría. Pues me propuse no saber entre vosotros cosa alguna sino a Jesucristo, y a éste crucificado". ¿Por qué? "Para que vuestra fe no esté fundada en la sabiduría de los hombres" —versículo 5— "sino en el poder de Dios". "No estoy buscando seguidores de mi persona, busco seguidores de Cristo".

Lo peor que un hombre puede hacer es demandar lealtad para él mismo. Esto solo provoca divisiones dentro de la iglesia. Lo único en lo que debes estar interesado es ser un siervo fiel a Jesucristo, de tal modo que todo lo que hagas señale a su persona y no a ti mismo.

El ministerio hacia la iglesia

Pablo se vio primero a sí mismo como un siervo del Señor. En términos del tipo de servicio, es un ministerio profundo, *doulos*, él era un esclavo y amaba cada parte de ello; segundo, y seguimos repasando, él vio su ministerio hacia la iglesia también. Conocía cuál era la prioridad hacia la iglesia, y dijimos en Hechos 20:20, que él veía su ministerio hacia la iglesia como enseñanza. Hacia Dios era servicio, hacia la iglesia era enseñanza. Versículo 20: "y cómo nada que fuese útil he rehuido de anunciaros y enseñaros, públicamente y por las casas".

Ahora vean esto, dice: "les he anunciado y enseñado". ¿Qué logran ver aquí? ¿Cuál es nuestra palabra para liderazgo? Ejemplo. No es simplemente decirlo, sino serlo. El corazón del asunto es serlo. Así que el corazón de todo cristiano no es lo que dice, sino lo que es. Esto es lo que hace la diferencia.

Ahora Pablo dice: "Les he enseñado y les he mostrado mi vida; les he enseñado públicamente y de casa en casa". Aquí él está hablando de su relación con la iglesia. "Nada que fuese útil he rehuido de anunciaros y enseñaros". Y pueden decir, bien, ¿qué es útil? Les diré qué es útil, 2 Timoteo 3:16, "Toda la Escritura es inspirada por Dios, y útil". Toda la Escritura, así que Pablo la ha enseñado públicamente, de casa en casa enseñó, enseñó, enseñó. ¿Qué era útil? La Palabra es útil, eso fue lo que enseñó. Y él mismo fue el que dijo esto en 2 Timoteo 3:16, entonces sabemos que se estaba refiriendo a toda la Escritura.

Para Pablo, todo dentro de la iglesia tenía carácter de enseñanza. Cuando le escribió a Timoteo y le dijo cómo debía administrar su iglesia, le dijo: "Tú continúa leyendo el texto, explicando el texto hasta que yo llegue". Tiempo después le escribió y le dijo: "Predica la palabra a tiempo y fuera de tiempo, predícala cuando se supone debes hacerlo y cuando se supone que no, simplemente mantente predicándola".

Pablo enseñó en dos lugares específicamente: públicamente, recuerdan que estuvo en la escuela de Tirano; y de casa en casa, fue a los hogares a reforzar lo que era su enseñanza. Muestra su amor por el ministerio, y este amor se manifiesta comunicando la verdad divina.

Esto lo expresa Pablo en otro versículo, en 1 Corintios 4, y no puedo pasar por alto el punto sin mostrárselo, ya que es básico a este concepto en particular. En 1 Corintios 4:1 dice: "Así, pues, téngannos los hombres". En otras palabras, cuando sean escritos los libros, y quieran escribir nuestro nombre, digan que nosotros somos así: "Servidores de Cristo, y administradores de los misterios de Dios". Volvemos a ver aquí la palabra servicio, siervos de Cristo, y administradores de los misterios de Dios. ¿Qué es un misterio? Es algo que estaba escondido y luego fue revelado. Esto es la Biblia, es un gran lote de misterios revelados. Nosotros somos administradores de la Biblia.

Si yo soy un ministro, yo soy un mayordomo de esto. Y preguntamos, ¿qué es un mayordomo? Digamos que ustedes vivieran en el tiempo de Pablo, lo pondremos en este contexto, y ustedes tuvieran una bonita casa, tierra, algunos siervos, en aquellos tiempos les crecería la casa porque los niños crecerían, se casarían, y vivirían en el mismo lugar, es decir ellos harían algunas adiciones a esta casa. Entonces la familia crecería cada vez más dentro del mismo pedazo de tierra, y digamos que tuvieran animales, y muchas otras cosas; muchos siervos, mucha comida, muchas cosas que ocurrirían allí al mismo tiempo, y junto con esto tuvieran algún negocio. Pero si ustedes fueran los dueños de la casa, para que pudieran tener todas estas cosas al día necesitarían estar ahí trabajando. Entonces para ayudarse pondrían gran parte de las operaciones a cargo de un mayordomo que estuviera a cargo. Él pagaría los salarios de los empleados, establecería los tiempos de trabajo, y determinaría cuales serían los trabajos prioritarios. Desde luego que ustedes trabajarían con él, pero él sería el encargado de todo cuando ustedes tuvieran que salir por algún motivo de la ciudad. Se aseguraría de que nadie comiera de más para que nadie se quedara sin comida, porque, en muchos casos, la casa debía suplir sus propias necesidades. Entonces se debía asegurar de que todo estuviera dispuesto dentro de una dieta balanceada, trabajaría con los encargados de la cocina, así como con los encargados de los campos, con los que cuidaban los animales, etc., etc. Él era el encargado de todo lo que ocurría dentro de una casa grande.

Por eso continúa Pablo diciendo en 1 Corintios 4:2, "Ahora bien, se requiere de los administradores" —o mayordomos— "que cada uno sea hallado fiel". Con esta explicación podemos entender el porqué de esto. Si tú le entregabas toda esta responsabilidad a esta persona y resultaba que no era fiel, encontrarías un desastre cuando regresaras. Esta era la razón por la que el Señor tiene que tratar tan seriamente con el siervo a quien se le ha dado la responsabilidad de administrar. ¿Recuerdan la parábola de los talentos y al hombre que fue y enterró el suyo? No hizo lo que debía, se le dio para que produjera más, pero no multiplicó lo que le fue dado. Fue infiel en la administración que le fue dada, solo la atesoró.

Es por esto que el administrador tiene que ser fiel, una persona de confianza. Y si no puedes confiar en él, simplemente podría robar de la caja de efectivo, podría robar comida, y hacer todo un desastre. Era forzoso que fuera fiel. Pero básicamente, todo el carácter de su trabajo era el de un administrador de algo que no le pertenecía, solo lo administraba.

Como ministro tú eres un administrador, yo soy un administrador. Y puedes preguntarte, de qué soy yo administrador. Soy administrador de los misterios de Dios, soy administrador de este libro. Dios ha dicho, John MacArthur, te he dado este libro y te he dado algunas personas, por lo que todos los que en este momento están sentados delante de mí, para mí son un regalo de Dios. Y Dios me dice, alimenta a estas personas con este libro. Esto es ser administrador. Ahora, yo me voy a ir al cielo, pero antes de eso pienso dejar este Espíritu dentro de ustedes porque se necesita este tipo de Espíritu para hacerlo. Entonces será su administración y ustedes serán responsables de realizarlo, y para ello se requiere más que todo que sean fieles.

Y esto me ayuda a simplificar mi ministerio. ¿Saben cuál es mi ministerio? Es hacer que este libro que tengo en la mano pase a sus corazones. Este es mi ministerio. Simple, ¿no lo creen? Esta es exactamente la forma en la que Pablo vio su ministerio hacia la iglesia. El ministro es un administrador de los misterios de Dios, o bien ministra estos misterios para que con esos misterios la gente pueda aprender, sea alimentada, y crezca.

Alguno dirá: "¡Qué gusto que no estoy dentro del ministerio! Porque no quiero ser un administrador". Pero debo decirte que eres un administrador y estás dentro del ministerio. Puede ser que no seas pastor, pero sí eres un siervo del Señor. ¿Tienes dones espirituales? El ejercer estos dones es lo que administras, y si no lo haces fielmente entonces eres un administrador infiel.

Se nos han confiado muchos bienes que no nos pertenecen, le pertenecen al Señor y son para ser entregados a otras personas, para traer bendición a toda su casa. Piensa en esto en un término simple, eres un padre, vives dentro de un hogar, eres un padre cristiano, eres un administrador de los misterios de Dios para tu familia. Este es el libro que debes enseñar a tu familia. Si no lo haces, entonces eres un administrador infiel. Esto es lo suficientemente claro. Así es como funciona la vida cristiana. Somos los encargados, administradores, de entregar lo que Dios nos ha dado, debemos darlo a aquellos que lo necesitan y a aquellos que están bajo nuestro cuidado.

De hecho, específicamente para el pastor, estas palabras son de Pablo a Tito, en Tito 1:7, "Porque es necesario que el obispo sea irreprensible, como administrador de Dios". En otras palabras, el pastor se debe dar cuenta de que no está a cargo de su propia vida, el solo administra los misterios de Dios.

Digo con frecuencia que no puedo entender cómo un hombre que está en el púlpito se puede ver a sí mismo como otra cosa que no sea como alguien que solo entrega la verdad de Dios. Esta es una de las razones por las que digo que la única manera de ejercer este ministerio es de manera expositiva, porque es la única manera en la que puedes entregar todo. Esto es lo que Pablo dice en Hechos 20:27, "porque *no he rehuido* anunciaros todo el consejo de Dios". Se trata de entregar el alimento espiritual tal y como Dios determinó que se entregará.

Y pienso que cuanto más hagan esto, menos divisiones van a tener, porque esto significará que no se entrometen con lo que debe ser enseñado. No van a querer crear nada que se parezca en lo más mínimo a ser un seguidor de John MacArthur. Lo que yo quiero es crear seguidores de Cristo. Y si ustedes no pueden verlo a través de mí, entonces quiere decir que yo no he cumplido mi trabajo, que en realidad no he cumplido con mi administración.

Cuanto menos se meta el predicador entre la Palabra y esto, mejor. Cuando comprenda que el dueño de la casa es el que provee el alimento, entonces comprenderá que Dios es quien debe hablar. El predicador quedará más satisfecho cuando su persona es eclipsada por la luz que brilla desde

10_La visión de ministerio de Pablo. Parte 2: evangelismo y sacrificio

la Escritura y cuando su voz quede ahogada por la voz de Dios. Así que, ¿qué es lo que el administrador debe hacer?

Bien, él es encargado de entregar el menú completo. No es que él alimente a su gente con una dieta continua de lo mismo, no hace que su gente engorde o se debilite por darle un montón de información que no puedan entender. Él se encarga de dar una dieta equilibrada. Entonces vemos que este es el corazón de Pablo y es lo que Dios quiere. Pablo ve su ministerio hacia la iglesia y, ¿qué es lo que él dice? "Y cómo nada que fuese útil he rehuido de anunciaros y enseñaros". Lo enseñó públicamente y de casa en casa, lo enseñó y lo vivió. Esta es la clave.

Solo hay tres formas de aprender verdad, o solo hay tres posibles fuentes de verdad. ¿Cuáles son? Bueno, la primera es la especulación humana. Esta es en la que muchas personas se apoyan. Dicen: "Pienso que esto es verdad, yo creo que esto es así". Dicen cualquier cosa que hayan escuchado de otra persona, y siempre me pregunto, ¿cómo pueden ser tan tontos como para creer que lo que ellos creen es, por lo tanto, creíble?

Escuchen a alguien en una entrevista, los pueden escuchar en la radio. Estaba yo escuchando hace algunos días a un hombre que decía: "Yo creo que… En mi opinión…" Pero esto es algo que no tiene ninguna esperanza. ¿No creen que es terrible tener que decir esto por delante de todo pensamiento que presentemos? Es mejor decir, esto es lo que la Biblia dice. Esto es lo que más me agrada. Esto es hablar con autoridad. Muchas personas no pondrán sus esperanzas en la especulación humana, es la arena movediza de la filosofía, no tiene ningún peso, ninguna autoridad.

Después tenemos otro tipo de personas que dicen: "No, no se debe confiar en la especulación humana, es la iglesia por medio de quien la verdad llega, la iglesia es la institución infalible". Y los católicos romanos han estado intentando convencer a la gente de esto por muchos años, pero no todos lo hemos creído, ¿verdad? Ellos dicen que todo lo que sea verdad tiene que ser declarado como tal por el Papa, y si él dice que es verdad, lo es.

El Dr. Chriswell viajaba en un tren de Múnich a Zúrich. Él es el pastor de la Primera Iglesia Bautista de Dallas, y ahí escribió este testimonio. Dijo: "Me senté en el camarote con un monje católico quien fue traído a Detroit, pero vivió 13 años de su vida en Roma. Era miembro de la orden benedictina y fue entrenado para el oficio del sacerdocio por medio de un curso de 15 años" —esto es un curso muy largo— "Me sentí privilegiado por la oportunidad, aun cuando estaba un tanto dudoso acerca de cuál sería el resultado de nuestra conversación. Verán, recientemente acababa de leer el editorial de una famosa revista nacional que decía que cuando preguntas a un católico romano acerca de su fe, sus respuestas son claras y lúcidas; pero que cuando le preguntas a un protestante acerca de su fe, sus respuestas son siempre confusas. Pensé, 'Este es un monje benedictino bien entrenado, estaré en una no muy cómoda desventaja, pero ésta es la única oportunidad que tengo', así que comencé".

"El Papa acababa de hacer una tremenda declaración en Roma en la cual anunció el hecho de que cuando llegara el 1 de noviembre de este año, formalmente promulgaría el dogma de la asunción corpórea de María al cielo". Es decir, que ella no murió, sino que ascendió como Jesús.

"El Papa en esa ocasión lanzó una declaración muy clara a aquellos dentro de la congregación de los fieles quienes estaban argumentando en contra de esa doctrina. El Papa decía que él estaba proponiendo promulgar ese dogma y que cuando lo hiciera, desde luego, eso sería inmediatamente verdad e infalible".

"En cuestiones morales y de fe, el Papa está por encima de toda imperfección o error. Todo esto quiere decir que la persona que es católico romana tiene que creer en esto o de lo contrario será acusada de pecado mortal. Entonces le pregunté a este sacerdote que cómo él sabía que este dogma de la ascensión de María al cielo era verdad. A lo cual él contestó que creía que era verdad por el solo hecho de que la iglesia estaba diciendo que era verdad".

"Entonces me dijo: 'Usted debe tener fe', y me preguntó que si acaso yo no recibía mis convicciones por medio de la fe. Le contesté que sí, que las recibo por fe, pero que tengo una razón, tengo una prueba de lo que yo creo. Entonces me preguntó: '¿Cuál es tu prueba?' Y le contesté: 'Tengo el Nuevo Testamento, y en el Nuevo Testamento Jesús es visto más claramente por medio de las páginas de los libros que incluso si yo hubiese estrechado mi mano con él y hablado con él cara a cara'".

"Continuó la conversación y le dije: '¿Cuál es la prueba que usted tiene para la declaración de la ascensión corpórea de María al cielo?' Al no ser capaz de responder esta pregunta más allá de la misma confesión de que es verdad porque el Papa lo había dicho, cambiamos de tema para hablar de otras cosas como su naturaleza. En cada instancia, ya sea que discutiéramos acerca de la inmaculada concepción de María, —es decir, que incluso ella nació de una virgen— su matrimonio con José, el Santo Bambino, o la doctrina de la transustanciación, para mi sorpresa, él no tenía ningún otro fundamento para su fe que el dogma promulgado por la iglesia, y esto cuando era hecho por lo que ellos llaman *la infalibilidad del Papa*".

Ahora, aquí tienen ustedes una ilustración de otra fuente posible de la verdad, y esta es por medio de la infalible fuente humana. Ninguna de estas funciona conmigo. La única fuente de verdad infalible es una revelación bíblica. Si Dios es verdad y si Dios habla verdad, entonces cuando nosotros tenemos esta verdad, es cuando obtenemos lo que estamos necesitando. Todo lo que necesitamos saber acerca de la verdad se encuentra básicamente ahí. Y si esto es verdad, entonces podemos decir, ¿qué hace una persona en el ministerio si no está enseñando la Escritura?

10_La visión de ministerio de Pablo. Parte 2: evangelismo y sacrificio

Pablo sabía qué era lo que él tenía que hacer. Los hombres más nobles de Dios son los administradores quienes entregan la Palabra, así como los más nobles que estaban en Berea, eran nobles porque ellos escudriñaban las Escrituras diariamente, Hechos 17:11.

El ministerio hacia los perdidos

Entonces, tercero, hacia los perdidos. ¿Cuál era la forma en la que Pablo veía su ministerio? Hacia Dios era servir al Señor, hacia la iglesia era la enseñanza, y hacia los perdidos era el evangelismo, versículo 21. Pablo veía su ministerio, no solo en referencia a los cristianos, sino que también hacia los que no son salvos, sabía que tenía una obligación para con el mundo. Versículo 21: "testificando a judíos y a gentiles acerca del arrepentimiento para con Dios, y de la fe en nuestro Señor Jesucristo".

Aquí tenemos el evangelio: "Arrepiéntete de tus pecados y pon tu fe en Cristo". Esto era lo que él predicaba a los judíos y a los griegos de la misma manera. Y si ustedes conocen 1 Corintios 9, saben que Pablo verdaderamente estaba cargado con su predicación. Dice en 1 Corintios 9: "No me glorifiquen a mí por predicar, la necesidad está impuesta en mí. Ay de mí si no predico el evangelio. Esto es a lo que Dios me ha llamado, esto es lo que Dios me dio para hacer, ésta es la pasión de mi corazón". Y derramaba lágrimas cuando decía en Romanos 9: "Deseara yo mismo ser anatema, separado de Cristo, por amor a mis hermanos, los que son mis parientes según la carne, esto es Israel".

Esto muestra que en realidad tenía una carga fuerte por los perdidos. En Romanos 1:14-16 dijo, "A griegos y a no griegos, a sabios y a no sabios soy deudor". Y les dice: "Pronto estoy a anunciaros el evangelio también a vosotros que estáis en Roma. Porque no me avergüenzo del evangelio". El evangelio es la historia de la cruz, la resurrección, y el mensaje de salvación. No todo es el evangelio.

Creo que los cristianos lo han usado así, pueden decir: "Yo predico el evangelio", o predicas un sermón acerca de cualquier cosa, y te dicen: "Gracias por predicarnos el evangelio". Pero yo les diría ese no es el evangelio. El evangelio es, Jesús murió y resucitó para justificarnos. Ese es el evangelio, pero hay muchas otras buenas cosas que no son el evangelio. Y el evangelio es bueno, no salgas de aquí diciendo, "John MacArthur no cree en el evangelio". El evangelio es bueno, creo en el evangelio, pero no todo es el evangelio, hay otras cosas.

Abraham se fue de Ur a Canaán, y eso no es el evangelio. Eso solo era Abraham yendo para allá. Eso simplemente es otra cosa, es historia, pero no todo es el evangelio. Así que no siempre digas, "Bueno, ese es el evangelio", o "Él predicó el evangelio", porque el evangelio se relaciona directamente con el plan de salvación, la obra de Cristo sobre la cruz y la resurrección.

Pero, de cualquier manera, esto fue lo que Pablo les decía a los incrédulos: Arrepiéntanse de sus pecados y dirijan su fe hacia nuestro Señor Jesucristo. Y ahora tenemos estos dos lados de la moneda. Una pequeña nota, la palabra "testificando" que vemos ahí es un verbo compuesto que significa "testimonio completo". Y pienso que es importante señalar que la presentación de Pablo del evangelio siempre fue completa, nunca fue chapucera, nunca fue desaliñada, nunca hubo en ella falta de ingredientes.

Ahora tenemos dos lados del mensaje del evangelio, el lado negativo es este, arrepentimiento. Y dirás, ¿qué significa el arrepentimiento? Bien, la palabra es *metanoia*, significa cambiar tu mente. Significa estar pensando una cosa y cambiar el pensamiento a lo que es completamente opuesto. No significa: "Bueno, él se arrepintió, hizo un cambio dando un giro de 10 grados". No, significa un cambio de 180 grados, ir de un lugar al otro que está completamente opuesto, cambiar de pensar acerca de ello, valorar a Cristo y revertir las cosas. Y, créanme, este es el primer aspecto en la experiencia de un hombre de la salvación. No es el primer aspecto en la salvación, el primer aspecto en la salvación fue el llamado de Dios, el decreto de Dios. Pero el primer aspecto en la experiencia del hombre es cuando él se vuelve de su pecado hacia Dios, se arrepiente de sus pecados.

Algunas personas dicen que el arrepentimiento no es necesario, que alguien puede ser salvo sin arrepentirse de sus pecados. Pero yo hallo esto muy difícil de aceptar. Y la razón es múltiple, hay muchos versículos. Lucas 24:47 nos habla de la importancia del arrepentimiento. Dice: "que se predicase en su nombre el arrepentimiento y el perdón de pecados en todas las naciones".

Jesús dijo que esta era la gran comisión y envió a sus discípulos a predicar arrepentimiento y perdón a todas las naciones. Si esto no fuera importante no hubiera mandado que se predicara a todo el mundo. Y si el arrepentimiento no fuera una parte crucial del evangelio, así como el perdón, no lo hubiera puesto dentro del mismo contexto.

Y, de hecho, en Hechos 17:30 Pablo dice esto: "Dios manda a todos los hombres que se arrepientan". No puedes ser salvo sin arrepentirte de tus pecados, la salvación es un cambio de mente de vivir para el pecado, a vivir para Dios. Esto es lo que es la conversión. Esto es lo que me hace pensar que no podemos decir que el arrepentimiento no es necesario. A veces, cuando presentamos a Cristo, cuando le decimos a la gente que crea en Jesús, no enfatizamos el asunto de la necesidad de arrepentirse del pecado. Cuando alguien se "convierte" sin haberse arrepentido, me pregunto si su conversión fue real. Pero si en realidad se han arrepentido de corazón puedo asegurar que su conversión es real.

Jesús nos da esta declaración en Lucas 13:3, escuchen, "Os digo: No; antes si no os arrepentís, todos pereceréis igualmente". Esto suena claramente a que el arrepentimiento tiene que estar presente.

10_La visión de ministerio de Pablo. Parte 2: evangelismo y sacrificio

En 2 Pedro 3:9, "El Señor no retarda su promesa, según algunos la tiene por tardanza, sino que es paciente para con nosotros, no queriendo que ninguno perezca, sino que todos procedan al arrepentimiento". Debe haber un cambio total del pecado. Luego entonces, el arrepentimiento es un acto consciente del pecador, por medio del cual él cambia de dirección, del pecado hacia caminar con Dios. Está enfermo de su pecado y se da cuenta de ello. Esto involucra tres cosas: el intelecto, la emoción y la voluntad. Permítanme precisar esto.

Primero que nada, pienso que el arrepentimiento inicia con el intelecto, tienes que cambiar de forma de pensar. Esto es lo que significa la palabra, cambiar de forma de pensar. En la ilustración que tenemos en Hechos 2, las personas de Jerusalén acababan de asesinar a Cristo. Bueno, en realidad los que llevaron a cabo el acto fueron los romanos, pero ellos son acusados de haberlo matado de acuerdo a lo que Pedro les dice en Hechos 2:23. La realidad es que ellos lo provocaron. Ellos habían hecho un juicio y al tener que enfrentar su pecado prefirieron decir que Jesús era un fraude, dijeron: "Él no es nuestro Mesías".

Así que viene Pedro con su majestuoso sermón de Hechos 2 y dice, ahora quiero que cambien su forma de pensar respecto a Jesús. Entonces los aborda de manera intelectual, les entrega todos los hechos, y les dice cómo se cumplieron profecías en todo esto. Les está diciendo: "Usen su intelecto, su razón". Y en Hechos 2:36 hace un resumen: "Sepa, pues, ciertísimamente toda la casa de Israel, que a este Jesús a quien vosotros crucificasteis, Dios le ha hecho Señor y Cristo".

En otras palabras: "Aquí están los hechos. Hagan un análisis y verán que Él es el Mesías sin importar lo que ustedes piensan. Esto es intelectual. No se pueden arrepentir sino hasta que conozcan los hechos". En otras palabras: "Si ustedes lo están viendo de esta manera cuando lo debieran de ver en esta otra, deben saber que la forma en la que ustedes lo ven es la equivocada".

De modo que él dice: "De manera intelectual, cambien su modo de pensar acerca de Jesucristo, cambien su evaluación. Ustedes dijeron que no era el Mesías, la evidencia dice que sí es. Eso es intelectual, cambien su mente". Y ahí es donde todo comienza, el arrepentimiento comienza aquí, cuando tú eres expuesto al evangelio y eres colocado en el punto en donde dices: "Creo que Jesucristo sí era quien dijo ser".

Pero también llega la parte emocional. Y pienso que dentro del arrepentimiento hay una respuesta emocional. Esto es ilustrado con el siguiente versículo, en Hechos 2:37, "Al oír esto, se compungieron de corazón, y dijeron a Pedro y a los otros apóstoles: Varones hermanos, ¿qué haremos?" En realidad, estaban desgarrados.

¿Saben por qué? ¿Porque Pedro se puso emocional y predicó un sermón realmente dramático? No, no. La razón por la que estaban desgarrados fue porque reconocieron que ellos habían ejecutado al Mesías, entendieron que estaban completamente en contra de Dios, y esto los atrapó. Se enteraron de su verdadera situación. Podemos decir entonces que, en todo arrepentimiento honesto, hay una reacción emocional. No todo el mundo sale corriendo y anda llorando por todos lados, pero hay una emoción, un reconocimiento que es tremendamente emocional al darte cuenta de que estabas viviendo en rebelión en contra de Dios. Lo emocional es parte de ello.

Y luego, el tercer aspecto del arrepentimiento, el cual es la clave, es la voluntad. Es buena la parte intelectual, es correcta, es conocer acerca de Jesucristo y saber que estás equivocado. Entonces llegar al punto emocional y sentir el dolor, y todo lo que involucra. Pero la tercera cosa que tiene que llegar en algún punto es la voluntad.

Como con el hijo pródigo quien dijo, estoy aquí parado en el chiquero de los puercos, esto no es nada bueno. Y en la casa de mi padre, él tiene tantas cosas y me quiere mucho. Me levantaré e iré a mi padre. Y fue en ese momento que salió del chiquero de los puercos y fue a recibir la bendición. Tuvo que activar su voluntad; pudo haber estado caminando de aquí para allá condoliéndose de las circunstancias todo el día, y pudo incluso pensar en todas las cosas buenas que había en casa de su padre, pero en lugar de esto, se levantó y fue.

Entonces el arrepentimiento involucra el intelecto, en donde tú sabes que estás en la posición incorrecta, involucra las emociones donde te sientes mal por este hecho, e involucra la voluntad pues cambias de dirección para dirigirte en la dirección opuesta.

Permítanme adelantarme para decir esto, no debes confundir el arrepentimiento con el remordimiento. Pienso que la razón por la que algunas personas quieren sacar el arrepentimiento de la fórmula de salvación es porque ellos lo confunden con algo meramente emocional. Pienso que, en efecto, como ya dije, involucra las emociones, pero eso no es todo.

El remordimiento, todos nosotros lo sabemos, es pecado. El remordimiento es tristeza por las consecuencias del pecado. ¿Lo entienden? En contraste, el arrepentimiento es condenar al pecado que trajo las consecuencias. El remordimiento es diferente.

En nuestra versión Reina Valera dice en Mateo 27:3 que "Judas devolvió las monedas arrepentido". Pero la realidad es que la palabra que se usa en el griego debiera ser mejor traducida como "devolvió las monedas con remordimiento". Mucha gente tiene remordimientos, pero no se arrepiente. Judas nunca se arrepintió, no lo hizo. ¿Acaso se nos muestra alguna vez haciendo una evaluación de sí mismo y de Cristo en donde dijera tengo que cambiar mi forma de pensar? El nunca cambió de vivir para el pecado a vivir para Dios y poner su fe en Cristo. No, solo tuvo remordimientos, tuvo remordimientos por todos los problemas que había acarreado hacia su vida. Pero el remordimiento

10_La visión de ministerio de Pablo. Parte 2: evangelismo y sacrificio

nunca lo salvó. Job supo lo que era el arrepentimiento, dijo: "Me aborrezco, y me arrepiento en polvo y ceniza". Y cambió a ver solo a Dios.

El verdadero arrepentimiento, entonces, es de lo que estamos hablando y eso era lo que Pablo predicaba, que un hombre, para que pueda llegar al momento de su conversión, para que pueda llegar a Dios, para que un hombre pueda ser salvo, para que un hombre puede ser justo delante de Dios, debe estar convencido de ello intelectualmente. Esta es la razón por la que debemos predicar el contenido de los evangelios.

Y entonces el Espíritu de Dios lo convencerá en su corazón y lo animará por medio de sus emociones. El Espíritu se moverá dentro de él (Juan 16) y lo convencerá de pecado, justicia y juicio; entonces él ejercitará un acto de la voluntad y se alejará del pecado para venir a Dios. Tenemos entonces que lo negativo de la salvación es el arrepentimiento. Y esto nos trae al lado positivo.

El lado positivo es expresado por Pablo en Hechos 20:20 como fe en nuestro Señor, Jesucristo. Cambias de rumbo, antes ibas en dirección al pecado y ahora vas en camino a Dios y pones tu fe en Jesucristo.

¿Qué significa poner tu fe en Jesucristo? Es como decir esto: "Soy un pecador, lo reconozco, lo veo, sé que vivo violando la ley de Dios, que he estado haciendo la evaluación incorrecta acerca de Jesús. Él es el Mesías, Él es el Salvador, Él es el Cristo, Él ha hecho un llamado a mi vida. Voy a ejercer mi voluntad, voy a caminar en dirección a Dios y a Cristo". Y con este cambio colocas tu fe en Jesucristo. Esta es la convicción positiva de que el evangelio es verdad y que vas a poner toda la confianza en él. Esto es fe en nuestro Señor Jesucristo. Es creer en todo lo que Él era, en todo lo que Él hizo, y en todo lo que Él dijo.

Y una vez más, hay un elemento intelectual y emocional, y un acto de la voluntad también. Aquellas personas en el día de Pentecostés, intelectualmente escucharon quién era Él, emocionalmente se sintieron devastados, y Pedro les dijo, ¿qué han hecho? Lo que deben hacer es esto, arrepiéntanse y bautícense en el nombre de Jesucristo. Y lo hicieron al menos tres mil de ellos, ¡tres mil!

Pablo predicó salvación, la sintió en su corazón y la predicó. Se vio a sí mismo como un heraldo. En 1 Corintios 1:23 dice, "predicamos el evangelio", pero usa la palabra *kerusso*, que quiere decir heraldo. Heraldo es una palabra antigua, de hecho, en aquellos días no tenían periódicos. Así que cuando había un gran anuncio que hacer lo que hacían era contratar al heraldo del pueblo, y él iba, lo han visto en las películas que representan la época medieval, se paraba en un lugar alto y decía, esto dice el rey, o bien esto dice el gobierno. Desde luego que llamaba la atención de una u otra manera.

Todos se acercaban a escuchar, pues muchas veces significaba que había una nueva ley en la ciudad, o bien un dignatario que llegaba, o cualquier otro evento especial. Los predicadores cristianos simplemente se paraban en algún lugar; llegaban al pueblo, generalmente se paraban en la plaza del pueblo y comenzaban a hablar de Jesús como el Mesías. Para ellos era como leer los encabezados. Esta era la función del heraldo. Y Pablo proclamaba el evangelio como un heraldo. Públicamente se movía hacia la ciudad, se metía entre el ir y venir diario de la gente y ahí pronunciaba y anunciaba a Jesús.

¿Lo ven? Este era su ministerio hacia los perdidos. Era un heraldo, era un predicador, un heraldo del evangelio. Luego entonces, la tarea del ministro cristiano, de acuerdo a Pablo, era la de un administrador, alguien que alimentaba a toda la casa. Pero también era la de ser un heraldo, anunciar a todo el mundo las buenas nuevas. Amados, esto es parte de nuestro ministerio también, proclamar a los perdidos que Jesús es el Salvador. Y pienso que cualquier buen pastor tiene que hacer ambas, y pienso también que cualquier buen cristiano tiene que estar en sintonía en estas dos áreas, enseñar a aquellos que están a su cargo, así como proclamar para aquellos que no conocen a Jesucristo.

Pablo proclamaba la muerte y resurrección de Cristo, y pedía de la gente una respuesta. Y debemos añadir a esto que no es nada fácil, cuando pensamos acerca de la soberanía de Dios y cómo los propósitos de Dios ya están establecidos, ya están firmados y sellados, y Dios sabe lo que está haciendo, nosotros no debemos empujar a la gente a hacerlo, si ellos están dentro de los salvos del Señor, lo están; y si no están dentro de los salvos del Señor, pues no lo están. La Escritura no nos manda a forzar a nadie.

En 2 Corintios 5:20, Pablo dice: "os rogamos en nombre de Cristo: Reconciliaos con Dios". En otras palabras, le rogaba a la gente, le imploraba. Jesús lloró por ellos. Entonces, tenemos el derecho de persuadir a la gente. Esta palabra aparece una y otra vez en el libro de Hechos, en este punto ya la han visto al menos unas seis o siete veces. Él los persuadía, intentaba hacer que ellos vinieran a Cristo. Pero no puede haber una súplica sin que previamente haya una proclamación; y nunca debe haber una proclamación sin una súplica.

Cuando proclamamos la verdad, debemos hacer una súplica. Richard Baxter escribió un libro llamado *El Pastor Reformado*, lo escribió en 1656, y él dijo esto: "Me maravilla cómo puedo ser capaz de predicar ligera y fríamente, cómo puedo abandonar a los hombres en sus pecados y no ir a ellos suplicando en el nombre de Dios que se arrepientan. Como quiera que lo tomen o cualesquiera que sean los dolores o problemas que me cuesten, raras veces salgo del púlpito, pero mi conciencia me acusa. No he sido más serio y ferviente de lo que lo que he sido".

"Me acusa no tanto por falta de adornos humanos o elegancia, ni por haber permitido alguna palabra inapropiada, sino que me pregunta: '¿Cómo puedes hablar de la vida y la muerte con semejante corazón? ¿No deberíamos llorar por semejante clase de gente y no deberían tus lágrimas interrumpir tus palabras? ¿No debería permitirse tu llanto y mostrarles sus transgresiones, y rogarles y suplicarles como por la vida y la muerte?"

Pienso que Pablo tenía un corazón que era lo suficientemente apasionado como para suplicar a los hombres. Y en 2 Corintios 5:20 dijo: "Así que, somos embajadores". El ministerio de reconciliación nos ha sido dado para llamar a los hombres hacia Dios y necesitamos rogar a los hombres que se reconcilien con Dios. La visión de Pablo acerca del ministerio era, hacia Dios, servicio; hacia la iglesia, enseñanza; hacia los perdidos, evangelismo; y, por último, muy rápidamente, hacia él mismo, sacrificio.

El ministerio hacia sí mismo

Él veía su ministerio en términos de un sacrificio de sí mismo y de su voluntad. Solo tenía una razón para vivir, para ministrar. Eso es todo, era la única razón por la que vivía. Vean el versículo 22: "Ahora, he aquí, ligado yo en espíritu, voy a Jerusalén". Este término "ligado en el espíritu" es muy interesante. La palabra "ligado" es una palabra muy fuerte. Se refiere generalmente a cadenas o bien, ataduras o grillos. Estaba atado con cadenas, y créanme que estaba bajo una presión muy fuerte.

En Romanos 7:2, se usa la misma palabra para hablar de una obligación total. Estaba absolutamente encadenado para cumplir esto. Algunos dicen que aquí se refiere a su espíritu humano, y otros dicen que es el Espíritu Santo. Pero solo nos está diciendo que se siente obligado en su interior. No pienso que sea importante definirlo pues parece que son los dos, él era un hombre lleno del Espíritu, así que, probablemente el Espíritu Santo y el espíritu humano estaban de acuerdo.

Pero Pablo se sentía obligado desde su interior para ir a Jerusalén, "sin saber lo que allá me ha de acontecer". Lo que dice es que iba a Jerusalén porque creía que Dios lo enviaba y lo iba a hacer. Tenía una gran compulsión de ir, llevaba consigo un dinero que tenía que dar a los santos que estaban ahí. Él sabía que les ayudaría para unir a la iglesia, y esto era muy importante para él.

También sabía que las cosas allá iban a ser difíciles, no sabía lo que le iba a suceder allá pero como dice en el versículo 23, "salvo que el Espíritu Santo por todas las ciudades me da testimonio, diciendo que me esperan prisiones y tribulaciones". Como ven, no sabía los detalles, pero sí sabía que tendría muchos problemas, simplemente sabía que sería perseguido.

Y cuando escribió el libro de Romanos, en el 15:30 les dijo a los cristianos romanos: "Oren por mí, voy a Jerusalén y sé qué es lo que va a suceder cuando llegue". Sin embargo, en su mente está que él va ligado en espíritu, y con esto dice que sabe que sin importar qué haga, el espíritu le dice que tiene que ir. Y era verdad. Después, en Hechos 21, llega a Tiro y tiene un beneficio: Agabo, versículo 10, le da una lección de lógica. Toma su cinto y se ata con él, entonces le dice: "¿Ves esto? Del mismo modo te va a suceder cuando llegues a Jerusalén. Y el Espíritu Santo es quien me lo dice". Pablo responde, en el versículo 13: "¿Qué hacéis llorando y quebrantándome el corazón?" Con esto lo intentaban detener, pero les dice: "Porque yo estoy dispuesto no solo a ser atado, mas aun a morir en Jerusalén por el nombre del Señor Jesús. Así que dejen de hacer esto".

"Si he de morir allá no me importa. Cadenas y aflicciones esperan por mí". Esto bien podría ser el significado de que estaba ligado. Por todos lados que iba la gente le decía lo mismo, pero a él no le importaba. Decía: "Solo tengo una razón para vivir y esta es acabar la obra que Dios me asignó". Entonces, solo la quería concluir e irse. Si tuviéramos que pasar por lo que él pasó, estoy seguro que también quisiéramos acabar con nuestra tarea e irnos.

Pero podemos entender que lo que se encontraba justo al final de la lista de prioridades de Pablo era la búsqueda de preservar su vida. ¿Lo entienden? Era lo último. Pero, ¿saben dónde está esto en nuestra lista personal? Estoy seguro que en primer lugar. Sin embargo, entendemos que debemos ocuparnos de ciertas cosas antes de lograr esto.

¿Se acuerdan cuando Jesús llamó a sus discípulos y le dijo a un joven que lo siguiera, y este respondió que primero tenía que ir a casa y enterrar a su padre? Su padre ni siquiera estaba muerto, pero él quería quedarse por ahí más tiempo hasta que muriera para quedarse con lo que le pudiera heredar. ¿Lo ven? Era auto preservación. Pero para Pablo esto era lo último en su lista. Pablo dice: "No me importa que me aten y morir. Eso es lo que Dios quiere, y yo solo quiero hacer lo que Él quiere".

Esto es una combinación de fe y confianza. Su única preocupación era acabar su tarea. Versículo 24, esto me encanta: "Pero de ninguna cosa hago caso, ni estimo preciosa mi vida para mí mismo, con tal que acabe mi carrera con gozo". Lo último de su lista era la auto preservación. ¿Puedes decir esto? ¿Puedes decir: "No me importa qué me suceda, no me importa ni un ápice, porque no me importa mi vida, solo tengo una razón para vivir y es, 'que acabe mi carrera con gozo, y el ministerio que recibí del Señor Jesús, para dar testimonio del evangelio de la gracia de Dios'"? Lo que él dice es que está aquí por una sola razón, y era la de acabar con lo que el Señor le dio para hacer y después de ello irse. Y, créanme, lo hizo, porque cuando llegó el tiempo en el que acabó, dijo: "Señor toma mi vida, estoy listo para morir, he finalizado mi tarea", 2 Timoteo 4.

Esto era lo único para lo que vivía. Lo último en lo que él pensaba era en la auto preservación, en preservar su vida sobre la tierra. La forma en la que Pablo se veía a sí mismo en el ministerio era sacrificio. Y creo que esta es una palabra que probablemente no está en ningún vocabulario. ¿Puedes incluir

10_La visión de ministerio de Pablo. Parte 2: evangelismo y sacrificio

sacrificio en tu vocabulario? ¿Cuándo fue la última vez que hiciste un sacrificio por algo? Cualquier cosa, dinero, confort, tiempo, cualquier cosa.

Parece que los tiempos de hoy nos hacen vivir un tipo de cristianismo de ocio, como si se tratara de un tipo de descanso. El domingo tomamos nuestras ropas de domingo, nos subimos al auto y nos vamos a la iglesia, este es el cristianismo de hoy. Así es como todos vivimos nuestra vida y el máximo punto de nuestro cristianismo, de nuestro esfuerzo cristiano es cuando vamos a un retiro cristiano. Vamos a algún lugar de descanso, tenemos a un súper predicador, y esta es la exposición que tenemos a las profundidades del cristianismo.

Ahora, entiéndame, no quiero decir que esto sea malo, es muy bueno que lo hagamos. Pero nuestro cristianismo tiene que ser mucho más que esto. Si tu cristianismo es como si anduvieras de vacaciones, entonces estás en problemas.

Pablo veía su vida dentro del ministerio como sacrificio. Solo vivía por una razón, esa era la de acabar con la obra que el Señor le había dado a hacer, eso era todo. Dijo: "Quiero acabar mi tarea y mi ministerio" —y ahora vean esto— "tarea que el Señor me dio. Lo recibí del Señor". Escuchen, si en realidad creen que Dios les ha dado el ministerio y que Él está al control de sus vidas, no se van a preocupar por morir, no se van a preocupar por nada, van a tomar sus vidas y las van a invertir para Dios porque saben que Él está al control de ellas.

Me gusta cómo lo dice en Filipenses 2:25, 29. Se trata de una persona de la que no conocemos mucho, sabemos su nombre, Epafrodito. Dice ahí acerca de él, "recibidle". "Recíbanlo porque es alguien excepcional". Y en Filipenses 2:30, "Porque por la obra de Cristo estuvo próximo a la muerte, exponiendo su vida para suplir lo que faltaba en vuestro servicio por mí". Este hombre servía al Señor y nunca pensó en su propia vida. Él supo que el Señor estaba a cargo de su vida. Esta fue su apuesta de vida, si me permiten el término. Él apostó todo a que Dios estaba a cargo de su propia vida, y que él podía hacer cualquier cosa, incluso cuando estuvo muy enfermo, con una enfermedad fatal; así continuó sirviendo porque comprendía que Dios estaba a cargo de su vida y que no podría morir ni un segundo antes de lo que Dios había determinado.

Mucha gente me dice, no trabajes en exceso, debes comer bien, descansar bien y hacer ejercicio. No trabajes de más. Y cuando lo haces, entonces te dicen, te estás consistiendo de más. Y creo que prefiero hacer lo primero. No conozco a nadie que haya trabajado de más en el ministerio de Cristo, no conozco a nadie que haya muerto antes de tiempo, todos mueren justo a tiempo. Debiéramos arriesgar todo de tal modo que cumplamos con nuestro ministerio, y entonces cuando hayamos acabado nos podremos ir a estar en la presencia del Señor.

Esta es la pasión de Pablo, dice: "No me voy a preocupar por lo que ellos puedan hacerme, solo me voy a concentrar en acabar con mi tarea, y cuando termine me voy". Él vio el ministerio desde la perspectiva correcta, servicio hacia el Señor, enseñanza hacia la iglesia, evangelismo hacia los perdidos, y sacrificio hacia él mismo.

Y concluye con estas palabras, pero las vamos a ver con detalle en el próximo mensaje. Vayamos a Hechos 20:25-27, "Y ahora, he aquí, yo sé que ninguno de todos vosotros, entre quienes he pasado predicando el reino de Dios" —esto significa todo acerca del gobierno de Dios en el mundo— "ninguno verá más mi rostro". Esto es una despedida. "Por tanto, yo os protesto en el día de hoy, que estoy limpio de la sangre de todos". "He cumplido con mi responsabilidad, ya no soy responsable. He declarado la verdad, ahora es su problema". Pero lo veremos con lujo de detalles en el próximo mensaje.

"Porque no he rehuido anunciaros todo el consejo de Dios". "He descargado toda la responsabilidad de mi ministerio sobre ustedes, ahora la responsabilidad es de ustedes". Escuchen, lo que les estoy diciendo, sería formidable que todos y cada uno de ustedes pudieran llegar al final de su vida y pudieran decir: "He cumplido con mi ministerio". O que pudieran llegar a un punto cerca del final de sus vidas y presentarse delante de los ancianos de la iglesia, como lo hizo Pablo, y decirles: "Miren, yo me voy, he hecho todo lo que me correspondía. De aquí en adelante la responsabilidad es de ustedes. Les he dado toda la verdad". Esto es lo que todo pastor debe desear hacer al final de su vida. "Solo les he dado la verdad, de aquí en adelante la responsabilidad es de ustedes".

Esto es en realidad lo que Pablo está diciendo. Pero la única forma en la que ustedes podrán ser capaces de decir esto en sus ministerios será cuando tengan la correcta visión hacia Dios, correcta hacia la iglesia, correcta hacia el mundo y correcta hacia sí mismo. Oremos.

Oración final

Padre, gracias por estas verdades que hemos ganado al ver a Pablo. Sabemos que cuando él llegó al cielo, escuchó: "Bien buen siervo fiel", porque lo fue. Te damos gracias Padre por lo que nos ha enseñado y por el ejemplo que nos dio. Ayúdanos a ser ministros fieles, mayordomos quienes dan a la casa los misterios de Dios que necesitan, todo lo que es útil. Ayúdanos a ser evangelistas a los perdidos, predicar el arrepentimiento para volverse a Dios y fe en el Señor Jesucristo. Ayúdanos a vernos en términos de sacrificio, deseando hacernos a un lado y convertir nuestro confort y nuestra preservación como lo último en nuestra lista. Para tu gloria, amén.

REFLEXIONES PERSONALES

19 de Mayo, 1974

11_Un encargo a los líderes de la iglesia del Nuevo Testamento. Parte 1

Y ahora, he aquí, yo sé que ninguno de todos vosotros, entre quienes he pasado predicando el reino de Dios, verá más mi rostro. Por tanto, yo os protesto en el día de hoy, que estoy limpio de la sangre de todos; porque no he rehuido anunciaros todo el consejo de Dios. Por tanto, mirad por vosotros, y por todo el rebaño en que el Espíritu Santo os ha puesto por obispos, para apacentar la iglesia del Señor, la cual él ganó por su propia sangre.

Hechos 20:25–28

BOSQUEJO

— Introducción

— Lo que no es el liderazgo bíblico

— Lo que sí es el liderazgo bíblico

— Asegúrate de estar bien delante de Dios

— Alimenta y guía al rebaño

— Oración final

Notas personales al bosquejo

11_Un encargo a los líderes de la iglesia del Nuevo Testamento. Parte 1

SERMÓN

Introducción

Vayamos una vez más a Hechos 20 para comenzar con nuestro estudio de la Biblia de hoy. Continuamos con nuestra serie del libro de Hechos, en él estamos dirigiendo nuestra atención al Espíritu Santo conforme nos habla en los versículos 25-38, pero particularmente en esta mañana veremos Hechos 20:25-28.

Vamos a tomar estas varias partes, pero, como acostumbramos, no por fuerza sino porque esta es la forma en la que funciona. Vamos a titular esta porción en particular, y creo que es demasiado obvio de qué está hablando, y espero que lo será para ustedes conforme avancemos. Lo he titulado, *Un Encargo a los Líderes de la Iglesia del Nuevo Testamento*. Aquí tenemos lo básico o las prioridades del liderazgo en la iglesia.

El liderazgo es un bien muy importante. Hoy en día se ofrecen seminarios de liderazgo en muchos lugares, y una persona que toma un seminario de liderazgo por tres días puede pagar mucho dinero. Hoy en día hay un énfasis muy fuerte sobre el liderazgo, porque nadie dentro de algún tipo de operación, o en cualquier tipo de empresa comercial y en cualquier organización, o en cualquier institución que haya, está dispuesto a pagar mucho dinero por un entrenamiento sobre liderazgo.

Un liderazgo pobre destruye una institución. Un liderazgo bueno crea una institución. Dios no está menos interesado acerca del liderazgo. Dentro de todo el reino de Dios, el liderazgo es importante. Incluso los ángeles están organizados. Hay principados de ángeles. Hay dominios de ángeles. Existen arcángeles. Dios sabe que debe haber autoridad y sumisión en todo, y es por esto que existe el liderazgo, incluso en el mundo angelical.

Y si vemos el Antiguo Testamento, encontrarán que hay ahí muchas cosas que nos indican la importancia del liderazgo. Podríamos hablar acerca de los grandes líderes del Antiguo Testamento como Moisés, Samuel, David u otros. El liderazgo es un gran bien que debe poseer toda institución, Dios siempre ha ministrado su reino por medio de líderes.

En el Antiguo Testamento, debido a la importancia del liderazgo, Dios toma muy en serio el liderazgo inadecuado o ineficaz. En Oseas 4:9, Dios no solo está comentando acerca de los pecados de Israel, sino sobre los pecados de los líderes de Israel, ahí él dice esto: "Y será el pueblo como el sacerdote". En otras palabras, dice: "No puedo esperar nada bueno de la gente que primero no hayan hecho sus líderes. Lo que sean los líderes, eso será la gente". Así como el sacerdote, así será el pueblo.

En Isaías 9:14-16 encontramos más indicativos de la actitud de Dios hacia el liderazgo. "Y Jehová cortará de Israel cabeza y cola, rama y caña en un mismo día". Dios simplemente va a devastar a Israel. "El anciano y venerable de rostro es la cabeza; el profeta que enseña mentira, es la cola". En otras palabras, Dios va a liquidar a todos los líderes. "Porque los gobernadores de este pueblo son engañadores, y sus gobernados se pierden". Dios dice que va a castigar a los líderes porque han hecho que la gente sea pecadora por su incapacidad de gobernarlos siguiendo un patrón de santidad.

En Jeremías 5:31, Jeremías habla del mismo asunto: "Los profetas profetizaron mentira, y los sacerdotes dirigían por manos de ellos; y mi pueblo así lo quiso". En otras palabras, la gente ama tener este tipo de líderes inadecuados. En Ezequiel hay otra porción de interés para nosotros, para darnos cuenta cómo Dios ve al liderazgo y cuál es el lugar tan importante que tiene.

Ezequiel 22:26-28, "Sus sacerdotes violaron mi ley, y contaminaron mis santuarios; entre lo santo y lo profano no hicieron diferencia, ni distinguieron entre inmundo y limpio; y de mis días de reposo apartaron sus ojos, y yo he sido profanado en medio de ellos. Sus príncipes en medio de ella son como lobos que arrebatan presa, derramando sangre, para destruir las almas, para obtener ganancias injustas. Y sus profetas recubrían con lodo suelto, profetizándoles vanidad y adivinándoles mentira, diciendo: Así ha dicho Jehová el Señor; y Jehová no había hablado". Como resultado, la gente oprimía a otros, practicaba el robo, abusaba de los pobres y los necesitados, y hacían todo tipo de cosas malas. Así que Él acusa a los sacerdotes, a los príncipes, y a los profetas por haber fallado en liderar como lo debieran hacer.

En Mateo 15:14, Jesús hace un comentario a los líderes. Vio a los líderes de Israel y les dijo: "son ciegos guías de ciegos; y si el ciego guiare al ciego, ambos caerán en el hoyo". Jesús mismo dijo que la gente seguiría a sus líderes. Por lo tanto, Dios le da un gran valor al liderazgo. Dios pone el estándar muy alto para un liderazgo adecuado, y si Dios lo establece alto, así lo hace Pablo, porque Pablo era un hombre piadoso.

Pablo está concluyendo su viaje misionero, el tercero de sus viajes en Hechos 20. Se ha detenido porque su barco hizo una parada en Mileto antes de llegar a Jerusalén. Él se está apresurando para llegar a Jerusalén antes de Pentecostés a entregar una ofrenda que recolectó para los pobres que están ahí. Se ha detenido en Mileto por un par de días, y mientras está ahí tiene la oportunidad de mandar a alguien a una distancia como de 48 kilómetros, a la ciudad de Éfeso, y pide a los ancianos o a los pastores de la congregación que está en Éfeso que vengan a Mileto para que pueda pasar un poco de tiempo con ellos y les pueda dar una palabra final.

Y, saben, parece extraño darse cuenta que Pablo estuvo con ellos durante tres años, y que él les debió decir en un punto, o en dos puntos, o en 500 puntos, lo mismo que les va a decir aquí. Pero la razón por la que aprovecha esta oportunidad es porque está muy cargado con la necesidad de un liderazgo adecuado. Así que, ya que tuvo que detenerse, los hace llamar y les dice: "Estas son algunas cosas que les tengo que decir una vez más con respecto a las prioridades que involucran su liderazgo". Así que desde el versículo 17 y hasta el 38, en realidad toda la sección, Pablo está dando información con respecto al liderazgo dentro del ministerio, dentro del pastorado, dentro del servicio a Cristo.

En un sentido, tenemos que tomar el liderazgo tal como viene en la Escritura, y el liderazgo en la Escritura es un asunto que tiene dos caras. Es un asunto de gran responsabilidad con gran gozo, y es un asunto de gran responsabilidad con un gran potencial para juzgar. Los buenos líderes son doblemente bendecidos. Los malos líderes son doblemente castigados, "porque a todo aquel a quien se haya dado mucho, mucho se le demandará", Lucas 12:48. Y este es un principio que está presente a todo lo ancho de aquello en lo que Dios está involucrado.

Por ejemplo, en Santiago 3:1 dice: "Hermanos míos, no os hagáis maestros muchos de vosotros, sabiendo que recibiremos mayor condenación". Pero por el otro lado, en 1 Timoteo 5:17 dice: "Los ancianos que gobiernan bien, sean tenidos por dignos de doble honor". Así que deben dar doble honor por el buen líder y doble juicio por el mal líder. El liderazgo es una descomunal responsabilidad.

Ahora, la tarea de los apóstoles y de los evangelistas era señalar a tales líderes en cada iglesia. Los apóstoles irían de iglesia en iglesia estableciendo líderes. Los levantarían como tales. Los ancianos eran lo mismo que los pastores, como les mostraré en un minuto. Ellos siempre son una pluralidad, nunca hay un solo pastor, siempre vemos una pluralidad dentro de la Escritura. Pero los ancianos que estaban en Éfeso, los pastores que estaban ahí, habían sido entrenados, disciplinados y madurados por Pablo, habían sido señalados por Pablo, levantados por el Espíritu Santo. Pablo se dio cuenta de dónde estaban y los señaló como pastores dentro de la iglesia de Éfeso.

El apóstol dijo a Tito en Tito 1:5, "Por esta causa te dejé en Creta, para que corrigieses lo deficiente, y estableciéses ancianos en cada ciudad, así como yo te mandé". Debía establecer ancianos en cada ciudad, ya fuera el apóstol o el evangelista. Pablo está hablando a hombres que él mismo disciplinó, y les da un encargo que en realidad es más grande que solo la escena que vemos en Hechos 20.

Era un asunto que podría no tener fin, porque lo que Pablo le dice a esta gente es simplemente algo básico para cualquier tipo de liderazgo bíblico dentro de la iglesia. Y créanme, si la iglesia es la iglesia del Nuevo Testamento, y la iglesia es la iglesia de Jesucristo, debe seguir los patrones bíblicos.

Personalmente he visto que esto es verdad, que, si la iglesia no sigue patrones bíblicos desde su liderazgo, nunca los seguirán los laicos dentro de ella. Esto simplemente no sucederá. Tal como era verdad en Israel, que, así como el sacerdote sería el pueblo (Oseas 4:9), esto también es verdad dentro de la Iglesia. La verdadera revitalización del Nuevo Testamento y el avivamiento debe provenir del liderazgo.

Conforme observamos este pasaje, no vamos a ver las palabras de un hombre a unas personas en la historia, sino que vamos a ver las palabras del Espíritu Santo a la Iglesia de Jesucristo en la historia. Así que no veremos estas cosas como históricas, no las estudiaremos y las echaremos en una caja para deshacernos de ellas porque el tiempo en el que se escribió esta carta ya pasó, sino que las veremos como algo apropiado para la iglesia de hoy, tal y como lo fueron en el preciso momento que Pablo se las dijo a ellos. A través de ellas se nos dio la perspectiva de Dios acerca del papel del pastor y del anciano dentro de la iglesia. Estos dos son la misma persona.

Como siempre, la iglesia, como en cualquier otra dimensión dentro del reino de Dios y su gobierno manifestado sobre la tierra, depende del liderazgo. Esto lo encontramos en Efesios 4, un pasaje que nos es muy familiar, Dios desea que la iglesia sea edificada. Él quiere perfeccionar a los santos para la obra del ministerio, para edificar el cuerpo. Él quiere unidad en la fe. Él quiere que tengamos un profundo conocimiento del Hijo de Dios.

Él quiere al hombre perfecto, esto es, la iglesia debe ser madurada hasta la medida de la estatura de un varón perfecto. Él ya no quiere que la iglesia siga siendo un niño fluctuante que se deje llevar por cualquier viento de doctrina. Él no quiere que la iglesia sea sin amor, sino que hable la verdad en amor. Él quiere que la iglesia crezca y aumente en amor y en todas estas cosas.

Pero antes de que todo esto pueda pasar, antes de que la iglesia pueda tener unidad, antes de que pueda ser madura, antes de que pueda ser como Cristo, antes de que pueda ser insensible o incrédula ante la falsa enseñanza, debe haber algo que ocurra primero, y es esto: Él dio a unos el ser apóstoles, a otros profetas, a otros evangelistas, y a otros pastores y maestros para este propósito, Efesios 4:11. En otras palabras, la vida de la iglesia, en su absoluta productividad y plenitud, es directamente dependiente de su liderazgo.

En 2 Timoteo 2:2, un pasaje que estudiamos el día de ayer en nuestra reunión de varones, encontramos que el diseño de Dios para la iglesia es enseñar a hombres fieles que sean capaces de enseñar a otros. Por lo tanto, el liderazgo es la prioridad de la iglesia, y esto es una enorme responsabilidad. Ahora, debido a que el liderazgo es tan importante, debemos entender claramente lo que es el liderazgo bíblico de la iglesia en el Nuevo Testamento.

Lo que no es el liderazgo bíblico

Primero que nada, permítanme decirles lo que no es. Vayamos a Mateo 20 y solo veremos rápidamente un pasaje que está ahí, no se lo voy a explicar, simplemente se lo voy a lanzar, porque esto nos da un conocimiento que es muy importante acerca de lo que no es el liderazgo de la iglesia del Nuevo Testamento. Escuché a un colega que dio un mensaje sobre este pasaje en una ocasión y extrajo de él tres puntos, esto se quedó clavado en mí.

En Mateo 20:20 dice: "Entonces se le acercó", esto es, a Jesucristo. Él estaba anunciando su reino, así que "se le acercó la madre de los hijos de Zebedeo con sus hijos". Aquí viene mamá Zebedea con Jacobo y Juan. Y Jacobo y Juan no eran personas inferiores, por así decirlo. Ellos eran discípulos clase "A", pero vienen con mamá, y mamá lisonjea a Jesús, "postrándose ante él y pidiéndole algo".

Digamos que se pone un poco exigente. Así que Él le contesta: "¿Qué quieres?" Él sabía que ella quería algo sin necesidad de que ella lo dijera. Ella dice: "Ordena que en tu reino se sienten estos dos hijos míos, el uno a tu derecha, y el otro a tu izquierda".

Esto había sido un argumento que había estado circulando entre los discípulos. Habían estado discutiendo esto desde que el reino les había sido anunciado, lo que más les había interesado era quien se sentaría a su derecha. De hecho, esto era lo que habían estado discutiendo durante la noche de la última cena, cuando ninguno de ellos quiso lavar los pies de los demás. Nunca lo harían, especialmente cuando estaban tratando de dilucidar quién de ellos era el superior.

Este estaba siendo un problema entre ellos, así que finalmente, Jacobo y Juan dicen, "Mamá, ¿podrías preguntar tú?" ¡Verdaderos hijitos de mamá! Pero bueno, ella va y le pregunta a Jesús y Él le contesta: "No sabéis lo que pedís. ¿Podéis beber del vaso que yo he de beber, y ser bautizados con el bautismo con que yo soy bautizado? Y ellos le dijeron: Podemos". Pero la realidad es que ellos no sabían de qué estaban hablando. No tenían ni la más mínima idea de qué le iba a suceder más adelante.

Así que Jesús les dijo: "A la verdad, de mi vaso beberéis". De acuerdo, lo van a tener que hacer, "y con el bautismo con que yo soy bautizado, seréis bautizados; pero el sentaros a mi derecha y a mi izquierda, no es mío darlo, sino a aquellos para quienes está preparado por mi Padre". No obtuvieron lo que querían, sino que obtuvieron lo que no querían. Y cuando los otros 10 lo escucharon, se enojaron con estos dos hermanos. ¿Saben por qué estaban enojados? Porque pensaban que ellos habían llegado ahí primero.

Número uno, el liderazgo no es ejercer poder político. El liderazgo bíblico del Nuevo Testamento no es igual a ejercer un poder político. Tú te conviertes en un líder dentro de la iglesia justo cuando Dios te señala para que lo seas. Es algo que depende del Padre, Él es quien lo da.

Segundo, el liderazgo bíblico tampoco es una dictadura dominante. En Hechos 20:25-26 leemos: "Entonces Jesús, llamándolos, dijo: Sabéis que los gobernantes de las naciones se enseñorean de ellas, y los que son grandes ejercen sobre ellas potestad. Mas entre vosotros no será así". No. El liderazgo bíblico del Nuevo Testamento, el liderazgo dentro del reino de Dios, no es una dictadura dominante, "sino que el que quiera hacerse grande entre vosotros será vuestro" —¿listos para escuchar lo que sigue?— "servidor". No un dictador dominante.

Un liderazgo bíblico del Nuevo Testamento tampoco es un control carismático. Versículo 27, "y el que quiera ser el primero entre vosotros…" Muchas personas solo quieren ser vistas, con la idea principal de que todos los vean y les digan: "¡Oh! ¿No es una persona maravillosa?" Pero si en realidad quieres ser visto, hazte un siervo. Conviértete en un esclavo de los demás.

El liderazgo del Nuevo Testamento no es un juego de poder político, no es una dictadura dominante, ni un control carismático. Es esclavitud, sacrificio, y me encanta lo que dice el versículo 28, porque establece el componente básico del liderazgo: "Como el Hijo del Hombre no vino para ser servido, sino para servir, y para dar su vida en rescate por muchos". El más grande líder que jamás haya existido fue un siervo, y Él nos enseñó el más grande principio del liderazgo por el ejemplo. Lo que él fue, es lo que nosotros tenemos que ser.

Ahora esta es la clave. El verdadero liderazgo es la vida ejemplar. Soy un líder, y honestamente, si en verdad voy a llevar el título de líder, si voy a ser un líder verdadero, un verdadero anciano, un verdadero pastor, solo lo seré si sigo lo mismo que les acabo de decir, que un líder debe ser un siervo. Cuando deje de hacer esto, entonces dejaré de ser un líder. Puede ser que siga teniendo el título, pero no lo seré, ustedes solo serán capaces de seguir mis palabras cuando puedan ver mi vida y ver con consistencia lo que digo ser y lo que soy, ¿verdad?

Lo que sí es el liderazgo bíblico

Pablo fue capaz de discipular líderes, no solo por lo que les dijo sino por lo que él mismo era. Entonces, ya vimos lo que no es el liderazgo bíblico del Nuevo Testamento, y ahora veremos en Hechos 20 lo que sí es. En Hechos 20, Pablo concluye su instrucción a los ancianos de Éfeso, y ahí les encarga que ordenen sus ministerios de acuerdo a las prioridades que Dios ha establecido.

Sé que en esta mañana están presentes en esta congregación personas que son ancianos. Algunos de ustedes son ancianos de Grace Church. Algunos

11_Un encargo a los líderes de la iglesia del Nuevo Testamento. Parte 1

de ustedes pertenecen al equipo pastoral, lo cual es lo mismo. Los ancianos pueden ser ancianos pastorales, esto es, que trabajan en la Palabra y en la doctrina, subsidiados por la iglesia, de modo que pueden ser ancianos que tienen un trabajo externo, pero que son responsables por el cuidado del rebaño aquí y que dirigen a este rebaño, que realizan todas las funciones pastorales.

Hay ancianos aquí en Grace Church. Dios nos ha bendecido con un grupo maravilloso de no sé cuántos. Dios nos ha dado dieciocho o diecinueve ancianos, y probablemente más de ustedes son ancianos dentro del plan de Dios, y conforme va pasando el tiempo, maduran y el Espíritu les impone manos, y después la congregación lo reconoce y los ancianos se dan cuenta, entonces son puestos en posiciones de liderazgo y tarde o temprano se hacen ancianos.

Otros de ustedes son jóvenes que ya se están preparando. Posiblemente algún día lleguen a ser pastores. Estarán trabajando en la Palabra y en la doctrina. Y en adición a eso, todos nosotros debemos conocer la responsabilidad de aquellos que nos están guiando, para asegurarnos de que oramos por ellos de manera inteligente, conforme a las prioridades, de manera que les permitamos especializarse en esas áreas. Entonces podemos ver que el tema del liderazgo es muy importante para todos.

Pablo establece algunas prioridades para los líderes de las iglesias del Nuevo Testamento, y eran prioridades de las que no solo hablaba, sino que las vivía personalmente. Comenzando en el versículo 17 les habla y señala cuatro dimensiones del ministerio, como vimos anteriormente.

Lo primero que dijo fue: "El ministerio hacia Dios es servicio al Señor, hacia la iglesia es enseñanza, hacia los perdidos evangelismo, y hacia uno mismo es sacrificio. Ya cubrimos todo esto en detalle. Pablo dice: "Veo el ministerio en cuatro dimensiones, sirviendo a Dios, enseñando a la iglesia, evangelizando a los perdidos, y sacrificándome a mí mismo". Habiendo acabado esto, ahora se quiere concentrar en el aspecto de la iglesia. Les ha dado la visión panorámica. Ahora se concentra en un punto y les dice: "Ahora quiero darles las prioridades en cuanto a la enseñanza de la iglesia, para que sean efectivos en la iglesia".

Pero antes de que se lance a decirnos esto en el versículo 28, veamos un breve resumen de los versículos 25–27. Ahí les dijo: "Y ahora, he aquí, yo sé que ninguno de todos vosotros, entre quienes he pasado predicando el reino de Dios, verá más mi rostro". Y dice: "Les acabo de dar todos los ingredientes para que identifiquen las dimensiones del ministerio. Si saben cuáles son sus obligaciones hacia Dios, siempre recordarán que son siervos de Él y no de los hombres. En cuanto a la iglesia, no deben rehuir de darle todo lo que es útil. Para los perdidos, los deben evangelizar, testificar a judíos y griegos, que se arrepientan y pongan su fe en Jesús. Hacia uno mismo, no pienses más de lo que debes pensar de ti mismo, sacrifícate, no quieras cuidar tu propia vida". Y les aclara: "Todas estas cosas no solo se las he dicho, sino que las he ejemplificado. Ya lo hice. Serví al Señor, enseñé a la iglesia, evangelicé a los perdidos, y me sacrifiqué".

"Por lo tanto ustedes saben que ahora me voy, y saben que siempre he predicado el reino de Dios. Ya no me verán más. Aquí se acaba todo, es el fin. Les he dado a ustedes todo lo relacionado al reino de Dios". Y esa frase es una declaración general que habla de toda la operación de Dios y su gobierno. Él les ha dado todo.

"Por tanto" —versículo 26— "yo os protesto en el día de hoy, que estoy limpio de la sangre de todos". Y lo que quiere decir con esto es todos los judíos y griegos, o cualquier tipo de hombres. "He cumplido con mi responsabilidad ante todos, con la iglesia, con los salvos, con los no salvos, con judíos y con gentiles. He cumplido con mi tarea. No me pueden condenar por no ser fiel". Esto es lo que está diciendo. ¿Por qué? Versículo 27: "porque no he rehuido anunciaros todo el consejo de Dios". Dice Pablo: "Lo hice, lo cumplí, he terminado".

Es muy interesante la declaración que hace en el versículo 26 con respecto al hecho de que él está limpio de la sangre de todos los hombres. Y si te preguntas: "¿Es verdad que un líder o un maestro o un pastor va a ser culpable de la sangre de ciertas personas?" Aparentemente es verdad. Si van a Ezequiel 33:8, a Ezequiel se le dice que está obligado a hablar lo que Dios le dijo. Dios le dio un mensaje, y él debía entregarlo a Israel. Y Dios le dice: "Es mejor que seas fiel en entregar el mensaje".

Ezequiel 33:8, "Cuando yo dijere al impío: Impío, de cierto morirás; si tú no hablares para que se guarde el impío de su camino, el impío morirá por su pecado, pero su sangre yo la demandaré de tu mano". No quiere decir que Ezequiel será condenado. Quiere decir que Ezequiel va a ser reprendido por no ser fiel a su ministerio. Y lo que Pablo está diciendo aquí es: "No seré como esa advertencia en Ezequiel 33:8", y estoy seguro que esto era lo que tenía en su mente. "Mis manos están limpias, estoy limpio de la sangre de todos los hombres".

Hay una responsabilidad en cada hombre de Dios, y este tiene que reconocer la responsabilidad de que, si Dios le ha encargado un ministerio, y él no lo cumple, entonces será reprendido por haber fallado en cumplirlo. Y estoy seguro que hay muchos pastores que se preguntan por qué todo en su vida va muy mal. Y cuando se lo preguntan, deben examinar más detenidamente si es que ellos están cumpliendo en realidad el ministerio que Dios les ha encomendado. Porque si no lo hacen, entonces serán castigados por la sangre de aquellos a quienes fallaron en ministrar de la manera que Dios había diseñado que ellos ministraran.

Es una responsabilidad muy seria. Créanme, esto es lo que Santiago quiso decir en Santiago 3:1, "No os hagáis maestros muchos de vosotros,

11_Un encargo a los líderes de la iglesia del Nuevo Testamento. Parte 1

sabiendo que recibiremos mayor condenación" por haber fallado en ser fieles. Pero Pablo dijo esto: "Yo veo el ministerio por lo que es en realidad, hacia Dios, hacia la iglesia, hacia los perdidos, hacia mí mismo, y lo he cumplido, nunca he fallado en darles todo el consejo de Dios. Lo hice. Por lo tanto, me he liberado de esa responsabilidad. Puedo salir de este lugar y saber que no se me acusará de nada. He sido fiel a mi ministerio".

Y podríamos pensar que lo está diciendo con orgullo, pero no es así. Lo que está diciendo es: "De hoy en adelante, ancianos, la responsabilidad es suya. Asegúrense de cumplir su ministerio de forma fiel, del mismo modo en que yo les he dado ejemplo". Los líderes tienen una gran responsabilidad, una tremenda responsabilidad.

Todo el plan, propósito y principio de Dios nos han sido encomendados para que nosotros los encomendemos a ustedes. Y si fallamos en hacer esto, es fallar en darles todo el consejo de Dios, es fallar en entregar a ustedes la responsabilidad que Dios nos ha dado. Nosotros debemos enseñarles todo el consejo de Dios. Y para la persona que falla en dar todo el consejo de Dios lo único que se espera es represión y castigo de parte de Dios.

Pablo nos ha dado una instrucción muy clara acerca de la importancia del liderazgo, y como dije antes, es doble bendición o doble castigo si fallamos. Esto no quiere decir que se pierda la salvación. Simplemente quiere decir que conocerás el castigo de Dios, la reprimenda que te va a dar.

Ahora, de esta reflexión acerca de lo que es el ministerio en general, se enfoca en una dimensión. Les dije que había cuatro dimensiones. Se enfoca en la idea de enseñanza a la iglesia, y comenzando en el versículo 28, él dice: "Les he dado la perspectiva general, pero ahora en particular permítanme enfocarme en su responsabilidad hacia la iglesia. Ustedes, ancianos, primariamente son responsables de la iglesia de Éfeso. Entonces ahora les doy sus prioridades".

Primero veamos todo en un solo pensamiento, pero les voy a hacer unas anotaciones antes de que lleguemos ahí. Noten en el versículo 17 la palabra "ancianos". Es la palabra *presbyteros*, de la que nosotros sacamos la palabra presbiteriano o presbiterio. Después en el versículo 28 encontramos la palabra "obispos". Esto es *episcopos*, la cual se traduce "obispo" casi siempre. A continuación tenemos la palabra "apacentad". Esta es *poimaino*y se puede traducir como "pastorear". Está relacionada con la palabra para *poimen*, "pastor". Así que tenemos a este mismo grupo de hombres que son llamados, ancianos, obispos y pastores.

Y ¿por qué les estoy diciendo todo esto? Porque esto significa que son exactamente lo mismo. Dentro de la iglesia no hay diferencia entre un presbítero, un anciano, un pastor o un obispo. Todos ellos son lo mismo. Yo soy todos estos. Ustedes me pueden llamar pastor, me pueden llamar anciano MacArthur, me pueden llamar presbítero MacArthur, o me pueden llamar obispo MacArthur.

Todas estas designaciones hacen referencia a la misma persona. No hay ninguna diferencia entre ellos. Podemos decir que es un solo término. Esta es la razón por la que toda esta jerarquía que hay en la iglesia en donde tenemos diferentes niveles de obispos y todo eso, simplemente no sigue el patrón bíblico. No hay diferencia en el uso de esos términos. Los tres se encuentran en el mismo pasaje, hablan de la misma persona.

Ahora Pablo va a hablar a esos líderes. A esos hombres dentro del pastorado, que son ancianos, responsables de la dirección de la iglesia, ahora les da 5 claves para el liderazgo, y ya se las di en el bosquejo, solo vamos a cubrir dos de ellas esta mañana. Cinco claves para el liderazgo. Estas son prioridades, muy básicas, pero muy importantes.

Asegúrate de estar bien delante de Dios

Principio número uno: Asegúrate de estar bien delante de Dios. Veamos el versículo 28. Aquí comienza Pablo: "Por tanto, mirad por vosotros". Detengámonos aquí un momento. La prioridad comienza con uno mismo. Tengan cuidado de vosotros mismos. No están listos para el ministerio, no están preparados para soportar lo que involucra el ministerio, no están preparados para enfrentar las responsabilidades del ministerio, a menos que estén bien delante de Dios. Este es un ingrediente básico dentro del ministerio. Es muy básico.

En Marcos 13:9, solo para darles una idea de cómo el Nuevo Testamento señala esto, dice: "Pero mirad por vosotros mismos; porque os entregarán a los concilios, y en las sinagogas os azotarán; y delante de gobernadores y de reyes os llevarán por causa de mí, para testimonio a ellos".

Les dice que van a ser perseguidos, y para que puedan soportar esa persecución, les dice, "mirad por vosotros mismos". En otras palabras, si no estás bien con Dios, no serás capaz de soportar lo que va a suceder. No serás capaz de manejarlo. Si no eres espiritualmente fuerte, no estás en la posición correcta.

También el Lucas 21:34 el Señor dice: "Mirad también por vosotros mismos, que vuestros corazones no se carguen de glotonería y embriaguez y de los afanes de esta vida, y venga de repente sobre vosotros aquel día". Les dice: "El día del juicio o el día del Señor viene, así que es mejor que se cuiden a ustedes mismos para que estén listos para lo que sucederá... Hagan una auto-examen".

Ahora hay una referencia directa a los líderes del Nuevo Testamento que Pablo le expresa a Timoteo. En 1 Timoteo 4:16, simplemente le dice esto: "Ten cuidado de ti mismo". Esta es una prioridad que debe estar presente en medio de todo el ministerio, cuidar de ti mismo. Esto es carácter. Cuida de ti mismo. Y a continuación le dice, "y de la doctrina". Esto es el credo.

11_Un encargo a los líderes de la iglesia del Nuevo Testamento. Parte 1

Y a continuación le dice, "persiste en ello". Esto es conducta. Cuida de tu carácter, tu credo y tu conducta. Tú eres la clave dentro de tu ministerio.

Incluso Pablo lo pone rotundamente para Timoteo en 2 Timoteo 2:20, "Pero en una casa grande, no solamente hay utensilios de oro y de plata, sino también de madera y de barro; y unos son para usos honrosos, y otros para usos viles". Dicho de otro modo, si tienes una casa muy grande es seguro que tienes dos vajillas, la elegante para los amigos o los visitantes que cuando vengan les quieres mostrar algo muy bonito, y también tienes la otra en la que comes todos los días. Estos son los dos tipos. Las vasijas que son para honrar, y otras que solo son para el deshonor diario.

La implicación obvia aquí es que dentro de la casa de Dios habrá algunas vasijas que Dios va a honrar y que serán usadas para las más grandes tareas. 2 Timoteo 2:21, "Así que, si alguno se limpia de estas cosas", está hablando de iniquidad, si se limpia de iniquidad, "él será instrumento para honra, santificado, útil al Señor", y escucha, "y dispuesto para toda buena obra".

Lo ven, hay algunas vasijas que Dios puede usar, y hay otras que Él no puede usar. Y escuchen esto, no existe un ministerio para un ministro que no es santo. Ninguno. Y puede ser que tengas el título de pastor o el título de líder, o el título de anciano, o el título de ministro, pero si no hay santidad en ti, tampoco hay liderazgo. No hay bendición ahí. Dios no está trabajando por medio de ti. Tú debes ser una vasija honrosa, santificada, lo que significa santa, y dice en el siguiente versículo: "Huye también de las pasiones juveniles, y sigue la justicia". Dios usa a instrumentos santos, a gente santa, vasijas santas.

Robert Murray McCheyne dijo: "Un hombre santo es un instrumento sorprendente en las manos de Dios", y esto es verdad. Pablo sabía esto. Pablo también dijo en 1 Corintios 9:24–26, "¿No sabéis que los que corren en el estadio, todos a la verdad corren, pero uno solo se lleva el premio? Corred de tal manera que lo obtengáis. Todo aquel que lucha, de todo se abstiene; ellos, a la verdad, para recibir una corona corruptible, pero nosotros, una incorruptible. Así que, yo de esta manera corro, no como a la ventura; de esta manera peleo, no como quien golpea el aire".

Y dice Pablo: "golpeo mi cuerpo, y lo pongo en servidumbre, no sea que habiendo sido heraldo para otros, yo mismo venga a ser eliminado". Pablo sabía que el día que la santidad dejara de ser parte de su vida, siendo usado por el Espíritu Santo, porque hay pureza en mi vida, entonces Dios dejaría de usarme, porque Dios solo usa instrumentos santos. Créanmelo.

Me pregunto cómo puede suceder esto. Ves a un hombre involucrado en el ministerio, en muchas cosas, muy activo dentro de la iglesia, y en todo tipo de otras cosas, y repentinamente algún asunto moral terrible llega a su vida. Nosotros hemos visto esto en esta iglesia. Y ha tenido que ser descalificado. Y en estos casos ha venido gente a decirnos, "¿Cómo es posible que cosas así sucedan, antes estaba y ahora no?"

Lo que sucedió es simple, él debía encargarse de toda esta área de asegurar su relación con Dios, pero la descuidó. Simplemente se fue convirtiendo en un hombre no santo, y una vez que esto sucede, él fue descalificado. Se convirtió en una vasija deshonrosa, que no era útil, y a pesar de que conserva su salvación, porque la salvación es para siempre, perdió su significado para el cuerpo, para el servicio de Cristo, y entonces se convirtió en una vasija deshonrosa.

La santidad es una característica básica dentro de todo liderazgo. No es tu increíble carisma. No es tu liderazgo poderoso, enérgico o dramático. No es que tú hiciste los movimientos políticos adecuados para poder llegar al lugar en donde estás. Nada de esto te calificó para ser un líder, lo que lo hizo fue tu propia santidad ante el llamado de Dios.

Para darles una ilustración de esto solo los tengo que llevar a pasajes que nos son muy familiares. Estos son aquellos en los que se dan las cualidades de los líderes del Nuevo Testamento. El primero es en 1 Timoteo 3. Si alguno anhela obispado, o el ser obispo, o pastor o anciano, o un líder, si un hombre desea ese oficio, aquí están las cualidades que debe tener. Debe ser irreprensible. Bien, este es un buen punto para comenzar. No nos deja mucho que decir, ¿verdad?

Y después de esto, después de ser irreprensible, "debe estar locamente enamorado de su esposa, sobrio". Esto quiere decir que es un hombre moderado, no dado a los excesos. "De mente sobria". Esto quiere decir que ordena sus prioridades de manera espiritual. "Prudente, decoroso, hospedador, apto para enseñar, no dado al vino, que no pasa mucho tiempo al lado del vino. No debe ser violento, no codiciador de ganancias deshonestas, sino amable, apacible, no avaro, que gobierne bien su casa, que tenga a sus hijos en sujeción, con toda honestidad, porque el que no sabe gobernar su propia casa, ¿cómo podremos esperar que cuide la iglesia de Dios?"

El versículo siete dice esto: "También es necesario que tenga buen testimonio de los de afuera". Ahora, ¿pueden ustedes encontrar alguna otra cosa que no sea una cualidad espiritual? Le decía a un colega el otro día, estábamos hablando de la iglesia y de cómo esta no puede llegar más alto que su liderazgo, y estábamos hablando del problema de liderazgo espiritual. Y le dije: "¿Cómo seleccionan ustedes a los ancianos dentro de tu iglesia? Me contestó, es simple, los elegimos de entre aquellos que tienen más dinero, que tienen los negocios más grandes, y que demuestran que tienen mucha sabiduría en asuntos seculares". Y añadió, "creo que ese es nuestro problema". Y saben este es el caso en muchas iglesias, si no es en la mayoría.

Creo que es algo maravilloso cuando Dios bendice a este tipo de hombres y los prospera, pero esto es algo que depende de Dios, porque sabemos que Dios es quien te da el poder de hacer riqueza. Esto es una bendición, pero no estoy diciendo que todos los ancianos deben ser pobres, lo que estoy diciendo es que el Nuevo Testamento nunca sugiere ni una pizca de algún tipo de cualificación que tenga que ver algo con la posición mundana del dinero, nada de esto o bien referente a personalidad, o presentación o algo así. Las únicas calificaciones de las que se hablan son espirituales, esto debido a que es un trabajo espiritual, y a veces lo que puede ser algo muy bueno para los negocios es absolutamente incorrecto a lo que Dios quiere, y la razón es simple, Dios trabaja de maneras misteriosas y todo lo tenemos que hacer partiendo de nuestra fe.

En Tito 1, solo en caso de que alguien no lo crea de Timoteo, Pablo se lo dice de esta manera a Tito. Estas son las cualidades de los ancianos o pastores. Una vez más dice que deben ser irreprensibles. Esto es, la iglesia no debe tener nada en su contra. Y creo que una de las razones por las que la gente me pregunta: "John, ¿crees que un hombre que ha cometido pecados en su vida pasada, tal vez que se divorció y se volvió a casar, piensas que puede servir como un anciano o pastor de una iglesia? O bien, ¿piensas que un hombre que ha cometido algo muy trágico en su pasado, etc., etc., puede servir dentro de un ministerio dentro de la iglesia? Y entonces lanzan su pregunta, ¿qué significa ser marido de una sola mujer?"

Y mi respuesta siempre es la siguiente, no creo que aquí el asunto principal tenga que ver con marido de una sola mujer. Pienso que el asunto principal es la irreprensibilidad, porque invariablemente cuando un hombre es colocado en la posición de liderazgo espiritual, si tiene una enorme mancha a causa de su vida pasada, alguien va a venir y le va a decir esto en su cara, especialmente cuando tenga que ejercer autoridad en esta área. Por lo que es muy importante que este hombre sea irreprensible, que sea sin mancha y que dé un testimonio santo y sea un ejemplo santo, por lo que debe ser consistente.

Pero no estoy diciendo que Dios no perdona, no estoy diciendo que Dios no puede poner a tal persona que ha sido restaurada y quien se ha recobrado de tal cosa y ahora está en el liderazgo. Lo que estoy diciendo es que es mejor que no sea de este tipo de personas porque puede ser acusado, que tiene el derecho de ser acusado de algo, de otro modo se lo reprocharán en su cara cuando intente ejercer autoridad en un asunto similar con respecto a las vidas de los otros.

Así que ser irreprensible y sin mancha es muy importante. Es una cualidad santa. Y entonces llega, marido de una sola mujer, que quiere decir que es un hombre para una sola mujer, y yo lo interpreto como que es alguien que esta furiosamente enamorado de su propia esposa... quiero decir que no anda buscando otra por ahí. Hay muchas personas que son maridos de su mujer físicamente, pero mentalmente andan en otro lado.

"El que sea irreprensible, marido de una sola mujer, que tenga hijos creyentes... esta es otra cualidad, hijos creyentes, no acusados de libertinaje o de rebeldía, porque el obispo tiene que ser sin mancha como servidor de Dios". En otras palabras, te vas a encargar de los negocios de Dios. Por lo que es mejor que seas un hombre piadoso, "no soberbio, no iracundo, no dado al vino, no pendenciero, no codicioso de ganancias deshonestas, sino hospedador, amante de lo bueno". Una cosa es hacer el bien, y otra amarlo. Algunas personas hacen el bien, pero a veces no es su elección.

"Sobrio, justo, santo, dueño de sí mismo… es así… tal como ha sido enseñado, para que también pueda exhortar con sana enseñanza y convencer a los que contradicen". Este es un hombre que es un hombre santo, tiene todas las cualidades y el conocimiento de la Palabra, porque no solo conoce la Palabra. Se somete a la Palabra. La transmite a su patrón de vida.

Pablo se lo resume a Timoteo en una declaración simple. 1 Timoteo 4:12, le dice: "Sé ejemplo de los creyentes". Debes mostrar al mundo lo que es un hombre santo, y debe ser en seis áreas, en palabra, conducta, amor, espíritu, fe y pureza. Todas estas áreas son espirituales, tú debes ser un ejemplo.

Alimenta y guía al rebaño

Entonces, el liderazgo del Nuevo Testamento reduce al hombre a una simple estructura, alinéate con los parámetros de Dios. Sé un hombre santo, pero llega una segunda prioridad, y solo la veremos un poco, pero la dejaremos para analizarla en detalle nuestra próxima vez. La segunda prioridad de un hombre de Dios, el hombre que toma la posición de liderazgo dentro de la iglesia es que él está dedicado a alimentar y a guiar al rebaño.

Después de cuidar de ti mismo espiritualmente, entonces llega el cuidado del rebaño. Pienso que hay algunas personas que colocan el cuidado del rebaño, en un sentido, antes del cuidado de sus propias vidas. Saben cómo sucede esto, sucede cuanto alguien dice: "Este hombre pasaba tanto tiempo en la iglesia, y hacía esto y aquello, y ahora está en terribles problemas, pero estaba bien cuando se dedicaba tanto a la iglesia". Él hacía esto, enseñaba aquello, se encargaba de esto otro, hacía muchas cosas. Con toda seguridad estaba corriendo de un lado al otro con la idea de cuidar bien al rebaño, pero falló en la prioridad principal: cuidar de sí mismo.

¿Saben ustedes cuál es mi principal obligación? ¿Saben cuál es mi más grande obligación como pastor, como ministro de Dios? Mi más grande obligación es asegurarme que mi vida es correcta delante de Dios, primero que nada. Segundo, asegurarme de que estoy cumpliendo con mi responsabilidad hacia ustedes. Si no estoy en lo correcto, mi vida no significará nada para ustedes. Y esta es la razón por la que en todo Estados Unidos y el resto del mundo no pasa nada, porque en la vida de las personas que están en el liderazgo no pasa nada.

Pero segundo, el versículo 28 dice: "Por tanto, mirad por vosotros". Y a continuación dice, "y por todo el rebaño". ¿Lo ven? Mi prioridad, la prioridad de cualquiera que está en el liderazgo, no importa si estás enseñando

11_Un encargo a los líderes de la iglesia del Nuevo Testamento. Parte 1

en escuela dominical, o si das un estudio en casa, no importa en qué estés sirviendo, en cualquier función que realices, tu segunda prioridad es ese ministerio. Tu primera obligación está en tu relación con Dios. Y si tu relación con Dios no es la correcta, todo el trabajo que realices en el otro lado de tu vida no va a hacer ninguna diferencia.

Ahora noten esto. Él dice, cuiden al rebaño, pero no dice el rebaño, sino "todo el rebaño". Sin favoritismo. Me gusta mucho cuando la iglesia es descrita como un rebaño. Hay una relación de ovejas que es característica de los cristianos, un pequeño grupo de indefensos, ignorantes, y seguidores sin entendimiento. Esto es lo que somos todos nosotros. Pero este ha sido un término histórico que Dios ha usado para referirse a su pueblo, a sus hijos.

En el Antiguo Testamento, en Jeremías 13:17 y en Zacarías 10:3, Dios llama a Israel "el rebaño del Señor". Pero también me gusta Lucas 12:32, y creo que cuando Jesús lo dijo estaba viendo a su pequeño grupo de discípulos, ahí Él los llamó "manada pequeña". ¿Lo recuerdan? Y después llegamos al evangelio de Juan, y vemos ahí una interpretación mucho más amplia, en el evangelio de Juan hay una referencia que se repite y es la de hijos de Dios, todo el pueblo de Dios, aquellos que van a creer en el futuro como sus ovejas, y Él es el Gran Pastor.

En Juan 10, en donde Jesús dice: "Yo soy el buen pastor, y el buen pastor cuida a su rebaño, conoce a sus ovejas por su nombre, y ellas lo siguen, escuchan su voz y ellas lo reconocen, y ningún hombre las puede arrebatar de mi mano". Los ladrones y salteadores intentan quitarlas de su mano, pero él las protege, aquí volvemos a encontrar todo el concepto de rebaño en Juan 10, somos un rebaño. Y Dios es nuestro Pastor. Aquí, en Juan 10, se le llama el Buen Pastor. En Hebreos 13 se le llama, "el gran pastor". Así que nosotros somos un rebaño que está bajo el cuidado del "Buen Pastor".

Lo que quiero resaltar de este concepto de rebaño, y aquí hay todo tipo de ángeles, pero permítanme tomar esta idea. Como rebaño, toda la iglesia es un rebaño, un solo rebaño. Un solo rebaño con el gran pastor. Pero Dios toma a este rebaño que está repartido en áreas locales, aquí somos un pequeño rebaño.

Nosotros somos parte de un rebaño, pero somos un rebaño localizado. Esto es lo que Pedro quiso decir cuando dijo en 1 Pedro 5:2, "Apacentad la grey de Dios que está entre vosotros", aquí él usa la frase griega, *en humin*, la cual es un término local. "En" es local. Dice: "apacentad el rebaño de Dios que está entre ustedes, no como teniendo señorío sobre los que están a vuestro cuidado".

Dios toma a todo el rebaño, y lo divide en pequeños rebaños; aquí nos dice, "aquí está un rebaño", para ello selecciona a pastores y los coloca al cuidado de aquellos a quienes él ha puesto. En realidad, eso es lo que yo soy. Solo soy un pastor al cuidado, y los ancianos que hay aquí son también pastores al cuidado, y todos los pastores que hay en todos lados son pastores que están al cuidado.

Ahora bien, aquí tenemos la definición simple de una tarea, a pesar de que su función no es simple. Esto significa hacer dos cosas. "Y por todo el rebaño en que el Espíritu Santo os ha puesto..." como pueden ver tienen al Espíritu Santo dándoles su soporte, e incidentalmente esto también se corrobora en 1 Pedro 5. Esto solo es para añadir fuerza a nuestro asunto. 1 Pedro 5:3, "no como teniendo señorío sobre los que están a vuestro cuidado". Esto es lo que quiere decir en Hechos. La palabra se puede traducir como herencia, pero la palabra literalmente significa, "que están bajo tu cuidado" o bien los que te han sido dados. Así que somos pastores sobre el rebaño que nos ha sido dado.

Ahora, en Hechos 20:28 dice que el Espíritu nos ha puesto. Es algo excitante pensar acerca de esto y ver mi propia vida y poder notarlo. En algún lugar de la eternidad pasada, cuando Dios estaba haciendo todo su plan soberano, lo dijo; desde luego que tenía con quien hablar pues estaba la Trinidad ahí.

Dijo: "Alrededor de 1970 MacArthur estará listo, y lo voy a poner a cargo del rebaño que tendré en Panorama City, ahí voy a ponerlo junto con todos aquellos que pienso juntar ahí, junto con otros ancianos que cuiden ese rebaño". Y esto es algo fascinante, imaginen que antes de que el mundo comenzara ya estábamos dentro de todo este plan, para ser parte de él. Y no pueden pensar qué emoción me produce esto, haber sido asignado como un pastor de Jesucristo para el cuidado del rebaño, y el Espíritu Santo lo hizo todo.

Ahora podrán notar aquí que hay dos responsabilidades que se dan para que el pastor las ejerza sobre el rebaño, esta es la de ser un sobreveedor, alguien que supervisa, significa guiar y alimentar, alimentar y guiar. Hay una palabra que se usa de manera general para alimentar, *poimaino*, la cual significa pastorear. Significa ser pastor. Esto involucra más que el simple hecho de alimentar. Pastorear es cuidar, disciplinar, curar heridas, ejercer autoridad sobre ellos, guiarlos por el camino correcto.

Todo y cualquier cosa que pueda caer bajo la categoría de pastoreo está incluido en *poimaino*. Pero el corazón del pastoreo es alimentar, porque lo que más hace el pastor es llevar a sus ovejas al lugar en donde ellas se puedan alimentar. Y el corazón de esto es alimentar, pero esto involucra todo el concepto de guiar dentro de la palabra *poimaino*.

Ahora, solo para darles una ilustración de la importancia de alimentar en relación con todo lo que el pastor hace, en Juan 21, Jesús está confirmando a Pedro dentro del ministerio, ahí le pregunta tres veces si lo ama, ¿lo recuerdan? A lo cual Pedro le contesta tres veces que sí lo quiere mucho, él usa la palabra *fileo*, y tres veces Jesús le dice esto: "Alimenta a mis corderos. Alimenta a mis ovejas. Alimenta a mis ovejas". Justo en la que va a la mitad,

11_Un encargo a los líderes de la iglesia del Nuevo Testamento. Parte 1

Jesús usa la palabra *poimaino*. La tercera vez Él usa la palabra *bosko* y no *poimaino*. *Bosko* significa simplemente alimentar.

Si dos de tres simplemente quieren decir alimentar, eso me dice cuál es la prioridad, alimentarlos, alimentar al rebaño. Alimentar al rebaño de Dios, y en la mayor parte de los casos que se usa *poimaino* se traduce de la misma manera, esto debido a que ese es su énfasis. Y con toda seguridad incluye las áreas de cuidado, disciplina y autoridad, junto con otras muchas cosas, pero primariamente significa alimentar.

Con frecuencia la gente me dice, y en realidad no hay día que no sucede, muchos me dicen: "Estoy tan contento de haber llegado aquí. Estoy tan contento de que nos den tal o cual clase. Estamos contentos de que nos den tal o cual estudio bíblico, porque con ello somos alimentados". Y sé que muchos de ustedes me lo han dicho de un modo o de otro.

Otros me dicen: "Nosotros venimos de aquí o de allá, y ahí no nos alimentaban". Y en realidad no puedo concebir a un pastor que no alimente a sus ovejas. No lo puedo comprender. Pienso, ¿qué es lo que está haciendo, solo guiándolos de desierto en desierto, o los dejan en el mismo desierto todo el tiempo? ¿Qué tipo de concepto tienen siendo pastores que no alimentan a sus ovejas? Los pastores debemos alimentar y guiar.

El guiar es importante también. ¿Qué quiero decir con guiar? Lo que quiero decir es gobernar. "Los ancianos que gobiernan bien, sean tenidos por doble honor". ¿Qué significa esto? Significa estar decidiendo hacia donde dirigen la iglesia. Las ovejas no pueden decidir cuál es el siguiente pasto al que pueden ir a alimentarse después de este. Las ovejas no deciden dónde construyen el redil. Las ovejas simplemente siguen al pastor.

Dios ha responsabilizado al liderazgo de la iglesia en las manos de los ancianos y de los pastores, y dice ahí, "somos sobreveedores u obispos". Esto simplemente significa aquellos que están ejerciendo autoridad. El pastor gobierna y dirige, y el rebaño está en sujeción. Ahora, recuerden que nosotros no lideramos como dictadores o ejerciendo dominio o señorío sobre ustedes, sino siendo ejemplos, ¿verdad?

En Hebreos 13:17, tenemos un precioso versículo que expresa la relación entre los ancianos y la gente. Escucha: "Obedeced a vuestros pastores, y sujetaos a ellos". Y saben yo siempre oro por esto. Uno de los más grandes gozos, de entre todos los gozos que puedo tener, uno de ellos es el hecho de que esta iglesia, que la iglesia que la conforma está sometida a los ancianos y que cuando ellos deciden algo, siempre encuentran un maravilloso espíritu de obediencia. Simplemente no tenemos el tipo de problemas en donde la gente se enoja y pelea, dañándose unos a otros a causa de lo que ellos han decidido.

Esta es una respuesta que agrada a Dios. "Obedeced a vuestros pastores, y sujetaos a ellos", y observen lo que sigue, "porque ellos velan por vuestras almas, como quienes han de dar cuenta". Pienso que muchos pastores de muchas iglesias no entienden este pasaje. Y miren, cuando me detengo a pensar acerca del hecho de que tengo que dar cuentas a Dios mismo acerca de cómo cuidé al rebaño, y así lo hará cada uno de los ancianos, y cuando hago esto pienso en qué es lo que debo cambiar al cuidar del rebaño, porque sé que algún día tendré que rendir cuentas.

Así que dice, "sométanse y que lo hagan con alegría, y no quejándose, porque esto no os es provechoso". De vez en cuando nos topamos con alguien que solo quiere pelear y no quiere someterse, esto es algo que no es provechoso, que entristece. Y créanme, que hay mucha tristeza cuando uno está ministrando y peleando en contra de Satanás. Hay demasiado dolor en la angustia cuando hay resistencia dentro del ministerio, aun cuando no exista resistencia de la gente que estamos tratando de amar y alimentar. Es por eso que concluye diciendo, "y cuando hacen esto, no es para nada provechoso".

En 1 Pedro 5:4 tenemos una idea similar en cuanto a la respuesta que debemos dar a aquellos que están en el liderazgo. Nos dice: "Y cuando aparezca el Príncipe de los pastores, vosotros recibiréis la corona incorruptible de gloria". ¿Y cómo se obtiene esta corona de gloria? Cuando ustedes han guiado al rebaño siendo ejemplo a ellos. Hay una corona de gloria para aquellos que han sido un ejemplo fiel. El rebaño debe estar en sujeción. Aquel que es el líder será responsable ante Dios, y si él es fiel, entonces recibirá su corona de gloria.

Entonces tenemos que es cuestión de fidelidad hacia Dios. Y saben algo, cuando eres un líder infiel, y un pastor infiel, hay un precio muy alto que pagar. ¿Sabían que 1 Timoteo 5:19 dice que ustedes nunca deben recibir alguna acusación en contra de un pastor o de un anciano a menos que haya dos o tres testigos presentes? ¿Cuántas veces han escuchado algo en contra de alguien que alguien más le dijo y que alguien más le había dicho, y con esto se atreven a acusar a alguien?

No hablen una sola palabra en contra de un ungido de Dios a menos que esto venga de la boca de dos o tres testigos quienes lo puedan confirmar. Y si ustedes encuentran que esto es verdad, entonces el siguiente versículo dice: "A los que persisten en pecar, repréndelos delante de todos, para que los demás también teman". Hay un precio muy alto que pagar cuando se es líder. Todo lo que hacemos es público. Si vivimos una vida santa, eso es público. Si pecamos, esto también debe hacerse público.

Y creemos que esto es bíblico, que si un anciano peca, su pecado debe ser expuesto a todos. ¿Por qué? Para que los demás aprendan que siempre que haya necesidad así trataremos con el pecado. Así que hay un precio muy alto que pagar, pero también es cierto, y debo decirlo, que hay un gozo muy grande cuando se es fiel, entonces podemos ver la bendición de Dios, y llega el doble honor, como lo dice 1 Timoteo 5.

11_Un encargo a los líderes de la iglesia del Nuevo Testamento. Parte 1

Y añadiendo a la responsabilidad que tenemos, él dice esto. Como si no fuera suficiente con que conozcamos el peso de la responsabilidad que tenemos, nos dice: "Por tanto, mirad por vosotros, y por todo el rebaño en que el Espíritu Santo os ha puesto por obispos, para apacentar la iglesia del Señor". Y saben que es lo que en realidad debe motivarlos a ustedes, es el hecho de que esta no es mi iglesia. Esta no es la iglesia de los ancianos. ¿De quién es la iglesia? Es la iglesia de Dios. Yo estoy cuidando su propiedad.

¿Usted ha tenido la responsabilidad de cuidar de la propiedad de alguien cuando no es usted más que un manojo de nervios con la esperanza de que van a volver; y solo piensas en lo que has roto o perdido? Algunas veces pienso que esta es una de las razones por las que quiero que Jesucristo vuelva pronto, solo para deshacerme de todo esto antes de que lo tenga como un completo desastre. Esta es su iglesia. Jesús le dijo a Pedro tres veces, "alimenta a mis ovejas, alimenta a mis ovejas, alimenta a mis ovejas". No eran de Pedro. No son tampoco mías. No son de ningún pastor, son de Cristo.

Escuchen esto, amo a mi Señor, quiero cuidar a sus ovejas. Él me dijo: "MacArthur, estas son mis ovejas. Cuida de ellas hasta que yo regrese". Y les puedo decir que esto es algo motivador, pensar en que Pedro dice, "alimenta al rebaño de Dios". No son, en ningún sentido, mías.

Esto es algo que a mí me motiva, pero como si el Espíritu Santo supiera que se necesita algo más, Él añadió al final del versículo 28, "la cual él ganó por su propia sangre". ¿Qué nos está diciendo aquí? Esto nos dice que el rebaño de Dios es tan precioso, tan valioso, que él pagó el más alto precio, y si es preciosa y valiosa para Él, debe ser preciosa para mí, para cada pastor. Si Dios pagó el precio más alto por estimarla tan valiosa, me tengo que asegurar que le estoy dando el cuidado correcto.

Dios mismo en la forma de su Hijo derramó su sangre para beneficio de la iglesia. "Dios pagó el más alto precio, la preciosa sangre de Jesucristo", como lo dice Pedro. ¿Podría yo atreverme a tratar a esta iglesia, la cual Él pagó con su propia sangre, en un sentido más bajo del precio que Él pago? ¿Podría yo manipular la iglesia para mi beneficio? ¿Podría yo pastorear la iglesia pensando en mi propio beneficio?

¿Podría yo matar de hambre a la iglesia? ¿Podría yo fallar en enseñar todo el consejo de Dios a la iglesia, siendo que esto es lo que Él quiere, y que esta es la razón por la que pagó con este tan alto precio y me la asignó para cuidarla, podría ser yo infiel? Este es un rebaño maravilloso. Ustedes son un bien muy preciado. Ustedes costaron mucho. Es mejor que yo, como su pastor, los trate como un bien preciado.

Esto fue lo que hizo Pablo, y nuevamente él es nuestro ejemplo a seguir. En Efesios 5, escuchan, se los leo, "Maridos, amen a sus esposas —escuchen esto— así como Cristo amó a la iglesia y se entregó a sí mismo por ella, para santificarla, habiéndola purificado en el lavamiento del agua por la palabra, a fin de presentársela a sí mismo, una iglesia gloriosa, que no tuviese mancha ni arruga ni cosa semejante, sino que fuese santa y sin mancha".

Ahora escuchen esto, Cristo amó a la iglesia y se entregó a sí mismo por ella, para santificarla, purificarla, y presentársela a sí mismo una iglesia gloriosa sin mancha, sin arrugas, sin manchas. Y si él quiere una iglesia santa, ¿qué creen que es lo que yo debo desear? Una iglesia santa.

Pablo escribió a los Corintios, les dio 16 capítulos, y como no le alcanzó les escribió otros 13. Les dedicó 29 capítulos. Y esto es lo que les dijo en 2 Corintios 11:1–2, "¡Ojalá me toleraseis un poco de locura! Sí, toleradme. Porque os celo con celo de Dios" —¿qué quieres decir, Pablo?— "pues os he desposado con un solo esposo" —¿para qué?— "para presentaros como una virgen pura a Cristo".

Pablo dice: "Solo sé una cosa. Sé que Dios los redimió para ser una iglesia santa y que Dios los entregó bajo mi cuidado, yo soy su pastor. Soy su pastor a cargo, yo debo cuidarlos, y si la voluntad de Dios es que sean una iglesia santa, esto es lo mismo que yo quiero, esta es la razón por la que les hablo de la manera en la que les hablo".

El pastor a cargo debe tener la misma actitud que tiene el Príncipe de los Pastores, la pureza y la santidad de la iglesia, y si el Señor quiere algún día presentarse a sí mismo la iglesia sin mancha ni arruga, eso es lo mismo que yo quiero, ¿lo ven? Y para que esto pueda suceder, mi obligación es alimentar y alimentar y alimentar al rebaño con las verdades de Dios y guiar el rebaño por los caminos de la justicia.

Estas son las dos verdades básicas, la prioridad de estar bien con Dios, y el alimentar y guiar al rebaño, para que el rebaño pueda ser presentado ante el Salvador algún día, tan pura como él la desea. Oremos.

Oración final

Padre, gracias por todo este tiempo. Estamos agradecidos porque podemos expresarte nuestros pensamientos, los pensamientos de nuestros corazones dentro del marco de la Escritura. Te agradecemos, Padre, porque el ministerio no solo es un refrendo, alguna prescripción histórica, sino que es el derramamiento del corazón que es generado por el Espíritu Santo y que todo esto no son solo sentimientos de Pablo a los que nos tenemos que someter, sino que todo esto son los sentimientos de nuestro propio corazón con los que el Espíritu nos ha enseñado.

Padre, oramos por todas las personas que están dentro del liderazgo de la iglesia las cuales hará que tengan los mismos sentimientos por ella, como los tuviste tú, y segundo, porque ellos tomen la responsabilidad de alimentar al rebaño con la Palabra de Dios y para que los guíen en las rutas de la justicia. Por cada joven que algún día estará en la posición de liderazgo, para que tú comiences a prepararlos en sus corazones para ministrar de la manera que a ti te agrada.

Te agradecemos por lo que hemos aprendido hoy y por lo que usaremos y practicaremos en nuestras vidas. Es en el nombre de Jesucristo que oramos. Amén.

REFLEXIONES PERSONALES

26 de Mayo, 1974

12_Un encargo a los líderes de la iglesia del Nuevo Testamento. Parte 2

Porque yo sé que después de mi partida entrarán en medio de vosotros lobos rapaces, que no perdonarán al rebaño. Y de vosotros mismos se levantarán hombres que hablen cosas perversas para arrastrar tras sí a los discípulos. Por tanto, velad, acordándoos que por tres años, de noche y de día, no he cesado de amonestar con lágrimas a cada uno. Y ahora, hermanos, os encomiendo a Dios, y a la palabra de su gracia, que tiene poder para sobreedificaros y daros herencia con todos los santificados. Ni plata ni oro ni vestido de nadie he codiciado. Antes vosotros sabéis que para lo que me ha sido necesario a mí y a los que están conmigo, estas manos me han servido. En todo os he enseñado que, trabajando así, se debe ayudar a los necesitados, y recordar las palabras del Señor Jesús, que dijo: Más bienaventurado es dar que recibir.

Cuando hubo dicho estas cosas, se puso de rodillas, y oró con todos ellos. Entonces hubo gran llanto de todos; y echándose al cuello de Pablo, le besaban, doliéndose en gran manera por la palabra que dijo, de que no verían más su rostro. Y le acompañaron al barco.

Hechos 20:29–38

Sermones temáticos sobre Pablo y liderazgo

BOSQUEJO

— Introducción

— Un líder se asegura de estar bien con Dios

— Un líder alimenta y guía al rebaño

— Un líder cuida y advierte al rebaño

— Un líder estudia y ora

— Un líder está libre de intereses propios

— Oración final

Notas personales al bosquejo

SERMÓN

Introducción

Los invito a que tomen sus Biblias y vayan al capítulo 20 del Libro de los Hechos. Estamos continuando y finalizando nuestro segundo acercamiento a Hechos 20, en este nuestro estudio particular del liderazgo de la iglesia del Nuevo Testamento. Un encargo a los líderes de la iglesia del Nuevo Testamento. Dentro del capítulo 20 hemos estado considerando los versículos del 25-38, ya hemos visto en detalle los versículos 25-28. Los vamos a repasar un poco y volveremos a comenzar a partir de ahí.

A través de los años del reino de Dios sobre la tierra, Él siempre ha mediado su gobierno por medio de líderes escogidos y calificados. En los tiempos de los patriarcas del Antiguo Testamento, ellos eran el primer grupo de líderes. Después de ellos siguieron los jueces, y después profetas y sacerdotes, y junto con ellos reyes. En el tiempo del Nuevo Testamento Dios está mediando su gobierno dentro de la iglesia por medio de evangelistas y pastores que enseñan, y desde luego que también lo hace por medio de habitarnos con el Espíritu Santo, el cual guía a cada creyente en lo individual.

El liderazgo, en términos de lo que Dios está haciendo en el mundo, es muy importante. Dios reconoce que debido al caos que creó el pecado, todas las cosas deben estar sujetas a autoridad. Y por lo tanto sabemos que debe haber autoridad y sumisión como parte de la doble forma en la que Dios opera en este mundo. Lo voy a poner como encabezado con la idea de, tal vez, darles un vistazo de ello. Lo primero que vemos es que Dios gobernó directamente al principio. Y cuando Dios gobernaba directamente no había líderes. No había necesidad de que hubiera liderazgo porque había relaciones humanas perfectas bajo una autoridad única. No había necesidad de gobernar a la gente porque no había nada que estuviera fuera de orden. De hecho, no había desorden. No había discordia. Con Adán Dios gobernaba directamente. Entonces llegó el pecado y la caída. Y en la caída, el resultado fue que se alteraron todas las relaciones humanas. De inmediato hubo un conflicto entre Adán y Eva, y Adán cuestionó a Dios, esto en los términos en los que dijo, "la mujer que tú me diste".

Poco después encontramos la distorsión de las relaciones humanas que son obviamente ilustradas en la historia de Caín y Abel. Y eso fue solo el comienzo. Vemos el caos en la vida cotidiana que comienza en Génesis, y esto continúa. Como respuesta al caos, al desorden, a la falta de orden del hombre después de la caída, Dios instituyó otro tipo de orden dentro del mundo. Y Dios ahora gobierna a la gente por medio de un orden directo

12_Un encargo a los líderes de la iglesia del Nuevo Testamento. Parte 2

que cae en tres categorías: la familia, la iglesia, y el estado. Y en todas estas áreas ha establecido un tipo de orden en donde haya líderes y seguidores. Que haya autoridad y sumisión. Dentro de la familia los padres son los líderes. En la iglesia los pastores y ancianos son los líderes. En el estado los oficiales del gobierno son los líderes. Este es el patrón ordenado por Dios. Y de aquí desprendemos todo tipo de múltiples autoridades. Por medio de la autoridad se regresa un poco de armonía a relaciones humanas que fueron distorsionadas, al menos para que la humanidad pueda coexistir, de manera tranquila, dentro de cierta paz, si no es que en completa paz.

Ahora dentro del marco del orden dirigido por Dios, nosotros podemos señalar cualquiera de estas tres áreas, y la Biblia lo hace. Podríamos hablar acerca del orden dentro de la familia y cómo Dios instituyó la autoridad dentro de la familia por medio del padre, y primero que nada sobre la esposa, después por medio del padre y la madre sobre los hijos. Podríamos hablar también acerca del área del gobierno, podríamos ir a Romanos 13 y a 1 Pedro, y encontraremos que el cristiano debe estar sujeto a la autoridad que fue ordenada por el gobierno de Dios. Pero para aprovechar nuestro tiempo y para nuestro estudio dirigiremos nuestra atención a la que está en medio. Esta es la iglesia. Dios dirige su gobierno dentro de la iglesia por medio de los pastores y ancianos. Esto nos lleva directamente a Hechos 20. Solo usé esto para introducirlos a una manera de entender la perspectiva de este capítulo.

Al tiempo que vemos Hechos 20, desde el versículo 17 y hasta el 38, el apóstol Pablo nos está dando información acerca de los líderes, denominados aquí como pastores y ancianos. Y ya lo dijimos, pero se los recuerdo ahora, que un pastor o un anciano, o un obispo, o un presbítero, son lo mismo en la Escritura. Es el individuo al que se le da responsabilidad de dirigir a la iglesia de Jesucristo. Él es para la iglesia, lo que era un sacerdote y el profeta, como el patriarca, y como el rey del Antiguo Testamento. Son los que dirigen al pueblo de Dios.

Ahora, ¿qué es lo que hace que el líder sea efectivo? ¿Qué es lo que hace a un líder efectivo en cualquier lugar, pero en especial dentro de la iglesia? Esto sin dejar de recordar que el mundo tiene sus estándares. Y de algún modo, continuamente nos estamos entrometiendo dentro de la refriega política. Si consideramos lo que se dice en la radio y en la televisión con respecto a la política, nos impide abstraernos de este tema. Cuando pensamos en las cualidades del liderazgo, no podemos negar que hay supuestas cualidades que deben tener los líderes. Pero si ustedes consideran la evaluación que el mundo hace del liderazgo, no necesariamente coincide con la manera que Dios lo evalúa.

Por ejemplo, Israel decidió que quería un rey. Y ellos encontraron al que consideraban perfecto para tal tarea. ¿Saben por qué lo consideraron perfecto? Porque no había nadie tan bien parecido en toda la tierra. Y no solo esto, sino que él era más alto que cualquiera de los otros. Alto y bien parecido, así fue Saúl ungido como rey. ¡Qué desastre fue este! Y si te preguntas si la gente actual toma esto como base para elegir a sus líderes, te diré que sí, así es como lo hacen frecuentemente. Con cierta cantidad de inteligencia, con cierta cantidad de labia, con cierta cantidad de habilidad para comunicarse, cualquiera puede convertirse en nuestro líder en el mundo porque cumple con estas cualidades. Y es triste decirlo, pero muchas veces las cualidades no son innatas, internas. Generalmente las cualidades son externas. Por ejemplo, el líder promedio de los que tengo conocimiento, en términos de lo que estoy familiarizado con ellos, caerían dentro de la categoría psicológica de un LNF.

Esta es la abreviatura para referir sus capacidades psicológicas como líder, y significan, un Líder Natural Fuerte. Casi todas las personas que caen dentro de las categorías de liderazgo y ejercen una, digamos, dramática influencia, son identificados como personas con marcado liderazgo natural. Solo les voy a dar algunas de las características, que en realidad será solo una lista de términos. Ellos se caracterizan por ser visionarios. Siempre tienen mundos que conquistar, grandes visiones de grandeza en el futuro. Son orientados a la acción. Se involucran, son agresivos, tienen coraje. Y esto sucede incluso dentro de la iglesia. Muchas veces dentro de la iglesia asumimos que un hombre es un gran líder, en términos de lo que Dios ve, cuando él es psicológicamente un LNF, que, añadido a esto, es cristiano. Esto especialmente en el área de coraje. Vemos a alguien que tiene mucho valor y a eso le llamamos fe. Y con esto estamos diciendo en realidad que es un hombre que tiene las agallas para hacer cualquier cosa. Y entonces decimos: "¡Qué gran fe tiene!" Pero esto puede no tener nada que ver con la fe. Esto puede ser o no causado por fe. Los LNF también son enérgicos. Generalmente se orientan en los objetivos y no en las personas. Son egocéntricos y siempre son indispensables. En otras palabras, todo lo que sucede surge de ellos o recae en ellos. Y en la mayoría de los casos dentro del mundo estos son personas que se involucran en el liderazgo.

Pero, ¿saben algo? No existen estas categorías dentro de las cualidades de un líder dentro de la Biblia. La Biblia no establece para la iglesia las características de un LNF. Y a veces me entristece cuando me doy cuenta que hoy en día muchas personas dentro de la iglesia están tratando de decir que los hombres adecuados son de este tipo. Creen que éstos son el tipo de hombres que son los aptos para realizar el trabajo. Sin embargo, son los visionarios, los que se orientan en las acciones, que forman campañas, que son hombres orquesta, tipos dramáticos, los que están conduciendo a las personas, pero todos ellos van cayendo uno tras otro porque no saben

12_Un encargo a los líderes de la iglesia del Nuevo Testamento. Parte 2

a dónde van, y pronto se vuelven locos. Pero estos hombres son colocados como los grandes líderes. Sin embargo, de hecho, algunos de ellos en realidad pueden ser líderes bendecidos por Dios, pero el punto es que no todas las cualidades bíblicas se parecen a esto. Y como vimos la última vez todas las cualidades bíblicas para los líderes de la iglesia, todas son espirituales e internas, no son externas y físicas. El patrón bíblico no se apega a lo externo, sino a lo interno.

Ahora con esto en mente, solo una cosa más, la mayoría de los LNF dirigen en base al precepto y al poder. En otras palabras, dicen: "Esto es lo que vamos a hacer y lo vamos a hacer juntos". Ellos motivan a la gente verbalmente, llevan a la gente por medio de la verborrea, el dramatismo, el coraje y la energía, por medio de la acción de lo que ellos están haciendo. Y esto es correcto para ciertas cosas, pero dentro de la Escritura hay un gran camino por el cual los líderes bíblicos guían, y no es por medio del precepto y la verborrea, sino por medio del ejemplo. Esto es lo que hace la diferencia, una gran diferencia. El líder que Dios ordena y el líder que Dios bendice es aquel que, no solo lidera por medio del precepto, sino aquel que lidera por medio del ejemplo. Este es el caso de nuestro presidente aquí en Estados Unidos. La pregunta que está dentro de la mente de la gente es ésta: "Sabemos que nos guía por medio de palabras, pero, ¿esto lo califica como una persona que lidera por medio del ejemplo?" Esta es la lucha que hay dentro de las mentes de las personas. Y es una lucha justificada porque un verdadero líder es uno que lidera, no solo por medio de lo que dice, sino por medio de lo que él es. Esto es bíblico. El liderazgo bíblico es visto en el área del ejemplo, no muy cerca del poder y del precepto.

Quiero dirigir su atención a un pasaje, con la idea de dar soporte a esta declaración. Vimos la semana pasada en 1 Pedro 5:3 que la Biblia nos dice que un anciano debe ser un ejemplo al rebaño. En Filipenses 3:17 nos dice: "Hermanos, sed imitadores de mí, y mirad a los que así se conducen según el ejemplo que tenéis en nosotros". Pablo dice: "Reconozcan y sigan el ejemplo que les hemos dado". El liderazgo es cuestión de ejemplo. Y el siguiente versículo en Filipenses 4:9, dice: "Lo que aprendisteis y recibisteis y oísteis y visteis en mí, esto haced". Una vez más vemos su ejemplo.

En 1 Tesalonicenses 1:5, Pablo reflexiona en el ministerio que él tuvo en Tesalónica, y dice: "Pues nuestro evangelio no llegó a vosotros en palabras solamente, sino también en poder, en el Espíritu Santo y en plena certidumbre, como bien sabéis cuáles fuimos entre vosotros por amor de vosotros". En otras palabras: "No hubo incertidumbre entre lo que dijimos y lo que fuimos". Ustedes saben que nuestro mensaje estuvo avalado por nuestra propia vida. Y el siguiente versículo: "Y vosotros vinisteis a ser imitadores de nosotros". Ahora la palabra es imitar, mimetizarse. Pablo fue un gran líder porque él era un ejemplo.

En 2 Tesalonicenses 3:6, "Pero os ordenamos, hermanos, en el nombre de nuestro Señor Jesucristo, que os apartéis de todo hermano que ande desordenadamente, y no según la enseñanza que recibisteis de nosotros. Porque vosotros mismos sabéis de qué manera debéis imitarnos". Les dice: "Fíjense en quienes están tomando de ejemplo para dirigir su vida. Aléjense de aquellos que caminan desordenadamente y síganos". Y después continúa diciendo en el versículo 9: "No porque no tuviésemos derecho". Y aquí él está hablando acerca del hecho de que él pudo haber tomado dinero de ellos, pero prefirió trabajar para cubrir sus gastos. "No porque no tuviésemos derecho, sino por daros nosotros mismos un ejemplo para que nos imitaseis". En otras palabras: "Pudimos haber pedido dinero para que nos ayudaran en nuestro ministerio, pero preferimos mostrarles un ejemplo de servicio, por lo que preferimos trabajar para proveernos a nosotros mismos. Y ustedes deben estar deseosos de hacer lo mismo". Entonces, lo que Pablo les está diciendo es que ellos lideraron por medio del ejemplo.

En 1 Timoteo 4:12 le dice a Timoteo que sea un ejemplo a los creyentes en todo. También le dijo a Tito, en el 2:7, "Presentándote tú en todo como ejemplo de buenas obras". La idea aquí es que tú debes ser un tipo de perfil que alguien puede poner como ejemplo a seguir en su vida y te pueda copiar. Un verdadero líder es uno que lidera por medio del ejemplo.

Si puedo darles una definición de lo que es el liderazgo cristiano, aquí está. El liderazgo cristiano es este: es liderar a la gente para que adquieran un comportamiento como el de Cristo por medio del ejemplo. De esto se trata. Sí, el precepto es parte de ello, pero la verdadera dinámica del liderazgo es liderar personas para que tengan un comportamiento como el de Cristo por medio del ejemplo. ¿Saben qué es lo significa ser líder? Les puedo dar una definición muy simple. Alguien que hace que alguien más lo siga. Sí, un líder solo es un líder cuando alguien lo está siguiendo. Y un verdadero líder piadoso, solo lo es cuando alguien está siguiendo el patrón de su santidad. Solo puedo decir, en el sentido verdadero, que soy un líder espiritual cuando alguien está siguiendo la espiritualidad que yo represento.

Ahora, la responsabilidad de ser un líder no es nada fácil. Créanme, no es fácil. No es fácil estar en la posición de ser un líder. Es como dijo Snoopy un día en las tiras cómicas: "Odio ser el sabueso que va a la cabeza". No siempre es fácil ser un líder, porque como parte del liderazgo hay problemas involucrados. Es algo tremendo que Dios nos haya dado la responsabilidad de estar a cargo de personas. Hebreos 13:17 dice que nosotros tendremos que dar cuentas a Dios por lo que hicimos con la gente". Y Santiago 3:1 dice que tendremos una mayor condenación cuando fallemos. Pero, por otro lado, puede ser una bendición gratificante que compensará esa posibilidad de fallar. ¿Qué es lo que un líder debe hacer? Liderar por medio del ejemplo, porque el liderazgo en un sentido real es hacer que la gente llegue a tener un comportamiento similar al de Cristo por medio de imitar mi vida.

Adoro eso que dice en Hebreos 13:7. Él les está hablando acerca de los ancianos, y les dice, con respecto a ellos: "Acordaos de vuestros pastores, que os hablaron la palabra de Dios; considerad cuál haya sido el resultado de su conducta, e imitad su fe". El liderazgo es cuestión de ejemplo.

Esto nos lleva a Hechos 20 porque Pablo está hablando a los líderes de la iglesia de Éfeso, y es muy importante que ellos sigan el patrón bíblico de liderazgo, y es muy importante que ellos sepan que el ejemplo es parte de esto. Así que lo que él hace está aquí, él les da todos los preceptos del liderazgo. Desde el versículo 17 y hasta el 38 él les da todo. Todas estas áreas de liderazgo y todo el tiempo les dice esto: "¿Saben ustedes cómo lo hice? ¿Vieron ustedes que hice esto? ¿Saben ustedes de qué manera lo hice?" Una y otra vez se coloca a sí mismo como un ejemplo, para que puedan conocer el precepto, para que ellos puedan conocer el principio del ejemplo. Iniciaremos en el versículo 28. Y en esta ocasión vamos a encontrar cinco prioridades para el liderazgo, cinco prioridades para el liderazgo dentro de la iglesia. Aquí está hablando a los ancianos y a los pastores de la iglesia de Éfeso, una iglesia que él mismo había fundado. Estos son hombres que él mismo había discipulado. Ellos tenían la responsabilidad de cuidar la iglesia.

Un líder se asegura de estar bien con Dios

Principio número uno, un líder espiritual es uno que se asegura de estar bien con Dios. Esto lo cubrimos la vez pasada. Se deben asegurar de que están bien con Dios. Deben ser un instrumento de honor, santo, antes de que ustedes puedan ser usados por el Señor. Ustedes son la clave. La santidad personal es fundamental. Y desde mi punto de vista lo puedo ilustrar de esta manera. Mi tarea más importante es prepararme a mí mismo, no a mi sermón. ¿Entienden esto? Si eres un maestro, tu tarea más importante es, no preparar tu lección, es prepararte a ti mismo para ser el canal por medio del cual Dios pueda trabajar efectivamente. Y más que esto, si tu lección es una cosa y tu vida es otra, destruirás el significado de tu lección. Por lo tanto, es más importante para mí prepararme a mí mismo que a mi sermón. Mi sermón es importante, pero yo mismo soy más importante. Y por lo tanto mi responsabilidad primaria es asegurarme de que mi vida delante de Dios es lo que debe ser.

Veamos el versículo 28: "Por tanto, mirad por vosotros", les dice a los ancianos. Aquí es donde él inicia. Vimos en 1 Timoteo y en Tito, las cualificaciones para un anciano. La semana pasada vimos que las cualidades de un pastor deben ser todas espirituales. Todos ellos eran personalmente espirituales. Ningún hombre es realmente útil para Dios cuando no es santo.

Y ustedes serán útiles conforme sean apartados para Dios. Para ilustrarles esto, en el Antiguo Testamento encontramos una ilustración muy gráfica en 2 Samuel 11 con David.

En 2 Samuel 11:1, escuchen esto: "Aconteció al año siguiente, en el tiempo que salen los reyes a la guerra, que David envió a Joab, y con él a sus siervos y a todo Israel, y destruyeron a los amonitas, y sitiaron a Rabá; pero David se quedó en Jerusalén". Todo el ejército de Israel y muchos otros fueron a la batalla, pero David se quedó en casa. Podemos decir mucho acerca de esto, el hecho de que David estuviera en un lugar donde no debía estar. Él debió estar junto a la gente que él esperaba que peleara. Pero lo que pasó es interesante. Está en el versículo 2: "Y sucedió un día, al caer la tarde, que se levantó David de su lecho y se paseaba sobre el terrado de la casa real". Salió y caminó por el terrado. En esa parte del mundo y en aquellos tiempos el terrado era algo construido para poder caminar sobre él. "Y vio desde el terrado a una mujer que se estaba bañando, la cual era muy hermosa. Envió David a preguntar por aquella mujer, y le dijeron: Aquella es Betsabé hija de Eliam, mujer de Urías heteo. Y envió David mensajeros, y la tomó". Esto es algo muy osado. Quiero decir, esta no fue una reunión clandestina y oculta. Simplemente envió a un puñado de mensajeros y la tomó. "Y vino a él, y él durmió con ella". Y en el versículo 5 dice: "Y concibió la mujer, y envió a hacerlo saber a David, diciendo: Estoy encinta". No podemos imaginar algo más grave que esto, más inmoral, más violento, algo más abiertamente pecaminoso que esto.

Pero si piensan que esto es malo, lo siguiente que él hizo fue peor. Deseó tanto a esta mujer que elaboró una situación en la que el marido pudiera resultar muerto. En el versículo 15 él escribió una carta a los soldados y les dijo: "Poned a Urías al frente, en lo más recio de la batalla, y retiraos de él, para que sea herido y muera". Entonces él murió, fue asesinado. Ahora David no solo había cometido adulterio, sino que también asesinato. ¿Y saben qué fue lo que pasó cuando hizo esto? Él se colocó en una situación en la que, en vez de ser útil para Dios, fue completamente inservible. Fue un instrumento no santo, inservible. Pero, Dios habló a su corazón y David se quebrantó bajo el peso de su pecado. Y cuando Dios intervino David fue capaz de escribir sus sentimientos en el Salmo 51.

El Salmo 51 es la declaración del corazón quebrantado de David a causa del pecado que cometió con Betsabé y con Urías. Y quiero que escuchen lo que él dijo porque pienso que esto ilustra claramente nuestra verdad. Aquí tenemos a David llorando ante Dios al estar en medio del castigo por su pecado. Salmo 51: "Ten piedad de mí, oh Dios, conforme a tu misericordia; conforme a la multitud de tus piedades borra mis rebeliones. Lávame más y más de mi maldad, y límpiame de mi pecado. Porque yo reconozco mis rebeliones, y mi pecado está siempre delante de mí. Contra ti, contra ti solo he pecado, y he hecho lo malo delante de tus ojos; para que seas reconocido justo en tu palabra, y tenido por puro en tu juicio". En otras palabras, él dijo: "Me merezco todo lo que me des". "He aquí, en maldad he sido formado, y en pecado me concibió mi madre. He aquí, tú amas la verdad en lo íntimo, y en lo secreto me has hecho comprender sabiduría. Purifícame con hisopo, y seré limpio; lávame, y seré más blanco que la nieve. Hazme oír gozo y alegría, y se recrearán los huesos que has abatido". Lo que está diciendo es: "Dios restáurame, hazme regresar". "Crea en mí, oh Dios, un corazón limpio, y renueva un espíritu recto dentro de mí. No me eches de delante de ti, y no quites de mí tu santo Espíritu".

Versículo 12: "Vuélveme el gozo de tu salvación, y espíritu noble me sustente". Y ahora vean el versículo siguiente: "Entonces enseñaré a los transgresores tus caminos, y los pecadores se convertirán a ti". David no pudo ser de valor alguno en enseñar o convertir a alguien si antes no era limpio. ¿Pueden ver qué es lo que está diciendo? Ahora no es nada diferente. La primera prioridad dentro del ministerio de cualquier hombre es su propia santidad.

Robert Murray McCheyne, de quien he estado leyendo en las últimas semanas, solo como un estudio devocional, era un gran líder por medio del precepto y del ejemplo. Y él escribió una carta a un pastor amigo que tenía. Esta tuvo un efecto muy grande. Él escribió la carta en septiembre de 1840, y estas fueron sus palabras. Escuchen: "Todo aquello que hago y todos los días que estudio mi Biblia me hace orar más para que Dios inicie y haga un trabajo profundo, puro, amplio y permanente en Escocia. Si este no es profundo y puro, solo terminará en confusión y en contristar al Espíritu Santo de Dios. Esto me hizo crecer en mi convicción de que, si hemos de ser instrumentos para una obra tal, debemos ser purificados de toda contaminación de carne y de espíritu. Clama por tu santidad personal, por una constante cercanía a Dios por medio de la sangre del Cordero. Sé lleno del Espíritu, o de lo contrario todo éxito en el ministerio será solamente para tu eterna confusión. Tú sabes que siempre te he insistido esto. Y todo es porque siento la necesidad yo mismo. Cuida de ti mismo, querido amigo, no consideres a ningún pecado como algo trivial. Recuerda que éste tendrá consecuencias eternas. Sé tan santo como Dios, tan puro como Cristo, perfecto como tu Padre que está en los cielos es perfecto. ¡Oh qué tan útiles seríamos si solo estuviéramos libres de todo orgullo, engreimiento, vanidades personales, o de pecados ocultos que nuestro corazón conoce! ¡Oh, odiosos pecados que destruyen nuestra paz y arruinan nuestra alma!" Él supo lo que yo sé, lo que Pablo dice, lo que ustedes saben: "Un hombre solo es tan bueno como su santidad dentro del servicio del Señor. Cuiden de ustedes mismos".

Un líder alimenta y guía al rebaño

El principio número uno en el liderazgo: Asegúrate de estar bien delante de Dios. Y ahora, el principio número dos, también se encuentra en el versículo 28: Alimenta y guía al rebaño. Después de que has cuidado de ti mismo, ahora hazlo con todo el rebaño, sobre el cual el Espíritu Santo te ha puesto como obispo para alimentar la iglesia de Dios, la cual Él compró con su propia sangre. La segunda prioridad es alimentar y guiar. ¿Qué es guiar? Ser un sobreveedor, lo vimos la última vez, gobernar. Algunos de nosotros estamos familiarizados con lo que comúnmente se conoce como gobierno congregacional, en donde la congregación es la que gobierna. Esto es ajeno a la Escritura.

Dentro de la Escritura la congregación no gobierna, la congregación está sujeta a la autoridad de los ancianos. Y pienso que una de las cosas más tristes en la iglesia es el gobierno congregacional. Y esto no lo digo porque quiera yo ejercer autoridad sobre la gente, lo digo porque es bíblico. Porque cuando tú haces que toda la gente sea líder, entonces has violado el patrón que Dios estableció para ejercer autoridad dentro de la iglesia. Sería lo mismo que permitir que los hijos gobiernen a los padres, o que la gente gobierne a los gobernantes desde su nivel, y entonces no tendrías liderazgo. Simplemente este no es el estilo de Dios. Por lo que dentro de la iglesia la congregación solo tiene la prerrogativa de elegir a hombres fieles que estén llenos del Espíritu Santo, sabiduría y fe. Pero una vez que estos hombres han sido elegidos por Dios, y ordenados por Dios, y establecidos por Dios, lo suyo es gobernar, en lugar de Dios, como pastores bajo la autoridad de Cristo. Así que el liderazgo es importante: liderar al rebaño, tomar decisiones sabias, llevarlos a los lugares y a las cosas que van a ser benéficas para ellos, pero también alimentándolos.

Y cuando los guías, ¿a dónde los guías? Siempre los llevas a pastos delicados, a donde hay más alimento, entonces el alimentarlos es importante. Los alimentamos con la Palabra. Y ya hemos estudiado esto una y otra vez, hemos estudiado lo importante que es esto. Así que primero que nada un líder del Nuevo Testamento debe cuidar de sí mismo. Número dos, debe guiar y alimentar al rebaño. Debe dar su vida para alimentar a las ovejas, para llevarlas a los pastos que Dios le ha indicado.

Un líder cuida y advierte al rebaño

Ahora, un tercer principio. Este es el otro lado de la moneda con respecto al número dos que les acabo de dar. El positivo es alimentar y guiar. Ahora aquí el negativo: Cuidar y advertir al rebaño. Hay algunos pastores, como yo mismo, quienes trabajan en la Palabra y la doctrina. Hay otros que

12_Un encargo a los líderes de la iglesia del Nuevo Testamento. Parte 2

se encargan de gobernar. No son siempre los que predican o enseñan, pero finalmente tienen la misma responsabilidad. Y su responsabilidad, como es mi responsabilidad también, es cuidar y advertir al rebaño. Esto es algo muy importante. Es el lado contrario a alimentar. Es decir, alimentar es el lado positivo y cuidar y advertir es el lado negativo. Esto es protección. Un buen pastor no solo guía a su rebaño a praderas bonitas con toda la felicidad a su lado. No, tiene que estar vigilando las colinas que lo rodean, verifica las cavernas y las cuevas, los rincones de las grietas para ver si no hay lobos que puedan venir a atacar a su rebaño. Está vigilante. Sí, alimentar y guiar es parte de su trabajo, esto es lo que hace visiblemente, pero al mismo tiempo está cuidando qué puede llegar por la espalda. Y créanme, uno de los trabajos más extenuantes, que más luchas requieren es proteger al rebaño.

Vayamos al versículo 29, y les voy a mostrar por qué es importante. Pablo dice… y esto me gusta, es muy claro a que está apuntando… en el versículo 29 dice: "Porque yo sé". No es algo que sea posiblemente, dice: "Porque yo sé". ¿Por qué lo sabes? "Porque conozco a Satanás, sé cómo trabaja. Sé esto: "que después de mi partida entrarán en medio de vosotros lobos rapaces". La palabra "rapaces" pudiera ser traducida también como "peligrosos", pudiera ser traducida como "fuertes". "Lobos rapaces entrarán entre ustedes, y no perdonarán al rebaño". Falsos maestros, dice Pablo: "sé que los falsos maestros llegarán justo después de que yo me vaya". ¿Por qué sabes esto Pablo? "Porque conozco cómo trabaja Satanás. En cualquier lugar que la Palabra sea plantada, Satanás también plantará mentiras. Donde quiera que esté la Palabra, ¿qué habrá ahí? La cizaña. En cualquier lugar que la verdad sea proclamada, Satanás llegará con mentiras a destruirla. Yo sé esto". Y yo lo sé también. Lo sé porque está en la Escritura. Sé que falsos maestros van a atacar a Grace Community Church. Yo lo sé.

De hecho, hace algunos meses, una chica vino a mí y me dijo: "¿Sabías que aquí hay tres personas dentro de la iglesia, que provienen de un sistema falso de religión, y quienes han decidido infiltrarse dentro de esta iglesia, para que uno por uno busquen influenciar a la gente?" Lo sabemos, y cuando averigüemos quienes son, entonces actuaremos. Esta es nuestra responsabilidad, no solo el alimentar y guiar, sino también cuidar y advertir, proteger. Pero los falsos maestros van a llegar. Y Pablo los describe como "lobos rapaces". Este es el lenguaje de Jesús.

En Mateo 7:15, Jesús hizo referencia a los lobos. Ustedes recordarán lo que dijo. "Guardaos de los falsos profetas, que vienen a vosotros con vestidos de ovejas, pero por dentro son lobos rapaces". Y también en el capítulo 10:16, Jesús está enviando a los que van a predicar en su nombre y les dice esto: "He aquí que los envío como ovejas en medio de lobos". Y los doce supieron que ellos podrían encontrar a algunos lobos vestidos de ovejas. Sí, habrá quienes vengan con un tipo de dulce santidad, mostrándose religiosos, con un tipo de aura, aparentarán ser buenos y piadosos, e incluso tendrán la Biblia. Pero todos ellos serán lobos, lobos de Satanás vestidos de oveja. Y no sé si incluso ellos no lo saben, así que si ellos están aquí les anuncio que esto es lo que son ustedes. Porque pienso que hay personas que están tan diluidas que verdaderamente creen que lo que ellos están propagando es la verdad.

Por esto Pablo dice en Hechos, les dijo a los ancianos de Éfeso, "prepárense porque están por venir". ¿Quieren saber algo? Llegaron. Pablo le escribió a Timoteo dos veces; y las dos veces Timoteo era el pastor en Éfeso. ¿Sabían que él era el pastor de Éfeso? Sí, esas dos cartas le fueron escritas estando él en Éfeso. Y en estas dos cartas Pablo hace referencia a falsas doctrinas. Llegaron, créanme que llegaron.

Por ejemplo, en 1 Timoteo, la primera vez que le escribió a Timoteo mientras que él continuaba en Éfeso. En 1 Timoteo 4:1, dice: "Pero el Espíritu dice claramente que en los postreros tiempos", los postreros tiempos ya habían comenzado, comenzaron después que el Mesías llegó por primera vez, "algunos apostatarán de la fe, escuchando a espíritus engañadores y a doctrinas de demonios". Serán seductores, ¿saben cómo son los seductores? Son personas que atraen a la gente que no les pertenece hacía ellos mismos. Los atraen a sí mismos hablando mentiras e hipocresía, les prohibirán casarse... diciendo todo tipo de falsas doctrinas. Y continúa diciendo en el versículo 6, y este es el punto que quiero decirles... "Si esto enseñas a los hermanos, serás buen ministro de Jesucristo". ¿Saben qué es lo que hace un buen ministro de Jesucristo? Le recuerda a la gente que se cuiden de falsos profetas, recuerda a la gente que se cuide de doctrinas de demonios, y él les recuerda que se cuiden de espíritus seductores.

Otra persona vino a mí unas semanas atrás y dijo: "¿Sabías que uno de nuestros maestros en nuestro programa de Hechos ha sido seducido por ese movimiento?" No me sorprendió en nada. Me sorprendí cuando me dijeron quién era la persona, pero creo que ya es un asunto concluido. No me sorprendió que esto fuera hecho. Espero más de algo que lo que soy capaz de ver, y siempre alabo a Dios por la pureza de su Palabra, porque no podemos tener más de ella de lo que podemos tener, fácilmente aun cuando no estamos conscientes. Agradezco a Dios por los ancianos que cuidan y advierten. Porque llegarán, créanme que llegarán, llegarán desde fuera tratando de desmenuzar a aquellos que son de Dios. La Biblia condena a esa gente de manera muy dura. Leímos 2 Pedro 2, esto es inevitable. ¿Saben cómo les llama Dios en 2 Pedro 2? Les llama, "inmundos, manchas, fuentes sin agua", les dice, "nubes empujadas por la tormenta". Y llegan y abusan de la gente, haciéndolos separarse de la Palabra. ¿Saben a quién atacaron? Atacaron a las personas que estaban buscando a Dios, entraron y los despedazaron. Esto es lo que dice 2 Pedro 2:18, a estos son a los que persiguen.

Y Pablo, probablemente, cuando escribe esto está pensando en los judaizantes, los legalistas. Pero, saben, no tardó mucho antes de que los falsos maestros que pudiéramos imaginar, se hicieran presentes en Éfeso. Estos tomaron un poco de todos lados, y como saben Éfeso era solo una ciudad en Asia Menor. Pero estaba Esmirna, Pérgamo, Filadelfia, Laodicea y el resto de las ciudades que son mencionadas en Apocalipsis 2. Al tiempo que Apocalipsis fue escrito, ya habían llegado algunos de los sistemas falsos para tomar esas iglesias. Escribió a la iglesia de Éfeso diciendo: "Hay algo que me agrada de ustedes, que aborrecen las obras de los nicolaítas, las cuales yo también aborrezco". No sabemos cuál era la doctrina nicolaíta, no sabemos específicamente cuál era. Podemos pensar que era algún tipo de inmoralidad que ya estaba en movimiento en Éfeso. Y la siguiente declaración es para Esmirna, les dice a ellos: "Ustedes se han convertido en la sinagoga de Satanás". Y a la de Pérgamo: "Tienes ahí a los que retienen la doctrina de Balam". Y a la de Tiatira: "Toleras que esa mujer Jezabel, que se dice profetisa, enseñe y seduzca a mis siervos a fornicar". La falsa doctrina había bombardeado a las pequeñas iglesias de Asia Menor solo unos cuantos años después de que Pablo había finalizado su obra. Esto es lo que debemos esperar, esto va a llegar.

La segunda forma en la que llega la falsa doctrina está en el versículo 30, no solo de afuera, sino también desde dentro. Y esto es lo más sutil. Pablo les dice también: "Y de vosotros mismos se levantarán hombres que hablen cosas perversas". Hablando cosas perversas, para literalmente, "arrastrar tras sí a los discípulos". Los falsos maestros siempre quieren tener seguidores, siempre buscan a quien los siga. ¿Han notado cómo los falsos maestros siempre hacen alarde de sus seguidores? "Ahora tenemos dos millones de seguidores". Seguro eso es en todo lo que piensan. Tienen este sentido de ser como un gurú, como esos que se dejan crecer el bigote. Les gusta que hagan referencia a ellos como: "Este es fulano y tiene tantos seguidores". O bien, dicen su nombre, pero lo más importante es cuántos seguidores tiene. La realidad es que buscan arrastrar a personas tras de sí.

Entonces, tenemos que Pablo dice: "No solo de los de afuera, sino que cuida también a los de dentro. Llegarán para arrastrar a los discípulos. Sí, falsos maestros desde dentro". Supongo que esto será lo que más le romperá el corazón a Dios, que salgan de los de dentro. Y nos preguntamos si esto sucedió también en Éfeso; sí, también sucedió en Éfeso. ¿Sabemos que esta iglesia comenzó bajo el liderazgo de Pablo, y el grupo de ancianos de esa iglesia fue discipulado personalmente por Pablo, y el anciano principal en esa iglesia, durante muchos años fue Timoteo, y que aun así sucedió? ¿Cómo sabemos que en realidad sucedió? Porque incluso Pablo los nombra, los menciona a cada uno por su nombre.

Por ejemplo, en 1 Timoteo 1 no ha dado ni siquiera tres versículos antes de que él ya los mencionó. La primera carta que escribió solo unos cuantos años después de que Pablo se fue de ahí, le dice a Timoteo: "Como te rogué que te quedases en Éfeso, cuando fui a Macedonia, para que mandases a algunos que no enseñen diferente doctrina". Algunos ya se habían levantado en esta iglesia en sus primeros años y había comenzado a enseñar falsa doctrina. Eran personas que habían salido de la misma congregación. Por lo que le dice a Timoteo, "no presten atención a fábulas y genealogías interminables, que acarrean disputas más bien que edificación de Dios". No los escuchen. En 1:19 dice: "algunos naufragaron en cuanto a la fe", y escuchen, "de los cuales son Himeneo y Alejandro, a quienes entregué a Satanás para que aprendan a no blasfemar".

En 2 Timoteo cuando él escribió, vemos que es lo mismo, 2 Timoteo 1:15, "Ya sabes esto, que me abandonaron todos los que están en Asia", una declaración sorprendente. Lo que quiero decir es que se habían alejado de Pablo y de lo que les había enseñado... "de los cuales son Figelo y Hermógenes". Pero nombra a otros dos en 2:17, aún no ha terminado. Dice aquí: "Y su palabra carcomerá como gangrena; de los cuales son Himeneo y Fileto". Tenían a muchos de ellos. Y entonces el resto de los que no son nombrados son incluidos en 2 Timoteo 3:1-9. Y dice en los versículos 5-8, "que tendrán apariencia de piedad, pero negarán la eficacia de ella; a éstos evita. Porque de éstos son los que se meten en las casas y llevan cautivas a las mujercillas cargadas de pecados, arrastradas por diversas concupiscencias. Éstas siempre están aprendiendo, y nunca pueden llegar al conocimiento de la verdad. Y de la manera que Janes y Jambres resistieron a Moisés, así también éstos resisten a la verdad; hombres corruptos de entendimiento, réprobos en cuanto a la fe". Sí, esto era inevitable, desde dentro y desde fuera, falsos maestros. Créanme, llegarán. Llegarán desde fuera y surgirán desde dentro, todos ellos hablarán cosas torcidas. Hablarán cosas perversas para arrastrar tras de sí a la gente para sacarlos de la Palabra y llevarlos al error.

Judas dijo esto en el verso 3: "Amados, por la gran solicitud que tenía de escribiros acerca de nuestra común salvación, me ha sido necesario escribiros exhortándoos que contendáis ardientemente por la fe que ha sido una vez dada a los santos". ¿Sabían que debemos contender, pelear para sostenernos a nuestra fe? No es algo fácil de hacer. El ministerio no es algo sencillo. Tienes que luchar para mantenerte dentro de este. ¿Por qué? "Porque algunos hombres han entrado encubiertamente, los que desde antes habían sido destinados para esta condenación, hombres impíos, que convierten en libertinaje la gracia de nuestro Dios, y niegan a Dios el único soberano, y a nuestro Señor Jesucristo". Y en la misma carta tan pequeña como lo es, que se presentaron en sus ágapes, esto es en sus fiestas de amor. "Son manchas en vuestros ágapes". Quiere decir que se introducen directamente dentro de la vida de la iglesia.

12_Un encargo a los líderes de la iglesia del Nuevo Testamento. Parte 2

Y pueden pensar que esto sucedió en el pasado, pero piénsenlo ahora en el presente. Les puedo decir sin miedo de contradecirme que la mayor parte de las iglesias en Estados Unidos están siendo dominadas por falsos maestros, la mayoría. Esto es algo muy triste, una verdad muy triste. Y estoy usando la palabra iglesia en un sentido muy general como marco de referencia. Regresando al pasaje, saben que llegarán de fuera y saben que llegarán de dentro. Vean la respuesta de Pablo a esto en Hechos 20:31, "Por tanto" —¿cuál es la palabra siguiente?— "velad". Y luego agrega, "acordándoos que por tres años, de noche y de día, no he cesado de" —¿qué?— "amonestar". Velar y amonestar. Estas son dos prioridades dentro del punto número tres en nuestro bosquejo. El estar vigilantes, velando. Esto es algo muy importante.

Y una de las cosas que deben hacer, como ancianos o pastores, y sé que lo hacen, no porque sea algún tipo de obligación o deber, sino porque ustedes cuidan del rebaño, ustedes deben cuidar de los falsos maestros y deben de cuidar por la cizaña que crece junto con el trigo. En Mateo 13 Jesús dijo que la cizaña debe ser cortada. Y dijo, "no traten de ir por ahí y encontrar toda la cizaña porque esto es muy difícil. Esta crece igual hasta que es el tiempo de la cosecha. Y esto es algo que me aterra porque significa que si la cizaña se nos mete será imposible deshacernos de ella. Pero solo hay una manera de impedir que la cizaña entre, y esta es vigilando. Y el estar vigilando es parte integral de la responsabilidad espiritual. Depende de nosotros saber quién es parte de Grace Church, quién está enseñando, quiénes están bajo responsabilidad, quiénes se sientan en un lugar de liderazgo. Le debemos esto al Señor Jesucristo, esto en aras de la pureza de su virgen casta, la que se quiere presentar a sí misma como casta, así es como Él la desea.

Algunas personas me dicen: "Pero John, tú sabes que yo llené mi solicitud de membresía en la iglesia y esto me tomó algo de tiempo. Entonces, ¿qué pasa?" Una de las razones por las que toma tanto tiempo es porque somos cuidadosos, y porque queremos saber, más allá de las sombras de cualquier duda humana, que la persona con la que estamos tratando verdaderamente conoce y ama al Señor Jesucristo. De otro modo, por nuestra falta de vigilancia permitiríamos que más cizaña entrara y estuvieran entre el trigo. Así que debemos ser pacientes.

Pablo le dijo a Timoteo en palabras simples lo siguiente: Cuida de ti mismo en todas las áreas. Aliméntalos, pero está en constante vigilancia de los alrededores, y espera que lleguen este tipo de personas, van a aparecer, los falsos maestros llegarán. Dios dijo a Ezequiel: "Ezequiel tú eres mi hombre y te he puesto como atalaya sobre el muro. Está atento porque el enemigo viene". Lo segundo que tenemos que hacer es advertir. Y la palabra en griego aquí es *noutheteo*. Significa amonestar. Amonestar es dar consejo involucrando una advertencia. Contiene una especie de firme gentileza, en donde no solo estamos vigilando, sino que estamos advirtiendo. Esto es lo que estoy haciendo con ustedes en este momento. Los estoy advirtiendo. Tengan en cuenta y estén alertas, esperen que los falsos maestros se levanten, se infiltren, espérenlo. Y, mis amados, manténganse en una posición en la que con toda firmeza estén contendiendo por la fe. Y la única forma es estar seguro de que conoces la fe que dices creer. Así que yo los advierto, Pablo lo advirtió.

Vean esto: "por tres años, de noche y de día, no he cesado de amonestarlos". Y podrías decir "ya parece un disco rayado". Pero no, es una prioridad, "acordándoos que por tres años, de noche y de día, no he cesado de amonestar con lágrimas a cada uno". ¿Saben por qué lloró? Porque sabía las terribles, terribles consecuencias de un falso maestro infiltrado. Él no durmió mucho. En 1 Tesalonicenses 2:9, dijo: "trabajando de noche y de día". En 2 Tesalonicenses 3:8 también dijo: "trabajamos con afán y fatiga día y noche". Aquí les dice: "yo advertí noche y día". No sé cuándo durmió. Y lo que pienso es que cuando él puso su cabeza sobre el madero fue cuando le cortaron la cabeza, pienso que cuando sucedió esto ya habían pasado varios días sin que él pudiera recostar su cabeza. Podemos decir que él tuvo un ministerio personalizado. Advertía a cada uno, como lo hace un pastor durante la noche. Así que el pastor debe ser vigilante. El anciano debe protegerlos de los lobos de la falsa doctrina. Y Pablo está diciendo, "háganlo". Y entonces dice, "háganlo de la manera en la que yo lo hice". Una vez más el ejemplo es liderazgo.

Un líder estudia y ora

De acuerdo, entonces en adición a su vida espiritual, guiar y alimentar, también deben vigilar y advertir, y entonces llegamos al cuarto. Una cuarta prioridad es estudiar y orar. Estudiar y orar, u orar y estudiar. Esta prioridad doble no es nada nuevo. Es tan antigua como Hechos 6. Al menos en el Libro de Hechos, donde el apóstol dijo en el versículo 4, ustedes lo recuerdan: "Y nosotros persistiremos en la oración y en el ministerio de la palabra". Este es el corazón de la vida del líder. ¿Cómo uso yo mi tiempo? Orando y enseñando, orando y estudiando. Hechos 20:32, esto me gusta mucho: "Y ahora, hermanos, os encomiendo a Dios". Hagamos una alto aquí. ¿Saben qué es lo que significa esto? Esto es una oración. Les he dicho todo los que les puedo decir. Les he dado toda la verdad que hay en mi corazón para dar. Les he dado toda la información que tengo dentro de mi cabeza para explicar. He hecho todo lo que podía hacer con ustedes. ¿Saben qué es lo que me falta hacer por ustedes? Encomendarlos a Dios. Y les diré algo, me agrada poder hacer esto, y lo he hecho, y lo hice todo el tiempo. Yo lo diría así: "Dios, les he dado lo que yo conozco. Les he dicho lo que yo he ganado de la Palabra. Les he dado lo mejor que he podido ofrecer. Y ahora, Dios, ya

12_Un encargo a los líderes de la iglesia del Nuevo Testamento. Parte 2

no los puedo llevar más allá. Todo lo que puedo hacer es dártelos". Esto, en realidad, es parte del ministerio.

Cuando llegas al punto en donde estás satisfecho con lo que has logrado, entonces estarás muerto. Este es su rebaño. Esta es su iglesia. Y yo los encomiendo a Él, porque si esto es de Él, Él es quien finalmente lo cuidará y lo salvará. Por lo tanto, dice Pablo: "los encomiendo a Dios". Y todo lo que la iglesia haga siempre deberá estar sumergido en este tipo de compromiso. Que creo que se convierte en una prioridad para todo tipo de ministerio. Debemos orar acerca de todo. Todo debe estar encomendado a Dios. Y saben, pueden tomar el libro de Hechos y comenzar a estudiarlo. Encontrarán que cuando ellos se reunieron para elegir al que tomaría el lugar de Judas, ellos estaban orando, Hechos 1:24. Cuando lleguen al capítulo 2 nuevamente están orando. En Hechos 2:42 dice: "Y perseveraban en la doctrina de los apóstoles, en la comunión unos con otros, en el partimiento del pan y en las oraciones".

Y conforme avanzan y el evangelio comienza a expandirse, ellos están orando. Ungen a los diáconos en el capítulo 6, y oran y los ungen. Más adelante, oran cuando envían a Pablo y a Bernabé. Cuando llegaban a un lugar nuevo, oraban para encomendarla a Dios, entonces entraban y ministraban. La oración permeaba todo lo que ellos hacían. ¿Por qué? Porque ellos le daban todo a Dios. Pero hoy en día la iglesia ha adoptado métodos para ello y entonces ya no se necesita oración. La oración en ocasiones solo se convierte en algo simbólico. "Señor, vamos a hacer esto, oramos para que lo bendigas". Y puede ser que esta sea la primera vez en la que reconocemos que Él existe. "Hemos inventado todo esto, lo hemos delineado, es algo fantástico, ahora Señor, te pedimos que lo bendigas". Lo cual constituye un paracaídas en caso de que todo falle; por lo menos esperamos un aterrizaje sin problemas. Pero así no es en términos del Nuevo Testamento.

¿Saben que no hay ningún sustituto para la oración? Esto suena un poco anticuado y arcaico, pero es verdad, no hay ningún sustituto para la oración. No hay prosperidad, no hay buenas ideas, no hay buenos programas, no hay crecimiento, no hay éxito, no hay confianza, no hay talento. Ninguna de estas cosas son sustitutos para la oración. Es triste decirlo, es muy fácil para la iglesia organizarse. Tener un maravilloso programa, buenos comités de organización, métodos correctos. Tener mucho éxito carnal y pedir crédito por ello. Pero si ustedes simplemente encomiendan todo a Dios, solo digan: "Dios esto es tuyo, ahora haz lo que tú quieras". Y entonces cuando tenga éxito, ¿a quién querrán agradecer? A Dios. Pero si tú hiciste todo y salió muy bien, ¿a quién querrán agradecer? A tu modestia. Entonces habrás robado la gloria de Dios, y a Él no le agrada esto. "No le daré mi gloria a nadie", dice en Isaías 48.

Todo lo que la iglesia hace y todo lo que tú haces dentro de tu ministerio debe ser encomendado a Dios, no como algo secundario, no como una especie de sal santificada esparcida sobre ideas humanas, sino que antes de que haya fruto esto debe ser encomendado a Dios. Mi filosofía al respecto... puede ser algo extraño para alguien... pero mi filosofía es, si tú piensas que tienes una idea que puede funcionar, comienza orando por ella, y ahora ve si es que Dios hace que suceda. No estoy interesado en inventar cualquier tipo de programas. Solo estoy interesado en decir: "Dios, tuve una idea el otro día. No sé si esto provenga de ti o no, pero aquí está. Te la voy a ofrecer en oración, y si tú quieres que esto suceda, adelante, haz que suceda. Estamos listos para ello". Supongo que cuando era joven, intentaba crear programas, después metía al Espíritu Santo dentro de la caja que yo mismo había inventado, pero que después encontraba que no había funcionado. Así que preferí dejar que el Espíritu fuera independiente, me levantaba, y él me conducía cuando se movía, esto era mucho más emocionante.

Lo segundo, oración y estudio de la Palabra. Dice: "hermanos, os encomiendo a Dios, y a la palabra de su gracia". ¿Entonces qué sucedió? Les dijo a estos ancianos: "Amigos, los acabo de dar a Dios, y a la Palabra". Y esto es Hechos 6:4. Todo nuestro compromiso es orar y el ministerio de la Palabra. Y la Palabra es capaz de edificarnos. Leemos en 1 Pedro 2:2, "desead, como niños recién nacidos, la leche espiritual no adulterada, para que por ella crezcáis para salvación". La Palabra causa nuestro crecimiento. "Y para darnos una herencia entre todos los que son santificados". La Palabra es la que asegura las promesas de nuestra herencia. Cuando la gente me dice: "De lo que estoy seguro es de que soy inseguro, tengo muchas dudas". Les contesto: "¿Estudian su Biblia? Porque si ustedes estudiaran la Biblia fielmente, la Biblia les continúa garantizando su herencia". "Esto entre aquellos que son santificados, los que son separados, santos para Dios. Hay una herencia". Pero si no tienes seguridad de esto, esto llegará cuando estudies la Escritura. Por lo que dice, "la Palabra te alimenta, te hace crecer, y te da seguridad". Así que oración y la Palabra, son prioridades. Conforme estudias la Palabra eres edificado y eres asegurado de que la promesa de la herencia es realmente tuya, y está preparada para aquellos que son santos por medio de Cristo.

Un líder está libre de intereses propios

Y finalmente, resumiendo. La última prioridad para los ancianos es esta: para el pastor, libertad de intereses propios. Y esto llega directo a mi corazón porque he visto mucho de esto y me entristece. Pablo se usa a sí mismo como ejemplo. Versículos 33–35: "Ni plata ni oro ni vestido de nadie he codiciado. Antes vosotros sabéis que para lo que me ha sido necesario a mí y a los que están conmigo, estas manos me han servido". No solo trabajo para

12_Un encargo a los líderes de la iglesia del Nuevo Testamento. Parte 2

mis necesidades sino para suplir las necesidades de otros. "En todo os he enseñado que, trabajando así, se debe ayudar a los necesitados, y recordar las palabras del Señor Jesús, que dijo: Más bienaventurado es dar que recibir". Esto es experimentar la libertad de intereses propios.

De manera simple dice esto: "Dios no bendice el ministerio de un hombre que está preocupado por el dinero". Nunca he visto a un hombre en un ministerio que se haya preocupado por dinero y que no tenga escrito Icabod sobre su ministerio. No puedes servir a Dios y al dinero, no se puede. La libertad de un interés propio, así era el corazón de Pablo. Llegó al lugar y dijo: "Tengo el derecho de pedirles, pero no lo haré. Trabajaré para obtener mi propio salario, solo para indicarles el patrón de ejemplo". Así es como se debe hacer, y si Dios quiere bendecirte al darte algo, perfecto. Incluso Pablo dijo que un anciano que era fiel, era digno de doble honor, en 1 Timoteo 5. Y la mayor parte de los comentaristas dirán que esto tiene un significado financiero. Y Pablo hizo esta declaración: "Tengo el derecho de recibir de ustedes. Esto está bien, es maravilloso. Tengo ese derecho, pero he elegido mostrarles un ejemplo de ganarme lo mío, y no ser una carga, he decidido no pedir nada". No creo que un hombre de Dios dentro del ministerio deba pedir nada.

He hablado con personas que han dicho: "Bueno, cuando fui a tal o cual iglesia, les dije cuánto tenía que ganar. Y lo hablamos y acordamos que lo recibiera". Esto me enferma, me da miedo pensar que se me dé lo que merezco, prefiero no decir nada y permitir que la gracia sea gracia. Cualquiera que sea la cantidad que Dios me dé, se la agradezco. Creo que no es pertinente que un hombre dentro del ministerio pida algo. De hecho, soy muy rígido en esto. No creo que se le deba poner precio a cualquier cosa que hagas como ministro de Dios, nunca. Muchas personas me llaman para que vaya a hablar a algún lugar y me dicen: "John, nos encantaría que vinieras a compartir en tal o cual conferencia. ¿Cuánto nos cobras?" Eso me irrita, no me gusta que hagan esto. Por lo que siempre les contesto: "¿Qué quieres decir con '¿Cuánto cobras?'?" "Pues eso, ¿cuál es tu tarifa?" Entonces les dijo: "No cobro nada. Si Dios está ahí yo estaré ahí". Creo que cuando le pones un precio a tu ministerio, tú mismo quedas fuera de la bendición.

Y sé cómo funciona esto. Viajé por dos años y medio para estar en reuniones, y cuando llegas al lugar, y eres tan carnal, eres tan de mal gusto, y simplemente tan humano que dices: "¡Oh, qué grande soy! Esto será tremendo". Y "¡Guau! ¿Darán grandes ofrendas de amor?" No me gusta nada esto, no me gusta enterarme de nada acerca de dinero. Punto, se acabó. No me gusta hablar de dinero cuando estoy ministrando. Eso solo confunde mi mente. Quiero la libertad de servir al Señor Jesucristo, y lo que suceda, que suceda. Y si me dan algo, está bien. Y si no me dan nada está igual de bien, porque no me importa. Dios ayude a aquellas personas que tienen que poner un precio sobre su ministerio.

Pablo iba y hacía cualquier cosa, para cualquier persona, siempre a cambio de nada. Y si Dios envía una ofrenda, ¡qué bueno! Recordarán a los Filipenses en el capítulo 4. Les dice: "Estoy tan agradecido de que me enviaron una ofrenda. Es maravilloso, no porque yo la necesitara, sino porque ustedes necesitaban aprender a dar". Les dice esto que es maravilloso: "He aprendido a contentarme, cualquiera que sea mi situación. Sé vivir humildemente, y sé tener abundancia; en todo y por todo estoy enseñado, así para estar saciado como para tener hambre, así para tener abundancia como para padecer necesidad". Y entonces aprovecha y les dice: "Sé que ustedes dieron sacrificialmente, pero tengan esto en mente, mi Dios, pues, suplirá todo lo que os falta conforme a sus riquezas en gloria en Cristo Jesús". No se preocupen por esto, Dios les regresará multiplicado lo que dieron. Escuchen, siempre que un hombre esté en el ministerio, siempre que un hombre tenga una responsabilidad espiritual, estará preocupado por cuánto dinero obtendrá, pero cuando se pone precio entonces queda fuera de recibir bendición.

Dice en el versículo 34, "ven estas manos... saben que era judío, hablaba con sus manos. Parece que hasta lo puedo ver. Le está dictando a su escriba... versículo 34... Sí, ustedes mismos lo saben, que estas manos han provisto para mis necesidades, y no solo las mías, sino que las necesidades de todos los que están conmigo. Les he enseñado estas cosas, dijo, trabajé entre ustedes... en el versículo 35... para soportar a los débiles. Lo hice como un ejemplo, y quiero recordarles las palabras del Señor Jesucristo, de cómo dijo: Más bienaventurado es dar que recibir". Esta es una de las declaraciones cortas más interesantes de la Biblia. Es lo que llamamos ágrafa. Esto quiere decir que es una declaración que hizo Jesús pero que no está en los evangelios. Esto es un dicho de Jesús que nadie escribió, pero Pablo lo cita. Si lo buscan en los evangelios no lo encontrarán, pero Jesús lo dijo. Y te puedes preguntar: "¿Jesús dijo cosas que no están escritas en los evangelios?" Oh sí, claro que dijo muchas otras. ¿Por qué? Ustedes pueden leer en el Evangelio de Juan que Él dijo muchas cosas, es la razón por la que supongo que Juan dijo: "Los libros que hay en el mundo no podrían contener todo lo que él dijo". Y esta es una de esas cosas que Él dijo: "Es más bienaventurado dar que recibir". Y les dice a estos hombres: "Recuerden que lo más importante dentro de su ministerio, es dar, dar, dar, no recibir". Que Dios nos libre de ser codiciosos.

Y solo para darles una ilustración de esto, y no me gusta, pero pienso que el mundo ve la imagen de un ministro como alguien que siempre necesita una limosna. Algo que me molesta, también, es cuando un ministro pide un descuento de clérigo. Odio eso. ¿Qué quiere decir con descuento de clérigo? ¿Quién eres? ¿Alguien que es pobre y que merece tomar dinero de la bolsa de alguien más porque es un ministro? No le hagan esto al evangelio. Qué creen que piensa una persona cuando llegas y le dices: "Sucede que soy un

12_Un encargo a los líderes de la iglesia del Nuevo Testamento. Parte 2

ministro. ¿Significa que tengo algún descuento?" ¿Qué es lo que esto hace al cristianismo? No hagan esto. Si necesitan un descuento, vengan a verme. Les daré el resto. Se los repondré. Pero, por favor, no pidan un descuento.

Hace algún tiempo fui a comprar un auto, necesitaba uno más grande, tuvimos otro bebé, así que fui a ese lugar. Esto fue gracioso, porque entré al lugar y vi el auto. Y dije: "Esta es una bonita camioneta". Y me dijeron: "Le voy a dar un excelente trato". Cuando me dijo esto, entendí que era un pésimo trato porque yo ya me había documentado para saber todo lo que tenía que saber al respecto, así que estaba listo para negociar. El hombre me dijo que era un excelente trato, y le dije: "No, este no es un excelente trato para nada. De hecho, no estás siendo honesto conmigo, estás tratando de abusar de mí". Entonces se fue al fondo, a hablar con su jefe inmediato y finalmente regresó y seguimos hablando. Yo sabía cuál era el verdadero valor del auto, conocía todo acerca de él. Yo ya había hecho mi tarea previamente, quería ser un buen administrador con el dinero del Señor. Así que le dije, "Esto es lo que sería correcto, esto es lo que sería justo, y esto es lo que me gustaría. Si no lo puedes hacer, está bien". Volvió a ir a hablar con el jefe, y regreso diciendo que eso no era posible, que con ese precio ellos no ganaban nada, y continuó hablando y hablando.

Así que finalmente le dije: "Está bien, ¿sabe? Soy cristiano, y lo más importante para mí es que el Señor sea glorificado. Es probable que usted necesite mucho más el dinero de lo que yo lo necesito, pero lo último que yo quisiera hacer sería tomar un solo centavo de usted, de su comisión, o de esta compañía. Lo que quiero es hacer lo que es correcto y justo, siempre que compró algo, y si esto no es correcto o justo para usted, entonces no hacemos el trato. Me voy a otro lugar". A lo cual me contestó: "No, no, no, no haga eso. Lo podemos resolver". Se volvió a ir con su jefe, pero alguien que me acompañaba escuchó la conversación en donde decían. "No lo puedo creer, ¿puedes creerle a este hombre?" Y esto fue muy interesante porque mi preocupación como cristiano era que ellos obtuvieran lo que era correcto para ellos dentro de los límites de lo que era correcto. Nunca antes habían tenido que hacer esto. Al final, obtuve el auto, incidentalmente, al precio que yo consideraba correcto.

Sí, en realidad siento que, en el ministerio, una de las formas en las que nuestra piedad es manifestada es con nuestro amor por Jesucristo y el ministerio, sin tener en lo absoluto un pensamiento acerca del dinero. Y debo decirles que Dios se hace cargo de todo cuando las cosas están bien delante de Él y cuando tú eres el tipo de hombre que debes ser. Dios suplirá más allá de tu necesidad.

¿Cuáles son las prioridades dentro del ministerio? Auto examinación, alimentar y guiar al rebaño, vigilar y advertir, orar y estudiar, y no tener intereses propios. Ministren de este modo y, ¿saben cuál será su recompensa?

Vean el versículo siguiente. Versículo 36: "Cuando hubo dicho estas cosas, se puso de rodillas, y oró con todos ellos". Aquí tenemos a un grupo de ancianos orando de rodillas. La postura en la que oras dice mucho, habla de una humildad delante de Dios. "Entonces hubo gran llanto de todos; y echándose al cuello de Pablo, le besaban". ¿Piensas que ellos realmente lo estimaban? ¿Crees que él significaba algo para ellos? Con toda seguridad. ¿Sabes por qué lo amaban? Lo amaban porque había consistencia entre lo que él decía y lo que él era. Ellos cayeron sobre su cuello, y las lágrimas se derramaron por sus rostros. Se le colgaron del cuello y lo besaron continuamente. Y dice el versículo 38: "Doliéndose en gran manera por la palabra que dijo, de que no verían más su rostro". Cuando él les dijo que no lo verían más, simplemente lloraron. Y al final se nos dice: "Y le acompañaron al barco".

Yo soy lo suficientemente humano como para desear ser amado. Soy lo suficientemente humano, creo, para querer ser amado de esta manera. Y sé que si yo, con el poder del Espíritu Santo, puedo acercarme a la forma en la que el Espíritu quiere que ministre, Dios me recompensará con el amor de los santos. Y esto es importante. Y no quiero que la gente me ame por lo que soy. No por mí, sino que sea como lo dice en el versículo 38, que lo amaban principalmente por las palabras que dijo. Un ministro fiel tendrá esta maravillosa recompensa.

Oración final

Oremos. Padre te agradecemos por este tiempo juntos. Nos regocijamos en la verdad que hemos aprendido, nuestros corazones fueron entristecidos, al menos el mío, cuando pienso en el hecho de que al tiempo que llegó esta carta del Señor Jesús que fue escrita para Éfeso, por medio de la carta de Apocalipsis, les tuviste que decir que ya habían perdido su primer amor. Y si esto continuaba tú los quitarías de ser iglesia. Y Padre, sabemos que históricamente lo hiciste porque ya no hay ninguna iglesia en Éfeso. No lo podemos entender. No podemos entender cómo fue que bajo el liderazgo de Pablo y Timoteo esto sucediera tan pronto, sin embargo, conocemos las obras de Satanás.

Padre, ayúdanos a enseñar, a guiar, a alimentar, a cuidar, a advertir, a orar, a estudiar, a proteger al rebaño, de tal modo que el rebaño se convierta en gente pura hasta el día que Jesucristo regrese. Es en su nombre que oramos. Amén.

Reflexiones Personales

12 de Enero, 1975

13_El viaje de Pablo a Roma

Venida la decimocuarta noche, y siendo llevados a través del mar Adriático, a la medianoche los marineros sospecharon que estaban cerca de tierra; y echando la sonda, hallaron veinte brazas; y pasando un poco más adelante, volviendo a echar la sonda, hallaron quince brazas. Y temiendo dar en escollos, echaron cuatro anclas por la popa, y ansiaban que se hiciese de día. Entonces los marineros procuraron huir de la nave, y echando el esquife al mar, aparentaban como que querían largar las anclas de proa. Pero Pablo dijo al centurión y a los soldados: Si éstos no permanecen en la nave, vosotros no podéis salvaros. Entonces los soldados cortaron las amarras del esquife y lo dejaron perderse.

Cuando comenzó a amanecer, Pablo exhortaba a todos que comiesen, diciendo: Éste es el decimocuarto día que veláis y permanecéis en ayunas, sin comer nada. Por tanto, os ruego que comáis por vuestra salud; pues ni aun un cabello de la cabeza de ninguno de vosotros perecerá. Y habiendo dicho esto, tomó el pan y dio gracias a Dios en presencia de todos, y partiéndolo, comenzó a comer. Entonces todos, teniendo ya mejor ánimo, comieron también. Y éramos todas las personas en la nave doscientas setenta y seis. Y ya satisfechos, aligeraron la nave, echando el trigo al mar.

Cuando se hizo de día, no reconocían la tierra, pero veían una ensenada que tenía playa, en la cual acordaron varar, si pudiesen, la nave. Cortando, pues, las anclas, las dejaron en el mar, largando también las amarras del timón; e izada al viento la vela de proa, enfilaron hacia la playa. Pero dando en un lugar de dos aguas, hicieron encallar la nave; y la proa, hincada, quedó inmóvil, y la popa se abría con la violencia del mar. Entonces los soldados acordaron matar a los presos, para que ninguno se fugase nadando. Pero el centurión, queriendo salvar a Pablo, les impidió este intento, y mandó que los que pudiesen nadar se echasen los primeros, y saliesen a tierra; y los demás, parte en tablas, parte en cosas de la nave. Y así aconteció que todos se salvaron saliendo a tierra.

Hechos 27:27–44

BOSQUEJO

— Introducción

— El viaje a Roma

- Primera etapa, navegando con dirección
- Segunda etapa, la estadía en Creta
- Tercera etapa, la tormenta
- Cuarta etapa, el naufragio
- Quinta etapa, la seguridad

— Principios del liderazgo espiritual

- Un verdadero líder es amado
- Un verdadero líder nunca se da por vencido
- Un verdadero líder usa el buen juicio
- Un verdadero líder habla con autoridad
- Un verdadero líder fortalece a otros
- Un verdadero líder opera sobre una fe firme
- Un verdadero líder demanda obediencia
- Un verdadero líder guía con el ejemplo

— Oración final

Notas personales al bosquejo

SERMÓN

Introducción

Vayan a sus Biblias a Hechos 27 y vamos a ver este capítulo que es algo largo, pero completo, este ya lo habíamos comenzado durante la cena del Señor hablando del naufragio de Pablo. Hechos 27. Este capítulo, en cuanto a lo que se refiere su significado histórico, se trata de un naufragio, pero en términos de los principios que encontramos aquí, lo podríamos llamar Liderazgo en crisis, porque la realidad es que es el retrato de un hombre que es líder cuando necesita ser uno. Este nos muestra a un hombre que está en medio de un tremendo tiempo de estrés con todas las habilidades que un gran líder debe tener. Así que no solo es la narrativa de un naufragio, también es el retrato de un líder en medio de una crisis.

Estaba pensando acerca del hecho que, si hay algo en nuestro mundo que tenga una carencia, es una carencia sobre el liderazgo. Ya sea que hablemos acerca del gobierno, de la industria, de la economía, la educación, la medicina, la ciencia, o cualquier cosa, existe una tremenda necesidad de líderes, o bien gente capaz que pueda tomar decisiones, o personas que estén deseosas de que les pasen la carga y sean capaces de manejar la situación.

Encontré una encuesta muy interesante que se hizo en años recientes acerca de seminarios en USA y lo que determinaron en esa encuesta fue que la gran mayoría de la gente, está estudiando para tener responsabilidades dentro de la iglesia, pero no querían ser el hombre principal, preferirían ser el segundo porque nadie quiere ser responsable en primera línea. Y pienso que esto es realidad no solo dentro de la iglesia, también es verdad en los términos del mundo. Definitivamente existe un reconocimiento para el liderazgo. La gente necesita aceptar las responsabilidades que llegan con el hecho de ser un líder.

El mundo verdaderamente está preocupado por esto. De hecho, podemos decir que hay una constante corriente de seminarios, de metodologías profesionales que son presentadas a muchos, hay comunidades diversas que se dedican a tratar de extraer a los líderes de dentro de sus comunidades, y estoy seguro que ellos tienen su propio criterio para determinar quién es el líder. Lo mismo es verdad, pienso, en los términos de la iglesia y dentro del reino de Dios, en todo lo que Dios quiere hacer existe una verdadera necesidad de líderes. Creo también, que el Espíritu Santo está en una búsqueda constante de líderes. Dentro de toda la historia de Dios, conforme vamos a la Biblia, encontraremos que Dios se movió por medio de hombres y que, en toda área, en todo tiempo de crisis dentro de la economía de Dios, hubo líderes que Dios usó para hacer que su voluntad fuera cumplida. Ya sea Moisés o José, o David, o Abraham, o Elías, o Esdras, o Nehemías, o en el Nuevo Testamento con Juan el Bautista, o Pedro, o Pablo o cualquier otro dentro del tiempo de Dios, hubo alguien por medio del cual Dios pudo guiar. Y la tragedia con frecuencia, de la historia de Israel, fue la tragedia de un líder inadecuado, un líder inmoral, un líder apartado de Dios o un líder que simplemente falló en cumplir con las obligaciones que eran básicas para su liderazgo.

Pienso que conforme estudiamos la Escritura la visión que encontramos del liderazgo es simplemente el ejemplo de las vidas de los hombres que son los líderes, y este es en realidad el caso aquí en Hechos 27.

Ahora este es un capítulo acerca del liderazgo, pero no desde el punto de vista del precepto, sino más bien desde el punto de vista del ejemplo. Incluso ustedes no van a escuchar una palabra acerca del liderazgo aquí. Ni siquiera aparece en el texto, pero lo que sí vamos a ver es a un hombre que toma el control de una situación imposible y exhibe sus habilidades de liderazgo.

De hecho, cuando pensaba en esto, supuse que la habilidad de liderazgo no es probada en verdad sino hasta que estás en un tiempo de crisis. El verdadero líder es el líder que es capaz de lidiar con el estrés. El gran líder es aquel que puede resolver problemas y llevar las cargas para encontrar soluciones y así ganar las victorias cuando otros no pueden. El mejor líder es aquel que puede tomar el problema que no se ha podido resolver y lo resuelve. Y esto es justamente lo que hace Pablo en este pasaje que vamos a estudiar. Desde luego, lo hace con la ayuda del poder soberano y divino que proviene de Dios. Este es el más grande recurso que tenemos nosotros los cristianos.

El viaje a Roma

Pablo está regresando a Roma como prisionero. Va allá para que su caso sea escuchado delante de la corte de César. Ha dejado Cesarea donde había estado como prisionero de Roma por dos años.

Primera etapa, navegando con dirección

El viaje sucede aquí en el capítulo 27 de Hechos y continúa hasta el 28, he dividido este pasaje en 5 partes. El viaje que realiza lo hace en cinco etapas. Dijimos que la etapa uno era el comienzo, versículos 1–8. Y solo lo voy a leer para que nos podamos meter en el contexto. "Cuando se decidió que habíamos de navegar para Italia, entregaron a Pablo y a algunos otros presos a un centurión llamado Julio, de la compañía Augusta. Y embarcándonos en una nave adramitena que iba a tocar los puertos de Asia, zarpamos, estando con nosotros Aristarco, macedonio de Tesalónica. Al otro día llegamos a Sidón; y Julio, tratando humanamente a Pablo, le permitió que fuese a los amigos, para ser atendido por ellos". Dijimos que estos son términos médicos que nos indican que Pablo tenían alguna enfermedad física. "Y haciéndonos a la vela desde allí" —esto es, Sidón— "navegamos a sotavento de Chipre" —esto quiere decir alrededor de Chipre— "porque los vientos eran contrarios. Habiendo atravesado el mar frente a Cilicia y Panfilia" —esto es siguiendo la costa en el mapa en donde estaba Cilicia y Panfilia, está a la izquierda de éstos— "arribamos a Mira, ciudad de Licia. Y hallando allí el centurión una nave alejandrina que zarpaba para Italia, nos embarcó en ella. Navegando muchos días despacio, y llegando a duras penas frente a Gnido, porque nos impedía el viento, navegamos a sotavento de Creta, frente a Salmón. Y costeándola con dificultad, llegamos a un lugar que llaman Buenos Puertos, cerca del cual estaba la ciudad de Lasea".

Este es el comienzo del viaje. Tenían un barco que era un barco de cabotaje, este estaba asociado con Adramitio, que era una pequeña área en la esquina noreste de Asia Menor. El barco estaba disponible. Y lo tomaron hasta llegar a Mira; tuvieron que cambiar ahí a un barco que fuera a Roma. Y lo que encontraron fue un barco alejandrino que transportaba granos y que los entregaba en el Mar Mediterráneo para los soldados romanos o bien para cualquiera que lo necesitara del gobierno romano.

Cuando cambiaron de barco fue cuando comenzó el viaje a Roma surcando las aguas agitadas y los vientos, tan pronto como pasaron Gnido, ustedes notarán en sus mapas que Gnido está justo en ese punto, y una vez que llegaron a Gnido navegaron fuera de las costas de Asia Menor y, por lo tanto, los vientos se hicieron más fuertes, la aguas fueron más difíciles y no pudieron conseguir una ruta recta. Tuvieron que ir al sur, lo cual hicieron rodeando el cabo Salmón, llegando a tierra a un lugar llamado Buenos Puertos, un lugar de Creta, uno de sus puertos. Y aquí comenzó el viaje.

Segunda etapa, la estadía en Creta

La segunda etapa dijimos que fue su estadía. Habiendo llegado a Buenos Puertos tuvieron que permanecer ahí debido a los fuertes vientos. Hechos 27:9, "Y habiendo pasado mucho tiempo, y siendo ya peligrosa la navegación". Recordarán que les dije que había una temporada cuando la navegación era muy peligrosa. Estaba completamente prohibido navegar desde el 11 noviembre, hasta fines de marzo. Pero del 14 de septiembre y hasta el 11 de noviembre era la temporada en la que era muy peligroso, por lo que no era sabio navegar en el Mediterráneo, por lo que se tuvieron que quedar en Creta en este lugar, Buenos Puertos, hasta que acabara la temporada de peligros. Él dice que el ayuno ya había pasado, con esto se refiere al *Yom Kippur* y si este es el año 59 d.C. como muchos suponen, *Yom Kippur* debió celebrarse el 5 de octubre, lo que nos dice que estaban en el mes de octubre, pero ya avanzado, por lo que estaban definitivamente ya dentro de la temporada peligrosa. Y si habían salido a mediados de agosto, hasta este punto ya les había tomado casi dos meses llegar hasta aquí.

Debido a esto Pablo los amonesta y les dice: "Varones, veo que la navegación va a ser con perjuicio y mucha pérdida, no solo del cargamento y de la nave, sino también de nuestras personas". En otras palabras, les dijo: "Si avanzamos más nos vamos a meter en problemas muy serios". "Pero el centurión daba más crédito al piloto y al patrón de la nave, que a lo que Pablo decía. Y el puerto era incómodo para invernar". No querían quedarse parados en Buenos Puertos por tres o cuatro meses, "la mayoría acordó zarpar también de allí, por si pudiesen arribar a Fenice", o Fenicia, "puerto de Creta que mira al nordeste y sudeste, e invernar allí". Expuesto de estas dos maneras, ellos querían al menos llegar a Fenice, si no podían llegar a Roma. Esta fue la segunda etapa.

Tercera etapa, la tormenta

La tercera etapa, dijimos que era la tormenta. Versículos 13 al 26: "Y soplando una brisa del sur, pareciéndoles que ya tenían lo que deseaban, levaron anclas e iban costeando Creta". Este es un gran viento que les había resultado muy difícil, éste es un viento del este que había prevalecido y que ellos no lo habían podido sortear, ahora se había convertido en un viento ligero del sur por lo que ellos pensaron que sería bueno intentar hacer el viaje. Por lo que fueron de poco a poco alrededor de las costas de Creta, navegaron muy de cerca de la isla de Creta porque si les llegaba un mal viento siempre podrían llegar a un puerto en Fenice y entonces permanecer ahí todo el invierno.

Pero llegamos al versículo 14: "Pero no mucho después dio contra la nave un viento huracanado". Esto es un huracán o un tifón, un viento muy severo conocido como Euraquilo o Euroclidón, como lo llamaban los marineros. Este nombre provenía de dos palabras, una griega, la palabra *Euro*, "viento del este", y la otra latina, *acquillo*, "viento del norte". Era un viento del noreste, un viento de huracán. "Y siendo arrebatada la nave, y no pudiendo poner proa al viento, nos abandonamos a él y nos dejamos llevar". No pudieron llegar al puerto de Fenice; no lo lograron, simplemente tuvieron que dejar el barco a la deriva. Y ahora podemos ver a dónde llegó. Después de pasar una isla llamada Clauda, una isla que está en la parte abierta del Mediterráneo. "Y habiendo corrido a sotavento de una pequeña isla llamada Clauda, con dificultad pudimos recoger el esquife". Recogieron el esquife, que en ese momento estaba completamente inundado y se pudo haber hundido y perderlo. "Y una vez subido a bordo, usaron de refuerzos para ceñir la nave". Como les dije antes, literalmente amarraron la nave, esto es, con cuerdas largas la amarraban apretando las tablas como intentando poner todo el barco junto, ya que el tremendo viento golpeaba el mástil y la nave se partía. "Ciñeron la nave, y teniendo temor de dar en la Sirte". Esta palabra significa arenas movedizas, y ustedes podrán notar en la parte inferior de sus mapas la Sirte Mayor. Esta era el cementerio de muchos barcos por lo que tenían miedo de que el viento los arrastrara y los aplastara, y todos murieran. Así que se dejaron llevar, "arriaron las velas y quedaron a la deriva".

Notarán que dicen en el versículo 17 que, "usaron de refuerzos para ceñir la nave; y teniendo temor de dar en la Sirte, arriaron las velas". Literalmente redujeron la velocidad. Bajaron el mástil, pusieron una vela de tormenta para tener algo de control sobre la nave y trataron de luchar contra el viento todo el camino. Y podrán notar que el curso que tomaron los llevó directo a Malta, como es llamada hoy en día. Y desde luego que aquí Dios es quien los está dirigiendo. No había forma, en medio de la oscuridad en la que estaban navegando, con todas las nubes que cubrían las estrellas de noche, y al sol de día, de que ellos pudieran navegar en absoluto. No había alguna forma en absoluto en la que ellos pudieran saber a dónde iban, pero Dios tenía una cita con ellos en la isla y por lo tanto siguieron un curso recto directo a la isla que ni siquiera conocían. Ustedes pueden ver las probabilidades de hacer esto por casualidad y notarán que es imposible cuando ven la inmensidad del Mar Mediterráneo.

El versículo 18 dice: "Pero siendo combatidos por una furiosa tempestad, al siguiente día empezaron a alijar, y al tercer día con nuestras propias manos arrojamos los aparejos de la nave. Y no apareciendo ni sol ni estrellas por muchos días, y acosados por una tempestad no pequeña, ya habíamos perdido toda esperanza de salvarnos". Entonces están siendo arrastrados al tiempo que cruzan el Mediterráneo por medio de este huracán del noreste. Habían eliminado la carga y ahora solo los conduce la tormenta. Han intentado asegurar el barco de la mejor manera posible. Tienen un tremendo miedo de que vayan a llegar a las Sirte, o que se pierdan porque no pueden navegar ya que no ven nada, sin esperanza y completamente ciegos están a la deriva.

Inmediatamente en este punto Pablo decide hablar. "Entonces Pablo, como hacía ya mucho que no comíamos, puesto en pie en medio de ellos, dijo: Habría sido por cierto conveniente, oh varones, haberme oído, y no zarpar de Creta tan solo para recibir este perjuicio y pérdida". Yo les advertí, me debieron haber escuchado. "Pero ahora os exhorto a tener buen ánimo, pues no habrá ninguna pérdida de vida entre vosotros, sino solamente de la nave. Porque esta noche ha estado conmigo el ángel del Dios de quien soy y a quien sirvo, diciendo: Pablo, no temas; es necesario que comparezcas ante César; y he aquí, Dios te ha concedido todos los que navegan contigo. Por tanto, oh varones, tened buen ánimo; porque yo confío en Dios que será así como se me ha dicho. Con todo, es necesario que demos en alguna isla".

Ahora aquí encontramos que un ángel da la promesa a Pablo de que lo van a lograr. Pablo tiene que llegar a Roma y todos llegarán junto con él. Dios les da una promesa. Un ángel habló a Pablo, y Pablo dice: "Creo en lo que me dijo el ángel porque creo en Dios". Dios estableció el lugar para establecer su reputación. Habían escuchado que Dios dijo a través del ángel, por medio de Pablo, que ustedes van a llegar allá y que van a llegar seguros. Perderán el barco, pero llegarán. Y debido a que ellos habían escuchado que la credibilidad de Dios estaba en riesgo, Pablo dice: "Dios dijo esto y yo lo creo". Y ahora tendrán la oportunidad de verificar si este Dios de Pablo es confiable. Dios puso las circunstancias para probar quien era Él. Sé que vamos muy rápido en la narrativa, pero es un repaso.

Cuarta etapa, el naufragio

Ahora esto nos lleva a la etapa cuatro dentro de la narrativa, el naufragio. Y esto es absolutamente fascinante; hay mucha sabiduría aquí. Del versículo 21 al 41. Ahora una nota al pie. En este momento Pablo asume el liderazgo. Quiero decir que el capitán no era quien estaba al mando, el piloto del barco tampoco estaba a cargo, el centurión y todos los demás estaban en pánico y el único de los hombres que está completo y ecuánime, es Pablo. Por lo que él puede estar a cargo. Y ya he dicho esto antes a ustedes dentro de este contexto; el liderazgo no es el título que ostentas. El liderazgo es la habilidad que tú tienes. El barco continúa siendo llevado por el huracán. La lucha por mantenerse a flote ha sido muy intensa al grado que nadie ha comido por dos semanas. Están aterrados, están petrificados y el pánico ha sido lo que han tenido con mucha intensidad durante estos días, no tienen la menor idea de dónde están ellos, ni siquiera saben hacia dónde se dirigen, y aquí están todos ellos en una situación sin ninguna esperanza por ser salvados. Pero el apóstol Pablo aparece en escena y les dice: "Dios me dice que todos ustedes van a sobrevivir". Ahora la credibilidad de Dios está siendo probada y la verdadera prueba está a punto de ser establecida.

Y entonces el versículo 27 nos da un aprendizaje del naufragio. "Venida la decimocuarta noche". Esto nos dice que llevaban 14 noches después de que habían zarpado de Buenos Puertos, "y siendo llevados a través del mar Adriático", ahora el mar Adriático no es el mar Adriático como lo vemos ahora en el mapa. Sino que el mar Adriático no es técnicamente el Adriático, que se extiende hacia arriba hasta el continente europeo. Sino que el Adriático, en tiempos antiguos se refería a la parte central del

Mediterráneo, a toda esa área. Y la realidad es que ellos no sabían en dónde estaban, lo único que sabían era que se encontraban en algún lugar en medio del Mediterráneo, en el mar Adriático.

Y conforme ellos estaban siendo llevados de arriba abajo en el mar Adriático, y esto nos da una idea de que ellos no tienen idea de hacia dónde están yendo porque ni siquiera saben si es arriba o abajo, cerca de medianoche los marineros supusieron que ellos estaban cerca de tierra. Ahora, pueden ustedes imaginarse como estando en medio del mar repentinamente ellos pueden sentir que están llegando a algún lugar de tierra. Ahora en realidad solo hay una forma en la que ellos pudieron haber sabido, en medio de la oscuridad de la noche sin estrellas en el cielo, y esta es por la forma en la que las olas golpean en la playa. Y si ellos pudieron escuchar las olas golpeando, podían saber que estaban muy cerca de la playa.

El versículo 27 nos indica que los marinos escucharon el golpeteo de las olas. Es interesante ver un poco de lo que nos muestra acerca de la sabiduría náutica aquí. Subrayen esto. La distancia desde Cauda, en su mapa, hasta Malta es de 476.6 millas. Los marinos del Mediterráneo han dado información que indica que este barco dentro del viento del huracán los llevaría por lo menos unas 36 millas cada 24 horas. Si ellos hubieran luchado contra el viento para tratar de compensar ellos hubieran podido ir a unas 36 millas cada 24 horas. Si esto fuera realidad les hubiera tomado exactamente 13 días, una hora y 21 minutos llegar de Cauda a Malta. Y si añaden un día más desde Buenos Puertos a Cauda, así obtenemos la suma de 14. Así que la información de navegación, vemos que los juicios náuticos corroboran específicamente el hecho de que en realidad son 14 días los que duró el viaje si estuvieron en medio de un huracán.

Y de acuerdo a otros cálculos, como dije al comienzo de este estudio en nuestra última cena del Señor, muchos arqueólogos y muchos historiadores han estudiado este pasaje desde su información náutica, y muchas mentes seculares han opinado acerca de este pasaje. Y de acuerdo a estos cálculos fue en el catorceavo día que ellos pudieron están a menos de tres millas de la entrada del puerto de Malta que hoy en día es llamado el Puerto de San Pablo por obvias razones. Así que la gente que sabe de náutica nos dice que en exactamente 14 días a la velocidad que iban, ellos hubieran estado a tres millas de la entrada del Puerto de San Pablo.

Debemos notar que Malta es solo un punto en el Mediterráneo. Tenemos que ver aquí la providencia de Dios, ¿verdad? No hay otra conclusión. La Escritura es muy precisa. Los sonidos que escucharon debieron indicar que ya habían pasado Koura. Noten que Malta en el mapa, el punto más al este es llamado Koura, y para el tiempo que habían pasado Koura debieron haber estado como a un cuarto de milla de la orilla por lo que pudieron escuchar el oleaje reventando en la orilla. Un cuarto de milla desde el punto este de la orilla, tres millas les faltaban para pudieran llegar hasta el puerto, que ahora es llamado la bahía de San Pablo.

Así que ellos escucharon el reventar de las furiosas olas que generaba el aire para que reventaran en la orilla. Y desde luego que tan pronto como ellos escucharon quisieron saber qué tan cerca estaban, así que el versículo 28 nos dice, "echando la sonda". Esto quiere decir que echaron algunos dispositivos como sondas al mar para determinar la profundidad, y "hallaron veinte brazas". Una braza es aproximadamente dos metros, así que podemos multiplicar esto y encontrar que eran como 40 metros de profundidad. Y entonces avanzaron otro poco como una media hora. "y pasando un poco más adelante, volviendo a echar la sonda, hallaron quince brazas". Y es muy interesante que la geografía alrededor de malta da veracidad a este texto, éstas son medidas muy precisas. "Hallaron quince brazas", lo que quiere decir que se estaban acercando a la orilla.

Todo esto causó pánico. Esto no podía ser causa de regocijo porque en medio de la noche en el ojo del huracán lo menos que quieres es estrellarte contra la orilla del mar. Por lo que en el versículo 29 dice: "Y temiendo dar en escollos, echaron cuatro anclas por la popa, y ansiaban que se hiciese de día". Lo único que se les ocurrió para hacer fue lanzar las anclas por la borda. Ha habido mucha discusión acerca de por qué lanzaron las anclas fuera de borda, pero la respuesta es un tanto obvia si estudias un poco acerca de barcos de velas. Lanzaban las anclas fuera de borda por la popa para que la proa pudiera llegar a la orilla. Si anclaban por la proa la popa podría flotar en todas direcciones y como consecuencia el barco podría ser dirigido sin rumbo fijo a la orilla. Si anclaban por la popa entonces la proa sería dirigida hacia la orilla y no lo haría sin rumbo. De hecho, si ustedes solo anclaban la proa todo se convertiría en un problema. El agua que se está moviendo hacia la orilla podría girar el barco para que literalmente fuera en reversa. Anclando la popa la fuerza del agua mantendría a la popa en dirección hacia la orilla. Y el punto era que cuando se hiciera de día y pudieran ver la orilla, entonces simplemente cortarían las cuatro anclas y la popa se dirigiría rectamente y entonces podrían llegar a la playa y hacer que el barco encallara.

Esta fue aparentemente su intención. Pero entonces algo muy interesante ocurrió, escuchen esto; si alguna vez has estado en un barco y la tripulación entró en pánico entonces estuviste en un verdadero problema. Y esto fue justamente lo que sucedió: "Entonces los marineros procuraron huir de la nave, y echando el esquife al mar, aparentaban como que querían largar las anclas de proa". Estos hombres tenían un plan. Si se pueden imaginar lo asustados que estaban, estaban tan asustados que estuvieron a punto de abandonar el barco en medio de la noche oscura y del huracán, por lo que intentaban llegar a la orilla en medio de la oscuridad sin saber ni siquiera hacia dónde estaba la orilla, si lo hacían no tendrían ni idea de hacia dónde ir. Creían que era mejor estrellarse contra las rocas en medio de la oscuridad ya que sentían que estaban en medio de una situación muy desagradable. Entonces, en medio de su pánico intentaron hacer que esto pareciera que estaban lanzando las anclas por la borda, pero lo que ellos estaban intentando en realidad era poner el barco nuevamente en movimiento en el agua, y una vez este se moviera, ellos saltarían al agua. Estaban a punto de cortar las cuerdas para intentar llegar a la orilla.

Y bueno su plan no resultó porque Pablo, literalmente, los atrapo. Él estaba alerta. El versículo 31 nos muestra que Pablo sabía cómo respetar la línea de mando, además de que estaba preparado para controlar a toda la tripulación. "Pero Pablo dijo al centurión y a los soldados: Si éstos no permanecen en la nave, vosotros no podéis salvaros". Si ellos se van usted estará en problemas. Dios quiere que todos se queden en este barco o de lo contrario nadie va a salvarse. Para este tiempo el centurión ya es un creyente porque todo lo que Pablo ha dicho ha sucedido y en este momento no lo va a contradecir. Hubiese sido desastroso que toda la tripulación abandonara el barco porque una vez que fuera de día se requerirían muchas manos calificadas para hacer que el barco llegará a la orilla con seguridad. Y todos los prisioneros y los soldados que intentaran lograrlo sin tener experiencia, hubieran experimentado un momento muy horrible.

Por esto, el centurión escucha lo que Pablo dice y aparentemente se emociona con esto y nos dice el versículo 32: "Entonces los soldados cortaron las amarras del esquife y lo dejaron perderse". Simplemente fueron y dejaron que el bote de emergencia, el esquife, se perdiera antes de que la tripulación se fuera en él. No estoy seguro de que Pablo les hubiera dicho que lo hicieran antes de que tomaran este barquito, pues creo que les serviría más adelante para llegar a la orilla. Si esto resulta tendrían que nadar, pero aparentemente el centurión creyó que esto era necesario para detenerlos.

Y llegamos al versículo 33: "Cuando comenzó a amanecer, Pablo exhortaba a todos que comiesen, diciendo: Este es el decimocuarto día que veláis y permanecéis en ayunas, sin comer nada". Ahora Pablo está completamente al mando del barco. Se está dirigiendo a todos lo que comandaban. Todos se están sometiendo a este hombre. Ahora les dice a todos que deben comer. Les dice, "es el decimocuarto día que veláis y permanecéis en ayunas, sin comer nada". Lo que les viene en unas horas es trabajo duro y ellos necesitarán energía. Si es que ellos van a hacer que esta cosa llegue a tierra necesitarán tener la fuerza suficiente, pero por el momento no tienen ninguna porque llevan catorce días sin comer, así que les dice: "Comamos".

Y versículo 35: "Y habiendo dicho esto, tomó el pan y dio gracias a Dios en presencia de todos, y partiéndolo, comenzó a comer". Esto me gusta, dos claves para servir al Señor, oración y un buen desayuno. Esto es un maravilloso balance. Una comida balanceada, la espiritual y la física. Así que Pablo en realidad establece el ejemplo para ellos. Les dice en el versículo 34: "Les animo a que tomen un poco de alimento por su salud". Esto quiere decir para su ser. Es una palabra que es usada para hablar de salvación física y salvación espiritual en la Escritura. Pero aquí significa para su ser físico o bien para su seguridad. "Pues ni aun un cabello de la cabeza de ninguno de vosotros perecerá".

Ahora, ustedes pueden decir: "Esto es algo tonto, ¿a quién le importa perder un cabello en medio de todo esto?" Pero este es un antiguo proverbio judío. Podemos ir a 1 Samuel 14:45, 2 Samuel 14:11, 1 Reyes 1:52, Lucas 21:18, y en todos estos lugares encontrarán este antiguo proverbio. Este quiere decir que ustedes van a estar seguros. Es decir, tienen una inmunidad total en contra de daños. Por lo que Pablo les dice: "Todos ustedes se salvarán. Pero esta no es una excusa para no tener un buen desayuno". Así que ustedes pueden ver que hay un balance entre la soberanía de Dios, la perfecta planeación de Dios y la responsabilidad del hombre.

Versículo 35: "Y habiendo dicho esto, tomó el pan y dio gracias a Dios en presencia de todos, y partiéndolo, comenzó a comer". Los animó con su propio ejemplo y nos dice el versículo 36: "Entonces todos, teniendo ya mejor ánimo", doscientas setenta y seis personas, v. 37, "comieron también". El ánimo de Pablo se volvió infeccioso.

Versículo 38: "Y ya satisfechos, aligeraron la nave, echando el trigo al mar". Unas horas antes ya había tirado una gran cantidad de carga, pero nunca lo harían con toda la carga en medio del Mediterráneo porque una parte de ella era necesaria como lastre y para mantener estabilizado el barco dentro del agua hasta cierto punto. Por lo que estoy seguro de que salvaron una parte de esta, pero para este entonces la carga debió estar completamente empapada, totalmente salada por lo que ya no servía para nada. En adición a esto, cuando vas a encallar a un barco en la playa, necesitas que esté lo más ligero posible para que se mantenga completamente fuera del agua, tanto como sea posible, para que puedas llegar más cerca de la orilla. Así que, según el versículo 38, desecharon todo el trigo.

Llega el día en el versículo 39, "y cuando era de día, no reconocían la tierra". En otras palabras, finalmente vieron la orilla, pero no supieron dónde estaban. Ellos no supieron que llegaron al Puerto de San Pablo porque aún no le habían puesto este nombre. Ni siquiera sabían que estaban en Malta, "pero veían una ensenada que tenía playa". Aparentemente era una playa y no una roca. Había un acantilado que salía de la isla y acababa en una bahía dónde había una playa y ellos la vieron, "en la cual acordaron varar, si pudiesen, la nave". Entonces dijeron vayamos hacía esa bahía. Vayamos hacía esa playa, ese lugar con mucha arena.

Y el versículo 40: "Cortando, pues, las anclas", esto puede significar que las recogieron, ya las habían usado y les habían servido, "entonces se hicieron a la mar". Simplemente se dejaron llevar. "Largando también las amarras del timón". Estas amarras aparentemente son las que habían puesto como para dar fuerza al barco, "e izada al viento la vela de proa, enfilaron hacia la playa". Así que se dirigieron supuestamente al lugar donde había un banco de arena cerca del acantilado. "Pero dando en un lugar de dos aguas". Esta es una frase muy difícil. *Dithalassos* es la palabra. Pero la traducción de "lugar de dos aguas", parece no ser la más acertada. Lo más probable es que quiera decir arrecife o banco. Puede ser esta la razón por la que lo llamaron *dithalassos*. En medio de la bahía de San Pablo existe una pequeña isla llamada Salmeta, las aguas del este y las del oeste se reúnen detrás de esta isla, y puede ser que ellos asumieran que la isla era en realidad una extensión de la isla principal y cuando avanzaron, se dieron cuenta qué había detrás de ella y era el lugar donde los dos mares se reunían, esto hacía que empujaran arena al centro y crearan estos bancos de arena. Cualquiera que sea el significado de esto es que corrieron por en medio de estas barras o bancos de arena.

Nos dice el versículo 41: "Pero dando en un lugar de dos aguas, hicieron encallar la nave; y la proa, hincada, quedó inmóvil, y la popa se abría con la violencia del mar". Así que aquí golpeó la proa dentro del banco de arena, aparentemente a mucha distancia de la orilla y de las olas, las gigantescas olas del huracán están golpeando la popa del barco y los están destrozando. Ellos están atrapados mientras que el barco se desintegra.

Quinta etapa, la seguridad

Esto nos lleva a la quinta etapa de este relato, la seguridad. Y aquí llega el final maravilloso, versículo 42: "Entonces los soldados acordaron matar a los presos, para que ninguno se fugase nadando". Esto porque cuando un soldado romano perdía a su prisionero entonces él debía tomar la sentencia de su prisionero. Entonces ellos no querían perder a ninguno de sus prisioneros, y deciden matarlos, es decir, a Pablo y a todos los que había dentro del barco, para que no se escaparan. Pero el centurión hace algo para salvar la vida a Pablo y entonces todos los otros prisioneros pudieron agradecer a Pablo también por haber salvado sus vidas.

En el versículo 43, leemos: "Pero el centurión, queriendo salvar a Pablo". Sabía cuál sería la consecuencia de perderlo, pero lo hizo. "Les impidió este intento", él detuvo a los soldados para que no mataran a los prisioneros, "y mandó que los que pudiesen nadar se echasen los primeros, y saliesen a tierra". Todos se debieron lanzar al agua. Los que podían nadar, nadando y los que no podían tal vez buscaron un pedazo del barco para flotar con él. Recuerden que el barco se estaba desintegrando por lo que debieron agarrar algo con lo que pudieran flotar hasta la orilla. Se podrán imaginar cómo fue que 276 personas se lanzaron en medio del huracán, tratando de tomar tablas o cualquier desecho para tratar de llegar a la orilla. Pero, ¿saben algo maravilloso?

El versículo 44 concluye de esta manera: "y los demás, parte en tablas, parte en cosas de la nave. Y así aconteció que todos se salvaron saliendo a tierra". Esto es increíble, absolutamente increíble. Doscientas setenta y seis personas saltaron al agua y 276 se reunieron en la playa en medio de un huracán. Pienso que el primer pensamiento que debió llegar a estas personas fue este: "¿Saben? El Dios que adora Pablo tenía razón. Su palabra es verdad. Dijo que esto sería lo que sucedería y ha sucedido". Pueden ver como Dios no solo establece su credibilidad, su propia veracidad, sino que establece la veracidad de su líder, Pablo. Dios cumple su Palabra. Isaías 40:8, "Sécase la hierba, marchítase la flor; mas la palabra del Dios nuestro permanece para siempre". Isaías 55:10–11, "Porque como desciende de los cielos la lluvia y la nieve, y no vuelve allá, sino que riega la tierra, y la hace germinar y producir, y da semilla al que siembra, y pan al que come, así será mi palabra que sale de mi boca; no volverá a mí vacía, sino que hará lo que yo quiero, y será prosperada en aquello para que la envíe". La Palabra de Dios siempre se cumple. Jesús dijo en Mateo y Marcos, en ambos: "El cielo y la tierra pasarán, pero mis palabras nunca pasarán". La Palabra de Dios es confiable y Dios establece esto por medio de este maravilloso incidente.

Miren lo que Pedro dijo en 1 Pedro 1:25, "La Palabra de Dios permanece para siempre". Jesús dijo al orar a su padre: "Tu Palabra es verdad". Así que Dios les dio una oportunidad. Dios dijo: "Aquí está mi Palabra comprueben que es verdad". Esta es la misma oportunidad que Dios da a todo hombre en el mundo. Al final de Malaquías Dios dice: "Pruébenme en esto, prueben si mi Palabra es verdad". Una vez más en este pasaje como lo ha hecho Dios con tanta frecuencia en la historia de la humanidad y en la historia de la revelación de Dios, Dios usa profecía predictiva para establecer su divina autoridad. Dios dice que sucederá, entonces sucede, y esto es lo suficientemente convincente como para reconocer que Dios es quien dice ser. La prueba más grande de la autoridad de la Escritura, la prueba más grande de que Dios escribió la Escritura para aquello que Él quería como convencer a estos, es que se cumplió en ese momento, y se continúa cumpliendo hasta hoy.

Principios del liderazgo espiritual

Ahora, resumiendo todo el pasaje, y a esto es a lo que quiero que presten atención, algo inmensamente emocionante, incidentalmente ahora estamos en Malta, pero regresaremos la próxima semana. Lo que quiero decir es que no hemos llegado al momento en el que Pablo es mordido por la serpiente. Y desde ahí hasta Roma, y continuando con el capítulo 27, quiero hacer notar algunas cosas. Aquí podemos ver ejemplificados en la vida de Pablo los principios del liderazgo espiritual. Los principios del maravilloso liderazgo espiritual.

¿Cuáles son las características de este hombre? ¿Cuáles son las cualidades que lo califican para ser un líder dinámico? Y créanme, esto es algo que es muy importante porque lo que Dios realmente necesita hoy en día es este tipo de liderazgo. ¿Qué es lo que en realidad hace visible este tipo de liderazgo? ¿Qué es lo que lo caracteriza? Solo las voy a tomar tal y como están en el texto.

Un verdadero líder es amado

Regresemos al comienzo del capítulo 27 y tomémoslo de la narrativa. Número uno, un líder es amado. Esto no siempre es verdad en el mundo. Pero esto siempre es verdad dentro de la iglesia. No quiero decir que él sea amado por todos todo el tiempo, sino que lo que quiero decir es esto: un líder que trabaja para Dios es un hombre que es honrado, es un hombre que es amado. Ustedes notarán en el versículo 3 que Julio permitió a Pablo, cuando comenzó el viaje, que fuera con sus amigos para que él se animara. Ahora aquí vemos a un hombre que ha enseñado doctrina, un hombre que ha sido primariamente un líder en la iglesia y va a estas personas y lo ministran para sus necesidades físicas. Esto solo es una pista de lo que hemos estado viendo una y otra vez en la vida de Pablo y esto es el gran amor que la gente tiene por él.

Algunas personas piensan que ser líder involucra eliminar el amor de las personas. Ser un líder es colocarte a ti mismo fuera de cualquier tipo de calidez en las vidas de las personas, pero no pienso que esto sea verdad para nada. En realidad, creo que los verdaderos líderes de Dios, son amados por la gente a la que ellos guían. Si esto no fuera verdad, no están liderando siendo responsables ante el Espíritu Santo, porque el Espíritu Santo genera amor. Con mucha frecuencia fallamos. Cometemos errores de juicio. Con frecuencia ofendemos. Sé esto por experiencia personal. Sin embargo, creo que a pesar de que hay ofensas e incluso hay errores de juicio y malas interpretaciones, y a pesar de que luchamos con las mismas debilidades y fragilidades con las que ustedes luchan, al mismo tiempo tiene que haber en un líder de Dios una irresistible cualidad que hace que tenga seguidores que lo aman. De otro modo no está liderando como lo debe hacer. Tito 3:15 da fuerza a este mismo concepto: "Todos los que están conmigo te saludan. Saluda a los que nos aman en la fe".

Pablo sabía que la gente lo amaba, aun cuando era un disciplinario, aun cuando si había algo que debía ser dicho, él lo soltaba llanamente, sin rodeos, cara a cara, incluso a gente como Pedro. Cuando había un asunto con el que se debía lidiar, él lo hacía duramente, con firmeza y enérgicamente. Y, a pesar de esto, lo amaban, porque a pesar de todas estas fallas y a pesar de sus fortalezas había una cualidad irresistible que lo hacía ser alguien a quien amar, amable. Jesucristo, desde luego es el más poderoso de los líderes que ha vivido sobre la tierra. Era tan amado que las palabras no son suficientes para expresarlo. Por esto dice Pablo: "Puedes hablar con lenguas de hombres y de ángeles, puedes venir con autoridad y recursos, pero si no tienes amor eres como metal que suena como un címbalo que resuena". Pablo dijo a Timoteo en 1 Timoteo 4:12, "Sé ejemplo de amor". En 1 Timoteo 6:11, "Pero tú, oh hombre de Dios, sigue el amor". Así que, para comenzar, un verdadero líder es alguien a quien se le ama.

Un verdadero líder nunca se da por vencido

Segundo, un verdadero líder como Pablo nunca se da por vencido, versículo 3. Él estaba enfermo, y aun en su enfermedad no dejó de perseguir sus objetivos. Si estaba enfermo cuando llego a Sidón, se pueden imaginar lo que tuvo que pasar en el barco. Catorce días sin comida, luchando contra el huracán, y teniendo este trasfondo del dolor que él tenía, pero nunca se rindió. Él fue indómito, no le importaba lo que sucediera, nunca se daba por vencido. Se estableció en una vieja casa de campo cerca del lugar del campamento donde se desempeñó. Una vez que la hizo su hogar colocó un letrero en la casita donde puso unas palabras que reflejaban sus pensamientos íntimos. Estas eran las palabras que puso ahí, las puso en griego: "Lo que más me importa". Es sorprendente, pareciera que a un hombre que trabajó tanto, se desgastó y renunció, no le importaría nada.

Y supongo que, si ustedes tuvieran que ver a Pablo desde un punto de vista humano, tendrían que preguntarse cómo pudo un hombre pasar por encarcelamientos y pruebas, por complots para matarlo, enfermedades y naufragios, por todo lo que pasó, por esos dolores y la agonía de todas las cosas que vemos en esta porción de la Escritura y nunca renunciar. Nunca supo el significado de esto. Siempre acostumbro a decirles algo que dijo un jugador de futbol americano llamado Buddy Young. Su estatura era 1.60 m, y pesaba unos 70 kilos, pero acostumbraba a decir: "Cuando las cosas se ponen difíciles, lo difícil es ponerse en marcha". Y también decía: "No es el tamaño del hombre en la pelea, sino el tamaño de la pelea dentro del hombre". Esto describe un poco lo que es el apóstol Pablo.

Un verdadero líder usa el buen juicio

Una tercera característica del líder es que no solo crea amor y nunca renuncia, sino que el verdadero líder usa el buen juicio. El verdadero líder toma decisiones prácticas y sabias, versículos 9 y 10. Aquí ellos se encuentran en Buenos Puertos y ya han perdido mucho tiempo en su navegación por lo que ahora ha llegado la temporada peligrosa y Pablo les dice: "Amigos, no es sabio que partamos de aquí". Lo que más me gusta de todo esto es este punto. Observen. ¿A este punto Pablo sabía que llegaría a Roma? Él lo sabía absolutamente porque en Hechos 23:11 un ángel se lo dijo. Pero solo porque él sabía que llegaría a Roma nunca perdió su sentido de practicidad. Lo ven. Nunca actuó tontamente. Nunca presumió acerca de Dios para hacer algo estúpido, desde el punto de vista práctico, para lograr lo que el Divino le había prometido. No fue presuntuoso, como David dijo: "Guarda a tu siervo de pecados de impertinencia". Fue paciente con respecto a la voluntad de Dios. Nunca lo puso a prueba.

Cuando Jesús estaba sobre la tierra supo esto porque era el Mesías, porque era el Hijo de Dios, Él heredaría los reinos del mundo, pero ¿qué hizo Satanás? Le ofreció los reinos de la tierra. Cristo esperó pacientemente hasta que el tiempo de Dios le entregara los reinos. Satanás intentó atrapar a Cristo, en las tres tentaciones, intentando adelantarse a Dios. Tú eres el Hijo de Dios y tienes hambre. Haz que estas piedras se conviertan en pan y en efecto Jesús dijo, "Él me alimentará cuando esté listo". Esperaré de Él. ¿Por qué no te tiras del Templo, del pináculo del Templo para que la gente reconozca que eres el Mesías? "Dios tiene un tiempo para su plan, esperaré por Él y mientras tanto tengo que sufrir". Ven que Jesús nunca pudo ser forzado a presumir que era necio tomar algo que le había sido prometido. Así que el tiempo de Dios es bueno para Él. Muchas personas hacen esto. Así que muchas personas llevan a la gente por un camino de rosas hacia un callejón sin salida, pero en realidad están tratando de abusar de Dios. Muchos hombres hacen esto en las iglesias. Se involucran en planes monumentales de construcción o en programas colosales de expansión. Pero a dónde han llevado a toda esa gente, ustedes lo han leído incluso en los periódicos. Dicen, Dios quiere que ganes a toda la gente. Dios quiere dar el evangelio a todas las personas, y qué hacen, forman grandes corporaciones que gastan fortunas de dinero y lo que sucede tiempo después es que llega el gobierno y se meten en muchos problemas por haber violado muchas leyes. Y ellos dicen, el fin justifica los medios, por lo que pierden su sentido de santidad, su sentido de practicidad y de permitir que Dios logre lo que Dios quiere lograr dentro de su mismo plan de tiempo.

Un verdadero líder habla con autoridad

La cuarta característica del liderazgo es importante, yo pienso, que el liderazgo habla con autoridad. Pienso que una de las características de un verdadero líder es que él habla con autoridad, que él sabe de parte de quien está hablando. Versículo 22: "Pero ahora os exhorto a tener buen ánimo, pues no habrá ninguna pérdida de vida entre vosotros, sino solamente de la nave". Esto es algo directo. Esto es decir justo lo necesario. "Porque esta noche ha estado conmigo el ángel del Dios de quien soy y a quien sirvo, diciendo: Pablo, no temas; y he aquí, Dios te ha concedido todos los que navegan contigo". Noten aquí su valentía. Pablo se levanta y dice esto es lo que va a suceder amigos porque Dios lo dice. Creo que un líder debe hablar con autoridad y su autoridad no es de él mismo, es la autoridad de la Palabra de Dios.

Leí un artículo en una revista cristiana, este artículo decía: "¿Qué es lo que se requiere del ministro? Claramente el requerimiento principal y esencial es un compromiso total y gozoso a la absoluta autoridad de la revelación escrita de Dios. Y ya que el creer en la Escritura, como la infalible y autoritativa Palabra de Dios ha sido declinada dentro de la vida de la iglesia en general, no es de sorprender que la elocuencia y el poder de la proclamación de esta palabra haya disminuido también". ¿Cuál es el resultado? Este fue claramente expuesto en una descripción que dieron en un panel de discusión que involucraba a un rabí, un sacerdote y un ministro protestante. El rabí dijo: "Yo hablo de acuerdo a la ley de Moisés". El sacerdote dijo: "Yo hablo de acuerdo a la iglesia". El ministro protestante dijo: "A mí me parece". Y esto es exactamente lo que ha sucedido en el cristianismo. A mí me parece. ¿Dónde está la autoridad? La autoridad se fue, cuando esto se fue.

El verdadero liderazgo espiritual conoce este libro y se basa en absolutos. No nos parecería correcto que Pablo se levantara y dijera: "Compañeros me parece a mí que sí lo vamos a lograr". ¿Quién eres tú para decirlo? Siéntate y solo tira cosas por la borda. El verdadero líder espiritual es autoritativo.

Un verdadero líder fortalece a otros

Quinto, el verdadero líder espiritual fortalece a otros. Cuando Pablo se levantó y dijo que debían creer esto, les dijo: "Los exhorto a tener buen ánimo". Y después en el mismo pasaje les dice: "Coman". Les estoy diciendo que tomen algo para comer y comieron y se animaron. Hay otra característica de un líder. Él lidera. ¿Lo entienden? Los líderes lideran. Esto es, tienen a otras personas que hacen lo que ellos hacen. Tienen seguidores. Cuando son fuertes entonces fortalecen a otros. Ellos afectan a otros. Así era Pablo. Y les puedo decir que este hombre afectaba a otras personas. Hizo que otras personas fueran lo que él era. Esto es muy pero muy básico en el liderazgo y sucede de esta manera, y no voy a tomar tiempo porque nuestro tiempo ya se fue, pero hay una gran ilustración en 1 de Samuel 30. Primero un líder es motivado por Dios y después un líder pasa esta motivación a otro. David se iría con Dios y tomó su fortaleza de Dios, y después la pasó a su gente. Un líder fortalece a otros.

Un verdadero líder opera sobre una fe firme

Sexta característica de un verdadero liderazgo. El verdadero liderazgo opera sobre una fe firme. Versículo 25: "Yo confío en Dios". Esto es algo muy agradable. El verdadero liderazgo opera con una fe firme. Abraham, en Romanos 4:20 dice: "Tampoco dudó, por incredulidad, de la promesa de Dios, sino que se fortaleció en fe, dando gloria a Dios". Esta es una verdad colosal.

Un verdadero líder demanda obediencia

Permítanme darles otro punto, tal vez sea el séptimo. El verdadero liderazgo demanda obediencia. Un verdadero líder nunca cede ante su fe. Vean el versículo 31, ellos tratan de huir y Pablo les dice: "Si éstos no permanecen en la nave, vosotros no podéis salvaros". O lo haces a la manera de Dios o tendrán que pagar las consecuencias. ¿Pueden notar aquí algunos absolutos? Un verdadero líder nunca cede ante su fe. Siempre opera de acuerdo a los absolutos de Dios. Y dentro de la iglesia de hoy, lo que más tenemos es la falta de autoridad que dice, esto es lo que a mí me parece, y también tienen un espíritu que cede a todo y no tiene absolutos. No hay lugar para ceder y abandonar los absolutos de Dios. Pablo dice: "Salten al agua y lo que les va a suceder es que van a morir. Todo el barco se va a perder y ustedes junto con él. A menos que permanezcan en el barco todo se va a perder". Esto es absoluto. Necesitamos gente que es autoritativa y quienes operan con absolutos.

Un verdadero líder guía con el ejemplo

Y bien, otro punto, puede ser el octavo. Un líder guía con el ejemplo. Vean los versículos 34 y 35. Cuando Pablo les dijo que comieran, él comió primero. Aquí tenemos la más grande clave para el liderazgo, ejemplo. Lo hemos visto muchas veces. Él lidera por medio del ejemplo. Este es el pináculo del liderazgo. Liderar por medio del ejemplo. Lo que yo hago esto hagan ustedes. Esto se encuentra por todo el Nuevo Testamento. Hagan lo que yo hago, sean como yo, síganme como yo sigo a Cristo. Pablo lo repite una y otra vez, y otra vez. Y en medio de todas estas características del liderazgo tienen la promesa de que Dios va a cumplir su voluntad. Esto es algo hermoso. Un líder sabe que Dios va a cumplir su voluntad por lo que es tanto práctico como sabio. Balancea la soberanía y el esfuerzo práctico. Él tiene un desayuno saludable para hacer su trabajo, pero ora. ¿Pueden ver el balance? No es solo decir, Dios haz lo que tú quieras. Es colocarme dentro de la tarea también. Así es como encontramos en este maravilloso pasaje la providencia de Dios protegiendo a su líder elegido y vemos las características del liderazgo. Y confío que en nuestras vidas Dios nos ha llamado y colocado en posiciones de liderazgo, por lo que debemos aceptar la responsabilidad como Pablo lo hizo para manifestar la verdadera característica de un líder de Dios. Inclinemos nuestro rostro para orar.

Oración final

Padre nuestro, estamos agradecidos por el ejemplo que vemos en Pablo. Estamos agradecidos por la fortaleza del hombre que es tan aparente y evidente. Estamos agradecidos por las características que pueden ser traducidas dentro de nuestras vidas si es que hemos de ser efectivos para ti. Dios tan solo oramos que, de esta congregación de personas, que de esta comunión, tú levantes a aquellos que pueden liderar, ya sea a los padres dentro del hogar, ya sea los maestros dentro de las clases, los líderes de los varios ministerios, o aquellos que son llamados a pastorear, o a los campos misioneros. Que sean el tipo de líderes que tú quieres que sean. Te pedimos Padre que tú hagas que tu reino sea exaltado, el evangelio sea llevado a través del mundo por medio de usar a aquellos que tú has llamado para cumplir con la tarea de líderes con el poder del Espíritu Santo. Oramos esto en el nombre de Jesucristo. Amén.

REFLEXIONES PERSONALES

3 de Septiembre, 1978

14_Edificando el cuerpo de Cristo

Y él mismo constituyó a unos, apóstoles; a otros, profetas; a otros, evangelistas; a otros, pastores y maestros, a fin de perfeccionar a los santos para la obra del ministerio, para la edificación del cuerpo de Cristo, hasta que todos lleguemos a la unidad de la fe y del conocimiento del Hijo de Dios, a un varón perfecto, a la medida de la estatura de la plenitud de Cristo; para que ya no seamos niños fluctuantes, llevados por doquiera de todo viento de doctrina, por estratagema de hombres que para engañar emplean con astucia las artimañas del error, sino que siguiendo la verdad en amor, crezcamos en todo en aquél que es la cabeza, esto es, Cristo, de quien todo el cuerpo, bien concertado y unido entre sí por todas las coyunturas que se ayudan mutuamente, según la actividad propia de cada miembro, recibe su crecimiento para ir edificándose en amor.

Efesios 4:11–16

BOSQUEJO

— Introducción

— El progreso de la perfección

— El propósito de la perfección

— El poder de la perfección

— Oración final

Notas personales al bosquejo

Introducción

Leamos Efesios 4:11–16. "Y él mismo constituyó a unos, apóstoles; a otros, profetas; a otros, evangelistas; a otros, pastores y maestros, a fin de perfeccionar a los santos para la obra del ministerio, para la edificación del cuerpo de Cristo, hasta que todos lleguemos a la unidad de la fe y del conocimiento del Hijo de Dios, a un varón perfecto, a la medida de la estatura de la plenitud de Cristo; para que ya no seamos niños fluctuantes, llevados por doquiera de todo viento de doctrina, por estratagema de hombres que para engañar emplean con astucia las artimañas del error, sino que siguiendo la verdad en amor, crezcamos en todo en aquél que es la cabeza, esto es, Cristo, de quien todo el cuerpo, bien concertado y unido entre sí por todas las coyunturas que se ayudan mutuamente, según la actividad propia de cada miembro, recibe su crecimiento para ir edificándose en amor".

Aquí tenemos un pasaje de la Escritura, el cual en aras de hacerlo un sermón lo hemos titulado: "Perfeccionando a los santos". En el Sermón del Monte Jesús hizo lo que podría ser una declaración impactante. Dijo: "Sean perfectos como vuestro Padre que está en el cielo es perfecto". Esto coloca el estándar. Nuestro Señor pidió a los judíos perfección. Esta declaración de una simple frase nos declara cuál es la voluntad de Dios para el hombre. Dios quiere que seamos perfectos. La perfección de los santos es entonces parte del plan de redención de Dios desde la eternidad pasada.

Ahora, ¿de qué estamos hablando cuando hablamos de la perfección de los santos? Permítanme hacer algunas distinciones doctrinales para comenzar. Existen tres tipos de perfección de los cuales habla la Biblia. La primera es una perfección posicional. Perfección posicional. Esto es somos perfectos en Cristo delante de Dios. En 1 Corintios 2:6, hemos estado viendo en nuestro estudio de 1 Corintios donde Pablo dice, "hablamos sabiduría entre los que han alcanzado madurez, *teleios* es la palabra en griego, que en otros pasajes es traducida perfección. Y aquí él hace referencia a los creyentes. Cuando tú crees en Cristo, cuando tú lo recibes, posicionalmente delante de Dios por medio de la salvación, te haces perfecto a la vista de Dios, eres perfecto en Cristo.

En Colosenses 2:10 la Escritura dice, "y vosotros estáis completos en él". En Hebreos 10:14, dice el escritor, "porque con una sola ofrenda hizo perfectos para siempre a los santificados". Así que desde el punto de vista posicional esta es la forma en la que nos ve Dios. Somos hechos perfectos cuando creímos en Jesucristo. Cuando el pecado es pagado y removido cuando estaba como barrera entre nosotros y Dios, en Cristo nosotros somos hechos perfectos.

El segundo tipo de perfección es la perfección final. Esto es algo que nosotros no hemos experimentado, pero que experimentaremos en el futuro.

En Hebreos 12:23 este se refiere a la iglesia, "a la congregación de los primogénitos que están inscritos en los cielos, a Dios el Juez de todos, a los espíritus de los justos hechos perfectos". A lo que se refiere es a los santos que han sido ya llevados al cielo.

Ahora, cuando Pablo habla en Filipenses 3:12 acerca de su muerte y resurrección dice: "No que lo haya alcanzado ya, ni que ya sea perfecto". Él está mirando hacia su perfección final cuando sea como Cristo. Entonces tenemos la perfección posicional, la cual es nuestra ahora, no tenemos porqué preocuparnos por ella, ya fue hecha. Y está la perfección final, la cual será nuestra en el futuro, ante la cual no podemos hacer nada hasta que salgamos de este mundo.

Y hay una tercera área de perfección. Es a la que llamamos perfección experimental. Y aquí es donde está la vida práctica del día a día del creyente. Este es el énfasis que el apóstol Pablo quiere hacer en Efesios capítulo 4. La perfección posicional, de la cual ya se encargó Dios, la perfección final, de la cual se encargará, pero en la que nosotros necesitamos trabajar es en la perfección experimental. Este es el punto de nuestra vida cristiana, ser perfectos en la práctica.

Ahora noten ustedes el versículo 12, la razón porqué hay evangelistas y pastores maestros, así como hubo apóstoles y profetas, es para perfeccionar a los santos. Ahora subrayen esto. Estos hombres no podían hacer que tu posición fuera perfecta, solo Cristo podía hacer esto. Estos hombres no pueden hacerte perfecto finalmente, solo Dios lo puede hacer. Pero somos llamados a llevar a los santos a un tipo de perfección práctica. Esto es de lo que habla este pasaje.

La palabra perfeccionar merece nuestra atención. Esta es la palabra en el griego *katartismos*. Puede significar completamente equipado, crecido, maduro, completo, total. Dios no está demandando de nosotros una perfección sin pecado, sino que nos está pidiendo que estemos completamente equipados, completamente crecidos, maduros, cristianos completos, iguales a Cristo tanto como sea posible en este mundo. Dios nos está pidiendo que maduremos hasta ser como Cristo y, amados, créanme que menos que eso no satisface a Dios. Los estándares de Dios deben ser absolutos y deben ser elevados, y Él los coloca de este modo. Es la razón por la que 2 Corintios 7:1 dice, "debemos perfeccionar la santidad".

De esto es de lo que se trata todo el periodo de tiempo denominado iglesia, y esto es para lo que existe la iglesia, para esto hay ministerios; este es el propósito de la iglesia, el propósito de su liderazgo es llevar a los creyentes a la perfección. Ahora Dios usa muchas cosas para hacer que ustedes maduren, muchas cosas. Una de las que usa, desde luego, es el Espíritu Santo. En Gálatas 3:3 se indica que tú tienes que comenzar por el Espíritu, pero nunca serás perfecto por medio de la carne y la implicación que hay aquí es que tú sólo puedes ser perfecto en el Espíritu con el cual debiste comenzar.

El Espíritu Santo es la persona divina de la Trinidad que está involucrada en madurar a los santos. Así que el trabajo del Espíritu es madurar a los santos. Otra cosa que Dios hace en tu vida para hacerte madurar es que Él trae a ti pruebas. En Santiago 1:2–4 dice: "Hermanos míos, tened por sumo gozo cuando os halléis en diversas pruebas, sabiendo que la prueba de vuestra fe produce paciencia. Mas tenga la paciencia su obra completa, para que seáis perfectos y cabales, sin que os falte cosa alguna". Dios hará que entres en diversas pruebas para hacerte madurar.

En 1 Pedro 5:10 dice que Dios va a hacerte sufrir antes de que seas perfecto. Así que el trabajo del Espíritu Santo es hacerte madurar. La función de las pruebas y los sufrimientos te harán madurar. Y aquí encontramos la tercera agencia de tu madurez y esta es la Palabra de Dios. En 1 Pedro 2:2 dice: "Desead, como niños recién nacidos, la leche espiritual no adulterada, para que por ella crezcáis". La Palabra de Dios es la agencia, o el agente, para la perfección. En 2 Timoteo 3:16–17 dice: "Toda la Escritura es inspirada por Dios, y útil para enseñar, para redargüir, para corregir, para instruir en justicia, a fin de que el hombre de Dios sea perfecto, enteramente preparado para toda buena obra". El Espíritu Santo está trabajando para hacerte madurar. Las pruebas y el sufrimiento trabajan para hacerte madurar. La Palabra de Dios está trabajando para tu madurez, para hacerte madurar.

Ahora vean esto, yo no necesito ayudar al Espíritu Santo, ¿verdad? Él solo puede hacer su labor. Nunca dijo: "John, ¿me podrías ayudar?" Él no tiene ninguna necesidad de mí, así que no me necesito entrometer en su camino. Yo no tengo que hacerte sufrir y darte pruebas, de esto se encargará Dios. Pero en el área en la que yo si estoy involucrado es en perfeccionar a los santos, ésta es el área en donde se usa la Palabra de Dios para hacerte llegar a la madurez y esto es lo que nos está diciendo aquí. Él nos ha dado evangelistas y pastores maestros para la madurez de los santos, no por medio del sufrimiento y las pruebas, sino por medio del uso de la Palabra de Dios.

El propósito de todo lo que ocurre en tu vida, la Palabra, el trabajo del Espíritu, las pruebas, el sufrimiento, todas estas cosas son para traer a los santos a una madurez experimental y práctica para hacerte madurar, para hacerte crecer, completo, completamente equipado. Al final de la carta a los Hebreos, esta fue la bendición final, Hebreos 13:20-21, "Y el Dios de paz que resucitó de los muertos a nuestro Señor Jesucristo, el gran pastor de las ovejas, por la sangre del pacto eterno, os haga aptos en toda obra buena para que hagáis su voluntad". Esta es la bendición. Pablo dijo a los de Corinto, "sean perfectos". Este era el deseo, este era el objetivo de la vida cristiana en la práctica, por medio del ministerio del Espíritu, por medio de las pruebas, por medio de los sufrimientos, por medio de la Palabra.

Ahora, esta es la razón por la que se dan dones a los hombres dentro de la iglesia. Claramente dice, vean el versículo 12, "a fin de perfeccionar a los santos". Los pastores maestros, los evangelistas, quienes son los que fundaron iglesias en los tiempos bíblicos, también fueron los catalizadores que pusieron en movimiento la madurez de los santos hasta que todo el cuerpo sea edificado.

En este pasaje encontramos tres características de perfección enfatizadas. Veamos cada una de ellas. Número uno es el progreso de la perfección. Número dos el propósito de la perfección. Número tres el poder de la perfección.

El progreso de la perfección

El progreso de la perfección está en los versículos 11 y 12, muy simple. A unos apóstoles, a otros profetas, a otros evangelistas y pastores maestros, creemos que va unido, pastor-maestro, para perfeccionar a los santos, para la obra del ministerio, para edificar el cuerpo de Cristo.

Ustedes notarán que aquí hay un progreso. El primer paso es este, los hombres dotados equipan a los santos. La palabra perfeccionar puede ser equipar o madurar, cualquiera de las dos. "Él dio", versículo 11 dice: ¿Quién dio? Cristo es quien dio. ¿Qué dio? A unos el ser apóstoles, profetas, evangelistas, y pastores-maestros. ¿A quién? A la iglesia. ¿Por qué razón? Para perfeccionarla o madurarla, para hacer que madure. Ellos son trofeos de su conquista sobre Satanás en la cruz. Se le dan a la iglesia como don, como un regalo, con el propósito de madurar o equipar a los santos.

La tarea que nos fue dada, que Dios nos dio a nosotros, es hacer llegar a la madurez, a la plenitud, a que el individuo crezca completamente en Cristo y en la Palabra, amados, nunca debemos de dejar de hacerlo. Con frecuencia la gente me pregunta, ¿cuál es el objetivo que persigues en tu ministerio? Casi siempre que alguien me entrevista me preguntan, ¿cuál es el objetivo que persigues en tu ministerio? Y siempre les contesto: "Simple, mi objetivo es llevar a los santos que Dios me ha dado a la madurez". No me interesa meter a más personas en este edificio como otros tienen la intención de llenar sus locales. No estoy atrapado en algún tipo de psicosis por el éxito como, "el éxito está basado en la cantidad de personas que hay en tu iglesia". Eso no es bíblico.

Mi propósito no es llenar un edificio. Dios no dijo que dio evangelistas y pastores-maestros para llenar edificios. Este no es nuestro propósito. Ni siquiera es tener más salvos. El trabajo de un evangelista, amados, no era simplemente llevar a más personas a Cristo. No, no. Era traerlos a la madurez en Cristo. El concepto bíblico de un evangelista, no es el de un tipo con cincuenta sermones y cincuenta trajes quien anda de manera itinerante. No.

El concepto bíblico de un evangelista es el mismo que el del pastor-maestro. Tiene la misma responsabilidad. La única diferencia es que él fue a lugares en donde Cristo no es conocido. La tarea que nuestro Dios nos dio no es la de llenar edificios.

En una ocasión se le acercó un hombre joven a Spurgeon y le dijo: "Tengo una queja. Mi congregación es muy pequeña". A lo cual Spurgeon contestó: "Bueno, puede ser que sea del tamaño suficiente o igual a las cuentas que deberás entregar un día a Dios en el día del juicio". Muy buena respuesta. Pero no eres responsable de cuántos, sino más bien de qué tipo. Mi responsabilidad como ministro del evangelio, como maestro de la Biblia, no es establecer un programa. La responsabilidad que yo tengo para contigo no es proveerte de grandes o de tantos programas sociales como sea posible en la iglesia. Mi responsabilidad con ustedes no es asegurarme de que ustedes estén entretenidos. La tarea que tengo es declarada de manera simple: Equipar a los santos.

Y amados, los apóstoles no se equivocaron en esto. Ellos comprendieron esto totalmente. Solo para que vean cómo fue que ellos tenían esto claro en sus mentes, escuchen lo que Pablo dice en Colosenses 1:28, refiriéndose a Cristo, como antecedente a las palabras que él dice: "Cristo a quien nosotros predicamos" —y escuchen— "amonestando a todo hombre, y enseñando a todo hombre en toda sabiduría, a fin de presentar perfecto en Cristo Jesús a todo hombre". Pablo dice el objetivo que tengo en mi ministerio es madurar a los santos, edificarlos no solo dejar a un montón de bebés escuálidos tirados por todo lugar en el mundo, sino ganarlos y edificarlos para que ellos puedan ser maduros.

Hay un querido santo de Dios llamado Epafras. Él es como uno de ustedes, un siervo de Cristo, veamos Colosenses 4:12, donde dice: "Os saluda Epafras, el cual es uno de vosotros, siervo de Cristo, siempre rogando encarecidamente por vosotros en sus oraciones". Y ¿para qué ora? "Para que estéis firmes, perfectos y completos en todo lo que Dios quiere". Seguro que él sabía cuál era el objetivo del ministerio. Pablo dijo, como ya lo mencioné antes a los de Corinto en su nota de despedida al final de 2 Corintios, "Finalmente, amados, me despido, sean perfectos". Esto es en realidad un alto estándar, pero no hay otro. Incluso David lo dijo de manera correcta, dijo: "Estaré satisfecho cuando despierte siendo a tu imagen y semejanza".

Amados, como ministro de Dios, nunca estaré satisfecho hasta que vea a los santos llegar a la madurez. Ese es mi llamado. Esa es la razón por la que enseñamos la Palabra de Dios. El llamado de evangelista, el llamado a ser un pastor maestro no es el llamado de una profesión. Es el llamado a una pasión. Pertenecemos a la iglesia no para entretenerla, no para meterla en programas, no para andar corriendo y dar café y té a sus miembros, incluso no estamos para organizarla, sino para llevarla a la madurez, a la perfección, a un crecimiento espiritual de madurez. Nada menos que eso y todas nuestras energías se deben concentrar en esta área.

Y dirás: "John, ¿cómo se equipa a los santos? ¿Cómo se hace? Al parecer no hay muchos hombres que estén haciendo esto". Y es correcto. Hay muchos más hombres dentro del ministerio que están preocupados por cuántas personas tienen que por saber si ellas son maduras. Estaba en una conferencia de pastores recientemente donde estaban representadas algunas iglesias numerosas, las iglesias más grandes de EUA, sus pastores estaban ahí. Y me refiero a iglesias monstruosas con flotillas y flotillas de autobuses, si llegas temprano puedes ser ahogado por la cantidad de monóxido de carbono que hay en el ambiente, esto cuando todos estos camiones llegan. Pero, no es que esté en contra de un ministerio de autobuses, pueden ser muy efectivos. Solo trato de enfatizar que eran iglesias muy grandes del medio oeste de los Estados Unidos, y ellos me invitaron a ser uno de los predicadores como una alternativa. Esto fue lo que dijo el que me presentó.

Pero de cualquier manera me senté en un panel con tres de estos hombres, yo era el cuarto en el panel y llegó la primera serie de preguntas para el panel y finalmente un pastor —tal vez había unos ochocientos o novecientos ahí— se levantó y dijo: "Me gustaría saber cuáles son sus hábitos en términos de estudio y preparación para ministrar en el pulpito". Nunca olvidaré las respuestas que estos tres hombres dieron y puede ser que los conozcan si dijera quienes eran. El primer hombre dijo: "Yo leo la Biblia todos los días". Esto sonó un poco insuficiente. Pero él tenía un hábito toda su vida de hacer devocionales todos los días. El segundo hombre dijo: "Me he hecho el hábito toda mi vida de leer un sermón a la semana", lo cual siendo interpretado significaba que él estaba suscrito a algún tipo de revista cristiana. El tercer hombre dijo, y nunca olvidaré esto, dijo: "No tengo tiempo de estudiar. Dios me ha dado tantos ministerios que solo confío en Dios cuando me paro a hablar. Confío en que Él me dará las palabras para hablar". Y esto es trágico.

Había ahí un hombre que era un pastor de una iglesia en el sur, su iglesia era la que más rápido había crecido, esto de acuerdo a un porcentaje que daban. Y debido a esto le iban a dar el título de doctor honorario, debido a la forma en la que había hecho crecer a dicha iglesia. Así que lo que hicieron fue pedirle que subiera y le dieron su grado de doctor honorario porque su iglesia había crecido de un número a tal número muy rápidamente. Y bueno estaba este hombre ahí escuchando. Yo era el cuarto hombre del panel. Me preguntaron: "¿Cuánto estudia usted?" No lo podía creer. Contesté: "Estudio un promedio de cinco a siete horas todos los días". Todos me voltearon a ver como diciendo este es un tipo rudo. Veo a la iglesia como la escuela en donde la gente necesita ser educada para madurar, no solo para dar sermoncitos para cristianitos.

14_Edificando el cuerpo de Cristo

Así que este hombre que recibió su doctorado, yo no sabía nada de esto, él me llamó, tuvimos una conversación de larga distancia algunas semanas después, y por teléfono me dijo: "¿Sabes? Lo que hablaste y la forma en la que te mostraste en ese panel dejó una impresión muy profunda en mí". Dijo: "Tenemos una iglesia que ha crecido muy rápido, pero" —dijo él— "no tengo la mínima idea de cómo debo enseñar la Biblia. ¿Me podrías ayudar?" Y continuó diciendo: "Tengo el corazón destrozado porque sé que no estoy haciendo lo que Dios quiere que haga". Todas tus energías deben estar concentradas en una sola cosa: Perfeccionar a los santos. ¿Cómo lo vas a lograr?

Permítanme mostrarles lo que Pablo dijo a Timoteo en 2 Timoteo 4:1, "Te encarezco delante de Dios y del Señor Jesucristo, que juzgará a los vivos y a los muertos en su manifestación y en su reino, que prediques la palabra" —y observen esto— "que instes a tiempo y fuera de tiempo; redarguye, reprende, exhorta con toda paciencia y doctrina". Nuestra exhortación debe ser edificada sobre la doctrina. Debe haber una continua enseñanza de sana doctrina. Aquí está la forma en la que debemos hacer crecer a los santos. En 1 Timoteo 4:6, Pablo le dice a Timoteo: "Si esto enseñas a los hermanos, serás buen ministro de Jesucristo, nutrido con las palabras de la fe y de la buena doctrina". Dales doctrina. Dales algo que los haga crecer. En 2 Timoteo 2:2, dice: "Lo que has oído de mí ante muchos testigos, esto encarga a hombres fieles que sean idóneos para enseñar también a otros". Y para que puedas hacer esto, dice Pablo: "Procura con diligencia presentarte a Dios aprobado, como obrero que no tiene de qué avergonzarse, que usa bien la palabra de verdad". Debe haber un compromiso a enseñar, a enseñar correctamente, enseñar correctamente la Palabra de Dios.

Pablo dijo a Timoteo una vez más, en 1 Timoteo 4:11-13, "Esto manda y enseña". Este es nuestro trabajo, manda y exhorta. "Ninguno tenga en poco tu juventud sino sé ejemplo". En otras palabras, haz que tu vida soporte tu mensaje. "Entre tanto que voy, ocúpate en la lectura, la exhortación y la enseñanza". ¿Saben qué significan estás tres palabras? Lee el texto, explica el texto y aplica el texto. Esto es la enseñanza bíblica.

En el Antiguo Testamento lo hacían, leían el texto y le daban sentido. Explicaban su significado. "No descuides el don que hay en ti. Ocúpate en estas cosas. Ten cuidado de ti mismo y de la doctrina". Este es el corazón del ministerio. Y, desde luego, como ya dije, la Palabra es la clave. "Toda la escritura fue dada para que el hombre pueda ser maduro". Esta es la razón por la que Pablo, cuando fue a Éfeso, dijo: "No he rehuido", ¿qué? "a darles todo el consejo de Dios. No es un constante evangelismo, evangelismo, evangelismo. De este modo solo harán que su gente sea completamente carnal. Demasiada leche.

En Colosenses 3:10 dice esto, "y revestido del nuevo, el cual conforme a la imagen del que lo creó se va renovando hasta el conocimiento pleno".

Los hechos, las verdades, las doctrinas de la Palabra de Dios. De manera similar Efesios 4:23 dice, "y renovaos en el espíritu de vuestra mente". La gente nunca será capaz de funcionar en base a principios que no conoce. Es la Palabra de Dios lo que los hace madurar, crecer.

Cuando hubo un avivamiento en los días de Nehemías, comenzó en el 8:1, con estas palabras: "Traigan el libro". ¿Han leído esto? "Traigan el libro". Tenemos un deber primario de enseñar la Palabra de Dios para que puedan crecer a la madurez. Mi ministerio y de cualquier otro que haya sido llamado por Dios como evangelista o como pastor maestro es equipar a los santos. Este es nuestro ministerio y mi labor nunca estará completa mientas que aun haya un individuo que se mantenga en la infancia espiritual. Esta es la razón por la que digo que yo no le he pedido a Dios que traiga más personas a esta iglesia. Nunca.

Nunca le he pedido a Dios que haga que lleguen más personas a esta iglesia, y nunca lo haré. No he hecho más discípulos de los que están aquí, y créanme que muchos de ustedes aún no están maduros. Y créanme también que es lo suficientemente atemorizador el ser responsable de ustedes. Hebreos 13 dice que yo algún día he de dar cuentas a Dios por la manera en la que trabajé por ustedes. Es la razón por la que Santiago 3:1 dice: "No os hagáis maestros muchos de vosotros, sabiendo que recibiremos mayor condenación". Es una responsabilidad muy seria. Pero también debo decirles que es una responsabilidad muy seria mantenerse dando a la gente solo ideas simplistas todo el tiempo, que solo harán que la gente se equivoque al elaborar programas sociales y todo tipo de actividades dentro de la iglesia. Todo por no enseñarles lo que la Palabra de Dios nos enseña. Pienso que los hombres que hayan hecho esto serán culpables delante de Dios, porque creo que cualquier cosa que sea menos que este compromiso de enseñar la Palabra de Dios, traer a los santos a la madurez, es una prostitución del ministerio. Esta es una declaración muy fuerte, pero es lo que creo. No podemos estar preocupados por las bancas vacías.

Una mujer vino a nuestra iglesia y me dijo: "Dejé mi iglesia". Y le dije: "¿Qué fue lo que causó que te fueras?" Y esto siempre me molesta, cuando la gente se va porque esto manifiesta un posible problema con la persona o con la iglesia y ambos son de gran estima para Dios. Le pregunté: "¿Por qué te fuiste?" Me dijo: "Porque hicieron un concurso en donde pagaban 50 centavos por cada persona que uno trajera, ellos alineaban a la gente en la mañana y les daban dinero a aquellos que habían traído a la gente que estaba sentada". ¿Te gustaría saber que tú vales 50 centavos?

Si es que vamos a madurar a los santos entonces vamos a estar dentro del alcance apostólico y vamos a sentir la pasión que sintió Pablo. Vamos a tener un corazón como el de él. Esta era su carga. Cuando él escribió a los de Tesalónica, en 1 Tesalonicenses 3:10 esto fue lo que dijo: "orando de noche y de día con gran insistencia, para que veamos vuestro rostro, y completemos lo que falte a vuestra fe". Ahora vean esto: "Este hombre oraba día y noche para que pudiera completar lo que les faltara a ellos en cuanto a su fe". Él tenía un solo objetivo, edificarlos, hacerlos completos, y ustedes solo serán completos cuando aprendan la Palabra de Dios y esté enraizada en sus vidas, al tiempo que toda tu mente es renovada, y entonces tu comportamiento responda a lo que tu mente dice.

Pero hay otro pensamiento. Regresando a Efesios 4 en donde dice perfeccionando a los santos, esto puede significar algo diferente. Existe la idea de que la palabra puede referirse a la unión de muchos miembros dislocados. Esta es la forma en la que se usa en 1 Corintios 1:10. Dice: "que habléis todos una misma cosa, y que no haya entre vosotros divisiones, sino que estéis perfectamente unidos en una misma mente y en un mismo parecer". Y un poco antes les dijo que él quiere que hablen la misma cosa.

Ahora, perfeccionar a los santos significa básicamente dos cosas: uno, traer a los creyentes individuales a la madurez; dos, unir a todos aquellos individuos dentro de un grupo armonioso, unir a muchos miembros dislocados, juntando a los santos, la vida del cuerpo de Cristo, el ministerio de los dones espirituales, responsabilidades de comunión, compartiendo, orando unos por otros, perdonándose unos a otros, amonestándose unos a otros, restaurándose unos a otros, toda esta unidad es parte de perfeccionar a la totalidad del cuerpo de Cristo. Así que no solo es buscar traer a los individuos a la madurez, sino que es también llevar a todo el cuerpo de Cristo a la unidad.

Pienso que Pedro puede servir como ilustración. Ustedes saben que deben reunirse varias cosas dentro del corazón de un hombre para que hacer que él haga todo esto. Una es que tenga esta prioridad y a menos que esté esto como prioridad, simplemente no va a suceder. En 2 Pedro 1:12-13 Pedro dice: "Por esto, yo no dejaré de recordaros siempre estas cosas, aunque vosotros las sepáis, y estéis confirmados en la verdad presente. Pues tengo por justo, en tanto que estoy en este cuerpo, el despertaros con amonestación". Pedro estaba comprometido con su madurez, al grado que incluso las cosas que ya sabían se las repetía. Nosotros olvidamos, ¿no es verdad? Se nos olvidan las cosas. Les repetiré, les seguiré repitiendo y continuaré haciéndolo, el versículo 15 dice: "para que después de mi partida vosotros podáis en todo momento tener memoria de estas cosas".

Cuando Pablo iba a dejar a los ancianos de Éfeso en Hechos 20:36–38, ellos cayeron a tierra, y junto con ellos Pablo, oraron, después estos hombres lo abrazaron llorando en su cuello y al último lo besaron. ¿Por qué? Porque él les había dado la Palabra y ellos nunca lo olvidaron, nunca olvidaron lo que él les enseñó. Pedro supo esto. Supo que esta era la prioridad y dice, como ya les dije, y se lo diré, y se lo diré, y se lo seguiré diciendo mucho, les daré los principios que ustedes recordarán cuando yo haya muerto. Personalmente me siento así. Si algo me habría de suceder, que sabemos que estaría bien, pues sería de acuerdo a los planes de Dios, oraré porque ustedes recuerden algunas de las cosas que han aprendido porque lo hemos repetido muchas veces. Esta es una responsabilidad seria, por lo que debe estar presente ese sentido de preocupación por cumplir con esta responsabilidad. Y también debe haber un sentido de urgencia para que sea nuestra prioridad. Pedro dice, quiero hacer lo que verdaderamente importa.

Después de la guerra árabe-israelí nos llegó una historia muy interesante que fue contada por Drew Pearson. Fue cuando Lyndon B. Johnson era el presidente. Un día él estaba leyendo el periódico *Washington Star* y leyó una historia escrita por Smith Hempstone, una historia bastante patética acerca de cómo fueron liberados y se perdieron en el Sinaí 50.000 soldados y prisioneros egipcios, y estaban muriendo de sed. Hempstone estaba volando sobre el desierto del Sinaí con un coronel israelí quien reportó haber visto a egipcios con sus manos levantadas sobre sus cabezas en una señal universal de desesperación. El coronel dijo que ellos darían todo lo que tuvieran, sus vidas, sus mujeres, por una cantimplora de agua. Lyndon B. Johnson inmediatamente ordenó a la fuerza aérea de Estados Unidos que volara desde su base aérea de Wheelus, en Libia, muy cerca del Sinaí y que dejaran caer tambos de agua y comida para los 50.000 que estaban perdidos en el desierto. Pero de inmediato intervinieron los burócratas.

En el departamento de estado se decidió que la cruz roja internacional de Génova debía ser consultada. Se necesitaba permiso para volar sobre el Sinaí y absolutamente nadie sabía cómo obtener dicho permiso. La cruz roja se demoró y finalmente alguien regresó con una respuesta neutral. Regresó a los burócratas quienes decidieron que era muy peligroso, sería muy difícil localizar a los hombres, la idea fue abandonada y solo Dios sabe cuántos pudieron morir. Eso es triste. Pero les diré, no es nada diferente a lo que tristemente ocurre con frecuencia en los programas orientados de manera indiferente dentro de las iglesias quienes se deleitan en formar comités mientras que las personas se van al infierno. Nunca podemos estar satisfechos con solo funcionar. Solo podemos estar satisfechos con ganar personas para Jesús y madurarlos. Debe haber esta preocupación. Debemos operar bajo estas prioridades.

El trabajo es simple. Escuchen. Equipen a los santos para que puedan tomar el agua de vida y llevarla a las personas que están muriendo de sed. Esto es todo. No hagan todo su evangelismo aquí. Equipen a los santos para la obra. Esto es lo que marca el paso dentro del ministerio.

El propósito de la perfección

Pero ahora vayamos a la segunda característica. Primero vimos el progreso a la perfección, los hombres equipan a los santos por medio de sus dones. Segundo, observen, los santos hacen la obra del ministerio. "Para perfeccionar a los santos para la obra del ministerio". Pero, ¿quién realiza el ministerio? Los santos. Muchas personas piensan que el pastor es quien debe hacer todo. Esto no es lo que la Biblia enseña. Los hombres dotados no hacen la obra del ministerio. Ellos se concentran en la Palabra, ellos perfeccionan a los santos, y los santos hacen el trabajo de servirse unos a otros.

En Hechos 6, recordarán que las viudas de los griegos no estaban recibiendo una porción justa de cualquiera que fuera la comida que estaba siendo distribuida. Ellas lo reportaron a Jerusalén: "No estamos recibiendo lo que se supone que debemos. Hay favoritismo por las mujeres judías de Jerusalén". A lo que los apóstoles dijeron: "No nos podemos distraer en eso, elijan a algunos para que lo hagan. Nosotros nos daremos continuamente al estudio de la Palabra y a la oración. Encárguense ustedes de elegir a algunos de los santos para que se ocupen de este ministerio". Nuestra tarea es equipar a los santos para la obra del ministerio y entonces ellos lo harán. La palabra ministerio es *diakonia*, servicio práctico, ministerios espirituales. Todo cristiano debe ministrar espiritualmente. Todos ustedes tienen un don espiritual. Cada creyente lo tiene. Todos ustedes tienen llamados y formas de servir en las cuales el Espíritu Santo prefiere que ustedes estén funcionando. Cada uno de nosotros ha sido llamado a servir. En Romanos 12, Pablo dice, "Si ustedes tienen un don, úsenlo". ¿Han leído esto en los versículos 3–8? Si ustedes tienen el don de profecía, profeticen, si tienen el don de dar, den. Cualquiera que sea tu don úsalo; minístralo.

Al final de la primera carta de Pedro, en el capítulo 4, cerca del final, dice en el versículo 10: "Cada uno según el don que ha recibido, minístrelo a los otros, como buenos administradores de la multiforme gracia de Dios". Dios les ha dado un don, eres un administrador de él, lo que quiere decir que no es de tu propiedad, solamente lo administras para Dios, y si tienes este don úsalo. "Si es que van a hablar, hablen conforme a la palabra de Dios, si ustedes van a ministrar, ministre de acuerdo a las habilidades que Dios da". Y aquí nos está dando las dos áreas en las que hay dones: los dones de hablar y los dones para ministrar. Y cualquiera que suceda que tienes, en cualquier categoría, si sabes lo que son, úsalos. Y si no sabes cuál es el que tienes, encuéntralo y úsalo. De esto es de lo que se trata. Todo cristiano tiene una tarea espiritual y algunos no están sirviendo. No tienen ministerio. Nosotros estamos tratando de equiparte y haciendo que seas capaz de servir efectivamente.

Creo que, cada semana, todo cristiano debe estar involucrado en ministrar, el servicio espiritual es para el cuerpo de Cristo. Tus dones no son para ti, son para alguien más, y si tú no los ministras alguien más no sale beneficiado. Y si ustedes vuelven atrás en el tiempo y en la historia y van al libro de Hechos encontrarán que la cristiandad comenzó como un movimiento laico. Y ¿saben qué? la realidad es que no había profesionales. Eran laicos sirviéndose unos a otros, dando testimonio al mundo, y de algún modo fue degenerándose a un profesionalismo del púlpito financiado por espectadores laicos y eso hizo que sea lo que es hoy.

Ahora de algún modo es visto como una profesión que hace que bajo tu nombre haya un título especial y te den una licencia, te dan un poco de descuento en tu pago de impuestos, y si estás dentro de esto te dan un collar y entonces ya eres parte de la profesión. Y cuando una iglesia quiere que algo sea hecho generalmente van y contratan a alguien que lo haga. No pasa una semana en la que alguien me llame y me diga: "Sabes, necesitamos que alguien haga esto o haga aquello en nuestra iglesia, y necesitamos a otro más que haga esta otra cosa". ¿Y saben qué les contesto? "Por qué no miras a tu alrededor y ves si por casualidad ya tienes a esa persona". Y en realidad esta es la forma en la que se hace. Y créanme que, si ustedes no son capaces de crear su propio liderazgo dentro de la iglesia, entonces podrá haber razones por la que con el tiempo necesitarán a alguien más, pero si en general no puedes levantar a tu liderazgo dentro de los miembros de tu iglesia, quiere decir que no estás involucrado en perfeccionar a los santos. Nosotros equiparemos a los santos y como resultado de eso ellos harán la obra del ministerio.

Por lo tanto, limitar el ministerio a un grupo de personas seleccionadas con grados bajo su nombre, sofoca lo que es la causa de la evangelización del mundo y saca a los santos de sus ministerios y atrofia el verdadero crecimiento de la iglesia. De hecho, MacDonald dice que la distinción entre los clérigos y los laicos no está en la Escritura y que tal vez esto sea la causa de la obstaculización para esparcir el evangelio. No existe esta distinción bíblicamente, ninguna en absoluto. Yo soy como uno de ustedes. Sí, sucede que tengo ciertos dones, sucede que manifiesto estos ciertos dones de esta forma, eso es todo. Pero no soy diferente a ninguno de ustedes. No es solo para mí la visitación de los enfermos de ninguna manera es más de lo que es para ustedes. No es solo para mí el trabajar y discipular a los nuevos cristianos más de lo que lo es para ustedes, ministrar a la gente con problemas, con consejería espiritual, oración, provisión física, mostrarles amor, alcanzar a los perdidos con el evangelio. Ese no es mi trabajo, ese es su trabajo. Es todo el servicio de los cristianos, y la iglesia es el lugar de entrenamiento para llevar a los santos a la madurez en el que puedan obtener su preparación espiritual y salir a ministrar. Nuestra tarea es desarrollar completamente a los santos y verlos sirviendo.

Es algo muy emocionante ver el Nuevo Testamento cómo esto está sucediendo. Empezamos con Felipe. Comienza siendo un diacono y se desarrolla para ser un evangelista. Lo puedes ver madurando. Creemos que, aquí en Grace Church, nosotros debemos desarrollar nuestro propio liderazgo. Creemos que esto es lo que Dios quiere que hagamos. Al principio cuando comenzamos, cuando llegué por primera vez a Grace había un puñado de personas, personas fieles que estaban trabajando y pudimos ver hacia el futuro. No sabíamos a dónde nos llevaría todo esto. No teníamos ni idea de lo que Dios iba a hacer. Yo no lo sabía. Esta era la primera iglesia que yo pastoreaba. Ni siquiera sabía que esperar, y tampoco lo sabían muchos otros, pero yo sabía una sola cosa, y lo que yo sabía era que quería que los santos hicieran la obra del ministerio, y yo quería madurar a los santos de tal modo que ellos pudieran crecer a la plenitud del ministerio. El día de hoy (1978) tenemos 23 o 24 personas en nuestro staff y todos ellos han salido de nuestra congregación, la gente ha madurado, crecido, y ha probado ser fiel en los ministerios. Dios los ha traído al lugar en donde ellos ahora son sus maestros y sus líderes y sus siervos.

Cuando los santos son equipados, amados, ellos harán la obra del ministerio. Si una iglesia está enfrentando problemas al hacer que sus miembros funcionen es porque la gente no está madurando. Esto puede ser visto en sus vidas, pero puede ser también una falla al no tener un ambiente que los haga madurar. Si ustedes enseñan la Palabra de Dios continuamente, y ustedes viven por medio del ejemplo, así como por el precepto, entonces crearán una atmosfera en la cual ocurrirá el crecimiento. Es como en un invernadero. Las cosas crecen, y cuando crecen comienzan a reproducirse. ¿Saben que los adultos tienen bebés, no los bebés? Los bebés no tienen bebés, son los adultos los que los tienen. Los santos maduros son los que son reproductivos. Los santos maduros son efectivos.

Entonces, nosotros perfeccionamos a los santos, los santos desarrollarán ministerios y créanme hemos visto suceder esto aquí. Es absolutamente emocionante ver los ministerios que se han desarrollado aquí. Recuerdo cuando comenzó el ministerio de grabación de mensajes. Uno de los miembros vino y me dijo: "Necesitamos un ministerio de grabación". Al cual le respondí: "Pues inícialo", y lo hizo. No hace mucho tiempo alguien vino y me comentó: "Necesitamos un ministerio de convalecientes. ¿Qué debo hacer?" Y le contesté: "si Dios ha puesto esto en tu corazón, hazlo". Y lo hizo. Y ahora tenemos a todo tipo de personas ayudando.

Una de las cosas hermosas acerca de nuestra pequeña escuela bíblica, hace unas semanas, trajeron a los niños una tarea de hacer algo para esas personas que están convalecientes en hospitales. Hicieron unas pequeñas manualidades y las llevaron a ellos. Bueno, este es un ministerio que fue desarrollado por parte de alguien que maduró y quiso usar sus dones. Así es como debe ser. Yo no tengo que iniciar programas. Yo nunca he iniciado ningún programa. En una ocasión intenté iniciar un programa aquí en Grace, los sometieron a votación y unánimemente me lo rechazaron así que fue la última vez que lo intenté.

Fue durante el primer mes que había llegado y presenté este maravilloso programa. Pero lo desecharon rápidamente. Salí con el rabo entre las patas y pensé que debía haber otra manera. Decidí que no debía inventar ningún programa ni intentar motivar a la gente a hacerse cargo de esos programas ni hacer que las cosas sucedieran, simplemente esperé hasta que la gente fuera motivada por el Espíritu Santo.

Cuando era niño fui a un circo, nunca lo olvidaré. Había un hombre con diez varas y diez platos. ¿Lo han visto? El hombre hace girar el plato sobre la vara y después lo hace con otro y con otro, pero al final uno comienza a bambolearse y tiene que hacerlo girar una vez más. Creo que esta es una ilustración de lo que hacen muchos pastores hoy en día. Pasan horas haciendo que un plato gire sobre la vara. Quieren que ese bebé ande y van y lo ponen en una vara, pero después van y giran a otro que antes lo habían puesto, pero para entonces ya el primero necesita recibir más impulso y así se les va el tiempo. Para entonces la hermana tal y tal ya se está cansando porque no tiene motivación para hacer las cosas. Para ella era una obligación externa delante del pastor quien se lo había pedido. ¿Qué mejor que hacerse para atrás y trabajar en madurar a los santos y permitirles desarrollar sus propios ministerios? Esto es emocionante. Y entonces lo verán hecho por Dios usando las vidas de las personas, y así les das la libertad de expresión, la libertad de hacer lo que ellos quieren al tiempo que Dios los dirige a hacerlo.

El poder de la perfección

La tercera cosa en el progreso es esta: los hombres dotados equipan a los santos, los santos hacen la obra del ministerio, y la tercera cosa que sucede, el cuerpo es edificado. Al final del versículo 12, "para la edificación del cuerpo de Cristo". Cuando todos nosotros hacemos nuestra parte toda la iglesia madura, todo el cuerpo madura. Cuando ministramos los unos a los otros, cuando nos servimos unos a otros, cuando usamos nuestros dones unos con otros, entonces todo el cuerpo crece y madura y la voluntad de Dios se cumple. Y este es el progreso de la perfección. Todos queremos una iglesia madura, ¿o no? ¿No queremos una iglesia que pueda pararse en el mundo y representar a Cristo? Esto va a suceder si nosotros equipamos a los santos y los santos hacen la obra del ministerio y entonces todo el cuerpo será edificado y Cristo será visible. Este es el progreso de la perfección.

Número dos, los propósitos de la perfección. No son solo propósitos sino resultados. Porque donde hay propósitos divinos también habrá resultados divinos. Lo que Dios quiere hacer él lo cumple. El primero, el primer resultado o propósito está en el versículo 13, "hasta que todos lleguemos a la unidad de la fe", la unidad de la fe. Dios quiere una iglesia unida. Dios quiere una iglesia madura, trabajadora, servidora y unida.

Ahora vean esto. Conforme cada miembro es edificado surge una creciente madurez. Todo el cuerpo se hace maduro y se hace uno. Y ustedes saben que pueden intentar todo lo que quieran para tratar de crear la unidad. Pueden luchar para crear la unidad todo lo que quieran, pero no lo lograrán mientras tengan inmadurez. Pablo dijo a los corintios: "Ustedes son bebés, son carnales. ¿Acaso no hay divisiones entre ustedes?" Siempre que haya infancia habrá división. Siempre habrá división donde no hay madurez. Así que cuando maduramos a los santos, surge la unidad. Los santos maduros se convierten en uno. Es algo muy triste cuando no existe ese proceso de madurez porque entonces la iglesia se fractura y hay divisiones, se desconectan y el testimonio que da al mundo es algo terrible.

Esta mañana llegó una dama. Me dijo: "Estoy visitando de fuera. Mi corazón está destrozado con las divisiones que hay en nuestra iglesia. ¿Qué puedo hacer? ¿No sé qué hacer?" Ella dijo: "El pastor ha perdido el compromiso con la doctrina y ha comenzado a enseñar lo que se le ocurre". Y bueno, no hay nada que se pueda hacer excepto ir a él a decirle, porque si no hay sana enseñanza de la Palabra de Dios para que surja la madurez nunca habrá unidad de la fe. Pero si sí existe y el cuerpo crece, habrá unidad que se manifestará en gozo por los creyentes y testimonio para el mundo.

Segundo, en este propósito él dice: "No solamente queremos que ustedes lleguen a la unidad de la fe, sino también al conocimiento del Hijo de Dios". Queremos que la iglesia crezca en el conocimiento del Hijo de Dios. Ahora, esto no es en conocimiento básico; es un profundo acercamiento personal y experimental con Cristo. Queremos que conozcan en realidad a Cristo. Queremos que maduren al sondear las profundidades de lo que Él es en realidad. Pablo oró en Filipenses 3, "a fin de conocerle". No lo decía superficialmente, lo decía desde lo profundo de su corazón. Cuando los hombres dotados equipan a los santos, y los santos hacen la obra del ministerio, y el cuerpo es edificado, habrá una unidad sobrenatural y habrá una comunión personal experimental y profunda con el Hijo de Dios. Es como en Efesios 3:17 donde dice: "Oro para que Cristo pueda morar y estar en casa dentro de sus vidas". *Katoikeo*. Que Cristo pueda habitar en sus corazones y se sienta como en casa dentro de sus vidas, esto es comunión íntima. Un cuerpo aprendiendo, un cuerpo sirviendo, madurando estará unido, y estará profundamente involucrado con Jesucristo.

Amados, ustedes que maduran, ¿son capaces de reconocer qué gozoso es conocer a Cristo ahora en comparación a cuando creyeron por primera vez? ¿Cuánto más satisfactorio es haber sondeado las profundidades de todo lo que significa para ustedes? Esto es lo que Pablo está diciendo. Los resultados: unidad y profundo conocimiento del Hijo de Dios.

Otra razón, la tercera, "a un varón perfecto, a la medida de la estatura de la plenitud de Cristo". El tercer resultado de la perfección es que nosotros seamos como Cristo. Cuando maduramos, el cuerpo es edificado, nos hacemos uno, y tenemos un profundo conocimiento de Cristo, nos encontramos a nosotros mismos siendo como Él es. De hecho, en 2 Corintios 3:18 dice: "Por tanto, nosotros todos, mirando a cara descubierta como en un espejo la gloria del Señor, somos transformados de gloria en gloria", en ¿qué?, "en la misma imagen, como por el Espíritu del Señor". Así que cuanto más profundo sea nuestro conocimiento de Cristo, más profundo penetraremos en quién es Él, y más seremos transformados en su misma imagen. Y vean lo que dice en el versículo 13, "a un varón perfecto". La meta de todo creyente, el objetivo de todo el cuerpo es ser maduro, completamente crecido, completo, que toda la iglesia pueda representar a un Cristo maduro. El mundo nos ve y evalúa a Cristo.

Dios no se satisface con que la gente solo vaya a la iglesia. No se satisface con que sean personas decentes y respetables. Él demanda que sean hombres completamente crecidos y espirituales, robustos, vibrantes, fuertes, que sean a la imagen de Cristo y que la iglesia, colectivamente, crezca a la estatura de la plenitud de Cristo. Se mide la estatura de Cristo. Se evalúa la plenitud de Cristo y entonces sabrás que es lo que Dios quiere que sea su iglesia. Nada puede ser menor a esto. Debemos ser perfectos como Cristo es perfecto. Esto es lo que Dios desea. Esa es nuestra meta.

Ahora, hay un cuarto resultado cuando sigue el progreso. Versículo 14, "para que ya no seamos niños fluctuantes, llevados por doquiera de todo viento de doctrina, por estratagema de hombres que para engañar emplean con astucia las artimañas del error". Lo que Él quiere ver en nosotros como resultado del perfeccionamiento, es una unidad experimental, que haya una comunión duradera con Cristo, ser a la imagen de Cristo —y observen esto— y que tengamos el conocimiento de la sana doctrina. Cuando la iglesia es madurada no permitirá ser llevada por la falsa doctrina. Vean el versículo 14. ¿Quiénes son los que son llevados y arrastrados por cualquier viento de doctrina? ¿Quiénes? Los niños, los niños fluctuantes. No tienen discernimiento. Recuerdo que una vez que estaba predicando acerca de este tema, y dije: "Recuerdo que cuando Mateo era un niño pequeño acostumbraba gatear por toda la casa, no tenía discernimiento. No sabía lo que era bueno

14_Edificando el cuerpo de Cristo

para él o que era malo para él. Lo que hacía era tomar cualquier cosa que encontraba en el suelo y se lo metía en la boca, varias cosas a la vez, ya fuera un clip, o plástico, o papel, cualquier cosa que encontrara. Él no comprendía la diferencia". Alguien vino a mí después de eso y dijo: "Deberías hacer que alguien ayudara a tu esposa". Así que ya no uso esa ilustración. Mi esposa puede encargarse sola de la casa, y lo hace excelentemente bien. En esa ocasión estábamos visitando a unos amigos.

Los niños no saben hacer distinciones. Si ustedes le preguntan a un niño lo que quiere comer y si ustedes le dan lo que él quiere lo matarían en pocos años, helado, dulces, y todo tipo de comida basura. Lo que en realidad necesita es un montón de espinacas. Lo que vemos es que no puede comprender ni puede discernir. Es echado de adelante para atrás y puede ser llevado por todo viento de doctrina, por estratagema de hombres que emplean con astucia las artimañas del error. Nuestro Señor quiere que los alimentemos con las palabras de la sana doctrina. Esto es parte de ello. Cuando la palabra habita en ustedes entonces ya fueron equipados. Son como dice 1 Juan 2:14, "porque sois fuertes, y la palabra de Dios permanece en vosotros, y habéis vencido al maligno".

Muchos cristianos son arrastrados a la falsa doctrina porque son bebés, porque son infantes. Satanás es astuto. ¿Han escuchado la palabra prestidigitación? La prestidigitación de los hombres, *kubeia*, literalmente significa jugar con los dados, artimañas de hombres, engaño para atrapar a la gente, la emplean con astucia. Esto significa trucos engañosos. Mienten y esperan poder engañar. ¿Saben qué es esto? El hacer un complot para engañar. Esta es una hermosa definición de lo que es una secta. Walter Martin dice: "Los creyentes deben ser fuertes para estar a salvo de la inestabilidad y la credulidad y la única forma en que vamos a protegerlos de la falsa doctrina es darles la verdadera doctrina para que sepan dónde están".

De este modo el propósito de nuestro Señor aquí es un cuerpo de creyentes quienes conocen la Palabra, quienes permanecen firmes, quienes no se dejan llevar por cualquier viento de doctrina, y digo que realmente sean llevados. Finalmente llegamos al clímax y propósito del evangelismo. Un cuerpo edificado, parecido a Cristo, fuerte, maduro que vivirá la verdad en amor delante del mundo con un profundo efecto evangelístico.

Veamos el versículo 15, "sino que hablando la verdad en amor". Detengámonos aquí por un momento. Uno de los propósitos de la madurez es que nosotros podamos hablar la verdad en amor. La gente dice: "El tipo de iglesia de la que estás hablando es del tipo que no sale y gana almas". Pero créanme que no creo esto en ningún momento. Creo que la gente madura ministrará y evangelizará. Creo que esta es una consecuencia de la madurez. Esto es lo que creo. Creo que las personas que son edificadas en la fe serán más capaces en comunicar el evangelio. Van a tener un motivo más fuerte para hacer esto. Van a ser capaces de hacerse cargo del ministerio que les corresponde a ellos. Lo que te estoy diciendo es que los cristianos inmaduros, fraccionarios, que pelean por todo no establecen ningún tipo de plataforma para el evangelismo, ¿verdad?

Bunyan dijo: "Cuando todas sus vestiduras sean blancas, el mundo dirá que fue por su causa". Hind dijo: "Muéstrenme una vida redimida y entonces podré creer en su redentor". Y lo que él está diciendo aquí es que podemos hablar de la verdad en amor. Debemos hablar la verdad en amor. Me agrada el hecho de que nosotros debamos hablar la verdad en amor. De manera amorosa. Entonces aquí tendremos dos grandes enemigos para lograr ser exitosos con los de afuera. Dos grandes enemigos del evangelismo: número uno, no hablar la verdad. Este es uno de los grandes enemigos del evangelismo, separarnos de la verdad. El segundo gran enemigo es la indiferencia hacia la gente, ser fríos, tener una indiferencia fría hacia la gente cuando no te importan.

Por lo que él dice: "Los santos maduros hablarán la verdad y lo harán en amor hacia la gente". Lo harán con mucho amor. Esto es el evangelismo y es el producto de una iglesia madura. Tengamos en mente Hechos 2. ¿Recuerdan el pasaje? La iglesia está iniciando ahí. Tres mil personas llegaron a la iglesia el primer día. Se reunieron para orar juntos, para tener comunión y para partir el pan, tuvieron comunión y la doctrina de los apóstoles. Iban de casa en casa y hacían lo mismo de casa en casa, partían el pan, compartían y enseñaban. No se nos dice que hicieran algún tipo de evangelismo. Simplemente continuaban creciendo y creciendo, y se nos dice: "el Señor añadía a la iglesia diariamente". Y cuando avanzamos en el Libro de los Hechos y los vemos exhortándose, estudiando la Palabra, y el Señor multiplicaba la iglesia. El evangelismo es un sub producto de la madurez, es una consecuencia lógica. Es muy importante seguir el patrón de Dios, hacerlo a la manera de Dios.

Aquí vemos la progresión de la iglesia. Obsérvenla. Los hombres dotados equipan a los santos, los santos hacen la obra del ministerio, el cuerpo es edificado, los resultados de un cuerpo que crece se manifiestan en la unidad, una profunda comunión con Cristo, ser a la semejanza de Cristo, el conocimiento de la sana doctrina, y un evangelismo amoroso preocupado por los perdidos del mundo.

Ahora, para concluir, Pablo da la verdad que hace que todo esto se una por sí solo, el poder de la perfección, esto es poder. Versículo 15, él desea crecer a la estatura de Él, crezcamos en todo en aquel que es la cabeza, esto es, Cristo, de quien todo el cuerpo, bien concertado y unido entre sí por todas las coyunturas que se ayudan mutuamente, según la actividad propia de cada miembro, recibe su crecimiento para ir edificándose en amor. Cristo tiene que ser la cabeza para que todo el cuerpo funcione.

El poder para que todo esto se logre no es nuestro, ¿de quién es? de Cristo. Todas las partes se unen debido a su poder. Todo el trabajo que realiza cada parte es debido al poder de Cristo, el crecimiento del cuerpo es debido a su poder, la edificación de cuerpo en amor es debido a su poder. ¿De quién es? Esto es a lo que se refiere el versículo 15: el poder es Cristo. Si es que nosotros hemos de edificar la iglesia con Cristo a la manera que Él lo está haciendo, entonces solo Él será honrado, la Escritura se cumplirá, y créanme, conoceremos la plenitud y lo fructífera que Dios ha diseñado que sea la iglesia. Oremos.

Oración final

Estamos agradecidos, Padre, por tu Palabra tan clara esta noche. Hablamos con valentía porque este es un texto valiente. No es opinión humana. Yo no he dado mi opinión, Padre, sino solo tu Palabra. No debemos ser rudos con aquellos que no conocen tu verdad, a pesar de que los exhortemos, y a pesar de que, a todos aquellos que conociéndola la desobedecen, los amonestaremos como hermanos.

Dios, amamos a tu iglesia. Amamos aquello que Cristo ama. Él amó a la iglesia lo suficiente como para derramar su sangre por ella. La amamos igualmente. Queremos que la iglesia sea todo aquello que tú has querido que sea. Nuestros corazones están destrozados y entristecidos porque estamos muy alejados de la meta de la perfección. Y, por tanto, nos importa.

Padre, sabemos que no podemos hacer todo, pero podemos hacer todo aquello que sea necesario bajo tu poder. Podemos hacer que esta asamblea local sea todo aquello que tú has querido que sea. Protégenos del maligno. Mantennos humildes. No nos dejes caer en actitudes de soberbia como si supiéramos todo, sino que podamos tener confianza en nuestra humildad de que ésta es la verdad. Que podamos hablar valientemente a aquellos que necesitan saber. Padre, que cada uno de tus amados santos, que cada uno de tus hijos que limpiaste por medio de tu sangre, sean capaces de aceptar la responsabilidad que les has dado.

Dios, ayúdame junto con todos aquellos que enseñan y dirigen, a todos los ancianos y líderes de esta iglesia. Dios, ayuda a cada uno de ellos a ser fiel a su alto llamado de equipar a los santos. Haz que seamos discipuladores de hombres que se puedan reproducir. Ayúdanos a ser reproductores también. Te agradecemos porque en todo esto está Cristo, porque el poder es suyo, y no hablaremos de ninguna cosa que Él no haya forjado. Oramos en su santo nombre, amén.

REFLEXIONES PERSONALES

8 de Agosto, 1971

15_Pero, ¿cómo debe ser la iglesia? Parte 1

Y perseveraban en la doctrina de los apóstoles, en la comunión unos con otros, en el partimiento del pan y en las oraciones. Y sobrevino temor a toda persona; y muchas maravillas y señales eran hechas por los apóstoles. Todos los que habían creído estaban juntos, y tenían en común todas las cosas; y vendían sus propiedades y sus bienes, y lo repartían a todos según la necesidad de cada uno. Y perseverando unánimes cada día en el templo, y partiendo el pan en las casas, comían juntos con alegría y sencillez de corazón, alabando a Dios, y teniendo favor con todo el pueblo. Y el Señor añadía cada día a la iglesia los que habían de ser salvos.

Hechos 2:42–47

BOSQUEJO

— Introducción

— La fundación de la iglesia

— El ministerio de la iglesia

— Oración final

# Notas personales al bosquejo

15_Pero, ¿cómo debe ser la iglesia? Parte 1

SERMÓN

Introducción

¿Cómo debe ser la iglesia? Les vamos a dar un bosquejo básico de lo que Dios quiere que sea la iglesia de Jesucristo. En Hechos 2:42, vamos a leer este texto por un momento, Hechos 2:42–47 dice esto, describiendo la vida de lo que fue la iglesia temprana: "Y perseveraban en la doctrina de los apóstoles, en la comunión unos con otros, en el partimiento del pan y en las oraciones. Y sobrevino temor a toda persona; y muchas maravillas y señales eran hechas por los apóstoles. Todos los que habían creído estaban juntos, y tenían en común todas las cosas; y vendían sus propiedades y sus bienes, y lo repartían a todos según la necesidad de cada uno. Y perseverando unánimes cada día en el templo, y partiendo el pan en las casas, comían juntos con alegría y sencillez de corazón, alabando a Dios, y teniendo favor con todo el pueblo. Y el Señor añadía cada día a la iglesia los que habían de ser salvos". Aquí tenemos una descripción de la iglesia temprana, lo que es realmente básico para comprender el propósito de la iglesia, particularmente el versículo 42, y el efecto de la iglesia en los versículos 43–47.

Nosotros que amamos a Jesucristo somos la Iglesia. Somos el cuerpo de Cristo. Somos los redimidos. Somos invisibles en el sentido de que el mundo no puede vernos. Y con mucha frecuencia tampoco nos podemos ver nosotros mismos. Con mucha frecuencia luchamos por poder determinar si alguien es creyente o no. Pero la realidad es que pertenecemos a un cuerpo colectivo. Ya sea que estemos vivos o en gloria, seguimos siendo parte del cuerpo de Cristo. Somos la iglesia de Cristo porque lo amamos. Somos su *ekklesia*, lo que Él ha llamado fuera. Su asamblea de hijos amados. La iglesia se compone básicamente de personas que han sido llamadas por Dios a ser sus hijos. Nos hemos hecho uno, personalmente, al ser unidos por la fe en Jesucristo. Y fue Jesucristo quien dijo: "Yo edificaré a mi iglesia y las puertas del hades no prevalecerán en contra de ella". Y cuando Él dijo esto, quiso decir que Él mismo sería quien uniría a su cuerpo. No estaba hablando acerca de edificios. Estaba hablando de personas.

Somos la iglesia de Jesucristo. Nosotros los que lo conocemos y lo amamos. Somos uno, los unos y los otros dentro de la iglesia, porque hemos nacido dentro de una familia por medio del Espíritu Santo de Dios por medio de la fe en Jesucristo. Somos la iglesia viviente del Primogénito. Somos la asamblea general que se escribe en el cielo, como lo dice el autor de Hebreos. Somos un cuerpo viviente, una comunidad de aquellos que fueron lavados en la sangre de Jesucristo. Esta es la iglesia invisible. Pero el mundo no puede ver la realidad de quienes somos. No nos pueden discernir. Solo son capaces de ver a la iglesia visible, no la invisible. Esto es, aquellos que son verdaderos cristianos y los que no lo son.

Hay una iglesia visible, y creo que el Señor quiso que hubiera una iglesia visible. Como Pablo lo mencionó al inicio, no Pablo el apóstol, sino Pablo nuestro pastor de jóvenes. Lo dijo antes de que yo subiera al púlpito, y básicamente damos testimonio al mundo como una iglesia visible. Cuando nos reunimos el día del Señor, somos un testimonio al mundo, y en efecto esto es lo que manifiesta al Cristo resucitado. Y la iglesia visible tiene un testimonio que dar al mundo. Sin embargo, hay mucha gente que dice, no necesitamos edificios, debemos ser puramente espontáneos, sin organización y sin edificio, sin ningún tipo de estructura. Pero personalmente no creo que esto lo haya indicado Jesucristo de ninguna manera. Si vamos a Mateo 18, por ejemplo, encontrarán muy claramente que Cristo profetizó que la iglesia sería una estructura con forma que se reuniría en un lugar específico. Creo que en Mateo 18, particularmente, hay varios versículos que nos indican esto. Mateo 18:15, "Por tanto, si tu hermano peca contra ti, ve y repréndele estando tú y él solos; si te oyere, has ganado a tu hermano". Si un hermano hace algo incorrecto, ve con él y díselo. "Mas si no te oyere, toma aún contigo a uno o dos, para que en boca de dos o tres testigos conste toda palabra. Si no los oyere a ellos, dilo a la iglesia".

Se debe estar refiriendo a un grupo visible de personas. La iglesia no había comenzado aún. La iglesia comenzó en Pentecostés. Cristo está prediciendo que la iglesia tendría una forma visible, un grupo de personas que se reunirían en un local especial con el propósito de tener comunión, adoración y ahí también con el propósito de disciplina. Así que podemos ver en el Nuevo Testamento, la indicación definitiva de que Dios tuvo la intención, dentro de su diseño, el tener una iglesia visible.

Sería imposible llevar un problema como estos a una iglesia invisible. Para ello debería haber un cuerpo reunido para poder reunirse con este individuo, al menos debía haber más de tres personas. Cristo lo predijo en aquel entonces, que la iglesia sería una asamblea visible de personas que se reúnen en un lugar en específico, que debe tener estructura, y que tendrá una forma. Y, por lo tanto, cuando comenzamos a leer en el Libro de Hechos, ya encontramos a esa iglesia visible y que se hace más claramente visible. Y al principio, la iglesia invisible y la iglesia visible eran lo mismo. Hoy la iglesia invisible y la visible no son siempre lo mismo. Hay congregaciones que se reúnen y aparentan ser una iglesia visible pero que no es la verdadera iglesia en ningún sentido. Son falsas iglesias. Son la prostituta. Son la iglesia ramera.

Pero inicialmente, la iglesia invisible se hizo visible. Conforme ellos comenzaron a reunirse en el Libro de Hechos, al mismo tiempo comenzó a

15_Pero, ¿cómo debe ser la iglesia? Parte 1

hacerse visible delante del mundo. Se reunieron, primero que nada, en casas. Y entonces, conforme se fueron haciendo chicos los hogares, se tuvieron que expandir, y se reunieron en algún edificio anexo a dichos hogares. Y rápidamente, alrededor del siglo III, la iglesia se estaba reuniendo en sus propios edificios y seguía creciendo.

Ahora esta mañana, quiero que veamos a algunos aspectos bíblicos de la iglesia. Y les voy a dar un bosquejo muy largo, porque quiero que ustedes tengan estas referencias para un estudio futuro. Pero primero veamos dos puntos generales acerca de la iglesia: la fundación de la iglesia, y el ministerio de la iglesia. Quiero que vean la historia de ella, dónde comenzó, y que vean el patrón, su desarrollo, y dónde se supone que debe estar hoy. Su historia y su patrón para hoy en día. Y quiero que sepan que lo que la iglesia fue cuando comenzó es básicamente lo que se supone que debe ser hoy en día. Ahora hay nuevas formas de comunicarse, hay nuevos métodos, hay nuevos problemas con los que ahora lidiamos en la iglesia del siglo XX. Pero nosotros debemos tener básicamente, desde un principio de nivel espiritual, los principios idénticos que tuvo la iglesia del primer siglo.

La fundación de la iglesia

Primero que nada, quiero que vean la fundación de la iglesia porque se puede aprender mucho de la historia. Como leímos en el capítulo 2 en los versículos 42–47, la primera asamblea local se reunió en Jerusalén. Esta consistió primariamente de personas humildes, pescadores y gente de este tipo. Muchos pobres, había pocas personas que eran significativas, pero la gran mayoría eran personas pobres que hacían que todos aquellos que tenían desearan darle a aquellos que no tenían nada. Esta era la razón por la que tenían todas las cosas en común. Estaban siendo perseguidos. Se les hacía difícil funcionar dentro de su sociedad y eran obstaculizados debido a la fe en Jesucristo. Tenían tremendas cantidades de personas pobres. Y, por lo tanto, había una carga sobre ellos de proveer para los pobres que había entre ellos. Y de este modo tenían todas las cosas en común.

Un principio, incidentalmente, que no existe en ninguna otra iglesia en todo el libro de los Hechos. No era la práctica común de la iglesia de ser una comuna. No era una práctica común en la iglesia de compartir todo, ya sea de manera común o bien de manera socialista, de ningún modo. Pero estrictamente en Jerusalén y debido al tremendo número de personas pobres y a las circunstancias esto fue excepcional en la iglesia de Jerusalén.

Ahora bien, la iglesia de Jerusalén nació en una reunión de oración. Se generó el día de Pentecostés. El Espíritu vino y todos fueron llenados, los que estaban esperando en el aposento alto, y la iglesia inició en este punto. El cuerpo fue formado. Tomó lugar el bautismo del Espíritu en ese entonces. La primera congregación local fue formada el mismo día, el día de Pentecostés. Fue una iglesia emocionante, la primera iglesia de Jerusalén fue literalmente emocionante. Lo interesante acerca de esto fue que todos ellos fueron ministrados. Fueron llenos con el Espíritu Santo. Todos ellos estaban ejerciendo sus dones, y la unidad del Espíritu y el amor de Cristo se hizo obvio a todo el mundo.

Digamos que crecieron rápidamente. El primer día se añadieron 3.000. De inmediato se convirtieron en una congregación numerosa. La iglesia de Jerusalén nació en un día y ya tenía 3.000 miembros. Y podemos decir con certeza: "No podemos repetir esto, no tenemos el tiempo para hacer un programa que lo logre". Y esto es correcto, completamente cierto, fue el ministerio del Espíritu Santo de Dios quien pudo hacer que esto sucediera. Todo fue bajo la dirección del Espíritu. Fue el ministerio del Espíritu lo que hizo que todo esto sucediera de una forma única. Y algo muy interesante, como si no fuera suficiente con que estos 3.000 fueran salvos, muchos de ellos estaban de visita, habían venido de otros lugares y cuando comenzaron a regresar a sus hogares, más personas fueron añadidas, de tal modo que la iglesia creció y creció y se convirtió en una iglesia enorme.

Entonces fueron avanzando hacia lugares de provincias y esparcieron, y esparcieron, y esparcieron esto a través de toda la tierra de Israel. Como mencioné al mostrarles algunas diapositivas el domingo de ya hace algunas semanas atrás, ellos fundaron un lugar llamado Capernaum el cual creían que era el hogar de Pedro, uno de los lugares en donde la iglesia temprana se reunió, hay todo tipo de evidencias de que en este lugar se reunía una iglesia. Así que la iglesia de Jerusalén se esparció y estableció congregaciones a todos los lugares que fueron a través de la tierra de Israel.

Ahora quiero que noten en el versículo 42 lo que son los ingredientes básicos de lo que era su vida dentro de la iglesia. La doctrina de los apóstoles, comunión, partimiento del pan, lo cual significa la celebración de la cena del Señor en comunión, y la oración. Y eso era todo, no había algo más. Lo único que pudiéramos añadir a esto era la predicación de las buenas nuevas de Jesucristo. Ellos lo predicaban en las calles. Lo predicaban en el Templo. En los hogares, y en cualquier lugar que tenían la oportunidad de abrir sus bocas, esa iglesia temprana predicaba a Jesucristo. Se reunían juntos en comunión, en el partimiento del pan, con la doctrina de los apóstoles y la oración; ellos diseminaron esto y dispersaron la Palabra al mundo. Tenían cientos de predicadores en su congregación, y su impacto fue fantástico. En el versículo 47 dice: "Y el Señor añadía cada día a la iglesia los que habían de ser salvos".

Ahora con este tipo de situación, ellos tenían todos los ingredientes que necesitaban para funcionar, Dios bendecía y el Espíritu dirigía la iglesia.

15_Pero, ¿cómo debe ser la iglesia? Parte 1

No necesitaban nada más. No había involucrada alguna atracción humana. Tampoco había alguna metodología. No había trucos, no había globos, no había concursos. El equipamiento que ellos tenían era puramente provisto por el Espíritu Santo mismo. El ministerio estaba balanceado. El ministerio estaba completo. No le hacía falta ni una sola cosa al ministerio. Y la razón era porque el Espíritu de Dios los estaba dirigiendo, esto era el número uno. Pero, número dos, la gente estaba siguiendo la dirección del Espíritu.

Sin embargo, ahora hemos cambiado muchas cosas, tenemos muchos trucos, muchos más globos, y más concursos, y mucho más entretenimiento con la idea de atraer a la gente a la iglesia. Y en cierta medida, es un tipo de intento de compensación por el hecho de que los cristianos no están aceptando la responsabilidad de seguir únicamente la dirección del Espíritu dentro de su ministerio. Y todas las tonterías que se han puesto en marcha dentro de la iglesia de hoy son para atraer a la gente, y son sustitutos al hecho de que la gente no está haciendo lo que es correcto.

Ahora, tenían un tipo de vida social. No todo eran ministerios y comunión, obviamente. Ellos tenían lo que llamaban el *agape*, o la fiesta del amor, que era para la iglesia temprana lo que hacemos en una reunión donde cada quien trae algo para compartir alimentos. Y para cuando la iglesia de Corinto aparece, estaban teniendo problemas porque los ricos estaban trayendo su propia comida y no la compartían, dejaban que los pobres trajeran la suya y solo la comieran ellos. Por lo que perdieron el sentido que tenía el *agape*. Este era compartir alimentos. Esta es la razón por la que Pablo les tiene que dar una pequeña instrucción acerca de eso. Incluso dice que la habían convertido en una orgía, los de Corinto la habían ya deteriorado.

Pero a pesar de ello, en su comienzo, la iglesia se reunía para tener comunión alrededor de la mesa y comían juntos, compartían sus alimentos. La gente los compartía gratuitamente, se ministraban unos a otros gratuitamente. Pero puedo agregar nuevamente, esto no era una vida comunal. La iglesia nunca fue establecida con la idea de que fuera una comuna. Tenemos este tipo de grupos creciendo por todos lados, estos grupos no comprendieron lo que era la vida en comunión, este no es un concepto del Nuevo Testamento.

Y creo que una gran ilustración de esto es Hechos 5:4. Recordarán a Ananías y a Safira, quienes mintieron al Señor. En el versículo 4 dice esto, y desde luego que esto es la instrucción de Pedro a ellos. Ellos tenían una propiedad, y se habían dicho: "Si la vendemos, daremos mucho al Señor". Después la vendieron y no dieron lo que habían prometido al Señor, y por lo tanto le mintieron, lo que constituyó un pecado. Pero en el versículo 4, él les dice: "Reteniéndola, ¿no se te quedaba a ti?" En otras palabras, hasta aquí no habías violado ningún mandamiento, ya ellos eran creyentes. Ellos no estaban obligados vender su propiedad y entregarla a la comunidad de creyentes. Era de ellos. Después de que fue vendida, ¿no fue porque así lo quisieron?" "¿No estaba en tu poder?" "Cuando ustedes obtuvieron el dinero de la venta, era su dinero". En otras palabras, él nunca esperó que ellos vinieran y entregaran todo a la iglesia para que esta fuera un tipo de sociedad comunista.

El problema fue: "¿Por qué pusiste esto en tu corazón? No has mentido a los hombres, sino a Dios". El problema no es que tú vendiste tu propiedad y no le diste todo a Dios. Él no te pidió que dieras todo el dinero de la venta. El problema es que ustedes dijeron cuánto darían y dieron menos, por lo tanto, mintieron. Y debido a que esta era la primera iglesia y la disciplina tenía que ser estricta a causa de la naturaleza crítica de la fundación de la iglesia, ambos cayeron muertos en el mismo lugar por haber mentido al Espíritu Santo.

¡Qué bueno que ahora estamos en el siglo XX! Cuántas veces le has prometido a Dios: "Si solo me llega ese dinero, lo daré al Señor". Es el mismo pecado. Esto solo quiere decir que Dios nos da más gracia en este momento. No sé por qué, pero le agradezco que lo haga. Y como ya dije, en las siguientes iglesias no vemos que haya nada acerca de compartir como en este caso, como este tipo de comunismo, a pesar de que vemos el ministerio del don de dar con la idea de ayudar para las necesidades de aquellos que tienen necesidad.

Por lo tanto, era una congregación que comenzó con la energía del Espíritu Santo y continuó con la energía del Espíritu Santo, y ellos se preocuparon por el poder del Espíritu y por la ministración de Jesucristo. Ahora, el liderazgo de esta iglesia temprana eran 12 apóstoles. Ellos eran el liderazgo porque tomó algún tiempo desarrollar líderes. Más adelante hubo ancianos y diáconos. Pero no había novicios. No podían ser nuevos convertidos. Y entendemos que al inicio todos eran nuevos convertidos en esta iglesia temprana, así que Dios dejó a los 12 apóstoles con ellos en la iglesia de Jerusalén, digamos que al menos por un periodo de siete años, tal vez diez años. Ellos fueron los primeros que los ministraron. Su papel fue el de ancianos y diáconos. De hecho, ellos hacían todo. Los apóstoles, literalmente, servían la comida. Servían a las mesas. Hacían todo. Ellos eran los líderes de esa gente de la primera iglesia, la primera congregación. Y tiempo después, después de que esos años pasaron y sintieron que algunos de los hombres ya se habían desarrollado al lugar del verdadero liderazgo espiritual y a la madurez, entonces ellos comenzaron eligiendo a algunos como ancianos y diáconos de entre la congregación.

Más adelante, algunos de estos ancianos fueron fieles, y algunos de esos diáconos era muy fieles, al grado que Dios los promovió para que se hicieran evangelistas y pastores maestros. Pero mientras tanto, los apóstoles los ministraban como sus líderes, y los profetas también. Todos ellos fueron los que sirvieron de fundamento para la iglesia.

Finalmente, después de al menos siete años, estaban listos para enviar a otros misioneros y comenzar otra iglesia. Les tomó siete años antes de que enviaran a Bernabé a Antioquía para establecer ahí una iglesia. Ellos quisieron que este tiempo fuera de preparación, y para encontrar sus propias fortalezas, y para establecerse a sí mismos antes de que pudieran enviar alguien a hacer algún trabajo en otro lugar. Siete años.

Ustedes se pueden imaginar cuando esto comenzó en ese lugar tan pequeño, de modo que no les apuraba salir al mundo. Y por esto, en la sabiduría del Espíritu, permanecieron siete años al menos antes de que se comenzaran a expandir. Fue entonces que las iglesias comenzaron a crecer, aquí, allá y por todos lados comenzaron a surgir. El apóstol Pablo estableció algunas de ellas, con Silas y Bernabé y otros. Entonces cada iglesia se hizo independiente. Cada iglesia fue ministrada por el Espíritu Santo. No había denominaciones que los mantuvieran como una organización. ¿Para qué hacerlo? Todos ellos ya eran un cuerpo en el Espíritu. ¿Por qué necesitaban una organización que los mantuviera juntos? La única razón por la que ustedes requieren una organización que los una, es porque no están unidos. Pero si ellos comprendieron que eran uno en el Espíritu, era lo único que necesitaban, y esto era lo que los mantenía unidos.

Y ya que tenían un vínculo en común, en Romanos 16:16 Pablo dice: "Las iglesias de Cristo os saludan". Había unidad en cada congregación local. A pesar de que eran independientes, aun así, había unidad. Estaban compuestos por todo tipo de creyentes: judíos, gentiles, toda clase de creyentes, ricos, pobres, educados, indoctos, de todo el espectro de la sociedad, y todos funcionaban juntos, ministrándose unos a otros. Y la única estructura organizacional que ellos tenían, la única forma que ellos tenían, era la que había sido instituida por el Espíritu Santo.

Esta es la fundación básica de la iglesia, y así fue como sucedió en Jerusalén. Pero la iglesia ha cambiado mucho, ¿no lo creen? Se ha vuelto muy compleja, muy al estilo de una empresa. La iglesia de hoy se ha convertido, en muchas formas, una organización masiva con denominaciones, con comisiones, con comités, el concilio mundial, el concilio nacional, con juntas de consejo administrativo, con programas. Han hecho que se convierta en un estilo de organización empresarial, no en un cuerpo; en una factoría en lugar de una familia; y en una corporación en lugar de una comunidad. La iglesia de hoy también se ha convertido en un juego de éxito, con objetivos superficiales, y el premio se lo lleva aquella que tenga más personas en sus bancas promediando los domingos.

Bruce Larson dijo: "Casi sin excepción, las iglesias exitosas y el pastorado se miden en términos de los registros que entregan y de los niveles de crecimiento de su membresía. La implicación obvia es que el crecimiento de los números y el crecimiento del presupuesto son los principales objetivos de la iglesia local".

Es interesante, si ustedes analizan la situación de una iglesia, ¿cuándo es cuando entran en pánico? No entran en pánico cuando la enseñanza es insípida. No entran en pánico cuando hay problemas espirituales. Cuando verdaderamente entran en pánico es cuando la línea comienza a decrecer en la gráfica que muestra la cantidad de asistentes y las finanzas, el dinero. Las iglesias también se convierten en muchos casos, en un centro de entretenimiento con obras que dan como resultados montones de congregantes plácidos, impotentes e improductivos.

Todos los programas son diseñados para hacer que la gente llegue, pero no para hacer algo con ellos una vez que estén ahí. Y les voy a decir algo que sale desde el fondo de mi corazón y del corazón de nuestros ancianos y del liderazgo de esta iglesia. Por el poder de Dios, por medio de su ministerio de oración, y por el poder de su dedicación usen sus dones, como ancianos haremos todo lo que podamos para que el Espíritu Santo nos muestre exactamente cómo debe ser esta iglesia, pero debemos comenzar con un patrón bíblico. Y una vez establecido el patrón bíblico tal como lo diseñó el Espíritu Santo, entonces comenzaremos a avanzar paso a paso desde ese punto.

El ministerio de la iglesia

Ahora, quiero que ustedes vean cuál es el ministerio bíblico de la iglesia. Este es el segundo punto principal. Y quiero que vayamos juntos a ver tres cartas del Nuevo Testamento: 1 y 2 Timoteo y Tito. Porque en estas tenemos el patrón de la organización y la estructura y la forma de la iglesia temprana, o bien de cualquier iglesia en lo que respecta a esto. Timoteo y Tito eran dos evangelistas. Un evangelista en la iglesia temprana era alguien que plantaba iglesias. Iba a cierta área en donde Cristo no era conocido. Ganaba a algunos para Cristo y establecía una congregación. Permanecía ahí con la congregación, con frecuencia, tanto como un año, incluso algo más de tiempo, dos o tres años, hasta que él había enseñado suficientemente de tal modo que alguno de ellos había madurado. Cuando alguno de ellos había madurado, entonces lo señalaba como anciano en esa ciudad para que se encargara del cuidado de esa iglesia, para que ministrara en esa iglesia. Una vez que hacían esto, se iban a otro lugar donde no conocieran de Cristo, ganaban a otros para Cristo, establecían otra congregación, se quedaban por algunos años, y ordenaban ancianos para que se encargaran de ella. Se iban a otro lugar, y simplemente hacían lo mismo. Este era el trabajo de un evangelista. Era un plantador de iglesias.

Timoteo y Tito hicieron eso. También ocasionalmente hacían el trabajo del pastor maestro, el cual era instruir a la gente. El evangelista también era llamado a hacer esto. Pero como podemos ver en estas tres cartas, 1, 2 Timoteo y Tito, vemos que hay un patrón establecido para la iglesia. Y para mostrarles esto vayamos a 1 Timoteo 3:14-15. "Esto te escribo, aunque tengo la esperanza de ir pronto a verte". Pablo le está escribiendo a Timoteo quien es un evangelista que planta iglesias. Y aquí está lo que le dice, la razón por la que te estoy escribiendo, es para por si tardo, esto es lo que debes saber, esta es la razón por la que te estoy escribiendo: "Para que si tardo, sepas cómo debes conducirte en la casa de Dios, que es la iglesia del Dios viviente, columna y baluarte de la verdad". En otras palabras, te estoy escribiendo para que sepas cómo comportarte dentro de la iglesia. Te estoy dando las bases de cómo debe ser la iglesia, los principios para la vida de la iglesia. Son muy claros, no son algo que no se pueda ver. Son tan lúcidos como pueden ser.

Ahora, quiero mostrarles cuáles son estos. Primero que nada, ¿cuál es la labor básica de la iglesia? La labor básica de la iglesia es enseñar sana doctrina. Esa es la principal labor de la iglesia. No entregar alguna opinión personal del pastor. No darles mis opiniones. No recitarles ilustraciones desgarradoras que los sacudan. No intentar proveer programas, entretenimiento, pequeños pensamientos espirituales, devocionales semanales. El ministerio de la iglesia es enseñar sana doctrina. Repito, enseñar sana doctrina. En Tito 2:1 vemos que hay otra instrucción para alguien que está plantando una iglesia: "Pero tú habla lo que está de acuerdo con la sana doctrina". De esto es de lo que se trata toda la iglesia. Estos evangelistas debían accionar con sana doctrina dentro de la iglesia. Esta es la base de todo. Esto es lo que debemos hacer.

En 1 Timoteo 1:3, "Como te rogué que te quedases en Éfeso". Pablo le dice a Timoteo, "cuando fui a Macedonia", ¿para qué? "para que mandases a algunos que no enseñen diferente" ¿qué? "doctrina". Solo enseña sana doctrina, y versículo 6: "de las cuales cosas desviándose algunos, se apartaron a vana palabrería". Puedes tomar a cualquier iglesia que no tenga una dieta constante de sana doctrina, y ellos tomarán cualquier cosa nueva que les llegue. Versículo 7: "queriendo ser doctores de la ley, sin entender ni lo que hablan ni lo que afirman". Si no se está enseñando sana doctrina, las personas que quieran enseñar tomarán cualquier otra cosa que no será sana. Versículo 10: "para los fornicarios, para los sodomitas, para los secuestradores, para los mentirosos y perjuros, y para cuanto se oponga a la sana doctrina". Sana es la palabra en griego de la que nosotros obtenemos la palabra "higiénico". Esto quiere decir saludable, algo que edifica el cuerpo. Y cualquier otro tipo de doctrina que destruye el cuerpo no tiene cabida. No queremos nada que no sea sana enseñanza, verdades positivas que tengan como fundamento la Palabra de Dios.

Y ahora veamos el capítulo 4:1, nos tenemos que saltar otras ideas. En 1 Timoteo 4:1 leemos: "Pero el Espíritu dice claramente que en los postreros tiempos", esto es nuestros días, "algunos apostatarán de la fe, escuchando a espíritus engañadores", no a la sana doctrina, sino ¿a qué?, "y a doctrinas de demonios; por la hipocresía de mentirosos que, teniendo cauterizada la conciencia". Ahora bien, ¿cómo vas a proteger a la iglesia de doctrinas de demonios? Como pastor, como un pastor que enseña, mi trabajo es proteger al rebaño. ¿Cómo realizo esto? ¿Voy y busco a cada persona para revisar sus credenciales? No. La respuesta es clara en el versículo 6: "Si esto enseñas a los hermanos, serás buen ministro de Jesucristo, nutrido con las palabras de la fe y de la buena doctrina que has seguido". La única manera, la mejor forma de establecer una verdadera protección en contra de falsa doctrina es nutrir a la gente con sana doctrina.

Y versículo 7: "Desecha las fábulas profanas y de viejas. Ejercítate para la piedad". Vean el 4:13, aquí está el patrón para la predicación. Sabes cómo se supone que debes predicar, algunos de ustedes quieren llegar a ser un predicador algún día, ya sea para el futuro que Dios tiene o bien para los que ya son predicadores, aquí está el patrón para la predicación. "Entre tanto que voy, ocúpate en la lectura". Esto es leer la Escritura, "a la exhortación", esto es comprenderla y aplicarla, "y la enseñanza", esto es explicándola. Esta es la esencia de la predicación. Léela, aplícala y enséñala. De esto es de lo que se trata. Esto es lo que se llama predicación expositiva. Lees el texto, explicas el texto, y lo predicas, lo declaras y exhortas con él. Y la palabra para leer que aquí se usa es la de leer en público, esto hablando del ministerio público de la predicación. Debemos leer la Palabra. Debemos explicar la Palabra en detalle y con profundidad, y con ella debemos exhortar a la gente. Debemos declarar la verdad. Y el versículo 15, aquí está lo que un ministro debe hacer. "Ocúpate en estas cosas; permanece en ellas". En lo que debe estar concentrado el liderazgo de la iglesia es en la Palabra de Dios. No en cualquier otra cosa, sino en la Palabra de Dios. No en programas o en actividades extrañas. Debemos estar absorbidos en la doctrina. Versículo 16, "Ten cuidado de ti mismo y", ¿de qué? "de la doctrina; persiste en ello", no hay otra cosa que hacer, "pues haciendo esto, te salvarás a ti mismo y a los que te oyeren". Esto es salvarlos de falsos maestros.

Los maestros infestados de demonios que tratan de entrar a la iglesia solo pueden ser rechazados cuando la iglesia está involucrada en enseñar repetida, constante y fielmente, con sana doctrina y esta es la mejor protección para la iglesia de Jesucristo. Y si es que ha de ser pura, entonces debe haber, por parte de los ancianos que la dirigen, una fidelidad total a la Palabra de Dios. No volviéndose locos con las reuniones y conferencias, aconsejando, o encargándose hasta de la factura de la gasolina. Y es muy fácil hacer esto, porque algunas cosas son buenas, pero es cuestión de prioridades. Como ministro de Jesucristo, yo y otros que ministramos en su nombre, somos responsables ante Dios por la pureza de la Palabra. Debemos enseñarla en su

15_Pero, ¿cómo debe ser la iglesia? Parte 1

pureza. Debemos predicarla en su pureza. Somos responsables de protegerlos de falsas doctrinas. Somos responsables ante Jesucristo de qué tan bien lo hicimos, y qué tan fieles somos en proteger al rebaño y en cómo lo alimentamos. Esto es lo que espera Cristo de cada ministro. Y es algo atemorizador cuando te sientas y dejas de darte cuenta de qué es lo que Dios espera de ti. Esta es la razón por la que Santiago dice: "Piénsalo dos veces antes de que tú decidas ser un ministro". La responsabilidad es seria. Si Dios te da el llamado, entonces Él proveerá la oportunidad para que le sirvas.

Esto es a lo que nosotros debemos dar toda nuestra vida, continuamente sin detenernos hasta que Jesús regrese, a predicar y enseñar, predicando y enseñando expositivamente la Palabra de Dios. Y, desafortunadamente, trágicamente, hay pastores que me llaman cada semana, y conozco corazones que están angustiados porque sus iglesias esperan que ellos hagan todo lo que hay que hacer bajo el sol y no lo que Cristo quiso que ellos hicieran, enseñar la Palabra de Dios. Y, de este modo, sus energías son disipadas y en todos los otros deberes en lugar de cumplir con su primera responsabilidad.

Ahora, en 2 Timoteo, por ejemplo, en el 1:13 el mensaje es el mismo. "La forma de las sanas palabras que de mí oíste". ¿Sabes lo que implica la forma de esta palabra? Implica que el patrón de la iglesia, cuando se reúne, su forma debe ser la de la enseñanza de la sana palabra, "en la fe y amor que es en Cristo Jesús". Versículo 14: "Guarda el buen depósito por el Espíritu Santo que mora en nosotros". Y entonces, en el capítulo 2:1-2, dice: "Tú, pues, hijo mío, esfuérzate en la gracia que es en Cristo Jesús. Lo que has oído de mí ante muchos testigos, esto encarga a hombres fieles que sean idóneos para enseñar también a otros". Esto es lo que buscamos. Queremos enseñar sana doctrina, para que vayas y enseñes a alguien más la sana doctrina. Este es el precioso diseño del Espíritu de Dios. El ministerio que va a enseñar a otros que son parte del cuerpo de Cristo es solo parte de esto. Esto es lo que ustedes deben hacer. Como lo mencionamos en Efesios, el ministerio de los ancianos y de aquellos que enseñan, es perfeccionar a los santos de tal modo que los santos pueden hacer la obra del ministerio.

Y la clave, desde luego, si es que ustedes van a hacer esto está en 2 Timoteo 2:15 donde dice: "Procura con diligencia presentarte a Dios aprobado, como obrero que no tiene de qué avergonzarse, que usa bien la palabra de verdad". La primera palabra en este verso es la clave de cualquier ministerio, y solo les quiero decir esta mañana que hay mucho gozo en mi corazón y algo muy emocionante tener una iglesia, ser parte de una iglesia, donde el clamor de la gente es por la Palabra de Dios, y donde ustedes desean más que cualquier otra cosa que yo tenga tiempo para estudiar. Esto impacta mi corazón. Y con mucha frecuencia estoy seguro de que hay tiempos cuando la gente quisiera llamar para hablar conmigo, y tal vez de manera urgente, y ya que saben que estoy tan cargado estudiando la Palabra de Dios durante muchas horas al día, se restringen a sí mismos de hacer esto. Sé que lo comprenden y que saben que Dios quiere que haya gozo en mi corazón. Les agradezco por este amable deseo por parte de ustedes para permitirme estar más tiempo con la Palabra de Dios.

Entonces entendemos que el ministerio efectivo es un ministerio de doctrina, y para que podamos ser efectivos, esto demanda que nos presentemos delante de Dios aprobados. Especialmente si la están aprendiendo conforme avanza el tiempo. Pero esto no es del tipo que es frío y sin amor. En 2 Timoteo 2:24 dice: "Porque el siervo del Señor no debe ser contencioso, sino amable para con todos, apto para enseñar, sufrido; que con mansedumbre corrija a los que se oponen, por si quizá Dios les conceda que se arrepientan para conocer la verdad". En otras palabras, no lo hace de manera beligerante, sino en amor, en mansedumbre.

En 2 Timoteo 3:14, dice esto: "Pero persiste tú en lo que has aprendido y te persuadiste, sabiendo de quién has aprendido; y que desde la niñez has sabido las Sagradas Escrituras, las cuales te pueden hacer sabio para la salvación por la fe que es en Cristo Jesús". ¿Y qué tanto más de la Palabra de Dios debemos predicar? Versículo 16: "Toda la Escritura es inspirada por Dios, y útil para enseñar, para redargüir, para corregir, para instruir en justicia". Y ¿por qué debemos predicar? Versículo 17, "a fin de que el hombre de Dios sea perfecto, enteramente preparado para toda buena obra".

Si vamos a edificar a los santos y madurar nuestras propias vidas, lo debemos hacer con el ministerio de la Palabra. Esta es nuestra pasión. Y entonces, le dice a Timoteo ese maravilloso capítulo que es el clímax en el 4:1-2, "Te encarezco delante de Dios y del Señor Jesucristo, que juzgará a los vivos y a los muertos en su manifestación y en su reino, que prediques la palabra; que instes a tiempo y fuera de tiempo; redarguye, reprende, exhorta con toda paciencia y doctrina". Por lo que vemos que el ministerio de la iglesia es simple. Sana doctrina, sana doctrina. Ahora, esta es la tarea básica de la iglesia. La única manera en la que podemos edificar a los santos es predicando sana doctrina. La única forma en la que hemos de agradar al Señor y obedecer al Espíritu, es predicando sana doctrina. Cualquier cosa menos que esto es pecado. Los primeros evangelistas hicieron esto.

Entonces, ¿cuál era el liderazgo básico? Y nuevamente queremos ver en Timoteo y Tito. ¿Cuál es el liderazgo bíblico dentro de la iglesia? Hay dos categorías de líderes dentro de la iglesia. Esto es toda la organización que tiene. Ancianos y diáconos. Primero que nada, hubo ancianos, había una pluralidad de ancianos. No había un solo hombre responsable de la iglesia. Y creo que debe haber una unidad colectiva de hombres que son responsables de la iglesia. Yo solo soy uno de ellos. Y sucede que tengo el privilegio, por la gracia de Dios, como lo es su misteriosa gracia, de ser el responsable de la enseñanza, soy un anciano que enseña en un sentido. Y mis habilidades están de algún modo limitadas a esa área solamente. Pero la vida de la iglesia corresponde a una colectividad de ancianos quienes son sus líderes bajo la dirección del Espíritu de Dios. En ningún sentido soy más que ningún otro anciano en esta iglesia. Simplemente soy uno de ellos; mi énfasis en particular se encuentra en el ministerio de enseñanza. Un solo hombre no es responsable de hacer todo esto. En ningún sentido. El pastor no es el solucionador profesional de problemas quien corre de un lado a otro cargando su maleta de herramientas eclesiásticas esperando que surja otro problema para repararlo, o bien está esperando cuando aparezca la siguiente rueda que rechina para engrasarla. Hay mucho más para mí que solo esto.

Dentro de Nuevo Testamento el anciano es también llamado obispo. Anciano es su título, y el obispo es su deber. Obispo significa supervisar. Él supervisa el rebaño. Siempre es un ministerio espiritual dentro del Nuevo Testamento. El anciano siempre estaba concentrado en dos cosas, oración y el ministerio de la Palabra. Fueron ordenados en cada ciudad. Pablo le dijo a Tito en el 1:5, "establece ancianos en cada ciudad". Ellos salieron de la congregación. Creo que la iglesia es mejor y más fuerte cuando sus mismos miembros producen su propio liderazgo, y eso lo creemos aquí. Creemos que es bíblico, que Dios quiere que nosotros ordenemos ancianos en este lugar, que los entrenemos en este ministerio, que sean quienes pueden avanzar este ministerio. Y por lo tanto este es un ministerio espiritual. Ellos han sido calificados por el Espíritu de Dios. Ellos han sido preparados y ordenados para servir dentro de la iglesia local.

Ahora, vemos qué es lo que se requiere de un anciano, 1 Timoteo 3:1, "Palabra fiel: Si alguno anhela obispado, buena obra desea". Esta es la misma idea; obispo habla de su trabajo, un supervisor. Él es un anciano. Son exactamente lo mismo. "Si él desea al oficio de un anciano, desea una buena obra". Ahora, estos son los requisitos para un anciano, y puedo decir que creo que nosotros somos ancianos. Los miembros del staff somos ancianos. Hay algunos de los que están sentados entre ustedes que son ancianos. Y si no eres parte del staff, también tienes que mostrar las características de alguien que quiere ser anciano, y vamos a orar para que Dios te traiga al lugar del verdadero liderazgo con nosotros para trabajar juntos. Aquí no hay jerarquía, en absoluto. Es solo una unidad de aquellos que Dios ha llamado a ser ancianos. Pero aquí están los requisitos para ser anciano. Y si tú sientes en tú corazón, si sientes y crees en tu corazón que eres un anciano, que tú reúnes estos requisitos, esto es lo que Dios quisiera que tú hicieras al liderar, personalmente, quiero saber esto y quiero que ustedes me digan esto.

Versículos 2-7: "Pero es necesario que el obispo sea irreprensible", esto es, debe tener una buena reputación con el cuerpo de creyentes. Obviamente no será perfecto. "Marido de una sola mujer", esto es veraz hacia su única esposa, "sobrio, prudente, decoroso, hospedador, apto para enseñar", apto para enseñar no quiere decir que tiene que ser un maestro. Simplemente significa que es capaz de comunicar su fe. "No dado al vino", la palabra que se nos da significa que es alguien que no permanece largo tiempo al lado de su vino, ¿comprenden? No pasa largo tiempo al lado de su vino, no es violento, no es codicioso de ganancias deshonestas", esto es que no anda detrás del dinero, "sino amable, apacible, no avaro; que gobierne bien su casa, que tenga a sus hijos en sujeción con toda honestidad. Pues el que no sabe gobernar su propia casa, ¿cómo cuidará de la iglesia de Dios?" Muy simple. "No un neófito", esto quiere decir que no es alguien que se acaba de convertir, "no sea que envaneciéndose caiga en la condenación del diablo. También es necesario que tenga buen testimonio de los de afuera". Debes tener buen testimonio con los de dentro de la iglesia, y buen testimonio con los de fuera de la iglesia, "para que no caiga en descrédito y en lazo del diablo".

Aquí tenemos el patrón básico de las características para un anciano. Los hombres que reúnen estas cualidades, si tienes estas características, si encajas con esto y pasas mucho tiempo en oración, y desde luego, sabes que no eres perfecto. Obviamente todos lo sabemos. Pero si tú crees que puedes hacer todo esto y que esto es verdad dentro de tu corazón delante de Dios, entonces Dios te ha dado a esta congregación local, Grace Church, para que seas líder y para que enseñes. Ya sea que pertenezcas ya al cuerpo de ancianos, o estés fuera, este no es el punto. El punto es saber si eres o no un anciano puesto por Dios. Esperamos, oramos y confiamos que todos los ancianos que han sido puestos por Dios muy pronto serán ancianos en el sentido que estaremos trabajando con ellos. Esto no quiere decir que elegimos rápidamente y sin cuidado, porque en 1 Timoteo 5:22 dice: "No impongas con ligereza las manos a ninguno". Algunos dicen que esto hace referencia a ordenar ancianos sin pensarlo. Otros dicen que habla de lidiar con aquellos quienes están viviendo en pecado, y el tipo de represión y todo eso. Puedo pensar en cualquiera de las dos cosas, no estoy seguro cual de las dos es mejor. Si se aplica a ancianos, no cabe duda de que es una medida cautelar acerca de ser cuidadoso.

En 1 Timoteo 5:17, dice esto: "Los ancianos que gobiernan bien", esto indica que los ancianos deben gobernar. En la iglesia local, los ancianos gobiernan la iglesia porque están justo bajo la autoridad de Cristo. Son responsables delante de Cristo. Los ancianos no son responsables delante de la congregación. Los ancianos no son responsables a un consejo directivo. Los ancianos no son responsables delante de sus esposas como para hacer todo lo que sus esposas les piden. Los ancianos son responsables delante de Cristo, y así es como gobiernan la iglesia. Entonces: "Los ancianos que gobiernan bien, sean tenidos por dignos de doble honor, mayormente los que trabajan en predicar y enseñar". Esto muestra que puedes ser un anciano y no necesariamente estar involucrado en enseñar doctrina. Pero hay otras capacidades dentro del diseño del Espíritu. Los ancianos toman decisiones, no están sujetos a las personas. No se someten a ningún grupo, están sometidos a Jesucristo, y para tomar cada decisión después de haber orado y estudiado cuidadosamente, entonces están tomando decisiones con la mente de Cristo en la energía del Espíritu, que afectará de manera positiva a toda la congregación.

Amigos, esto es un alto llamado. Y puedes tener en mente esta pregunta, "¿quiere decir que esto solo involucra hombres de edad avanzada?" No, no es así. Pablo dijo a Timoteo, "que nadie menosprecie tu juventud". Qué bueno que esté este versículo ahí. Los ancianos deben ser persistentes en oración. Deben ser persistentes en su estudio de la Palabra de Dios. Deben estar buscando y conocer la mente de Cristo. Y creo que, si es que se ha de tomar una decisión en el cuerpo de ancianos, esta debe ser unánime, de lo contrario querrá decir que alguien no tiene la mente de Cristo. Y creo también, que debe ser tomada por medio del consentimiento de los hombres después de haber orado y estudiado la Palabra, incluso creo que puede involucrar el ayuno.

Los ancianos deben lidiar con los problemas de la iglesia. Deben lidiar con los falsos maestros. ¿Sabían esto? En Tito 1:9-11 vemos que tenían que enfrentarse al problema de los falsos maestros: "retenedor de la palabra fiel tal como ha sido enseñada, para que también pueda exhortar con sana enseñanza y convencer a los que contradicen. Porque hay aún muchos contumaces, habladores de vanidades y engañadores, mayormente los de la circuncisión, a los cuales es preciso tapar la boca; que trastornan casas enteras, enseñando por ganancia deshonesta lo que no conviene". Los ancianos deben mantener a los falsos maestros fuera. Los ancianos también deben disciplinar a los cristianos que están en algún error doctrinal. En 2 Timoteo 2:17-18 se habla acerca de "Himeneo y Fileto, que se desviaron de la verdad, diciendo que la resurrección ya se efectuó, y trastornan la fe de algunos". Este era un problema real y serio. Y en el 4:14, "Alejandro el calderero me ha causado muchos males; el Señor le pague conforme a sus hechos". En otras palabras, aquí están algunos herejes dentro de la iglesia, y se tiene que lidiar con ellos.

Y, ¿cómo se lidia con ellos? Lo vemos en 1 Timoteo 1:19-20, "manteniendo la fe y buena conciencia, desechando la cual naufragaron en cuanto a la fe algunos, de los cuales son Himeneo y Alejandro". Aquí está lo que se debe hacer, "a quienes entregué a Satanás para que aprendan a no blasfemar". Esto es disciplina queridos amigos. Alguien necesita ser disciplinado. Cuando hay error doctrinal, la persona debe ser puesta fuera de la comunión con el cuerpo hasta que Satanás los llevó al fondo y tal vez entonces Dios comience a restaurarlos.

Después, también debemos reprender a aquellos que pecan de hecho, no solo en doctrina. En 1 Timoteo 5:20, y vamos a hablar un poco acerca de esto. "A los que persisten en pecar" —¿Cuál es la palabra siguiente?— "A los que persisten en pecar, repréndelos delante de todos" —¿para qué?— "para que los demás también teman". Tenemos el derecho de reprender públicamente. El lugar más alto, entonces, dentro de la iglesia pertenece a los ancianos, gobernando bajo el liderazgo de Cristo como el príncipe de los pastores, siendo responsables de la enseñanza de doctrina, administrando, disciplinando, y protegiendo al rebaño, orando por el rebaño, estudiando la Palabra de Dios. Él es responsable delante de Cristo por este ministerio. Este fue el inicio del ministerio de la iglesia temprana. Estaremos estudiando lo que nos falta en nuestra siguiente reunión.

Oración final

Padre, te agradecemos esta mañana por tu verdad, por tu sabiduría. Te agradecemos porque sabemos lo que la iglesia debe hacer, enseñar sana doctrina. Te agradecemos, Señor, porque esto es muy claro. Padre te agradecemos por los ancianos que nos has dado aquí en Grace Church, muchos de los hombres que sirven como ancianos laicos. Gracias por los ancianos, Señor, quienes están aquí y que aún no conocemos. Tú los has enviado a nosotros para que ministren con nosotros, a los que son neófitos, pero que reúnen todas las cualidades de ser irreprensibles, con buen testimonio de los de dentro y fuera, que dan la gloria a Cristo. Padre te agradecemos porque muchos de ellos están centrados aquí delante de nosotros esta mañana. Y, Padre, tal vez aún no están trabajando con nosotros porque aún no hemos reconocido que ellos son ancianos que tú nos has dado. Padre, oramos para que ellos deseen tener una vida acorde con lo que pides, porque esto es desear buena obra, y para que ellos se levanten para servir los unos a los otros, a gobernar a esta congregación. Padre, yo no tomaría un solo día la responsabilidad de ser el único líder. Soy pecador. Mis decisiones no siempre son los mejores. No quiero hacer esto solo, y te agradezco por el deseo que pone el Espíritu Santo para que lo hagamos juntos, con una sola mente, por medio de la oración y la Palabra. Padre, trae a este liderazgo, que ya está aquí, delante de nuestros ojos para que lo podamos ver. Te agradecemos por aquellos otros que no son ancianos, pero que sirven fielmente, quienes ministran fielmente con diferentes capacidades, ayudando, enseñando, administrando, sirviendo, visitando, llamando a los enfermos, orando, dando, compartiendo. Padre, solo pedimos hoy que hagas que esta iglesia sea lo que tú quieres. En Cristo Jesús. Amén.

REFLEXIONES PERSONALES

15 de Agosto, 1971

16_Pero, ¿cómo debe ser la iglesia? Parte 2

Y después de anunciar el evangelio a aquella ciudad y de hacer muchos discípulos, volvieron a Listra, a Iconio y a Antioquía, confirmando los ánimos de los discípulos, exhortándoles a que permaneciesen en la fe, y diciéndoles: Es necesario que a través de muchas tribulaciones entremos en el reino de Dios. Y constituyeron ancianos en cada iglesia, y habiendo orado con ayunos, los encomendaron al Señor en quien habían creído.

Hechos 14:21-23

BOSQUEJO

— Introducción

— Los ancianos

— Los diáconos

— La congregación

- Todos los congregantes

- Los hombres

- Los jóvenes

- Las mujeres

— Oración final

Notas personales al bosquejo

SERMÓN

Introducción

Comenzamos la semana pasada y continuaremos esta semana, y concluiremos con esta corta serie. Y acomodando esto encontraremos exactamente lo que está involucrado y cuál es la forma o el patrón que el Nuevo Testamento establece para la iglesia. Ahora, en meses pasados, hemos hablado acerca de la relación de los creyentes con cada uno dentro del cuerpo de Cristo. Esto es la iglesia invisible, y quiero que comprendan la diferencia. Hemos hablado de cómo los cristianos están relacionados los unos con los otros de manera invisible. Pero ahora estamos hablando, no respecto a la iglesia invisible, sino del cuerpo o nuestro ministerio de dones de los unos para los otros, estamos hablando del patrón o de la forma de la iglesia visible. Cuando venimos el domingo, cuando venimos a este lugar, nos reunimos como creyentes, ¿cuál es la forma que debemos seguir? ¿Qué patrones nos da el Nuevo Testamento para la reunión visible de la iglesia? Esto es lo que estamos estudiando en estas series: la iglesia invisible, el ministerio de los dones espirituales, la comunión del cuerpo, y todas estas áreas las discutimos en conexión con otras series hace algunos meses.

Ahora, todos ustedes saben que somos la Iglesia de Cristo. Cada creyente es parte de la Iglesia. Nosotros somos la Iglesia. Todos los que aman a Jesucristo son sus rescatados, sus redimidos, la asamblea de sus hijos. Somos el cuerpo de Cristo. Posicionalmente somos uno, por la virtud de haber sido bautizados dentro del cuerpo por medio del Espíritu Santo de Dios. Somos un organismo viviente. Somos una comunidad de aquellos redimidos por Jesucristo. Somos un cuerpo misterioso, como lo dice Pablo, un grupo invisible. Esto es, el mundo no puede vernos. No siempre nos mostramos en el exterior. No siempre estamos marcados por alguna etiqueta que nos identifica como verdaderos creyentes. Y, como mencione ya la semana pasada, algunas veces nosotros mismos no sabemos quién es real y quién no lo es. Por lo mismo, somos muy cuidadosos de que oramos, y estudiamos, y analizamos la vida de alguien con mucho cuidado antes de que lo pongamos en la posición de liderazgo cristiano para determinar si es que son reales o no, porque sabemos que Satanás siembra la cizaña entre el trigo.

Cristo, entonces, diseñó la iglesia como un cuerpo invisible de aquellos que lo aman. Pero también la diseñó para ser visible al mundo. Ustedes escuchan el testimonio de un filósofo pagano quien vio en la iglesia algo hermoso y algo único. Este es el diseño de Dios, que la iglesia invisible se haga visible y, por medio de su visibilidad colectiva, sea un testimonio viviente en el mundo por el poder del evangelio de Jesucristo. La tragedia de ello es que la iglesia visible no siempre es la iglesia invisible, y la iglesia invisible no siempre es visible.

Si puedes desenmarañar eso, pienso que vas a comprender lo que significa. Nosotros los que somos creyentes no siempre nos mostramos de esa manera, y a veces las personas que parecen ser creyentes no lo son. Y, de este modo, la imagen que damos al mundo es algo mezclado y confuso, creo que hasta diabólico. Pero esto es lo que Satanás planea todo el tiempo. Y a pesar del esfuerzo de Satanás por confundir el asunto, la iglesia debe ser visible. Hay muchas personas en nuestros tiempos que dicen que no necesitamos la iglesia. Dicen: "No necesitamos la iglesia local. No necesitamos un edificio en la esquina. No necesitamos congregarnos. Esto debe ser espontáneo, orientado a los hogares, en zonas remotas". Creo que Dios diseñó la iglesia para que fuera un testimonio visible al mundo cuando se reúne.

Y como mencionamos el pasado domingo por la mañana, cuando te levantaste y viniste a este lugar, te convertiste en un testimonio vivo del Cristo vivo. Este es el día de la resurrección del Señor. Y en el diseño de Dios, nos ha llamado para congregarnos. Pero con la mezcolanza y con la confusión que Satanás ha traído, se nos demanda que nuestro testimonio sea mucho más claro. Necesitamos ser claros en términos de nuestro testimonio para que sobresalga de entre la confusión.

Ahora, ¿cuál es la forma correcta? ¿Cuál es el patrón que la iglesia debe seguir en términos de su adoración, y de su comunión, y de su reunión para estudiar? Bueno, vimos la semana pasada, primero que nada, la historia de la iglesia al analizar la primera iglesia, los cimientos de la iglesia, la iglesia de Jerusalén. Vimos la primera asamblea local que se formó en el día de Pentecostés. Vimos que era una congregación muy grande. El primer día se añadieron como tres mil. Muchos de ellos después se fueron, pero continuaba creciendo diariamente, Hechos 2 lo dice. Esa iglesia era una iglesia creciente, una iglesia floreciente, una iglesia del Espíritu Santo, una iglesia productiva, una iglesia bendecida por Dios, una iglesia dinámica, una iglesia que se extendía.

Y al analizarla cuidadosamente quisimos encontrar cuáles fueron los ingredientes que la hicieron ser este tipo de iglesia. Encontramos básicamente cuatro cosas, y otra más, lo que la hizo ser lo que debía ser. Solo estaban involucradas cuatro cosas en realidad, estudiaban la doctrina de los apóstoles, compañerismo, partían el pan alrededor de la mesa de comunión, y oración. Estas cuatro cosas. Así fue el comienzo y el final del programa de la primera iglesia. Y la quinta cosa era que todos iban hablando por todos lados acerca de Jesucristo.

Y cuando hablamos de cómo es la iglesia de hoy, tenemos que darnos cuenta de que la iglesia de hoy es muy diferente en muchas cosas. Muchas

16_Pero, ¿cómo debe ser la iglesia? Parte 2

personas han decidido que para tener una iglesia efectiva deben tener un centro de entretenimiento, con súper programas y muchos trucos. Tienen que evitar a todas las personas que no están comprometidas, no hacer programas para ellos, y no permitir que se enganchen. Pero no era así en la iglesia temprana. Tenían cuatro cosas, estudiaban doctrina, tenían comunión, oraban, y partían el pan. Y como resultado, todos iban por doquier predicando el evangelio. Esto es en realidad el comienzo y el fin de todo lo que fue diseñado que la iglesia fuera en su tiempo juntos y en su existencia en unidad. Esa iglesia era una iglesia que aprendía, era una iglesia en comunión, era una iglesia en oración, y era una iglesia que se reunía en la mesa del Señor para compartir y recordar su muerte. Y entonces, era una iglesia que salió al mundo para comunicar lo que ella creía. Y el efecto era fantástico. La Biblia nos dice en Hechos 2:47, que tenían favor con toda la gente. Y diariamente había personas que se añadían.

La iglesia visible en Jerusalén tuvo un impacto dinámico. Era una asamblea local de creyentes que se reunían juntos, se reunían el primer día de la semana para estudiar la Palabra de Dios, para tener comunión, para partir el pan y para orar. Y después, cuando dejaban el lugar después del primer día de la semana, continuaban reuniéndose juntos conforme podían durante la semana. Y en ocasiones cuando estaban juntos, salían a donde había pecadores para comunicarles a Jesucristo. Los líderes de esa iglesia temprana, vimos la semana pasada, eran apóstoles. Dios les dio lo mejor de sí durante los primeros años, por lo que pudieron afirmarse y enraizarse. Y finalmente, era tiempo de ordenar a algunos diáconos ahí quienes pudieran hacerse cargo de la iglesia, y los apóstoles pudieran moverse hacia otros ministerios. Y vimos cómo fue que finalmente la iglesia de Jerusalén, después de un periodo de años, envió a alguien a Antioquía que tenía por nombre Bernabé y él pudo iniciar otra iglesia ahí. Y fue a partir de esto que muchas iglesias comenzaron a surgir por todos lados en las comunidades locales. Y, como leímos en las cartas de Pablo, encontramos a Pablo escribiendo a varias congregaciones que se reunían con los mismos propósitos: estudiar la Palabra, tener comunión, partir el pan en la mesa del Señor, para orar, y quinto, todo el mundo iba a todos lados para compartir a Cristo.

Y puedes decir, ¿cuál es la diferencia entre ellos y nosotros? Bien, pienso que la diferencia es tan simple como el compromiso. Tal vez ellos estuvieron más cerca del fuego, estuvieron más cerca al tiempo de la vida de Cristo, y de las revelaciones específicas del poder del Espíritu Santo en milagros, señales y prodigios. Sin embargo, la diferencia la hizo el compromiso personal. Y así fue como vimos la historia de cómo se fundó la iglesia.

En segunda instancia, comenzamos a ver el ministerio de la iglesia. Y con ello fuimos a 1 y 2 Timoteo y Tito, y me gustaría que fueran ahí en sus Biblias y de algún modo nos mantengamos en 1 Timoteo solo por unos minutos. Vamos a repasar todo rápidamente, y después nos moveremos. La iglesia debe estar comprometida con cuatro cosas. Son básicas, y son los ímpetus para el quinto resultado, que es que cada miembro predica a Cristo. Pero más allá de eso, hay, en 1 y 2 Timoteo y Tito, mucha información acerca de cómo nos debemos comportar dentro de la iglesia. Sabemos qué es lo que la iglesia debe ser. Lo hemos visto por medio del patrón de Jerusalén y las otras iglesias. Y ahora queremos ver cómo la figura de la iglesia va tomando su forma. ¿Qué es eso que Pablo establece como un patrón para nosotros para que lo sigamos en la iglesia? Y es muy interesante cuando de algún modo analizas bíblicamente a las iglesias y ves cómo no encajan con este patrón. Cuando intentas hacer que la iglesia tome una forma bíblica, solo hay una forma básica, y luego hay muchas áreas en las que puedes ir en la dirección que tú quieras. Y, desafortunadamente, la mayor parte de las iglesias han tomado esas áreas en donde la Biblia no es específica y han creado, enormes tradiciones que se han hecho iguales a las verdades bíblicas, y ahora no pueden cambiar ni una pizca de ello. Entonces, se encuentran en un molde que no se adapta al día en el cual existen.

Muy bien, el ministerio de la iglesia, primero que nada, dijimos que la labor principal de la iglesia es la enseñanza de sana doctrina. Eso es de lo que se trata. No estamos aquí para darles simplezas. No estamos aquí para darles programas de música. No estamos aquí para proveerles algún tipo de entretenimiento para sus hijos, para mantener a los adolescentes fuera de las calles. No estamos aquí para resolver problemas familiares desde un punto de vista psicológico o analítico. No estamos aquí para aconsejarles en términos de psicología. Estamos aquí para enseñarles sana doctrina. Este es el ministerio de la iglesia, al inicio, en el medio, y al final. De esto se trata todo lo que hacemos. Y cualquier ministerio que es menos que un esfuerzo concentrado para enseñar sana doctrina siempre comenzará sin una base bíblica. Estamos comprometidos, entonces, en Grace Church, con la sana doctrina de la Palabra de Dios. Y creemos que esto involucra enseñarla explícitamente.

Les di un pequeño principio la semana pasada, y quiero que se acuerden de él. Así que vayamos a 1 Timoteo 4:13. Y aquí está el patrón que el apóstol Pablo le da a Timoteo acerca de cómo enseñar sana doctrina. Este es un pequeño versículo que nos dice de qué es todo lo que se trata la predicación expositiva. "Mientras que vengo, ocúpate de" —y aquí es dónde se encuentra el patrón para la predicación expositiva— "la lectura, la exhortación y la doctrina". Aquí tienen lo que realmente está involucrado en un mensaje expositivo. Lo lees, lo explicas, esta es la doctrina; exhortas, y aquí lo aplicas. Estos son los tres puntos de la predicación expositiva: lee el texto, explica el texto, aplica el texto. Y esto es exactamente lo que le dice a Timoteo que debe hacer. Esta es la clave para cualquier tipo de ministerio bíblico. La iglesia debe estar enseñando sana doctrina. Y la tragedia de esto es que la iglesia está haciendo todo menos esto. Es sorprendente ir por todo el país, iglesia tras iglesia, y solo hay una escasez y un vacío de sana doctrina.

Segunda de Timoteo 2:2, "Lo que has oído de mí ante muchos testigos, esto encarga a hombres fieles que sean idóneos para enseñar también a otros". Tito 2:1, "Pero tú habla lo que está de acuerdo con la sana doctrina". Nosotros debemos enseñar sana doctrina. Timoteo tiene que hacerlo, no solo mientras que llega Pablo, sino hasta que Cristo vuelva. Este es el patrón para la iglesia. Después vimos, no solo el ministerio básico, sino que vimos lo básico del liderazgo, aquellos que enseñan la sana doctrina y la aplican. La iglesia debe enseñarlo. El liderazgo básico está constituido por aquellos que enseñan y lo aplican a la gente.

Los ancianos

Tenemos dos líderes, dos clases u órdenes de líderes proyectados en el Nuevo Testamento para la iglesia. Primero que nada, ancianos. La semana pasada consideramos extensamente el ministerio de los ancianos. Y solo para repasar recordemos dos puntos. En una iglesia siempre hay una pluralidad de ancianos. Esto es, hay una pluralidad de liderazgo. Ninguno de los hombres es el anciano principal. No existe ninguna clase como la de un anciano en jefe. No existe. No hay tal persona como aquel que gobierna la iglesia él solo. Esto sería completamente contrario al principio escritural que dice que Dios obra por medio de mentes colectivas de ancianos dentro de la iglesia. Y, por lo tanto, debe haber una pluralidad de ancianos. Ellos son calificados por Dios. Son responsables delante de Dios. No son responsables ante un consejo de directores o un consejo de cualquier cosa. Ellos son directamente responsables ante Dios de gobernar la iglesia. La congregación no gobierna la iglesia; los ancianos son los que gobiernan la iglesia. La congregación selecciona ancianos.

En Hechos, por ejemplo, en 14:21–23, leemos esto: "Y después de anunciar el evangelio a aquella ciudad y de hacer muchos discípulos, volvieron a Listra, a Iconio y a Antioquía, confirmando los ánimos de los discípulos, exhortándoles a que permaneciesen en la fe, y diciéndoles: Es necesario que a través de muchas tribulaciones entremos en el reino de Dios". Ahora vean esto, "Y constituyeron *ancianos* en cada iglesia, y habiendo orado con ayunos". Así era como los ordenaban. Y se pueden preguntar, ¿cómo Dios revela a la iglesia quienes son los ancianos para que la iglesia pueda ordenarlos? "Por medio de la oración y el ayuno, los encomendaban al Señor en quien habían creído". Un anciano es encomendado al Señor, porque es ante Dios que él rendirá cuentas. La iglesia selecciona a sus ancianos por medio de la oración y el ayuno, determinando en su corazón sobre quién Dios ha impuesto sus manos para que sea parte del liderazgo de la iglesia.

Los ancianos no son elegidos teniendo como base su conocimiento acerca de los negocios del mundo. No son elegidos tomando como base sus habilidades financieras. No son elegidos porque se hacen escuchar, y entonces toman los lugares principales. No son elegidos porque tienen una habilidad nata para ser líderes. Son elegidos porque Dios les ha impuesto las manos, y los ha diseñado para ser parte del liderazgo de la iglesia, y son elegidos por medio de la oración y el ayuno de la gente, encomendados a Dios ante quien finalmente son responsables.

Ahora, ¿cuáles son los requisitos para un anciano? La última vez vimos cómo Pablo se los dio a Timoteo. Hoy, quiero que los vean como Pablo se los dio a Tito. Tito 1:5, Pablo se los da a Tito, quien incidentalmente está fundando iglesias, y esta es la razón por la que Timoteo y Tito deben tener esta información. Estaban ocupados en plantar iglesias por todos lados, y estas iglesias necesitaban tener el orden que Dios quería. Ahora, en Tito 1:5, tenemos los requisitos para un anciano: "Por esta causa te dejé en Creta, para que corrigieses lo deficiente" —él debía poner las cosas de la forma en la que la iglesia debía ser— "y establecieses ancianos en cada ciudad, así como yo te mandé". Es interesante que, en el Nuevo Testamento, el evangelista era quien ordenaba a los ancianos.

Pero hoy en día no hay evangelistas aquí. Bueno, difícilmente son verdaderos evangelistas. Cuando escuchamos la palabra "evangelista", en realidad pensamos en alguien que es completamente diferente a lo que es un evangelista bíblicamente hablando. Un evangelista bíblico era un plantador de iglesias. Y, por lo tanto, este evangelista, Tito, debía ordenar ancianos en cada ciudad para que gobernaran la iglesia. Estos son los que eran responsables por el liderazgo de la iglesia. Yo soy un anciano. Algunas personas a quienes llamamos "laicos", también son ancianos. Somos iguales, yo no estoy por encima de nadie más. No soy más que nadie más. No soy el reverendo "tal". No soy el padre "no sé qué". No soy San "no sé cuántos". Yo simplemente soy yo, y eso es todo. Simple y llanamente el viejo John. Se me ha dado el privilegio, de parte de Dios, de ser uno de los ancianos de esta iglesia. Tengo la responsabilidad en particular de ser el anciano que enseña, pero en medio de una pluralidad.

Aquí están los requisitos. Versículo 6, y como dije la semana pasada, si tú sientes delante de Dios que este es el ministerio al que Dios te ha llamado, y que tú calificas con el poder del Espíritu Santo, nos encantaría saber que este es tu sentimiento, y quisiéramos saber que tienes este deseo, porque deseas una buena obra. Pablo dijo: "el que fuere irreprensible", y esto no significa perfecto obviamente, o todos nosotros estaríamos descalificados. Esto significa que debe ser alguien sin ninguna mancha en su vida que sería algo que todos criticarían. "Marido de una sola mujer", también hablamos de esto la última vez. "Y tenga hijos creyentes que no estén acusados de disolución ni de rebeldía". Ciertamente, no pretendemos ver una total santidad en sus hijos, pero digamos que con un nivel de conducta piadosa.

Después dice en el versículo 7, y aquí él usa la palabra "obispo", la cual, una vez más, es lo mismo que un anciano. Esta solo describe sus deberes, no su oficio. Él es un anciano y su deber es el de obispo. Un obispo significa un supervisor. "Que el obispo sea irreprensible, como administrador de Dios". Esto es, se da cuenta de que él es un mayordomo, un administrador. Quiere decir que no posee nada. Él maneja los asuntos de Dios para el cuerpo de Cristo. "No soberbio", no está ahí para agradarse a sí mismo. "No iracundo", que no se enoje por todo, "no dado al vino". ¿Recuerdan? Les dije que significaba que no pasaba largo tiempo al lado del vino. La única cosa que podían beber en aquellos días era vino. El agua no era pura. Cuando lo bebían, solo bebían algo y se iban. Si se la pasaban brindando, si se pasaban mucho tiempo al lado de la botella, esto era evidencia de que tenían un problema. "No dado al vino, no pendenciero", y esta palabra "pendenciero", quiere decir que le gusta usar los puños. No puede ser este tipo de hombre. "No codicioso de ganancias deshonestas". No anda en busca del dinero siempre. Versículo 8, "hospedador". Quiere decir que es alguien que abre las puertas de su casa y permite que los extraños entren. Si es que tú vas a hacer esto, si es que vas a abrir tu casa, deberás tener tu casa en orden. Esta es la razón por la que debe tener a sus hijos en sujeción, y debe gobernar su propia casa. "Pues el que no sabe gobernar su propia casa" —Pablo dijo a Timoteo— "¿cómo cuidará de la iglesia de Dios?" Él debe tener una casa que se abre a cualquiera para que venga y vea abiertamente lo que es la vida cristiana. "Un amante de los desconocidos". Esta es la palabra "hospitalidad". Ama tener extraños en su casa. "Amante de lo bueno", y la palabra "hombres" está involucrada aquí. Pudiera significar "hombres buenos", o bien podría solo significar "bueno". "Sobrio", que conoce sus prioridades. Esta persona sabe qué es lo que importa. "Sobrio, justo, santo, dueño de sí mismo". Ya hablamos de todas estas antes, pero aquí están de nuevo.

Ahora, debo añadir que esto no se trata de un consejo y esto no es un comité. Esta es una comunión de hombres que han sido puestos por Dios, calificados por Dios, dotados por Dios, llenos del Espíritu, entregados a la iglesia local para gobernarla y enseñar a esa iglesia. Vimos esto la última vez en 1 Timoteo 5:17. Ahí dice: "Los ancianos que gobiernan bien" —asumiendo que los ancianos gobiernan— "sean tenidos por dignos de doble honor, mayormente los que trabajan en predicar y enseñar". Esta es, obviamente, la principal tarea de la iglesia. Esta es la difícil labor que tiene que hacer. Esto requiere la mayor disciplina, el mayor esfuerzo, el mayor trabajo, y estar en lucha contra Satanás para poder ser un maestro fiel de la Palabra de Dios. Por lo tanto, los ancianos deben ser honrados. Es un oficio que involucra honor.

Y en Hechos capítulo 20, hay dos versículos que quiero compartir con ustedes rápidamente, versículo 17, que nos da una pequeña idea de cómo estos ancianos eran puestos en cada ciudad, al menos en Éfeso. Pablo se va a reunir con los ancianos de Éfeso. En Hechos 20:28 dice esto, y aquí está hablando a los ancianos. "Por tanto, mirad por vosotros". Lo primero que un anciano tiene que hacer, un anciano dentro de la iglesia, un maestro de la Palabra de Dios, el que gobierna sobre la comunidad de creyentes dentro de la situación de una iglesia local, él se cuida a sí mismo. Tiene que estar constantemente evaluando su propia vida. "Y por todo el rebaño en que el Espíritu Santo os ha puesto por obispos". Como ancianos somos responsables de cuidar a todo el rebaño. Y a veces es fácil decir dentro de la iglesia que oramos por todos. Lo cual es ridículo. Debemos cuidar individualmente del rebaño que Dios nos ha dado, señalándolos y marcándolos, viendo a aquellos que tienen alguna herida, a aquellos que tienen algún problema, a los que tienen alguna necesidad, y específicamente orar por ellos. Nuestros ancianos que comparten juntos la responsabilidad, se reúnen, incluso esta mañana una hora y cuarto antes de que ustedes llegaran, y oramos. Oramos juntos por ustedes esta mañana, por algunos de ustedes específicamente, para que Dios obre en sus vidas de acuerdo a sus necesidades. Y no solo eso, no solo debemos cuidar del rebaño, sino que él dice: "para apacentar la iglesia de Dios", esto es alimentarla. Y ¿con qué es con lo que la debemos alimentar? ¿Con qué? Con la Palabra de Dios.

Entonces, somos responsables de cuidar de nosotros mismos como ancianos, de cuidar del rebaño de Dios y conocerlos. Viendo a los que necesitan nuestras oraciones, nuestra atención, nuestra disciplina, nuestra exhortación, nuestra reprimenda, nuestro amor, cualquier cosa que ellos necesiten, e ir y hacer lo que cada uno requiere; también somos responsables como supervisores (obispos) de alimentar al rebaño de Dios. Así, los ancianos, entonces controlan la doctrina y la disciplina dentro de la iglesia.

Es una responsabilidad seria. Es una responsabilidad que tiene consecuencias delante de Dios, pero es una en la que hay un gran honor y una gran recompensa para tales hombres que son elegidos para este oficio. En 1 Pedro 5:1, Pedro describe a un anciano de esta manera: "Ruego a los ancianos que están entre vosotros, yo anciano también con ellos, y testigo de los padecimientos de Cristo, que soy también participante de la gloria que será revelada". Y aquí está lo que les dice a los ancianos. Escuchen: "Apacentad la grey de Dios que está entre vosotros, cuidando de ella". Alimenten al rebaño y cuídenlo. Observen constantemente qué sucede entre ellos. Cuando una oveja está lastimada, el pastor, como en realidad es llamado un pastor, irá y ministrará a esa oveja. "Apacentad la grey de Dios". Aliméntenla. Supervísenla. "No por fuerza". No porque dices, "Tengo que hacerlo. Es mi trabajo, y voy a tener que apegarme a él. No diciendo, "Esto es desagradable, pero lo tengo que hacer". Sino "voluntariamente; no por ganancia deshonesta". No solo ministras a los ricos quienes pueden, tú sabes, aligerar las cargas. No, "sino con ánimo pronto". Sin importar quién sea el que lo necesita; tú vas y te presentas. "No como teniendo señorío sobre los que están a vuestro cuidado". No los gobiernas con vara de hierro, "sino siendo ejemplos de la grey". ¿Saben cuál es la mejor manera de liderar? Siendo ejemplo. Estableciendo el patrón. Si ustedes intentan liderar a la gente, y no son un ejemplo, ¿saben qué sucederá? Reaccionarán en contra de su liderazgo. Necesitan liderarlos con el ejemplo.

Y después dice esto, y es maravilloso. Vale la pena hacerlo, amigos. Si eres un anciano, vale la pena por lo que dice este versículo. "Y cuando aparezca el Príncipe de los pastores, vosotros recibiréis la corona incorruptible de gloria". Esta es la corona que se les promete a los que supervisan la iglesia. ¡Qué bendición es esta promesa! Y lo maravilloso acerca de obtener esta promesa es que vamos a poder lanzar la corona a los pies de Cristo, porque en verdad solo le pertenece a Él.

Los diáconos

Y después se nos habla de un segundo oficio, y ya llegamos a este. Hechos 6:1. ¿Lo recuerdan? Les dije que la iglesia de Jerusalén era liderada por los apóstoles, pero finalmente era tiempo de que ellos se movieran. Y después de algunos años, hubo hombres con suficiente madurez cristiana y carácter que tomaron el liderazgo de la iglesia de Jerusalén, y así los apóstoles pudieron irse y seguir adelante. Y en el capítulo 6 de Hechos, llegó este momento, estaban listos para ordenar a algunos hombres en esa iglesia quienes pudieran liderar, y así pudieron moverse a otros ministerios.

"En aquellos días", versículo 1, "como creciera el número de los discípulos, hubo murmuración de los griegos contra los hebreos, de que las viudas de aquéllos eran desatendidas en la distribución diaria". Una de las responsabilidades de la iglesia es cuidar a las viudas. Así que hubo una pequeña disputa. Pensaron que la mayor parte de la ayuda se iba a las viudas de los judíos. Era uno de esos pequeños asuntos molestos en el que los apóstoles no querían estar involucrados. Pero este sucedió de tal modo que fue la gota que derramó el vaso. Y en el versículo 2, decidieron, "este es el momento en el que nos tenemos que salir de esto. Nos debemos dedicar a lo que verdaderamente importa". Entonces en el versículo 2, dice: "Entonces los doce convocaron a la multitud de los discípulos, y dijeron: No es justo que nosotros dejemos la palabra de Dios, para servir a las mesas". En otras palabras, "estamos tratando de estudiar para comunicar la doctrina a ustedes. Estamos estudiando la Palabra de Dios para compartirla con ustedes, y después tenemos que servirles su comida, y correr de aquí para cuidar esto y correr a otro lado para hacer otra cosa. Esto hace que abandonemos la Palabra de Dios". Ellos entendieron cuales eran sus prioridades.

Versículo 3: "Buscad, pues, hermanos, de entre vosotros a siete varones de buen testimonio, llenos del Espíritu Santo y de sabiduría, a quienes encarguemos de este trabajo". Ellos serían responsables de administrar las finanzas para dar a los diferentes individuos quienes tenían necesidades, y así los ancianos se podrían entregar por completo al estudio de la Palabra de Dios y a la oración. Esto es lo que vemos en el versículo 4: "Y nosotros persistiremos en la oración y en el ministerio de la palabra". Y, en un sentido, ellos establecieron el patrón para los ancianos, esto fue lo que hicieron los apóstoles.

Permítanme darles los requisitos que hay en 1 Timoteo capítulo 3 para un diácono. Primera Timoteo 3:8-9, "Los diáconos asimismo deben ser honestos". No quiere decir que es una persona de pocas palabras, o una persona aburrida; significa alguien que es de mente seria. "Sin doblez", no es de los que dicen a una persona una cosa y a otra, otra cosa. "No dado al mucho vino, no codiciosos de ganancias deshonestas". No busca dinero. "Que guarden el misterio de la fe con limpia conciencia". Esto es, debe ser parecido a Cristo. Esto es a lo que esta declaración nos lleva. No voy a tomar tiempo para explicarlo. El misterio de la fe es ¿qué? ¿Cuál es el misterio de nuestra fe? Dios en Cristo, este es el misterio. Que Dios y el hombre se hicieron uno en Cristo. "Que guarden este misterio con limpia conciencia", significa vivir como Cristo. Debe ser como Cristo.

Versículo 10: "Y éstos también sean sometidos a prueba primero". No solo tomas a cualquiera para que sea diácono. Observas y ves quien ha probado ser fiel. "Y entonces ejerzan el diaconado, si son irreprensibles". Y llegamos al versículo 12: "Los diáconos sean maridos de una sola mujer, y que gobiernen bien sus hijos y sus casas". Versículo 13: "Porque los que ejerzan bien el diaconado, ganan para sí un grado honroso, y mucha confianza en la fe que es en Cristo Jesús".

Hay otros estándares para ser diácono. Si eres un diácono tienes que repasarlas. Y si es que encajas con estos estándares, pero nadie aquí te ha señalado como diácono, tú tienes que ser elegido como diácono. Le vamos a pedir a Dios que nos indique tu nombre para que puedas servir en la capacidad que Dios te ha dado para funcionar dentro de esta asamblea. Si tú estás aquí, y eres un anciano bíblicamente y un diácono bíblicamente, nosotros debemos determinarlo por medio de la oración y el ayuno, de este modo serás elevado al lugar de servicio que Dios diseñó para ti en esta asamblea local, porque créeme, necesitamos tu liderazgo.

Aquí están los estándares. "Honestos, sin doblez, no dados a mucho vino, no codiciosos de ganancias deshonestas", parecidos a Cristo, "irreprensibles... maridos de una sola mujer, y que gobiernen bien sus hijos". Y así continúa. No dice nada acerca de la enseñanza. ¿Lo notaron? Porque el ministerio de diácono no es un ministerio de enseñanza. El ministerio de diácono es un ministerio de hacerse cargo de las ministraciones y las finanzas de la iglesia. Pero, ¿lo notaron? No hay ningún requisito de negocios aquí. El candidato pudiera ser un completo ignorante de las matemáticas, pero eso no importa. Todo es espiritual. A Dios se le facilita más operar con hombres que son llenos del Espíritu, que trabajar con hombres brillantes que no son llenos del Espíritu. Así que todas las cualidades son siempre de este tipo, espiritual.

Incidentalmente, creo que también puede haber diaconisas en la Biblia. Versículo 11: "Las mujeres asimismo", a las mujeres que están ahí se les puede referir como diaconisas. Algunos dicen que solo se refiere a las esposas de los diáconos. Otros dicen que son diaconisas. Pero si leen Romanos 16:1, parece que Febe es una, ahí Febe es llamada sierva. Y la palabra es la misma, "diácono". Así que puede ser que Febe era una diaconisa, porque había la necesidad de que algunas mujeres ayudaran a las candidatas para el bautismo, ayudarlas simplemente a vestirse y todo lo relacionado. Había necesidad de que las mujeres se encargaran de la cocina y de ministrar a las viudas. Por lo que esto nos indica que había diaconisas quienes trabajaban con los diáconos. Y ellas debían ser, versículo 11: "honestas, no calumniadoras". No debe haber diaconisas chismosas. "Sobrias", conocían sus prioridades también. "Fieles en todo". ¿Lo ven? Si tienen este tipo de liderazgo, ¡perfecto! Entonces están listos para trabajar.

Este es el liderazgo. Y mantengan en su mente, todo líder dentro de la iglesia no es responsable delante de la congregación. Son responsables delante de Dios. Este es el liderazgo que Cristo dio a la iglesia. Esto es, diáconos, ancianos y tal vez diaconisas que asisten a los diáconos. Es todo. Y no ven ningún organigrama. El organigrama de la iglesia, es un círculo. Todos son iguales. Todos estamos juntos.

La congregación

Y ahora llegamos al último punto: la congregación. Finalmente vamos a hablar de todos ustedes que han estado diciendo: "Sí, es para ustedes los diáconos, entiendan esto ustedes ancianos". Pero ahora es su turno. En este punto vamos a llegar a la congregación. Y, bueno, quien les habla es el Espíritu Santo. Y aquí es donde quiero que comiencen a apuntar si es que aún no lo habían estado haciendo.

Y bien, la tarea básica de la iglesia es enseñar sana doctrina. La tarea básica del liderazgo es ser los maestros de doctrina y aplicar la doctrina a la gente. La tarea básica de la gente, las personas que son llenas del Espíritu, quienes aprenden doctrina y salen, hacen algo al respecto. Ustedes son el objeto de todo este ministerio de liderazgo que Dios diseñó, para que nosotros nos podamos comunicar con ustedes que están ahí, y algún día, tal vez, ustedes serán diáconos, o ancianos, como Dios lo diseñó, o tal vez un evangelista, un pastor-maestro. Pero esto sucede cuando ustedes son fieles en las pequeñas cosas y entonces Él les dará más.

Todos los congregantes

Y así llegamos al último nivel, la congregación, y esto es realmente a lo que todo se reduce. El rebaño, quienes son los que hacen la obra del ministerio. Ustedes lo saben, si han estado aquí algunos domingos por la noche, que el liderazgo no hace la obra del ministerio. Nosotros perfeccionamos a los santos para la obra del ministerio. Perfeccionamos a los santos de tal modo que ellos puedan hacer la obra del ministerio, Efesios 4:11. El ministerio es de ustedes; el nuestro es orar y enseñar la sana doctrina. Ustedes deben hacer la obra del ministerio. Y les mostraré como funciona esto.

Hay un versículo, permítanme enseñarlo a ustedes rápidamente. Hebreos 13:17. Escuchen esto. Aquí se encuentra su principal deber como congregación. Aquí está: "Obedeced a vuestros pastores, y sujetaos a ellos". Ahora, esto no debe ser una carga. Sino asumir que el liderazgo de la iglesia es lleno del Espíritu y dirigidos por el Espíritu. Debemos ser obedientes, porque ellos están directamente conectados con Dios y ministrando en nombre de Cristo como sus pastores, nosotros debemos someternos a su ministerio, sabiendo que es un ministerio piadoso. Puede ser que no lo entendamos. Puede ser que no estemos de acuerdo con lo que estamos intentando hacer, pero nuestro lugar es obedecer. Esto es lo que hace que se mantenga el orden dentro de la iglesia y es un testimonio vivo al mundo.

Hay muchas cosas que pueden dañar una iglesia y deshacer en realidad este testimonio. Uno de ellos, el primario, es un liderazgo deplorable. Falsos maestros. Aquellos que fallan en enseñar sana doctrina. Iglesias construidas con cacahuates y palomitas de maíz en lugar de la Palabra de Dios. Otra cosa que ensucia a una iglesia es una congregación que no sigue a su liderazgo. Y así, la divide, la fractura, y fractura todo lo demás. Y todo esto llega al mundo. Todos tienen que caer dentro de la categoría del diseño del Espíritu y ser fieles y obedientes.

Muy bien, así, primero que nada, el deber general: "Obedeced a vuestros pastores, y sujetaos a ellos". Y nuestro deber es darles instrucción en amor, nosotros somos responsables delante de Dios si fallamos. "Porque ellos velan por vuestras almas". ¿Lo ven? Tienen que darse cuenta que son la carga de nuestra vida. Hay muchas otras cosas que son más fáciles de hacer que gobernar dentro de la iglesia de Cristo y cuidar los problemas espirituales. No los puedes dejar. Deben saber que estamos con los problemas veinticuatro horas al día, diez días a la semana. Nunca hay fin. "Porque ellos velan por vuestras almas, como quienes han de dar cuenta; para que lo hagan con alegría, y no quejándose, porque esto no os es provechoso". No podemos trabajar como líderes en descontento; lo hacemos con gozo. Tenemos que cuidar de ustedes y dar cuentas a Dios de esto. Y su deber es someterse a aquellos que lideran.

Los hombres

Bien, ahora veamos específicamente estos deberes por unos minutos. El deber de un hombre dentro de la iglesia, ¿cuál es la responsabilidad en la reunión de la asamblea local? Leamos 1 Timoteo 5:8, solo lo voy a leer para ustedes y vamos a permitir que el Espíritu de Dios les enseñe. El hombre está obviamente implicado, como lo veremos por medio del pronombre. "Porque si alguno no provee", aquí nos habla acerca de sus padres, su madre viuda, o su esposa e hijos, todos los miembros de la familia. "Porque si alguno no provee para los suyos", y debo añadir que también está hablando acerca de cualquier persona de la cual seas responsable, incluso si no son tus parientes. "Y mayormente para los de su casa, ha negado la fe, y es peor que un incrédulo". ¿Por qué? Porque la fe de Cristo está edificada sobre el amor. Está edificada sobre el ser responsable y ser fiel a cumplir con tu deber. Y si ni siquiera le puedes mostrar al mundo que eres fiel en cumplir tus propósitos y mostrar amor a tu propia familia al salir y proveer para tu familia, estás negando la base de lo que es la fe, eso es todo. Ahora, entiendo que hay ocasiones en que un hombre puede no tener trabajo, y cuando es despedido y muchas otras circunstancias similares. Pero Dios espera que un hombre cristiano dentro de la comunión de la iglesia trabaje para proveer para su familia. No que viva de la beneficencia, a menos que haya algún tipo de incapacidad física, y entonces la iglesia se debe hacer cargo. Que no sea realmente mantenido por la esposa que trabaja —y llegaremos a ella en un minuto— sino que provea para su familia. De lo contrario negará el mismísimo principio de la fe, el cual es amor, responsabilidad, y cumplir con su deber.

Después en 1 Timoteo 6:1, habla de esto desde otro ángulo. Si tienes trabajo, esto se refiere a ti. "Todos los que están bajo el yugo de esclavitud". Les llamaremos empleados, "bajo yugo", en otras palabras, estás trabajando para un jefe, "tengan a sus amos por dignos de todo honor". Sin importar quién sea tu empleador, sírvelo y hónralo. Y observen esto. "Para que no sea blasfemado el nombre de Dios y la doctrina". Una vez más, un testimonio pobre dentro de tu trabajo es desobediencia a tu obligación dentro de la iglesia de Jesucristo. Tienes que servir a tu empleador dándole honor; sea que se lo merezca o no, este no es el asunto. Es cuestión de obediencia en aras de tu testimonio y en aras del testimonio de Jesucristo.

Puedes decir: "Oh, yo estoy perfecto, tengo un jefe cristiano". Y observa esta, versículo 2: "Y los que tienen amos creyentes" —jefe cristiano— "no los tengan en menos por ser hermanos". Esto quiere decir que, si tienes un jefe cristiano, puedes holgazanear. No quiere decir que podrás andar durmiendo en horas de trabajo porque él es cristiano y asiste a la iglesia, no. Pero observen esto otro. "Sino sírvanles mejor, por cuanto son creyentes y amados los que se benefician de su buen servicio". En otras palabras, si sucede que tienes un jefe cristiano, esto no quiere decir que te quedas dormido. Significa que eres más diligente, y no tomas ventajas.

Y te puedes preguntar, ¿es esto realmente importante? Seguro que sí, vean al final del versículo 2: "Esto enseña y exhorta". Y esto es lo que estoy haciendo. Necesitamos ser fieles a nuestro empleador para honrarlo debido a nuestro testimonio. Si trabajamos para un cristiano, debemos honrarlo más debido a que es fiel a Cristo.

Pero tenemos más deberes para el hombre. Tito 2:9, muy rápido. Acabaremos en un minuto con ustedes, los hombres, y pasaremos a las mujeres, estoy seguro de que amarán cada palabra de esto. Tito 2:9, dice: "Exhorta a los siervos a que se sujeten a sus amos, que agraden en todo, que no sean respondones". No seas respondón con tu empleador. En absoluto. Un testimonio piadoso es la esencia. "No defraudando". Esto es hurto, el robo de la caja registradora. "No defraudando, sino mostrándose fieles en todo". Cuando ustedes viven una vida piadosa delante de tu jefe, añaden virtud a la virtud. La doctrina de Dios se ve hermosa, pero cuando vives una vida hermosa, es como si le colgaras un adorno a la doctrina de Dios. Puede ser que así tu empleador crea en Dios cuando vea tu vida piadosa. Harás que Dios se haga más hermoso para él, porque él lo podrá ver manifestado en tu propia vida. Entonces también debemos adornar la doctrina de Dios. ¡Qué hermoso pensamiento es este! Entonces, hombres, desde otro ángulo, vimos que nosotros debemos enseñar, justo en Tito 2:2 nos dice: "Que los ancianos sean sobrios, serios, prudentes, sanos en la fe, en el amor, en la paciencia". En 2 Timoteo 2:2, nos dice que enseñemos sana doctrina, y aquí hay una buena oportunidad para nosotros de reconocer que hay hombres ancianos dentro de la iglesia. Ustedes son capaces de enseñar a hombres jóvenes. Pero debemos ser sobrios, serios, prudentes, conocer nuestras prioridades, con dominio propio, fuertes, sanos en la fe, en el amor y en la paciencia.

Y estas tres cosas son realmente importantes. Fe, amor, paciencia. La fe es una actitud hacia Dios. El amor es una actitud hacia los hombres, y la paciencia es una actitud ante los problemas. Y nosotros debemos ser sanos en todo esto. De este modo podemos ver que en realidad debemos tener las mismas características de los diáconos.

Los jóvenes

Y luego, otra cosa que dice acerca de los hombres jóvenes, en Tito 2:6, "Jóvenes" se refiere a adolescentes, muchachos, hombres jóvenes. "Exhorta asimismo a los jóvenes a que sean prudentes". Esto es que tengan dominio propio, suficientemente serios para lo que realmente importa. Y en el versículo 7, "presentándote tú en todo como ejemplo de buenas obras". Incluso los hombres jóvenes tienen que saber doctrina. Y dice, "en la enseñanza mostrando integridad, seriedad". Esto es dignidad, seriedad y sinceridad. Y en el versículo 8, "palabra sana". Es fácil para los jóvenes hablar y hablar y hablar sin decir nada valioso. Y, por lo tanto, él dice, "su hablar debe ser considerado cuidadosamente. Deben ser sinceros. Deben ser dignificados. Su doctrina debe ser incorruptible. Deben ser un patrón para las buenas obras". Jóvenes, debemos ser un patrón de lo que son los estándares de Dios. Pablo dijo a Timoteo que se mostrara a sí mismo como un ejemplo a los creyentes.

Así que aquí tenemos los deberes para los hombres. Deben proveer para su familia o serán peor que alguien que niega la fe. Deben enseñar a otros que sean capaces de enseñar a otros también. Deben ser fieles, en términos de obediencia dentro de su trabajo, hacia su jefe; y si sucede que este es cristiano, entonces deben ser más fieles, si esto es posible. También deben ser serios, sobrios, en lo que respecta a fe, amor y paciencia. Deben ser sanos y sólidos. Jóvenes debemos ser un patrón de lo que es un creyente ante todos. Debemos vivir una vida al estilo de Dios. Debemos ser incorruptibles en nuestra doctrina, serios, sinceros, y nuestro hablar debe ser del tipo que edifica.

Las mujeres

Podríamos decir más, pero no lo haremos. Ahora, rápidamente, los deberes de las mujeres. ¿Qué es lo que la mujer debe hacer dentro de la iglesia? En 1 Timoteo 2:9, y aquí nos enfocamos en la ropa y el adorno de la mujer. ¿Por qué está esto aquí? Básicamente, porque Dios quiso que lo supieras. No fue puesto ahí para lidiar con asuntos del siglo XX. Fue puesto ahí porque este es el patrón. En 1 Timoteo 2:9, "Asimismo que las mujeres". Coincidentemente el versículo 8 nos dice algo más acerca de los hombres, permítanme regresar. "Quiero, pues, que los hombres oren en todo lugar, levantando manos santas, sin ira ni contienda". Los hombres deben ser constantes en la oración. Después dice en el versículo 9, para los hombres, los hombres deben juntarse para orar; así mismo las mujeres. Aquí está lo que debe ser su preocupación. Es fácil para los hombres estar ocupados en trivialidades andando de un lado a otro. Ellos se deben concentrar en oración. Las mujeres necesitan prepararse en cuanto a su físico. "Asimismo que las mujeres se atavíen de ropa decorosa". Esta es una declaración simple. Creo que ese es el principio básico dentro de la Palabra de Dios en términos del vestido de los creyentes. Cuando nos reunimos para tener comunión, debemos ser modestos.

Ahora, muchos vienen a mí preguntando: "¿Crees que esto o aquello es correcto? ¿Crees que si es largo no importa si es muy abierto? ¿O es mejor corto pero que no esté abierto? ¿Será mejor pantalón con tal prenda? No me pregunten esas cosas. Yo no sé de modas. Y, además, todo cambia muy rápido. El asunto aquí es modestia. La Biblia no dice: "La regla son cuatro dedos debajo de la rodilla". No. Pero muchas cosas son muy obvias. Algunas son modestas y otras son inmodestas. Esto es para creyentes, y no quiere decir que si traes contigo a una amiga que no sea salva a la iglesia y vienes a escuchar el evangelio, entonces nosotros debemos tener un pequeño grupo de guardias en la entrada diciendo: "Disculpe señorita, usted se tiene que quedar afuera hasta que concluya el servicio. Lo lamento, su vestido no es el adecuado". No, esta no es la idea. Esto es para los creyentes. Una vestimenta modesta con un temor reverente. ¿Saben qué es lo que esto significa literalmente en el griego? Con un sentido de vergüenza. Ya saben, todo este asunto moderno que dice: "No debemos avergonzarnos de nuestro cuerpo". Y lo siento, pero desde que entró el pecado al Edén, debemos considerar correcto el avergonzarnos de la corrupción de nuestro cuerpo. Nuestro cuerpo fue corrompido por el pecado. La carne es sensible al pecado. Y Pablo dice: "Necesitan tener, como mujeres, suficiente sentido de" —y esto no es un tipo de asunto psicológico traumático en extremo— "pudor y modestia". Y esto es importante. La idea de sobriedad aquí significa evitar los extremos. Lo que quiero decir es, no hay lugar dentro de la iglesia para que alguien use un tipo de vestimenta para presumir. Este es el punto. Esto es una distracción para lo que estamos queriendo hacer, lo que el Espíritu de Dios quiere hacer. Somos distraídos con la forma de vestir de alguien. Debemos tener un tipo de vestimenta modesta con temor reverente y sobriedad. Evitamos los extremos. No usamos vestimenta inmoral, ni aquella que solo sirve para presumir. Y lo que sigue es muy interesante, "no con peinados ostentosos". No con trenzados, probablemente dice adornado o algo por el estilo, peinado muy elaborado, ni oro, ni perlas, ni arreglos costosos.

En los días de Pablo, por lo que entendemos, había estilos populares para trenzar el cabello, y luego se lo enrollaban. Y ponían entretejidos adornos de perlas y oro. Bueno, se pueden imaginar a una persona pobre sentada al lado del resto de los creyentes y de pronto llega una mujer que tiene en el pelo un cofre del tesoro. Esto era desesperante, imaginen que lo que el pobre podría pensar: "Creo que esta perla vale unas 89 dracmas. Y aquella de allá, ¡vean el tamaño que tiene!" Y entonces, la razón por la cual él había llegado a la iglesia se perdería por completo. No habrá forma de que escuche el

16_Pero, ¿cómo debe ser la iglesia? Parte 2

mensaje sentado detrás de este exhibidor de joyas. No habrá forma en la que él preste atención cuando llega una mujer que exhibe toda su vanidad y sus glorias públicamente. Y quiero decir que hay veces que gastan fortunas. Se dice que algunas personas rebasaban los diez mil dólares en adornos sobre sus cabezas. Y desde luego que esta será una situación extrema. De esto es de lo que está hablando. No creo que, si ustedes quieren usar alguna joya de perlas de fantasía, nadie vaya a hacer comentarios acerca de ello. Si te pones unos aretes de dos dólares, nadie va a decir nada. No quiero ser ridículo, lo que estamos diciendo es, no hay lugar para presunción y exhibición de tesoros frente a la gente que está aquí para adorar a Dios y para compartir la Palabra de Dios. Estamos aquí vestidos modestamente con la idea de no hacer cosas que nos distraigan de lo que Dios quiere hacer por medio de su Santo Espíritu y con la Palabra.

Por lo tanto, las mujeres deben ser muy cuidadosas en cuanto a su forma de vestir. Que sea modestamente. Esta es la cuestión, y esta es la respuesta. No con un tipo de cabello que ocasione distracciones. Ahora, la peor distracción es si ustedes vienen aquí y su cabeza luce como si la hubieran peinado con la batidora de huevos. Eso es algo que distrae mucho. Pero hay balance, obviamente, y está bien si quieres usar alguna joya modesta. Este no es el punto. El punto es: cuando pasas a lo extravagante, eso se convierte en algo que distrae.

En 1 Timoteo 2:10, y aquí está el final positivo de esto: "Sino con buenas obras, como corresponde a mujeres que profesan piedad". Quiero decir que, si tú eres una mujer piadosa, te vas a mostrar cómo alguien que se preocupa por las cosas piadosas, no como alguien que se preocupa por presumir. Una persona piadosa no se preocupa por atraer miradas. Y llega el versículo 11, nos dice algo más acerca de las mujeres cuando se reúnen: "La mujer aprenda en silencio, con toda sujeción". En el servicio público, las mujeres no deben hablar. Ese es el estándar. Ahora bien, las mujeres deben enseñar en tiempos privados e instruir. Esto lo estableceremos en un momento. Pero no deben hablar en un servicio público. No deben enseñar, y si me preguntan, ¿crees en las mujeres predicadoras? No, punto, así de simple, no. Esto es exactamente de lo que está hablando este versículo. "La mujer aprenda en silencio, con toda sujeción". Y el doce, más específico: "Porque no permito a la mujer enseñar, ni ejercer dominio sobre el hombre, sino estar en silencio". No existe tal cosa, dentro de la Biblia, como una mujer predicadora. En lo absoluto. No existe tal cosa. Y, por lo tanto, vemos que el deber de una mujer, entonces, dentro del servicio es el de ser modesta y estar en silencio.

Hay algunas otras cosas que las mujeres deben hacer. Veamos rápidamente, Tito 2, y vamos a resumir esto. Tito 2:3, "Las ancianas asimismo", y esto desde luego que se refiere a las mujeres de edad. Anciana no quiere decir que estás decrépita. Lo que quiere decir es que estás madura. Y pueden anotar esto, sea que les corresponda o no, y no voy a mirar a ver quién apunta y quién no. El versículo 3 dice: "Las ancianas asimismo sean reverentes en su porte" —muy importante— "no calumniadoras". ¿Saben lo que significa esta palabra en el griego? Chismosas. Es muy fácil para las mujeres ancianas que ya no tienen mucho en qué preocuparse. Incluso en aquellos días, ellas tenían este problema, y no se había inventado el teléfono. Es muy fácil para las personas ancianas quedarse entrampadas hablando de todas las cosas que suceden. Incluso a veces no se dan cuenta, y otras claro que se dan cuenta, y así dan inicio a algo que se convierte en un verdadero problema y en un verdadero escándalo. Muchas iglesias han sido divididas a causa de esto en más ocasiones que a causa de otras cosas que se puedan pensar, y esto es lo que nosotros estamos tratando de evitar para mantener la unidad de esta asamblea. Entonces, las mujeres deben estar concentradas en ellas no vayan a ser falsas acusadoras, o chismosas". Deben tener un comportamiento santo. "No dadas al mucho vino". Y esto es bueno.

Y si te preguntas, ¿pueden las mujeres enseñar? ¿Cuál es la siguiente frase? Versículo 3, la última frase. "Maestras del bien". Desde luego que pueden ser maestras, pero no en el servicio público. Maestras del bien. Versículo 4, "que enseñen a las mujeres jóvenes". Y puedes pensar: "Oh, parece que no podemos hacer nada acerca de las chicas que andan por aquí". Algunas veces se me acercan y me dicen: "¿Ya viste el vestido de esa chica?" Bueno, quiero decirles que esa no es mi área. Haré lo que pueda. Nuestro liderazgo hará lo que pueda. El punto es este, las mujeres de más edad enseñan a las jóvenes. Si ustedes ven a una señorita que necesita consejo espiritual, esa es su responsabilidad. La gente se me acerca, y lo hacen incesantemente, semana tras semana vienen diciendo: "Pastor, ¿qué va a hacer usted respecto a esto?" ¿Y saben qué les contesto? "Querido miembro, no voy a hacer nada. Ese no es mi ministerio. Yo voy a hacer lo que pueda en las áreas donde Dios me traiga convicción. Si yo veo la necesidad de un individuo, iré a él. Pero si Dios pone a alguien en tu corazón que necesita alguna ayuda, esa es tu responsabilidad". No puedes estar esperando que una o dos personas hagan todo con todas las personas. Si tú piensas que hay una jovencita que necesita alguna ayuda y amor, o algún tipo de motivación, instrucción, tu obligación delante de Dios es ir a esa persona. ¿Por qué crees que el Espíritu de Dios te permitió enterarte o darte cuenta de esto? De esto es de lo que se trata cuando decimos que nos ministramos unos a otros.

Y aprecio el hecho de que algunos de ustedes si lo hacen. Esto es maravilloso. Ustedes tienen esta responsabilidad en amor, para dar guía a las mujeres jóvenes y para establecer un patrón, el de ser ejemplo. Y esto es lo que se supone que les deben enseñar. Esto es bueno. "Enséñenlas a ser sobrias", esta me gusta, "que enseñen a las mujeres jóvenes a amar a sus maridos y a sus hijos". Y ahora vean esto otro, "a ser prudentes, castas", y esto, "cuidadosas"

—¿de qué?— "de su casa". "¿Quieres decir que las mujeres jóvenes se deben quedar en casa?" Eso es exactamente lo que dice. Y entonces, la siguiente, es maravillosa, "sujetas a sus maridos". El pastor no es el responsable de andar corriendo de un lado a otro para enseñar todo a todos. Esa es tu responsabilidad cuando Dios te dirige, cuando pone en tu corazón a alguien.

¿Qué es lo que van a enseñar a las mujeres jóvenes? Una vez más, a ser sobrias, a amar a sus maridos, a amar a sus hijos, a ser discretas, castas, cuidadosas de sus casas. Muchas mujeres jóvenes se preguntan por qué sus hijos son difíciles de disciplinar y por qué tienen tantos problemas. Pero el problema es que ellas nunca permanecen con sus hijos en casa. Nunca están en casa con ellos enseñándoles principios que son espirituales y básicos para que formen sus patrones de vida. Y entonces, esto no es bueno. Ser buenas, esto es atenderlos. Esto es la bondad, el bien que les beneficia. "A ser obedientes a sus maridos". ¿Para qué? Para que la Palabra de Dios no sea blasfemada. Y querido amigo, tu conducta individual determina el testimonio de Jesucristo dentro del mundo. ¿Lo sabían? Bueno, y entonces pasa a hablar de los deberes generales, tales como orar, enseñar, ministrar, dar, compartir, y predicar el evangelio. Ustedes podrán estudiar estos por su propia cuenta.

Oración final

Padre, te agradecemos por lo que nos has enseñado esta mañana. Señor, ayúdanos a hacer algo con estos principios. Para tu propia gloria, en el nombre de Jesús. Amén.

26 de Noviembre, 1972

17_La organización espiritual

En aquellos días, como creciera el número de los discípulos, hubo murmuración de los griegos contra los hebreos, de que las viudas de aquéllos eran desatendidas en la distribución diaria. Entonces los doce convocaron a la multitud de los discípulos, y dijeron: No es justo que nosotros dejemos la palabra de Dios, para servir a las mesas. Buscad, pues, hermanos, de entre vosotros a siete varones de buen testimonio, llenos del Espíritu Santo y de sabiduría, a quienes encarguemos de este trabajo. Y nosotros persistiremos en la oración y en el ministerio de la palabra. Agradó la propuesta a toda la multitud; y eligieron a Esteban, varón lleno de fe y del Espíritu Santo, a Felipe, a Próroco, a Nicanor, a Timón, a Parmenas, y a Nicolás prosélito de Antioquía; a los cuales presentaron ante los apóstoles, quienes, orando, les impusieron las manos.

Y crecía la palabra del Señor, y el número de los discípulos se multiplicaba grandemente en Jerusalén; también muchos de los sacerdotes obedecían a la fe.

Hechos 6:1–7

BOSQUEJO

— Introducción. Escrituras seleccionadas

— La razón para la organización

— Los requisitos para el ministerio

— Las personas elegidas

— Los resultados

— Oración final

Notas personales al bosquejo

17_La organización espiritual

SERMÓN

Introducción. Escrituras seleccionadas

Esta mañana llegamos a nuestro estudio del capítulo 6 de Hechos. Y el mensaje que pienso que es una base importante para poder entender de manera adecuada la organización dentro de la iglesia. Alguien dijo una vez, los cristianos dejan de ser cristianos cuando buscan organizarse. Y pienso que en gran medida esta declaración puede ser verdad. Supongo que esto tiene que ver con quienes son los cristianos y que tan bien organizados se hagan, y ha habido un gran debate por muchos años acerca de si es que la iglesia debe estar organizada o no, y esto ahora ha llegado a ser parte de la época en la que vivimos. Parece que no solo existe la iglesia súper bien organizada, con buenos empleados y todo funcionando como una corporación muy eficiente, sin embargo, parece que también existe un tipo de organización encubierta de la que leemos y que existe hoy en hogares con estudios bíblicos que están enfatizando continuamente la vida del cuerpo; estos son básicamente los dos polos que las personas analizan para determinar cuál es el grado de organización dentro de la iglesia.

Algunos lucharán diciendo que la iglesia no debe tener ninguna organización formal en absoluto. No debe tener edificio, no debe poseer ningún tipo de terreno en propiedad, no debe haber nadie que sea responsable de ninguna función en particular. Solamente todos deben moverse de un lado a otro con libertad dentro del cuerpo de Cristo conectados corporativamente entre ellos y con Cristo quien es la cabeza. Incluso escuche a alguien que decía que cualquier cosa que sea organización no proviene de Dios. Cualquier cosa que sea un sistema no es de Dios, lo cual veo muy difícil de soportar. Dios es tan organizado que el sol sigue saliendo todos los días, o de la manera que lo quieras expresar. La tierra sigue girando, si lo quieres desde el punto de vista científico. Todo continúa sucediendo todo el tiempo como debe ser. Lanzamos a un hombre al espacio y calcularon que él regresaría a tierra en algún punto en el océano, y sucedió porque la tierra sigue el curso que tiene que seguir. Dios está extremadamente organizado.

Tan organizado está Dios que tu cuerpo opera año tras año sin necesidad de que tú lo presiones de algún modo o de que lo hagas hacer lo que él tiene que hacer. Tú estás bien organizado. El microcosmos, el macrocosmos, toda dimensión de la Palabra de Dios está organizada. Por lo que decir que cualquier cosa que sea un sistema no es de Dios es destruir la misma naturaleza de Dios, que es la máxima manifestación de un ser organizado. Y no solo eso, si ustedes leen cualquier cosa acerca del Antiguo Testamento encontrarán que el Antiguo Testamento fue ordenado por Dios y es un sistema de principio a fin.

Por otro lado, hay otras personas quienes dicen que la iglesia es totalmente una organización, que debe ser administrada como un negocio, que debe demostrar un organigrama complejo de su organización con todo tipo de consejos y comités y sub comités, divisiones, y todos esos pequeños recuadros por todos lados, como algunos que he visto que para entenderlos se requiere de un científico o un decodificador. Dicen que todos deben tener la descripción de su trabajo, que incluya tres o cuatro páginas de un portafolio de funciones y operaciones, en las que todos tienen que encajar sus programas, que son prescritos y ordenados por los comités ejecutivos de la iglesia. Que todo tiene que ser una estructura detallada y entonces se le debe decir al Espíritu Santo que puede operar dentro de los límites y recuadros que fueron creados en este sistema. Y como pueden ver esto es tan malo como el otro extremo.

Crear una organización y después decir al Espíritu Santo lo qué puede hacer es solo tan necio como decirle al Espíritu Santo qué debe hacer y no darle a Él ninguna estructura para ayudarlo a hacerlo por medio de la gente en una forma de funciones prácticas. Ambos extremos son equivocados. Creo que la iglesia del Nuevo Testamento es un organismo. Que no te quede duda acerca de esto. Esto es lo que creo. Y creo que la vida del cuerpo es su conexión con Cristo y la unidad orgánica dentro de sí misma. Pero también creo que la iglesia tiene que estar organizada. También creo que debemos estar aquí a las 8:30 y a las 10:10 o no seremos capaces de funcionar correctamente dentro del marco del cuerpo porque este es el tiempo en el que somos enseñados. Hay cosas que tienen que ocurrir organizacionalmente.

Entonces ambos extremos están mal. Decir que la iglesia solo es un organismo y no puede ser organizado está mal. Decir que la iglesia es estrictamente una organización y no puede funcionar siguiendo un estilo de vida también está mal. Y ambos extremos se meten en muchos problemas.

Ahora, la iglesia temprana era un organismo, pero no era un organismo organizado. Todos los organismos que hacen lo que deben hacer están organizados. Estar organizado simplemente significa que algo funciona en una secuencia ordenada, y el apóstol Pablo, cuando escribió a los Corintios les dijo esto: "que todas las cosas se hagan decentemente y" —¿cómo?— "con orden". Es obvio que no podemos hacer todo siguiendo el capricho de cualquiera que lo quiera hacer. Debe haber una organización dentro del organismo. Es algo bueno que tu cuerpo funcione de esta manera. Es algo bueno que el organismo esté organizado.

Cuando llegamos al capítulo 6 la iglesia necesita estar un poco mejor organizada. Son un organismo funcionando. Y en realidad son el organismo más funcional que la historia jamás ha visto. Son un cuerpo que está devastando de manera absoluta al mundo. Su efecto es increíble. Han tenido un efecto colosal sobre la comunidad judía en Jerusalén. Han asombrado a la gente con los milagros, las maravillas y las señales que han estado sucediendo. Multitudes han estado viniendo a Jesucristo. Hay un fantástico amor. La comunidad de creyentes está compartiendo todas las cosas. Y hay un tipo de comunión hermosa por todos lados. Es un organismo funcionando de manera hermosa. ¿Pero, saben qué? El Espíritu de Dios sabe que necesita estar organizado y la crisis llega en el capítulo 6 y ahí encontramos los principios de la organización de la iglesia.

Permítanme darles una pequeña idea aquí para iniciar con ello, este será nuestro pensamiento prevaleciente y quiero que lo tengan. Una organización bíblica dentro de la iglesia siempre acomoda los ministerios que el Espíritu ya ha iniciado. Esto es lo que encontramos dentro de la Biblia si lo buscamos. La organización bíblica acomoda lo que el Espíritu ya está haciendo. La organización bíblica de la iglesia no dice organicemos esto y ahora le decimos al Espíritu Santo esto es lo que hemos desarrollado y ahora ve y hazlo. Esto es hacer que el Espíritu Santo encaje dentro de tu cajita, dentro de tu molde, pero esta no es la forma que vemos dentro de la Escritura. Dentro de la Escritura el flujo de la iglesia sucede. La iglesia comienza a vivir, a respirar, a moverse y a desarrollar ministerios y entonces cuando la iglesia se mueve y coloca un marco alrededor para que todo esto pueda funcionar suavemente.

Pero toda la organización bíblica de la iglesia aparece siendo acomodada en referencia a lo que el Espíritu de Dios ya está haciendo. Y creo que nosotros en Grace Church, creo que no depende de nosotros el hacer que haya todo tipo de organizaciones y que debamos estar presionando a todos para que lo hagan, más bien es ver que es lo que los santos están haciendo y después colocarlos dentro del marco de operación y ayudarlos para que lo hagan eficazmente.

La iglesia temprana había comenzado a evangelizar y a entrar cada vez más en el evangelismo. Sorprendentemente las cosas estaban sucediendo, pero, así como llegaron, llegó el momento en el que se necesitaba una mejor estructura con la idea de hacer que el evangelismo fuera más efectivo.

En esta iglesia hemos estado enseñando evangelismo y algunos de ustedes se han emocionado, muchos de ustedes han venido a mí o a alguno de nuestros pastores para decirnos: "Saben, este énfasis en evangelismo me ha emocionado mucho. ¿Cuándo vamos a comenzar en esto?" Bien, lo hemos estado predicando y ahora tenemos unas dos docenas de personas quienes están llamando al teléfono diciendo: "¿Cuándo vamos a comenzar a hacer todo esto?" Pero en este momento lo que estamos haciendo es orar y pedir a Dios que nos muestre cómo debemos de enmarcar todo esto que el Espíritu Santo de Dios ha puesto ya en movimiento. Eso es organización bíblica dentro de la iglesia. Esto es acomodar lo que el Espíritu de Dios dice dentro de una estructura fina y delicada, para que la gente trabaje con el poder del Espíritu y de este modo sea del mayor beneficio posible. Así es como describimos la organización correcta.

Ahora mantengan esto en su mente ya que es un gran principio en sí mismo y que ustedes no deben olvidar. La iglesia debe acomodar lo que el Espíritu está haciendo, no hacer que el Espíritu se acomode a lo que el comité ha decidido que debe ser hecho.

Así era la iglesia temprana, podemos ver este patrón en la iglesia temprana porque ellos habían comenzado a organizarse. Poco a poco ellos dejaron de ser un grupo que andaba por ahí vagando sin hacer nada y sin que nadie tuviera responsabilidades, ninguna en términos de organización. Permítanme mostrarles porqué sé que ellos estaban iniciando a formar una organización entre ellos. Primero que nada, un par de veces se nos dice cuántos creyentes había. Tres mil y cinco mil, lo que quiere decir que alguien los estaba contando. Alguien debió tener la responsabilidad de saber quién estaba dentro de la comunión de los creyentes, esto para que ellos pudieran conocer su membresía y así poder cubrir sus necesidades. Esto era importante.

También era importante que ellos tuvieran ciertos lugares y ciertos tiempos para reunirse juntos en algún lugar para llevar a cabo su adoración pública, oración, y para el estudio de la Palabra. Y aparentemente ellos tuvieron algunos momentos en los que alguien estaba determinando esos tiempos y alguien preparaba el lugar que fuera necesario. Esto era organización básica. En alguna ocasión alguien me dijo: "Tienes una iglesia y tienes todos estos edificios. ¿Por qué tienes todos estos edificios? Esto es un gasto de dinero innecesario, eso no se necesita". A lo cual le contesté: "El Señor nos sigue mandando más personas y lo único que nosotros hacemos es poner paredes que los alberguen. Tenemos todas estas sillas porque creemos que cuando la gente está sentada se le facilita más el escuchar". Pero insistió: "¿Y por qué tiene toda esta alfombra?" La realidad es que es mucho más barata que tener piso de linóleum, porque el piso de linóleum hay que lustrarlo y para ello quitar las sillas.

Se dan cuenta que hay cosas simples. Alguien dijo: "Las iglesias gastan miles de dólares". Bueno, la realidad es que este edificio que ustedes ven puede albergar a más de 1200 personas, y no costó cualquier cosa. Pero lo que si les puedo decir es que se buscó hacer de la manera que nos costara lo menos posible. Cuatro paredes y con eso comenzamos, pero de este modo acomodamos lo que creímos que Dios ya estaba haciendo. A esto me refiero cuando hablo de organización dentro de la iglesia, de esto es de lo que se trata la estructura de la iglesia.

Ahora bien, la iglesia temprana comenzó a acomodar al Espíritu de Dios. Se reunían el primer día de la semana. Dice en Hechos 2 que ellos partían

17_La organización espiritual

el pan de casa en casa. Por lo tanto, debieron tener alguna forma organizada de ir de una a otra de las varías casas, del mismo modo se tenían que avisar a cuál irían y cuándo. El dinero, y los bienes que eran recolectados, también eran distribuidos. Las cosas se tenían en común. Las necesidades de todos se cubrían, por lo que podemos afirmar que alguien se encargaba de organizar todo.

Así que poco a poco, conforme el Espíritu de Dios comenzó a fluir por medio de la vida del cuerpo, el cuerpo fue acomodando lo que el Espíritu de Dios estaba haciendo al ir enmarcando cada cosa dentro de las estructuras. Esta es la organización bíblica de la iglesia y de esta forma podemos ver que no le imponemos nada al Espíritu de Dios. Esta, también es la razón por la que no creo ni por un minuto que mi trabajo es desarrollar programas, o bien inventar todo tipo de esquemas y después ir a buscar a la gente que llene los puestos. Mi compromiso simplemente es mantenerme enseñando la Palabra de Dios y cuando un grupo de personas quiere hacer algo, darles el acomodo apropiado para que lo hagan.

Y entonces es muy obvio que la iglesia comenzó a organizarse. Ahora la organización nunca representa un fin en sí misma. Cuando no puedes venir y decir: "Bueno, tenemos nuestro programa y estamos ya funcionando". El asunto es que nunca debe ser tu programa, el programa es de Dios.

La primera organización fue muy simple. Los apóstoles enseñaron, los apóstoles gobernaban y todos los demás hacían lo que ellos decían. Pero la iglesia comenzó a crecer y crecer y crecer, entonces comenzaron a enfrentar algunos problemas reales de organización. Y vemos la primera crisis organizacional en el capítulo seis de Hechos. Y una vez más vemos que la necesidad se convierte en la madre de la invención. Esto es importante. La iglesia siempre añadió a su organización solo lo que su vida y su crecimiento le demandó, solo organizó los ministerios que ya estaban activos, y observen esto, para eliminar problemas existentes. Y pienso que de eso es de lo que se trata la organización. Si ustedes han tenido algún problema seguro lo que necesitan es organizarse para solucionar el problema.

Algunas personas dijeron hace como un año que aquí teníamos un problema, que nuestra área de adultos de cierto modo era un problema, así que nos involucramos y establecimos una estructura que resolvería el problema, simplemente organizamos lo que Dios quería hacer dentro de esa área. Y como les dije, el reciente énfasis evangelístico del libro de Hechos hizo que la gente se emocionara, ahora hay en mi mente y en la mente de los otros pastores una estructura que va a ser muy emocionante y la estaremos compartiendo con ustedes muy pronto. Pero lo más importante es que ya ha sido desarrollada por el Espíritu de Dios y lo vemos por medio del interés de la gente de compartir a Cristo al grado que ahora se preguntan, ¿cómo lo hago? Muéstrenme la forma de hacerlo, de ir, ¿cuál es el patrón? Y no impondremos alguna estructura soñada dentro del cuerpo a menos que percibamos que el cuerpo se mueve en esa dirección bajo la energía del Espíritu.

Cuando prevalece la necesidad, entonces surge la organización. Vayamos a ver este texto, versículos 1 al 7 y veamos qué tanto tiempo nos da el Espíritu esta mañana; consideremos cuatro cosas que aparecen aquí en la primera reunión organizacional espiritual. Primero que nada, la razón, y esto es la base que necesitaban para organizarse. ¿Cuál es la razón para la organización?

Segundo, los requisitos. Si es que has logrado una organización, todo lo que significa es que tú tienes a algunas personas que están haciendo algunas cosas. ¿Y cuáles eran los requisitos de la gente? Esto es la cuestión siguiente.

El tercer punto es la lista. ¿Quiénes fueron las personas elegidas? Y cuarto, los resultados. ¿Qué es lo que sucede cuando la iglesia comienza a estar organizada para acomodar lo que el Espíritu ya está haciendo? Espero que estos cuatro puntos nos ayuden.

La razón para la organización

Primero vayamos a ver la razón. ¿Por qué necesitaron organizarse? ¿Por qué no simplemente continuaron como estaban? Veamos el versículo uno para que vean varios aspectos.

"En aquellos días, como creciera el número de los discípulos". Alto aquí. Aquí está su primer problema. Había demasiadas personas como para que los apóstoles pudieran manejar todo lo que se hacía. ¿Cuántos? Bueno en realidad no lo sabemos, pero me aventuraré a decirles que había unos 30.000 al menos, entre 20 y 30 mil. Esta es una congregación muy grande. Comenzaré intentando por descargar sobre ustedes los problemas administrativos y las responsabilidades de solo 2.000 como estos.

Se pueden imaginar los problemas al tratar de administrar a una congregación de este tamaño, no solo cuando estuvieras administrando sus necesidades espirituales, sino también cuando estuvieras supliendo sus necesidades físicas, y cuidando a los pobres, las viudas y a todos los demás. Estamos hablando de una monstruosidad. Aquí estaban solo los doce apóstoles entrampados con mucho de todo esto. Era tremendamente grande. Había crecido muy rápido y saben que uno de los problemas con un crecimiento rápido, como ya hemos descubierto, es que no tienes tiempo para ajustarte a nada. Te levantas por la mañana y tienes todo este enorme paquete con el que no has podido crecer.

Aquí ellos solo tienen unos dos meses de edad y ya son 20.000 o 30.000 personas, no se han podido ajustar al crecimiento para nada y ahora están teniendo que enfrentar este golpe explosivo, un problema fantástico.

Demasiadas personas dentro de la iglesia y el mayor problema es que aún no han terminado de crecer. Van a añadir a más conforme sean capaces de añadirlos.

Y solo administrar los casos de los creyentes ya es un gran problema, asegurarse que los pobres obtengan el alimento que necesitan, y asegurarse de que alguien provea los elementos que se necesitan para la cena del Señor; alguien tiene que saber cuántas personas estarán ahí para tener todo listo y cuando lleguen todos puedan participar, asegurarse de ministrar el bautismo a todos; imaginen el hecho de tener toallas para todos y secar todo, asegurarse que hubiera agua en los estanques, o bien cualquier otra cosa que tuvieran que organizar.

¡Muchas personas! Se tenían que asegurar de que cuando hubiera una reunión la gente supiera de ellos y alguien tenía que ser responsable de enseñar en esa reunión. Y si tenían una reunión en la calle o si iban a ir a predicar por toda la región del templo, ¿quién estaría a cargo de la predicación y quién estaría ahí para darles seguimiento? Se tenían que encargar de todo esto.

Pueden imaginar que los apóstoles, los doce, estaban corriendo de un lado al otro como gallinas sin cabeza intentando hacer que todo funcionara. En adición a esto, lo que lo hacía más emocionante era, que ellos estaban cumpliendo la tarea número uno que los cuatro propósitos que Cristo les había dado cuando les dijo: "Y me serán testigos en Jerusalén, en Judea, Samaria, y hasta lo último de la tierra". Ellos habían cumplido en Jerusalén con su doctrina. Hechos 5:28. Ya lo habían cumplido. Estaban listos para moverse hacia Judea, Samaria y hasta lo último de la tierra. Se encontraban en el umbral de la evangelización a los gentiles.

Ahora, con la idea de que esto continuara debía tener algún tipo de organización, algún tipo de estructura como base de la cual ellos pudieran salir. Pero su evangelismo ya había comenzado. Ellos son una figura de nuestra iglesia, esto es algo increíble para mí. Nuestra iglesia, con la participación de muchos de ustedes se ha estado reproduciendo, y muchos de ustedes son nuevos convertidos y han sido ganados a Cristo por otros de nuestros miembros y de este modo hemos estado haciendo evangelismo, nos hemos estado moviendo y repentinamente estamos en este umbral, creo, de una gran explosión de evangelismo.

Estamos diciendo ahora que antes de que nosotros realmente hagamos lo que necesitamos para organizar algunas cosas de tal modo que podamos comenzar en realidad a funcionar en una manera simple y así cumplir lo que Dios quiere que cumplamos al estilo de la primera iglesia.

Pero estaban al borde de esta explosión evangelística. De hecho, el capítulo 6 nos presenta a Esteban. Esteban aparece en el siguiente capítulo y siguiendo los pasos de Esteban encontramos a Pablo, y Pablo inicia la evangelización a los gentiles. Así que estamos en el umbral de todo este movimiento. Y antes de que la iglesia pueda realmente ser efectiva dentro del mundo se tiene que asegurar de que se está administrando adecuadamente. Y he dicho esto muchas veces y continúo diciéndolo y continuaré diciéndolo, la iglesia que es efectiva en evangelismo es la iglesia que es una, que está unida. Y esto es con lo que tiene que lidiar. Así que el hecho de su tamaño y el hecho de que ellos estaban en el umbral del evangelismo a los gentiles, pienso que era muy importante la formación de una estructura básica.

Y también es muy interesante, pienso, que tan pronto como llegas al umbral de cualquier cosa importante, Satanás comienza a trabajar. Créanlo, así funciona. Y no se los digo porque lo haya leído en algún libro de texto. Se los digo de cada experiencia diaria de mi vida. Tan pronto como comienzas a hacer algo grande para Dios, Satanás se mueve para echar a perder todo.

Satanás se acerca a la iglesia de tres maneras. Permítanme darles las tres tácticas que Satanás usa. Son generales y al mismo tiempo son las mismas. Han sido las mismas desde el comienzo de la iglesia. Número uno es persecución. Satanás usa el ataque en contra de la iglesia al perseguir a los santos. Y puede ser que sea persecución emocional o bien que te llegué por parte de la sociedad, o incluso puede ser que la veas como un ataque religioso, no importa de dónde provenga, sea persecución mental y emocional o incluso abuso físico, Satanás intenta hacer que los cristianos pierdan el control para así poder sacarlos de la batalla. Y gran parte del ministerio se ocupa intentando hacer que los santos se emocionen, se comprometan y se atrevan a regresar al mundo con los suficientes nervios para compartir a Cristo. Y, hermano, esta batalla nunca termina. Y siempre tenemos algunos santos que se entretienen en las sombras y nunca entran a la batalla. Siempre tenemos a toda una de masa viscosa de personas que se quedan sentados en la banca. Son como los que acompañan a los equipos deportivos en el viaje, pero ellos nunca juegan. Siempre estás tratando de hacer que estos cristianos entren al sistema para que se pongan a trabajar. Que intervengan en todo esto. Estamos intentando alcanzar al mundo. Estamos intentando salir y actuar, pero ellos son de los que salen y ofrecen resistencia o bien se meten en algún agujero. Pero Satanás usa esto. Lo intentó con la iglesia temprana y no le funcionó. Persiguió a la iglesia temprana y el mensaje voló rápidamente y eso le dio a Dios la oportunidad de realizar milagros para probar más abundantemente que Jesús era el Mesías, y cada vez que él persiguió a la iglesia, Dios lo superó y la iglesia creció más rápidamente.

Y tiene otra forma de atacar a la iglesia, la segunda forma de acercamiento para atacar a la iglesia fue por medio de pecado dentro del cuerpo. Si logra hacer que algunos de los individuos que forman el cuerpo pequen, puede corromper a todo el cuerpo. Él lo intentó con Ananías y Safira, pero Dios intervino para hacer que Ananías y Safira murieran justo ahí frente a

17_La organización espiritual

toda la iglesia. ¿Y saben qué fue lo que hizo esto dentro de la iglesia? Purificó a la iglesia tan rápido como esto sucedió. Y los cristianos comenzaron a decirse entre ellos, "Es mejor que nos aseguremos que nuestras vidas son rectas. Vieron lo que le sucedió a Ananías y a Safira. No jueguen con esto". Y no solo purificó a la iglesia existente, sino que aseguró que los que eran añadidos a la iglesia eran puros porque nadie quería unirse a una iglesia como esta, a menos que verdaderamente fueran sinceros, esto se esparció. Si te metes a esa iglesia siendo hipócrita te expones a morir. Así Satanás intentó usar el pecado dentro del cuerpo, pero falló. Dios trató con el pecado y el resultado fue que la iglesia fue purificada y el evangelio se esparció rápidamente. Cuanto más pura sea la iglesia, más rápido se esparce el evangelio.

Pero Satanás tiene una tercera táctica. Esta es la táctica que usa en el capítulo 6 para precipitar un efecto negativo sobre la iglesia y hacer que pierda su poder, esta es disensión dentro del cuerpo. Disensión. Haz que la iglesia esté muy ocupada luchando contra sí misma y su mensaje se perderá en medio de la hipocresía y su energía será disipada en medio de sus luchas internas. ¿Cuántas iglesias conoces en las cuales solo se sientan a pelear los unos con los otros? Esto está sucediendo por todos lados. Discutiendo por todo, con asuntos que solo tienen que ver con el orgullo, con el descontento, con el chisme, luchas de poder, con todo tipo de luchas triviales; para dividir la energía de todos al estar intentando mantener a los miembros juntos. Solo dedíquense a cumplir con la comisión que el Señor nos dio.

Escuchen esto, antes de que el evangelismo efectivo pueda comenzar, la disensión tiene que salir. Y aquí, al comienzo del capítulo seis, hay una disensión potencial que Satanás está intentando crear. Pero esto tiene que ser tratado. Y esto es lo que precipitó la organización espiritual que aquí está sucediendo.

Les puedo decir que hoy por hoy Satanás continúa utilizando las mismas tres tácticas. Nada ha cambiado, es impresionante que sepamos qué es lo que va a intentar y dejar que lo haga. Cuando jugaba futbol, yo me decía a mí mismo, si tan solo hacemos que el otro equipo solo haga tres jugadas no van a poder ser efectivos. Sabríamos que era lo que iban a hacer cada vez y así podríamos preparar nuestra defensa en su contra. Ahora, nosotros sabemos que es lo que Satanás va a hacer todo el tiempo y lo peor es que se lo permitimos. Sabemos exactamente lo que él quiere hacer y lo dejamos que lo haga. Satanás está tratando de deshacer el testimonio de la iglesia, haciendo que los santos se atemoricen. ¿Y qué hacemos nosotros? Nos atemorizamos y callamos.

Satanás está intentando arruinar a la iglesia por medio del pecado del creyente. ¿Y qué hacemos? Pecamos. Satanás está intentando crear disensión. ¿Y qué hacemos? Nos involucramos en pequeñas peleas, en discusiones y en disensiones. No nos gusta esto y nos gusta aquello y así nos la pasamos. Un grupo se opone a otro grupo, una persona se pelea con otra. Sabemos qué es lo que va a hacer y dejamos que lo haga. Y les puedo decir honestamente que nunca, desde que he estado en esta iglesia, ha habido un tiempo cuando no hemos luchado en contra de alguna de estas cosas, la primera, la segunda o bien con las tres al mismo tiempo. Esto nunca termina. Tan solo declara victoria una noche y al día siguiente por la mañana hay otra batalla que librar.

Y si preguntan: "¿No desanima esto?" Les diré que desde luego que desanima. Se repite una y otra vez sin tener fin. Pero permítanme decirles algo más, también es divertido. ¿Cómo que es divertido? La única forma de ganar la victoria es estar involucrado en la batalla. Por lo tanto, la lucha es buena porque ahí vemos a Dios siendo reivindicado. Y siempre estamos intentando dentro de la iglesia acercarnos a los santos perseguidos quienes han perdido su valor para trabajar, estamos intentando acercarnos a los cristianos pecadores quienes están contaminando la comunión que hemos formado, y siempre estamos intentando acercarnos a aquellos que son amenazantemente divisivos, que pueden dividir la iglesia para que se unan y se amen unos a otros. Esto es constante, absolutamente constante. Y esta es la tercera forma de ataque que ha surgido aquí.

Ahora regresemos al versículo 1. "En aquellos días, como creciera el número de los discípulos, hubo murmuración". Y aquí está, disensión. Murmuración, que es traducida como alguien que se está quejando. Este es un problema. Alguien se está quejando. ¿De qué se están quejando? Bien escuchen esto: "hubo murmuración de los griegos". Esto es los judíos griegos.

Ahora bien, había dos tipos de judíos dentro de la iglesia. La iglesia aquí está conformada por judíos debido a que aún no han salido a los gentiles. Esto no sucede sino hasta que aparece Pablo. Así que aquí son solo judíos, pero no son solo un tipo de judíos, hay dos clases de judíos. Estaban los que habían nacido en Palestina, los hebreos como se usa aquí, y había judíos de Grecia o bien judíos helenistas. Eran judíos que vivían fuera de la región. Vivían en Asia menor, África del norte y cerca de estas áreas. Algunos de ellos se habían ido de Palestina dos o tres generaciones antes, pero habían mantenido herencia judía y siempre regresaban a Jerusalén para la Pascua y para Pentecostés o cualquier fiesta. Muchos de ellos fueron salvos por medio de la predicación de Pedro. Así que la iglesia está conformada de judíos de Israel y judíos de fuera de Israel. De algún modo había una división natural que provocaría un rompimiento inmediato entre ellos porque los judíos de fuera de Israel hablaban griego; los judíos de Israel hablaban arameo.

Así que hablaban dos lenguas diferentes; por lo tanto, ellos intentaban agruparse de la manera natural en la que lograban comunicarse. Y no solo esto, los judíos nativos menospreciaban de algún modo a los judíos de Grecia en un poco de esnobismo porque sentían que probablemente habían

17_La organización espiritual

sido contaminados por la cultura ajena y que no eran verdaderos judíos leales a su tierra.

Así que había esta pequeña fricción entre ellos. Entonces los griegos llegaron con una queja. Con la murmuración, "hubo murmuración de los griegos contra los hebreos, de que las viudas de aquéllos eran desatendidas en la distribución diaria". Y pienso que aquí pudo ser que la suegra de alguien no recibió su porción. A esto es a lo que todo se reduce. Quiero decir es que escuchar a una queja como esta, tan pequeña, puede hacer que todo se confunda. Casi siempre alguien se queja de algo pequeño y esto se convierte en algo muy grande, esto era lo que estaba sucediendo, que los judíos griegos creían que al momento de dar porciones y dinero a las viudas de los judíos griegos les tocaba menos al final.

Ellos estaban del lado de la minoría, así que había una tendencia de parte de los judíos nativos de no cumplir con su responsabilidad de algún modo, y especialmente, como ya dije, sucedía porque de manera natural tendían a dividirse un poco. Pero llegó la queja. Sabemos que el cuidado de las viudas fue siempre la costumbre judía, y del mismo modo el cuidado por los pobres. De hecho, dentro de la sinagoga había un procedimiento que de alguna manera era ya una rutina. Había oficiales conocidos como recepcionistas de almas, o bien eran personas que tomaban donaciones. Había dos de estos recolectores preparados para cada viernes por la mañana, se mezclaban en el mercado e iban casa por casa recolectando una ofrenda. Esa ofrenda, más tarde durante ese día, durante la tarde del viernes, se entregaba a los pobres y a las viudas. Si alguien estaba pasando por una situación de pobreza momentánea, se le daba lo suficiente para que pasara ese momento, y si alguien se encontraba en un caso permanente recibían lo suficiente para 14 alimentos, lo que quiere decir que eran dos comidas durante siete días. El próximo viernes regresaban y les daban una nueva cantidad.

Esta era una costumbre común para que los judíos cuidaran a los pobres, a los necesitados y a las viudas. Esto está específicamente definido por el apóstol Pablo en 1 Timoteo 5, como una responsabilidad de la iglesia. Creo que la responsabilidad de la iglesia es ayudar con las necesidades de las viudas que son creyentes. Creo que como iglesia tenemos la responsabilidad de cubrir las necesidades de cualquiera de ustedes que son viudas y que se encuentran en una posición en la que no son capaces de obtener aquello que les hace falta para vivir. Creo que es nuestro maravilloso privilegio cubrir esa necesidad y confiar y orar a Dios por que ustedes nos la hagan conocer cuando exista.

Estas viudas debieron estar obteniendo lo que el Señor en verdad había diseñado que la iglesia proveyera, pero por alguna razón no lo estaban obteniendo, y esto fue lo que inicio la queja. Y bueno con esta dicotomía natural que ya existía, esta queja pudo en realidad ocasionar algo grande entre estos dos grupos, y si la iglesia se divide se hace ineficaz. Pueden imaginar si esa iglesia temprana hubiera tenido una fisura de este tipo, sería como si la oscuridad hiciera su aparición justo frente al rostro del cristianismo. Y por lo tanto la queja comenzó y, desde luego, tarde o temprano llegó a los apóstoles. Del mismo modo que los hijos de Israel cuando estaban en el desierto y se quejaron, se quejaron ante Moisés y Aarón, del mismo modo la gente se quejó con los apóstoles. Pero eso es bueno. Si tienes una queja tienes que ir ante las personas que pueden hacer algo. No se trata de que vayas por ahí contando a todos acerca del asunto.

Ellos fueron a los apóstoles. Y bueno, los apóstoles querían solucionar esta queja, así que avancemos un poco y veamos otra razón del porqué ellos necesitaban estar organizados. Incidentalmente el segundo factor en esto era que la gente no estaba cubriendo sus necesidades. El asunto era algo grande, los apóstoles estaban pasando por alto a algunas de las viudas griegas; ellos no negaron esto. Aparentemente esto estaba sucediendo en realidad.

"Entonces los doce convocaron a la multitud de los discípulos, y dijeron: No es justo que nosotros dejemos la palabra de Dios, para servir a las mesas".

Lo primero que ellos dijeron es, miren reconocemos que hay un problema, pero nosotros no nos podemos ocupar de él. No podemos andar corriendo para asegurarnos que todos tengan todo. Es demasiado. Es demasiado pues si lo hacemos tendremos que dejar la Palabra de Dios. Pero no pierdan esto, necesitaremos abandonar la Palabra de Dios y no estamos dispuestos a hacer esto. Ellos sabían cual era su llamado; su llamado era a la Palabra y a la predicación de la Palabra y no estaban dispuestos a dejar eso. "No lo dejaremos para servir a las mesas". La palabra "mesas" era usada para referirse a comida, también esta es la palabra que se usa en Mateo 21:12 para referirse a las mesas de los cambistas.

Así que es muy amplia, ya sea que se trate de estar sirviendo alimentos, sirviendo en la mesa del Señor, no dice la mesa del Señor porque probablemente ellos no se involucraban en la comunión, pero ya fuera servir la mesa de los creyentes cuando se reunían a comer, o bien entregar el dinero y subsidiar lo que necesitaba ser subsidiado para la necesidad de aquellas personas que estaban en necesidad, o ya fuera recolectando fondos, todo este asunto de la comida y el dinero, los detalles del trabajo era ya demasiado para ellos.

Me puedo adelantar y decir que no habría nada malo en esto. Todo esto es bueno. Es bueno servir a las mesas. Es maravilloso entregar el dinero y la comida, o lo que fuera. Es maravilloso cuidar los asuntos, las transacciones que deben hacerse dentro de la comunidad de la iglesia. Es maravilloso, pero si Dios había llamado a estos hombres al ministerio de la Palabra entonces eso debía tener su prioridad.

17_La organización espiritual

El trabajo de servir había crecido a tales proporciones que, si los doce se encargaban de ello, tendrían que hacer a un lado la prioridad de la Palabra. Necesitaban que alguien más se encargara de ese trabajo y movilizará a la gente a que se hiciera cargo. Esta es una verdadera crisis. Ahora esta declaración que sale en este versículo para mí es, "no es correcto que nosotros abandonemos la palabra de Dios". Te diré que odio incluso el pensar en cuántos hombres, que el día de hoy están en el ministerio, han hecho justamente esto. Están ocupados, ocupados, ocupados haciendo de todo excepto lo que Dios les ha confiado como su prioridad, y su prioridad es el ministerio de la Palabra de Dios.

Esta es una verdadera crisis. Es muy fácil para los pastores y maestros, para los misioneros y los evangelistas involucrarse en ministrar a las viudas y servir a las mesas, y todo tipo de cosas que hacen que dejen la Palabra, lo que hace que las congregaciones languidezcan en una infancia espiritual año tras año, año tras año, año tras año. Y nunca crecen. Los miembros son gente maravillosa. Y tal vez en muchos casos ellos fueron empujados para hacer estas cosas por la congregación expectante de las cosas incorrectas y no las correctas. Y no estoy tratando de eludir mi responsabilidad. Sino que quiero cumplir con mi responsabilidad delante de Dios. Aquellos apóstoles sabían para que habían sido dados a la iglesia, eso era para enseñar la Palabra de Dios y eso los hacía que comenzaran a dejarla o bien dejarlo inconcluso porque el tiempo lo ocupaban en otra necesidad.

Así que los apóstoles tenían un problema. Su gran llamado era el enseñar y predicar, estudiar, y ellos estaban perdiendo el tiempo en estas otras tareas. Así que ellos declararon cuales eran sus prioridades.

Ahora vayamos a ver el versículo 4 y ahí continúa la razón. "Y nosotros persistiremos en la oración y en el ministerio de la palabra". En otras palabras, no podemos estar haciendo esto. Nos debemos concentrar en la dualidad de nuestro ministerio, oración y predicación, predicación y oración. Están diciendo, en efecto, ustedes sirvan las mesas; nosotros serviremos la Palabra. La misma palabra en griego, *diakonía*, servir las mesas y ministrar la Palabra. Servir y ministrar ambas son la misma palabra en griego. Nosotros serviremos la Palabra, ustedes servirán las mesas. Y así es como sucede. Recuerdan Efesios 4, el apóstol Pablo dice que el Señor le ha dado a la iglesia apóstoles, profetas, pastores maestros, y evangelistas para hacer, ¿qué?, perfeccionar a los santos para la obra del ministerio. Nosotros los llevaremos a la madurez, ustedes hacen la obra del ministerio. Este es el punto.

Por lo que ellos estaban determinados a no permitir que ningún servicio tuviera precedencia ante el ministerio de la Palabra y la oración. Esta es la prioridad. Esta es la tarea primaria de la iglesia, enseñar la Palabra de Dios y me refiero a que debe ser enseñada de manera correcta, no simplezas acerca de la Biblia, no historias acerca de verdades espirituales, sino desarrollar el texto. Esta es la obligación, predicar el evangelio, la oración y la enseñanza.

Pero ahora, la predicación sin oración es hueca y seca. La predicación tiene que involucrar oración constante por aquellos a los que les predicamos, y para que Dios nos haga ser la vasija correcta. Saben cuál es el gozo más grande que tenemos, a pesar de que no podemos estar todo el tiempo visitando personas y hacer otras muchas cosas, por dedicar nuestro tiempo al estudio de la Palabra y a predicar, junto con esto tenemos el gran gozo de poder predicar. Y cada semana tenemos una lista de oración con la que oramos los pastores cuando nos reunimos para orar y compartimos las varias necesidades que hay para toda la congregación. Oramos de manera muy específica por muchos de ustedes, la mayor parte de ustedes y por sus necesidades en particular de acuerdo a lo que sabemos. Este es un gozo. Oramos durante la semana y regresamos el miércoles y compartimos como Dios ha contestado y comenzamos una nueva lista. Esto es oración y esto es lo que, por así decirlo, baña a la predicación dentro de una relación personal. Esto es algo muy emocionante. Nuestros ancianos se reúnen la mañana del domingo antes de que todos ustedes lleguen aquí, y pasamos tiempo en oración una vez más por todos ustedes.

Así que el ministerio debe ser oración, pero debe ser oración y predicación. Es nuestra prioridad. Sé que lo que la Biblia enseña es que el hombre de Dios que ha sido llamado a pastorear al rebaño debe darse a sí mismo a la oración y a la predicación. No puede abandonar la Palabra para hacer otras cosas.

Estos primeros hombres establecieron un patrón. Y quiero mostrarles a ustedes lo que es que esto demanda un completo compromiso. Vean el versículo 4. Dice: "nosotros persistiremos en la oración y en el ministerio de la palabra". Vean la palabra persistiremos. Nunca nos rendiremos. No hay sustituto para esto. Solo noten esta frase, nosotros persistiremos. ¿Conocen el tipo de ministerio del que estoy hablando, la Palabra de Dios demanda todo lo que uno es? Demanda saturación. Es despertar en la mañana y comenzar en la Palabra de Dios y avanzar todo el día saturándote con la Palabra de Dios, de tal modo que cuando te paras al frente puedes decir: "Así dice el Señor", y lo dices legítimamente. Es un compromiso total.

En una ocasión un gran maestro de la Biblia enseñaba y un joven vino y le dijo: "Yo me daría al mundo si pudiera enseñar la Palabra como usted lo hace". Y el maestro lo miró a los ojos y dijo: "Sí, y eso es exactamente lo que te costará. Esto es un compromiso total". Entregarte por completo.

El apóstol Pablo supo algo acerca de este tipo de compromiso. Él se dio a la Palabra absoluta e incesantemente. Nunca renunció. En Hechos 20:17, "Enviando, pues, desde Mileto a Éfeso, hizo llamar a los ancianos de la iglesia. Cuando vinieron a él, les dijo: Vosotros sabéis cómo me he comportado entre vosotros todo el tiempo, desde el primer día que entré en Asia, sirviendo al Señor con toda humildad, y con muchas lágrimas, y pruebas que me han venido por las asechanzas de los judíos; y cómo nada que fuese útil he rehuido de anunciaros y enseñaros, públicamente y por las casas". ¿Saben que al final del libro dice que cuando él estuvo en Roma enseñó la Biblia desde la mañana a la noche todos los días durante dos años? Y alguien preguntará: "¿Cuándo hizo visitación?" En primer lugar, debemos recordar que estaba encadenado a un soldado romano. La visitación fue para él. Y sin embargo nunca hubo un corazón más personal y amoroso que el del apóstol Pablo. Él amaba a la gente. Le dijo a Timoteo: "Ven a mí, Timoteo".

Y más adelante en el mismo libro dice: "Podrías venir antes del invierno, te necesito. Demas me ha abandonado, amando más a este mundo". Él tenía una relación personal con la gente. Él tenía un ministerio que se basaba en una relación personal, pero su compromiso con la vida de la iglesia era la enseñanza de la Palabra de Dios y la predicación de la Palabra de Dios, y él tuvo que darse a sí mismo a esto. Es un compromiso total. No hay otra forma de hacerlo. No lo puedes hacer a menos que te entregues completamente a él. No hay otra manera en la que pueda ser hecho. No se puede hacer de manera diferente.

Al ver el ministerio de hoy no pienso que podamos verlo de manera diferente, con toda franqueza. Pienso que los apóstoles establecieron el patrón y pienso que nosotros debemos ser obedientes a este. Y sabemos que no es una tarea difícil. Es un compromiso. Es diligente, estudio difícil, y en ocasiones hay muchas otras cosas que preferirían hacer que solo estudiar, enseñar y predicar. Les puedo decir que con frecuencia me digo: "MacArthur, probablemente ya has predicado mucho. Siempre estás hablando en algún lugar. Siempre estás yendo a algún lugar a hablar, o a enseñar, o a predicar y siempre estás estudiando la Biblia. ¿Por qué no descansas?"

A veces me siento como Pablo: "Ay de mí si no predico el evangelio". Es algo interno que te mueve. Creo que, si de mí dependiera, me saldría del ministerio. Mi depravación me dice esto constantemente. Nosotros los que tenemos la responsabilidad de enseñar, encontramos que una vez que nos sometemos a esto, el ministerio se convierte en una cosa que consume. Les confieso con toda honestidad que hay días cuando ni siquiera me dan ganas de salir de la casa. Y me digo: "Oh, no sé si mi mente aguantará otro día de estudio. No sé si me atreveré a ir allá. Estoy cansado de predicar, me enferma escucharme a mí mismo hablar, estoy cansado de todo esto". Y entonces hay algo en ti que te hace ir y vas, predicas, y Dios bendice y cuando volteas ya acabaste y listo para ir a otro lugar.

Creo que somos lo suficientemente humanos para reconocer el hecho de que este tipo de diligencia y este tipo de compromiso involucra mucho dolor y mucha auto disciplina, y en ocasiones no lo haces con la mejor actitud de corazón, por lo que Dios tiene que reprenderte un poco mostrándote su maravillosa gracia cuando te usa incluso en contra de propias habilidades y en contra de tu voluntad, y esto es con mucha frecuencia.

Entonces vemos que es un compromiso total. Nosotros persistiremos. No puedes hacer otra cosa si es que lo piensas hacer de la manera correcta. El apóstol Pablo dijo a Timoteo: "Timoteo esta es la manera en la que tu ministerio debe funcionar". Es muy simple, 1 Timoteo 4:11, "Esto manda y enseña". Manda y enseña, Timoteo, este es tu ministerio. Versículo 13, "Entre tanto que voy, debes atender tres cosas, lectura, exhortación y doctrina". Y aquí encontramos la forma en la que se debe predicar. ¿Quieres saber cómo predicar? Aquí está cómo predicar. Lectura, lee el texto. Doctrina, explica el texto. Exhortación, aplica el texto. Esto es la predicación expositiva. Lee el texto, explica el texto, aplica el texto. Y le dice: "No descuides el don que hay en ti". Este era su don. Su don era como maestro y como predicador. No lo descuides. Y en el 15: "Ocúpate en estas cosas; permanece en ellas". De esto es de lo que se trata. "Ten cuidado de ti mismo y de la doctrina". Asegúrate de vivir una vida recta y entonces enseña, porque si tú no enseñas en base a una vida pura, no tienes nada que decir. No tendrás absolutamente nada que decir.

Versículo 12, "Ninguno tenga en poco tu juventud, sino sé ejemplo de los creyentes en palabra, conducta, amor, espíritu, fe y pureza". Tu enseñanza debe ser con tu vida. Y él dice simplemente en 2 Timoteo, él dice: "Timoteo has esto, predica" —¿qué cosa?— "la palabra". Este es un compromiso total. De hecho, la Biblia dice que un ministro de la Palabra de Dios no debe tener la carga de tenerse que ganar la vida fuera de esto.

En 1 Corintios, y solo lo comparto con ustedes porque pienso que es importante. En 1 Corintios 9, en algún otro tiempo estudiaremos esto a detalle, pero en 1 Corintios 9:14 dice esto: "Así también ordenó el Señor a los que anuncian el evangelio, que vivan del evangelio". Esto no quiere decir que nuestra vida debe coincidir con nuestro mensaje. Este no es el contexto. El contexto aquí es asegurarse de que ustedes le paguen al predicador. Y vean esto, versículo 11, y me pueden decir: "MacArthur estás hablando para tu propio beneficio". Pero, versículo 11, solo un minuto; denme un momento. Solo estoy enseñando la Escritura en este punto. Lo aplicaré en un minuto. "Si nosotros sembramos entre vosotros lo espiritual, ¿es gran cosa si segáremos de vosotros lo material?" Esto es solo lo natural. Si nosotros les enseñamos la Palabra de Dios, entonces ustedes deben cuidar nuestras necesidades físicas. Esto es lo que él está diciendo. Paguen al predicador. No podrás bozal al buey que trilla.

Gálatas 6:6, él va un paso más adelante y dice: "El que es enseñado en la palabra, haga partícipe de toda cosa buena al que lo instruye". Como pueden ver la Biblia reconoce este compromiso total. Ahora por favor entiendan, no estoy pidiendo un aumento. Lo rechazaré si es que después de esto me lo ofrecen. Ya tengo suficiente pago, así que un aumento sería ridículo. Dios ofrece mucho más de lo que yo podría utilizar, por lo que ahora tenemos la oportunidad de regresarle a Él y ver lo que se puede hacer en otros lugares. Dios es tan bueno y ustedes son muy amorosos, que puedo decir que se hacen cargo de este buey que trilla como para no pedir nada, no pido nada y no quiero nada. Ustedes han mostrado ser amorosos y yo solo estoy diciendo que este tipo de ministerio involucra total compromiso que el hombre nunca debe estar cargado con tener que ganar su propio salario. Esto demuestra lo mucho que es saturarse a uno mismo con la preocupación del estudio y la predicación. Y si la gente me dice: "¿Por qué predicas tanto?" Yo les contesto: "No lo puedo detener, esto es a lo que Dios me ha llamado a hacer. No puedo detenerme a mí mismo, ay de mí si no predico el evangelio".

Siempre me aventuro en encontrar un balance entre ministrar para sus necesidades y amarlos, y compartir con ustedes, y también escuchar el llamado de Dios para ir a algún lugar de vez en cuando para enseñar, para predicar, y debo ser capaz de sentir cómo es que en mi propia vida está obrando el Espíritu de Dios, que me guía y me muestra cuales son las obligaciones que debo cumplir. Así que les pido que oren por mí para que Dios pueda darme sabiduría y saber cómo balancear esto con el tiempo que les doy a ustedes y a mi propia familia.

Se trata de un compromiso total. Nosotros persistiremos en la oración y en el estudio de la Palabra. Y para resumir este primer punto de manera simple. La iglesia era muy grande. Había una fricción natural entre estos dos tipos de judíos. El ministerio era tan detallado que los apóstoles necesitaban enseñar y predicar, por lo tanto, necesitaban organizarse. Alguien debía tomar esta responsabilidad.

Los requisitos para el ministerio

Ahora rápidamente, y vamos a hacer los otros tres puntos en cinco minutos. Pero pienso que teníamos que enfatizar lo que queríamos enfatizar. El Señor lo sabe. ¿Cuáles son los requisitos? Si vas a tener hombres que se encarguen de estos ministerios, ¿cuáles son los requisitos? Ahora aquí están los requisitos básicos para el ministerio en la iglesia. Versículo 3, "hermanos, debido a que tenemos esta necesidad, busquen entre ustedes", esto quiere decir seleccionen, "siete hombres". Y vean esto. Aquí hay cinco requisitos para los líderes de la iglesia. Número uno, hombres, tienen que ser hombres.

No hay nada en contra de las mujeres. Las mujeres son maravillosas. Dentro del cuerpo de Cristo no hay distinción entre hombre y mujer. Ha habido mujeres maravillosas a través de toda la historia. Hay mujeres maravillosas en la iglesia temprana, Dorcas, Lidia, Febe, Priscila. Dios ha usado a mujeres y las sigue usando. Tito 2:3-5 dice que las mujeres deben estar instruyendo a las mujeres jóvenes, enseñarlas a quedarse en casa, a no murmurar, a amar a sus maridos, a ser castas y todo lo demás. Ellas tienen una gran responsabilidad. Enorme. Y Dios sabe que ellas representan la calidez y la profundidad de la iglesia en muchas maneras. Pero en términos de la instrucción básica de Dios, el hombre está en autoridad y la mujer en sumisión, el liderazgo de la iglesia pertenece a los hombres.

Requisito número uno, hombres. Dos, deben de ser de entre ustedes. No es maravilloso que Dios espera que la iglesia encuentre a su propio liderazgo de entre sus mismos miembros. Esto es lo que yo creo que ha sido parte de Grace Church, el hecho de que el liderazgo de Grace Church ha salido de Grace Church. Veo a muchos hombres frustrados buscando a su derredor en busca de liderazgo, pero lo hacen en otras iglesias y toman pastores, asistentes y toman gente de fuera cuando lo único que necesitan es mirar dentro de su congregación y ver qué es lo que tienen ahí, Dios está madurando santos y levantándolos para ser usados dentro de la iglesia, entre ustedes. Pienso que el liderazgo de la iglesia debe salir de entre la misma iglesia. No hace falta decir que deben ser creyentes, ¿verdad?

Tercero, deben ser de buen testimonio. ¿Saben qué significa esto? Buena reputación, hombres que tengan integridad y que su reputación es sin mancha. Cuarto, hombres espirituales, llenos del Espíritu Santo, llenos del Espíritu. Lo que quiere decir que están siendo controlados por el Espíritu. Hombres quienes sus vidas no sean de ellos, sino que se entregan a la voluntad del Espíritu. Quinto, que sean sabios, llenos de sabiduría. Y cuando encuentras a hombres como estos los colocas en el ministerio. Y te puedes estar preguntando, "¿es este el papel del diácono?" No estoy convencido de que estos sean diáconos. Dirás: "Pensé que estos eran los primeros diáconos". Bueno, pero aquí no se les llama diáconos. Pienso que esta solo era una organización básica que el Espíritu de Dios usó para acomodar a la iglesia de aquel tiempo.

Poco después Pablo divide esto y define tres diferentes categorías: ancianos, diáconos, diaconisas. Pero para este punto, ¿por qué tenemos que llamarlos diáconos y no ancianos? Ciertamente Esteban y Felipe eran más que solo la función de diácono, como lo sabemos más adelante por medio de Pablo. Ellos estaban fuera predicando. Felipe se convirtió en un evangelista. Esteban debió ser un evangelista. Para mí ellos parecían más como ancianos que como diáconos, pero no son llamados diáconos en absoluto. Así que solo podemos decir que así es como Dios acomodó esta necesidad dentro de la iglesia temprana por medio de estos siete hombres.

¿Por qué fueron siete? Porque la Mishná decía que en los pueblos judíos cualquiera que estuviera dirigiendo negocios debía tener siete hombres y así que estos fueron siete para que pudieran conducir los negocios dentro del pueblo judío. Y así fue como los requisitos fueron establecidos. Este es el tipo de liderazgo que la iglesia necesita. Agradezco a Dios por hombres como estos que hay en nuestra iglesia y oro a Dios para que Él levante a más hombres como estos para liderar como ancianos o diáconos.

Las personas elegidas

Ahora vayamos un paso más adelante. Hemos visto los requisitos en adición a la razón. Ahora veamos la lista. ¿Quiénes fueron elegidos? Versículo 5: "Agradó la propuesta a toda la multitud". Esto es maravilloso en sí mismo. Al inicio se estaban dividiendo, pero ahora vuelven a estar unidos. Dios cumplió su propósito. El maligno fue derrotado. Toda la multitud estuvo de acuerdo. Vuelven a estar unidos, ya no más división, se unen. Agradaron a Dios. Siempre que Satanás intenta dividir, y Dios hace que las cosas regresen a estar unidas con más fuerza de la que lo estaban antes.

¿Saben algo? Si este pequeño asunto hubiera permanecido, tal vez esos dos grupos hubieran tenido que estar separados, pero agradó la propuesta a toda la multitud. Y eligieron. Vean lo que dice. Eligieron, pienso que la iglesia debe elegir a su propio liderazgo. No creo que ellos deban ser elegidos por mí o por algún tipo de liderazgo. Creo que la iglesia, la gente de manera democrática debe seleccionar de entre ellos a los que son llenos del Espíritu, sabios, de buen testimonio, hombres que los puedan guiar. Creo que esa es su responsabilidad y es la razón por la que ofrecemos a ustedes la oportunidad de sugerirnos y compartir con nosotros a quienes ustedes creen que deban ser diáconos y ancianos o diaconisas, o bien personas que sirvan dentro de la iglesia. Esta es su responsabilidad, elegir a aquellos de entre ustedes quienes han dado evidencia de este tipo de vida.

Y después habiéndolos elegido fueron presentados en el versículo seis delante de los apóstoles. Pero retrocedamos un poco. ¿Quiénes eran ellos? Esteban, y veremos un poco más acerca de él, mucho más, lleno de fe y del Espíritu Santo, qué elogios. Felipe, y también veremos mucho más acerca de él. Y entonces los siguientes cinco, nunca antes los habían escuchado nombrar antes y nunca más los escucharán nombrar, Prócoro, Nicanor, Timón, Parmenas y Nicolás, un prosélito de Antioquía. Nicolás fue un prosélito para que fuera judío y ahora se convertía al cristianismo. Quiero que noten algo maravilloso acerca de la lista. Los siete nombres son griegos. Y ahora vean este pensamiento. Los siete son griegos. ¿Saben qué sucedió? La iglesia se unió unánimemente y escogieron a siete judíos griegos para que fueran sus líderes. Y ¿qué prueba esto? Esto prueba la unidad amorosa de la iglesia. Si esta fuera la iglesia de hoy nosotros diríamos: "Está bien. Elijamos a tres judíos palestinos y a tres judíos griegos, y un prosélito. ¿Verdad?

Y así tendremos un acuerdo con esto". Pero ellos no lo hicieron así. En su lugar dijeron: "Si los judíos griegos sienten que ellos han sido tratados como inferiores, que Dios nos perdone, elijamos a diáconos y toda la iglesia eligió siete de los judíos griegos.

¿Pueden imaginar lo que pensó Satanás? Una vez más derrotado. Lo que el trató de sembrar como discordia, se convirtió en una hermosa unidad. ¿Nos podemos imaginar el amor que esos judíos griegos tuvieron por los judíos palestinos cuando ellos vieron el tipo de humildad y este tipo de condescendencia? Siendo ellos la mayoría pudieron haber votado por quien ellos quisieran. Votaron por siete de ellos y todos eran judíos griegos. Surgió así de simple. Fue una hermosa pequeña organización y estos siete comenzaron a funcionar y a hacerse cargo de este ministerio de baja categoría dentro de la iglesia. ¿Y saben qué? Los apóstoles fueron liberados para dedicarse a la Palabra y a la oración.

Los resultados

Entonces vimos la razón, los requisitos, y la lista. Pero, ¿cuáles fueron los resultados? Veamos estos rápidamente. Versículo 6, tomaron a estos hombres y los presentaron a los apóstoles, oraron por ellos y les impusieron las manos. Este es el momento en el que los comisionan para el servicio. El imponer las manos simplemente significa identificación de la solidaridad y la unidad de toda la iglesia con ellos en la realización de su ministerio. Y todos los que sirvieron en la iglesia temprana, fueran ancianos, diáconos o cualquiera fueron ordenados de esta manera. Esta es una hermosa ordenación. La imposición de manos solo significa que somos uno con la persona. Ellos los ordenaron. La iglesia se organizó. Y ustedes ya saben qué es lo que pasa cuando la iglesia se organiza espiritualmente al tiempo que el Espíritu la dirige, los resultados son fantásticos.

Versículo 7: "Y crecía la palabra del Señor". ¿Por qué? Número uno, los apóstoles tenían más tiempo. Número dos, la iglesia estaba enamorada de sí misma y esto la hacía efectiva. Y como resultado la Palabra de Dios crecía, y miren lo que pasó. "Y el número de los discípulos se multiplicaba grandemente en Jerusalén". Más personas fueron salvadas. Simplemente fueron salvas más y más. Y no solo esto, vean este impacto, "también muchos de los sacerdotes obedecían a la fe".

Estos no son sumos sacerdotes. Estos son los sacerdotes ordinarios que estaban esperando al Mesías. Lo encontraron en Jesucristo y hubo un avivamiento entre los sacerdotes. ¿Necesita la iglesia organización? Escucha querido amigo, la iglesia necesita acomodar lo que el Espíritu de Dios está haciendo al hacerle una estructura para que sea más efectiva y esto es lo que ellos hicieron y vean lo que sucedió. Dios bendijo. Oro a Dios para que podamos ser lo que necesitamos ser y para que permitamos al Espíritu hacer lo que Él quiere hacer.

Oración final

Padre te agradecemos una vez más esta mañana por esta lección tan clara por medio de la instrucción de tu Palabra. Te agradecemos porque la iglesia temprana nos dejó este patrón que debemos seguir. Vimos que es lo que se requiere de los líderes. Sabemos que después Pablo los define más claramente como diáconos y ancianos, incluso divide a ancianos en dos tipos, aquellos que son ancianos gobernantes y aquellos que trabajan en enseñar la Palabra y la doctrina. Pero, Padre, vemos aquí lo que es el acomodo de la organización para la obra del Espíritu.

Dios ayúdanos para que podamos ver la realidad de esta obra y de las funciones que hay aquí, ayúdanos a tener el tipo de líderes que salgan de entre nosotros y que sean llenos del Espíritu Santo, de buena reputación, sabios en términos de cosas espirituales para que podamos cuidar los unos de los otros por medio de la unidad amable y amorosa, y que esto nos haga efectivos al tiempo que nos posicionamos para iniciar el evangelismo dentro en este mundo. Nos encomendamos a ti, Señor, para este propósito y para este fin, para que Cristo sea exaltado. Oramos en su nombre. Amén.

Reflexiones personales

24 de Marzo, 1974

18_Por amor de la iglesia. Parte 1

Después que cesó el alboroto, llamó Pablo a los discípulos, y habiéndolos exhortado y abrazado, se despidió y salió para ir a Macedonia. Y después de recorrer aquellas regiones, y de exhortarles con abundancia de palabras, llegó a Grecia.

Hechos 20:1–2

BOSQUEJO

— Introducción

— El afecto de Pablo

— La forma de dar de Pablo

— La enseñanza de Pablo

— Oración final

Reflexiones Personales

SERMÓN

Introducción

Vayan a sus Biblias al capítulo 20 de Hechos, vamos a estar viendo los versículos 1-17. Estuve leyendo este pasaje al menos unas tres horas. Cuando comencé con este sermón la primera vez, dije: "Señor, ¿qué es lo que voy a decir acerca de este pasaje? No encuentro doctrina aquí. No hay ninguna declaración teológica de ningún tipo. Ni siquiera está la aplicación de algo. Así que pensé que sería fácil cubrir estos diecisiete versículos, digamos en un estilo de narrativa.

Pero finalmente después de varias horas de estarlo repasando, comencé a darme cuenta de esto; el amor del apóstol Pablo por la iglesia. Y este pensamiento llegó a mí, y es que en este simple pasaje de narrativa de algún modo explotó en mi mente, mostrándome qué tanto amaba el apóstol Pablo a la iglesia. Así que decidí titular este mensaje: *Por Amor de la Iglesia*. En Efesios 5:25-27, Pablo escribió estas palabras: "Maridos amad a vuestras mujeres así como Cristo amó a la iglesia y se entregó a sí mismo por ella, para santificarla y purificarla por medio del lavamiento de agua y por la palabra para presentársela a sí mismo, una iglesia gloriosa, sin mancha ni arruga o cosa semejante. Sino para que sea santa y sin mancha".

Pablo dijo: "Cristo amó a la iglesia y se dio a sí mismo por ella". Pedro dice: "Fuisteis rescatados... no con cosas corruptibles, como oro o plata, sino con la sangre preciosa de Cristo", 1 Pedro 1:18-19. Él amó a la iglesia y se dio a sí mismo por ella. Y pienso dentro de mí: "Si Jesús amó a la iglesia y se entregó a sí mismo por ella redentoramente, Pablo amó a la iglesia y se dio a sí mismo por ella en términos de servicio". El uno redentoramente y el otro para servirla.

Pablo amó a la Iglesia. Y con esto no quiero decir la institución, sino las personas que son la institución. Amó a los santos, con todo su corazón. Vivió por amor del Señor Jesucristo y por amor a los santos. Él existió desde el tiempo de su conversión hasta su ejecución en un tipo de triángulo. Apasionadamente amando al Señor Jesucristo y a los santos. Y pude ver esto saltar de esta página en particular en este pasaje conforme comencé a ver las actividades de Pablo en esta pequeña narrativa histórica. Es una pequeña lección de geografía. Y aun así expresa algo del profundo amor del apóstol.

Toda su vida fue un enamorado de la iglesia. Y esto es lo que podemos ver al comenzar a estudiar al apóstol. Esto es visible casi desde cualquier ángulo de su vida. El hombre se vio a sí mismo, primero que nada, como prescindible para las demás personas. Si he de ser ofrecido, dijo a los filipenses, "sobre el sacrificio y servicio de vuestra fe, me gozo y regocijo". En otras palabras: "Si me entrego por ustedes, es un gozo enorme para mí. Para ver a los salvos, para ver a los elegidos entrando al redil. Para ver a los cristianos llegar a la madurez y ser discipulados para la santidad". Esta era su vida. Y su pasión crece una y otra vez. A la iglesia en Roma le dice esto: "Deseo volverlos a ver" —¿para qué?— "para que pueda impartirles algún don espiritual y finalmente sean establecidos".

A la iglesia en Corinto le dijo: "Amados, puesto que tenemos tales promesas, limpiémonos de toda contaminación de carne y de espíritu, perfeccionando la santidad en el temor de Dios". Su corazón estaba de algún modo roto en 1 Corintios, y también en 2 Corintios, pero en 1 Corintios estaba roto por la pecaminosidad de la iglesia y les rogaba diciendo: "¿Qué no saben que su cuerpo es el templo del Espíritu Santo, el cual es de Dios, no suyo, sino que fue comprado por un precio?"

Del mismo modo, recuerden lo que les dijo a las iglesias de Galacia: "¡Oh gálatas insensatos! ¿Quién os fascinó? ¿Tan necios sois? ¿Habiendo comenzado por el Espíritu, ahora vais a acabar por la carne?" Estaba muy afligido por los de Galacia, porque algunos de ellos ya se habían retractado. Igual le dice a la iglesia de Éfeso, recuerden su oración, dijo: "Por esta causa doblo mis rodillas ante el Padre de nuestro Señor Jesucristo, para que sean fortalecidos con poder en el hombre interior". Oraba por que pudieran ser fuertes. Cualquier persona debería saber que es posible conocer el amor de Cristo. El ser lleno con la plenitud de Dios para que puedan ser capaces de expresar ese fantástico poder que está en ustedes y que los capacita para hacer abundantemente todas las cosas. Ustedes le pueden preguntar, o bien pensar en la iglesia de los filipenses, y verán que les dice lo mismo. Recordarán que a la iglesia en Colosas le da esta gran declaración en Colosenses 1:9, en donde dice: "Por lo cual también nosotros, desde el día que lo oímos, no cesamos de orar por vosotros" —y me encanta esto— "y de pedir que seáis llenos del conocimiento de su voluntad en toda sabiduría e inteligencia espiritual, para que andéis como es digno del Señor, agradándole en todo, llevando fruto en toda buena obra, y creciendo en el conocimiento de Dios". El deseo de toda su vida era ver a los santos maduros.

A la iglesia en Tesalónica les dice en 1 Tesalonicenses 2:9-12: "Porque os acordáis, hermanos, de nuestro trabajo y fatiga; cómo trabajando de noche y de día, para no ser gravosos a ninguno de vosotros, os predicamos el evangelio de Dios. Vosotros sois testigos, y Dios también, de cuán santa, justa e irreprensiblemente nos comportamos con vosotros los creyentes" — ahora escuchen esto— "así como también sabéis de qué modo, como el padre a sus hijos, exhortábamos y consolábamos a cada uno de vosotros, y os encargábamos que anduvieseis como es digno de Dios". Esto es pasión.

18_Por amor de la iglesia. Parte 1

Él amaba a la iglesia, porque él amaba a Cristo. Y pienso que esto es tomado del principio que hay en 1 Juan 5:1 donde dice: "Todo aquel que ama al que engendró, ama también al que ha sido engendrado por él". ¿Lo recuerdan? Y si en verdad amo al Señor Jesucristo, voy a amar a la iglesia que es suya. Si tienes problemas amando a los hermanos, entonces quiere decir que tienes problemas en amar al Salvador. Porque todos son de Él. Él tiene una relación amorosa con cada creyente. Si es que en verdad tienes un problema, tu problema es amar al Salvador.

Pablo no tenía ese problema. Él amaba a la iglesia. Y estaba deseoso de darse a sí mismo a ella. No en términos de redención, sino en términos de servicio. Recuerdan todo lo que tuvo que pasar por amor a la iglesia. Veámoslo por un minuto, se lo doy como un repaso en 2 Corintios 11:23. Y solo para que recuerden un poco del contexto de este estudio que tuvimos en la mañana, donde se nos mostró lo que Pablo tuvo que pasar por amor a la iglesia. Esto contrasta a veces con nuestra propia indiferencia. A veces es para nosotros una obligación real salir de la cama y hacer todo lo que sea necesario para llegar aquí. Solo permitan que haya en ustedes este tipo de amor por la iglesia.

Pero veamos 2 Corintios 11:23-27. "¿Son ministros de Cristo? (Como si estuviera loco hablo.) Yo más; en trabajos más abundante; en azotes sin número; en cárceles más; en peligros de muerte muchas veces. De los judíos cinco veces he recibido cuarenta azotes menos uno. Tres veces he sido azotado con varas; una vez apedreado; tres veces he padecido naufragio; una noche y un día he estado como náufrago en alta mar; en caminos muchas veces; en peligros de ríos, peligros de ladrones, peligros de los de mi nación, peligros de los gentiles, peligros en la ciudad, peligros en el desierto, peligros en el mar, peligros entre falsos hermanos; en trabajo y fatiga, en muchos desvelos, en hambre y sed, en muchos ayunos, en frío y en desnudez".

Lo que me deja estupefacto es que Pablo pasó por todo esto a pesar de creer en la gracia total. Esto podría sonar como alguien que está tratando de ganar su pase al cielo, ¿no lo creen? Esto suena como un tipo de masoquismo. O de otra manera podría sonar a legalismo. Pero esto es lo que brota de un hombre que era totalmente consciente de que todo lo que tenía era por la gracia de Dios. Y lo hizo como producto de su amor. Pero en la cima de todo esto, lo que en realidad lo atrapó fue el versículo 28. Además de todas estas cosas externas. Todas ellas son de algún modo incidentales.

"Y además de otras cosas, lo que sobre mí se agolpa cada día" –y aquí viene– "la preocupación por todas las iglesias". Pablo amaba a la iglesia. Él se preocupaba por la iglesia. No era una responsabilidad que le hubieran dado, esto estaba en su corazón. Nadie lo puso a cargo de la iglesia, simplemente fue y las plantó. Su preocupación por ellas era parte de él. Las más grandes tristezas que llegaron a la vida de Pablo no fueron las causadas por los golpes. O por haber estado en un naufragio, o por haber sido apedreado. Las más grandes tristezas fueron los problemas de la iglesia. Y cuando hubo pecado en la iglesia, fue lo que devastó su corazón. Esta fue la situación en Corinto. Y sabían que él estaba tan afligido por la situación de Corinto que cuando dejo Éfeso, como lo veremos en unos minutos, estaba viviendo tal ansiedad, que en su interior estaba completamente deshecho.

Llegó a Troas y estaba tan ansioso esperando que Tito viniera de Corinto a entregarle un informe, que no pudo permanecer en Troas predicando. Cruzó Macedonia esperando ansiosamente que llegara Tito y cuando finalmente se reunió con él, Tito le dijo: "Todo en Corinto está de maravilla". Solo entonces dio un gran suspiro de descanso. Entonces fue liberado de su carga. Se preocupaba tanto por las iglesias que el más grande dolor que pudo conocer fue el que sentía por amar a la iglesia.

Cuando la iglesia estaba en pecado, esto lo hacía sentirse muy mal. Pienso lo que pudo suceder cuando escribió a los de Galacia; estaba casi en estado de pánico. La construcción en el griego del libro de Gálatas es increíblemente difícil, porque vemos que Pablo está corriendo de un lado a otro, y habla emocionalmente sin una dirección fija. Y entonces pienso acerca de la declaración que hizo, ustedes la recordarán, la que hizo cuando dijo: "Demas me ha desamparado amando más a este mundo". Esto era lo que a él le dolía más.

De hecho, podemos decir que por mucho tiempo no se recuperó realmente de lo que Juan Marcos le hizo. Recuerdan que Juan Marcos lo abandonó y después Bernabé quería llevarlo con él. Pablo continuaba molesto y no le permitió acompañarlos. Esto fue algo que destrozó su corazón porque él amaba a la iglesia. Pero a pesar de todo el dolor que sufría él dijo, todo esto lo considero como basura. Esto no es nada para mí. Lo que en realidad importaba para él era la iglesia. Amaba a los santos. Y amaba ver que ellos maduraran y crecieran. Por lo que gastó toda su vida descargando este amor hacia ellos. Escuchen lo que dice 1 Corintios 4:11-16. Les voy a leer varios versículos. Pueden seguirme si así lo desean: "Hasta esta hora padecemos hambre, tenemos sed, estamos desnudos, somos abofeteados, y no tenemos morada fija. Nos fatigamos trabajando con nuestras propias manos" —hasta aquí él seguía trabajando para ganarse la vida— "nos maldicen, y bendecimos; padecemos persecución, y la soportamos". Esto nos dice que él era un hombre muy paciente.

"Nos difaman, y rogamos; hemos venido a ser hasta ahora como la escoria del mundo, el desecho de todos". Y adoro esto que dice. "No escribo esto para avergonzaros, sino para amonestaros como a hijos míos amados. Porque aunque tengáis diez mil ayos en Cristo, no tendréis muchos padres; pues en Cristo Jesús yo os engendré por medio del evangelio". Esto era lo que él quería decir.

Y continúa diciendo: "Por tanto, os ruego que me imitéis". Este hombre estaba completamente consumido con la responsabilidad de hacer que estos creyentes fueran sus discípulos. Les dice: "¿Saben por todo lo que he pasado por amor de ustedes? Solo recuerden eso. Ustedes tienen muchos maestros, pero solo tienen un padre. Por favor no me abandonen. Por favor". "Por esto mismo" —versículo 17— "os he enviado a Timoteo, que es mi hijo amado y fiel en el Señor, el cual os recordará mi proceder en Cristo, de la manera que enseño en todas partes y en todas las iglesias". Envío a Timoteo para que él pueda asegurarse que ustedes sigan mi camino. Y ustedes dirán: ¿Se suponía que él debiera ser ejemplo? Él dijo en otros lados: Sean imitadores de mí como yo de Cristo".

Pero aquí vemos el corazón del hombre. Él amaba a la iglesia. No leemos nunca, cuando se nos describen los sufrimientos del apóstol Pablo, acerca de que sus reacciones emocionales no sean otras que fe y gozo. ¿Qué fue lo que hizo cuando estaba en Filipos detenido en la cárcel? Cantó. En otra ocasión cuando estaba en situaciones difíciles, simplemente confió en Dios. Y si se preguntan si él alguna vez lloró, debo decirles que sí, él lloró mucho. Lloraba todo el tiempo. Lloró una y otra vez. Y, ¿por qué lloró? Les mostraré porqué lloraba. Hechos 20:19.

"Sirviendo al Señor con toda humildad, y con muchas lágrimas, y pruebas que me han venido por las asechanzas de los judíos". ¿Lágrimas Pablo? ¿Qué quieres decir con lágrimas? Comprendo lo de pruebas de los judíos, pero, ¿cuándo llegaron las lágrimas? Vayamos al versículo 31, del mismo capítulo: "Por tanto, velad, acordándoos que por tres años, de noche y de día, no he cesado de amonestar con lágrimas a cada uno". ¿Saben de dónde venían sus lágrimas? Y no es algo que diga yo, sino que las lágrimas dentro de la vida de Pablo no llegaban a él a causa de su dolor físico, sino a causa de su ansiedad por enseñar a los santos.

Es cierto que enseñaba con lágrimas. Era lo que le partía el corazón. Él tenía este deseo como lo expresa en Colosenses 1:28. "A quien anunciamos, amonestando a todo hombre, y enseñando a todo hombre en toda sabiduría, a fin de presentar perfecto en Cristo Jesús a todo hombre". Su deseo era presentar a la iglesia completa y madura. Él no podía enseñar sin lágrimas. Y recordarán que cuando dejó Éfeso, como lo veremos en algunas semanas, él les dijo: "Lo que más me duele es que sé que cuando yo me vaya, lobos rapaces entrarán y no perdonarán al rebaño, y de vosotros mismos saldrán falsos maestros".

Luego dijo: "Los encomiendo a la Palabra de su gracia, la cual les he enseñado durante tres años". Pablo amaba a la iglesia. Podemos decir con toda seguridad que una persona realmente ama a Jesucristo por la forma en la que ella demuestra su amor por la gente y por la iglesia. Y con esto no quiero decir a la institución, me refiero a los santos que forman la iglesia. Ahora, este pasaje nos abre este concepto. Solo fue una introducción. Vayamos al capítulo 20. Este pasaje nos da varias formas en las que Pablo muestra su amor.

Hay dos cosas que hacen que una iglesia sea realmente grande, un gran maestro y un gran cristiano. Amor y sana doctrina, esta es la perfecta combinación. Y aquí tenemos a un hombre que tenía una doctrina excelente, y también tenía un amor excelente. Era tan confiable a pesar de ser tan humano. Era tan real, que no podías resistir su doctrina porque no podías resistirte al hombre. ¿Por qué? Por su amor. Esta es una pequeña narrativa muy simple, comenzamos ya a estudiarla y nos quedamos entrelazados con los versículos 1 y 2 y no pudimos avanzar más. Solo pudimos hablar de su amor. Y les digo que vamos a estar predicando de esas dos palabras que de algún modo se encuentran en medio de su predicación.

Quiero que veamos los versículos 1 y 2. Permítanme leerlos para ustedes. Y después vamos a hablar de ellos. "Después que cesó el alboroto, llamó Pablo a los discípulos, y habiéndolos exhortado y abrazado, se despidió y salió para ir a Macedonia. Y después de recorrer aquellas regiones, y de exhortarles con abundancia de palabras, llegó a Grecia". Esto no bendice tu vida, lo sé. No hay mucho aquí, lo que hace que quisieras salir de este pasaje y solo decir gloria a Dios, aleluya, y ya. Pero intentaremos ver lo que hay ahí para hacerlo visible.

El apóstol Pablo, en su pequeña y simple declaración abre un poco la rendija para que comencemos a ver su amor. Aquí se encuentra un hombre quien vivió y murió por la iglesia porque él amaba al Cristo que formó la iglesia. Tenía seis cosas en el bosquejo y creo que solo pudimos cubrir dos o tres de ellas. Veamos inicialmente su afecto. Primero que nada, su afecto. Su amor por la iglesia se veía por medio de su afecto. Y no quiero hacer un punto donde no hay ninguno. No quiero usar esto como pretexto, sino solo tomar un pensamiento simple de ahí y partir de este.

El afecto de Pablo

Creo que inicialmente en el capítulo puedes ver el amor de Pablo por medio de su afecto. Versículo 1. "Después que cesó el alboroto, llamó Pablo a los discípulos, y habiéndolos exhortado y abrazado". Detengámonos aquí. ¿Saben cuál era el alboroto? Fue una revuelta en Éfeso. Recordarán que Pablo tuvo un excelente ministerio en Éfeso, y fue probablemente el mismo tiempo cuando las otras seis iglesias que son mencionadas en Apocalipsis, en Asia menor, fueron también fundadas. Su ministerio fue tan exitoso que la idolatría iba completamente en decadencia ahí.

Los plateros que estaban haciendo pequeños ídolos de Artemisa o Diana, se incomodaron mucho porque estaban perdiendo dinero. Los negocios se fueron a la quiebra. El cristianismo afectó a Éfeso política y comercial, social y religiosamente. Por lo que hubo ahí una caída económica; los plateros se unieron y dijeron: "Tenemos que detener a este tipo", y así surgió la revuelta. Se presentaron en el teatro que había ahí y durante dos horas estuvieron gritando con todas sus fuerzas: "¡Grande es Diana de los efesios!" Y, finalmente, todo el asunto se calmó por el escribano de la ciudad.

Sin embargo, se continuó fomentando un pensamiento anti Pablo y anti cristiano en Éfeso. La palabra "alboroto" es muy interesante. Se usa también en Mateo 27:24. Es la misma palabra griega para describir el tumulto que ocurrió en el momento del juicio de Jesucristo ante Pilato. Podemos ver que fue la misma turba histérica e incontrolable. Después de que el alboroto hubo cesado, Pablo convoca a los discípulos y los abraza. Y quiero usar la palabra "abrazar" para colocar algunos pensamientos en su mente.

La palabra "abrazar" se refiere literalmente "llamar a uno mismo". Esto es lo que significa. Atraer y unir hacia uno mismo. Es una palabra íntima en ese sentido. Pero se usaba para referirse a los saludos que eran una costumbre entre las personas del oriente. De hecho, ahora es una costumbre en nuestros días. Y de hecho los besos y abrazos se remontan a Génesis 48:10. Y en 2 Samuel, lo dice en el 19:39. Hay otros pasajes en el Antiguo Testamento donde vemos esto. Así que es una costumbre ancestral. De hecho, hay muchos otros lugares del mundo, fuera del oriente, donde se sigue haciendo. Cuando estuve en México, todos iban y me daban un abrazo y un beso en la mejilla lo cual es algo diferente.

Pero la realidad eso era algo bueno. Rompe las barreras, realmente lo hace. Era algo fantástico. En alguna ocasión, después de jugar un béisbol, corrimos todos con Biblias en las manos y se las dimos a los jugadores de los otros equipos. Después nos intercambiamos un abrazo y estuvimos mejilla con mejilla. Y repentinamente ya no había barreras entre nosotros. Solo nos quedamos ahí en el campo, porque ellos no podían hablar inglés y nosotros no podíamos hablar español. Entonces tuve que pedir la ayuda de alguien para poder decirles algo.

Con un abrazo hubo una demostración de afecto. Y pienso que hay algo que debe ser dicho aquí. Pienso que tendemos a vivir dentro de nuestra cultura, dentro de un mundo que tiene miedo de hacer esto. Nosotros mismos hemos formado barreras entre nosotros; todos estos pequeños obstáculos. Un hermano vino a verme el otro día y después de que tuvimos un hermoso tiempo y oramos juntos, tuvimos un gran tiempo de comunión, al final me dijo: "No te molesta que te abrace antes de irme, ¿verdad?" A lo cual contesté: "No". Y entonces me dio un gran abrazo y pensé dentro de mí, una verdadera expresión de amor honesto de alguien que ha tenido ministerio durante toda su vida.

Y aquí vemos que hay una barrera a causa de nuestra cultura. Y no estoy tratando de que ustedes salgan y empiecen a abrazar a todos. No se sientan culpables si no lo pueden hacer, pero no se sientan inhibidos si lo disfrutan. Permítanme adelantarme al decir esto: creo que sería justo decir que de todo lo que conocemos bíblicamente y de todo lo que sabemos históricamente, y especialmente de una declaración muy clara en el siglo III de la constitución apostólica, solo se permitía hacer esto entre hombres, o bien mujer con mujer. Me apena, pero es así.

Ahora, el concepto de abrazar podemos ver que era una cuestión cultural. Había existido desde hacía ya mucho tiempo en esa cultura. Y solo algo muy interesante, en Lucas 10:4 Jesús les dice: "No saluden a la gente cuando vayan por el camino". Se acordarán ustedes de esto: "No saluden a nadie cuando vayan por el camino". Y pueden pensar: "¡Qué extraña declaración! ¿Por qué les diría esto?" Lo dijo porque lo que se acostumbraba era saludar sin prisas, ellos acostumbraban saludos largos. Y si se detenían a hablar a un grupo antes de irse, ellos tendrían que ir con cada uno de los miembros del grupo y abrazarlos, y si hacían esto durante todo su viaje, probablemente nunca llegarían a su destino.

No se trataba de decir: "Hola" y seguir el camino. Aquellas personas se detendrían para tener un saludo largo. De hecho se acostumbraba, cuando habías estado con alguien y dejabas ese lugar, que las personas con las que habías estado te podrían acompañar hasta por un día de viaje. Y recordemos que su viaje era a pie. Después de un día o día y medio, los que te acompañaban simplemente se regresaban al lugar de donde habían salido. Y obvio una despedida era algo muy demostrativo. Y este tipo de abrazo generalmente incluía un simple beso en la mejilla.

La palabra griega *philema*, describe esto. *Philema* de *phileo*, lo cual es un tipo de amor amistoso y el beso simplemente significaba amistad. Este era el tipo de beso, el tipo de abrazo que le darías a un familiar o a alguien que era un muy buen amigo. Se usa en el Nuevo Testamento en muchas ocasiones; si no mal recuerdo hay unas cinco o seis veces que se usa en el Nuevo Testamento en donde tienes la declaración que dice: "Saludaos con ósculo santo". "Ósculo" es un beso santo.

Esto es lo mismo. Es la palabra *philema*, es un beso de amistad. Ahora, no puedo hacer todo un caso del afecto de Pablo solo a partir de la palabra abrazar, ya que esto era algo habitual. Pero pienso que había algo mucho mayor que simplemente esto, y quiero enfatizarlo. Hay otra palabra en griego que se usa para esto y es *kataphileo*. Así que lo que tenemos en *kataphileo* es este significado: Besar fervientemente y besar de forma afectiva.

Esta palabra es más intensa que *philema*. Y de hecho esta es la palabra que es usada tanto por Mateo como por Marcos para describir el beso que Judas le dio a Jesús. Y esto es interesante por dos razones. Es interesante porque nos expresa la magnitud de su hipocresía. Y dos, también es interesante porque me muestra que era una forma común de tratar a Jesucristo. El hecho de que Jesús voluntaria y habitualmente aceptara tal trato, me dice algo acerca de la forma en la que Jesús demostraba su afecto.

Sin embargo, esa fue la palabra que fue usada. También fue la palabra que se usó para describir el abrazo y el beso del hijo prodigo quien regresó a casa y abrazó a su padre. Ustedes saben, es donde dice: "Y su padre lo abrazó y lo besó". Es *kataphileo*, lo siguió besando de manera ferviente y apasionada. Esta es una enorme demostración de amor reducida a una forma de afecto físico. ¿Y acaso no era esta una prueba de lo mucho que realmente amabas a alguien?

Se usaba por todos lados. Permítanme mostrarles. Vamos a Lucas 7. Esta es una historia hermosa. Jesús estaba en la casa de un fariseo. Versículo 36: "Y habiendo entrado en casa del fariseo, se sentó a la mesa", y desde luego que fue criticado por esto. Había pecadores rondando por ahí. Versículo 37: "Entonces una mujer de la ciudad, que era pecadora". Él estaba en la casa de un fariseo y una pecadora se presenta. Algo terrible. ¿Qué tiene todo esto de importancia? Todas las mujeres eran pecadoras. En efecto es verdad, e igualmente son los hombres. Sin embargo, y odio tener que decir esto, ella era una pecadora entre las pecadoras, debido a su tipo de pecado.

Sin duda alguna ella era una ramera. "Y cuando vio que Jesús estaba comiendo en la casa de un fariseo, ella vino con un frasco de alabastro con perfume. Se sentó a sus pies por detrás de él y lloraba, entonces comenzó a lavar sus pies con lágrimas y después los secó con sus cabellos y ferviente y apasionadamente besaba (*kataphileo*) sus pies, ungiéndolos con el perfume".

Y te puedes preguntar: "¿De qué se trata todo esto?" Bueno, el fariseo pensó que ella estaba tratando de seducirlo. Vean lo que dijo el fariseo en el siguiente versículo: "Este, si fuera profeta, conocería quién y qué clase de mujer es la que le toca, que es pecadora". ¿Qué estaba ella haciendo en realidad? Ella era una mujer quien probablemente había escuchado que Jesús podía perdonar sus pecados y convertirla en una nueva criatura. Por tanto, vino a con lo mejor que ella tenía para ofrecerlo y así mostrarle su amor ferviente al derramarlo sobre Él.

Jesús miró al fariseo que se llamaba Simón y dijo: "Simón, una cosa tengo que decirte. Y él le dijo: Dí, Maestro. Un acreedor tenía dos deudores: el uno le debía quinientos denarios, y el otro cincuenta; y no teniendo ellos con qué pagar, perdonó a ambos. Dí, pues, ¿cuál de ellos le amará más? Respondiendo Simón, dijo: Pienso que aquel a quien perdonó más. Y él le dijo: Rectamente has juzgado. Y vuelto a la mujer, dijo a Simón: ¿Ves esta mujer? Entré en tu casa, y no me diste agua para mis pies; mas ésta ha regado mis pies con lágrimas, y los ha enjugado con sus cabellos. No me diste beso; mas ésta, desde que entré, no ha cesado de besar mis pies".

¿No crees que Jesucristo realmente apreció esto? Seguro que lo hizo. Y Él no era un Dios plástico, distante de la gente. Y si te preguntas, por qué en otra ocasión les dijo: "No me toques", Juan 20:17, bueno, tendrías que saber un poco de griego. Lo que Él estaba diciendo era, no te aferres de mí María, tengo que ascender. En otras palabras, no me puedo quedar, me tengo que ir y regresaré. Esto es lo que Él está diciendo. No le estaba diciendo, no pongas tus manos sobre mí, ella se aferraba a Él. No me había dado cuenta de esto, esto es algo simpático. Bueno, no lo sé. No, Jesús aceptó tal afecto, de hecho, ¿saben que fue lo que hizo? Él le da una ligera reprimenda a Simón por no haberlo besado, ¿no es esto muy interesante?

En ocasiones es muy fácil que, en algunas posiciones de liderazgo espiritual, el líder se vuelva muy distante de la gente, se aleje de ellos. Como un dios que está dividido por una muralla, al grado que nadie lo puede tocar. Esto no era verdad en Jesucristo. Tampoco era verdad en Pablo. La mujer continuó besándolo y Jesús solo la usó como ejemplo de lo que se debía hacer. Le dice: "Tú no lavaste mis pies, tú no me besaste". Y después dijo en Lucas 7:47, tienen que ver esta parte: "Por lo cual te digo que sus muchos pecados le son perdonados, porque amó mucho; mas aquel a quien se le perdona poco, poco ama". Algo hermoso, muy hermoso.

Veamos una vez más el uso de esta palabra, *kataphileo*, en un lugar más, esto es en Hechos 20:37 y aquí se encuentra el punto que quiero lograr con respecto a Pablo. "Pablo dejó Éfeso" en el 20:1, pero llegando al versículo 37, lo volvemos a ver en su despedida. Y aquí tenemos algunos detalles más acerca del tipo de abrazo que le dieron. Vean, en el 36 dice: "Cuando hubo dicho estas cosas, se puso de rodillas, y oró con todos ellos" —y esto me encanta— "Entonces hubo gran llanto de todos; y echándose al cuello de Pablo, le besaban".

Y si te preguntas, ¿qué es lo que le encanta de esto? Me encanta el hecho de que ellos sintieron que podían hacer esto. Me encanta el hecho de que ellos sabían que los amaba. Si es que tú tienes dudas de si debes demostrar tu afecto a alguien, con toda seguridad tú tienes dudas de su afecto por ti. Ellos lo abrazaron por el cuello y lo besaban llorando. Ellos sabían que los amaba. Creo que de vez en cuando había una demostración física del amor de Pablo hacia ellos.

Incluso cuando se trataba de abrazarlos. Y pienso que era algo maravilloso que ellos lo supieran. Y Jesucristo era así. Si alguien podría haber sido distante, pudo ser Él, pero nunca lo fue. Y solo les voy a dar una ilustración del evangelio de Juan que es muy hermosa. En Juan 13, cuando escribe el apóstol Juan, él nunca escribe su nombre, siempre asigna una frase que lo describe. Pero en Juan 13:23 él dice esto: "Y uno de sus discípulos, al cual Jesús amaba, estaba recostado al lado de Jesús". ¿No es esto hermoso?

Y le podrían decir, Juan, eso es exagerado, ya eres un adulto. ¿Qué haces recostado en el pecho de Jesús? Creo que Juan debió haberse sentido confortable ahí. Ahora lo puedes intentar explicar y decir, tal vez quiere decir que el lugar en donde estaba recostado Juan, era literalmente junto al lugar en dónde Jesús estaba recostado, pero creo que el punto aquí es que Juan estaba demostrando una manifestación física de su afecto por Cristo y Cristo lo estaba recibiendo. Cristo no le dijo: "Juan, levántate y apártate un poco, ¿qué te sucede?" Pero solo para mostrarte qué tanto lo disfrutaba Juan, vamos al siguiente versículo: "A éste, pues, hizo señas Simón Pedro, para que preguntase quién era aquel de quien hablaba". Jesús había anunciado que entre ellos había un traidor, y Juan era el que estaba recostado más cerca de Cristo, por lo que Simón le dice: "Tú, pregúntale".

Y entonces en el versículo 25 dice: "Él entonces, recostado cerca del pecho de Jesús". Puedes decir: "Sí Juan, ya lo sabemos, ya lo habías dicho". Pero ¿por qué lo dice dos veces en tres versículos? Porque esto provocó en él algún tipo de emoción. Y en Juan 21, vean esto, versículo 20: "Volviéndose Pedro, vio que les seguía el discípulo a quien amaba Jesús, el mismo que en la cena se había recostado al lado de él". Es como si dijera, eso me sorprendió. Él estaba tan emocionado acerca de esa demostración física de afecto que lo repite tres veces. Me encanta poder ver la humanidad de Jesucristo, ¿ustedes no?

Y no lo sé, pero en ocasiones pienso en qué hubiera hecho yo si hubiera estado ahí, y creo que me gustaría haber hecho lo mismo. Hubiese querido sostener Su mano o al menos sentarme cerca de Él. ¿Ustedes no? Me agrada saber que Él puede responder a este tipo de afecto. Me agrada saber que Pablo no era solo un robot de plástico que caminaba. Que él no es un tipo de comentario bíblico manufacturado, aprietas el botón y te entrega un versículo, te lo explica. Me agrada saber que no es una grabadora. Me agrada que él sea una persona real que respira y a la cual alguien puede abrazar, besar y llorar en su hombro. Esto es algo que me dice que en realidad él amaba a estas personas, todo porque él hizo eso, ellos supieron que los amaba.

La forma de dar de Pablo

Pienso que esto habla de su amor. Bueno no quiero agotar el tema. Pero Hechos 20 me dice que Pablo amaba a la iglesia al demostrar este tipo de afecto. Segundo, él amaba la iglesia en su forma de dar. ¿No es ésta una de las maneras más grandes para medir el amor? ¿La forma de dar? ¿Qué dijo Pablo en 1 Corintios? 1 Corintios 13, el amor no busca lo suyo propio. Siempre da. Pero regresemos a Hechos 20:1-2, "Después que cesó el alboroto, llamó Pablo a los discípulos, y habiéndolos exhortado y abrazado, se despidió y salió para ir a Macedonia".

Y de paso se fue por Troas que estaba al norte y tuvo que ir de Troas, cruzando por Filipos, y llegar a Macedonia. Y versículo 2: "Y después de recorrer aquellas regiones". Y aquí nos detenemos. Hizo un viaje a norte de Troas por lo que cruzó Macedonia, donde estaba la iglesia de Filipos, Acaya, y ya existía la de Tesalónica. Ahora lo que es importante aquí es que tú puedes decir que aquí no está hablando nada acerca de dar. Bueno, en mi opinión sí lo hace. ¿Por qué? Por el simple hecho de que fue.

¿Recuerdan lo que les dije la semana pasada? ¿Por qué fue Pablo a Macedonia? Porque él estaba reuniendo dinero para los santos pobres de Jerusalén. Regresando al capítulo 9:21, dice cuando continuaba estando en Éfeso, que él se había propuesto en el espíritu, o bien en su propia mente, cuando había pasado por Macedonia y Acaya, y Acaya es una provincia en la que estaba Corinto, que también era conocida como Grecia. Él se dirigía a Macedonia, Acaya y después a Jerusalén y después de Jerusalén a Roma.

Así que su plan era ir a Macedonia y la disputa llegó y todo estaba concluyendo, por lo que vio que era el momento de su partida. Ahora su propósito de ir allá era la de juntar una ofrenda. Y ahora hablemos de esto solo un minuto. Vayamos a 1 Corintios 16. Antes de dejar Éfeso, ya había escrito 1 Corintios, y en él expresaba algo de su razón para ir Macedonia.

Veamos 1 Corintios 16:1, "En cuanto a la ofrenda para los santos, haced vosotros también de la manera que ordené en las iglesias de Galacia". Él le dice a los corintios, y para llegar a los de Corinto tenía que pasar por Macedonia. Así que les escribe a los corintios antes de llegar y les dice: "Les dije a los de Galacia que juntaran su ofrenda. Y ahora les estoy escribiendo a ustedes para que recuerden juntar la de ustedes". Esto ya se lo había dicho antes. Y, de hecho, dice: "Voy a ir a visitarlos", versículo 5: "Iré a vosotros, cuando haya pasado por Macedonia". Así que en Éfeso es donde escribe la carta y dice: "voy a pasar por Macedonia y llegaré a ustedes para recolectar este dinero". Y su propósito al pasar a través de Macedonia era también recolectar otro dinero de ellos.

Este era su deseo, quería juntar este dinero para los santos pobres de Jerusalén. Él tenía dos razones, posiblemente tres. Una era que él era un hombre de integridad, y lo recordarán cuando estudiamos en Gálatas 2 que cuando finalmente llegó a Jerusalén, después de que su apostolado había comenzado, se reunió finalmente con los líderes de Jerusalén; ellos lo aprobaron, lo enviaron y le dijeron, tu eres el indicado para hacer esta obra de Dios. Nosotros solo pedimos un favor, y este es que te acuerdes de los pobres de Jerusalén, ¿se acuerdan de esto? Gálatas 2:10, él contestó, lo haré. Esto nos hace ver que es un hombre de integridad.

Una de las razones por las que él quiere recolectar la ofrenda es para que ellos puedan ver la honestidad de sus palabras. Pero, segundo, y pienso que las últimas dos son las características sobresalientes de nuestro análisis. El

18_Por amor de la iglesia. Parte 1

hecho es que él supo que había una verdadera necesidad ahí; esas personas eran realmente pobres. De hecho en Hechos 11 cuando llegó la hambruna durante el tiempo de Claudio, esas personas hubieran muerto si no hubiera sido por la reina Elena quien importó higos deshidratados y uvas para que los pobres se pudieran sostener. La realidad es que eran verdaderamente pobres. En Santiago 2:5 se nos indica que ellos eran los más pobres de los pobres en Jerusalén.

Existía todo tipo de barrios marginales, por lo que había una enorme necesidad y aquí estaba la oportunidad de expresar el cumplimiento del amor hacia esas personas en necesidad. Y pienso que esto era algo característico de Pablo. Simplemente no podía resistir el dar a la gente que tenía necesidad. Aquí podemos ver su amor; anduvo de un lado a otro por el Mediterráneo recolectando este dinero. Y se va de un lugar a otro sabiendo que a donde quiera que fuera, en todos lados que el pusiera su pie, su vida estaba en peligro, pero él ni siquiera pensaba en esto ya que tenía un objetivo que alcanzar y era el de cuidar de otros, él lo va a lograr incluso el lograrlo le cuesta la vida.

¿Se acuerdan de lo que le pasó? Todo el tiempo que estuvo recolectando esto para Jerusalén, durante todo el viaje, todos le están diciendo: "Pablo, algo te va a suceder". Todos le advertían, todos le dijeron en el capítulo 20, lo veremos más adelante, lo advirtieron durante todo el camino, "Pablo, te vas a meter en problemas, no puedes ir por todo el territorio". Y él les contestó: "Ni siquiera pienso ninguna de estas cosas, ninguna de estas cosas me molesta para nada. Me dirijo a Jerusalén y voy a llegar".

Esto nos muestra el tipo de hombre que él era. Sabía que había una necesidad y todo el costo que le representaba cubrir esa necesidad. Esto es dar, este es el verdadero amor definido. La realidad de que amo a alguien es que estoy dispuesto a sacrificarme totalmente para su beneficio, esto es lo correcto. Pero pienso que dentro de su mente había algo más. Amaba a la iglesia no solo por el hecho de que se preocupaba por sus necesidades, sino que pienso que amaba a la iglesia en el sentido de su unidad y él lo vio. Él pudo ver que esto de dar dinero que proviniera de la iglesia gentil a la iglesia judía en Jerusalén sería algo que proporcionaría más unidad dentro del cuerpo de Cristo.

Siempre existió un problema entre judíos y gentiles. E incluso cuando escribió en Romanos, a los romanos les habló del mismo problema. Él tenía en mente que, si él llevaba esta ofrenda a los judíos que estaban en Jerusalén, e incidentalmente no la llevaría por sí solo, la llevaría junto con algunos de los representantes de cada iglesia de las áreas gentiles. Ellos podrían notar así el amor de los gentiles y esto uniría más a la iglesia.

De este modo amaba Pablo a la iglesia. La amaba lo suficiente como para cubrir las necesidades de los individuos y la amaba lo suficiente para ver el cumplimiento de la oración de Jesús cuando oraba: "Padre, que ellos sean uno". Y lo buscaba sin importarle cual fuera el costo para él, simplemente no le importó. Se movió de un lugar a otro recolectando todo este dinero, juntando todo esto, organizando todo esto en el nombre de estas personas que estaban muy, muy lejos.

Una maravillosa expresión de amor. Ahora veamos el resto de los versículos de este pasaje. Son en realidad muy significativos. Primera de Corintios 16:2. Les dice cómo poner todo el dinero junto: "Cada primer día de la semana cada uno de vosotros ponga aparte algo, según haya prosperado, guardándolo, para que cuando yo llegue no se recojan entonces ofrendas". Esto es algo que debía salir de su propio corazón delante del Señor. Pero es interesante que él dice, no quiero que se levante la ofrenda cuando yo llegue ahí, esto es algo que ustedes deben planear con antelación.

Su ofrenda debe estar ya recolectada mucho antes de que yo llegue. El primer día de la semana cuando ustedes se reúnen ya debe haber sido planeado. En otras palabras, quien sea de tu congregación que me quiera acompañar, si ustedes lo aprueban, lo puedo llevar conmigo. Así que no solo vamos a llevar cartas de recomendación, sino que también llevaremos personas. Y les dice en el versículo 4: "Y si fuere propio que yo también vaya, irán conmigo". En otras palabras, está dejando aquí la posibilidad de que él no vaya, y la razón es porque no hay suficiente dinero.

Les dice: "Si su ofrenda es suficiente iré yo. Si no me regreso". Y después les dice: "Pasaré primero cruzando por Macedonia y me quedaré con ustedes hasta el invierno". Y a continuación les dice esto, "para que vosotros me encaminéis a donde haya de ir". Esto es lo que mencioné antes. Que cuando una persona se iba, muchos lo acompañarían por camino de un día o dos.

Y les dice: "Porque no quiero veros ahora de paso". En otras palabras, no quiero verlos solo de pasadita; quiero pasar tiempo con ustedes. "Pero estaré en Éfeso" —versículo 8— "hasta Pentecostés". Originalmente él iba a permanecer solo hasta la Pascua, pero llegó Pentecostés, ¿cuántos días después? ¿Lo recuerdan? 50. Por lo tanto él solo estaría ahí hasta la Pascua, pero cambió de parecer y se quedó 50 días más, hasta Pentecostés. ¿Por qué hizo esto? Versículo 9: "porque se me ha abierto puerta grande y eficaz, y muchos son los adversarios". Había muchos adversarios, por lo que él decide quedarse un poco más y llegar a Jerusalén en Pentecostés a pesar de que él quería llegar a Jerusalén en la Pascua.

Así deja Pablo Éfeso habiendo escrito esta carta a los corintios donde los instruyó acerca de su ofrenda. Se va de ahí para poder recolectar el dinero. Y ahora en Hechos 20:2, aquí retomamos nuestra historia. Cuando ya había ido a todos estos lugares y habiéndoles dado muchas exhortaciones, llegó a Grecia. Así que, teniendo esto en mente, él sigue su plan y se va a

18_Por amor de la iglesia. Parte 1

Macedonia. En algún lugar entre Troas y Macedonia, en esa pequeña área, él escribe 2 Corintios. Posiblemente en Macedonia.

Así debió ser, en algún momento durante su viaje de Troas a Macedonia, escribe 2 Corintios. Ahí descarga su corazón. Y les quiero mostrar lo que él dice cuando les vuelve a escribir. ¿Recuerdan que en la primera carta los exhorta por su pecaminosidad? Escuchen ahora esto en 2 Corintios 1:8. "Porque hermanos, no queremos que ignoréis acerca de nuestra tribulación que nos sobrevino en Asia" —esto es, Asia menor— "pues fuimos abrumados sobremanera". Realmente abrumados en extremo.

"Más allá de nuestras fuerzas, de tal modo que aun perdimos la esperanza de conservar la vida". Dicho de otra manera, sabemos que no tenemos recursos humanos para prevenir la muerte. Así que tuvimos que confiar en Dios y no en nosotros mismos. En el poder de su resurrección. Y, en otras palabras, si es que perdemos nuestras vidas confiaremos en el poder de la resurrección de Dios. Verdaderamente creía que Dios quería que él entregara esta ofrenda en Jerusalén. Y podemos decir que casi está diciendo que, si él llegaba a morir, Dios lo resucitaría para que llevara esta ofrenda allá.

Él se imaginó que el compromiso del hombre era el de dar a los que están en necesidad. Así que estaba realmente presionado, pero tenía este deseo y cuando llega a Troas, verdaderamente está preocupado por su vida. Y ahora en 2 Corintios 2, nos dice algo más acerca de su ansiedad, versículo 12: "Cuando llegué a Troas para predicar el evangelio de Cristo, aunque se me abrió puerta en el Señor", él pensó que esta era su oportunidad para quedarse y enseñar, así que se quedó y enseñó". Pero dice: "No tuve reposo en mi espíritu". ¿Por qué? Porque no encontré a Tito mi hermano. Aparentemente se suponía que Tito se reuniera con él ahí y Tito regresaba de Corinto, podemos ver que los corintios recibieron su primera carta. Y ahora Pablo quería saber cómo habían reaccionado ellos, ¿correcto? Quería saber si ya habían limpiado todo su desastre.

Y les dice, llegué ahí y Tito no estaba y esto me angustió. "No tuve reposo en mi espíritu, por no haber hallado a mi hermano Tito; así, despidiéndome de ellos, partí para Macedonia". Y, ¿qué pasó cuando llegó a Macedonia? Ahí se encontró con Tito. ¿Y qué le dijo Tito? Lo sabemos por 2 Corintios 7:5, esto es algo bueno, porque dice: "Cuando vinimos a Macedonia, ningún reposo tuvo nuestro cuerpo, sino que en todo fuimos atribulados; de fuera, conflictos; de dentro, temores". El temor de la ansiedad que le llegó por todos los problemas que encontró en Corinto.

Y en el versículo 6: "Pero Dios, que consuela a los humildes, nos consoló con la venida de Tito". Y Tito llegó con las noticias acerca de los de Corinto, y vaya que esperaba saber de ellos, escuchen el versículo 7: "Y no solo con su venida, sino también con la consolación con que él había sido consolado en cuanto a vosotros, haciéndonos saber vuestro gran afecto, vuestro llanto, vuestra solicitud por mí, de manera que me regocijé aún más". ¿Y sabes lo que hicieron? Recibieron toda la carta, la creyeron, se arrepintieron y se enderezaron. ¿Piensan que esto lo animó? Claro, esa era la razón de su existencia.

Y dice: "Ahora me gozo, no porque hayáis sido contristados, sino porque fuisteis contristados para arrepentimiento". En otras palabras, él está diciendo, sé que fue una carta algo dura, pero no me arrepiento, porque era necesario. Tal vez fue demasiado fuerte, pero percibo que la misma carta los contristó, aunque solo haya sido por un corto tiempo. Pero ahora me regocijo, no porque hayáis sido contristados, sino porque fueron contristados para arrepentimiento, fueron contristados para que regresaran al camino correcto de Dios. ¿No es esto algo muy bueno?

Él estaba tan emocionado acerca de lo que se había logrado en sus vidas. Bueno, en 2 Corintios, que fue escrita desde Macedonia, les recuerda una vez más esto. Les dice, "acerca de la ofrenda", capítulo 8:1. Les recuerda que deben dar a los creyentes pobres de Jerusalén y esto continúa en todo el capítulo 8 y el capítulo 9. Pablo mandó esta carta con Timoteo. Bueno, todo esto solo para decirles, aquí está el apóstol Pablo. Desgastado, cansado, ansioso debido a la vida espiritual de sus iglesias. Perseguido y amenazado, reconociendo en todo tiempo que él podría morir y que no tenía ningún poder físico para detener eso.

Confiando completamente en el poder de Dios y sin pedir nada para él mismo. Todo lo que él quiere hacer es juntar este dinero para darlo a los santos necesitados para que la iglesia se uniera. Este es un hombre que sabe dar. Esta es la medida del amor de este hombre. Para él la iglesia no significaba algo para su beneficio. Para él la iglesia era simplemente la amada de Cristo a quien él amaba y por quien él se sacrificaba.

La enseñanza de Pablo

Permítanme darles un tercer punto para cerrar ya en unos minutos. La tercera cosa que nos dice Hechos 20 (donde se manifiesta cuánto amaba a la iglesia) es su enseñanza. Versículo 2: "Y después de recorrer aquellas regiones, y de exhortarles con abundancia de palabras, llegó a Grecia" o a Acaya, ahí era donde se encontraba la iglesia de Corinto. Pero ahora quiero que vean este pequeño detalle. Él les dio o les había dado mucha exhortación.

Esto es importante y se hace realmente interesante en el siguiente pasaje del cual hablaremos en dos semanas, donde predica un sermón de toda una noche. Y Eutico se duerme y muere al caer. Así que ustedes no se preocupen por el tiempo. Sin embargo, el apóstol Pablo ha dedicado su tiempo a darles mucha exhortación. Él sabe que está en la última parte de su viaje al este del área del Mediterráneo porque sabe que la hostilidad realmente había alcanzado un nivel muy alto, y sabe que posiblemente no regresará. Esto es lo que se percibe en su corazón. Y él no regresó, por lo que está diciendo adiós.

Sabe que las iglesias están ya establecidas y ahora hay ancianos dentro de las iglesias que pueden enseñar, y sabe que el evangelio tiene ya un punto de apoyo y que él no va a regresar debido a la presión, pero en su mente está el que verá Roma, después España y ahí cree que terminará. Pero esto hace que él les dé mucha exhortación.

Este fue un tiempo cuando él se pudo lamentar de sí mismo, y pudo ser que debido a la presión pudiera pensar que necesitaba unas vacaciones; pero en lugar de esto se dedica a exhortarlos insistentemente. Esta era su idea de enseñanza. Mucha interacción, mucha comunicación, mucho compartir, mucho hablar, enseñar y exhortar; y obviamente mucha escritura. Él ya ha escrito 2 Corintios en estos días. El viaje a Jerusalén tiene un carácter de viaje de despedida, pero él se dedica a la enseñanza. Y, una vez más tenemos este pensamiento, aquí está la marca de un hombre que ama a la iglesia.

Se dedica a enseñar a la iglesia. Pablo vivía para esta razón. Para perfeccionar a todo hombre. Pablo dijo que los apóstoles, los profetas, los evangelistas y los pastores maestros, fueron dados a la iglesia, ¿para qué?, para perfeccionar a los santos. Para esto vivía Pablo, para él esto era la iglesia. Es triste ver que muchas iglesias de hoy y muchos ministerios y muchos hombres ven a la iglesia como el medio para tener una carrera exitosa. O bien ven a la iglesia como el vehículo para su propio ego.

Y desde luego que todos luchan con esto, orgullo y todo esto, pero ¿saben algo? A menos que un hombre de Dios enseñe motivado por su amor al Señor Jesucristo y por su amor a la iglesia, todos sus esfuerzos serán centrados en su propio ego. Siempre le pido a Dios, una y otra vez, que me ayude a amar más y más a la iglesia, a amar a sus miembros. Que pueda desgastarme en perfeccionar a los santos hasta el día de mi muerte. Esto es lo que yo quiero hacer. Y conforme estudiaba estos pasajes de Pablo, el Señor me mostró cómo en mi propia vida tengo falta de amor por los hijos de Dios.

Quiero amar más a los hijos de Dios. En muchas ocasiones me preparo y ni siquiera estoy pensando en cómo esto va a enseñar a los hijos de Dios, sino que digo en mi mente: "Esto les va a agradar. Seguro pensarán en qué buen trabajo hice con esto". Y cuando esto sucede, tengo que regresar y decir: "Este no es un pensamiento piadoso". De algún modo tengo que decir: "Huye de mí, Satanás", y enfocar mi atención en el hecho de que la única razón por la que me puedo parar aquí no es para que ustedes puedan conocer todo lo que John MacArthur sabe, sino para que puedan conocer todo lo que Dios quiere que ustedes conozcan, y sean llenados con el perfecto conocimiento de su voluntad.

Dios da su amor a la Iglesia, y me sorprende que para algunas personas es tómalo o déjalo. Se llaman a sí mismos cristianos, pueden entrar y salir de la iglesia y perdérselo por mucho tiempo, sin que esto les incomode en absoluto. Este no es amor por la iglesia, yo amo a la iglesia, esto me hace ministrar a la iglesia. Si Dios me dio el don de la enseñanza, enseñaré dentro de la iglesia hasta que muera. El pensamiento de un retiro, para mí suena horrendo. Desde luego que esto es porque soy joven.[1] Pero es horrendo, el retiro me suena a dejar de enseñar a los creyentes. ¿Saben qué era lo que estaba haciendo el apóstol Pablo cuando le cortaron la cabeza? Lean los dos últimos versículos del libro de Hechos cuando él estaba en Roma. Él estaba enseñando todas las cosas acerca de Jesucristo, nunca paró de hacerlo.

Desconozco cuales son sus dones espirituales. Ustedes y el Espíritu lo saben. Ustedes deben amar la iglesia de tal modo que el más grande deseo de su corazón sea ministrar sus dones. Jesús compró a la iglesia con su propia vida, el precio fue su propia sangre. Es su preciado tesoro, y Cristo está comprometido con cuidar a cada uno de los santos, con ministrar a cada uno de los santos. ¿Aman a la iglesia? Dios, ayúdanos a no ver a la iglesia como un medio para nuestra glorificación, ni como una avenida para el entretenimiento. Sino que podamos ver a la iglesia como un ministerio en el que debemos vernos a nosotros mismos también en un amor total al grado de sacrificar nuestras propias vidas por ella.

De este modo amaba Pablo a la iglesia. Se entregó a la mucha enseñanza. Nunca se detuvo. Nunca descansó. Solo enseñó y enseñó y nunca se detuvo. Está tan cansado cuando llega a Troas, nuevamente en los versículos 6–12, debió estar tan cansado después de todo lo que estaba sucediendo, pero esto lo veremos la siguiente ocasión. Se encuentra al final de su vida, y ¿saben qué es lo que hace? Les enseñó durante toda la noche. Este es el tamaño de su compromiso. Y tal vez piensen que cuando llegó a Grecia, al final del versículo 2, y fue a Corinto, estuvo en casa de Gayo —en otros pasajes dice que se quedó con Gayo— y piensan que pudo haber descansado ahí. Pero no, tenía que hacer algo mientras estaba ahí, tenía que escribir la carta a los Romanos.

Y como pueden ver no se daba por vencido, nunca lo hizo. Él nunca, nunca quiso, o bien nunca se mostró como alguien cansado de hacer el bien. Enseñó a la iglesia. Hablé con algunos pastores el día de ayer y les dije que la medida del amor que le tienen a Cristo se mide por el amor que les tienen a sus hijos. Y la medida de tu amor por su gente es cuánto deseas su madurez espiritual. Y es como con los hijos: si en verdad amo a mis hijos, ¿qué es lo que quiero de ellos? Quiero que ellos sean todo lo que puedan ser. ¿Verdad?

---

1 Este mensaje es de 1974. En aquel entonces John MacArthur tenía 35 años.

18_Por amor de la iglesia. Parte 1

Si los amo en verdad, si los amo a ustedes, ¿qué es lo que yo quiero que sean ustedes? Todo lo que puedan ser espiritualmente. Si están teniendo problemas con ese deseo, están también teniendo problemas con amar a Cristo porque si en realidad lo aman, van a amar a Cristo de la misma manera. Bien, oremos.

Oración final

Padre, te agradecemos por este tiempo maravilloso. Ha sido algo muy bueno permanecer en tu palabra y compartirla juntos. Gracias por el ejemplo de un hombre que verdaderamente amaba a la iglesia, tu iglesia. Señor yo no tengo ningún deseo de edificar a tu iglesia porque tú dijiste que tú lo harías. Solo quiero ser parte de esto. Solo quiero ser una piedrita más en algún lugar de tu edificio. Para ministrar a otros. Dios, dame a mí y da a estas personas un gran amor por los santos. Dios, que nosotros podamos vernos como prescindibles. Que podamos ver nuestras vidas como si no fueran nada, como basura, como algo desechable. Solo para ser usados como a ti te parezca. Que no deseemos otra cosa que amar a la iglesia, que expresar ese amor en la ministración de nuestros dones a los santos. Gracias por los ministerios, por los dones, los llamados que nos has dado. Dios ayúdanos a expresar esa responsabilidad de amor por medio de un ministerio fiel.

Y Dios, sabemos que para que tu Hijo sea glorificado, la gente debe ser salvada. Te damos la honra y la gloria por lo que has hecho, en el nombre de Jesucristo, Amén.

Reflexiones personales

7 de Abril, 1974

19_Por amor de la iglesia. Parte 2

Después que cesó el alboroto, llamó Pablo a los discípulos, y habiéndolos exhortado y abrazado, se despidió y salió para ir a Macedonia. Y después de recorrer aquellas regiones, y de exhortarles con abundancia de palabras, llegó a Grecia. Después de haber estado allí tres meses, y siéndole puestas asechanzas por los judíos para cuando se embarcase para Siria, tomó la decisión de volver por Macedonia. Y le acompañaron hasta Asia, Sópater de Berea, Aristarco y Segundo de Tesalónica, Gayo de Derbe, y Timoteo; y de Asia, Tíquico y Trófimo. Estos, habiéndose adelantado, nos esperaron en Troas. Y nosotros, pasados los días de los panes sin levadura, navegamos de Filipos, y en cinco días nos reunimos con ellos en Troas, donde nos quedamos siete días.

El primer día de la semana, reunidos los discípulos para partir el pan, Pablo les enseñaba, habiendo de salir al día siguiente; y alargó el discurso hasta la medianoche.

Hechos 20:1–7

BOSQUEJO

— Introducción

— El afecto de Pablo

— La forma de dar de Pablo

— La enseñanza de Pablo

— La persistencia de Pablo

— La disponibilidad de Pablo

— Oración final

Notas personales al bosquejo

… 19_Por amor de la iglesia. Parte 2

SERMÓN

Introducción

Continuamos esta mañana en nuestro estudio del capítulo 20 del libro de Hechos. Es algo emocionante poder ver el ministerio del apóstol Pablo. Y en este pasaje en particular, tenemos un poco acerca de la vida de Pablo, al estudiarlo notamos cómo nos lo insinúa. Esto es algo grandioso.

En Hechos 20:1-17, hemos titulado la sección, *Por Amor de la Iglesia*. Y hemos visto que en este pasaje no está directamente declarado, pero sí está implicado el gran amor que el apóstol Pablo tenía por la iglesia. Y con esto no nos referimos a una organización, sino a la gente, los santos. Esto es en realidad lo que marca la diferencia dentro de la vida de este hombre. Él amaba a la iglesia.

Pablo dijo en Efesios 5:25, "Cristo amó a la iglesia, y se entregó a sí mismo por ella". Pero este podría ser también el testimonio de Pablo porque él amaba a la iglesia y se entregó también a sí mismo por ella. Jesús se entregó a sí mismo a la iglesia para redimirla; Pablo se entregó a sí mismo para servir a la iglesia. Dentro de la iglesia redimida, Jesús murió. Pablo murió sirviendo a la iglesia. Entonces hay cierto paralelo, aunque no un propósito exactamente igual. Pero ciertamente el nivel del compromiso de Pablo era absoluto y un total sacrificio.

Pablo tenía un enorme deseo de ver que la iglesia fuera lo que debía de ser. Y pienso que la razón básica para ello era porque él amaba intensamente al Señor Jesucristo. Cualquiera que fuera la voluntad de Dios, se convertía en la voluntad de Pablo. Esto solo sucede cuando amamos por completo a Jesucristo, en el más verdadero sentido, y entonces comenzamos a querer apasionadamente lo que Él quiere. Vimos un poco de esto la vez pasada cuando vimos en 1 Juan 5:1, donde dice: "Todo aquel que ama al que engendró, ama también al que ha sido engendrado por él".

En otras palabras, no es difícil amar a los cristianos si amas al Señor que los engendró. Y el apóstol Pablo amaba por completo a Jesucristo al grado que toda su vida —y esto es importante— buscó cumplir con la voluntad de Cristo para la iglesia. Él se perdió dentro de la voluntad de Cristo. No tenía ninguna voluntad aparte de la de Jesucristo. Esto es madurez. El someter mi voluntad a Cristo no es madurez. La madurez es desear junto con Cristo lo que Él quiera, y hacer su voluntad.

Muchos de nosotros seguimos aprendiendo cómo someter nuestras voluntades. No hemos crecido al nivel de madurez en donde deseamos lo que Él desea. Pero Pablo sí. Él amaba a la iglesia y se entregó a sí mismo por la iglesia porque amaba a Jesucristo, al grado que no había otra razón para vivir y para cumplir la voluntad de Jesucristo para el beneficio de la iglesia.

En Efesios 3:20-21 lo vio en una dimensión muy amplia. Dijo: "Y a Aquel que es poderoso para hacer todas las cosas mucho más abundantemente de lo que pedimos o entendemos, según el poder que actúa en nosotros". En otras palabras, les dice a los efesios y a todos los cristianos, ustedes deben estarse moviendo poderosa, dramática y dinámicamente. Ustedes deben estar desarrollando todo su potencial y la razón es esta, "a él sea gloria en la iglesia en Cristo Jesús". En otras palabras, el vio a Dios glorificado cuando la iglesia fue maximizada en términos de su potencial.

Esta era su pasión. Era la razón de su vivir, era la razón de su sufrimiento. Él murió por esto, por amor a la iglesia. Y les debo decir que sería excelente que tuviéramos más hombres como él. Solo Dios sabe qué pasaría si más y más hombres amaran la iglesia. Hombres que fueran responsables ante la iglesia y ante el Señor, que amaran la iglesia de esta manera. Vemos aquí lo que un hombre hizo por amar tanto al Señor y por amar tanto a la iglesia. Y unido a esto había un precio qué pagar, y él estaba dispuesto a pagarlo.

En Colosenses 1:24 él dijo, "me gozo en lo que padezco por vosotros". Él estaba dispuesto a pagar el precio. Si el precio de la madurez de los santos, si el precio de la unidad de la iglesia, si el precio de que la iglesia creciera era el dolor, él estaba dispuesto a pagarlo. "Y cumplo en mi carne lo que falta de las aflicciones de Cristo por su cuerpo, que es la iglesia". En otras palabras, yo sufro en lugar de Cristo; yo recibo los golpes del mundo, podría significar, por Él y por el bien de la iglesia.

Él amaba a la iglesia. Incluso en la cárcel cuando escribió Filipenses, él dijo: "Quiero que sepáis, hermanos, que las cosas que me han sucedido, han redundado más bien para el progreso del evangelio... Y la mayoría de los hermanos, cobrando ánimo en el Señor con mis prisiones, se atreven mucho más a hablar la palabra sin temor". Esto lo hacía feliz, él pagó el precio porque él amaba a la iglesia. Y su amor se definía en auto sacrificio. Ahora entonces, Pablo sabía lo que era ser un hombre apasionado. Sabía lo que significaba perseguir una meta.

Y esta meta era simplemente el perfeccionar a los santos, llevarlos a la completa madurez de tal modo que ellos puedan honrar a Dios y Dios pueda ser glorificado. Y si Jesús está satisfecho, entonces el mismo Pablo queda satisfecho. Él amaba a la iglesia. Y la realidad es que el amor a la iglesia debe estar en el fondo de toda motivación dentro del ministerio. No puedo pensar en que alguien que no ame a la iglesia se pueda entregar a sí mismo por ella.

Recientemente tuve un gran motivo de gozo. Un gozo personal que probablemente nadie sabrá sino solo yo. Bueno, ahora lo sabrán cuando lo diga. Y a pesar de que es algo que miles y miles y miles de personas habrán leído de mí, nunca sabrían lo que significó para mí. Recientemente en la revista cristiana *Christianity Today*, la cual es una revista teológica, apareció una crítica acerca del libro que escribí titulado, *La Iglesia, el Cuerpo de Cristo*.

Y siempre, de algún modo, esperas ansiosamente lo que los críticos van a decir porque ellos pueden edificarte o destruirte, dependiendo de quién sea el que haga la crítica. Pero esta crítica decía solo una cosita que me llenó de gozo. Esto es lo que dijo el crítico: "El libro refleja un genuino amor por la iglesia". Bueno, tal vez nadie pudo saber —solo ustedes ahora— lo que verdaderamente significó para mí. Porque si hay algo que yo quiero con todo mi corazón es saber algo de lo que Pablo supo cuando dijo que amaba a la iglesia.

Y al observar a Pablo en el Nuevo Testamento vemos que esta es la implicación una y otra y otra vez. Y sé que pueden pensar: "Bueno, MacArthur, no es algo maravilloso que tú ames a la iglesia. ¿Debemos darte palmaditas en la espalda?" No. No lo estoy diciendo por esta razón, lo digo por esta otra; si un hombre no ama a la iglesia, que Dios tenga misericordia de él si intenta ministrar. Si lo que buscas dentro del ministerio no es causado por amor a la iglesia, por ver a los santos en el lugar en donde Dios es glorificado por medio de sus vidas, si no es así, entonces tienes una meta pervertida. Si un hombre llega al ministerio desde su propio punto de vista, para satisfacerse a sí mismo, y por amor de su propio ego y su propia exaltación, o posición o cualquier otra cosa, entonces ha pervertido el ministerio. La única razón para estar dentro del ministerio es por amor a la iglesia.

La única razón por la que Jesús vino al mundo fue por amor a la iglesia, para morir y así poder redimirnos. Para redimir a la humanidad y nuevamente esto es básico en el ministerio. No es que deba ser elogiado, si así fuera, entonces yo debiera ser expulsado por no amar a la iglesia. Esto es básico; solo le pido a Dios que yo sea capaz de amar a la iglesia de la manera que Pablo lo hizo. Pablo amaba a la iglesia, este es el verdadero ministerio, aquí es donde se encuentra el corazón del ministerio. Y si dicen, ¿será que esto me incluye? Seguro, cada uno de ustedes tiene un ministerio. Ustedes tienen tanta responsabilidad en su ministerio como yo la tengo.

Y pueden decir: "Pero yo no fui llamado a ser pastor". Es cierto, pero la otra verdad es que tienes un don espiritual. Y debo decirte algo, la medida de la efectividad y de la intensidad de la forma en la que ministras tu don, estará determinada en si amas o no a los creyentes. Si en realidad amas a los creyentes, entonces sabrás que ellos necesitan ser ministrados por tu persona. Y si en verdad los amas, los ministrarás porque los amas. Y quieres que ellos crezcan a la medida de la estatura de Cristo.

El ministrar tu don es hacia los otros. Mi don no es para mí, es para ustedes. No es para mi propio bien. Puedo estudiar, predicar y enseñar, pero esto es algo que ustedes necesitan no es para mí. Podría estudiar las mismas cosas, y después ir y esconderme en algún lugar. Pero este solo es mi don en términos de mi efectividad cuando lo doy a ustedes. Y la gran motivación para esto, es que ustedes me importan. Que me interesa que ustedes crezcan. Que me interesa que ustedes maduren. Que me interesa que Cristo sea honrado por medio de sus vidas. Que me importa que Dios sea glorificado. Y ustedes deben tener la misma visión de su ministerio.

Y si me dicen: "Mi don es el don de las sanidades", entonces deben saber que, por amor a la iglesia, tendrán que entregarse a ustedes mismos a la ayuda a los demás, sin importar lo que esto sea. Esto es básico en todo ministerio. Así amaba Pablo a la iglesia. Amaba lo suficiente a la iglesia como para desgastar toda la energía en ella. Amaba a la iglesia lo suficiente como para morir a causa de la predicación del evangelio y la alimentación a los santos.

Ahora, en este pasaje de Hechos, en los versículos 1–17, vemos implicado el amor de Pablo por la iglesia. No se nos dice directamente, sino indirectamente. Y solo quiero leer entre líneas un poco. Intenté percibir el sentimiento del pasaje sin adulterar su significado. Pero pude ver y escuchar, conforme me movía al lado de Pablo, y visualice, trate de ver de manera realista lo que sucedía en estos diecisiete versículos. Solo puedo ver el amor que sale de entre los espacios en blanco que ustedes ven. Ahí está, no me pude salir de ellos. Este es el tema dominante que tengo en mi mente conforme leí y leí y leí este pasaje desde hace varias semanas, cuando comencé a estudiarlos.

Pablo se encuentra en su tercer viaje misionero. Y en esta ocasión él se encuentra en general en la misma área geográfica en donde ya ha estado previamente. Es el área este del Mediterráneo. Recordarán que ya había recorrido gran parte, Siria, Sicilia, y se fue al este de Galacia, después al área de Frigia y Panfilia, y todo eso. Y después vino a la zona de Asia menor y finalmente a Macedonia, después a Acaya, que es donde se encontraba Corinto. Cubrió toda el área y plantó iglesias por todos lados.

El evangelio estaba expandiéndose. Este era el tercer viaje misionero y él llevaba a algunos acompañantes a su lado como en las ocasiones anteriores. Está ministrando y viajando y en esta ocasión se quedó por mucho tiempo en Éfeso, casi por tres años. Pero esto está llegando a su fin, está dejando Éfeso. De hecho se suscitó un alboroto. El versículo 1 inicia después de que el alboroto había cesado, el alboroto justo había finalizado. Y Pablo estaba dejando Éfeso, este es el último viaje y después va de regreso a Jerusalén, y desde Jerusalén se quiere ir a Roma y de ahí a España.

Entonces dentro de su mente él siente que es la última vez que va a estar en el este del Mediterráneo. Pablo tiene muy grandes raíces en este lugar; tiene muchos hijos en la fe que son muy, muy amados para él. Sabe dentro de su mente el sentimiento de que esto ya se acabó, es el fin, esta es mi última vez, es la despedida, que es el último canto del cisne. Esta es la razón por la que hay en todo este pasaje un sentimiento de que todo se acabó. Es interesante que probablemente él regresó muy brevemente. Y esto es debido al hecho de que él hizo la declaración de que dejó enfermo a Trófimo en Mileto. Y ya que esto no sucedió aquí, debe haber sucedido tiempo después, así podemos concluir que tal vez en su encarcelamiento en Roma ocurrió en dos tiempos separados, y que justo a la mitad él hizo otro pequeño viaje a Asia Menor.

Pero la mayor parte del pasaje es una despedida. Esto es lo que nos enmarca el pasaje. Y cuando sentimos las despedidas, supongo que todos nosotros sabemos que cuando llegan las despedidas hay mucho amor involucrado, es un momento muy especial. Y cuando estamos diciendo adiós por última vez a la gente que realmente nos importa, todo se desvanece y el amor es lo que toma todo el control. Y esto es muy probablemente lo que está ocurriendo aquí. A pesar de que pienso que el amor gobernaba toda la vida de Pablo, al menos desde el momento de su conversión.

Podemos ver que todo el capítulo 20 está lleno de despedidas porque Pablo va de regreso a Jerusalén. Al tiempo que vemos estos diecisiete versículos, originalmente pensé que lo podíamos ver en un solo mensaje porque es narrativa, después pensé que lo haría en dos sermones, pero ahora pienso que lo vamos a ver en tres o cuatro. Esto porque no hemos pasado el versículo 7. Pero vemos aquí seis áreas, son solo palabras; no significa que Dios haya dividido el texto de este modo, la realidad es que se trata de un bosquejo muy débil, pero tomaremos estas seis palabras solo para colgar de ellas algunos de nuestros pensamientos. Hay seis cosas aquí que nos expresan el amor de Pablo. Su afecto, su forma de dar, su enseñanza, su persistencia, su disponibilidad y su preocupación. Ustedes tienen este bosquejo en su boletín y ahí pueden hacer algunas anotaciones.

El afecto de Pablo

Ahora bien, estas son pequeñas palabras simples que te ayudarán a anotar un concepto en cada sección dada. Pero el amor de Pablo se revela en simples formas que están implicadas en el texto. La primera, el amor de Pablo se revela por medio de su afecto. Versículo 1: "Después que cesó el alboroto" —una revuelta en Éfeso— "llamó Pablo a los discípulos, y habiéndolos exhortado y abrazado". Ahora hagamos un alto aquí. No quiero elaborar todo un punto de esto porque como dije la vez pasada este no es un punto en sí mismo. Creo que es algo menor. Simplemente los abraza. Literalmente los atrajo para abrazarlos.

Esto es todo lo que significa, pero el abrazo usual en ese lugar del mundo en particular, lo que se usaba era un abrazo y un beso en la mejilla. Esa era la costumbre. Y esto puso a mi mente a pensar. Aquí está el apóstol Pablo y los hermanos teniendo su despedida y su costumbre era un gran abrazo de despedida. Recordaran que les dije que esta fue la razón por la que Jesús le dijo a los apóstoles, cuando los envió, que no saludaran a nadie, si tenían que abrazar a todos hubieran tomado mucho tiempo para salir de un lugar. Imagina tener que despedirte de toda la multitud, abrazar a cada uno y darles este beso amistoso.

Por eso les dice: "Manténganse en movimiento; no se entretengan". Y hoy en día, en nuestro mundo, tenemos que abrazarlos y punto, es todo. En aquellos días la gente tenía tiempo para hablar con la gente. Había comunión espontánea, pero ahora siempre estamos con prisa, por lo que no podemos hacer esto. Pero, de cualquier manera, aquí se nos muestra que tuvo tiempo de despedirse de toda la congregación en Éfeso. Por lo que pensé que aquí hay algo que nos habla de este hombre, nos dice algo de su toque personal.

No es mucho, solo algo que nos dice un poco acerca de él. Pudiéramos pensar que era solo una costumbre; todos lo hacen, ¿verdad? Pero en Hechos 20:37, lo veremos después, cuando él deja Éfeso tiempo después, dice: "hubo gran llanto de todos; y echándose al cuello de Pablo, le besaban". Y aquí él usa el término en el griego el cual tiene que ver con un tipo de beso que es con afecto, vehemente y repetido.

Tienes que ser un tipo especial, al menos para estas personas para que ellos quieran hacer esto. Esto es una realidad, hay algunas personas que, sin importar lo que hayan hecho o sin importar que nos dejen, nadie les haría esto. Había algo en este hombre que se granjeó el cariño de la gente y ellos sintieron la necesidad de hacer esto. Aquí estaba el hombre que era el hombre más grande vivo en el mundo de aquel entonces. Esto si es que podemos medir de algún modo la grandeza por el efecto que causó a través de la historia.

Pablo, siendo un gran hombre como lo era, y siendo la figura dominante que era, y siendo el hombre fuerte como lo era, y un hombre tan esencial dentro del plan de Dios, fue un hombre entre muchos otros hombres, los otros hombres sabían esto. Había algo tan humano acerca de Pablo que la gente podía amarlo en una manera física. Esto me hace pensar en que debemos decir a Dios, líbranos de elaborar sistemas de jerarquía espiritual. No queremos tener un tipo de personas que se sientan intocables.

Debe haber este tipo de sentimiento de afecto hacía todo hombre de Dios. Debió haber algo muy cálido acerca de Pablo que ellos se sentían confortables amándolo de esta forma. Y sabemos que es muy importante que nosotros podamos reconocer que el amor debe, si es legítimo, ser llevado al plano físico. En este mundo moderno esto suena como fuera de lugar. Sin embargo, en algunos lugares del mundo sigue siendo de esta manera. Les conté cuando estuve en México y ahí abrazamos a todos los que llegaban. Así, simple, pero hay algo en todo esto que es bueno.

No quiero hacer todo un punto de esto, pero es muy interesante que la psicología de hoy nos dice que debemos hacer mucho énfasis en mostrar afecto de manera física. Leí algo acerca de un entrenamiento de sensibilidad, y ahí todos quieren tocar. Forman grupos en donde entre ellos se tocan, se abrazan. Es verdad, no exagero. La psicología ha proliferado con estos grupos de sensibilidad, tocando. Grupos de sensibilización; a mí me invitaron a una que era exclusiva para ministros, en donde teníamos que meternos a una alberca con nuestro traje de baño, y debíamos tocarnos; esto sucedió en realidad. Fui invitado para ser uno de ellos. Ya habían tenido otra antes, y tuvieron tanto éxito que hicieron otra. Yo no necesito sentarme en una alberca cálida para hacer eso, es ridículo. Sin embargo, esto es un sorprendente intento por parte de la gente para hacer que el amor se demuestre físicamente. Pienso que es bueno, pero no dentro de una alberca.

Pienso que esto, por ejemplo, debe ser la forma en la que tratas a tus hijos dentro de tu casa. Pienso, hombres, que sus hijos deber ver que abrazan a sus esposas y le dan un beso. Y lo deben ver con frecuencia. Lo deben ver con mucha frecuencia. Esto es algo saludable para que ellos sean capaces de demostrar su afecto. Y pienso que debe haber mucho contacto físico con tus hijos, esto es importante. Muchos niños crecen dentro de hogares en donde los padres se van, trabajan y están muy ocupados; y a veces el niño no sabe el significado del afecto físico. Así crecen con una personalidad reprimida.

Esto es parte de la vida. Hay una necesidad física de ser tocado. Respondes a ello y lo haces. Yo también lo hago. Y si piensan que es algo complicado para el cristiano ser capaz de demostrar su amor puede ser real. Pero la verdad es que, si hay amor, tiene que haber la capacidad de demostrarlo físicamente. Escuchen esto. Solo les voy a dar algunos textos que son interesantes. Romanos 16:16, "Saludaos los unos a los otros con ósculo santo". Esto es *alamá*, un beso de amistad y un abrazo al estilo de aquellos días. Ahora 1 Corintios 16:20, "Saludaos los unos a los otros con ósculo santo". Este es un mensaje directo para nosotros. Primera Tesalonicenses 5:26, "Saludad a todos los hermanos con ósculo santo". Puede ser que los de Tesalónica fueran selectivos por lo que Pablo les dice, "a todos".

En 1 Pedro 5:14. No solo Pablo, también Pedro: "Saludaos unos a otros con ósculo de amor". ¿Se dan cuenta de que en el Nuevo Testamento se le dice a la iglesia, cinco veces, que demuestre su amor físicamente? Este sí que es un punto interesante para mí. El que nosotros no debemos ser distantes y lejanos; sino tiernos y cariñosos al grado de poder abrazarnos. Y pienso que es importante que los cristianos demuestren su amor de esta forma.

Esto destruye muchas barreras y créanme que lo hace. Esto no es solo una costumbre, es una enseñanza.

La forma de dar de Pablo

Segundo, pienso que el amor de Pablo fue demostrado no solo en esta área de afecto físico, pienso que la gente se sentía cercana a él, se sentían bien con su amor, y así lo manifestaba él. Pero, se demostraba de una manera mucho más grande por medio de la forma en la que les daba. ¿Se acuerdan que ya hablamos de esto? Él andaba por todos lados, de un lado a otro, recogiendo una ofrenda. Dice el versículo 1: "se despidió y salió para ir a Macedonia. Y después de recorrer aquellas regiones". Un alto aquí. ¿Cuál fue la razón por la que fue a Macedonia? ¿Recuerdan? 1 Corintios 16 nos dice que escribió 1 de Corintios cuando iba camino de Éfeso a Macedonia, y dice, "voy a recoger una ofrenda para los pobres de Jerusalén". Imagina que le tomó cerca de un año, más o menos, tenerla concluida.

Ese hombre anduvo buscando por todas partes del mundo conocido recogiendo dinero para cubrir las necesidades de alguien más. Era un hombre que daba, esto nos dice que los amaba. Ustedes le pueden decir a alguien que lo aman por medio del sacrificio. Y sabemos que Pablo durante todo su ministerio tuvo que ganarse su propio sustento. ¿Cómo lo hizo? Hacía tiendas y trabajaba con pieles. La mayor parte de todo su ministerio tuvo que ganarse su propio sustento. Nunca pidió nada.

Esto lo dijo con frecuencia, no vine pidiendo ayuda de nadie; para que yo no fuese carga a ninguno. Y cuando alguien le daba una ofrenda de amor, él les diría: "Quiero que sepas que lo aprecio mucho". Aun cuando él nunca pidió una sola cosa para él, y nunca lo hizo, siempre estaba ocupado para ayudar a las necesidades de otros. Él era una persona desinteresada, una persona que daba; esto es amor.

Y vimos la vez pasada como andaba por todos lados para poder dar. Incluso dijo en 1 Corintios 13 cuando escribió, "el amor no busca lo suyo propio". Y después salió de viaje para buscar algo para las necesidades de otros. Hay un versículo muy interesante en Ezequiel 33:31. Dice, "hacen halagos con sus bocas, y el corazón de ellos anda en pos de su avaricia". Hablan de amor, pero la realidad es que codician.

El amor da. ¿Qué es lo opuesto al amor? La codicia, esta toma. Este principio es ilustrado y bien vale la pena nuestra atención esto es en 1 Juan 3:16. Ahí se ilustra el principio bíblico de dar en términos de su relación con el amor. Versículo 16 dice: "En esto hemos conocido el amor, en que él puso su vida por nosotros". ¿Cómo sabemos que Dios nos ama? ¿Por qué él lo dice? No. Sino porque Él puso su vida por nosotros.

19_Por amor de la iglesia. Parte 2

Aquí el amor es definido en términos de un sacrificio supremo. Siempre pienso en lo que mi papá me decía acerca de un muchacho que le escribió a su novia y le dijo: "Te amo mucho, treparía por la montaña más alta, cruzaría arenas ardientes, cruzaría un océano nadando con tal de estar a tu lado. Y si no llueve mucho te veré esta noche". Este es el tipo de amor que todos nosotros tenemos. Es un amor verbal que nunca concluye ninguna acción.

El amor se mide por medio del sacrificio. Así es como podemos medir el amor de Dios, este es el estándar. Dios estableció el estándar para el amor. Y si el nuestro ha de ser definido como amor, debe cumplir con el estándar que Él puso. Lo que nos dice Juan es que Dios nos ama y lo probó al poner su propia vida por nosotros. Un auto sacrificio. Y ahora, nosotros debemos notar que esto conlleva una obligación. Hay una obligación moral, hay un deber ahí. "Debemos dar nuestras vidas por los hermanos".

La suprema medida de nuestro sacrificio de amor es la de desear dar nuestras vidas. Algunos cristianos ni siquiera quieren dar su tiempo, menos aún su vida. O su dinero. Algunos ni siquiera están interesados en ministrar el don espiritual que les fue dado por el Espíritu Santo. Algunos cristianos ni siquiera quieren dar su atención. Pero debemos poner nuestras vidas. Ahora puede ser que no todos nosotros vamos a ser llamados a hacer eso, pero esto es un tipo de generalidad, debemos estar dispuestos a poner nuestras vidas. Sin embargo, él lo va a particularizar. Aquí "los hermanos" es muy general.

Ustedes saben que es muy fácil decir: "Amo mucho a los hermanos". Es como decir amo a la humanidad. Hay muchas personas preocupadas por la humanidad, pero la realidad es que no les gusta la gente. C. S. Lewis dijo: "Es muy fácil ser entusiastas acerca de la humanidad con una H mayúscula. Y es mucho más fácil que amar a los hombres o mujeres de manera individual. Amar a todos en general es solo una excusa para no amar a nadie en particular".

Pero aquí él particulariza esto en 1 Juan 3:17. Si es que estás dispuesto a poner la vida por tus hermanos, aquí es donde se hace personal. "Pero el que tiene bienes de este mundo y ve a su hermano tener necesidad". Aquí hemos reducido "a los hermanos" como generalidad a "a su hermano". Cualquiera que ve a alguien que tiene una necesidad y cierra su compasión hacia la persona en necesidad, ¿cómo puede decir que mora el amor de Dios en él? No digas que amas a los hermanos a menos que ayudes para la necesidad de alguien que se te cruza en el camino. Es nuestra obligación para con ese hermano.

Declarar que lo amas no es suficiente. Dios no quiere sentimientos, quiere sacrificio. Versículo 18: "Hijitos míos, no amemos de palabra ni de lengua, sino de hecho y en verdad". El dar va inseparablemente unido al amor. No puedes decir que amas a Dios a menos que estés dispuesto a hacer un sacrificio. Leamos nuevamente esto: "Pero el que tiene bienes de este mundo y ve a su hermano tener necesidad, y cierra contra él su corazón, ¿cómo mora el amor de Dios en él?" Aquí se está hablando acerca de una simple necesidad financiera.

¿Puedes en verdad decir que amas a los hermanos solo cuando haces un sacrificio financiero por ellos? Esta es una declaración maravillosa que nos establece un estándar. Y vaya que nos establece un estándar, vean 2 Corintios 8:7, dice, pero vayamos directo al 8:9 para aprovechar bien el tiempo. Dice: "Porque ya conocéis la gracia de nuestro Señor Jesucristo, que por amor a vosotros se hizo pobre, siendo rico, para que vosotros con su pobreza fueseis enriquecidos".

En el versículo anterior dijo: "prueben si es que su amor es sincero". ¿Cómo van a probar que su amor es sincero? Háganse como Cristo quien siendo rico se hizo pobre para que ustedes pudieran ser ricos. Ahora, ¿quieren ustedes medir su amor? Miren esto, y esta me da duro a mí: "Si en verdad aman totalmente, se harán ustedes pobres para que alguien más se haga rico".

Ahora vean este otro pensamiento, algunos de nosotros nos desprendemos de cada centavo, así de fácil, entonces esto se hace muy difícil. La máxima expresión del amor es hacerte pobre con tal de hacer a alguien más rico. Esta es la medida de mi amor. Dios ayúdanos a dar como daba Pablo. Aquí lo vemos yendo de un lugar a otro para reunir dinero para la iglesia.

La enseñanza de Pablo

Y ahora el tercer punto. Vemos su amor en Hechos 20, y tercero en su enseñanza. Quiero tomar algo de tiempo en esto porque es muy importante para mí.

Dice en el versículo 2: "Y después de recorrer aquellas regiones, y de exhortarles con abundancia de palabras, llegó a Grecia". Otra acción que podemos tomar como prueba de que él amaba a la iglesia, era el tremendo esfuerzo que dedicaba a enseñar a la iglesia. Pienso que esto era verdad. Pienso que esto era lo más grande. Pienso que aquí hay una progresión. Era maravilloso que Pablo mostrara afecto físico, era aún más maravilloso que él se ocupara de sus necesidades financieras, pero era mucho más maravilloso que él les diera verdades espirituales.

Esto era lo importante. Esto era lo que los hacía crecer para hacer todo lo que Jesucristo quería que hicieran. Él los amaba por medio de la mucha exhortación. Mucha enseñanza, mucha predicación, dándoles mucho ánimo. Este es un principio simple. Si ustedes en realidad aman a sus hijos, los van a enseñar. Siempre que veo a un niño indisciplinado, rebelde, que no hace caso, asumo que los padres no aman a su hijo. Pueden decir que aman al niño, pero la realidad es que no aman al niño. El verdadero sentido del

19_Por amor de la iglesia. Parte 2

amor, porque si ellos aman al niño, ellos le darán al niño los principios que harán su vida plena.

Esto es lo mismo que tenemos aquí. Si en realidad amas a la iglesia, enseñarás a la iglesia. Harás que la iglesia tenga los recursos para que puedan crecer en Cristo si es que amas la iglesia. Y aquí está la marca de un ministerio de amor. Enseña al rebaño, enseña al cansado, al egoísta, no con sus propias ideas o deseos, o con sus opiniones, sino por medio de su necesidad de alimento espiritual.

Si es que hay un ministerio este es el de alimentar al rebaño. Esto es el ministerio. No puedo resistir una breve digresión sobre este tema porque es de gran importancia estratégica, pienso yo. En ocasiones me preocupo y oro a Dios para que surjan predicadores en esta generación. Sé que Dios lo va a hacer. Pero veo a mucha gente, a muchos seminarios y muchas personas dentro de las denominaciones que minimizan la predicación.

Pero muchos de ustedes están dentro de esta iglesia hoy porque quieren una enseñanza, quieren predicación con contenido. Ustedes desean ser enseñados, tal vez antes no lo sabían, pero ahora ya saben que esto es lo que desean. En la iglesia temprana, la predicación era central. La predicación es la clave de todo. El centro de atención de la iglesia temprana era solo esto, la proclamación de la verdad de Dios. Y sigo creyendo que es una prioridad. Cuando Pablo le escribió a Timoteo, quien era un predicador, le dijo esto, 1 Timoteo 4:13, "Entre tanto que voy, ocúpate en la lectura, la exhortación y la enseñanza". Tres cosas, lee el texto, aplica el texto y enseña el texto.

Y saben qué es esto, esto es predicación expositiva. Y le dijo, mantente haciendo esto, no seas negligente con ello, medita en ello y entrégate completamente a ello. Ten cuidado de la doctrina y continúa en todo esto. Después en 2 Timoteo le vuelve a escribir, solo por si se olvidó de esto y le dice, "que prediques la palabra; que instes a tiempo y fuera de tiempo; redarguye, reprende, exhorta con toda paciencia y doctrina". Y le dice, "Porque vendrá tiempo cuando no sufrirán la sana doctrina". Y pienso que ya estamos viviendo esos días.

Pienso que la iglesia ha sido tan diluida y se ha alejado de la predicación apostólica y de la cruz, y de la predicación poderosa de la verdad de Dios al grado que la iglesia se ha convertido en todo tipo de cosas menos en ser el centro de la predicación y la proclamación de la Palabra de Dios. Para instruir a los santos. Para alimentar a los santos y así ellos puedan salir y ganar a otros. Y hay razones para esto. Permítanme compartirles algo más.

Creo que hay razones por las que la predicación es minimizada hoy en día. Y esto es verdad. Solo puedes buscar en tres o cuatro seminarios de todos los Estados Unidos si es que quieren encontrar predicadores. Pero la realidad es que esto no está sucediendo. Muchas de las denominaciones ni siquiera consideran esto como una opción, el tener un púlpito dinámico es casi un asunto muerto. Pero una de las razones que considero que es la principal de todas, es que hay una pérdida de fe en la autoridad de la Escritura.

Como ven, si ustedes no creen en la autoridad de la Palabra de Dios, no pueden proclamar nada. Todo lo que ustedes pueden tener es una discusión. O bien, pueden dar una conferencia sobre cierta opinión. O dar una opinión. Pero si no crees que la Palabra de Dios es autoritativa e inherentemente la verdad de Dios, entonces no podrás predicar. No podrás tener ninguna convicción. No sabrás con qué estás lidiando. Solo opiniones.

La segunda razón que pienso que hay está en el otro extremo. Este es el asunto liberal. Pero pienso que, en muchos casos, nosotros los fundamentalistas hemos contribuido a la reducción de la predicación. ¿De qué manera? Pienso que mucha gente reacciona al "pulpitismo" profesional. Y si ustedes estudian la historia del fundamentalismo o la historia de la iglesia evangélica en los últimos 50 o 100 años, encontrarán que hay muchos hombres quienes dominaron el púlpito y lo usaron como un medio para martillar las cabezas de sus congregantes. Lo usaron como si fuera un trono desde el cual ejercían su dictadura.

Y consecuentemente las personas orientadas a la academia, perciben a la gente como personas lógicas, como personas que razonan lo que está sucediendo y reaccionan negativamente, con lo que es como si tiraran al bebé junto con el agua sucia de la bañera. Y ya que esto es lo que hacen los predicadores es mejor deshacernos de la predicación. Ahora son profesionales del espectáculo quienes manejan y maltratan a la gente y sus emociones, hacen que la gente suba y baje por el pasillo y todo tipo de otras cosas. Y esta es la imagen dentro de las mentes de muchas personas. Muchas clases, pero sin nada de contenido. Gritos y actuaciones que no significan nada.

Ahora hay mucho de esto, solo son laberintos sin fin. Y pienso que, en gran medida, este tipo de predicación ha hecho mucho para destruir la respuesta positiva a la predicación. Del mismo modo lo ha hecho con la autoridad de la Escritura, la ha reducido. Tercero y algo más, siento que la iglesia ha sido invadida por los medios, materiales, música y testimonios. Y pienso que esto ha sido un problema.

¿Qué quiero decir con todo esto? Ustedes saben que la iglesia solía reunirse para escuchar la Palabra de Dios. Pero alguien pensó, ¿no sería mejor si nosotros tuviéramos esto o esto otro y aquello? Todos se ponen creativos y crean muchas cosas al grado que tenemos un número sin fin de cosas con las que han sustituido el tiempo que solía dedicarse a la predicación. Todo tipo de grandes ideas, películas y musicales, todo tipo de nuevos materiales y audiovisuales y miles de otras cosas.

Algunas de ellas son muy, pero muy buenas, incluso podríamos decir que son excelentes. Pero les diré algo amigos; nada puede tomar el lugar de la iglesia local, dentro de la iglesia local que es el lugar de enseñanza de la Palabra de Dios. Y ustedes saben que yo creo esto con todo mi corazón. Creo que Dios me ha colocado aquí en Grace Community Church. Y creo que ha puesto ancianos aquí, y a aquellos que los enseñan porque Él quería enseñar a esta parte de la iglesia. Y no rehuiré a esta responsabilidad por usar fuentes externas. Hablé con un pastor que nunca predica el domingo por la noche, nunca. Siempre pone una película o un musical, o bien a alguien que dé un testimonio, alguno de los que son bien conocidos. Y, ¿saben qué otra cosa ha hecho? Ha entregado a su iglesia a todas estas influencias externas, y estas personas pueden ser maravillosas, y estas cosas pueden ser maravillosas, pero todo esto no es sensible, ni están conectadas con el propósito de la iglesia, ni con lo que Dios está haciendo. Pienso que esto solo es parte del ingenio, si es que lo hay, dentro de la iglesia en donde la predicación continúa dependiendo de la gente.

Esto es algo que creo firmemente en ello. La predicación ha sido relegada a una esquina y ahora los hombres han encontrado que es un trabajo muy duro el predicar. Tienes que estudiar muy duro, tienes que ser diligente, por lo que es más fácil hacer otro tipo de cosas que no toman mucho compromiso, esto hace que tomen mucho tiempo en otras cosas que son buenas, pero en ningún sentido prioridades.

Y ahora ustedes saben que solíamos reunirnos para la predicación y enseñanza, y así se formó el servicio. ¿Qué es eso? Y cualquiera se puede dar cuenta de que yo no tuve la idea. Siempre he escuchado esta palabra en mi vida. El servicio. ¿Qué es eso? ¿Qué queremos decir con esto? Nosotros preferimos llamarle la comunión de adoración por la mañana y la hora de la familia por la noche porque yo no sé qué es el servicio.

No he encontrado a nadie que haga esto. También a veces vienen a mí personas diciendo: "Nos encantaría más adoración". Pero, ¿qué es la adoración? Martyn Lloyd Jones dice, y creo que es bueno, él dice: "Si la predicación ha decaído, entonces ha habido un incremento del elemento formal del servicio. La manera de recibir las ofrendas de la gente ha sido entonces elaborada. Esto es lo que llena el tiempo en algunos lugares, no aquí, pero en algunos otros lugares. El ministro y el coro ahora entran al edificio en forma de procesión. Y en algunas iglesias hay música y todo tipo de cosas sucediendo al tiempo que ellos caminan de un lado a otro".

Y continúa diciendo: "Está en aumento lo que es el componente del entretenimiento en el culto público. El uso de películas y más y más cantos. Y por encima de todo esto está el dar testimonios. Y si puedes encontrar a un general, o a alguien que tenga un título especial, un jugador de futbol, un actor o una actriz, haz que ellos den su testimonio. Esto gusta más y tiene mayor valor que la predicación de la Palabra de Dios".

Esto es lo que está sucediendo. Hay muchos, muchos casos como este. Hacen todo tipo de trucos para atraer a la multitud. Y es realidad, pueden atraer a una multitud, pero nunca podrán acabar con el verdadero problema. El verdadero problema en la iglesia no es la baja asistencia, es la anemia espiritual. Este es el verdadero problema. Y muchas iglesias están repartiendo pastillitas de felicidad recubiertas de azúcar, mientras que todos están siendo devorados por una deficiencia en su alimento espiritual. Sería como darle una aspirina a una persona que se le reventó el apéndice.

No les ayuda en nada. Entonces pienso en otro problema que enfrenta la iglesia; la desaparición de la predicación es el hecho de que alguien le ha vendido a la iglesia la idea de que el énfasis debe estar sobre el pastor como consejero y haciendo trabajo social. Así deja de ser un predicador, deja de ser un hombre de la Palabra, y se hace un consejero y un trabajador social. Y dicen acerca de la consejería que este es el único medio para cubrir las necesidades individuales, y que con la predicación es imposible hacer esto.

Escucha esto, si eres capaz de aprender los principios de Dios, los puedes aprender cuando se te predican o cuando escuchas lo que te dicen. Y si los principios de Dios no son la clave de tu salud espiritual y tu salud mental, entonces no sé qué otra cosa lo puede ser. Alguien vino a decir: "Nos tenemos que involucrar socialmente. Y el ministro debe estar al frente de la imagen social". Y tengo un pasaje que generalmente usa la gente para decir esto. Este es Hechos 6, y es muy claro. Simplemente dice esto, "que las viudas de los griegos no estaban obteniendo las cosas que se suponía debían recibir". Alguien no estaba cuidando de sus necesidades.

Este es un problema social. Las viudas de los judíos si recibían para sus necesidades. Pero las viudas de los griegos decían que las judías no estaban siendo justas. Así que fueron a los apóstoles y les dijeron, "ustedes son los que se tienen que encargar de los asuntos sociales". Alimentar a los necesitados. Los 12 llamaron a los discípulos y les dijeron no es correcto que nosotros dejemos la Palabra de Dios para encargarnos de los asuntos sociales; esto fue directo.

Así que de entre ustedes escojan a unos diáconos que hagan esto para que nosotros nos dediquemos a la oración y a la Palabra de Dios. Y esto es lo que hace la diferencia. Este es uno de los problemas, y pienso que otra cosa que está sucediendo y que causa que la predicación vaya declinando es que la iglesia ahora se identifica como una comunidad u organización en lugar de un centro de enseñanza. Algunas personas asocian su vida cristiana con lo que sucede dentro del edificio de la iglesia, dicen, todo sucede en la iglesia, la iglesia se ha convertido en el centro de todo, pero olvidan que su principal función es la de la enseñanza.

Algunas personas me preguntan, ¿no crees que esta iglesia ya es demasiado grande? Esta iglesia será grande si es muy grande en su enseñanza. Si no es muy grande en enseñar entonces no es grande. Y si dices, pero hay mucha gente. Tenemos una gran variedad de grupos de comunión entre tantas personas, tenemos de todo tipo. Puedes ir a la que tú gustes. Y no estoy defendiendo que la iglesia deba ser grande o que está mal que sea pequeña, Dios quiere algunas iglesias grandes, otras pequeñas, algunas de regular tamaño, pero esta es su prerrogativa. Esto no me importa, lo que estoy diciendo es que, si la iglesia enseña, la iglesia hace lo que es correcto y el tamaño depende de Dios.

Y si puedes aprender sentado aquí del mismo modo que podrías aprender con otras 30 personas, entonces puedes aprender principios que salen de la Palabra de Dios en cualquier contexto y esto es todo lo que Dios quiere que la iglesia sea un lugar donde puedas ministrar. Todo lo que necesitas para ministrar es a la gente que está más cerca de ti, no a todos.

Pienso que algunas de estas cosas han contribuido a que la predicación continúe siendo entendida y oro a Dios para que Él levante a algunos grandes hombres en este púlpito, a grandes hombres de la Palabra. Y en realidad pienso que recientemente hay una tendencia hacia un interés revitalizante en el púlpito. Algunos ministros con los que he hablado acerca de esto y creo que esto es maravilloso. Bueno esto concluye nuestro repaso. Nos quedan solo 10 minutos para el sermón.

La persistencia de Pablo

Les voy a dar un punto rápido, cuarto, vemos el afecto de Pablo, después su enseñanza, su interminable enseñanza, pero también vemos su persistencia. Él era persistente. Y el amor es persistente y persigue a su objetivo, esto es encomiable en Pablo. Versículo 3: "Después de haber estado allí tres meses". Y notemos que en el versículo 2 él estaba en Grecia lo que es en realidad Acaya, o la ciudad de Corinto. "Él estuvo en Corinto durante tres meses". Y ¿recuerdan qué fue lo que hizo ahí? Escribió la carta a los Romanos. Estaba ocupado y enseñando.

Y los judíos lo estaban esperando. Cuando se embarcara hacia Siria, iba a irse en un barco de peregrinos, iba camino a la Pascua en Jerusalén y cada época de Pascua, un barco de peregrinos se detenía en los puertos y recogía judíos que querían ir. Así Pablo quería llegar a ese pequeño puerto cerca de Corinto llamado Cencrea. Allí tomaría el barco de peregrinos en Cencrea, y los judíos probablemente estaban planeando tirarlo por la borda.

Pero él se enteró de este plan y dijo, ¿qué piensan que van a hacer? Y desde luego que protegió su vida. Él sabía que todo el mundo, al menos en el que él vivía, lo perseguía. De hecho, en el versículo 23, el admite que el

Espíritu Santo le ha testificado que en todas las ciudades le esperan prisiones y tribulaciones. Él sabía que en todo su camino a Jerusalén habría problemas, ya que fue advertido una y otra vez. Le decían, te persiguen, te quieren matar, te buscan y te van a atrapar. Y llegó allá y lo atraparon.

Sin embargo, el hombre era absolutamente persistente, esto nunca le importó. Así que cuando escuchó estas cosas, simplemente cambió de ruta. Aquí entonces decidió regresar por Macedonia, dice, está bien, si ellos me quieren tirar por la borda, prefiero ir por Macedonia; tomó un barco diferente. Esto es persistencia.

En ningún sentido era un cobarde. Y cuando fue a Macedonia, tuvo que haber regresado a las ciudades que ya lo habían perseguido. Era persistente. Él cumpliría con recoger esta ofrenda para los santos de Jerusalén y si esto era lo último que hiciera, o si le costaba la vida, lo haría sin duda alguna. Y cuando estuvo detenido en Corinto, escribió el libro a los Romanos y miren lo que les dijo en Romanos 15:30-31, "Pero os ruego, hermanos, por nuestro Señor Jesucristo y por el amor del Espíritu, que me ayudéis orando por mí a Dios, para que sea librado de los rebeldes que están en Judea, y que la ofrenda de mi servicio a los santos en Jerusalén sea acepta".

En otras palabras, él dijo: "Sé que va a haber un problema. Pero voy a llegar, y especialmente sé que llegaré a Judea. Habrá antagonismo, pero oren por mí". Él era persistente. El amor es persistente. Y bueno si en realidad amas al Señor Jesucristo, y amas a la iglesia en contra de toda dificultad, siempre persistirás en el ministerio. A pesar de los pronósticos y a pesar del desaliento. En contra de la persecución directa. En contra de cualquier tipo de confrontación, si es que amas a la iglesia persistirás por amor a ella. Pablo era persistente, se propuso regresar a Macedonia, y volvió a pasar por todo el camino de regreso. Un largo viaje, este es un hombre cansado y desgastado por tanta labor.

Pero nunca aceptaría cambiar sus planes porque él creía que Dios los había trazado. Esta es una persistencia asombrosa. Y cuando se fue, no fue solo, versículo 4: "Y le acompañaron hasta Asia, Sópater de Berea, Aristarco y Segundo de Tesalónica, Gayo de Derbe, y Timoteo; y de Asia, Tíquico y Trófimo. Estos, habiéndose adelantado, nos esperaron en Troas". Noten esa pequeña palabra ahí, "nos", Lucas ha regresado. Lucas es el autor, cada vez que ves un "nosotros" quiere decir que Lucas ha regresado. Pablo había dejado a Lucas en Filipos, y ahora regresa pasando nuevamente por Filipos, se reúne con él y a partir de este momento la narrativa es "nosotros".

También es interesante porque todo a partir de aquí se nos dice de manera más detallada. Esto porque ya tenemos un testigo. Y si bien lo que cubren los versículos 1 al 5 es muy general, a partir del 6 en adelante, se nos detalla minuciosamente porque ya tenemos un testigo en escena y este es Lucas. Ahora veamos lo que hace Pablo, toma a estos hombres por una simple razón, ellos representaban a cada una de las iglesias gentiles. Va a tomar estas ofrendas para los judíos y dice, "sé que los judíos necesitan esto, pero en segunda instancia sé que ellos necesitan ver la unidad dentro de la iglesia".

Así que voy a tomar a estos gentiles con esta ofrenda sacrificial y esto va a unir a la iglesia como una solo entre judíos y gentiles. Así que lleva a hombres de cada área, Sópater, Aristarco y Segundo, de iglesias de Macedonia. Gayo y Timoteo de iglesias de Galacia. Tíquico y Trófimo a quienes menciona Pablo por todos lados, eran de iglesias de Asia menor. Y en 2 Corintios 8 él dice, "Tito era de Acaya". Y había otro junto con Tito. Así que tenemos a hombres de las diferentes áreas de las iglesias con su dinero para darlos a los santos de Jerusalén, como una muestra de amor.

Y algo muy hermoso, dice en el versículo 6: "Y nosotros, pasados los días de los panes sin levadura". Esto pudo ser después de la Pascua. Él originalmente quería estar en Jerusalén para la Pascua, pero cuando planearon matarlo, no pudo lograrlo. Así que ahora tiene que hacer a un lado sus planes y llegar a la fiesta de Pentecostés, esto era 50 días después de la Pascua. La fiesta de los panes sin levadura era, desde luego, la fiesta que duraba siete días después de la Pascua. Así que ahí tuvieron la Pascua y los siete días de los panes sin levadura en Filipos y cruzaron Troas, les tomó cinco días, solo les tomó dos días la primera vez porque llegaron de otro lado. Este debió ser un viaje muy difícil. Y se quedaron por siete días. Esto es persistencia. Lleva a estos hermanos consigo, es un largo viaje, cinco días en lugar de los dos normales. Y se tienen que quedar en Troas otros cinco días más para tomar el barco correcto. Por esto pierden la Pascua, pero la celebraron en Filipos, esto nos da una nota aquí en la que podemos decir que Pablo seguía siendo muy judíos en su corazón y en su actitud.

La disponibilidad de Pablo

Pero es persistente. Amaba a la iglesia y era muy persistente. Finalmente, y solo para saberlo porque cubriremos este punto nuestra siguiente vez, la última cosa que vamos a ver aquí esta mañana, es que él amaba a la iglesia y esto era visible en su disponibilidad. Era un hombre cansado, un hombre desgastado y llega a Troas y veamos que sucedió. En el primer día de la semana, cuando llegaron los discípulos a partir el pan, Pablo les predicó y se preparó para partir al día siguiente. Al día siguiente tenía que salir para hacer un viaje, un viaje tedioso que duraría entre seis y siete semanas. Pero se detuvo el tiempo suficiente para predicarles, y continuó su mensaje hasta la noche sabiendo que partiría al siguiente día. Y si piensan que este es un sermón muy largo, aún no han visto nada.

Tomaron un pequeño descanso en el medio y regresaron, por lo que nos dice el versículo 11, "habló largamente hasta el alba". Fue allá, iba cansado, iba desgastado, y predicó a lo largo de toda la noche. Y no fue solamente un sermón, contestó todas sus preguntas. Cumplió con todas sus necesidades en lo que respecta a información acerca de Dios. Disponibilidad, esto solo es una probadita de lo que era su disponibilidad. Pero hay otra preciosa declaración en el versículo 13 que vamos a analizar la próxima vez. "Nosotros, adelantándonos a embarcarnos, navegamos a Asón para recoger allí a Pablo, ya que así lo había determinado, queriendo él ir por tierra". Mientras que los otros se fueron por barco y viajaron 45 kilómetros a Asón por mar, Pablo caminó hasta Asón. Había una razón específica. Él era un hombre disponible, estaba en Troas y se dio a sí mismo durante toda la noche. Y bueno hubo algo especial esa noche. Un hombre se quedó dormido en medio del sermón, se calló de espaldas por una ventana y se mató.

Y si quieren saber qué fue lo que le sucedió, regresen en dos semanas a partir de hoy, y veremos esto. Solo les doy una última idea y cerramos. Vean el versículo 7: "El primer día de la semana". Aquí está la primera declaración directa de cuándo se reunía la iglesia. ¿Cuál es el primer día de la semana? Domingo. La palabra dentro de la Biblia no lo llama domingo sino el día del Señor. En Apocalipsis 1:10, Juan dijo: "Yo estaba en el Espíritu el día del Señor".

Así que aparentemente para ese entonces los cristianos conocían el domingo como "el día del Señor", y así es como debemos llamarlo. El día del Señor. En 1 de Corintios 16:2, Pablo dijo: "Cada primer día de la semana cada uno de vosotros ponga aparte algo". Este se convirtió en el patrón de la iglesia temprana, se reunían el primer día de la semana. La primera reunión que tuvo la iglesia fue después de la resurrección y era el primer día de la semana. Ellos estaban juntos en el lugar y Jesús cruzó la pared. Así que este se convirtió en el día conmemorativo. El primer día de la semana. Y les voy a leer una cita interesante.

Ellen G. White, quien es responsable de ser la fundadora de Los Adventistas del Séptimo Día, escribió esto: "A nosotros, lo mismo que a Israel, el Sabbath nos es dado como pacto perpetuo. Para aquellos que reciben su santo día, el Sabbath es una señal de que Dios los reconoce como su pueblo elegido". Lo que ella está diciendo ahí es que las personas que se reúnen el sábado son los elegidos, los otros no. "La señal o el sello de Dios es revelado en la observancia del séptimo día, el Sabbath. La marca de la bestia es la observancia del primer día de la semana".

Pero, ¿saben algo? Eso no es lo que la Escritura enseña. En Gálatas, no solo para la vida de la iglesia, probablemente se reunían cada tercer día, pero el día del Señor era algo especial. En Gálatas 4:10-11, Pablo dice a los cristianos de Galacia: "Guardáis los días, los meses, los tiempos y los años".

En otras palabras, ustedes siguen sometidos al Sabbath judío. "Me temo de vosotros, que haya trabajado en vano con vosotros". Si en verdad fueron salvados, ustedes deben dejar de hacer eso. Esa parte del Antiguo Pacto se terminó. En caso de que esto no sea lo suficientemente convincente para decirles que el Sabbath ya no debe ser observado, escucha esto otro. Colosenses 2:16, "Por tanto, nadie os juzgue en comida o en bebida, o en cuanto a días de fiesta, luna nueva o días de reposo, todo lo cual es sombra de lo que ha de venir". No permitan que nadie los condene por lo que comen o por lo que beben, o por la fiesta que guardan o no guardan, o por la luna nueva o el Sabbath. Estas cosas solo eran sombras, cuando llegó la realidad las sombras se fueron.

No hay ninguna justificación para guardar el Sabbath. La iglesia temprana se reunía el día del Señor. Y esta es la razón por la que nosotros hacemos lo mismo. Sin embargo, no hay razón por la que no nos reunamos todos los días. Todos los días. Y noten que se reunían para partir el pan. Esto es la cena del Señor. Muy importante. Tan importante que confío en que todos ustedes estarán el próximo domingo para celebrarla.

Pablo amaba a la iglesia, lo podemos ver por medio de su afecto, lo podemos ver en su forma de dar, lo podemos ver en su enseñanza, y en su persistencia, lo vemos también en su disponibilidad para enseñar cuando se encuentra al final de su vida. Él sigue estando disponible para entregarse a sí mismo durante toda la noche. Que esto sea verdad en cualesquiera que sean nuestros dones, nosotros también amamos a los santos, espero que podamos medir este amor por medio de darnos nosotros mismos sacrificialmente.

Oración final

Oremos. Padre te agradecemos por lo que nos has enseñado esta mañana, por la oportunidad que nos das de tener comunión. Te agradecemos por los diferentes dones que has entregado a cada uno de nosotros. Padre oramos que podamos amar a la iglesia de la manera que Pablo amó a la iglesia, y que podamos nosotros darnos, todos nosotros, por amor de aquellos que son amados por el Señor.

Te agradecemos por el hecho de que podemos tener un patrón a seguir, un ejemplo de tal amor y tal compromiso por medio de la vida de este maravilloso hombre. Y Señor oraremos para que nunca nos convirtamos en egoístas como para que no queramos hacer lo que hizo Pablo. Te pedimos todo esto en el nombre de Jesucristo. Amén.

REFLEXIONES PERSONALES

28 de abril, 1974

20_Por amor de la iglesia. Parte 3

El primer día de la semana, reunidos los discípulos para partir el pan, Pablo les enseñaba, habiendo de salir al día siguiente; y alargó el discurso hasta la medianoche. Y había muchas lámparas en el aposento alto donde estaban reunidos; y un joven llamado Eutico, que estaba sentado en la ventana, rendido de un sueño profundo, por cuanto Pablo disertaba largamente, vencido del sueño cayó del tercer piso abajo, y fue levantado muerto. Entonces descendió Pablo y se echó sobre él, y abrazándole, dijo: No os alarméis, pues está vivo. Después de haber subido, y partido el pan y comido, habló largamente hasta el alba; y así salió. Y llevaron al joven vivo, y fueron grandemente consolados.

Nosotros, adelantándonos a embarcarnos, navegamos a Asón para recoger allí a Pablo, ya que así lo había determinado, queriendo él ir por tierra. Cuando se reunió con nosotros en Asón, tomándole a bordo, vinimos a Mitilene. Navegando de allí, al día siguiente llegamos delante de Quío, y al otro día tomamos puerto en Samos; y habiendo hecho escala en Trogilio, al día siguiente llegamos a Mileto. Porque Pablo se había propuesto pasar de largo a Éfeso, para no detenerse en Asia, pues se apresuraba por estar el día de Pentecostés, si le fuese posible, en Jerusalén.

Hechos 20:7–16

Sermones temáticos sobre Pablo y liderazgo

BOSQUEJO

— Introducción
— El afecto de Pablo
— La forma de dar de Pablo
— La enseñanza de Pablo
— La persistencia de Pablo
— La disponibilidad de Pablo
— La preocupación de Pablo
— Oración final

Notas personales al bosquejo

SERMÓN

Introducción

El amor del cristiano por los perdidos. Ciertamente esta es una de las áreas de responsabilidad del amor cristiano. La otra ha sido el estudio en el que hemos estado involucrados los últimos tres mensajes, en Hechos 20, y este es el amor cristiano por la iglesia. Hemos sido llamados a amar a los perdidos, a amar a aquellos que no tienen a Jesucristo, a estar preocupados por ellos, a cuidarlos, y también debemos amar a la iglesia.

Y en Hechos 20:1-17, hemos estado aprendiendo acerca de esto viendo la vida del apóstol Pablo. Me hice la pregunta al tiempo que pensaba en este pasaje por tercera vez, ¿qué es lo que hace a un gran ministro de Jesucristo? Y con la palabra "gran", quiero decir efectivo. ¿Qué es lo que en realidad hace que un hombre sobresalga del resto? Y conforme transcurre la historia de la iglesia, algunos nombres son olvidados y otros son recordados.

¿Qué es lo que hace que ciertas personas dejen una huella imborrable sobre la sociedad, la sociedad cristiana, esto es, la iglesia? Algunos dirán que son los hombres de gran inteligencia quienes tienen impacto. Algunos dirán los hombres de gran conocimiento y de habilidades de liderazgo, o que son osados, o que tienen habilidades para hablar, o para escribir. Y tal vez todas esas cosas son parte de ello, e individualmente o combinadas encuentran la forma de actuar en las vidas de hombres efectivos. Pero realmente creo que detrás de todas estas cosas el único y más importante factor que hace que todos los hombres se destaquen en la historia de la iglesia es su amor por la iglesia, y este amor por la iglesia está basado en su amor por el Señor Jesucristo.

La verdadera diferencia, la clave para la efectividad de la gente dentro de la iglesia, es qué tanto aman a la iglesia. Y es la razón por la que pienso que una de las más interesantes actividades es estudiar a los grandes hombres del pasado y estudiar biografías y autobiografías de los grandes predicadores. Y casi siempre encontrarán que el común denominador es su tremenda compasión por los santos. Un profundo, profundo amor por el Señor Jesucristo, quien irradia en sí mismo un gran amor hacia la iglesia. Siempre está ahí.

Y el apóstol Pablo era un hombre que amaba a la Iglesia. Era consumido por ella. Ustedes lo pueden recordar con una simple ilustración. Pueden recordar cuando se enamoraron por primera vez de esa chica que ahora es su esposa, si todavía pueden recordar eso. O se pueden imaginar el tremendo amor que le tienen a sus esposas ahora. Ustedes pueden, si se lo pueden imaginar. O bien lo pueden relacionar con el gran amor que tienen por sus esposas, o bien si lo pueden relacionar con el tremendo amor que tienen a algo que es su fantasía. Si pueden pensar en todos los sentimientos que sienten dentro del marco de ese amor, entonces tendrán una idea de cómo se sentía Pablo con respecto a la iglesia, pero creo que lo tienen que amplificar unos cientos de veces. Así era como él amaba la iglesia. Todo sentido profundo de emoción que ustedes sienten en su amor, así amaba él a la Iglesia. Era su vida. Era todo para él.

Pablo escribió algunas hermosas palabras que expresaron el amor que él tenía por la iglesia. Ustedes saben que cuando hablamos de amor, estamos hablando del corazón. Te amo con todo mi corazón, o mi corazón es tuyo. Ustedes conocen todo este tipo de cosas que usamos para decir esto, desde hace mucho tiempo y en todo lugar. Pero en Filipenses 1:3-5, el apóstol Pablo habla así, solo que no habla como se haría con una chica. Él habla así a los santos. "Doy gracias a mi Dios siempre que me acuerdo de vosotros, siempre en todas mis oraciones rogando con gozo por todos vosotros, por vuestra comunión en el evangelio, desde el primer día hasta ahora". Les dice, oro por ustedes con tal gozo debido a nuestra comunión, estando persuadido de esto, que el que comenzó en vosotros la buena obra, la perfeccionará hasta el día de Jesucristo. Y escuchen esto, "como me es justo sentir esto de todos vosotros, por cuanto os tengo en el corazón", v.7. ¿No es esto algo maravilloso? Pablo los tenía en su corazón.

¿Qué significa esto? Esto significa que ellos dominaban sus emociones. Él estaba enamorado de los filipenses. Pero no crean que era solo por los filipenses. Escuchen lo que él dijo a los de Corinto. Les dijo en 2 Corintios 3:2, "Nuestras cartas sois vosotros, escritas en nuestros corazones". Y en 7:3, él dijo: "Estáis en nuestro corazón, para morir y para vivir juntamente". En otras palabras, la vida para él era amar a los santos.

A la iglesia de Tesalónica, Pablo le escribió esto. "Antes fuimos tiernos entre vosotros, como la nodriza que cuida con ternura a sus propios hijos". No podemos imaginar nada más amoroso que esto. Y continuó, escuchen estas palabras: "Tan grande es nuestro afecto por vosotros, que hubiéramos querido entregaros no solo el evangelio de Dios, sino también nuestras propias vidas; porque habéis llegado a sernos muy queridos", 1 Tesalonicenses 2:7-8. Los amamos tanto a ustedes que no solo les predicamos, les dimos nuestras propias vidas.

Jesús lo dijo de este modo: "Nadie tiene mayor amor que este, que uno ponga su vida por sus amigos", Juan 15:13. Pablo lo hizo. Pablo dio su vida por amor a la iglesia.

A través de la historia del cristianismo, pienso que los hombres que se han parado sobrepasando a quienes les rodean, y no solo predicadores, sino cualquiera, hombre, mujer, cualquiera, han sido aquellos que tuvieron el amor más profundo y compasivo por los santos. Y, amados, esto solo es generado por un amor devoto por el Señor Jesucristo mismo. Esos son los que hacen un verdadero efecto sobre la iglesia, y creo que siguen siendo los mismos que hacen el efecto sobre la iglesia y sobre el mundo. Pablo amaba a la iglesia. Esta era la razón por la que Pablo era el hombre que era.

Ahora, conforme vemos nuestro pasaje de Hechos 20:1–17, hemos estado estudiando una simple narrativa. Y digo una simple narrativa no porque sea insignificante, sino porque está en contraste con los pasajes que tratan con la teología o con la aplicación práctica. Es solo una simple narrativa, eso es todo.

Pero en esta narrativa, vemos las acciones de Pablo que nos revelan la actitud de Pablo. Ustedes lo saben, el amor no es algo de lo que solo se puede hablar. Es algo que se demuestra. Puedes decir muy poco y demostrar mucho amor. Puedes decir mucho y no demostrar nada de amor.

Por eso aquí no encontramos muchos versículos que digan: "Pablo amaba a la iglesia", "Pablo amaba a la iglesia", "Pablo amaba a la iglesia". No dice eso. Ni siquiera menciona la palabra amor en todo el pasaje. Pero les diré una cosa, este es el pasaje más grande acerca del amor que yo haya visto. Ustedes saben que en 1 Corintios 13 tenemos mucho acerca del amor, pero deben ver este. Y nunca menciona la palabra amor, solo lo demuestra. La primera mitad del capítulo, Pablo ama a la iglesia. La segunda mitad, la iglesia le responde con amor. Es uno de los más grandes capítulos acerca del amor.

Ahora, ya hemos visto el amor de Pablo por la iglesia a través de muchas cosas. Él se encuentra en su tercer viaje misionero. Es su viaje final alrededor del este del Mediterráneo. Se ha detenido en cada lugar y ha tenido un ministerio efectivo, se ha reunido con los santos de ese lugar, ha habido despedidas y otras cosas. Y ahora va de regreso a Jerusalén. Este es el final de su tercer viaje, y siente dentro de su corazón que esta será la última vez. Así que es el tiempo de las despedidas. Y en este momento su amor es demostrado. Y vemos que lo demostró de muchas maneras.

El afecto de Pablo

Primero que nada, y solo voy a dar un repaso breve, vimos que demostró su amor por medio de su afecto, lo vimos en el versículo 1. Dice esto: "Después que cesó el alboroto". Hubo una revuelta en Éfeso, debido a la baja de ventas de ídolos cuando Pablo tuvo tal efecto sobre el pueblo al grado que el negocio de la adoración de ídolos cayó. "Después que cesó el alboroto, llamó Pablo a los discípulos, y habiéndolos exhortado y abrazado, se despidió y salió para ir a Macedonia". Y dijimos que la palabra abrazó fue, en un sentido, nuestro punto de despegue. Estamos viendo el área de mostrar tu amor en términos visibles, es decir demostrar afecto. Y vimos cómo el apóstol Pablo era un hombre con mucho afecto. Él no se sentía superior por algún sentido de dignidad, ni se sentía más santo que nadie, no se creía como si fuera un gurú dentro de la iglesia. Él era solo uno más entre la gente. Estaba ahí y estaba disponible.

Y en Hechos 20:37, vemos como la gente se amontona a su alrededor y lo besa en el cuello, él solo era el tipo de hombre que tenía afecto, y se sentían cómodos haciendo esto. No era alguien exaltado y distanciado, era alguien que ellos podían tocar y amar y mostrarle su afecto. Y una y otra vez vimos cómo en el Nuevo Testamento se nos dice que nos debemos saludar los unos a los otros con un beso santo y también demostrando nuestro afecto.

La forma de dar de Pablo

Y como segundo punto que su amor era visible en su forma de dar. No solo en su afecto, sino también en su forma de dar. El versículo 1 al final dice que se fue a Macedonia y fue por todos lados, dice el versículo 2. Y ustedes recuerdan por qué: estaba reuniendo una ofrenda de dinero para los santos de Jerusalén. Vimos todo acerca de esto y vimos pasajes en Corintios que pueden compararse con este. Vimos que él era un hombre absolutamente desinteresado. Toda su preocupación era ministrar para las necesidades de los otros. Él estaba ocupado recogiendo dinero para otros.

Pero como ustedes saben, esta ya es una vieja historia, la mayor parte de los evangelistas que vienen de visita están interesados en recoger dinero para ellos mismos. No todos ellos lo hacen, pero sí la mayoría. Pero en contraste aquí está un hombre que vino y no quería ser carga para nadie, así que inmediatamente cuando llegó a la ciudad, trabajó y se ganó su propia paga, y también recogió dinero para otras personas. Una persona que daba desinteresadamente.

Esto es parte de las cualidades espirituales. Juan dijo: "No amemos de palabra ni de lengua", 1 Juan 3:18, amemos "de hecho y en verdad". "Pero el que tiene bienes de este mundo y ve a su hermano tener necesidad, y cierra contra él su corazón, ¿cómo mora el amor de Dios en él?", v. 17.

Dios nos demostró su amor cuando dio a su Hijo para morir en la cruz. Debemos estar deseosos de poner nuestras vidas por los hermanos, 1 Juan 3:16. Por esto Pablo demostró este tipo de amor. Había una necesidad, y él quería cubrirla. Anduvo corriendo por todo el este del Mediterráneo; le tomó unos dos años lograrlo, solo lo hizo para recoger dinero para alguien más que estaba en necesidad.

La enseñanza de Pablo

Lo tercero que demostró su amor, pienso que fue su enseñanza. Versículo 2, tan cansado como estaba, tan desgastado como estaba, tan agobiado como estaba, dice el versículo 2, "los exhortó con abundancia de palabras".

Viajó a Macedonia para enseñar y en el camino enseñó y enseñó. Y cuando llegó a Grecia, escribió la Epístola a los Romanos, para darles más enseñanza. Y estoy seguro de que enseñó a los santos en Corinto, y en Acaya. Podemos ver aquí a un hombre que está comprometido con la enseñanza. No solo dio una pequeña exhortación, dio abundancia de palabras en exhortación. Mucha instrucción, mucho aliento. Y creo que esto demostró su amor.

Y como ya he dicho antes, y pienso que es verdad, la marca de un ministerio de amor es una enseñanza al rebaño, desinteresada y sin cansancio. El buen pastor se preocupa por sus ovejas, y se preocupa por el rebaño al alimentarlo y protegerlo.

En 1 Pedro 5:1-3, vemos qué pensaba Pedro al respecto, no piensen que Pablo era el único. Pedro escribió esto: "alimenten al rebaño de Dios que está entre ustedes". Y aquí les está hablando a pastores y ancianos. "Cuidando de ellos". Lo alimentas y lo proteges. Te importan. "No por la fuerza, no porque seas forzado a hacerlo, no porque el trabajo lo requiere o porque alguien te obliga a hacerlo, sino voluntariamente, no por dinero, sino con el corazón dispuesto". No por dinero, sino con ánimo pronto, con un deseo interno.

"Y no se enseñoreen sobre los herederos de Dios". No, no. La forma en la que hay que gobernar a las ovejas, la forma de liderar a las ovejas, no es siendo su señor, no dominándolas, no intimidándolas, no golpeándolas, sino, esto me encanta: "Sino siendo ejemplos a la grey". La forma de liderar es por medio del ejemplo, no por medio de las amenazas.

La esencia de todo el ministerio es alimentar y proteger. Esto expresa el corazón amoroso del apóstol Pablo, cansado, desgastado, perseguido. Y así se detiene en donde puede y de paso enseña, y enseña y enseña. ¿Por qué hace esto? Porque el deseo consumidor era llevar a los santos a la madurez. Y lo tenía que hacer, esto era lo que lo motivaba.

La persistencia de Pablo

La cuarta manera en la vimos que mostraba su amor era su persistencia. Versículo 3, "Después de haber estado allí tres meses". Y dijimos que estando ahí escribió Romanos. "Y siéndole puestas asechanzas por los judíos para cuando se embarcase para Siria, tomó la decisión de volver a Macedonia". Este era un hombre persistente. Se dirigía hacia Siria para llegar a la Pascua a Jerusalén, iba para tomar un barco, pero se enteró que había un complot, que los judíos intentarían tirarlo por la borda de ese barco. Pero esto no lo detuvo, simplemente le causó que tomara otro camino.

Por lo que él dijo: "Si eso pretenden, entonces me voy por Macedonia". Quiero decir, este es el peor camino y el más largo. Nunca pudo ser distraído de su meta, y no tienen idea de cómo era oprimido e intimidado. Él simplemente se fue por otro camino. Y leemos más adelante en Hechos 20:19, encontraremos que él admite: "He servido al Señor con toda humildad, y con muchas lágrimas, y pruebas que me han venido por las asechanzas de los judíos". Y en 20:22-24, "Ahora, he aquí, ligado yo en espíritu, voy a Jerusalén, sin saber lo que allá me ha de acontecer; salvo que el Espíritu Santo por todas las ciudades me da testimonio, diciendo que me esperan prisiones y tribulaciones. Pero de ninguna cosa hago caso, ni estimo preciosa mi vida para mí mismo, con tal que acabe mi carrera con gozo, y el ministerio que recibí del Señor Jesús, para dar testimonio del evangelio de la gracia de Dios".

Nada lo detenía, era absolutamente persistente. Y cuando escribió acerca del amor, escribió acerca del amor en esos términos. Recuerdan 1 Corintios 13, ¿recuerdan estas frases? Dijo esto, el amor conlleva todas estas cosas. "El amor todo lo espera, el amor todo lo soporta". Por amor de la iglesia él podía soportar cualquier cosa, y en medio de las circunstancias, tenía esperanza, en medio de todo esto, él lo soportaba. Este es el carácter del amor persistente. El amor persiste. El amor es implacable. Y vimos su amor por medio de su persistencia.

Y el versículo 4 nos dice que tuvo algunos compañeros junto a él, ellos se reunieron con él en Troas, dice el versículo 5. Y cada uno de ellos era un representante de las iglesias de las que había tomado algunas ofrendas, para que cuando llegara a Jerusalén él pudiera darles el dinero, cada uno de los representantes de estas iglesias serían en realidad los que la entregarían, cada representante de las iglesias gentiles. Que hermosa ilustración de la unidad sería esta para los cristianos judíos, ver el amor de los gentiles y ver a esos gentiles en persona viniendo hasta Jerusalén para darle a los necesitados el dinero que necesitaban desesperadamente.

La disponibilidad de Pablo

Y como quinto punto, y aquí es donde pasaremos nuestro tiempo esta mañana, su amor era visible en su disponibilidad. No solo su persistencia, su enseñanza, su forma de dar y su afecto, sino que también su disponibilidad. Esto es el verdadero amor. Pienso que a quien realmente tú amas, estás disponible para ellos. Esto es fácil de ilustrar para ustedes, si tres o cuatro personas demandan tu tiempo, invariablemente, si tienes que llegar a una decisión, usualmente les darás tiempo a aquel que más amas. Esto pasará, si en realidad los aman, porque esa es la forma en la que uno normalmente se conduce.

Pablo amaba a la iglesia, por lo que él estaba disponible para ella. Es una verdad muy simple. Y ahora si vemos los versículos 7-14, veremos cosas completamente diferentes, muchos pequeñas muestras de quien era Pablo, pero, sobre todo, notemos su disponibilidad.

En el versículo 6, dice: "Y nosotros, pasados los días de los panes sin levadura, navegamos de Filipos, y en cinco días nos reunimos con ellos". Para mí, estos hombres lo estuvieron esperando ahí, los hombres que se nos enlistan en el versículo 4, posiblemente algunos otros. "Nos reunimos con ellos en Troas, donde nos quedamos siete días".

Cruzaron el pequeño mar y se encontraban en Troas, en la parte posterior de la costa de Asia menor. Y se quedaron ahí por siete días, y desde luego, la razón por la que se quedaron siete días fue para esperar el barco que los llevaría de regreso a Jerusalén.

Ahora en el versículo 7: "El primer día de la semana, reunidos los discípulos para partir el pan, Pablo les enseñaba, habiendo de salir al día siguiente; y alargó el discurso hasta la medianoche". Aquí nos vamos a detener, aquí tenemos el primer relato de una reunión cristiana. O al menos una de las primeras. De aquí podemos sacar algunas ideas sobre lo que hicieron los cristianos cuando se reunieron, porqué se reunieron, y cuando se reunieron, solo necesitamos analizar este versículo.

Primero que nada, ¿cuándo se reunieron? El primer día de la semana. Este se convirtió en el día de reunión de la iglesia. Y si te preguntas, si se reunían todos los días, claro que lo debieron hacer. Se reunían, de acuerdo a Hechos 2:46, "Y perseverando unánimes *cada día* en el templo, y partiendo el pan en las casas". El cristianismo no es un asunto de un día a la semana. Es un asunto de todos los días. Y esta pequeña iglesia, fuera en donde fuera, en cualquier pequeña ciudad, esos cristianos estaban juntos, generalmente durante toda la semana. Había estudios bíblicos en casas. Partían el pan en las casas. Compartían la cena del Señor, tal vez en las casas, así que no era algo irregular para la iglesia que se reunieran diariamente en los primeros años.

Pero se reunían todos para formar la iglesia el primer día de la semana. ¿Por qué haría esto? Bueno, vamos a Juan 20:19, solo para refrescar nuestra memoria. Esto sucedió inmediatamente después de la resurrección: "Cuando llegó la noche de aquel mismo día, el primero de la semana". ¿Saben cuál era el primer día de la semana de acuerdo al calendario judío? La noche del sábado. Después de que el sol se ponía, entonces terminaba el Sabbath. Los días se contaban de puesta del sol a puesta del sol. Y sí era la noche del sábado literalmente, pero era el primer día de la semana. Así que a partir de la puesta del sol era ya domingo.

El nombre "domingo" proviene del latín *dies Dominicus* ("día del Señor"), debido a la celebración cristiana de la Resurrección de Jesús. Creo que los cristianos le deberíamos llamar así, el día del Señor. Es lo que nos dice Juan en Apocalipsis 1:10, "Yo estaba en el Espíritu en el día del Señor". Esta es la razón por la que en nuestro boletín le llamamos el día del Señor.

Se reunieron aquí en Juan 20:19 en el primer día de la semana, y ¿quién les apareció? El Señor Jesucristo. Ocho días después, dice el versículo 26:

"Ocho días después, estaban otra vez sus discípulos dentro...y llegó Jesús, estando las puertas cerradas". Si sucedió a los ocho días, nuevamente estaban reunidos el primer día de la semana. Era el día de la conmemoración de la resurrección. El Señor apareció las dos ocasiones, entonces, este se convirtió en el día de la resurrección, el día del Señor.

Por lo que la iglesia temprana celebraba su comunión y su adoración, su enseñanza todos juntos el domingo. Y permítanme adelantarme en añadir que pienso que esa reunión de la iglesia era estrictamente importante. En Hebreos 10:25 dice, "no dejando de congregarnos, como algunos tienen por costumbre, sino exhortándonos; y tanto más, cuanto veis que aquel día se acerca". Quiere decir que es tu obligación venir a reunirte con los creyentes y no olvidar esto.

Ahora debemos notar que ya no es la celebración del Sabbath. El domingo no es el sábado. Puedes escuchar a personas que dicen que van a la iglesia el sábado. Este no es el Sabbath. El Sabbat fue ayer, hoy es domingo. Y todo esto de la celebración del Sabbat, o sábado, es un asunto terminado.

En una ocasión salí al aire en la radio de Honolulu. Tenían una sección en vivo. Es la estación número dos en Hawái. Ellos dan unas tres horas al aire, el domingo por la tarde, a una especie de diálogo cristiano. Así que ahí estaba yo en un diálogo de tres horas, respondiendo todo en una estación de Honolulu, era la KORL. Fue muy interesante el simple hecho de estar sentado ahí, ustedes saben, era como estar sobre un asador al lado de todas esas personas. Ustedes saben cómo es una entrevista de radio. Hay un pequeño botón con el que si al entrevistador no le gusta algo simplemente te corta y se acabó.

Sin embargo, la gente llamó, y un hombre me hizo una pregunta justo al inicio. Dijo: "¿Cuál es el día en que supone que la iglesia se debe reunir?" No me di cuenta de que me estaban usando de carnada, pero así era, porque yo les di esta larga respuesta acerca del significado del día del Señor, y les di todo esto. Dije todo esto y todos se enfurecieron. En ese momento me di cuenta de que hay un enorme contingente de Adventistas del Séptimo Día en Honolulu, y así, repentinamente, yo había abierto la caja de Pandora. A partir de ese momento no pudieron con tantas llamadas, y todo lo que sucedió fue sorprendente, continuaron llamando y llamando.

Por medio de todo esto, simplemente me mantuve contestando sus varias preguntas, y dije que la única forma en la que puedes decir que el día de adoración es el sábado, es ignorando la historia de la iglesia; y dos, asumir que el Antiguo Pacto sigue vigente; y tres, rechazar la enseñanza del apóstol Pablo. Pero obviamente no tomaron como algo amable todas estas conclusiones, pero cada una la soporté con la Escritura. En Colosenses 2:16, dice, "que nadie te juzgue en cuanto a comida". Esto es, si es que no comías de acuerdo a las tradiciones judías. "En cuanto a bebida o a días de fiesta" —esto era si no guardabas la Pascua o el Sabbath— "o en cuanto a luna nueva o días de reposo, todo lo cual es sombra de lo que ha de venir". Y una vez que llegue lo que ha de venir, ya no necesitas estas sombras. Así que no permitas que nadie te juzgue en cuanto a estas cosas.

Es claro que el día del Señor, histórica y bíblicamente, se convirtió en el día cuando la iglesia se reunía. De hecho, en 1 Corintios 16:2, Pablo lo asume. Dice: "Cada primer día de la semana cada uno de vosotros ponga aparte algo, según haya prosperado". Es como si dijera: "Cuando ustedes se reúnen el primer día de la semana, este es el tiempo de traer sus ofrendas". La iglesia se debe reunir el primer día. Si ustedes se quieren reunir el sábado, Sabbath, y aceptarlo como el día de reunión, entonces tendrán que aceptar todo el Antiguo Pacto, y tendrán que ser salvos por obras, esto fue lo que les dije al aire en la radio.

Y finalmente le di la vuelta a la mesa y les hice una pregunta, dije: "Bien, ahora permítanme hacerles una pregunta acerca de su doctrina. Ustedes ya me preguntaron por la mía". Así que le pregunté a este hombre que me estaba dando este argumento: "¿Por qué dicen ustedes que las únicas personas que forman parte del pacto de Dios son los que se reúnen a adorar en el Sabbath, y que la marca de la bestia está sobre todos aquellos que adoran en domingo? Esto es lo que dice su teología". Entonces hubo un gran silencio. Después él admitió que esto era verdad, que la marca de la bestia estaba sobre aquellos que adoran el domingo. Pero al final lo que están diciendo es que son salvados por obras, que guardan todo el Pacto Antiguo. Deben estar obedeciendo toda la ley, y esto los hace entrar en todo tipo de legalismos. Y aquello se convirtió en todo un debate, porque yo estaba muy reciente en mi estudio de Gálatas.

Y como sabemos el Señor tiene sus maneras para arreglar sus cosas. Alguien debió pensar: "Este hombre sí sabe lo que dice". Esta es la razón por la que es bueno el estudio de la Palabra de Dios. Personalmente he encontrado esto en mi vida. Tú estudias cierto pasaje, y el Señor te dará la oportunidad de usarlo.

La iglesia se reúne en el día del Señor, y al comienzo se reunían todos los días, y muy pronto esto se convirtió en una reunión continua en pequeños grupos, dentro de las casas. Pero al tiempo que llegó la idea del día del Señor, el primer día de la semana, ellos se congregarían juntos de manera masiva. No creo en ningún sentido que la iglesia deba reunirse solo en pequeños grupos esparcidos por toda la ciudad. Creo que la iglesia es que todos se reúnan en un lugar.

Pablo escribió en 1 Corintios 11:20 diciendo: "Cuando ustedes se reúnen". Y al decir esto, asumió que lo hacían. Y en 1 Corintios 14:23, dijo nuevamente: "Si, pues, toda la iglesia se reúne en un solo lugar, y todos hablan en lenguas, y entran indoctos o incrédulos, ¿no dirán que estáis locos?" Y solo quiero tomar una frase, "la iglesia se reúne en un solo lugar".

20_Por amor de la iglesia. Parte 3

La iglesia temprana siempre se reúne en un solo lugar, como lo hacían el domingo por la mañana. Vamos a partir de aquí, sin disminuirnos a nosotros mismos o a otros cristianos, solo son otras reuniones de comunión, y durante la semana nos reunimos en casas. Compartimos estudios bíblicos, compartimos tiempo de oración. Tenemos todo esto, y después nos reunimos para tener una instrucción en común y un compartir la adoración en común. Esto es parte de la iglesia.

Ahora, en el tiempo del Nuevo Testamento —y esto es algo más de lo que tenemos que hablar acerca de esta pequeña discusión en la radio— hubo algunas personas que dijeron: "Muchos de los judíos de la iglesia temprana guardaban el Sabbath. Muchos de los judíos de la iglesia temprana guardaban las fiestas. Continuaron haciéndolo, incluso después de que fueron salvos". Todo esto es cierto, lo hicieron así. Pero, como ya les he dicho antes, el judaísmo murió por completo. Incluso Pablo hizo un voto judío después de que era predicador cristiano.

Pero como pueden ver, esto es lo que Pablo respondió en Romanos 14, y este es, pienso, un muy, pero muy concluyente pasaje. En Romanos 14, tienes a la iglesia de Roma, algunos judíos y otros gentiles. Y los judíos quieren seguir aferrándose a guardar el Sabbath. Tienen sus razones. ¿Se dan cuenta de que era el único día que los judíos tenían de descanso? Si trabajabas para un patrón judío, el único día que tendrías de descanso sería el sábado. Por lo que ellos lo necesitaban, los paganos no tenían ningún día de descanso.

Así que era muy fácil que el judío lo acomodara. Se supone que sería normal que él trabajara para otro judío. Esto indica que él tendría su día libre en sábado. Así que lo correcto era que fuera a la sinagoga, él adoraría a Jesucristo el día del Sabbath. Para él esto era algo honesto. Era un asunto de conciencia. Para él el Sabbath era algo sagrado. El Señor dijo en efecto: "No molesten a estos hermanos, denles tiempo". ¿Recuerdan el pasaje de Romanos 14? Si este fuera el problema de tu hermano, es un hermano débil, démosle tiempo a que crezca. No hagas que tu libertad le sea tropiezo.

Romanos 14:5-6, "Uno hace diferencia entre día y día". Algunas personas continuaban respetando el Sabbath. Algunos cristianos dicen esto y "otro juzga iguales todos los días". Cada uno tiene su propia libertad. Ustedes piensan que todos los días son iguales. "Cada uno esté plenamente convencido en su propia mente. "El que hace caso del día, lo hace para el Señor; y el que no hace caso del día, para el Señor no lo hace". En otras palabras, si ustedes están conscientes, no se preocupen por esto. Pero no hagan algo que vaya a ofender a su hermano. Si todavía está luchando con esto, pensando que el Sabbath es importante, entonces no lo ofendas. Esto fue escrito para judíos.

Así que aquí tenemos algo en lo que Dios era muy tolerante en cuanto a cuando adoraban, pero finalmente adoraban a Dios en el día del Señor y esto se convirtió en la norma. Permítanme añadir esto. Acerca del día del Señor, no encontramos instrucción en el Nuevo Testamento, así como ninguna regla a seguir en el mismo. ¿Saben qué es lo que ha pasado en el cristianismo? En todos los años pasados, y no sé cómo fue que esto sucedió, alguien arrastró toda una conglomeración de cosas acerca del Sabbath y las impuso al día del Señor. Cuando yo era pequeño vivía en Filadelfia, y en domingo, no podías hacer nada. Solo te tenías que sentar, no podías leer el periódico, no podías salir a jugar. Te sentabas como todo un niño bien vestido y muy propio, y eso era todo. Y ¿por qué hacían esto? ¡Quién sabe!

Pero todo este asunto del lío del Sabbath fue arrastrado aquí, y fue impuesto sobre el día del Señor. No lo podrán encontrar en el Nuevo Testamento. Ahora, pienso que, debemos tener balance en cuanto al día del Señor. Es bueno tener un descanso cuando Dios te da descanso. También es bueno tener un poco de tiempo por la tarde entre los dos estudios de la Palabra de Dios cuando te dedicas diligentemente para aplicar la información y preparas tu corazón. Creo que es un día para la restauración espiritual, aun cuando no tengo nada en contra de que vayan y den un paseo en bicicleta o que hagan algo parecido, no es tan malo como los que decían que no se debía hacer nada el sábado. Ya no es el Sabbath, es el día del Señor, y todos los días son sus días en un sentido, pero nos reunimos el primer día de la semana.

¿Dónde se reunió la iglesia temprana? Veamos aquí, dice en el versículo 8, que se reunían en el aposento alto. Se reunían en cualquier lugar. Primero se reunían en el Templo. Y ustedes se pueden imaginar que tan popular sería esto. Eso debió ser muy interesante. Y entonces después de esto, comenzaron a reunirse en sinagogas. Cuando Pablo llegaba a una ciudad, iba a la sinagoga y muchos eran salvos, ellos continuaban viniendo a la sinagoga y ahí tenían sus congregaciones.

Pero eventualmente, dejó de funcionar en el Templo y dejó de funcionar en la sinagoga, así que comenzaron a salirse y a establecer sus propias asambleas cristianas. Y el lugar natural para ir, primero que nada, era a las casas, así que la iglesia comenzó en las casas. Y debieron ser casas muy grandes, lo suficiente para acomodar a muchos cristianos que ya había en esos días.

Pero para mediados del primer siglo y al final del segundo, comenzaron a edificar sus propios edificios para acomodar a todos los cristianos. Pero aquí, se continuaban reuniendo en el aposento algo, dentro de una casa. Y cuando Pablo escribió Colosenses 4:15, se refirió a la iglesia dentro de las casas. Cuando él escribió Romanos 16:5 y 1 Corintios 16:19, él se refiere a la iglesia dentro de la casa, Aquila y Priscila y Filemón también, ellos se referían a las iglesias que se reunían en las casas. Así que hubo una ocurrencia común en la iglesia temprana, y esa fue la de reunirse en casas. Después construyeron edificios.

20_Por amor de la iglesia. Parte 3

Todo esto para decir que es muy importante que la iglesia se reúna en algún lugar. No podemos existir en aislamiento. Necesitamos la comunión fraternal, la unidad del cuerpo. Así que este patrón que vemos aquí nos da un ejemplo de cómo la iglesia temprana se reunía. En el primer día de la semana, versículo 7: "reunidos los discípulos para partir el pan, Pablo les enseñaba, habiendo de salir al día siguiente; y alargó el discurso hasta la medianoche. Y había muchas lámparas en el aposento alto donde estaban reunidos".

Vemos que se reunían en el aposento alto y partían el pan. ¿Qué debemos entender con esto? Bueno, desde luego, esto es una referencia a una costumbre antigua en Palestina. La comida iniciaba oficialmente cuando el anfitrión partía el pan, literalmente. Y el partimiento del pan se convirtió en una referencia a la reunión de los cristianos; ellos hacían estas dos cosas. Tenían una fiesta de amor, una comunión, o bien lo que era la cena del Señor.

Esto era algo hermoso. ¿Cuál era la fiesta del amor? La fiesta del amor era como una fiesta de cooperación, su propósito era el de compartir. Así, tendrían una de las cuestiones básicas de la iglesia cristiana, esto es la comunión y el amor. Vendría la gente pobre, y podían traer lo que quisieran, y los que podían traerían más para que alcanzara para los pobres, todos ellos compartirían como una expresión de amor. Era un hermoso compartir. La comida común. Y esto era seguido inmediatamente con el partimiento del pan y con la celebración del día del Señor. Esto era el partimiento del pan en la iglesia temprana. La fiesta del amor ágape y comunión.

Y algo que es triste, es pensar que la fiesta del amor ágape simplemente se desvaneció de la escena. ¿Saben por qué? Pablo escribió en 1 Corintios. ¿Saben lo que les dijo en el capítulo 11? Les dijo, "Ustedes echaron a perder la fiesta del amor". Pero permítanme leerles algunos versículos. Esto fue lo que le sucedió a la fiesta del amor. Simplemente se fue deteriorando. Les dice en 1 Corintios 11:20, "Cuando ustedes se reúnen en un solo lugar, no es la cena del Señor lo que ustedes comen". En otras palabras: "Ustedes creen que se reúnen para celebrar la cena del Señor, pero no es así. Ustedes la han contaminado, esto para nada es la cena del Señor". "Porque al comer, cada uno se adelanta a tomar su propia cena; y uno tiene hambre, y otro se embriaga".

¿Se imaginan ir a una reunión de la iglesia y tener a todos sentados en su propia esquina y comiendo solo la comida que cada uno trajo? Esto era lo que estaba pasando. Y algunos de los que habían llegado con hambre y que no tenían nada, se iban con su hambre. Por lo que les dice, "y uno tiene hambre, y otro se embriaga". En otras palabras, la gente que viene y no tiene nada se va sin nada. Y los que vienen y tienen mucho, abusan.

Les dice, y pienso que esto es importante: "¿No tenéis casas en que comáis y bebáis?" Si eso es lo que quieren hacer, háganlo en su casa. "¿O menospreciáis la iglesia de Dios, y avergonzáis a los que no tienen nada? ¿Qué os diré? ¿Os alabaré? En esto no os alabo". Ustedes han despreciado literalmente la unidad de la iglesia. Y esto es lo que sucedió, y toda la hermosura de la fiesta del amor en comunión, se desvaneció históricamente.

Pero debemos saber que también la comunión fue golpeada a través de la historia. La Iglesia Católica entró en escena, y cuando esta dominó al mundo, antes de la Reforma, la comunión dejó de ser un compartir de manera natural, informal, y cálido en memoria de Cristo, y se convirtió en una ceremonia mística y sacerdotal que continúa hasta nuestros días, ahora se conoce como la misa. De alguna manera el protestantismo surgió de esto, y nos pudimos acercar más a la verdad, pero no estoy seguro de que ya lo logramos. Seguimos pensando en la comunión como algo que es desarrollado por un montón de ministros, y que esto debe ser hecho por medio de bandejas plateadas, caminando por los pasillos dando una copita y un pedacito de pan mientras suena la música. Y pienso que esto está equivocado también. Pienso que esta es solo una forma de hacerlo, pero también pienso que la comunión es algo que todos nosotros debemos hacer mucho más frecuentemente de lo que lo hacemos.

Con frecuencia la gente dirá: "¿Sabes John? Me gustaría participar de la comunión, pero no puedo venir los miércoles por la noche". Esa no es una excusa. Puedes tener comunión cada vez que tú quieras. El mejor lugar, pienso, es enseñando a tus niños en comunión dentro de tu hogar. Enséñales el significado del partir el pan. Muchas personas se vuelven locas cuando les dices esto, piensan que solo los ministros ordenados lo pueden hacer, pero eso no lo encuentras en la Biblia. Puedes compartir la mesa del Señor cada vez que tú quieras, y lo debes hacer. Jesús dijo: "Hagan esto hasta que yo venga, y lo hagamos juntos en el reino". Es tu responsabilidad.

Hay muchas ocasiones, ustedes lo saben, cuando se reúnen con cristianos después de salir de aquí, por la tarde, y dicen: "¡Qué pérdida de tiempo! Pudimos haber hablado del Señor, y todo lo que hicimos fue hablar de todo y de nada, hablamos de la tía María, de fulano y zutano. De todo un poco, y de por qué me cae bien este hermano y este otro no". ¿Les ha sucedido? Estoy seguro. Hablaron de todo tipo de cosas e hicieron de todo. Pero qué bueno sería si se reúnen dos o tres parejas, y comienzan con el partimiento del pan. Pienso que esto podría cambiar el patrón de su tiempo juntos. Incluso pudiera ser que cambie la decisión de dónde ir después de ahí, o bien de lo que hablemos, estoy seguro.

Debemos recordar que esto era parte de la iglesia temprana. Era común y fácil, incluso natural, algo que fluía de la vida que ellos tenían y de su amor por Jesucristo. Era lo que hacían cuando se reunían. Y esta es la forma en la que debe ser entre nosotros. Pero desafortunadamente, hemos sido victimizados por aquellos que nos han dicho que estas cosas deben llevarse a cabo en un ambiente formal, y también en una forma ritualista.

Pero los discípulos se reunían para partir el pan, y aquí hay algo más que quiero que ustedes noten con respecto al tiempo en el que ellos se reunían.

Segundo, Pablo les predicaba. Se reunían para la enseñanza. Siempre que la iglesia se reunía, este era el propósito primario. Algunas veces era para partir el pan, y no vemos algún mandamiento que nos hable de la frecuencia con la que se debe hacer. Solo sabemos que lo hacían con frecuencia. Y este tiempo cuando se reunían ellos lo hacían. Entonces Pablo les predicaba. Esto se convirtió en la prioridad cuando se reunían, era para predicarles y enseñarlos. Y la palabra aquí no es predicar el evangelio. No se necesita predicar el evangelio en un servicio de partimiento del pan, porque se supone que todos ya son creyentes.

Pablo los enseñaba, y la palabra predicar aquí tenía que ver con diálogo. Es decir que respondía preguntas, y había una retroalimentación, el compartía con ellos, enseñando; esa era la prioridad. Los apóstoles habían dicho antes: "Y nosotros persistiremos en la oración y en el ministerio de la Palabra", Hechos 6:4. Y Hechos 6:7 dice: "Y crecía la palabra del Señor, y el número de los discípulos se multiplicaba grandemente en Jerusalén". Dice lo mismo en Hechos 12:24 y en Hechos 19:20. "La palabra de Dios se multiplicaba y prevalecía". Esta es la prioridad.

Pablo dijo a Timoteo: "En tanto que llegó, Timoteo, dedícate a la lectura del texto, y dedícate a enseñar el texto". Esto era para lo que se reunían, para enseñar. De hecho, esta es la razón por la que estamos aquí. No vienen a la iglesia a relajarse, este no es el momento para que apagues tu cerebro y digas: "Solo me voy a sentar aquí para relajarme. Voy a escuchar la música y solo me voy a desplomar y voy a hacer que mi cerebro descanse". Cuando vienes aquí, debes venir preparado a aprender y a absorber; para escuchar con oídos obedientes.

Tampoco vienes a la iglesia para ser entretenido. No vienes a reunirte con los santos para ser entretenido. Vienes para ser enseñado. Pienso que muchas veces fallamos en hacer esto.

Pablo sí lo hacía, predicaba, y estaba listo para partir al siguiente día. Él sabía que haría un viaje muy largo. Y en aquellos tiempos vaya que eran largos. Al menos le tomaría unas seis semanas. Listo para partir al siguiente día, pero continuó hablando hasta la media noche. Esto era disponibilidad. Esto era desear bendecir sus corazones. Estaba en la ciudad, necesita descansar para viajar al día siguiente, pero en lugar de descansar, habló de lo que ellos quisieron hasta la medianoche. Simplemente se mantiene enseñando, está disponible para ellos. A pesar de que sabe que al día siguiente tiene que emprender un largo viaje, un viaje difícil, se da a sí mismo. Se da de manera total. Es un hombre disponible.

¿Qué tan disponible soy yo? ¿Qué tan disponibles son ustedes al ministrar sus dones a los que los necesitamos? Algunas veces me invitan y me dicen: "¿John, podrías venir y hacer esto, o a enseñar esta otra clase?" Y te dices a ti mismo: "Estoy tan cansado". Esto es algo terrible, es pecado, es no ser disponible.

Y Pablo, cuando llegó ahí, no dijo solo unas palabras especiales. Dijo, tengo que ir, y continuó enseñando hasta la medianoche. Las reuniones no estaban reguladas por el reloj. Eran reguladas por la necesidad de la gente, todos ellos estaban hambrientos por la Palabra. Lo ven, en los días tempranos de la iglesia, estas personas estaban hambrientas. Se reunían para aprender la Palabra. Cuando leo 1 Pedro 2:2 siempre me estremece, y tengo que pensar acerca de esto. Dice: "Desead, como niños recién nacidos, la leche espiritual no adulterada, para que por ella crezcáis para salvación". Nunca he visto en mi vida a un bebé que no le guste la leche. Al bebé no solo le gusta, el bebé la quiere. A los bebés les gusta mucho la leche. Tendría que ser un bebé anormal, o bien un bebé enfermo para que no le gustara la leche, pero ciertamente he visto a muchos cristianos que parece que no les gusta la enseñanza.

Piensan que han hecho algo muy grande cuando solo han entrado y salido de la iglesia de manera periódica. Si ustedes no tienen hambre de conocer la Palabra de Dios, algo se ha atrofiado en su vida cristiana, o bien no son cristianos.

El problema en la iglesia temprana no era cómo hacer que la gente viniera, era ¡cómo hacer para que se fueran a casa! Y permítanme decirles algo amigos, esta ha sido una característica de todo periodo de reforma o avivamiento de la iglesia. ¿Sabían que Calvino predicaba diariamente 4 horas, día tras día, año tras año, y que lo mismo hizo Martín Lutero? Y esto fue a causa de aquellos días en que el avivamiento de la Reforma fue desarrollándose. Esta ha sido la historia de la iglesia. Grandes hombres predican día tras día en algunas ciudades, y surgen los grandes avivamientos. La gente viene y aprende.

En aquel entonces se reunían y Pablo les predicaba. El versículo 8 dice: "Y había muchas lámparas en el aposento alto donde estaban reunidos". ¿Qué nos quieren decir con esto? ¿Por qué se nos dice que había muchas luces ahí? Bien, pienso que pudo ser por dos razones. Número uno, los paganos acostumbraba difamar a los cristianos y decir que los cristianos eran inmorales, y que ellos se reunían con propósitos clandestinos, y que se metían en lugares oscuros y apretados para cometer todo tipo de abominaciones. Esta es la razón por la que muchos comentaristas piensan que el Espíritu Santo puso esta pequeña nota aquí, "había muchas luces", solo para dejarnos saber que los cristianos en Troas habían encendido el lugar como si fuera un árbol de Navidad y así ninguno de los de la ciudad pudieran criticarlos por reunirse en la oscuridad.

Pero pienso que hubo otra razón, probablemente más acertada. Y esa es la que nos explica cómo fue que un hombre cayera dormido, en el siguiente versículo; fue a causa de todas las luces que había ahí, las tenían ahí para el propósito que ya les dije antes, pero debemos recordar que todas estas lámparas eran de aceite, y éstas debieron crear una atmósfera con falta de aire. Todos los vapores y el humo que salía de este aceite, y el lugar estaba lleno de luces. Un aposento alto podría albergar a unas 30 o 40 personas, esto en una casa de buen tamaño, todos estarían apretados ahí. Y si había unos 50 o 60 ahí, debieron estar muy apretados, y con todo este humo saliendo de ahí, todo esto pudo causar el problema. El aceite encendido, el aire viciado, podemos decir que esa tarde, ese lugar de aquel tiempo, la atmósfera del lugar estaba muy deteriorada.

Versículo 9: "y un joven llamado Eutico, que estaba sentado en la ventana" —un afortunado joven que pudo encontrar un poco de aire, prefirió sentarse en la ventana, en el marco de la ventana. Las ventanas en aquel entonces eran ventanas de madera que se abrían. No tenían vidrio de ningún tipo— "rendido de un sueño profundo", el verbo aquí en griego es un presente participio, el cual significa progresivamente durmiendo. Él seguro estaba luchando contra esto. ¿Les ha llegado a suceder? ¿Lo han hecho? Se te va la cabeza y entonces llega ese maravilloso momento en el que literalmente caes dormido. Pero aquí fue literal, cayó dormido.

Este era Eutico. Seguramente se le fue la cabeza, la logró controlar, y miró alrededor. Estaba luchando, pero finalmente el sueño le venció. "Rendido de un sueño profundo, por cuanto Pablo disertaba largamente, vencido del sueño". Simplemente se durmió. Y todos sabemos lo peligroso que es dormirse en un sermón, aquí inmediatamente el Señor trató con él. "Cayó del tercer piso abajo, y fue levantado muerto". Así que más vale que piensen en esto.

Él cayó dormido, el problema fue que cayó por la ventana, desde tres pisos, y murió. Esto fue algo fantástico. Siempre pienso en aquella dama que sufría de insomnio, y fue al doctor, pero no la pudo ayudar. Finalmente ella resolvió que lo mejor que podía hacer era ir a la iglesia todas las noches, ahí ella no tenía problemas para dormir. Esta ha de ser la experiencia de muchos, también hay algunos otros que duermen con los ojos abiertos. Pero esa es otra historia.

Eutico cayó y fue levantado muerto. Eso es lo que nos dice Lucas quien nos escribió este pasaje, obvio bajo la inspiración del Espíritu Santo. El comentario que nos hace Lucas es que él estaba muerto. Simplemente murió, pero no nos dice que lo levantaron como si estuviera muerto, no, no dice esto. Dice que lo levantaron y estaba muerto. Completamente muerto, se cayó de un tercer nivel.

Y ahora veamos que sucedió a continuación. Esto con seguridad rompería con la reunión que estaban teniendo, y así fue. Versículo 10: "Entonces descendió Pablo y se echó sobre él". Y desde luego, la idea de que se echó sobre él, es la de colocarse encima de él. No solo sucedió que cayó encima de él, lo cual no le habría ayudado en nada. Pablo bajó y simplemente se puso encima de él. Y dice, "y abrazándole", aquí la palabra es un verbo compuesto en el griego, y significa literalmente que lo envolvió entre sus brazos. ¿Por qué haría él tal cosa? Bueno, tal vez recordó a Elías y a Eliseo, en 1 Reyes 17 y en 2 Reyes 4. Si lo recuerdan, ambos se pusieron encima de la persona fallecida, lo abrazaron igual y lo resucitaron de entre los muertos, en ese caso fue un niño.

Así que él solo abraza a Eutico, es un hombre joven, tal vez entre 15 y 19 años. Y dijo lo siguiente, "no os alarméis, pues está vivo". Un comentarista liberal dijo, cuando se puso encima de él, pudo escuchar que sonaba su corazón, por lo que dijo: "Ah, está bien", y se levantó. Pero no fue así, él en realidad estaba muerto. Lo que sucedió ahí, fue un milagro de resurrección.

Pablo tenía grandes oraciones, como la que oró en Filipenses 3:10, donde dijo: Oro para "que puedan conocerlo a él y el poder de su resurrección". Y vaya que él conocía el poder de la resurrección. Él lo abrazó. Y en un minuto sucedió el milagro. Todos los huesos rotos y las heridas de su cuerpo que le habían causado la muerte se revirtieron y ahora estaba vivo.

Y ustedes se pueden imaginar, esto verdaderamente tuvo efecto sobre la gente de esa pequeña iglesia. Pero, ¿por qué hizo Dios esto? Bueno, Dios siempre hace milagros para incrementar la fe. Y esto pudo suceder en esa pequeña reunión en el aposento alto. Algunas de esas personas decían: "¿Conocen a este hombre? Yo no. ¿Quién es este hombre? Hemos escuchado acerca de él". Pero la realidad era que no había pasado mucho tiempo de su vida en Troas. Solo había pasado por ahí una vez. Así que para ellos él no era una persona muy conocida, como lo pudo ser en Éfeso o en Corinto, donde había estado frecuentemente. Y muy probablemente después de esto, muchos hubieron dicho, ¿podremos creer en todo lo que él dice? Imagina, ha estado hablando todo el día hasta la medianoche. Se preguntarían, ¿será todo esto verdad? ¿Cómo podemos saber que él es un verdadero profeta de Dios, un verdadero predicador de Dios? ¿Cómo podremos creer en él? Pero, ¿qué es lo que siempre usa Dios para confirmar a sus maestros en la era del Nuevo Testamento? Milagros.

Después de este milagro, todos se sentaron y dijeron entre sí: "Claro que podemos creer en él. Él fue capaz de resucitar a este joven de la muerte". Y el versículo 12 dice: "Y llevaron al joven vivo, y fueron grandemente consolados". No dice: "Fueron consolados un poquito", sino "Fueron grandemente consolados". Sí, les dijo en el versículo 10: "No os alarméis". Y este es el verbo en griego que se usa para lamentarse o quejarse. Es el que se usa en Marcos 5, cuando todo mundo estaba lamentándose y quejándose. Este es el tipo de lamento o de queja cuando alguien muere. Por lo que él dice: "Dejen de lamentarse y de estar llorando o quejándose. Su vida sigue dentro de él, él está vivo".

20_Por amor de la iglesia. Parte 3

Y les diré algo, me encanta ver las resurrecciones en la Biblia. Simplemente me encanta. ¿Saben por qué? Porque al verlas tengo una garantía más de que mi resurrección va a llegar.

Y en el versículo 11 nos dice: "Después de haber subido". Esto quiere decir que se encargaron de Eutico, regresaron al aposento alto, y continuaron con su reunión. Ustedes pueden pensar que después de lo sucedido ellos querían más reunión. Esto porque ahora todos creían, y ¿saben una cosa? Cuando ustedes escuchan con oídos de fe, y con oídos de confianza, generalmente escuchan mejor. ¿No es verdad?

Bueno, ellos regresaron al aposento algo, y esto me gusta, partieron el pan. Celebraron la Cena del Señor. Comieron, y pasaron mucho tiempo juntos, Pablo estuvo con ellos hasta el alba. Entonces se fue. Vaya que fue un sermón largo, amigos. Él continuó enseñando hasta la medianoche. Un hombre cayó por la ventana, y él lo resucitó. Al parecer era la medianoche, y él continuó hablando hasta el alba, hasta el amanecer, a esa hora salió.

Tiene que realizar un largo viaje, sí, pero es un hombre que se muestra disponible. Lo ven, ama a la iglesia. Y el amor a la iglesia le dictaba qué era lo que él hacía con su tiempo. No era alguien egoísta, era alguien desinteresado. Por eso vemos que el apóstol Pablo enseñó durante toda la noche.

Solo tengo que mirar mi propia vida y decir: "Estoy a un millón de kilómetros del apóstol Pablo. No creas que has hecho una gran cosa cuando predicas dos o tres sermones el domingo". Pero lo peor es que otras personas piensan que por haber asistido a una clase ya están muy cansados. "Ya fui a mi estudio bíblico esta semana y ya es suficiente".

Aquí podemos ver a un hombre que no se limitaba, no limitaba el ministrar su don. No sé cuales sean sus dones. Bueno, en el caso de algunos de ustedes a los que conozco, sí lo sé. Pero, ¿qué tan disponibles están para ministrar su don? Pablo era alguien siempre disponible. Amaba a la iglesia. Y si ellos tenían una necesidad, él estaba pronto para cubrirla. No le importaba a qué costo.

Y si creen que este tipo de disponibilidad es sorprendente, vean el versículo 13: "Nosotros, adelantándonos a embarcarnos, navegamos a Asón". Es lo que nos dice Lucas. Al siguiente día, desde luego, tuvieron que tomar su barco e iniciar su viaje. "Para recoger allí a Pablo, ya que así lo había determinado, queriendo él ir por tierra". La razón era simple. ¿Qué les dije hace unas dos semanas acerca de lo que se acostumbraba cuando un entrañable amigo dejaba a sus amados? Se acostumbraba que esas personas a quienes dejaba lo acompañaran en sus primeros días de viaje. ¿Saben por qué decidió Pablo caminar? Pablo decidió caminar porque así podría pasar más tiempo con ellos. Un hombre desinteresado, no tenía prisas, siempre estaba disponible.

En verdad que él amaba a la iglesia. Caminó ente 30 y 50 kilómetros, y probablemente los últimos 10 o 15 kilómetros caminó ya solo. Y estoy seguro que él necesitaba estar a solas con el Señor antes de que se reuniera con sus amigos en el barco. Esto en verdad puede ser llamado disponibilidad. Disponibilidad total. Entregarte toda la noche, caminar todos los kilómetros que fueran necesarios para ministrar. Oro a Dios que nos ayude a estar disponibles de la manera en la que él lo estaba.

La preocupación de Pablo

También pienso que finalmente su amor por la iglesia es visible en su preocupación. Se reunieron en Asón y se subieron al barco. Dice el versículo 14 y el 15: "Navegando de allí, al día siguiente llegamos delante de Quío, y al otro día tomamos puerto en Samos; y habiendo hecho escala en Trogilio, al día siguiente llegamos a Mileto".

Esto es algo interesante que debemos notar. Voy a repasar la geografía de todos estos lugares, cada una de estas ciudades está como a cuarenta y cinco kilómetros una de la otra, todas por la pequeña costa de Asia Menor. Y el asunto era que los vientos solo soplaban desde la mañana hasta la tarde. Cuarenta y cinco kilómetros y descansaban por la noche. Otros cuarenta y cinco kilómetros y descansaban por la noche. Esta era la forma en la que viajaban. Esta es la razón por la que se nos describen todos estos lugares.

Al final dice que llegaron a Mileto. Ahora, Mileto era una ciudad, la antigua capital de Jonia. No estaba muy lejos de Éfeso. Se suponía que originalmente tenía una colonia de cretenses. Pero se convirtió en extremadamente poderosa y ahí se construyó uno de los templos más magníficos del mundo, dedicado al dios Apolo, y era hasta cierto punto famosa. Ellos llegaron a Mileto no muy lejos de Éfeso. Y el versículo 16 nos dice entonces: "Porque Pablo se había propuesto pasar de largo a Éfeso, para no detenerse en Asia". Aparentemente, el barco iba a Éfeso, o era el que hacía una parada ahí, este permanecería ahí mucho tiempo, pero Pablo llevaba prisa. Así que debido a que no quería quedarse mucho tiempo en Asia, prefirió no tomar el barco para Éfeso, tomó el que hacía una parada en Mileto. Aparentemente su elección fue en Troas, "pues se apresuraba por estar el día de Pentecostés". El barco de Mileto llegaría más rápido que el que se detenía en Éfeso.

Pero noten el versículo 17: "Enviando, pues, desde Mileto a Éfeso, hizo llamar a los ancianos de la iglesia". Y puedes decir, ¿qué tiene esto de importancia? Solo esto; aquí él está a la mitad de su viaje, se detiene en Mileto, y tiene algunos días antes de que el barco vuelva a zarpar. ¿Y qué hace en estos pocos días? ¿Descansa? No. Llama a los ancianos de Éfeso para que vengan a verlo y él pueda enseñarles un poco más. Para exhortarlos un poco más. Este hombre es increíble en su amor por la iglesia.

Y ¿saben qué pasó? Una de las más hermosas escenas, y digo, nunca en la vida de Pablo había pasado algo así. Porque cuando esos ancianos llegaron allí, le regresaron todo el amor que él les había dado. Ellos simplemente se echaron encima de él. Pero esto será para la próxima vez que nos veamos.

Y si me preguntan, "John, ¿qué significado tiene todo esto para mí?" Bueno, sé que es lo que significa para mí. ¿Qué quiere decir para ti? Escucha esto, Pablo dijo esto en Filipenses 3:17, "Hermanos, sed imitadores de mí". ¿Qué quiere decir esto? Esto significa que Pablo amaba a la iglesia. ¿Qué es lo que ustedes y yo debemos hacer? Amar a la iglesia.

También le dijo a los Filipenses en el 4:9, "Lo que aprendisteis y recibisteis y oísteis y visteis en mí, esto haced". Así que, si nosotros vemos a Pablo y vemos su amor por la iglesia, entonces debemos saber que Pablo es un patrón para cada cristiano. Yo debo amar a la iglesia de este modo. Todas las características del amor de Pablo deben ser las características de mi vida.

Pablo escribió un capítulo y lo estableció. Esto no es solo el ejemplo de la vida de Pablo, sino que identificó cada una de estas cosas. Vayamos a Romanos 12 y voy a cerrar con este, mostrándoles algunas cosas que hay ahí. Aquí Pablo da los principios básicos de la vida cristiana. Y cada una de las características del amor de Pablo están incluidas en esta sección.

¿Eres un cristiano y amas a la iglesia? Sí. Veamos Romanos 12:9, "El amor sea sin fingimiento". Esto quiere decir que debes amar la iglesia en verdad. Él está hablando del cuerpo de Cristo, porque ya ha hablado de los dones espirituales antes, justo antes en este pasaje. Nosotros debemos amar a la iglesia en verdad.

Ahora, ¿cómo debe ser mostrado este amor? ¿Cómo se ha de amar a la iglesia sinceramente? ¿Cómo debemos nosotros demostrarlo? Número uno, por medio del afecto. Esto fue lo que ya dijimos. Vean el 12:10. "Con amor fraternal". Con afecto los unos a los otros, con amor fraternal".

Segundo, dijimos que Pablo amaba a la iglesia como es ilustrado en su forma de dar. Vean el versículo 13: "Compartiendo para las necesidades de los santos". Esto es dar.

También dijimos que Pablo amaba a la iglesia en términos de su enseñanza. ¿Qué fue lo que dijo en los versículos 6–8? "Si tienes el don de profecía, úsese conforme a la medida de la fe; o si de servicio, en servir; o el que enseña, en la enseñanza; el que exhorta, en la exhortación; el que reparte, con liberalidad; el que preside, con solicitud; el que hace misericordia, con alegría". ¿Qué está diciendo? Está diciendo, háganlo, cualquiera que sea su don.

Pablo mostraba su amor al usar su don, el don de enseñanza. Ustedes deben hacer lo mismo con cualquiera que sea el don que tienen.

Entonces dijimos que Pablo mostraba su amor por medio de su persistencia. Vean ahora Romanos 12:11, "En lo que requiere diligencia, no perezosos; fervientes en espíritu, sirviendo al Señor". Versículo 14, "Bendecid a los que os persiguen; bendecid, y no maldigáis". En otras palabras, en contra de todas las cosas, busquen el amor a la iglesia, el amor de los santos.

Dijimos también que el amor de Pablo era mostrado por medio de su disponibilidad. Vean el versículo 13, "Practicando la hospitalidad". Esto es disponibilidad. El amor a los extraños. El deseo de darte a ti mismo para las necesidades de otros.

Y finalmente, el amor de Pablo era visto en su preocupación. Versículo 15, aquí está su preocupación: "Gozaos con los que se gozan; llorad con los que lloran". Amados, estamos llamados a hacer lo mismo que Pablo hizo. Amar a la Iglesia como él amó a la Iglesia, demostrándolo en las mismas maneras. Que esto sea realidad en nosotros. Y oro para que el Señor de algún modo tome lo que es el patrón de un hombre y lo haga que sea el patrón de todos los hombres.

Oración final

Oremos. Padre, oramos para que lo logremos, para que todos estos que escuchan, estas tus palabras, de algún modo sean capaces de hacer suyo este patrón de vida. Que el patrón de vida de este hombre sea el patrón de vida suyo. Dios, danos este tipo de amor por la iglesia, y sabemos que este solo llega cuando tenemos el mismo amor por Jesucristo, cuando lo amamos con todo nuestro corazón, mente, alma y fuerzas. Oramos para que nosotros podamos amar a la iglesia, evidenciar nuestro afecto, nuestra forma de dar, nuestro ministerio de cualquiera que sea el don que tengamos, y persistencia, disponibilidad y preocupación; y Padre, que al amar a la iglesia como debemos amarla, podamos ver los dones y los ministerios desarrollándose, para que la iglesia pueda mostrar la gloria del Señor Jesucristo. Oramos en su nombre. Amén.

Índice escritural

Antiguo Testamento

Génesis 1:1, *153*
Génesis 2:5, *47*
Génesis 2:6, *47*
Génesis 2:15, *20*
Génesis 2:20, *20*
Génesis 3:15, *17, 54*
Génesis 3:21, *25*
Génesis 3:24, *22*
Génesis 4, *17, 18, 27*
Génesis 4:1, *17*
Génesis 4:3-4, *21*
Génesis 4:5, *30*
Génesis 4:7, *31*
Génesis 4:9, *33*
Génesis 4:11, *32, 33 32, 33*
Génesis 4:12, *32*
Génesis 4:13, *32*
Génesis 4:14, *32*
Génesis 4:15, *33*
Génesis 4:16, *25, 33 25, 33*
Génesis 5:21, *54*
Génesis 6, *43, 45, 52, 55*
Génesis 6:1, *55*
Génesis 6:3, *55*
Génesis 6:5, *52*
Génesis 6:6, *52*
Génesis 6:8, *48*
Génesis 6:9, *43, 56*
Génesis 6:13, *53*
Génesis 6:14, *45*
Génesis 6:15, *46*
Génesis 6:17, *47*
Génesis 6:18, *48*
Génesis 6:19, *48*
Génesis 6:22, *50, 51*
Génesis 9:21, *48*
Génesis 12, *67, 91*
Génesis 13:12, *76*
Génesis 15:6, *66*
Génesis 18, *67*
Génesis 22:1-18, *83*
Génesis 27, *96*
Génesis 32:28, *92*
Génesis 34, *93*
Génesis 35:9-11, *92*
Génesis 35:23, *93*
Génesis 37:3, *92, 93*
Génesis 37:4, *93*
Génesis 37:6-8, *94*
Génesis 37:9-11, *94*
Génesis 37:17, *94*
Génesis 37:19-21, *94*
Génesis 37:19-22, *94*
Génesis 37:23-24, *94*
Génesis 37:25, *95*
Génesis 37:26-27, *95*
Génesis 37:27-28, *95*
Génesis 37:30, *96*
Génesis 39:1, *96*
Génesis 39:2-5, *97*
Génesis 39:6-7, *97*
Génesis 39:8-9, *97*
Génesis 39:11-12, *98*
Génesis 39:20, *97*
Génesis 39:20-21, *99*
Génesis 39:22-23, *99*
Génesis 40:1-3, *100*
Génesis 40:5-8, *100*
Génesis 40:14-15, *101*
Génesis 40:21-22, *100*
Génesis 40:23, *101*
Génesis 41:1, *101*
Génesis 41:8-9, *101*
Génesis 41:9-13, *102*
Génesis 41:17, *102*
Génesis 41:38, *103*
Génesis 41:50-51, *103*
Génesis 41:52, *103*
Génesis 42:2, *104*
Génesis 42:21, *95*
Génesis 42:22, *96*
Génesis 45:1-5, *105*
Génesis 46:3, *105*
Génesis 46:5, *105*
Génesis 47:14-24, *104*
Génesis 48:10, *411*
Génesis 50:15, *106*
Génesis 50:17, *106*
Génesis 50:19-21, *90*
Génesis 50:20, *87, 89*

Levítico 9:24, *29*
Levítico 17:6, *26*
Levítico 17:11, *26, 46*
Levítico 19:24, *23*

Números 6, *123*

Deuteronomio 7, *124*
Deuteronomio 20:1, *120*
Deuteronomio 29:29, *215*
Deuteronomio 30:15-18, *113*

Josué 24:2, *67*
Josué 24:24, *113*

Jueces 2:7, *113*
Jueces 2:18, *114*

Índice escritural

Jueces 6:1, *116*
Jueces 6:11, *116*
Jueces 6:12-13, *117*
Jueces 6:15, *118*
Jueces 6:16, *118*
Jueces 6:22-23, *118*
Jueces 6:24, *29*
Jueces 6:36-40, *119*
Jueces 7:2, *120*
Jueces 7:4, *120*
Jueces 7:7, *121*
Jueces 7:14, *121*
Jueces 7:21-22, *122*
Jueces 8:28, *122*
Jueces 13, *123*
Jueces 14, *123, 124, 125*
Jueces 14:6, *124*
Jueces 14:12-14, *125*
Jueces 14:20, *125*
Jueces 15:2, *125*
Jueces 15:8, *126*
Jueces 15:10, *126*
Jueces 15:14, *126*
Jueces 15:16, *127*
Jueces 15:18, *127*
Jueces 15:20, *127*
Jueces 16, *123, 127, 128*
Jueces 16:1-3, *127*
Jueces 16:6, *128*
Jueces 16:8, *128*
Jueces 16:10, *128*
Jueces 16:14, *128*
Jueces 16:16-17, *128*
Jueces 16:20, *128*
Jueces 16:21, *128*
Jueces 16:25, *128*
Jueces 16:27-28, *129*
Jueces 16:30, *129*
Jueces 21:25, *115*

1 Samuel 2:30, *29, 82*
1 Samuel 14:45, *305*
1 Samuel 15:29, *52*
1 Samuel 30, *311*

2 Samuel 11:1, *276*
2 Samuel 11:2, *276*
2 Samuel 11:5, *276*
2 Samuel 11:15, *276*
2 Samuel 14:11, *305*
2 Samuel 19:39, *411*

1 Reyes 1:52, *305*
1 Reyes 17, *466*
1 Reyes 18:38, *29*

2 Reyes 4, *466*

1 Crónicas 12:8, *179*
1 Crónicas 21:16, *29*

2 Crónicas 7:1, *29*

Esdras 1:1-4, *188*

Nehemías 8:1, *324*

Job 14:14, *197*

Salmos 27:4, *82*
Salmos 40:8-10, *213*
Salmos 51, *276*
Salmos 119:46, *179*
Salmos 126:6, *209*

Proverbios 4:23, *177*
Proverbios 14:12, *24*
Proverbios 16:7, *183*
Proverbios 31:4, *180*

Eclesiastés 3:1, *197*
Eclesiastés 3:17, *197*

Isaías 9:6, *119*
Isaías 9:14-16, *246*
Isaías 24:9, *180*
Isaías 40:8, *307*
Isaías 48, *285*
Isaías 51:1, *67*
Isaías 53, *207*
Isaías 53:6, *53*
Isaías 55:1-2, *180*
Isaías 55:10-11, *307*

Jeremías 1:4-5, *159*
Jeremías 1:6, *160*
Jeremías 1:8, *161*
Jeremías 1:9-10, *161*
Jeremías 2:12-13, *162*
Jeremías 3:24-25, *164*
Jeremías 5:1, *164*
Jeremías 5:20-25, *151, 155*
Jeremías 5:30, *163*
Jeremías 5:31, *246*
Jeremías 7:23, *166*
Jeremías 9:1, *165*
Jeremías 9:20, *166*
Jeremías 11:8-10, *164*
Jeremías 13, *164*
Jeremías 13:4, *165*
Jeremías 13:17, *165, 259*
Jeremías 14:7, *162*
Jeremías 17:9, *162*
Jeremías 24:4-7, *166*

Ezequiel 11:5, *52*
Ezequiel 22:26-28, *246*
Ezequiel 33:7, *213*
Ezequiel 33:8, *213, 252*
Ezequiel 33:9, *213*
Ezequiel 33:31, *434*
Ezequiel 48:35, *76*

Daniel 1, *171, 173*
Daniel 1:4, *175, 186*
Daniel 1:5, *175, 178*
Daniel 1:6, *174*
Daniel 1:8, *176, 177, 178*
Daniel 1:9, *181, 183*
Daniel 1:12, *180, 184*
Daniel 1:13, *184*
Daniel 1:14, *185*
Daniel 1:15, *186*
Daniel 1:16, *186*
Daniel 1:17, *186*
Daniel 1:18, *187*
Daniel 1:19, *187*
Daniel 1:20, *187*
Daniel 1:21, *188*
Daniel 7:13, *119*

Índice escritural

Oseas 4:9, *245, 248*

Amós 3:7, *53*

Zacarías 10:3, *259*

Nuevo Testamento

Mateo 7:15, *279*
Mateo 10:16, *279*
Mateo 13, *135, 283*
Mateo 13:55-56, *135, 139*
Mateo 15:14, *246*
Mateo 17:19-20, *80*
Mateo 18:15, *340*
Mateo 19:26, *80*
Mateo 20:20, *249*
Mateo 20:25-26, *250*
Mateo 21:12, *392*
Mateo 24:37, *55*
Mateo 25:14-30, *197*
Mateo 25:34-40, *205*
Mateo 27:3, *234*
Mateo 27:24, *411*

Marcos 3:21, *139*
Marcos 5, *466*
Marcos 6:3, *135*
Marcos 6:4, *139*
Marcos 13:9, *254*

Lucas 2:7, *135*
Lucas 2:45, *138*
Lucas 2:51, *139*
Lucas 7:36, *413*
Lucas 7:47, *414*
Lucas 10:4, *412*
Lucas 12:32, *259*
Lucas 12:48, *247*
Lucas 13:3, *232*
Lucas 18:27, *80*
Lucas 21:18, *305*
Lucas 21:34, *254*
Lucas 24:27, *153*
Lucas 24:47, *232*

Juan 2:11, *140*
Juan 5:18, *139*

Juan 5:23, *29*
Juan 7, *138, 141*
Juan 7:5, *138*
Juan 8:30-31, *28*
Juan 8:44, *31*
Juan 10, *259*
Juan 13:23, *414*
Juan 13:25, *415*
Juan 15:13, *451*
Juan 16, *235*
Juan 20:17, *414*
Juan 20:19, *456*
Juan 20:26, *456*
Juan 21, *260, 415*
Juan 21:20, *415*

Hechos 1:1, *220*
Hechos 1:14, *141*
Hechos 1:24, *285*
Hechos 2, *233, 285, 334, 341, 360, 384*
Hechos 2:23, *233*
Hechos 2:36, *233*
Hechos 2:37, *233*
Hechos 2:42, *285, 339, 342*
Hechos 2:42-47, *337, 339, 341*
Hechos 2:46, *456*
Hechos 4:12, *24*
Hechos 5:4, *343*
Hechos 5:28, *387*
Hechos 6, *284, 285, 327, 367, 381, 382, 383, 387, 389, 440*
Hechos 6:1, *367, 390*
Hechos 6:2, *367*
Hechos 6:3, *368, 397*
Hechos 6:4, *284, 286, 368, 393, 394, 463*
Hechos 6:1-7, *379, 386*
Hechos 6:7, *400, 463*
Hechos 7, *65, 73*
Hechos 7:5, *73*
Hechos 11, *417*
Hechos 12:17, *143*

Hechos 12:24, *463*
Hechos 14:21-23, *357, 363*
Hechos 15, *143, 144, 146*
Hechos 15:1, *143*
Hechos 15:5, *144*
Hechos 15:7-11, *144*
Hechos 17:11, *231*
Hechos 17:26, *197*
Hechos 17:30, *232*
Hechos 19:20, *463*
Hechos 20:1-2, *403, 415*
Hechos 20:1-7, *425*
Hechos 20:1-17, *405, 427, 430, 450, 452*
Hechos 20:3, *210, 441, 454*
Hechos 20:7-16, *447*
Hechos 20:17, *200, 201, 222, 247, 251, 253, 271, 275, 366, 394, 468*
Hechos 20:17-20, *193*
Hechos 20:17-27, *221*
Hechos 20:18, *201, 202, 222*
Hechos 20:19, *200, 202, 203, 205, 206, 208, 210, 224, 409, 454*
Hechos 20:20, *211, 214, 225, 226, 235*
Hechos 20:21-24, *217*
Hechos 20:23, *195, 237, 441*
Hechos 20:24, *195, 198*
Hechos 20:25, *242, 250, 251*
Hechos 20:25-28, *243, 245, 270*
Hechos 20:27, *201, 211, 212, 228, 252*
Hechos 20:28, *201, 251, 253, 254, 258, 260, 263, 275, 278, 366*
Hechos 20:29-31, *202*
Hechos 20:29-38, *267*
Hechos 20:31, *209, 283, 409*
Hechos 20:32, *284*
Hechos 20:36, *290*
Hechos 20:36-38, *325*
Hechos 20:37, *414, 432, 453*

Índice escritural

Hechos 21, *144, 237*
Hechos 21:10, *238*
Hechos 21:13, *238*
Hechos 23:11, *310*
Hechos 27:1-8, *297*
Hechos 27:9, *298*
Hechos 27:13-26, *299*
Hechos 27:23, *203*
Hechos 27:27-44, *293*

Romanos 1, *162*
Romanos 1:1, *223*
Romanos 1:14-16, *231*
Romanos 1:19-20, *54*
Romanos 1:21, *53*
Romanos 3:20-22, *56*
Romanos 4, *65*
Romanos 4:20, *312*
Romanos 7:2, *237*
Romanos 9, *231*
Romanos 9:2-3, *208*
Romanos 10:3, *30*
Romanos 10:4, *30*
Romanos 10:17, *23*
Romanos 12, *224, 327, 469*
Romanos 12:1-2, *68*
Romanos 12:3, *196*
Romanos 12:3-8, *327*
Romanos 12:6-8, *469*
Romanos 12:9, *469*
Romanos 12:10, *469*
Romanos 12:11, *469*
Romanos 12:13, *469, 470*
Romanos 12:14, *469*
Romanos 12:15, *470*
Romanos 13, *271*
Romanos 14, *459*
Romanos 14:5-6, *459*
Romanos 15:30, *237*
Romanos 16:1, *369*
Romanos 16:5, *460*
Romanos 16:16, *345, 433*

1 Corintios 1:12, *224*
1 Corintios 1:13, *225*
1 Corintios 1:23, *235*

1 Corintios 2:6, *317*
1 Corintios 2:1-2, *225*
1 Corintios 3:5, *225*
1 Corintios 4:1, *226*
1 Corintios 4:2, *227*
1 Corintios 4:11-16, *408*
1 Corintios 4:17, *409*
1 Corintios 9, *231, 396*
1 Corintios 9:5, *142*
1 Corintios 9:14, *396*
1 Corintios 9:11, *396*
1 Corintios 9:24-26, *255*
1 Corintios 11, *196, 461*
1 Corintios 11:1, *220*
1 Corintios 11:20, *458, 461*
1 Corintios 12, *196*
1 Corintios 13, *219, 415, 434, 452, 455*
1 Corintios 14:23, *458*
1 Corintios 15:3-7, *141*
1 Corintios 15:9, *206*
1 Corintios 15:30, *210*
1 Corintios 16:2, *418, 444, 458*
1 Corintios 16:1, *416*
1 Corintios 16:5, *416*
1 Corintios 16:19, *460*
1 Corintios 16:20, *433*

2 Corintios 1:8, *419*
2 Corintios 2:4, *208*
2 Corintios 2:12, *419*
2 Corintios 3:2, *451*
2 Corintios 3:5, *207*
2 Corintios 3:18, *332*
2 Corintios 5:20, *236, 237*
2 Corintios 6:14, *68*
2 Corintios 7:1, *318*
2 Corintios 7:3, *451*
2 Corintios 7:5, *419*
2 Corintios 7:6, *419*
2 Corintios 7:7, *419*
2 Corintios 8:1, *420*
2 Corintios 8:7, *436*
2 Corintios 8:9, *436*

2 Corintios 11:1-2, *264*
2 Corintios 11:23-27, *407*
2 Corintios 11:28, *407*

Gálatas 1:4, *69*
Gálatas 1:8-9, *203*
Gálatas 1:10, *203, 223*
Gálatas 1:18-19, *143*
Gálatas 2:9, *133, 144*
Gálatas 2:10, *416*
Gálatas 2:11, *211*
Gálatas 2:14, *211*
Gálatas 3:3, *318*
Gálatas 3:7, *65*
Gálatas 3:26, *65*
Gálatas 3:29, *66*
Gálatas 4:10-11, *444*
Gálatas 6:6, *396*

Efesios 2:10, *29*
Efesios 3:17, *331*
Efesios 3:20, *80*
Efesios 3:20-21, *428*
Efesios 4, *248, 318, 325, 393*
Efesios 4:11, *248, 320, 370*
Efesios 4:11-16, *315, 317*
Efesios 4:23, *324*
Efesios 5:16, *196*
Efesios 5:25-27, *405*
Efesios 6:5, *204*

Filipenses 1:3-5, *451*
Filipenses 1:7, *451*
Filipenses 2:25, *239*
Filipenses 2:29, *239*
Filipenses 2:30, *239*
Filipenses 3, *331*
Filipenses 3:10, *466*
Filipenses 3:12, *318*
Filipenses 3:17, *273, 469*
Filipenses 3:18, *209*
Filipenses 4, *288*
Filipenses 4:9, *273, 469*
Filipenses 4:13, *80*

Colosenses 1:9, *406*
Colosenses 1:24, *428*

Colosenses 1:28, *321, 409*
Colosenses 2:10, *317*
Colosenses 2:16, *445, 457*
Colosenses 3:2, *76*
Colosenses 3:10, *323*
Colosenses 4:5, *196*
Colosenses 4:12, *321*
Colosenses 4:15, *460*
Colosenses 4:17, *198*

1 Tesalonicenses 1:5, *273*
1 Tesalonicenses 2:7-8, *451*
1 Tesalonicenses 2:9, *284*
1 Tesalonicenses 2:9-12, *406*
1 Tesalonicenses 3:10, *324*
1 Tesalonicenses 5:26, *433*

2 Tesalonicenses 1:4, *75*
2 Tesalonicenses 3:6, *274*
2 Tesalonicenses 3:8, *284*
2 Tesalonicenses 3:9, *274*

1 Timoteo 1:3, *347 347*
1 Timoteo 1:6, *347*
1 Timoteo 1:7, *347*
1 Timoteo 1:10, *347*
1 Timoteo 1:19, *282*
1 Timoteo 1:19-20, *353*
1 Timoteo 2:9, *373*
1 Timoteo 2:10, *375*
1 Timoteo 2:11, *375*
1 Timoteo 2:12, *375*
1 Timoteo 3, *256, 368*
1 Timoteo 3:1, *351*
1 Timoteo 3:2-7, *351*
1 Timoteo 3:7, *351*
1 Timoteo 3:8-9, *368*
1 Timoteo 3:10, *368*
1 Timoteo 3:11, *369*
1 Timoteo 3:12, *368*
1 Timoteo 3:13, *368*
1 Timoteo 3:14-15, *347*
1 Timoteo 4:1, *280, 347
280, 347*
1 Timoteo 4:6, *280, 323, 348*
1 Timoteo 4:6-7, *348*

1 Timoteo 4:11-13, *323*
1 Timoteo 4:12, *220, 258,
274, 309, 396*
1 Timoteo 4:13, *348, 362,
396, 437*
1 Timoteo 4:15, *348*
1 Timoteo 4:16, *254, 348*
1 Timoteo 5, *262, 391*
1 Timoteo 5:8, *371*
1 Timoteo 5:17, *247,
352, 365*
1 Timoteo 5:19, *262*
1 Timoteo 5:22, *352*
1 Timoteo 6:1, *371*
1 Timoteo 6:2, *372*
1 Timoteo 6:11, *309*

2 Timoteo 1:13, *349*
2 Timoteo 1:14, *349*
2 Timoteo 1:15, *282*
2 Timoteo 2:1-2, *349*
2 Timoteo 2:2, *248, 323, 372*
2 Timoteo 2:3, *76*
2 Timoteo 2:15, *206, 349*
2 Timoteo 2:17, *282*
2 Timoteo 2:17-18, *353*
2 Timoteo 2:20, *255*
2 Timoteo 2:21, *255*
2 Timoteo 2:24, *350*
2 Timoteo 3:1-9, *282*
2 Timoteo 3:12, *208*
2 Timoteo 3:14, *350*
2 Timoteo 3:16, *212,
226, 350*
2 Timoteo 3:16-17, *319*
2 Timoteo 4, *199, 238*
2 Timoteo 4:1, *323*
2 Timoteo 4:1-2, *350*
2 Timoteo 4:5, *198*
2 Timoteo 4:6, *199*
2 Timoteo 4:7, *199*
2 Timoteo 4:14, *353*

Tito 1:5, *247, 351, 364*
Tito 1:6, *364*
Tito 1:7, *228, 365 228, 365*

Tito 1:8, *365*
Tito 1:9-11, *353*
Tito 2:1, *347, 363*
Tito 2:2, *363, 372*
Tito 2:3, *375, 376*
Tito 2:3-5, *398*
Tito 2:4, *376*
Tito 2:6, *373*
Tito 2:7, *274, 373*
Tito 2:8, *373*
Tito 2:9, *372*
Tito 3:15, *308*

Hebreos 4:15, *137*
Hebreos 5:8, *137*
Hebreos 9:22, *26*
Hebreos 10:14, *317*
Hebreos 10:36, *77*
Hebreos 10:38, *41*
Hebreos 11:1, *15, 45*
Hebreos 11:1-3, *14*
Hebreos 11:4, *11, 13, 16,
22, 23, 27, 29, 34, 42*
Hebreos 11:5, *42*
Hebreos 11:6, *15*
Hebreos 11:7, *37, 42, 44,
51, 56*
Hebreos 11:8-19, *61*
Hebreos 11:11, *78*
Hebreos 11:12, *78, 80*
Hebreos 11:13, *81*
Hebreos 11:16, *81, 82*
Hebreos 11:17-18, *83*
Hebreos 11:19, *64, 83*
Hebreos 11:24, *71*
Hebreos 11:27, *77*
Hebreos 11:32-34, *109, 111*
Hebreos 12:1, *75*
Hebreos 12:2, *77*
Hebreos 12:23, *318*
Hebreos 13, *259, 324*
Hebreos 13:7, *275*
Hebreos 13:13-14, *69*
Hebreos 13:17, *261, 274, 370*
Hebreos 13:20-21, *319*

Índice escritural

Santiago 1:1, *133*, *146*
Santiago 1:2-4, *319*
Santiago 1:3, *75*
Santiago 1:27, *69*
Santiago 2:5, *417*
Santiago 2:14, *28*
Santiago 2:19, *28*
Santiago 2:21, *28*
Santiago 2:22, *29*
Santiago 2:23-24, *29*
Santiago 3:1, *247*, *252*, *274*, *324*
Santiago 4:4, *69*
Santiago 5:7-8, *75*
Santiago 5:11, *75*
Santiago 5:16, *147*

1 Pedro 1:14, *69*
1 Pedro 1:15, *69*
1 Pedro 1:17, *197*
1 Pedro 1:18-19, *405*
1 Pedro 1:25, *307*
1 Pedro 2:2, *286*, *319*, *464*
1 Pedro 2:21, *208*
1 Pedro 4:2, *197*
1 Pedro 4:10, *327*
1 Pedro 5, *260*
1 Pedro 5:1-3, *454*
1 Pedro 5:2-3, *220*
1 Pedro 5:3, *260*, *273*
1 Pedro 5:4, *262*
1 Pedro 5:10, *319*
1 Pedro 5:14, *433*

2 Pedro 1:4, *70*
2 Pedro 1:12-13, *325*
2 Pedro 1:15, *325*
2 Pedro 2, *280*

2 Pedro 2:4-5, *51*
2 Pedro 2:18, *280*
2 Pedro 3:9, *233*

1 Juan 2:14, *333*
1 Juan 2:15, *70*
1 Juan 3:12-11, *25*
1 Juan 3:16, *434*, *453*
1 Juan 3:17, *435*, *453*
1 Juan 3:18, *435*, *453*
1 Juan 5:1, *407*, *427*
1 Juan 5:16, *196*

Judas 3, *30*
Judas 11, *27*

Apocalipsis 1:10, *444*, *456*
Apocalipsis 2, *281*
Apocalipsis 6:9-10, *33*

Índice temático

A

Abel *11, 13, 16, 18, 19, 20, 21, 22, 23, 24, 25, 26, 27, 28, 29, 30, 31, 32, 33, 34, 42, 43, 54, 65, 66, 270*
Abraham *29, 42, 61, 64, 65, 66, 67, 68, 72, 73, 74, 75, 76, 78, 79, 80, 81, 83, 84, 91, 113, 115, 161, 172, 231, 297, 312*
Acab *172*
Adán y Eva *16, 17, 18, 19, 21, 23, 25, 31, 270*
Adoración *22, 42, 43, 147, 156, 180, 360, 439, 452, 457, 459*
Adulam (cueva) *182*
Ágape *461*
Agar *78, 83, 95, 172*
Ágrafa *288*
Agripa *173*
Alta Crítica *19*
Altar *22, 27, 29, 31, 46, 119*
Ambrosio *207*
Ananías y Safira *196, 388*
Anciano/s *113, 144, 145, 180, 193, 200, 201, 202, 204, 212, 220, 222, 240, 246, 247, 250, 251, 253, 254, 256, 257, 259, 260, 261, 262, 271, 275, 278, 280, 281, 283, 286, 290, 325, 335, 344, 346, 348, 349, 350, 351, 352, 353, 354, 357, 363, 364, 365, 366, 368, 369, 370, 372, 394, 398, 399, 400, 401, 421, 439, 454, 468*

Ángel del Señor *84, 117, 123*
Antiguo Pacto *41, 64, 66, 445, 457, 458*
Antiguo Testamento *14, 40, 41, 42, 64, 72, 78, 112, 117, 118, 119, 147, 153, 176, 179, 180, 184, 187, 201, 213, 245, 259, 270, 271, 276, 323, 381, 382, 411*
Arca *37, 44, 45, 46, 47, 48, 49, 50, 51, 52, 57, 58, 75*
Arca de Dios *172*
Arquipo *198*
Arrepentimiento *32, 217, 231, 232, 233, 234, 235, 240, 420*
Ascensión *141, 230*
Asenat *103*
Asia Menor *200, 281, 298, 431, 468*
Aspenaz *178, 184, 185, 187*
Atributo de Dios *89*
Avivamiento *157, 158, 248, 324, 464*

B

Baal *119*
Babilonia *67, 157, 173, 176, 178, 181, 183, 186*
Bahá'í *25*
Bautismo del Espíritu *341*
Benjamín *90, 92, 104*
Bernabé *133, 143, 144, 285, 345, 361, 408*
Betsabé *276*

Índice temático

Biblia *15, 18, 19, 27, 30, 31, 39, 45, 47, 53, 56, 64, 65, 69, 70, 76, 78, 80, 81, 83, 89, 91, 94, 98, 106, 111, 112, 117, 118, 133, 137, 146, 147, 155, 161, 163, 164, 172, 205, 209, 212, 214, 226, 229, 245, 271, 272, 273, 277, 280, 286, 288, 296, 317, 321, 322, 323, 327, 361, 362, 369, 374, 375, 383, 393, 394, 395, 396, 444, 462, 467*
Brea *46*
Buenas obras *29, 39, 40, 274, 373, 375*

C

Caín *11, 13, 16, 17, 18, 19, 20, 21, 22, 23, 24, 25, 26, 27, 28, 29, 30, 31, 32, 33, 55, 270*
Caldeos *82, 166, 174, 175, 176, 185, 186, 187*
Canaán *67, 76, 92, 93, 105, 106, 112, 114, 231*
Cautividad *113, 156, 157, 158, 166, 174*
Cena del Señor *296, 302, 342, 387, 445, 456, 461, 467*
Circuncisión *133, 203, 211, 353*
Ciro *188*
Codo (medida) *46*
Comunión *16, 17, 68, 147, 285, 325, 331, 332, 334, 337, 339, 340, 342, 343, 359, 360, 361, 365, 371, 374, 383, 384, 390, 392, 411, 439, 441, 445, 451, 457, 459, 461, 462*
Concilio de Jerusalén *143*
Controversia teológica *143*
Conversión *142, 143, 162, 232, 235, 405, 431*
Cordero *27, 96, 277*
Corintios *141, 142, 208, 210, 224, 264, 317, 321, 331, 382, 396, 406, 415, 416, 418, 419, 420, 421, 434, 444, 453, 461*
Covenanters *171*
Creador *53, 147, 154, 156*
Cristo *13, 14, 18, 26, 29, 30, 34, 39, 41, 46, 50, 52, 54, 56, 57, 58, 65, 66, 68, 69, 71, 74, 77, 80, 82, 84, 117, 118, 119, 130, 140, 141, 142, 143, 146, 147, 148, 153, 160, 166, 172, 173, 188, 198, 199, 203, 204, 205, 206, 208, 209, 210, 211, 213, 215, 220, 223, 224, 225, 226, 228, 231, 232, 233, 234, 235, 236, 239, 247, 248, 256, 263, 264, 274, 275, 277, 278, 286, 288, 310, 312, 315, 317, 318, 320, 321, 325, 328, 330, 331, 332, 333, 334, 335, 339, 340, 342, 345, 346, 349, 350, 352, 353, 354, 359, 360, 361, 363, 365, 366, 367, 368, 369, 370, 371, 372, 381, 382, 385, 387, 388, 397, 401, 405, 406, 407, 408, 409, 410, 415, 417, 419, 420, 422, 423, 427, 428, 429, 430, 436, 437, 462, 469*
Cristofanía *118*

D

Dagón (dios) *128*
Dalila *127, 128, 172*
Daniel *100, 161, 169, 171, 173, 174, 176, 177, 178, 179, 180, 181, 182, 183, 184, 185, 186, 187, 188*
David *109, 111, 112, 115, 172, 173, 182, 213, 276, 277, 297, 310, 311, 321*
Débora *112, 115*
Denominacionalismo *224*
Deportaciones (tres) *174*
Día de la Expiación *27*
Día de sacrificio *22*
Día del Señor *57, 254, 340, 444, 445, 456, 457, 458, 459, 460, 461*
Diácono/s *180, 285, 344, 350, 357, 361, 367, 368, 369, 370, 372, 398, 399, 400, 401, 440*
Dieta de Worms *171*
Diluvio *46, 47, 48, 51, 52, 54, 66*
Dina *93*
Dios *11, 13, 14, 15, 16, 17, 18, 19, 20, 22, 23, 24, 25, 26, 27, 28, 29, 30, 31, 32, 33, 34, 37, 39, 40, 41, 42, 43, 44,*

Índice temático

45, 46, 47, 48, 49, 50, 51, 52, 53, 54, 55, 56, 57, 61, 64, 65, 66, 67, 68, 69, 70, 71, 72, 73, 74, 75, 76, 77, 78, 79, 80, 81, 82, 83, 84, 87, 89, 90, 91, 94, 96, 97, 98, 99, 100, 101, 102, 103, 105, 106, 111, 112, 113, 114, 115, 116, 117, 118, 119, 120, 121, 122, 123, 124, 126, 127, 128, 129, 130, 133, 135, 136, 137, 139, 140, 144, 145, 146, 147, 148, 151, 154, 155, 156, 157, 158, 159, 160, 161, 162, 163, 164, 165, 166, 172, 173, 174, 175, 176, 177, 178, 179, 180, 181, 182, 183, 185, 186, 187, 188, 195, 196, 197, 198, 199, 200, 203, 204, 205, 206, 207, 208, 209, 210, 211, 212, 213, 214, 215, 217, 220, 221, 223, 224, 225, 226, 227, 228, 229, 230, 231, 232, 233, 234, 235, 236, 237, 238, 239, 240, 243, 245, 246, 247, 248, 250, 251, 252, 253, 254, 255, 256, 257, 258, 259, 260, 261, 262, 263, 264, 267, 268, 270, 271, 272, 273, 274, 275, 276, 277, 278, 280, 281, 282, 283, 284, 285, 286, 287, 288, 289, 290, 293, 296, 297, 300, 301, 302, 304, 305, 307, 308, 309, 310, 311, 312, 313, 315, 317, 318, 319, 320, 321, 322, 323, 324, 326, 327, 329, 330, 331, 332, 334, 335, 337, 339, 340, 342, 343, 344, 346, 347, 348, 349, 350, 351, 352, 353, 357, 359, 360, 361, 362, 363, 364, 365, 366, 368, 369, 370, 371, 372, 373, 374, 375, 376, 377, 381, 382, 383, 384, 385, 387, 388, 389, 390, 391, 392, 393, 394, 395, 396, 397, 398, 399, 400, 401, 406, 407, 409, 410, 414, 416, 419, 420, 421, 422, 423, 427, 428, 429, 430, 431, 432, 434, 435, 436, 437, 438, 439, 440, 441, 442, 444, 451, 453, 454, 455, 458, 459, 460, 461, 466, 468, 470
Discípulos 28, *80, 144, 153, 200, 202, 220, 232, 238, 249, 267, 281, 324, 357, 363, 367, 379, 386, 390, 392, 400, 403, 409, 410, 411, 414, 415, 425, 431, 440, 443, 447, 452, 457, 461, 463*
Dones 52, *186, 195, 196,* 228, *320, 325, 327, 328, 330, 342, 346, 359, 422, 423, 445, 463, 467, 469, 470*
Dotán 94
Doulos (esclavo) *223, 225*

E

Edén *16, 18, 19, 20, 22, 25, 33, 374*
Efraín *103*
Egipto *77, 89, 90, 91, 95, 96, 97, 98, 100, 101, 102, 103, 104, 105, 106, 112, 118, 183*
Enoc *42, 43, 54, 55, 65, 66*
Epafrodito *239*
Esaú *92, 172*
Espíritu Santo *18, 30, 34, 40, 41, 42, 64, 141, 142, 144, 173, 195, 201, 208, 217, 237, 238, 243, 245, 247, 248, 255, 260, 263, 264, 270, 273, 277, 278, 286, 290, 296, 308, 313, 319, 327, 330, 339, 342, 343, 344, 345, 346, 349, 354, 359, 360, 361, 364, 366, 368, 379, 382, 383, 398, 399, 401, 406, 435, 442, 455, 464, 465*
Esteban *42, 65, 73, 379, 387, 398, 399*
Éufrates *44, 165*
Eunuco *178, 181, 182, 183, 184*
Euroclidón *299*
Eva *16, 17, 18*
Evangelio *45, 55, 65, 135, 143, 144, 145, 158, 166, 200, 203, 217, 223, 224, 231, 232, 233, 235, 236, 238, 259, 273, 285, 288, 310, 313, 321, 328, 333, 357, 360, 361, 363, 374, 377, 389, 394, 395, 396, 397, 408, 414, 419, 421, 428, 430, 451, 455, 463*
Evangelista *247, 320, 321, 324, 329, 346, 347, 364, 370, 398*
Evolucionistas *19, 21*
Expiación *22, 26, 46, 51*

_Índice temático

F

Falsos maestros *143, 163, 209, 279, 281, 282, 283, 284, 348, 353, 370, 409*
Faraón de Egipto *89, 96*
Fariseo *27, 413*
Fe *11, 13, 37, 372*
Félix *173*
Festo *173*
Filisteos *123, 124, 125, 126, 127, 128, 129, 172, 182*

G

Galilea *138*
Gedeón *109, 111, 116, 117, 118, 119, 120, 121, 122, 123, 130*
Gentil (gentiles) *53, 65, 66, 133, 144, 145, 211, 217, 222, 231, 252, 345, 387, 388, 390, 407, 417, 443, 455, 459*
Gosén *91, 105*
Gracia *17, 30, 31, 32, 33, 48, 54, 55, 68, 69, 90, 97, 99, 114, 115, 118, 120, 130, 133, 137, 142, 143, 144, 145, 147, 148, 174, 181, 182, 183, 196, 199, 203, 206, 217, 238, 267, 282, 286, 287, 327, 344, 349, 350, 396, 407, 409, 436, 455*
Grosuras *26*

H

Harán *92, 319, 323, 324, 327, 328, 329, 334, 436, 437*
Hedonismo *155*
Heraldo (kerusso) *235*
Herodes Agripa *146*
Héroes de la fe *39, 79*
Hijo del Hombre *55, 250*
Hilcías *159*
Huerto de Edén *20, 22, 67*

I

Icabod *287*
Idolatría *67, 68, 114, 115, 119, 158, 163, 172, 176, 410*

Ídolos *68, 113, 162, 164, 176, 410, 452*
Iglesia *48, 142, 143, 144, 145, 146, 147, 148, 229, 243, 245, 248, 267, 337, 339, 357, 359, 403, 405, 422, 425, 427, 429, 447, 450, 451, 462, 470*
Iglesia Católica Romana *135*
Iglesia de Jerusalén *142, 144, 146, 341, 342, 344, 360, 361, 367*
Iglesia invisible *339, 340, 359, 360*
Iglesia temprana *143, 145, 207, 339, 342, 343, 344, 346, 354, 361, 382, 383, 384, 388, 392, 398, 400, 401, 437, 444, 457, 459, 460, 461, 462, 464*
Iglesia visible *340, 360, 361*
Isaac *29, 61, 73, 81, 83, 84, 92, 96*
Ismael *78, 95, 172*
Ismaelitas *95, 96*
Israel *22, 25, 40, 52, 64, 65, 67, 80, 91, 92, 104, 105, 106, 112, 113, 114, 115, 116, 118, 119, 120, 121, 122, 124, 126, 127, 130, 156, 157, 164, 166, 172, 173, 178, 180, 185, 213, 231, 233, 245, 246, 248, 252, 259, 271, 276, 297, 326, 342, 390, 392, 444*

J

Jacob *61, 73, 81, 83, 90, 92, 93, 94, 96, 104, 105, 151, 156, 172*
Jefté *109, 111, 115*
Jeremías *151, 153, 154, 155, 156, 157, 158, 159, 160, 161, 162, 163, 164, 165, 179, 246, 259*
Jericó *113, 138*
Jerusalén *65, 138, 143, 145, 146, 157, 164, 165, 195, 198, 200, 217, 222, 233, 237, 238, 246, 276, 327, 341, 361, 379, 383, 387, 390, 400, 416, 417, 418, 419, 420, 421, 430, 431, 434, 441, 442, 443, 447, 452, 453, 454, 455, 456, 463*
Jesucristo *14, 18, 29, 30, 34, 42, 50, 54, 56, 57, 64, 68, 69, 71, 72, 74, 76, 77, 80, 84, 106, 119, 130, 133, 136, 142,*

_Índice temático

146, 153, 166, 171, 204, 205, 206, 207, 209, 210, 215, 217, 220, 223, 224, 225, 231, 233, 234, 235, 236, 240, 247, 248, 249, 260, 263, 265, 271, 274, 280, 282, 283, 287, 288, 289, 290, 309, 313, 317, 319, 323, 332, 339, 340, 341, 342, 344, 348, 349, 350, 353, 359, 360, 361, 371, 377, 383, 400, 405, 406, 407, 409, 411, 413, 414, 415, 421, 422, 423, 427, 428, 436, 442, 445, 450, 451, 456, 459, 462, 470

Jesús *27, 29, 31, 34, 40, 41, 42, 45, 57, 58, 65, 73, 77, 80, 106, 135, 136, 137, 138, 139, 140, 141, 142, 144, 147, 148, 153, 159, 163, 165, 205, 207, 208, 217, 220, 230, 231, 232, 233, 235, 236, 238, 246, 249, 250, 251, 259, 260, 261, 263, 267, 279, 283, 287, 288, 290, 307, 310, 317, 321, 326, 349, 350, 354, 368, 377, 388, 405, 408, 409, 412, 413, 414, 415, 418, 422, 427, 428, 429, 432, 444, 451, 455, 456, 457, 462*

Jezabel *172, 281*
Joacaz *158*
Joaquín *158*
John Knox *207*
José *87, 89, 90, 91, 92, 93, 94, 95, 96, 97, 98, 99, 100, 101, 102, 103, 104, 105, 106, 135, 136, 138, 139, 140, 141, 142, 183, 230, 297*
José (hermano de Jesús) *147*
Josías *157, 158*
Josué *67, 112, 113, 115*
Juan *25, 42, 117, 133, 138, 140, 142, 144, 146, 200, 249, 259, 288, 297, 408, 414, 415, 435, 444, 453, 456*
Judá *90, 95, 126, 151, 156, 157, 159, 164, 166, 174*
Judaísmo *40, 66, 79, 143, 145, 146, 163, 459*
Judaizantes *143, 173, 203*

Judas *135, 139, 140, 142, 173, 234, 282, 285, 412*
Judea *143, 145, 387, 442*
Judíos *14, 40, 41, 42, 56, 65, 66, 80, 89, 115, 139, 144, 145, 146, 156, 174, 176, 193, 200, 207, 210, 211, 217, 222, 224, 231, 251, 252, 317, 345, 367, 390, 391, 395, 397, 398, 399, 400, 409, 417, 425, 440, 441, 443, 454, 455, 459*
Jueces *111, 112, 114, 115, 116, 118, 123, 124, 154, 270*
Juez *24, 111, 112, 114, 118, 147, 318*
Juicio *17, 44, 46, 47, 51, 52, 53, 54, 55, 57, 58, 111, 114, 115, 123, 126, 145, 157, 158, 162, 163, 164, 165, 166, 205, 210, 213, 233, 235, 247, 254, 277, 294, 308, 309, 321, 411*
Justicia *16, 24, 25, 26, 28, 29, 30, 33, 37, 40, 41, 42, 44, 51, 53, 54, 56, 65, 67, 68, 109, 111, 164, 185, 213, 235, 255, 264, 319*
Justo *11, 13, 14, 16, 24, 25, 27, 29, 30, 34, 41, 43, 48, 52, 54, 56, 57, 65, 68, 92, 93, 99, 104, 111, 112, 113, 115, 139, 146, 147, 176, 197, 200, 206, 209, 235, 238, 239, 250, 258, 260, 277, 279, 289, 298, 311, 325, 352, 365, 367, 372, 379, 388, 392, 412, 430, 431, 451, 457, 469*

K

Kerusso (heraldo) *235*

L

Labán *92*
Lea *92*
Legalismo *40, 65, 70, 407*
Legalistas *281*
Leví *93*
Ley mosaica *143*
Libertador *18, 112, 114, 122, 123*
Lot *76*

_Índice temático

M

Madianitas *95, 96, 116, 117, 118, 119, 120, 121, 122*
Manasés *103, 118*
Manoa *123*
Marcos *135, 139, 307, 408, 412*
María *18, 112, 135, 136, 138, 139, 140, 141, 142, 161, 163, 230, 414, 462*
Martín Lutero *171, 464*
Mesa del Señor *196, 361, 392, 462*
Mesías *40, 67, 91, 105, 112, 138, 139, 141, 148, 233, 234, 235, 236, 280, 310, 388, 400*
Ministerio/s *180, 193, 196, 202, 223, 224, 240, 250, 313, 318, 322, 327, 328, 329, 330, 343, 361, 367, 383, 385, 397, 421, 423, 470*
Misael *169, 174, 184, 187*
Misericordia *17, 47, 53, 54, 90, 99, 101, 114, 120, 148, 213, 276, 429, 469*
Mishná *398*
Moisés *71, 77, 112, 113, 115, 120, 143, 144, 145, 153, 161, 173, 245, 282, 297, 311, 392*

N

Nabucodonosor *187*
Nazareo *123, 128, 172*
Nazaret *136, 138, 139, 140, 148*
Nerón (emperador) *13*
Nicolaítas *281*
Noé *37, 42, 43, 44, 45, 46, 47, 48, 49, 50, 51, 52, 53, 54, 55, 56, 57, 65, 66, 72, 75*
Nuevo Pacto *13, 14, 41, 42, 64*
Nuevo Testamento *24, 42, 135, 142, 143, 146, 153, 180, 208, 213, 230, 245, 247, 248, 249, 250, 251, 254, 256, 258, 270, 278, 285, 297, 312, 329, 340, 343, 346, 351, 359, 363, 364, 382, 412, 429, 433, 453, 459, 460, 466*

O

Obispo/s *200, 201, 243, 253, 254, 261, 263, 366*
Ofrendas *11, 13, 16, 22, 23, 180, 287, 418, 439, 443, 455*
Onésimo *135*
Oración *11, 34, 37, 57, 58, 62, 79, 84, 87, 106, 109, 129, 130, 133, 141, 147, 148, 151, 166, 169, 180, 188, 193, 215, 217, 240, 243, 264, 268, 284, 285, 286, 290, 294, 304, 313, 315, 327, 328, 335, 337, 341, 342, 346, 351, 352, 353, 354, 357, 360, 361, 363, 364, 368, 373, 377, 379, 384, 393, 394, 397, 400, 401, 403, 406, 418, 423, 425, 440, 445, 448, 459, 463, 470*
Ósculo (santo) *412, 433*

P

Pablo, apóstol *13, 39, 75, 82, 176, 195, 198, 199, 202, 219, 220, 223, 271, 301, 309, 318, 362, 382, 391, 393, 394, 395, 396, 405, 409, 410, 420, 422, 427, 432, 450, 451, 452, 454, 457, 467*
Pacto *41, 64, 91, 156, 175, 458*
Palabra (de Dios) *15, 37, 44, 45, 51, 56, 57, 74, 162, 164, 172, 175, 176, 177, 178, 179, 180, 186, 210, 211, 214, 265, 275, 307, 311, 319, 321, 323, 324, 325, 327, 329, 331, 333, 347, 348, 349, 350, 353, 354, 361, 365, 366, 367, 368, 370, 374, 375, 377, 379, 381, 385, 392, 393, 394, 395, 396, 400, 437, 438, 439, 440, 441, 458, 460, 463, 464*
Pascua *27, 138, 390, 418, 441, 443, 454, 457*
Pecado *17, 19, 23, 24, 25, 26, 30, 31, 34, 51, 53, 54, 55, 69, 71, 75, 79, 83, 91, 95, 106, 115, 124, 137, 147, 155, 162, 172, 185, 196, 212, 213, 230, 232,*

Índice temático

233, 234, 235, 252, 262, 270, 276, 277, 317, 318, 343, 344, 350, 352, 374, 388, 389, 408, 413, 464
Pecador 23, 26, 27, 28, 30, 55, 68, 112, 118, 162, 233, 235, 354
Pedro 24, 42, 50, 54, 57, 69, 70, 141, 142, 143, 144, 161, 172, 173, 197, 201, 208, 211, 220, 225, 233, 235, 259, 260, 263, 271, 297, 307, 308, 325, 326, 327, 342, 343, 366, 390, 405, 415, 433, 454
Pentecostés 141, 142, 143, 200, 222, 235, 246, 340, 341, 342, 360, 390, 418, 443, 447
Perdón 26, 90, 232
Porcio Festo 145
Potifar 96, 97, 98, 99, 101, 102
Potifera 103
Predestinación 159, 161
Presbiteriano 201, 253
Presbiterio 201, 253
Primera deportación 174
Primogénitos 21, 26, 27, 28
Providencia 89, 91, 97, 156, 302, 312
Publicano 27

Q

Querubín 22

R

Rabís 65
Ramat-Lehí 127
Raquel 92
Redención 17, 30, 105, 317, 407
Redentor 17, 31, 54, 139, 147, 334
Reforma (protestante) 229, 311
Reino del Sur 157, 158
Remanente 55, 156, 166
Remisión 26
Resurrección 83, 84, 141, 142, 148, 231, 236, 318, 353, 360, 419, 444, 456, 457, 466, 467
Reverencia 45, 51

Rey de reyes 206, 224
Roma 145, 196, 200, 229, 230, 231, 293, 294, 297, 298, 299, 301, 307, 310, 395, 406, 416, 421, 422, 430, 431, 441, 459
Rubén 90, 93, 94, 96, 99

S

Sabbath 444, 445, 456, 457, 458, 459, 460
Sacerdocio 41, 66, 229
Sacrificios 14, 22, 41, 54, 66
Sadrac, Mesac y Abed-nego 174, 177
Salomón 112, 172
Salvación 16, 24, 30, 32, 41, 68, 69, 70, 91, 114, 127, 143, 144, 148, 213, 231, 232, 234, 235, 253, 256, 277, 282, 286, 305, 317, 464
Salvador 17, 18, 91, 114, 148, 235, 236, 264, 407
Samaria 138, 143, 387
Samuel 109, 111, 115, 245, 411
Sanedrín 145
Sansón 109, 111, 115, 116, 122, 123, 124, 125, 126, 127, 128, 129, 130, 172
Santiago 28, 39, 69, 75, 133, 135, 136, 139, 140, 141, 142, 143, 144, 145, 146, 147, 148, 252, 349
Santidad 56, 57, 70, 118, 123, 185, 187, 246, 255, 256, 264, 274, 277, 279, 310, 318, 406
Santos 30, 41, 55, 69, 188, 215, 222, 237, 248, 255, 282, 286, 290, 315, 317, 318, 319, 320, 321, 322, 323, 324, 325, 326, 327, 328, 329, 330, 331, 334, 335, 349, 350, 370, 383, 388, 389, 390, 393, 398, 405, 406, 408, 409, 416, 420, 421, 422, 423, 427, 428, 429, 430, 437, 442, 443, 445, 450, 451, 452, 453, 454, 463, 469
Sara 61, 67, 78, 79, 80, 95, 172
Satanás 17, 25, 31, 32, 68, 82, 262, 279, 280, 281, 282, 290, 310, 320, 333, 353, 359, 360, 365, 388, 389, 399, 400, 421
Saúl 112, 115, 172, 272

_Índice temático

Sedequías *158*
Sem, Cam, Jafet *45*
Señor de señores *206, 224*
Septuaginta *43*
Shekinah *16*
Siervo *98, 102, 127, 133, 146, 148, 185, 197, 203, 206, 207, 208, 210, 223, 224, 225, 227, 228, 240, 250, 310, 321, 350*
Simeón *93*
Simón *135, 139, 140, 141, 413, 414, 415*
Sinagoga *214, 281, 391, 459, 460*
Sirte (Sirte mayor) *300*
Sistemas de obras *14*
Sobrenaturalismo *154*
Sodoma *57, 76*
Sumo Sacerdote *14*
Superstición *154*

T

Temor *37, 44, 45, 51, 117, 118, 120, 121, 155, 160, 161, 179, 185, 197, 204, 207, 300, 337, 339, 374, 406, 419, 428*

Templo *25, 27, 41, 66, 68, 128, 138, 139, 145, 157, 173, 180, 310, 337, 339, 342, 387, 406, 456, 460*
Teólogos liberales *19*
Tierra Prometida *112, 113, 114, 188*
Tigris *44, 67*
Timoteo *76, 181, 198, 201, 220, 226, 247, 254, 255, 256, 257, 258, 262, 274, 275, 280, 281, 282, 283, 287, 290, 309, 323, 346, 347, 349, 350, 351, 352, 353, 361, 362, 363, 364, 365, 368, 371, 373, 375, 391, 395, 396, 409, 420, 425, 437, 442, 443, 463*
Tradición de la iglesia *145*
Trinidad *118, 119, 260, 319*

U

Ur *67, 68, 74, 172, 231, 276*
Urías heteo *276*

V

Virgen *18, 135, 230, 264, 283*
Voto nazareo *123, 124, 179, 180*

Colección
John MacArthur

Sermones temáticos sobre escatología y profecía

Sermones temáticos sobre Jesús y los Evangelios

Sermones temáticos sobre hombres y mujeres de la Biblia

Sermones Temáticos sobre Pablo y liderazgo

Sermones temáticos sobre grandes temas de la Biblia

Sermones temáticos sobre Isaías 53

12 sermones selectos de John MacArthur

Lecciones prácticas de la vida

www.ingramcontent.com/pod-product-compliance
Lightning Source LLC
Chambersburg PA
CBHW011741220426
43665CB00022B/2895